인간의 천태만상 연애소설 · 제3판

歷史와 人生을 말한다

남회근 지음
🪷 연성건 엮음
송찬문 번역

마하연

南懷瑾談歷史與人生

南懷瑾 先生 講述　練性乾 編

ⓒ 老古文化事業股份有限公司，1995

Korean translation copyright ⓒ Mahayon Publishing Co., 2013
Korean edition is published by arrangement with
Nan Huai Jin Culture Foundatian.

역사와 인생을 말한다

초판 1쇄 2013년 1월 30일 발행 2013년 2월 5일
2판 1쇄 2014년 11월 5일
3판 1쇄 2022년 4월 5일

지은이 남회근 | 엮은이 연성건 | 옮긴이 송찬문 | 펴낸이 송찬문 | 펴낸곳 마하연 | 등록
일 2010년 2월 3일 | 등록번호 제 311-2010-000006 호 | 주소 10266 경기도 고양시
덕양구 통일로 966번길 84-4 | 전화번호 010-3360-0751
이메일 youmasong@naver.com
다음카페 홍남서원 http: //cafe.daum.net/youmawon

ISBN 978-89-964001-7-2   03190

책값은 뒤표지에 있습니다. 잘못된 책은 바꿔 드립니다

역자의 말

역사와 인생은 연애소설이다

역사란 인간의 생활사이다. 모든 역사는 현대사이다. 역사란 과거와 현재와의 대화이다. 인간은 역사에 의해서만 만들어지는 것이 아니라 역사 또한 인간에 의해 창조된다. 이 세계에 있어서 대사건의 역사는 범죄사 이외에 아무것도 아니다. 진실을 말하지 않고 기억하지 못한 역사는 되풀이 된다…

인생이란 가까이서 보면 비극이지만 멀리서 보면 희극이다. 그대는 인생을 사랑하는가? 그렇다면 시간을 낭비하지 말라. 시간이야 말로 인생을 형성하는 재료이기 때문이다. 인생의 비극은 우리가 너무 일찍 늙고 너무 늦게 현명해 진다는 것이다. 모든 인생은 실험이다… 등등 역사와 인생에 관한 고금의 명언들은 많습니다.

중국의 명말청초(明末淸初) 시기의 문학가인 이립옹(李笠翁)은 말했습니다. "인생은 바로 연극 무대이며, 역사도 연극 무대에 불과하다. 이 무대에서 연극하는 사람은 오직 두 사람일 뿐 제3자는 없다. 그 두 사람이 누구일까? 하나는 남자요, 하나는 여자다." 참으로 명쾌하면서도 핵심을 찌른 명언입니다.

또 이 책의 저자 남회근 선생은 말합니다. "아득한 태고부터 지금까지 억만 년 동안 이 거대한 우주세계 속의 생명 존재가 각종 문자로 기록한 문헌은, 그것이 문학·정치·군사·경제·경서·정사(正史)·필기소설이든 간에, 한마디로 말하면 모두 인간의 천태만상의 괴상한 연애소설(情史) 기록일 뿐이다."

동서고금의 역사와 인생이 남자와 여자의 연극 무대요 연애소설인 바에야 인성(人性)의 문제를 벗어날 수 없습니다. 때마침 남회근 선생이 '인성의 진상을 말한다' 등의 주제로 했던 강연 기록이 최근 출판된 다른 저작에 있기에 뽑아서 번역하여 부록으로 실었습니다. 아마 역사와 인생을 해독하는 키 워드들을 발견할 수 있으리라 생각합니다.

인생은 무엇을 목적으로 해야 할까요

우리들 인생은 무엇을 목적으로 해야 할까요? 남회근 선생은 말합니다.

"철학에는 '인생관'(人生觀)이라는 단어가 하나 있습니다. 저는 늘 말하기를, 오늘날의 교육은 틀렸으며, 진정으로 철학도 말하지 않는다고 합니다. 왜냐하면 진정한 철학을 말하려면 인생관이 대단히 중요하기 때문입니다. 제가 발견한 바로는 오늘날 수많은 사람들, 심지어 육칠십 세가 된 사람도 정확한 인생관이 없습니다. 저는 늘 일부 친구들에게 묻습니다. 어느 분은 돈을 많이 벌었고 어느 분은 높은 관직에 있는데, 저는 그 분들에게 묻습니다. 여러분은 도대체 어떤 사람이 되고자 합니까? 정확한 인생관이 하나 있습니까? 그들은 대답합니다. 선생님은 왜 이런 말을 물으십니까? 제가 말합니다. 그래요! 저는 당신이 어떤 사람이 되려고 하는지를 모릅니다! 관직에 있는 당신의 경우, 당신은 아름다운 명예를 천고에 남기고 싶습니까 아니면 악명을 천추에 남기고 싶습니까? 이것이 인생의 두 가지 전형입니다. 돈을 번 사람들은 어떨까요? 역시 제가 늘 물어봅니다. 당신은 지금 돈을 많이 벌었는데, 당신은 도대체 이 일생에서 무엇을 하고 싶습니까? 그러나 제가 접촉한 돈 번 친구들은 열 명 중 거의 열 명은 이렇게 말합니다. 선생님, 정말 모르겠습니다! 돈은 많지만 막연합니다. 저는 말합니다. 맞습니다. 이것은 바로 교육 문제로서 인생관이 없는 것입니다.

오늘날 중국내의 십 몇 억 인구, 심지어 전 세계 칠십 억 인구 중에 진정으로 인생을 알고 자기 인생의 목적과 가치를 이해하는 사람이 몇 사람이나 될까요? 이것은 한 가지 큰 문제인데, 바로 교육의 문제입니다. 그렇다면 사람이 살아가는 생명의 가치는 무엇일까요? 이것도 한 문제입니다. 조금 전에 말했듯이 어떤 사람이 관료가 되어서는 아름다운 이름을 천고에 남기고 싶을까요 아니면 악명을 천추에 남기고 싶을까요? 이 두 마디 말은 제가 한 것이 아니라 진(晉)나라 대 영웅인 환온(桓溫)이 말한 것입니다. 인생의 가치를 얘기하고 있는데 저는 지금 나이가 많습니다. 농담 반 진담 반으로 저는 말합니다. '인생은 영문을 모른 채 태어나고', 우리는 모두 영문을 모른 채 태어나며 부모님도 영문을 모른 채 우리를 낳았습니다. '그런 다음 어쩔 수 없이 살아가고, 까닭을 모른 채 죽어갑니다.' 이렇게 일생을 사는 사람은 우습지 않습니까?

교육은 인성의 문제입니다. 교육의 최고 목적은 인성의 문제를 철저하게 인지하는 것입니다. 교육만이 아니라 정치·군사·경제·철학·문화 등 어느 분야의 학문이든 최후의 최고의 정점은 모두 인성 문제를 떠나지 않습니다.

감정·정서의 도야, 인격의 양성, 올바른 사람이 되느냐 안 되느냐는 과학기술의 범위가 아니라 철학·종교·문예 교육의 범위입니다. 오늘날의 세계는 오로지 과학기술만을 쳐다보고 따라가고 인격 양성이 없어지고 모두 어지럽고 그릇을 이루지 못하고 있습니다. 교육은 그저 지식 판매에 지나지 않을 뿐인데, 이것이 혼란의 근원이요 고뇌의 근원입니다. 오직 과학·과학기술·철학·종교·문예·인격양성 교육이 일체화가 되어 본자리로 돌아가서 균형발전을 이루어야 비로소 희망이 있습니다.

21세기의 최대 위협은 정신병입니다. 특히 인터넷의 발전이 대단히 빠르고 또 몹시 두렵습니다. 이렇게 발전해가면 10년이 못되어 인류를 모두 환상(幻想)과 정신병의 세계로 이끌 것입니다. 그렇지만 당신은 막을 수 없습니다. 무슨 교육 무슨 의료로도 막을 수 없습니다. 이 것은 크나큰 문제로서 전쟁보다도 두렵습니다. 무슨 수소폭탄보다도 더 두렵습니다. 환경 보호를 하려는 여러분은 이 부분에 주의를 기울여야 합니다.

이 세계의 변천에서 어떻게 다시 문화를 건설해야 할까요? 이것이 바로 우리 지식인들의 책임입니다. 이것은 돈으로 살 수 있는 것이 아닙니다. 그래서 우리는 살아가면서 생명의 가치와 의의를 이 방면으로 향하게 하여 노력해야 합니다. …진정한 사업이란 인류사회의 생존을 위해서 하는 것입니다."

'역사와 인생을 말한다'는 '남회근담역사여인생'(南懷瑾談歷史與人生)을 완역한 것입니다. 2004년 초 번역해 놓았던 것을 2012년 9월초부터 쉬엄쉬엄 검토 정리하기 시작하여 이제야 마쳤습니다. 뜻밖에 2012년 9월 29일 남회근 선생께서 95세를 일기로 세상을 떠났습니다. 세계는 진정한 선지식을 한 분 잃었습니다. 그러나 선생의 저작과 사상 정신은 남아 수많은 사람들의 인생에 오래오래 영향을 줄 것입니다.

번역 원고의 대부분을 컴퓨터에 입력 수고를 한 여동생 송연심, 출판을 후원해 주신 분들께 진심으로 감사드립니다.

역사와 인생은 변화무상한 뜬 구름이요 흘러가는 물입니다. 책을 읽고 역사를 읽는 것은 세상 물정을 이해하고 올바르게 살아가는 법을 배우기 위한 것이니, 저는 이 책이 독자들의 인생에 크게 유익하기를 바랍니다.

2013년 1월 16일
공주시 유구읍 심적재에서
송찬문

출판 설명

이 책은 남회근 선생의 저술 가운데에서 가려 뽑아 엮어졌습니다. 이 책을 엮은 사람은 대륙의 경력이 풍부하고 저명한 기자인 연성건(練性乾) 씨입니다. 초판 2만권을 1992년 겨울 북경에서 발행하였는데 아주 빨리 매진되었습니다. 금년(1995년) 봄에 또 증보 수정을 거쳐 상해에서 출판하였는데 6월에 이미 상해 신화서점의 베스트셀러 8위를 기록했습니다.

연씨는 남회근 선생의 저술들을 아주 깊이 읽고 대륙의 광범위한 독자들이 남선생의 저술을 두루 읽을 수 있는 인연이 없음을 느끼고 동정심이 일어나, 책들 가운데서 생동적이며 유머가 있고 뛰어난 부분들을 골라 책으로 엮어 독자들에게 향연을 베풀 생각을 했습니다. 더욱이 오늘날 사회생활이 꼼짝할 수 없을 정도로 바빠서 사람들이 읽어 볼 여가를 내기 어려운 점을 감안하면 이 모음집이 바쁜 독자들에게는 큰 방편의 문을 열어 놓을 수 있습니다. 출판 뒤에 환영 받은 상황으로 보면 연씨의 구상은 확실히 앞날의 형세에 결정적 역할을 할 좋은 기회를 통찰한 묘함이 있었습니다.

필자가 가장 먼저 사귄 사람은 연씨의 부인인 이패주(李佩珠) 여사인데 그 때가 1990년 겨울 북경에서였습니다. 이 여사는 북경대학 출신으로 그 때 북경우의천지월보(北京友誼天地月報)의 편집을 맡고 있었는데, 부부가 함께 문화계에서 활약함이 미담으로 전해졌습니다. 처음 만났을 때 연씨는 이 책의 편집 구성을 말했는데 경력이 풍부한 문화인답게 문화의 맥동(脈動)에 선견지명이 있었습니다. 뒷날 연씨는 남선생의 저작을 대륙에서 출판하는 일에 대하여도 열성적으로 지지하여 노자타설(老子他說)과 맹자방통(孟子旁通) 이 두 책이 출판(1992년 북경)

된 것도 그의 소개를 통하여 이루어졌습니다.

이 책이 북경에서 출판된 뒤 원래는 대만에서 번체자 본을 인쇄 발행하려 했으나 물 끌어 대기 출판을 한다는 의심이 있을까 고려하여서 인쇄발행 계획을 취소했었습니다.

금년 봄에 이 책을 재판 발행하여 더욱 열렬한 반향을 받았는데 전문가의 추산에 의하면 대륙에는 아마 3백만 권이 판매될 잠재력이 있다고 내다봅니다. 아울러 대만과 홍콩의 독자들도 서로 앞 다투어 알아보고 번자체 본을 보기를 희망했습니다. 생각해 보건데 바쁜 사람들은 이런 발췌 형식의 책을 크게 요구하고 있는 것이 확실합니다. 이런 까닭에 또 여러 번의 연구 상의를 거쳐서 비로소 이 책을 대만에서 출판합니다.

연씨가 이 책을 위하여 공헌한 마음과 힘에 대하여 여기서 깊은 감사의 뜻을 표시합니다. 그리고 연씨의 예견성은 사람들을 더욱 탄복하게 합니다.

민국84년(1995) 7월 대북에서

노고문화공사 편집실

유우홍(劉雨虹) 쓰다

엮은이 재판 서문

'남회근역사인생종횡담'(南懷瑾歷史人生縱橫談)이 재작년 연말에 출판된 뒤 판로가 괜찮았으며 반응이 꽤 좋았습니다. 책속의 여러 편의 글들은 많은 신문에 옮겨 실어졌습니다. 그렇지만 저 자신은 마음으로 줄곧 불안했습니다. 왜냐하면 편집과 교정이 소홀하여 책 전체적으로 오자들이 나타났기 때문입니다. '시속에 표현된 제왕들의 호색'·'구팔고 신팔고'·'사람마다 관세음보살이 될 수 있다' 등 세 편의 문장도 시작 부분만 있고 그 뒤의 여러 단락 문자들이 누락되었기 때문입니다.

복단(復旦)대학출판사의 지지를 받아 이 책의 수정판을 출판하고 아울러 책 이름을 '남회근담역사여인생'(南懷瑾談歷史與人生)으로 고치기로 결정하였습니다. 이 기회를 빌려 초판 책 중의 오자를 바로잡고 빠진 단락을 채워 넣고 동시에 '고달픈 황제'·'그 누가 자신이 상황이 되려 하겠는가'·'번뇌를 없애고자 하면 무아여야 한다'·'춘추에는 권모술수가 많다'·'장단경-반경'·'소진의 역사시대'·'상앙의 변법'·'성인과 도척은 그 근원이 같다'와 '신기한 감여학' 등 아홉 편의 글을 보충하였습니다.

이 책이 더욱 많은 독자들의 애호를 받을 수 있기를 바랍니다.

1995년 2월
연성건(練性乾)

엮은이 서문

일생 동안 문자와 접촉하다보니 자연히 책들을 읽게 되었습니다. 그러나 한 저자의 책들에 대하여 그렇게 진지하고 그렇게 흥미진진하게 2~3년 동안의 시간 속에서 그의 십여 권의 전문 저작들을 읽어 본 것은 저의 독서경력 가운데서 희한한 일이라 할 수 있습니다. 이분 저자는 바로 대만의 저명한 학자인 남회근 선생님입니다. 비록 만나본적이 없고 아직 스승으로 모시지는 않았지만, 그러나 제가 서신 가운데서 그분을 '선생님'(老師)이라고 불렀습니다. 북경에서 오늘날 누구든 붙잡으면 다들 부르는 선생님이라는 인사말이 아니라, 마음속으로부터 느끼고 남회근 선생님의 학문과 인격이 저로 하여금 존경 감탄하고 부러워하게 하였기 때문입니다.

남회근 선생님에게는 대만에서 교수 · 대거사(大居士) · 종교가 ·철학자 · 국학(國學)대사 그리고 선종대사 등 많은 칭호가 있습니다. 또 한번은 대만에 가장 영향을 미치는 10대 인물 중에 들어갔지만 가장 널리 퍼진 것은 오히려 이 보통의 호칭인 '남로사'(南老師), 즉 남선생님입니다. 위로는 고관대작으로부터 아래로는 하층 백성에 이르기까지 모두 남선생님이라고 부릅니다. 각계각층의 인사들은 남녀노소 할 것 없이 모두 그를 그렇게 친근하고 정답게 부릅니다. 많은 사람들이 남선생님의 학생임을 영광으로 생각합니다. 그런데 남선생님 자신은 항상 겸허하게 이렇게 말씀하십니다. "저에게는 지금까지 진정한 학생이 하나도 없으며, 제자를 하나 받아들여 본적도 없습니다." 그리고 이어서 스스로 유머로 한 번 말합니다. "'선생님 좋은 아침입니다, 선생님 안녕하세요,' 하는데 '선생님'이라 하니 큰일 났습니다! 저는 남이 저를 우상으로 여기는 것을 아주 싫어합니다. 저는 한 평범한 사람으로서 남이 저를 맹종하게 하기에는 부족합니다."

남선생님은 스스로 평범한 사람이라고 겸손해 하지만 사실 그의 일생은 전기(傳奇)적인 색채로 충만합니다.

남선생님은 절강성(浙江省) 온주(溫州) 낙청(樂淸)의 한 학자 가문에서 태어나 어려서부터 엄격한 서당 교육을 받았습니다. 소년 시절에 이미 제자백가를 읽었으며 권술(拳術)과 검도 등 갖가지 재주를 배워 익혔습니다. 그밖에도 문학·서법·의약과 역경·천문 등을 학습했습니다.

항일(抗日)전쟁이 일어나자 남선생님은 사천(四川)으로 들어가 당시의 중앙군관학교에서 교직을 맡았으며 아울러 금릉(金陵)대학연구소에서 사회복지학을 연구했습니다. 뒤에 학교를 떠나 오로지 불학(佛學)을 연구하여 3년의 시간을 들여 대장경을 완독했습니다. 뒤에 또 멀리 서강(西康)과 티베트에 가서 밀종의 대사들을 참방했습니다. 그 뒤에 운남(雲南)대학과 사천대학에서 강의하였습니다.

항일전쟁 승리 후 1947년 고향으로 돌아왔습니다. 얼마 뒤 항주(杭州)의 삼천축(三天竺) 사이로 돌아가 은거했습니다. 그 뒤에 다시 강서성(江西省) 여산(廬山)의 천지사(天池寺)부근에 오두막집을 엮어 맑고 고요히 수행하였습니다.

1949년 봄 남선생님은 대만으로 갔는데 줄곧 40년 가까이 거주하였습니다. 필생을 교학(敎學) 일에 종사하였는데 먼저는 개별적인 수업을 하였고 뒤에는 문화대학·보인(輔仁)대학 그리고 기타 대학과 대학원에서 교편을 잡았습니다. 그리고 동서정화협회(東西精華協會)·노고문화사업공사(老古文化事業公司)등 문화 사업을 창립 경영하였습니다.

남선생님은 학문이 해박정통하며 일생동안의 저작이 키만큼이나 되는데 대만에서 이미 31종의 전문저작을 출판하였습니다. 그 저작들의 대부분은 강술(講述)을 타인이 정리한 것입니다. 현재도 대량의 강의 녹음테이프가 아직 정리되지 않았습니다. 남선생님의 저작은 삼모(三

毛)나 경요(瓊瑤) 작가의 소설처럼 그렇게 일시에 잘 팔리는 것이 아니라 긴 시간에 걸쳐 꾸준히 팔려 1판 2판... 이어지는데, 판수가 가장 많은 어떤 종은 18판에 이르고 인쇄 누계 수량이 40만 권입니다. 대만에서는 이런 미담이 하나 널리 퍼졌습니다. 즉, 한 쌍의 신혼부부가 서로 예물을 증정하는데 신랑은 신부에게 논어별재(論語別裁) 한 질을 증정하고 신부는 맹자방통(孟子旁通)을 답례로 증정하는 것입니다. 이 두 부의 책은 모두 남선생님의 저작입니다.

　대만과 대륙 관계가 발전함에 따라 대륙의 독자들은 남선생님의 책을 읽을 기회가 있게 되었습니다. 1990년 이후로 대륙의 복단대학출판사와 국제문화출판공사 등 몇 출판사들이 이미 연달아 남선생님의 논어별재(論語別裁) · 맹자방통(孟子旁通) · 노자타설(老子他說) · 역사적경험(歷史的經驗) · 선종여도가개론(禪宗與道家槪論) · 정좌수도여장생불로(靜坐修道與長生不老) 등 여러 부의 전문저작을 출판하였으며 그 밖의 것으로는 선해려측(禪海蠡測) · 역경잡설(易經雜說)과 역경계전별강(易經繫傳別講) 등이 출판 협상 중에 있습니다. 남선생님의 책은 비록 대륙에서 아직 선풍적인 인기를 불러일으키지는 않지만 적지 않은 독자들을 가지고 있습니다. 제 친구 중에는 전문 교수도 있고 청년 학생이나 일반 간부들이 있는데, 남선생님의 저작을 읽어본 사람은 좋다고 말하지 않는 자가 없으며 감탄하지 않는 자가 없습니다. 한 친구는 말하기를 서점에서 남회근의 책을 보고 대충 넘겨보고서는 비록 책값이 낮지 않았지만 조금도 주저하지 않고 샀다고 했습니다. 한 개인 서적상은 제 책상에서 남선생님의 책을 보고는 말했습니다. "남회근의 책은 팔기 좋아요, 남회근 이름 석 자를 보면 바로 사면서 다들 말하기를, 이 영감님은 학문이 대단하고 글자 한 자 한 자마다 돈 가치가 있다고들 합니다. 그는 90여세라고 들리던데..." 그는 어디서 들었는지 모르는 소문들을 한 보따리 풀어 놓았는데 말하는 게 좀 신바람이 났습니다. 저는 얼른 남선생님의 사진을 가져다 보여주며 선생님은 금년에 74세라고 말해주었습니다.

저는 남선생님의 책 읽기를 좋아합니다. 왜냐하면 그의 책은 독특한 풍격을 지니고 있으며 평범하지가 않기 때문입니다. 남선생님은 일생 동안 중화전통문화를 깊이 연구하고 더욱 확대 발전시켜 왔습니다. 하지만 한 글자 한 구절의 훈고주소에 얽매이지 않고 좁은 소견이나 한 방면의 의견을 고집하지 않습니다. 유불도(儒佛道) 각 가(家)의 학술 정수(精髓)를 철저하게 이해하고 현대 사회의 갖가지 현상과 현대인들의 갖가지 심리상태와 결합하고, 자료를 풍부하게 인용하여 논증하며 천연스럽게 이야기도 하고 웃기도 합니다. "중국의 상하 오천년의 역사, 가로세로 십 만리의 강토를 꿰뚫고, 유불도 삼교를 빗질하여 회통시키고, 제자백가의 사상에 넘나든다."(上下五千年 , 縱橫十萬裏 , 經綸三大教 , 出入百家言) 이것은 남선생님의 응접실에 걸려있는 족자인데 남선생님의 넓은 포부와 집요한 추구를 반영합니다.

남선생님 저작의 그러하기 쉽지 않는 한 가지 귀한 특징은 통속적이며 이해하기 쉽다는 점입니다. 역경(易經) · 논어 · 노자 등 이런 몇 천 년 전의 심오한 경전들을 남선생님은 통속적이며 가뿐하며 유머가 있는 현대의 구어로 강해함으로써 독자들은 마치 이야기를 듣거나 소설을 읽는 것처럼 귀와 머릿속에 들어가며 책을 손에서 놓지 못하게 됩니다. 남선생님의 책은 또 인생의 철리(哲理)가 충만하고 강렬한 민족의식이 풍부합니다. 그러니 출판계가 서로 다투어 남선생님의 책을 출판 할만도 합니다.

저는 남선생님의 책들이 완전무결하다거나 구구절절이 진리라고 허풍을 칠 뜻은 없습니다. 저는 감히 말합니다. 국내 학술계의 전문 학자는 틀림없이 남선생님의 책 속에서 흠집을 찾아내거나 그와는 완전히 상반된 관점을 제기할 수 있습니다. 원래 몇 천 년 전 옛사람이 했던 말을 어떻게 해석 평가하느냐 에는 다른 의견이 있는 것이 자연스러운 것입니다. 노자의 도덕경(道德經) 한 부는 겨우 5천 자이지만 후세에 도덕경의 문장을 해석 평가한 전문 저작 글은 아마 이미 수천 만언이 있을 것입니다. 중국의 것만 있는 것이 아니라 외국의 것도 있는데 작자 본인의 사상 관점이 섞여 들어가 있지 않는 것이 없습니다. 만약 노자가 현재까지 살아있다면 어떤 감상이 들지 모릅니다. 그러므로 남선생님은 겸허하게 자신의 저서들 이름에 별재(別裁)·잡설(雜說)·방통 (旁通) 등의 단어를 썼습니다.

　남선생님은 현재 이미 강단을 떠났으며 몇 년 전 홍콩으로 이주하였습니다. 남선생님은 명예와 이익에 담담하고 욕심이 없으며 명성이 알려지기를 구하지 않습니다. 하지만 그의 명성은 멀리 알려졌고 여기 저기 수많은 제자들이 있습니다. 남선생님은 책을 널리 읽어 학식이 풍부하고 공을 세워 이름을 날렸지만 높은 벼슬과 많은 녹봉도 없으며 많은 돈도 없습니다. 고향에 대한 두터운 사랑에서, 중화민족의 번영 부강을 바라는 뜻에서, 남선생님은 해외에서 거금을 모아 몇 개의 투자회사와 기금회(基金會)를 세워 국내에서 8개의 합자기업을 창업하거나 준비 계획하여, 합자로 온주(溫州)에서 금화(金華)까지의 철도건설 사업도 실행하고 있습니다. 남선생님은 자신의 주머니를 아낌없이 털어 전국 20여 곳의 고등학교에 장학재단을 설립하였거나 자금을 원조하고 있습니다. 그러나 그는 선전을 허락하지 않으며 자신의 측근 인사조차도 얼마나 많은 사람들이 남선생님에게 육성(育成)을 받았는지 확실하게는 모릅니다.

　남선생님의 책들은 대륙에서 이미 수십 만 권이 인쇄 발행되었으며 상당한 숫자의 독자들을 갖고 있습니다. 하지만 남선생님의 경력과 인품에 대하여 아직은 아는 사람들이 드뭅니다. 저는 간접적으로 얻은 정보를 근거로 이 짧은 글을 썼기 때문에 남선생님의 도덕과 문장을 전면적으로 반영하기에는 부족합니다. 이 글은 제가 본인의 인터뷰를 거치지 않고 쓴 첫 번째 인물전기입니다. 하지만 직접 가르침을 들을 기회가 있기를 바라며 남선생님의 책을 좋아하는 독자들에게 남선생님의 평범하지 않은 업적을 소개하였습니다.

1992년 8월
연성건(練性乾)

엮은이 후기

　1987년 1차로 남회근 선생님의 노자타설을 읽은 뒤 남선생님의 저작에 대하여 큰 흥미가 일어났습니다. 몇 년 동안 잇달아 선생의 대부분의 저작들을 읽었습니다. 출판계 인사들이 종용하기를, 왜 그 정화(精華)를 골라 남회근묘어정언(南懷瑾妙語精言) 같은 책을 한 권 엮어보지 않느냐며 틀림없이 독자들이 있을 거라고 했습니다.

　남회근 선생님의 본적은 절강성 온주로서 1918년에 태어났습니다. 대만에서 평생토록 교육에 종사하고 유불도 및 역경 · 천문 · 시사(詩詞)문학을 깊이 연구하였습니다. 그의 저작은 매우 많고 제자들이 각지에 널리 퍼져있습니다. 지금까지 31부의 학술전문 저서를 출판했습니다. 대륙과 대만의 관계가 부드러워진 뒤 대륙의 많은 출판사들이 선후로 남선생의 여러 부의 저작을 출판하여 총 인쇄 수량이 이미 수십 만 권에 이르렀습니다.

　남회근 선생님 저작의 가장 큰 특징은 내용이 해박하고 심오하며 문자가 통속적이면서 이해하기 쉽다는 점입니다. 남선생님이 중국의 전통문화를 명백히 논술함에 있어서는 널리 유래나 증거를 인용하여 논증하며 흥미진진하게 이야기 합니다. 남선생님이 하는 시 이야기에는 철리가 있고 전고가 있습니다. 남선생님이 하는 인생 이야기에는 많은 양의 전고와 시사를 인용하였습니다. 남선생님이 인용하는 전고에는 대부분 그의 독창적인 견지가 있습니다. 저는 이 책의 이름을 '남회근 역사인생종횡담'(南懷瑾歷史人生縱橫談)이라고 정했는데 남선생 저작 중의 묘어정언을 다 수집할 수는 없었지만 그런대로 책 제목에 들어맞는 셈이길 바랍니다.

본서는 남선생님의 논어별재(論語別裁)·맹자방통(孟子旁通)·노자타설(老子他說)·선종여도가(禪宗與道家)·신구적일대(新舊的一代)·역경잡설(易經雜說)·역경계전별강(易經繫傳別講)·관음보살화관음법문(觀音菩薩和觀音法門)·금속헌시화팔강(金粟軒詩話八講) 등에서 글들을 가려 뽑은 것입니다. 제가 한 일은 가위와 풀병을 들고 단장취의(斷章取義)하고 약간 정리를 한 것입니다. 다행히도 남선생님의 책은 글 전체 구성이 엄밀하지만 한 단락을 뽑아내도 그 한 단락 자체가 독립적으로 한 편을 이룹니다. 글의 제목은 대부분 원서중의 소제목이며 작은 부분은 제가 더한 것입니다. 편집 과정에서 개별 자구만을 삭제한 것은 완전히 기술적인 것입니다.

본서를 엮은 뒤 남선생님의 수긍을 받았지만 선생은 이 책에 대해 가공 윤색할 겨를이 없으므로 일체의 소홀한 오류와 부당한 곳은 그 책임이 모두 엮은이에게 있습니다.

1992년 11월
연성건(練性乾)

차 례

제1장 시화(詩話)와 인생

제2장 문화와 문학

제3장 천명을 앎과 세상에 서기

제4장 독서와 역사를 논하다

제5장 전고를 이야기 하고 인물을 평론하다

제6장 인생의 정언(精言)

(부록)

일러두기

1. 이 책은 대만의 노고문화사업고분유한공사(老古文化事業股份有限公司)가 발행한 1997년 1월 대만 5차 인쇄본의 남회근담역사여인생(南懷瑾談歷史與人生)을 완역한 것입니다.

2. 인명 · 지명 · 책명 등 고유명사는 중국식 발음으로 표기하지 않고 우리식 한자음대로 표기함을 원칙으로 하였습니다.

3. 독자의 이해를 돕기 위해 주석을 달거나 보충하였을 경우에는 '역주' 또는 '역자보충'이라 표시하였습니다. 모르는 용어나 내용은 사전이나 관련 서적 등을 참고하고, 특히 남회근 선생의 다른 저작들도 읽어보기 바랍니다. 선생의 저작들은 전체적으로 서로 보완관계에 있기 때문입니다.

4. 부록은 역자가 남회근 선생의 저작인 전언후어(前言後語, 2012년 6월 대만 초판 1쇄본)에서 뽑아 번역하여 더한 것입니다.

제1장 시화와 인생

시의 위대함

남과 여의 철학

시의 교화를 다시 논한다

시는 감흥을 발휘하고 뜻을 담아낸다

시적 인생

시 속에 표현된 제왕들의 호색

왕소군 관련 기록 밖의 평어

당나라 시대의 번진과의 강화정책에 대한 감상(感傷)

양귀비에 대한 번안어(翻案語)

과인(寡人)이 호색한 공안을 다시 말한다

문(文)과 질(質)

천년 동안 삐쩍 마른 말을 탄 책벌레 유생들

밥이 하늘이다

옥 씻고 향을 묻는 자 결국 한 사람이었네

금단 한 알이 선생을 그르쳤네

한마디 말로 나라를 일으키기도 잃어버리기도 하고

남을 위해서만 신부 옷을 지어요

세상의 심한 변천을 읊노라면 시 구절도 정교해졌네

집짓기와 인생

술보다 진한 명예와 이익

행불행이라 단정하기 어려운 득의와 실의

시대 유행에 맞지 않다

출처는 예로부터 똑같지 않았으니

지사는 산이 더 깊지 않음을 한하다

화려한 궁전 최상층까지는 오르지 말라

인간 세상은 어디에나 이해타산이 있다

글을 쓰는 일은 천고에 전하는 큰일이라

그 득실을 자기 마음속에서 다 안다

화상이 읊은 시에 위령이 있다

시의 위대함

'시 삼백'(詩三百)은 시경(詩經)을 가리키는 것으로, 공자가 주(周)나라 이래 수백 년 동안의 각 나라(당시의 지방 단위)의 '노인'(勞人)과 '사부'(思婦)의 작품들을 모은 것입니다. '노인'(勞人)이란 성년이 되어서도 집에 있지 못하고, 사회나 국가를 위해 밖에서 활동하느라 일생 동안 수고하고 바쁜 사람을 말합니다. '사부'(思婦)는 남녀간에 사랑하고 그리워하는 감정을 표현할 길이 없어 마음 속에 쌓아 감추고 있는 부녀자를 말합니다. 노인(勞人)이 아내를 생각할 때 감개가 없을 수 없었을 것입니다. 어느 지방, 어느 국가, 어느 시대에도, 사람마다 때로는 마음 속의 생각과 감정을 남에게 말할 수 없는 경우가 있는데, 그 때 문자로 기록해 남겨 놓은 것이 후대까지 전해 내려왔던 것입니다. 공자는 그런 자료를 많이 수집했는데, 그 이유는 사람의 생각을 나타낸 이같은 자료를 통해 사회의 추세가 어떠했으며, 왜 사람들이 불평을 했는지 알 수 있기 때문이었습니다. 사물의 유래는 점진적으로 진행되어 오는 것이라, 언제나 원인이 있습니다. 그 원인을 찾아내는 것도 간단하지 않습니다. 그러므로 공자는 시를 수집한 후, 그 중에서 후대에 전해도 좋은 것은 남기고, 전해서는 안 되는 것은 남기지 않았습니다. 그래서 공자가 시서(詩書)를 정리하고 예악(禮樂)을 확정했다고 말하는 것입니다. 공자는 중국 문화를 집대성하여 편집 작업을 한 것입니다. 공자는 수백 년 간에 걸쳐 그렇게 넓은 지역에서 발생한 시들을 수집한 뒤, 일부분은 빼버리고 대표적인 작품 3백 편만 정선 편집했는데, 이것이 바로 오늘날까지 전해 내려오는 시경입니다.

이제 시경 제1편을 읽어 봅시다.

꾸욱꾸욱 울고 있는 물수리	關關雎鳩
황하 섬 속에 있는데	在河之洲
얌전하고 아리따운 아가씨는 어디 있는고	窈窕淑女
군자의 좋은 배필인데	君子好逑

이 시는 요즘 말로 하면, 청년이 아가씨 꽁무니를 쫓아다니는 내용입니다. 어떤 사람은 이렇게 말할 것입니다. "공자는 어째서 이렇게 무료하게도 거리에서 흔히 볼 수 있는, 청년이 아가씨 꽁무니를 쫓아다니는 모습을 그린 듯한 시를 여기에 넣어 두었는지 모르겠습니다. 마치 요즘 유행하고 있는 '내게 사랑의 커피 한 잔 주세요' 같은 연애가(戀愛歌)를 말입니다." 그런데 이 연애가는 사실상 위의 시 "관관저구, 재하지주"(關關雎鳩, 在河之洲)에 담겨 있는 곡절과 함축만 못합니다. 이로써 우리는 공자가 우리가 상상하듯이 세상 물정에 어두운 그런 사람이 아니란 것을 알 수 있습니다. 앞에서 '음식과 성(性)은 사람의 큰 욕구의 대상이다'(飲食男女, 人之大欲存焉)라고 말한 바와 같이, 사람이란 누구나 밥을 먹어야 살 수 있고 남녀간 이성을 추구하기 마련이지만, 이성 관계가 어지러워서는 안 되며 엄연히 한계가 있고 에티켓이 있어야 합니다. 그래서 공자는 정상적인 남녀간의 사랑은 풍속 교화를 결코 방해하지 않는다고 생각했습니다. 그러기에 이것도 위정(爲政)이 되는 것입니다. 그렇다면 공자가 문왕, 즉 주 왕조가 영도한 제왕국가 제도 중에서 남녀간의 사랑시를 제1편으로 배열한 것은 무엇 때문이었을까요? 인생이란 바로 식욕과 성욕에 그 기본이 있기 때문입니다. 형이하(形而下)의 시작은 바로 이런 모습입니다. 사람이란 일생 동안 먹어야 하고, 성장해서는 남성은 여성을 바라고, 여성은 남성을 바라게끔 되어 있어서, 이 두 가지를 빼면 큰 일이 거의 없습니다. 그러므로

근대 서양 심리학사의 중요한 획을 그은 프로이트는 그의 정신분석학 연구를 통해 세계의 진보 내지는 인류 역사의 원동력은 성욕(性慾)이라고 강조했습니다.

시경에 수록된 작품 형식은 '풍(風)·아(雅)·송(頌)'과, '부(賦)·비(比)·흥(興)'의 두 그룹으로 분류할 수 있습니다. '풍'(風)이란 무엇일까요? 이것은 지방성을 말하는 것으로, 예를 들어 프랑스 문학은 프랑스 문풍(文風)이라고 하며, 프랑스 문풍은 프랑스인의 사상이나 정서를 대표합니다. 시경에는 정풍(鄭風)·노풍(魯風)·제풍(齊風) 등이 있습니다. '아'(雅)는 현대 용어로 말하면, 음악이나 문학의 표준에 해당되는 것으로 문학화·예술화한 것입니다. 그러나 어떤 경우에는 꼭 문학화·예술화하지 않은 것도 있습니다. '송'(頌)은 사회나 정부의 공식적인 행사를 문학화한 것입니다.

또 한 그룹의 형태는, 첫째 부(賦)로서, 이것은 직접적인 진술입니다. 둘째는 비(比)로서, 이것은 큰 눈이 내린 것을 보고 북국(北國)의 고향을 생각한 것이나,

| 고개 들어 밝은 달을 쳐다보고 | 擧頭望明月 |
| 고개 숙여 고향을 생각하네 | 低頭思故鄉 |

라고 읊은 이태백의 시처럼, 하나의 느낌이 다른 것을 연상시키기 때문에 비(比)라고 합니다. 셋째, 흥(興)은 정서로서, 기쁜 일이나 슬픈 일을 스스로 자유롭게 표현한 것입니다. 가장 유명한 것으로는 다들 잘 알고 있는 문천상(文天祥)의 '과령정양칠률시'(過零丁洋七律詩) 같은 것입니다. 그 시는 다음과 같습니다.

| 경서 공부 고생 끝에 과거 합격하였더니 | 辛苦遭逢起一經 |
| 전쟁으로 동분서주 4년이나 흘렀지 | 干戈寥落四周星 |

산하는 부서져 바람에 날리는 솜이 되고	山河破碎風吹絮
떠다니는 내 신세는 비 맞는 부평초	身世飄零雨打萍
황공탄 지날 때 나라 걱정 깊었건만	皇恐灘頭說皇恐
영정양서 잡혀가니 한탄스럽네	零丁洋裏歎零丁
예부터 인생에 그 뉘 죽음 없으리	人生自古誰無死
일편단심 남겨 두어 청사에 빛나리라	留取丹心照汗青

이 시도 일종의 '흥'(興)입니다. 문천상이 국가와 시대를 구하려다 적에게 잡혀가게 되었을 때의 한스러운 감정과 감개를 표현한 것입니다. 이 역시 마음속의 불만과 번민을 진정으로 토로한 것으로서, 곧 '흥'에 해당됩니다.

공자는 자신이 시 삼백 편을 정리한 주요 목적이 어디에 있다고 말했을까요? "한마디로 말하면, 사람들의 생각에 사악함이 없도록 하기 위해서였다."(一言以蔽之, 思無邪)는 것입니다. 사람은 생각이 없을 수 없습니다. 다만, 생각이 잘못된 길로 가지 않고 올바른 길로 가도록 이끌기만 한다면 된다는 것입니다. 남녀 간의 사랑을 예로 들어 봅시다. 학문하는 사람이라면 남녀 간의 사랑을 해서는 안 될까요? 세상에 이런 사람은 없습니다. 저는 사회 각계각층의 적지 않은 사람을 만납니다. 출가한 비구·비구니·신부·수녀 등 각양각색의 사람들을 만나는데, 저는 그들이 마음속의 번민을 호소하는 것을 듣습니다. 그러면 저는 말합니다. "그대는 사람이지 신도 아니고 부처도 아니다. 사람에게는 사람의 문제가 있기 마련이니, 한사코 생각으로 그 문제를 끊어 버리려고 하지 말라. 끊는다는 것은 불가능하다." 사람이 살아 있는 동안에는 생각이 있으며, 또 무릇 생각에는 문세가 있기 마련입니다. 문제가 없다면 생각하지 않을 것입니다. 공자가 말한 '사무사'(思無邪)는 바로 이를 두고 말한 것입니다. 사람의 생각에는 문제가 있기 마련이어서, 엄정한 문화 교육을 거치지 않으면 올바른 길을 가지 못합니다. 그래서 공자는 "시 삼백 편을 정리한 주요 목적은 바로 생각에 사악함이 없도록 하기 위해서이다."라고 말했습니다.

첫째 요점은, 요즈음 말로 하면 모든 정치 문제, 사회 문제는 단지 사상 문제란 것입니다. 사상을 순수하고 바르게 하기만 하면 무슨 문제든 해결됩니다. 우리가 알 듯이 전 세계에 걸친 동란(動亂)은 사실 사상의 문제입니다. 그래서 저는 철학을 강의할 때, 오늘날 세계에는 진정한 철학가가 없다고 말합니다. 학교에서 말하는 철학은 기껏해야 다른 사람의 철학 사상을 연구하는 데 불과할 뿐입니다. 특히, 논문을 쓸 때에는 소크라테스가 어떻게 말했다고 한 줄 베끼고, 공자가 어떻게 말했다고 한 줄 베끼는 식입니다. 결과적으로 그들의 철학을 베끼기만 하고 자기 철학은 아무것도 없으니, 이런 철학은 졸업 증서일 뿐입니다!

오늘날은 세계적으로 진정한 사상이 필요하며, 동서고금을 융회(融會)하여 진정으로 하나의 사상을 낳아야 합니다. 오늘날은 중국뿐만 아니라 세계적으로 사상이 빈곤한 시대이므로, 우리는 우리의 전통 문화를 반드시 발휘해야 합니다.

둘째 요점은 사람에 관계되는 문제입니다. 중국 역사상 대체로 대정치가는 모두 대시인이자, 대문학가였습니다. 저는 종종 학생들에게, "지난날 어떤 사람이 중국에는 철학이 없다고 했지만, 이제 와서는 중국에는 철학이 있을 뿐 이를 연구할 자격을 갖춘 사람이 거의 없다는 것을 알게 되었다."고 말합니다. 중국은 문학과 철학이 나누어지지 않아 문학가가 곧 철학가이며, 철학가가 곧 문학가였기 때문에, 중국 철학 사상을 이해하기 위해서는 중국 5천 년 동안의 모든 책을 두루 읽어야만 합니다. 서양 학문은 전문적이어서 심리학은 어디까지나 심리학이요, 생리학은 어디까지 생리학일 뿐입니다. 그러나 과거 중국인은 학문을 할 때 여러 가지를 두루 알아야 했기 때문에, 중국 서적에는 아주 다양한 내용들이 포함되어 있습니다. 그러니 어느 책엔들 철학이 없겠습니까? 또, 어떤 것이 철학이 아니겠습니까? 특히, 문학은 더욱 잘 알아야 합니다. 이와 같이 모든 것을 두루 알아야 비로소 철학을 말할 수 있습니다. 중국 철학은 이처럼 배우기가 어렵습니다. 당나라 초기의 '춘강화월가'(春江花月歌)라는 제목의 시 한 수가 있는데, 그 중에 다음과 같은 구절이 있습니다.

강 위에서 누가 처음 달을 보았을까　　　　江上何人初見月
강의 달은 언제 처음 사람을 비췄을까　　　江月何年初照人

서양에서 말하는 '닭이 먼저냐, 달걀이 먼저냐?' 하는 말과 같은 뜻이지만, 중국인의 손에 들어와서는 더 훌륭해져 문자상으로 보면 얼마나 아름답습니까! 여러분이 문학 속에서 찾아보지 않아 중국에는 철학이 없는 것 같지만, 중국 문학 작품을 한번 들여다보면 철학이 아주 풍부합니다. 예를 들면 소동파(蘇東坡)의 사(詞)에,

밝은 달은 언제부터 있었을까　　　　　　　明月幾時有
술잔 잡고 푸른 하늘에 물어 보노라　　　　把酒問靑天
천상 궁궐은 오늘 저녁 무슨 해일까　　知天上宮闕　今夕是何年

라는 구절이 있는데, 이것은 철학 문제 아닙니까? 우주는 어디서 왔을까요? 하느님은 오늘 저녁에 서양 요리를 먹었을까요, 중국 요리를 먹었을까요? '천상 궁궐은 오늘 저녁 무슨 해일까?' 그가 물은 이 문제는 철학 문제가 아닙니까? 이와 같이 중국은 문학과 철학이 나뉘어 있지 않았습니다. 이것이 그 첫째 점입니다.

중국에서는 또한 문학과 역사가 나누어지지 않았습니다. 중국 역사학자들은 모두 대문학가들이자 철학가들이었습니다. 예컨대 사마천이 쓴 사기(史記) 속에 있는 팔서(八書)는 곳곳이 철학으로서 중국의 철리

(哲理)를 집대성해 놓은 것입니다. 이것이 그 둘째 점입니다.

문학과 정치도 나누어지지 않았습니다. 중국의 대정치가는 모두 대문호였습니다. 당대(唐代)에 시가 크게 번성한 것은 당 태종(唐太宗)의 시가 매우 좋았고, 또 그가 시를 제창했기 때문입니다. 명대에 대련(對聯)이 발전한 것은 주원장이 대련을 잘 지었기 때문입니다. 그는 책을 읽은 사람은 아니었지만, 대련 짓기를 좋아했습니다. 이런 이야기가 있습니다. 주원장이 음력 정월 설날에 궁전에서 나와 한 백성의 집 문에 대련이 없는 것을 보고, 사람을 시켜 그 백성은 뭘 하는 사람이며 왜 문에 대련이 없는지 알아보라고 했습니다. 물어 보니, 그는 돼지 불알 까는 사람으로 대련을 지을 줄 모른다고 했습니다. 이에 주원장은 그를 위해 신년 대련을 한 폭 지어 주었습니다.

두 손으로 생사의 길을 쪼개 열어   雙手劈開生死路
한 칼에 시비의 뿌리를 끊어버리네   一刀割斷是非根

아주 멋진 시입니다. 그 백성의 직업 신분에 딱 들어맞습니다. 당 태종은 시를 아주 잘 지었습니다. 당시의 대신들 역시 모두 대문학가들로서 방현령(房玄齡)·우세남(虞世南)·위징(魏徵) 같은 분들도 저마다 시가 뛰어났습니다. 그런데 왜 그들은 문학적인 명성이 없을까요? 역사상 그들의 공훈 업적이 문학적인 성취를 가려 버렸기 때문입니다. 만약 그들이 일생 동안 초라하고 꾀죄죄하게 살았더라면 아마 문인으로 변했을 것입니다. 문인이란 늘 익은 술맛을 지니고 있어서, 그런 공훈 업적이 잘 익은 술로 변했을 것입니다. 그 다음으로 송대의 왕안석(王安石) 같은 분도 시를 잘 지었지만, 문학적 명성은 역시 그의 공훈 업적에 가려져 버렸습니다. 이와 같이 중국은 문학과 역사가 나누어지지 않았으며, 문학과 철학이 나누어지지 않았으며, 문학과 정치 또한 나누어지지 않아 대정치가는 모두 다 대문학가였습니다. 우리의 무식쟁

이 황제인 한 고조(漢高祖)도,

> 큰 바람 일어나니 구름은 날리도다   大風起兮雲飛揚
> 위력을 천하에 떨치고 고향에 돌아왔네   威加海內兮歸故鄕

라고 한 수 지었는데, 다른 사람은 이렇게 지을 수 없을 것입니다! 황제의 지위에 이르러 본 적이 없는 사람이라면, 다음과 같이 지었을지도 모르지요.

> 태풍이 불어오니 기왓장 날리도다   颱風來了吹掉瓦
> 비는 새어 떨어지고, 아이구 어머니!   雨漏下來我的媽

　그러므로 대정치가는 반드시 시인의 진지한 정감을 갖추어야 합니다. 어느 서양인이 말했듯이 진정으로 일을 하는 사람은 세상을 초월한 정신, 즉 종교적인 정신을 가져야 합니다. 이것이 그 셋째 점입니다.
　셋째 요점으로, 중국인은 왜 시(詩)와 예(禮)를 제창했을까요? 유가는 왜 시의 교육을 이렇게 중요시했을까요? 바로 인생에 고통이 있기 때문입니다. 특히, 정치를 하거나 사회적인 일을 하는 사람은 항상 사람을 접촉해야 되고, 그러다 보면 고통과 번뇌를 겪게 됩니다. 특히, 중국인은 도덕 수양을 목숨을 내던질 정도로 중시하는데, 수양이 원숙하지 않으면 고통은 더욱 깊어집니다. 저는 종종 학우들에게 영웅과 성현의 차이를 다음과 같이 말합니다. "영웅은 천하를 정복할 수 있지만 자기를 정복할 수 없고, 성현은 천하를 정복하려 하지 않고 자기를 정복한다. 영웅은 자기의 번뇌를 남에게 떠맡겨 짊어지게 하지만, 성인은 천하인의 번뇌를 스스로 짊어진다." 이것이 중국 문화의 전통 정신이니, 저마다 성현의 책임을 완성하여 위대한 정치가가 되기를 바랍니다. 정치에 종사하다가 인생의 번민에 부딪칠 때면, 서양인은 종교에 의지했습니다. 그러나 과거 중국인은 오로지 종교에만 의지한 것이 아니라, 사람마다 시에 관한 수양을 갖추고 있었습니다. 시의 정감은 바로 종교의 징검으로서, 풀기 어려운 어떤 번뇌가 있더라노 스스로 한두 구절의 시를 지어 번뇌를 털어내고 정감을 표현했습니다. 또한, 위정자는 시인의 정감과 시인의 수양을 반드시 갖추어야 했습니다. 역사적으로 보아도, 과거에 대신은 문관(文官)이든 무장(武將)이든 조정에서 물러나 집에 돌아오면 붓을 들어 글씨를 쓰고 책을 읽고 시를 외워, 가슴 속에 있던 번민을 풀었습니다. 오늘날 사람들처럼 탁자에 앉아 마작을 하거나 춤을 추러 가지는 않았습니다. 이런 방법은 이전의 수양과는 크게 다릅니다.

남과 여의 철학

시경(詩經)의 제1편은 바로 남녀간의 사랑을 말하고 있습니다. 시경에 나오는 남녀간의 사랑을 이야기함에 있어서 우리가 주의해야 할 것이 있습니다. 공자는 예기(禮記)에서, "음식과 성(性)은 사람의 큰 욕구의 대상이다."(飮食男女, 人之大欲存焉)라고 언급했습니다. 공자는 인생의 최고 경지를 알았지만, 인생에 있어서 최소한의 것이자 아주 소박한 이 두 가지를 분명히 말하고 있습니다. 앞에서 말했듯이, 일반인들이 흔히 인용하는 "식욕과 성욕은 본성이다."(食色性也)라는 말은 공자의 말이 아니라, 맹자와 동시대인이었던 고자(告子)의 말입니다. 두 사람의 말은 서로 비슷하지만 관점은 완전히 다릅니다. 성욕과 식욕은 본성이 아닙니다. 다시 말하면, 사람의 선천적인 형이상적인 본성이 아니라 후천적인 기본 욕구입니다. 사람은 음식을 먹어야 합니다. 갓난 아이는 태어날 때부터 젖을 먹어야 하며, 성장을 하고 나면 이성 관계가 필요합니다. 사람만 이런 것이 아니라 생물계의 모든 동물·식물이 다 이러합니다. 그 때문에 인류 문화는 바로 여기에서 출발합니다.

여기서 이 시대의 두 가지 사상이 생각납니다. 하나는 이 시대에 큰 영향을 미친 마르크스의 '자본론'입니다. 또 하나는 근대 서양 문화의 중요한 바탕을 이룬 프로이트의 성심리설(性心理說)입니다. 프로이트에 따르면 일체의 심리 활동은 모두 성적 충동에 근거한다고 하는데, 이 사상이 현대 문화에 끼친 영향은 매우 큽니다. 프로이트는 원래 의사였다가 나중에 대 심리학자로 변했습니다. 서양의 실존주의도 몇 사람의 의사가 떠들어댄 것입니다. 어떤 이는 프로이트의 성심리설의 관점에서 역사 문화를 보고(여기서 말하는 성은 우리가 말하는 사람의 본성적 성이 아니라, 남녀간 성행위의 성입니다), 역사상 영웅적 창업이 일종의 성적 충동에서 나왔다고 말하며, 심지어 히틀러는 성변태자라고까지 말합니다. 현대 사상계는 이런 학설의 영향을 크게 받았으며, 또 역사를 소재로 쓴 소설은 대부분 이러한 생각이 가미되어 있습니다. 심지어 수많은 연극이나 영화도 의학상의 성을 소재로 다루는데 이를 듣기 좋게 문학적으로 말하면 곧 사랑으로서, 마치 사람이 겉옷을 입고 넥타이를 매고 나면 좀 점잖아 보이고, 예절 바르게 보이는 것과 같습니다. 중국의 유구한 문화 속에서 우리는 이 이치를 이해하고 있었을까요, 이해하지 못하고 있었을까요? 시경 제1편에 관저(關雎)의 시를 골라 넣음으로써, 인생의 윤리는 성욕과 식욕이라는 기본 욕구에 근거하여 남녀가 서로 사랑하고 부부가 되는 데서 시작하는 것으로, 이른바 군신(君臣)·부자(父子)·형제(兄弟)·붕우(朋友) 등 사회의 모든 윤리가 성의 문제로부터 시작된 것임을 지적했습니다.

전에 어떤 학자가 자기는 성(性)이 죄가 아니라고 생각한다면서 서와 토론하고자 했던 적이 있는데, 그가 말하는 성은 좁은 의미의 성으로 남녀 성행위의 성을 가리키는 것이있습니다. 제가 이 문제에 대해 즉시 대답을 하지 않자, 그는 글을 남겨 놓고 간 후 편지와 전보로 자꾸 물어 왔습니다. 저는 직접 답하기가 난처하다고 느껴 뒤에 글을 한 편 써서 대략 제 생각을 밝혔지만, 역시 그 학자의 관점에 대해서는 직접적인 언급을 피했습니다. 저는 이것이 인생 철학상의 최고 문제라고 생각합니다. 결국 이것은 본능의 충동일까요? 이 본능은 또 무엇일까요? 저는 그 학자에게 세계의 종교가들은 모두 다 성(性)을 죄악시한다고 말했습니다. 과거 중국 문화의 관점에서는 '온갖 악 중에서 음란함이 첫째'(萬惡淫爲首)였습니다. 서양의 기독교 사상에 의하면, 아담과 이브가 에덴동산의 사과를 먹지 않았을 때는 아무 일도 없었다가, 마귀에게 속아 사과를 먹고 나서부터는 그들도 성을 죄악시하게 되었습니다.

이전에 들은 우스갯소리인데, 서양 문화는 사과 두 개 반에서 나왔다는 것입니다. 하나는 아담과 이브가 에덴동산에서 따먹어 우리 인류가 오늘까지 이렇게 고통스럽게 사는 원인이 된 사과이고, 또 하나는 뉴턴으로 하여금 만유인력을 발견하도록 깨우쳐 준 사과라는 것입니다. 중국인은 그 많은 사과를 먹었지만 만유인력을 발견하지 못했습니다. 그리고 나머지 반 쪽 사과는 그리스 신화에서 트로이 전쟁의 빌미가 되었다는 '황금의 사과'를 말하는 것입니다. 이상이 서양 문화가 사과 두 개 반에서 나왔다고 하는 우스개 이야기인데, 물론 우연히 좀 말해본 것은 아닙니다.

서양과 동양의 종교가들은 모두 성을 죄악시했고, 철학가들은 이 문제를 회피했습니다. 우리가 지금 공자를 보면, 그는 철학가이자 종교가이며 또 교육가라고 할 수 있습니다. 저는 현대적 관념의 '가'(家)라는 '가'는 다 공자에게 붙여도 된다고 생각합니다. 그러나 공자는 중국 문화를 집대성한 분으로, 중국인이 공자에게 봉한 호칭인 '대성지성선사'(大成至聖先師)가 가장 좋습니다. 우리는 외국인을 따라서 그에게 무슨 '가'를 붙여서는 안 됩니다. 그렇게 하면 대성(大成)이 아니라 소성(小成)이 되어 버리므로 서양 문화의 속임수에 넘어가서는 안 됩니다.

공자는 말하기를 "시경에 나오는 관저(關雎)의 시는 즐거우면서도 지나치지 않고, 슬프면서도 마음을 상하게 하지 않는다."(樂而不淫, 哀而不傷)라고 했습니다. 관저의 시를 남녀간의 사랑이라고 생각했는데, 사실은 그 속에는 성은 죄악이 아니라는 뜻이 들어 있습니다. 성 그 자체는 죄악이 아니며, 성 충동 자체는 자연적인 것입니다. 우리의 이성(理性)이 성으로 하여금 충동하지 말라고 가르치지만, 끝내 생명의 이 동력은 충동을 합니다. 그렇지만 성의 행위를 이성적(理性的)으로 처리하지 않으면 그 행위가 죄악을 형성하게 됩니다. 이 이치가 맞는지 틀리는지 여러분이 한번 생각해 보십시오. 성의 본질은 결코 죄악이 아닙니다. "음식과 성(性)은 사람의 큰 욕구의 대상이다."라는 말대로 생명이 존재하는 한 반드시 큰 욕구가 있습니다. 그러나 그것을 처리하는 행위가 옳지 않으면 곧 죄악이 됩니다. 공자는 바로 이런 관점에서 "관저의 시는 즐거우면서도 지나치지 않다."(樂而不淫)고 말하고 있습니다. 여기에서 여러분은 '淫'(음)자에 유의해야 합니다. 오늘날에는 그 좁은 뜻으로만 보아 단지 성행위만을 '淫'(음)이라고 하지만, 고문(古文)에서의 '淫'(음)자는 때로는 지나침, 즉 과도(過度)하다는 의미로 해석됩니다. 비유하면 우리가 원래 두 시간 동안 강의하도록 되어 있지만 결과적으로 두 시간 반을 강의하여 듣는 사람들을 피곤해 죽을 지경으로 만들었다면, 고문에서는 '淫'(음)했다고 쓸 수 있을 것입니다. 또, 비가 너무 많이 내렸다면 그 비는 음우(淫雨)가 됩니다. 그러므로 관저의 '낙이불음'(樂而不淫)은 곧 지나치지 않다는 것입니다. 중국인은 본래 성(性), 정(情), 그리고 애(愛)의 처리에 대해 하나의 원칙을 갖고 있습니다. 그것은 소위 '발호정, 지호례'(發乎情, 止乎禮)로서 현대적 의미로 말하면, 심리적 생리적 충동은 행위 면에서 예(禮)에서 그쳐야 한다는 것입니다. 단지 합리적이기만 하면 죄악이 되지 않는 것이므로, 공자는 "관저의 시는 즐거우면서도 지나치지 않다."고 말했습니다.

그러나 관저의 시에는 슬픔과 원망도 들어 있어, 읽기에 재미가 있습니다. 비록 몇 자에 불과하지만, 현대 문학으로 묘사하면 충분히 노골적입니다. 시의 끝 구절은 '구지부득, 전전반측'(求之不得, 輾轉反側)인데, 여기에서 '구'(求)자는 '구한다'는 뜻으로, 오늘날 말로는 쫓아다닌다는 뜻입니다. "쫓아다녀라! 쫓아다녀도 별 수 없으니 잠을 이룰 수 없네. 잠을 못 이루니 침상에서 이리뒤척 저리뒤척하네."로 풀어 쓸 수 있지만, 고문에서는 '전전반측'(輾轉反側)이라는 네 글자로 모두 다 그려내고 있습니다. 이 시 속에는 또 애원(哀怨)이 들어 있는데, 비록 슬프고 원망스럽지만 결코 비애와 비관에까지는 이르지 않고 있습니다. 다시 말하면, 사람의 정감을 꼭 알맞게 표현하여 중도(中道)를 지키고 있습니다.

저는 음악에 문외한이지만 여러 곳에서 틀어놓는 일본 음악을 들어보면, 일본 가수는 입만 열면 듣는 사람으로 하여금 슬픈 감정을 이길 수 없게 합니다. 노래의 애절함은 그 섬나라 민족의 운명을 상징하고, 일본 민족성의 표현이라고 할 수도 있습니다. 일본 음악은 어떻게 변천을 하든, 듣자마자 일본 음악이란 것을 알 수 있는데, 애원(哀怨) 속에 비창(悲愴)함이 있고 비창함 속에 애원이 있습니다.

시의 교화를 다시 논한다

중국 상고의 문화는 서양 문화처럼 종교를 그렇게 중요한 위치에 놓지 않았습니다. 중국 상고 문화에서는 시의 문학적 경지를 중시했는데, 시는 종교적인 정감과 아울러 철학적인 정조(情操)를 가지고 있었습니다. 상고의 시에는 오늘날 말하는 문예(文藝) 전체가 포함되어 있습니다. 그러므로 공자는 학생들에게 문학적 수양을 많이 강조하여 이렇게 말했습니다.

"젊은이들아, 왜 시를 배우지 않느냐? 시는 사람의 감정을 달래 줄 수 있고, 많은 이치를 볼 수 있게 하며, 남과 잘 어울릴 수 있게 하고, 원망을 토로할 수 있게 하며, 가까이는 어버이를 섬겨 효순하게 하고, 멀리는 임금을 섬겨 국가 사회에 공헌하게 하며, 새·짐승·풀·나무의 이름도 많이 알게 하는 것이다."

　子曰 : 小子, 何莫學夫詩? 詩, 可以興, 可以觀, 可以群, 可以怨, 邇之事父, 遠之事君。多識於鳥·獸·草·木之名。

　역사를 읽어 보면 중국 고대의 문신(文臣)과 무장(武將)들은 모두 문학의 기본 수양을 갖추고 있었습니다. 정사(正史)를 보면, 관우(關羽)는 바로 춘추학(春秋學)을 연구한 전문가였습니다. 악비(岳飛) 등은 학문이 대단히 훌륭한 사람들로서 문학적 수준이 높았습니다. 퇴직한 뒤에 문학을 하는 것도 괜찮습니다. 그렇지 않으면 종교를 연구해 보는 것도 좋습니다. 가장 걱정스러운 것은, 퇴직해서 한가해진 사람이 내면의 중심 수양이 없어서 직장 일 외에는 인생이 없는 것처럼 되어 버리는 것인데, 이것은 딱한 일입니다. 한 가지 예술이라도 배워서 자기의 정신세계가 있어야 합니다. 이것은 아주 중요한 일입니다. 그래서 공자는 "너희 젊은이들은 왜 시(詩)를 배우지 않느냐? 고 했습니다.
"시는 사람의 감정을 달래 줄 수 있다."(可以興) '흥'(興)은 사람의 감정을 달래 주는 것입니다. 사람의 감정은 고통스러울 때가 많으며, 인생에는 부모·아내·자식·친구에게도 모두 털어놓을 수 없는 번뇌가 많습니다. 사람이 문학적 또는 예술적 경지가 있어서, 예컨대 마음 내키는 대로 붓글씨라도 써 보면 괴로운 감정이나 번뇌를 다스릴 수 있습니다. 그림을 그리는 것도 좋고 시(詩)나 사(詞)를 짓는 것은 더욱 좋습니다. 시는 인간의 감정을 달래 줍니다.
　"시는 많은 이치를 볼 수 있게 한다."(可以觀) 우리는 시 속에서 많은 이치를 발견할 수 있고, 시를 통해 많은 것을 계발할 수 있습니다. 자신의 시에서 자신의 사상과 정서를 볼 수 있습니다. 문예 작품을 보면 대체로 작자의 개성을 알 수 있습니다. 글씨 이야기를 해 봅시다. 과거에는 글씨를 '심화'(心畵)라고 했는데, 같은 붓으로 같은 자첩(字帖)을 보고 쓰는데도 사람마다 글씨가 모두 다릅니다. 그래서 붓글씨를 보면 쓴 사람의 개성, 수명의 장단, 앞날의 화복(禍福)을 알 수 있습니다. 오늘의 만년필 글씨나 연필 글씨에서도 마찬가지로 그 사람의 개성을 볼 수 있습니다. '관'(觀)이란 이런 의미로서, 작품을 통해 사람을 이해할 수 있는 것입니다.

"시는 남과 잘 어울릴 수 있게 한다."(可以羣) 시를 지음으로써 자신의 감정을 조절하여 직업에 전력하고 벗과 사귀는 것을 즐길 수 있으므로, 외롭지 않게 지낼 수 있습니다. 이는 곧 학문을 통하여 친구를 사귀는 것(以文會友)입니다.

"시는 불만을 토로할 수 있게 한다."(可以怨)는 것은 아주 명백한 일인데, 문학적 수양이 있으면 문학을 통해 마음 속의 번민이나 불만을 털어놓을 수 있습니다. 이것을 털어놓지 못하고 눌러 두면 서서히 마음의 병이 됩니다. 성미가 급하거나 정서가 불안한 사람은 많은 괴로움을 마음 속에 눌러 두고 지내다가 흔히 간질환이나 정신병을 얻습니다. 그러므로 우리는 수양을 해야 합니다. 수양은 자기를 억누르는 것이 아니라 자기를 적절히 풀어 주는 것입니다. 문학적 수양을 통해 시를 지을 줄 알면, 마음 속의 불만을 풀어 없앨 수 있습니다.

"가까이는 어버이를 섬겨 효순하게 할 수 있다."(邇之事父) 시가 어떻게 어버이에게 효순하게 할 수 있을까요? 예술적인 수양이 있으면, 부모를 모시는 데 있어 낙관적인 태도를 가질 수 있기 때문입니다. "멀리는 임금을 섬겨 국가 사회에 공헌하게 한다."(遠之事君) 시는 또한 멀리는 국가 사회에 공헌할 수 있게 합니다.

마지막으로, 문학을 좋아하고 시사(詩詞)를 좋아하면, "새 · 짐승 · 풀

· 나무의 이름도 많이 알게 된다.”(多識於鳥 · 獸 · 草 · 木之名)고 했습니다. 고대의 시는 오늘날의 박물학(博物學)과도 같이 많은 것을 포함하고 있어서, 시를 배우면 무엇이나 알 수 있었습니다. 공자 시대에는 사전류의 서적이 전혀 없어서, 이러한 지식들을 시를 통해 배웠습니다. 사전류의 서적은 당 · 송 이후에야 편집되었습니다. 사해(辭海) · 사원(辭源)은 중화민국 시대에 연감류함(淵鑑類函) · 패문운부(佩文韻府) 같은 책들을 토대로 하여 편찬한 것으로, 모두 후세에야 이루어졌습니다. 조충어수(鳥蟲魚獸)나 인물 등의 자료는 수집하기가 어려운데, 하물며 춘추전국 시대에는 어떠했겠습니까? 공자가 당시 특별히 시를 배울 것을 제창한 이유 중의 하나는 각종 지식을 얻게 하기 위한 것이었습니다.

여기서 많은 것들을 소개할 수 있지만 문학적인 경지에서 마음 속의 고통과 불평을 시로 토로한 사람들의 예만을 들어 보겠습니다. 먼저 송나라의 애국 시인 육방옹(陸放翁)을 들 수 있는데, 국가와 세상일에 대한 많은 근심과 애국 열정을 그의 시문집에서 볼 수 있습니다. 또, 악비(岳飛)의 얼마 안 되는 유저(遺著)와 문천상(文天祥)의 시사(詩詞) 속에서도 그들 마음 속의 고통과 불평이 많이 나타나고 있는 것을 볼 수 있습니다. 동서고금의 각 시대마다 인생의 고통, 특히 국가 사회에 공헌하고 싶어했던 사람들이 당한 고통은 보통 사람보다 더 크고 더 많았다는 것을 그들의 시사(詩詞) 속에서 볼 수 있습니다. 앞에서 언급했던 신기질(辛棄疾)이 지은 유명한 사(詞)가 한 수 있는데, 그 반 수만 보아도 그에게 얼마나 많은 고통과 불평이 있었는지를 알 수 있습니다.

지난 일을 떠올리면서 오늘의 나를 탄식하니　追往事 嘆今吾
봄바람은 흰 머리털과 수염을 물들이지 못하네 春風不染白髭鬚
만자(萬字)로 쓰여진 오랑캐 정벌책을　　　卻將萬字平戎策

　이것은 뒤쪽 반 수입니다. 앞쪽 반 수는 그가 젊은 시절에 가졌던 하늘을 찌를 듯한 포부와 기백을 묘사한 것입니다. 이 뒤쪽 반 수에서는 과거를 회상하면서, 이제는 늙어 머리도 수염도 하얗게 되어 청춘의 숨결이 없어졌다며, 젊은 시절로 돌아갈 수 없는 자신을 탄식하고 있습니다. 그 무렵 그는 어떻게 지내고 있었을까요? 당시 남송(南宋) 조정에서는 그를 기용하려고 하지 않았으므로, 그는 고향에서 지내고 있었습니다. 그는 남송 조정에 올리기 위해 정치를 논하고 전략을 논하는 여러 편의 보고서를 썼지만, 그런 대문장들이 아무 쓸모가 없어졌으니 이웃 농갓집에 가져가서 채소 농사법을 쓴 책으로 바꿔 올 수밖에 없었습니다. 그러니 그의 시사(詩詞) 속에 어찌 불평이 들어 있지 않았겠습니까? 그는 불평도 컸지만, 그 마음 속의 불평을 절대로 숨기지 않았습니다. 그는 성격이 온건 담백하여 국가에서 공헌을 하라고 하면 최대한 공헌하고, 국가에서 공헌을 바라지 않으면 공헌하지 않았으며, 불평도 대단히 담담합니다. 그는 예술적·문학적 수양이 매우 높았기 때문에, 인생을 이처럼 담담하게 보았습니다. 이러한 감정들은 그의 시사(詩詞) 속에 많이 나타나고 있습니다. 우리가 그의 글들을 보면 인생을 이해하게 되고, 또 역사를 이해하게 됩니다. 동서고금을 막론하고 사람이 인생을 훤히 꿰뚫어 이해하고 나면 더욱 온건 담백해지며, 사회에 더욱 공헌하고 싶어집니다. 신기질 같은 경우 일생 동안 너무 큰 타격을 받았으므로, 오늘날 우리 같은 수양 정도라면 반란을 일으켰을지도 모릅니다. 그의 열정적인 애국심에도 불구하고, 그가 남송으로 이끌고 온 부대는 해산되었습니다. 그런데도 그는 그것을 견디어내고 담담하게 대처할 수 있었습니다. 비록 증오심은 가슴에 북받쳤지만, 보통 사람들처럼 툭하면 난리를 피우는 일은 하지 않았습니다. 왜냐하면 그의 목적은 개인의 명리(名利)에 있지 않고 오로지 국가에 공헌하는 데 있었기 때문입니다. 여기서 그의 예를 든 것은 바로 공자가 말한, "시는 사람의 감정을 달래 줄 수 있고, 많은 도리를 볼 수 있게 하며, 남과 잘 어울릴 수 있게 하고, 불만을 나타낼 수 있게 한다."는 이치를 설명하기 위해서였습니다.

시는 감흥을 발휘하고 뜻을 담아낸다

공자께서 말씀하셨다. "시를 통해 감흥을 발휘하고, 예를 통해 행실을 바로 세우고, 음악을 통해 성정을 완성한다."

子曰 : 興於詩, 立於禮, 成於樂。

이것은 공문(孔門)의 교육으로, 학문하는 내용입니다. 첫째는 "시를 통해 감흥을 발휘하는 것"(興於詩)으로서, 시 교육의 중요성을 강조하고 있습니다. 여기서의 '흥'(興)은 흥취(興趣)의 흥입니다. 흥이 나는 것은 사람의 정감(情感)입니다. 사람은 다 정감이 있는데, 속으로 억제하면 병적인 심리가 됩니다. 그러므로 밖으로 표현하여 풀어야 합니다. 정감을 발휘하는 제일 좋은 방법은 예술과 문학인데, 시가 그 한 방법입니다.

고대의 시에는 문학·예술·철학·종교 등이 모두 포함되었습니다. 고대에는 시와 음악이 서로 나누어질 수 없는 것이었으며, 시도 문학예술이었습니다. 그래서 공자는, 사람은 기본 수양으로 시를 알아야 한다고 했습니다. 엄숙한 일에 종사하는 사람, 예를 들어 정치가나 경제인이나 의사들은 특히 이 점에 주의를 기울여야 합니다. 저는 의사 친구들에게 그림을 배우라고 자주 권합니다. 의사들의 생활은 정말 불쌍해 보입니다. 그리고 의사 부인들이 위대하다고 생각됩니다. 의사는 사생활이 거의 없고, 1년 365일 동안 날마다 종일 바쁩니다. 하루 종일 환자를 만나야 하며, 만나는 사람들마다 찡그린 눈썹에 고통스런 얼굴입니다. 이런 식으로 계속되면 의사 자신도 병이 날 것입니다. 특히 정신과 의사들이 그렇습니다. 저는 한 정신과 의사에게, "당신도 거의 환자가 됐습니다." 하고 농담을 한 적이 있습니다. 그러자 그는, "당신 말이 맞습니다. 제가 학생으로서 정신과를 공부할 때에는 우리를 가르치는 선생님이 정신병 환자로 보였으니까요. 정신과 의사들은 환자를 많이 보고 나면 자연히 정신병자 비슷하게 변합니다." 하고 말하는 것이었습니다. 또, 관리들은 흔히 관료 티가 난다는 소리를 듣는데, 이게 무슨 특이한 일은 아닙니다. 관리 노릇을 오래 하다 보면 자연히 관리 특유의 모습이 되어 버립니다. 의사는 의사티를 내느라고 친구들을 만나면 흔히, "자네, 혈압이 높아 보이네."라는 식으로 말합니다. 상인은 또 상인티를 냅니다. 이건 별로 이상한 것이 아닙니다. 모두가 현대 심리학에서 말하는 직업병입니다. 같은 직업에 오래 종사하다 보면 사람이나 일을 보는 시각도 습관적으로 직업적 관점에서 출발합니다. 그러므로 대체로 엄숙한 일에 종사하는 사람들은 특히 주의해야 하는데, 과거에는 이런 생활을 시(詩)나 예술적 수양을 통해 조절했습니다. 이 때문에 과거에 큰 벼슬을 지낸 사람은 문집도 많이 남기고 시도 많이 지었는데, 그가 일부러 예술 수양에 몰두한 것이 아니라 마음 속에 쌓인 많은 감정을 따로 풀 길이 없어 시나 예술에 의탁했기 때문입니다. 그래서 공자는 "시를 통해 감흥을 발휘한다."(興於詩)고 했습니다. 예를 들면, 왕안석(王安石)은 시와 정치 생활의 두 가지가 거의 완전히 다른 풍격을 이루었습니다.

그러나 예술이나 문학을 오래 배우게 되면 한 가지 병폐가 생기게 되는데, 이른바 "문인은 품행이 단정하지 못하다."(文人無行)는 것입니다. 일반적으로 순수하게 문학에 종사하는 문인은 품행이 그리 좋지 않아 건들거리거나 재능을 믿고 오만하며 남을 깔본다는 평을 듣습니다. 또 한 가지 가장 큰 병폐는 천고 이래로 문인들끼리 서로 경시하여, 글은 자기 것이 좋고 남의 글은 마음에 들지 않는다고 생각하는 것입니다. 우스운 이야기가 하나 있는데, 어떤 사람이 다음과 같은 시 한 수를 지어 허풍을 쳤습니다.

천하의 문장은 삼강에 있고	天下文章在三江
삼강의 문장은 오직 내 고향에 있다	三江文章唯我鄉
내 고향 문장은 내 아우에게 있고	我鄉文章數舍弟
내 아우는 나에게서 문장을 배웠다	舍弟跟我學文章

　이리저리 빙빙 돌려 말하지만, 결국은 자기 문장이 제일 좋다는 것입니다. 그러므로 예술 수양을 중화하기 위해, 공자는 "예를 통해 행실을 바로 세워야 한다."(立於禮)고 말합니다.

　우리 일반인들은 학자와 문인을 같이 생각하는데, 사실은 학자는 학자로서 학술 전문가를 말하며, 문인은 문장을 잘 쓰는 사람이지 꼭 학자인 것은 아닙니다. 어떤 사람은 문장은 잘 쓰지만 그와 함께 학문 사상을 토론해 보면, 예를 들어 경제학·심리학 등등을 이야기해 보면 아무것도 모릅니다. 전에 어느 대문호(大文豪)가 각 전문 분야의 학자들과 한자리에서 한담할 때 저도 참석한 적이 있었는데, 그 대문호는 그들의 이야기를 듣고 견디다 못해 한 과학자에게 물었습니다. "당신은 컴퓨터가 좋다고 하는데, 컴퓨터도 시를 지을 줄 아나요?" 이 질문에 대답한 사람이 좌중에 아무도 없었습니다. 물론 그 과학자도 어떻게 대답해야 할지 몰라 머뭇거리고 있기에, 제가 대신 이렇게 대답했습니다. "컴퓨터도 시를 지을 수 있습니다. 하지만 잘 짓는가 못 짓는가 하는 것은 별개의 문제입니다. '12345, 동서남북중'도 반드시 시가 아니라고 할 수는 없습니다." 항일전쟁 시절의 자동차는 주행 도중에 고장으로 자주 멈춰 섰는데, 어떤 사람이 이것을 옛 사람의 시 한 수를 고쳐 다음과 같이 묘사했습니다.

한 번에 2,3리를 가는데	一去二三里
고장은 네댓 번이구나	抛錨四五回
6,7보 앞으로 나아가면	前行六七步
8,9,10보는 사람이 민다	八九十人推

이 역시 시입니다. 문인이 문장만 좋을 뿐, 철학 수양도 없고 과학도 모른다면 그 병폐가 큽니다. 그러므로 '시를 통해 감흥을 발휘하는 것'만으로는 안 되고 '예를 통해 행실을 바로 세워야' 합니다. 즉, 예(禮)에 발을 붙이고 서야 하는데, 이 예는 예기(禮記)의 정신으로서 철학 사상과 과학 정신이 포함됩니다. 그리고 마지막에는 '음악을 통해 성정을 완성해야' 합니다. 고대에 공자가 수정(修訂)한 악경(樂經)은 현재 전해오지 않지만, 대체로 편안하고 즐거운 정신을 발휘한 것으로, 백성들의 생활 속에 음악적인 경지를 육성한 것입니다.

시적 인생

우리가 알듯이 중국 문화가 문학 분야에서 대체로 다음과 같이 변천, 발전했습니다. 즉, 한대(漢代)의 문(文), 당대의 시(詩), 송대의 사(詞), 원대의 희곡(曲), 명대의 소설로 변천해 왔으며, 청대의 경우는 대련(對聯)으로 발전했다고 생각합니다. 특히, 청대를 중흥시킨 명장 증국번(曾國藩)과 좌종당(左宗棠) 같은 사람은 대련을 최고 수준까지 발전시켰습니다. 수천 년에 걸친 중국 문학 형태의 변천은 대체로 이와 같습니다.

저는 오늘 낮에 학자 한 분과 여러 사람의 저작물에 대해 이야기를 나누었는데, 그분 이야기가 옛날에는 문학 작품들을 보면 대충 보아 내려갈 수 있어서 그다지 주의를 기울이지 않아도 되었답니다. 그런데 요즈음은 작품들을 보는 것이 참 어렵다는 거예요. 그의 말은 사실입니다. 어떤 사람은 타고난 문학적 재능이 있어서, 생각나는 대로 몇 마디 쓴 것인데도 그 필치로 보아 그가 문학 분야에서 틀림없이 성공하리라는 것을 알 수 있습니다. 또, 어떤 사람은 평생토록 애써 배우지만 끝내 문학가가 될 수 없는 이도 있습니다. 이런 사람은 비록 문장을 잘 쓴다고 해도 문학가의 수준에는 도달하지 못하고, 아무리 노력해도 자신의 한계를 돌파할 수 없는, 말하자면 단지 과학자의 문장만을 쓸 수 있을 뿐입니다. 과학에 관해 쓴 책은 재미있게 읽을 방법이 없습니다. 저는 전에 한 학생에게, "너는 화학을 가르칠 때 문학적인 수법을 섞어서 가르치면 효과적일 것이다. 과학 자체는 딱딱하다. 그래서 재미있게 가르치는 것이 제일 좋은데, 예를 들어 어떤 공식을 가르칠 때 먼저 공식을 이야기하지 말고 다른 흥미 있는 일을 말한 다음, 마지막으로 이 재미있는 일과 그 공식의 원리가 같다고 설명하는 것이다. 이렇게 하면 듣는 사람이 쉽고도 확실하게 알 수 있다."고 말한 적이 있습니다. 몇몇 학생이 이 방법으로 가르쳐 보니, 확실히 성공적이었다고 합니다. 그러나 오늘날 중국 문학은 급변하고 있는 중이고, 아직 하나의 법칙을 찾아내지 못하고 있습니다.

　　시로 말하자면, 과거에 우리가 공부할 때는 소학(小學) 과정(지금의 초등학교 과정이 아님)에서부터 누구나 시를 배우기 시작했습니다. 저마다 시를 지을 줄 알았지만, 시인이 되느냐 안 되느냐는 별개의 문제였습니다. 어떤 사람은 시를 왜 이처럼 중시하느냐고 묻는데, 이것이야말로 큰 문제입니다. 일반인들은 보통 시를, 병이 없는데도 신음하듯 감상적으로 지어야 좋은 시가 되는 줄로 생각합니다. 옛날에 어떤 사람이 이런 시를 두고 이른바 '관문폐호엄시비'(關門閉戶掩柴扉)라고 야유를 했는데, 문을 닫는다는 관문(關門)이 곧 폐호(閉戶)요, 폐호가 곧 관문이고, 엄시비(掩柴扉)도 관문입니다. 평측(平仄)도 옳고 압운(押韻)도 옳지만, 그 모두를 한데 모아 놓으면 아무런 의미가 없습니다. 이것이야말로 병이 없는데도 신음하는 것을 잘 형용한 말로서, 이런 문학은 정말 문제가 있으며, 모두 다 한마디로 '관문폐호엄시비'에 지나지 않습니다.

또 우스운 이야기가 하나 생각나는데, 수십 년 전에 소위 '화장실 문학'이란 것이 있었습니다. 대륙 강남 지방 일대의 찻집 같은 공공 장소의 벽에 멋대로 지은 글귀들이 많이 쓰여 있었습니다. 이 글귀들을 뭐라고 이름지을 방법이 없자 어떤 사람이 '화장실 문학'이라고 불렀습니다. 어떤 사람이 그 글들을 보고 정말 보아 줄 수가 없어서 시를 한 수 지었는데, 이 시도 역시 중국 문화 속에서 문학의 말류(末流)를 대표합니다. 그 원시는 다음과 같습니다.

여태까지 시인의 모습을 몰랐는데	從來未識詩人面
이제야 시인의 키가 여덟 장(丈)인 줄 알았네	今識詩人丈八長
시인 키가 여덟 장이 아니라면	不是詩人長八丈
어떻게 높은 담에 나발을 불어 놓았을까	如何放屁在高牆

이 시는 당시의 '화장실 문학'을 비평하는 익살스런 작품입니다. 이와 같은 퇴폐적인 모습은 오늘날 우리가 보면 별것 아니지만, 그 당시에는 심각했습니다. 그래서 그 당시 중국의 국부 손문(孫文)은 혁명을 제창하지 않을 수 없었습니다. 당시 문학과 문화의 상황은 아주 심각했습니다. 병이 없는데도 신음하는 식의 그런 시들 중에는 퇴폐적인 것들이 아주 많았습니다. 이런 류의 뜻이 담긴 우스운 이야기는 정말 많았습니다. 그래서 나중에 5·4운동이 일어났을 때 낡은 문화를 타도하자고 했던 것입니다. 물론 공격한 것은 잘못이지만, 그 잘못의 책

임도 당시 타도에 나선 사람들이 모두 질 수는 없습니다. 왜냐하면 그 시대 역사의 무거운 짐이 그들을 짓눌렀기 때문입니다.

시 속에 표현된 제왕들의 호색

중국은 역사 문화적으로 본디 호색(好色)을 반대했습니다. 그런데 묘한 것은 제왕의 호색은 허락했습니다. 그래서 삼궁육원(三宮六院)을 두었습니다. 심지어는 더 많아도 무방해서 많으면 많을수록 좋았습니다. 뿐만 아니라 제도규정을 세워 법령으로도 명문규정을 두었습니다. 유가는 수천 년 동안 호색해서는 안 된다고 주장했지만 어느 황제의 호색 생활도 고치지 못했습니다. 생각해보면 제왕도 교화되어야 할 백성이지요! 미색(美色)이란 그저 생활속의 장식품에 지나지 않는 것이므로 영명한 제왕이 호색하더라도 그의 업적에는 영향을 미치지 않을 수도 있었습니다. 좀 못한 황제는 미색에 한 번 빠져들면 밤낮을 가리지 않고 방탕해진 나머지 나라를 망치고 집안이 멸망하는 지경을 면하기 어려웠습니다.

역대 제왕의 호색 이야기는 고대의 시사(詩詞) 속에서만 찾아보아도 많은 것들을 볼 수 있습니다.

당(唐)왕조의 백거이(白居易)의 장한가(長恨歌)를 봅시다.

봄밤이 너무 짧아 해 높이 솟은 뒤 일어나니
이때부터 임금은 조회에 참석하지 못했네
환락 받들어 모시고 잔치하느라 한가할 새가 없고
봄에는 봄놀이에 따르고 밤마다는 임금을 독차지 하였네

春宵苦短日高起　從此君王不早朝

承歡侍宴無閒暇　春從春游夜專夜

　역시 당나라 시대의 이상은(李商隱)의 북제(北齊)라는 시는 이렇습니다.

　포사의 한 번 미소가 임금을 홀려 나라가 망했었는데
　구태여 궁전에 가시덤불 가득해서야 슬퍼할 필요가 있을까
　소련의 옥 같은 몸이 임금 침상에 가로 누워 있던 밤
　주나라 무제 군대는 이미 진양을 공격하여 들어 왔었네

　一笑相傾國便亡　何勞荊棘始堪傷
　小憐玉體橫陳夜　已報國師入晉陽

　또 청나라 시대의 주수신(朱受新)의 오궁사(吳宮詞)는 이렇습니다.

　밤마다 높은 누각에서 생황 안고 노래하니
　태호에 달 졌건만 잔치는 아직도 벌려 있었네
　임금은 스스로 경국지색 사랑하느라
　사람들이 적국에서 오는 줄도 잊고 있었네

　夜擁笙歌百尺台　太湖月落宴還開
　君王自愛傾城色　却忘人從敵國來

　이런 시사들을 모아서 하나하나 명백히 서술 토론해본다면, 이 방면
관련의 시화(詩話)로도 편집해볼 수 있을 것입니다. 당나라 시대 말기
의 시인인 이산보(李山甫)의 석두성에 쓰다(題石頭城)라는 칠언율시 한
수를 들어 보겠습니다.

남조(南朝)의 천자는 풍류를 사랑하여
강산을 끝 까지 다 지키지 못했네
모두 전쟁으로 얻은 것이었음에도
가무를 즐겼기에 망하게 하였네
요임금은 도덕정치로 마침내 적이 없었건만
진(秦)나라는 금성철벽으로도 뜻대로 안 되었네
묻노라 지난날 번화했던 도시는 어디에 있는가
거친 잡초만이 가을 비바람에 하느작거리누나

南朝天子愛風流　盡守江山不到頭
總是戰爭收拾得　卻因歌舞破除休
堯將道德終無敵　秦把金湯豈自由
試問繁華何處有　雨莎煙草石城秋

　이 시는 남북조 시대에 남경에 수도를 정하고 주색가무(酒色歌舞)에 빠져 나라가 망한데 대해 느낀 바를 읊은 이산보의 명시입니다. 시의 대체적인 뜻은 이렇습니다. "남조의 황제들은 대부분 수년 동안 온갖 시련을 겪으면서 피 흘리는 전쟁을 통해 강산을 손에 넣었건만 결과적으로는 몇 번의 가무를 즐기기 위해 남에게 넘겨주는 꼴이 되어버렸다.

　먼 옛날의 요순임금은 도덕으로써 별 힘들이지 않고 정치를 했건만 천하가 태평하고 인심이 그에게 돌아갔다. 그런데 진시황은 무력으로써 천하를 통일하고 엄격한 형법으로써 다스렸건만 결과적으로 처자식도 보전하지 못했다. 소위 남조금분(南朝金粉)으로 당시 세왕의 도성은 풍류에 빠진 황제의 사치 하에서 얼마나 멋진 풍광이었는지 모르겠다! 그런데 지난날의 영화는 어디 있을까? 눈앞에 보이는 것은 그 석두성의 거친 잡초뿐으로 가랑비 속에서 가을바람에 하느작거리는구나."

이 시는 남조 황제가 호색한 과보를 완곡하게 묘사하면서 요임금의 성스러운 덕을 언급하고 있습니다. 뒷날 송태조(宋太祖)는 이 시를 보고서 대신들로 하여금 비에 새겨 궁 안에 하나 세우도록 했습니다. 그래서 후대의 자손들이 이 시를 보고 경계하도록 했습니다. 그러나 휘종(徽宗)에 이르러서는 역시 이 좁은 문으로 걸어 들어갔습니다.

중국역사에서는 수 천 년 동안 늘 호색과 정치의 문제를 토론해 왔습니다. 그래서 자연히 여러 미인들에게 관련되었는데, 예컨대 서시(西施) · 왕소군(王昭君) · 양귀비(楊貴妃) 등등으로 그 숫자가 많습니다. 그 중에 어떤 분들은 그 미인들을 비난했던 이도 있는가 하면 그들의 억울함을 대신 말해준 이도 있었습니다. 수 천 년 동안 줄곧 논쟁이 그치지 않았지만 확정된 결론에 이르지 못했습니다.

왕소군 관련 기록 밖의 평어

청대에 유헌정(劉獻廷)이 왕소군(王昭君)을 읊은 시를 그 예로 들어 보겠습니다.

들으니 한나라 임금이 화공을 죽였다는데
화공이 어찌 궁녀의 미추를 심사 결정할 수 있었겠는가
궁중의 얼마나 많은 꽃 같은 미녀들이
흉노의 왕 선우에게 시집가지 않은 줄 임금은 몰랐네

漢主曾聞殺畫師 畫師何足定妍媸
宮中多少如花女 不嫁單于君不知

여러분들은 이 고사를 알 겁니다. 한원제(漢元帝) 때 궁중화가를 두어 궁녀들의 모습을 황제에게 그려 주어 황제가 잠자리에 부르기에 편리하도록 선택케 하였습니다. 당시의 화가 모연수(毛延壽)는 아름다운 왕소군을 제대로 그리지 않음으로써 왕소군은 임금의 총애를 얻지 못하고 외국인에게 보내졌습니다. 이 일로 몹시 화가 난 한나라 원제는 모연수를 죽였습니다. 모연수를 죽였다는 전설은 신뢰성이 그리 높지 않습니다. 후인들이 왕소군을 위해 불만을 품고 모연수를 죽여 버리고 싶었기 때문입니다.

이 시가 말하는 것은 일개 궁중 화가가 어떻게 한사람의 미추(美醜)를 평가단정할 수 있겠느냐는 겁니다. 개인의 심미 관점은 본래 완전히 서로 같을 수 없습니다. 후궁에 있는 미녀들 중에는 왕소군 같은 자태를 지닌 미인들이 아마 많았을 겁니다. 다만 왕소군이 외국으로 시집을 가게 되었기 때문에 떠나기 전 황제에게 작별인사를 할 때에서야 그녀의 아름다움이 원제에게 발견되었을 뿐입니다. 시종 황제의 눈에 띠지 못한 백두궁(白頭宮)의 미녀들이 얼마나 많았는지 모릅니다. 겉으로 보면 이 시는 억울한 사람은 모연수라고 외치는 듯 하지만 사실은 역시 역사평론에 대한 반박입니다. 주요한 가탁 의미는 고대 제왕들에게 후궁미녀들이 너무 많았다는 일종의 비판이자 책망입니다.

왕소군이 국경지대를 넘어 외국으로 시집간 역사적 사실은 얼마나 많은 사람들이 널리 이구동성으로 탄식하고 가인박명(佳人薄命)의 처량함을 슬퍼했는지 모릅니다. 왕소군을 읊은 시가 또 한 수 있는데, 이와는 다른 논조로서 또 다른 관점을 지닌 명나라 시대 시인의 명시입니다.

장군은 무기를 들고 이 첩은 흉노와 강화를 위해
똑 같이 은혜 입어 옥문관을 나갑니다
전사한 자 살아남은 자 모두 나라를 위하니

어찌 감히 이 소녀 박명하다 원망하리요

將軍杖鉞妾和番　一樣承恩出玉關
死戰生留俱為國　敢將薄命怨紅顏

이 시는 왕소군의 말투로 이렇게 말하고 있습니다. "장군과 전사들이야 국경지대에 나가 무기를 들고 싸우지만, 나 왕소군은 일개 연약한 여자로서 국경지대에 나감은 국가의 안녕을 도모하기 위하여 오랑캐와 통혼강화(通婚講和) 하려는 국가의 외교정책을 받들어 외국인에게 시집가는 것이다. 둘 다 국가의 명령을 받들어 멀리 국경 밖으로 나가는 것은 마찬가지이다. 얼마나 많은 전사들이 국외에서 죽었는지 모른다. 그런데 나는 평화의 사명을 지고 있기에 꼭 살아남아야 한다. 사는자와 죽는 자 모두 국가를 위한 것이다. 지금 연약한 여자인 나는 비록 고국 땅을 멀리 떠나 야만의 거친 땅인 변경으로 가서 일생을 마치게 되는데 어찌 감히 원망하고 탄식하겠는가!" 이 시는 왕소군의 국가에 대한 충의(忠義)의 정을 높이 치고 있습니다. 왕소군이 지하에서 안다면 어떤 감상이 들지 모르겠습니다!

당나라 시대 번진과의 강화정책에 대한 감상(感傷)

이 밖에 당대에도 이와 유사한 고사가 발생했습니다. 중국의 서북변경지역인 회흘(回紇)·돌궐(突厥) 등은 한나라와 당나라 이 두 시대에 국경지대에 문제가 자주 발생했습니다. 한나라와 당나라 두 시대에는 변방외족을 방어하는 무슨 고명한 방법이 확실히 없었습니다. 일을 더는 유일한 방법이 여인을 이용하여 안무(按撫)하는 것이었습니다. 한나라 당나라 두 시대는 중국의 위세가 가장 성하던 시기였음에도 외교정책 상으로는 여인을 이용한 강화노선을 걸었습니다. 하늘만큼 위세가 높았던 대한(大漢)제국으로서는 하나의 오점이 아닐 수 없습니다. 만약 중국 부녀자의 입장에서 역사를 쓴다면 한나라 당나라 두 시대의 외교적 찬란한 역사의 자취는 대부분 여성을 이용해 이루어진 것이라 해야 마땅합니다. 그래서 유정헌(劉廷獻)의 시에 이렇게 감탄하는 시구가 있습니다.

첩의 몸이 이국에 시집감을 어찌 감히 안타까워했으리요
한(漢)나라의 영구적인 책략은 번진과의 강화에 있었네

敢惜妾身歸異國　漢家長策在和番

당나라 대력(大曆) 4년 강성한 회흘이 중국에 통혼을 요구하면서 공주를 한 사람 자신들에게 시집보낼 것을 요구했습니다. 물론 황제는 자기 딸을 회흘에 시집보내기를 원하지 않았지요. 그래서 후궁 중에서 궁녀를 한명 골라 숭휘(崇徽)공주로 봉하고 회흘로 시집보냈습니다. 출가(出嫁)행렬이 산서(山西)지방의 분주(汾州)를 거쳐 관문을 벗어나려할 때 숭휘 공주는 가슴속 가득히 원한을 품고 절망적으로 관문 입구의 석벽에 얼굴을 묻고 울었는데 참으로 처량하고 측은했습니다. 그렇지만 어쩔 수 없는 일은 어쩔 수 없는 일이요 절망은 절망이라, 최후에는 독한 마음을 먹고 혼신의 힘을 다해 자신을 국경 밖의 끝없는 땅으로 밀어 넣을 수밖에 없었습니다. 이로써 영원한 이별이 되었습니다. 미인은 슬픔을 머금고 떠나가고 석벽에는 그녀의 손바닥 자국이 남았습니다. 뒷날 어떤 사람이 그 곳에 숭휘공주수흔비(崇徽公主手痕碑)를 세우고 이 일을 기록해 놓았습니다.
시인 이산보가 이곳을 지날 때 이런 시를 지었습니다.

석벽에 남은 손자국은 다시 거두어 들여지지 않아
무수한 봄가을 지나며 푸른 이끼가 가득 났구나
그 누가 황제의 자녀로 번진과의 강화계책 말했던가
나는 남아로서 나라 위해 부끄럽고 부끄럽네
희생의 향기는 이미 차가운 비에 씻겨 사라졌건만
한이 서린 손자국은 연기와 구름에 덮인 채 오래 남아있구나
가련하여라 분하의 물도 사람의 뜻을 아는 듯
돌 위의 흔적과 벗이 되어 오열하며 흐르네

一掐纖痕更不收　翠微蒼蘚幾經秋
誰陳帝子和番策　我是男兒為國羞
寒雨洗來香已盡　澹煙籠著恨長留
可憐汾水知人意　旁與吞聲未忍休

풀이하면 이렇습니다. "숭휘공주의 손자국이 남아 있던 석벽은 무수한 봄가을을 지나면서 이끼가 가득 나 있구나. 도대체 누가 여인을 이용하여 오랑캐의 나라와 강화하는 방법을 생각해냈다는 말인가? 나라를 지켜야 할 책임이 있는 우리 남아들은 이런 일을 보고 국가의 명성과 위엄을 위해 수치를 느끼지 않을 수 없구나. 이 여인이 나라를 위해 희생한 자취는 마치 산꽃의 향기처럼 차가운 비를 따라 가버려 사람들의 기억 속에서 희미해져 버렸네. 하지만 깊은 원망과 감춘 한을 가득 머금은 그 손자국은 여전히 연기와 구름 속에 덮여 있구나. 이 분하의 물도 사람의 뜻을 아는 듯 아직도 이 돌 위의 흔적과 벗이 되어 흐르면서 오열하네."

앞서 말했던 남조(南朝)의 풍류 황제들에 대한 이산보의 시에는 흥망에 대한 개탄이 얼마나 들어 있는지요! 역시 당나라 시대의 명시인인 위장(韋莊)이 남국(南國)의 영웅을 읊은 칠언율시도 사람이 읊조리고 나

면 심금이 울리고 한없이 흐느껴집니다. 그의 시는 이렇습니다.

　남북조 시대의 서른여섯 명의 영웅들
　각축 흥망이 이 속으로부터였나니
　나라 가졌고 집 가졌음이 모두 꿈이요
　용 되었고 호랑이 되었음도 공허한 일
　지고 남은 꽃 쓸쓸한 옛집은 강령(江令)을 슬퍼하고
　해지는 청산은 사공(謝公)을 애도하누나
　도대체 패권을 꾀한 결과 무슨 물건 남았을까
　돌 기린만 들판에 묻혀 가을바람에 쓸쓸히 누웠구나

　南朝三十六英雄　角逐興亡自此中
　有國有家皆是夢　爲龍爲虎亦成空
　殘花舊宅悲江令　落日靑山吊謝公
　畢竟霸圖何物在　石麒麟沒臥秋風

　그는 남조 각국의 수십 명의 제왕영웅들이 서로 쟁탈하여 흥기와 몰락을 거듭하면서 나라와 나라만 다툴 뿐만 아니라 성씨끼리 심지어는 골육끼리도 서로 싸우고 해친 것을 탄식하고 있습니다. 비록 강자가 한때 득세하더라도 얼마 못가서 남에게 밟힐 수 있습니다. 결국은 나라든 집안이든 권력이든 세력이든 모두 다 한바탕 허깨비 같은 꿈에 불과합니다. 이른바 '남조금분'(南朝金粉)이란 말에서 당시 번화하고 성대한 분위기를 상상해 볼 수 있습니다. 그러나 단지 상상해 볼 수 있을 뿐 지금은 직접 볼 수는 없습니다. 그 시대와 아주 가까웠던 위장도 지고 남은 꽃 쓸쓸한 정원과 해지는 푸른 산만을 보았을 뿐입니다. "공훈업적을 기록해 놓은 돌 기린도 이미 가을바람 쓸쓸한 황량한 들판에 파묻혀버려 한갓 사람으로 하여금 저 강령(진나라 시대에 망한 나

라의 재상 강총江總—역주)과 사공(謝公, 남조의 양나라 사영운謝靈運—역주)
을 애도하게 한다. 한번 물어보자, 당시의 패업(霸業)은 무엇을 남겼는
지." 이는 인생에 대한 감개요 난세에 대한 비탄이자 다른 각도에 서
있는 정치적 철리이겠지요! 이것은 그저 현실의 권력만을 추구하는 자
에 대한 충고인 듯 합니다. 사실 역사문화에 대해서도 꼭 이처럼 비탄
할 필요는 없습니다. 송나라 시대의 사도(謝濤)가 지은 꿈속에서 역사
를 읊다(夢中詠史)라는 시 한 수가 잘 읊고 있습니다.

　백년의 특출한 일 기록은 몇 장의 종이요
　천고의 영웅들은 한 구덩이의 먼지로세
　오직 주공과 공자의 가르침만이 빛나서
　지금까지 인의(仁義)는 백성을 화목하게 하네

百年奇特幾張紙　千古英雄一窖塵
唯有炳然周孔敎　至今仁義洽生民

　현실의 권세란 지나고 나면 필연적으로 허망해집니다. 그런데 주공
(周公)이나 공자가 말한 인의(仁義)의 도리와 같은 정확한 문화사상은
천고불변의 것입니다.
　정면과 반면을 보여주는 이런 시사(詩史)에서 우리는 중국문화의 정
치철학을 볼 수 있습니다. 저는 늘 이 시대 청년들에게 말하기를, 만약
중국의 시사(詩詞)에 깊이 들어가지 않으면 중국문화의 철학사상을 이
해할 길이 없다고 합니다. 중국문화와 서양문화는 그 형태와 구조가
다르기 때문입니다. 중국문화에서는 문학과 철학이 서로 나누어지지
않기에, 중국문화의 시사 속에는 흔히 철학사상이 담겨 있으며 심원한
철학사상도 왕왕 우아하고 아름다운 문자로 표현되어 있습니다. 특히
리듬과 선율, 그리고 음운미를 갖춘 시사(詩詞)를 통해 표현하기를 좋

아했습니다.

호색에 대한 정면과 반면 이 양면의 문학 철학 사상은 퍽 재미있습니다. 아울러 역사상 여인과 관련된 정치자료와 여러 가지 다른 견해들을 볼 수 있습니다.

양귀비에 대한 번안어(翻案語)

이야기가 나온 김에 유명한 양귀비(楊貴妃)에 대해 좀 살펴보겠습니다. 역사에서는 당나라 명황(明皇)이 호색하여 안록산(安祿山)의 난이 일어났고 이로 인해 군부대 내에서 군사반란이 발생하여 명황이 좋아하는 양귀비를 마외파(馬嵬坡)에서 산 채로 목매달아 죽였다고 합니다. 후세에 양귀비를 욕하는 시문들도 많았고 양귀비는 억울하다고 대신 호소해주는 시문들도 많았습니다. 명황 이후 먹고 마시고 놀기 좋아하면서 공놀이 솜씨로 뽑는다면 장원에도 급제할 수 있다고 말한 희종(僖宗)황제가 황소(黃巢)의 난을 피하기 위해 사천(四川)까지 도망갔다가 당시 명황이 안록산의 난을 피하고 양귀비를 목매달아 죽인 마외파를 지나게 되었습니다. 그래서 어떤 사람이 마외파의 역관(驛館)에 시 한 수를 지어 이렇게 썼습니다.

마외파의 안개 낀 버드나무는 한창 한들거리는데
천자의 수레가 촉 땅으로 행차함을 다시 보누나
황천에 있는 아만(阿蠻)은 마땅히 이렇게 말하리라
이번 행차에는 다시 양귀비를 원망하지 말아라

馬嵬煙柳正依依　重見鑾輿幸蜀歸
泉下阿蠻應有語　這回更休怨楊妃

이 시는 나은(羅隱)이 지은 것이라고 말하는 사람도 있습니다. 시인은 말합니다. "마외파의 버드나무는 예전과 마찬가지로 한창 시나 그림처럼 아름다운 시기이다. 당왕조의 말기 황제 희종도 난리를 피하기 위해 멀리 궁성을 떠나 이곳을 지나게 되었다. 명황이 지하에서 안다면 마땅히 이렇게 말하리라. '너희들 이번의 난리도 또 저 양귀비 탓으로 돌리지는 않겠지?'"(당명황의 어릴 때 이름이 아만입니다) 이 시는 양귀비를 위한 번안 문장(번안 문장이란 다른 사람의 견해를 뒤집어엎는 글—역주)들 중에서 가장 멋지고 재미있는 시입니다.

과인(寡人)이 호색한 공안을 다시 말한다

제가 전에 사기(史記)를 읽으면서 조세가(趙世家) 부분에 이르렀을 때 감상이 떠올라 칠언절구의 시 한 수를 이렇게 썼습니다.

서시 미인 뜻밖에 저절로 명성을 이루었는데
당시에 일의 가볍고 무거움을 어찌 알았으랴
월나라 살리고 오나라 망하게 한 공과를 논한다면
첩 자신의 은혜와 원망이 아직 분명하지 않네

玉顏不意自成名　當日哪知事重輕
存越亡吳論功罪　妾身恩怨未分明

역사상 미인은 적지 않았습니다. 그런데 가장 많이 논의되고 문학이나 예술작품에 가장 많이 출현한 것은 아마 서시(西施)일 겁니다. 그녀에 대해 몇 천 년 후에도 여전히 많은 사람들이 연구하고 토론, 비평, 찬송하고 그녀로 분장 연기하는 까닭은 운명이라는 말 이외에는 더 좋은 이유가 없을 겁니다. 사실 그녀는 제기향(諸暨鄉) 아래 저라촌(苧羅村)에 사는 땔감 나무꾼의 딸이었습니다. 그녀는 늘 배고픔에 시달렸기 때문에 위장병에 걸려 가슴을 문지르고 양미간을 찌푸렸는지 모릅니다. 그래서 그 모습이 사람들에게는 가련하고 사랑스럽게 보였는지 모릅니다. 시골 사람들이 마을 안이나 밖을 오가면서 본 그녀의 가녀린 모습은 대체로 거친 시골 처녀들과는 크게 달랐을 것입니다. 남자들이 모두 그녀의 그런 모습을 아름답다고 여기자 다른 여자들도 그녀를 흉내 내면서 그녀의 이름이 널리 퍼졌습니다. 그 당시 월나라는 오나라에게 패배하고 겨우 5천명을 거느리고 회계(會稽)라는 지방에서 궁지에 몰려 있었습니다. 미녀를 바쳐 오나라와 화해하려던 월나라는 범려(范蠡)에게 미녀를 찾아낼 책임을 맡겼습니다. 이 작은 지방 적은 인구 중에서 서시는 범려에게 선택되어 오나라에 바쳐졌습니다. 당시 그녀는 외국인을 시봉하면 상금을 더 받게 되어 자기 부친을 부양 효도할 수 있을 것으로만 알았지 그 많은 국가 대사의 중요성을 어디 알았겠습니까? 뒷날 월왕 구천(句踐)이 오왕 부차(夫差)를 멸망시켜 원수를 갚았습니다. 월의 구천의 입장에 선 사람은 그녀를 좋게 말했지만 오나라 입장에 서서 말하는 사람은 그녀가 죄인이라고 욕했습니다. 오늘날까지도 그녀의 역사상의 은혜와 증오와 시비는 아직 확정된 결론이 없습니다.

사실 그녀의 공적과 과오가 어떠하든, 모두 후세인들이 산골 마을 출신인 이 미인의 운명을 빌어 역사에 대한 자신의 정치철학 관점을 펴고 있거나 자신이 느낀 바를 토로하고 있을 뿐, 서시에 대해서는 별 관계가 없습니다. 제가 이 시를 쓰고 나자 제 아들은 옛사람이 써 놓은 것 같은 구절을 본 듯한데 그 출저가 어디인지 찾지 못하겠다고 했습니다. 그러므로 저는 여기서 특별히 밝히는 바입니다. 제가 아직 읽어보지 못한 책이 있으며 어떤 것은 옛날과 우연히 일치하는데 일이 부득이 하기 때문이라고 말입니다. 이렇게 밝히지 않으면 남에게 발견되어 제가 남의 시를 훔친 절도죄를 범했다고 할 겁니다.

지금까지 말한 이런 부류의 시문들은 많이 있습니다. 여러분들은 이런 문학작품을 좋아하겠지만 우리가 맹자를 연구하면서 이런 시문들을 인용하여 계속 더 토론해간다면 주객이 전도되어 너무 호색한다는 의심을 받게 되니 여기서 멈추겠습니다.

문(文)과 질(質)

어떤 사람은 천부적인 자질은 뛰어나지만 학식이 부족해서 편지 한 통도 제대로 쓰지 못합니다. 바로 앞 세대 선배들 중에는 대단한 분들이 많았음을 저는 압니다. 중화민국이 건국된 후 정치·경제·사회 등 여러 분야에 훌륭한 사람이 많이 있었습니다. 그들은 재능과 기량이 뛰어나서 사회와 국가에 대한 공헌이 매우 컸는데, 문장 실력은 조금 부족했지만 기백과 수양이 있었기 때문에 상관이 없었습니다.

또 어떤 사람들은 글도 잘 쓰고 공부도 많이 했습니다. 예를 들면, 문인·학자와 같은 사람입니다. 저의 친구 중에도 학자와 문인이 많은데, 저는 감히 그들과 많은 토론을 하지 않습니다. 그들은 때때로 세상 물정을 모르고 엉뚱한 소리를 하여, 정말 웃을 수도 울 수도 없을 정도입니다. 반대로 어떤 사람들은 학문도 뛰어나지 않고 문학도 잘 모르지만 매우 총명해서, 슬쩍 퉁겨 주기만 해도 즉각 이해하는데 이것이 '자질'입니다.

게다가 학문이 훌륭한 문인이라고 해서 그 사람의 자질이 꼭 훌륭한 것은 아닙니다. 이런 사람이 창피를 당했던 예를 하나 들어 보겠습니다. 서위(舒位)가 진미공(陳眉公)을 꾸짖은 다음의 시를 보면 알 수 있습니다.

산림에 은둔한 사람처럼 가장하고　　　　　　　　裝點山林大架子
제법 풍아(風雅)도 읊조리면서 명인처럼 굴고　　附庸風雅小名家
공명(功名)을 얻는 출세길에도 무심하다고　　　功名捷徑無心走
처사는 온 힘을 다해 허풍을 치네　　　　　　　處士虛聲盡力誇
수달이 장난치듯 시서를 표절해 자기 저술이라 하고　獺祭詩書稱著作
파리가 냄새 쫓듯 옛 명품들을 게걸스레 탐하네　蠅營鐘鼎潤煙霞
구름 속의 학처럼 날개를 활짝 펼치지만　　　　翩然一隻雲中鶴
기껏해야 재상의 집 위를 날아 오가네　　　　　飛去飛來宰相衙

　진미공은 명말 청초의 명사(名士)로서, 재자(才子)이자 문인입니다. 글을 잘 썼기 때문에 조정의 재상을 비롯한 각 계층의 사람들이 그를 좋아하였습니다. 그러나 일부 사람들은 시를 써서 그를 꾸짖었습니다. 앞 시의 첫 구절 "장점산림"(裝點山林)은 관리가 되지 않겠다고 가장한다는 것으로, 정부에서 관직을 주려고 해도 응하지 않는다는 것입니다. 그 이유는 사실은 관직이 낮아서 거만하게 거드름을 피우는 것인데, 그 자신은 자연을 즐길 뿐 부귀공명에는 관심이 없다고 말합니다.

　둘째 구절은 그래도 어느 정도 글을 쓰고 시를 읊는 등 문학 분야에 이런저런 재주가 있어 작은 이름이 제법 알려졌다는 것입니다.

　셋째 구절은 조정에서 관리가 되라고 해도 응하지 않는다는 뜻인데, 진짜 싫어했을까요? 사실은 아주 되고 싶어 했습니다.

　넷째 구절의 처사(處士)는 은사(隱士)라는 뜻인데, 스스로 은사가 되겠다고 애써 허풍을 치는 것입니다.

　다섯째 구절에서 수달은 물고기만 먹는 수륙양서동물로서 고양이와 비슷한 동물입니다. 수달은 물고기를 잡으면 금방 먹지 않고 땅에 놓아 두고 가지고 놉니다. 한 마리 한 마리 가지런히 놓아두고 물고기 옆을 왔다 갔다 하면서 가지고 노는데, 물고기에게 제사를 지내는 것과 같다고 해서 '달제'(獺祭)라고 부릅니다. 여기서의 '달제'는 시나 글을 쓸 때 여기서 몇 구절 베끼고 저기서 몇 구절 베낀 뒤 다시 짜깁기하여 자신의 작품이라고 말하는 것을 비유한 것입니다. 말하자면 진미공이 다른 사람의 글을 베껴서 자신의 작품으로 내놓았다고 꾸짖은 것입니다.

여섯째 구절은 그가 골동품을 좋아한 나머지 남의 선물을 받고 싶어하고 갖은 방법으로 수집한다는 것입니다. '승영'(蠅營)은 파리가 냄새를 맡고 쫓아다니는 것인데, 다른 사람이 소유한 당백호(唐伯虎)의 그림이나 조송설(趙松雪)의 글씨 등을 어떻게 해서든 손에 넣는 것을 말합니다.

일곱째 구절은 그의 생활방식을 묘사한 것입니다. 부귀공명을 버리고 자유롭고 청렴한 것이 마치 공중에서 나는 학과 같습니다.

그러나 여덟째 구절에서는 실상이 드러납니다. 당시 재상들은 진미공을 매우 좋아했는데, 그토록 청렴한 구름 속의 학이 재상의 집 위에서 날아다니는 것은 무엇 때문이었을까요? 이 사실에서 우리는 그가 부귀공명을 추구하지 않겠다고 한 것이 모두 거짓이었음을 알 수 있습니다. 그의 문장과 학문은 단지 부귀공명을 얻기 위한 것에 지나지 않았습니다!

이 시는 문채(文)과 자질(質)의 수양이 매우 중요하다는 것을 나타냅니다. 사람은 학문이나 지식이 없어서도 안 되지만, 그렇다고 학문만을 위한다고 가치도 없는 것을 고집스럽게 연구한다면 무슨 소용이 있겠습니까? 나는 이런 학문은 별로 찬성하지 않습니다. 글재주가 뛰어나고 지식도 대단하지만, 그에게 일을 시키면 뒤죽박죽이 됩니다. 이 것은 문채는 뛰어나지만 자질이 나쁜 폐단입니다. 반드시 문채와 자질이 조화를 이루어야 군자라고 할 수 있습니다. 바로 이런 이치입니다.

천년 동안 삐쩍 마른 말을 탄 책벌레 유생들

진(秦)나라 한(漢)나라 이후 역대 제왕들은 기본 자질 면에서 요순임
금이 될 재목도 되지 못했을 뿐만 아니라 정복을 통해 출세한 사람들
이었습니다. 마치 두보(杜甫)의 소릉을 지나가며(過昭陵)라는 시에서 말
한 바와 같았습니다.

난세에 초야에서 영웅이 몸을 일으키니	草昧英雄起
천자 될 운수라고 사람들이 입 모아 칭송했네	謳歌曆數歸
어지러운 세상에 삼척의 검 빼어들고	風塵三尺劍
군복을 떨쳐입고 사직을 안정시켰네	社稷一戎衣

오언절구의 이 시는 겨우 스무 자에 지나지 않지만 역사철학에 대
한 감개를 함축적이고 솔직하게 감춤 없이 직언하고 있습니다. 그런
점에서 사마천이 사기를 쓴 역사철학 관점과 완전히 일치합니다. 고시
(古詩) 작법의 원칙을 알고 소위 온유돈후(溫柔敦厚)한 함축 예술을 이해
하고 있다면 매 구절의 글자를 통해 그가 말하는 심오한 함의를 분명
히 알 수 있습니다.

제1구가 '초매영웅기'(草昧英雄起)입니다. 난세에 태어난 영웅이 초야
에서 일어나 성공하면 왕이요 실패하면 역적이 되니 논단하기 어렵다
는 것을 첫머리에서 설명하고 있습니다. 그가 성공하면 온 세상 사람
들이 천명이 영웅에게 돌아갔고 역수(曆數)도 시대를 바꾼 의심할 바
없는 진정한 천자라고 여기면서 구가 찬송한다는 겁니다. 그런데 사실
은 영웅들은 풍진 속에서 일어나지 않은 자가 없었습니다. 예컨대 한
고조(漢高祖)는 손에 삼척의 검을 들고 흰 뱀을 죽여서 출세했습니다.
군복을 입고 군웅(群雄)들을 평정하고 난 다음에는 강산 사직(社稷)이
일가일성(一家一姓)의 천하가 되어버렸습니다. 두보는 당 태종의 국가

창업에서 한 고조 등 역대 제왕들이 거의 같은 식으로 나왔음을 연상했습니다.

천하를 말 위에서 얻었지만 물론 천하를 말 위에서 다스릴 수는 없었습니다. 그러자 이번에는 후세에 유가를 표방했던 독서인들이 나설 차례가 되었습니다. 그들은 모여 앉아 도(道)를 논하고 치국평천하(治國平天下)의 학문과 공맹의 도를 크게 담론했습니다. 사실 그런 천자들은 천부적인 바탕이 요순임금의 자질이 되지 못했을 뿐만 아니라 임금이 요순이 되기를 바라고 싶은 자체가 어리석은 자의 꿈 이야기 아니겠습니까? 역사상 극소수의 몇몇 황제가 비교적 훌륭했지만 결국 공맹이 표방하는 선왕(先王)의 도와는 거리가 너무 멀었습니다. 가련한 후세의 유생들은 문장으로야 군주를 요순임금의 수준에 이르게 하겠다고 죽어라고 써댔지만 사실은 그 상황은 갈수록 나빠져 그저 자신이 과거에 합격하여 공명을 얻은 다음에는 부귀에 이르기만을 바랐습니다.

맹자가 온 힘을 다해 제(齊)나라 선왕(宣王)으로 하여금 왕도(王道)의 길을 가도록 유도했듯이 해보았지만 결과는 헛수고에 지나지 않았습니다. 하물며 공맹의 인재도 아닌데다 공맹의 성인도 아닌데 어떻게 그런 일이 가능했겠습니까? 그래서 과거 중국 문화역사는 시종 제왕 전제정치 속에서 '안으로는 도가 학술을 이용하고 밖으로는 유가 학술을 표방한다.'(內用黃老, 外示儒術)는 표준 형식 아래 2천 년을 지내왔습니다. 또한 그 때문에 공맹의 도통(道統)정신도 제왕정치체제에 둘러붙어 2천 년간 존속되어 왔습니다.

전에 제가 맹자를 읽으면서 옛 성현들을 위해 동정하는 탄식을 한번 했습니다. 그래서 이렇게 시 같지도 않은 시 한 수를 지었습니다.

천년 동안 예악(禮樂)의 성쇠로 흥망을 논하느라
유가 묵가 법가 도가 등은 논쟁하기 바빴네
요순임금은 오지 않고 주공과 공자도 멀어지니

고금의 사람과 일이 바뀌어감에 망망 아득해지네

千秋禮樂論興亡　儒墨家家爭辯忙
堯舜不來周孔遠　古今人事莽蒼蒼

　제가 시 같지도 않은 시라고 했는데 솔직한 말이지 결코 겸손해 하는 말이 아닙니다.
　문예와 철학이 서로 응결된 당시(唐詩)로는 앞에는 두보의 오언절구 시인 '소릉을 지나며'와, 뒤에는 당언겸(唐彦謙)의 칠언절구 시인 '장릉을 지나며'(過長陵)라는 시가 있는데, 모두 역사철학을 잘 묘사하고 있습니다. 뿐만 아니라 온유돈후한 시인의 풍격을 전형적으로 갖추고 있습니다. 당언겸의 시는 말합니다.

　개국 군주들은 대체로 무공으로 천하를 얻었다 들었고
　어리석은 백성이 장릉의 도굴로 참수된 사실도 보았네
　천년 동안 책벌레 유생들은 삐쩍 마른 말을 타고서
　석양에 패릉(灞陵)을 지나며 다시 고개 돌려 보았네

耳聞明主提三尺　眼見愚民盜一坏
千古腐儒騎瘦馬　灞陵斜日重回頭

　첫 구절인 '이문명주제삼척'(耳聞明主提三尺)은 대체로 개국 군주제왕은 대부분 무공으로 천하를 얻었음을 역사를 통해 알았다는 말입니다. 이 첫 구절은 두보 시의 함의와 같습니다. 둘째 구절인 '안견우민노일배'(眼見愚民盜一坏)의 전고(典故)는 한나라 문제(文帝) 때 장석지(張釋之)가 정위(廷尉)가 되어서 말한 '어리석은 백성이 장릉(長陵)의 흙벽돌 하나를 도굴해도 참수한다'는 법령에 나옵니다. 여기서는 역사상 천하를 탈취하여 천자가 된 성왕(成王)과 황제의 능을 침범하여 참수된 패구(敗寇)의 인생 비극을 암시하고 있습니다.

그 다음 두 구절도 우리가 자주 느끼는 감개인데, 공맹 이래로 후세의 독서인, 즉 유가들이 비록 뱃속에 시서(詩書)가 가득했지만 결국 무슨 소용이 있었느냐는 말입니다. 그 중에서 비교적 성취한 바가 있던 유가라도 그저 경전 구절이나 인용하는 일류 어용문필가나 되었을 뿐이라는 겁니다. 그보다 좀 못한 사람들은 일생 동안 두 건을 쓴 선비로서 고금을 담론하고 뱃속 가득 케케묵은 냄새나 풍기다가 죽었습니다. 즉, 한 고조 유방이 입버릇처럼 꾸짖기 좋아 했던 '수유'(竪儒)나 '추생'(鯫生)이나 '부유'(腐儒)의 무리로서 근대에 자주 쓰는 용어인 '옹색한 선비'(酸秀才)나 '책벌레'나 같은 뜻입니다. 그래서 당언겸은 이 시의 뒤두 구절에서 탄식하여 말하기를, "가장 가련한 존재가 우리 같은 서생들로서 난세에 태어나 '천고부유기수마'(千古腐儒騎瘦馬), 그저 초라하고 실의에 빠진 모습으로, '패릉사일중회두'(灞陵斜日重回頭), 석양에 옛길을 따라 한나라 황제가 잠들어 있는 패릉 아래를 지나가면서 돌아보고, 옛날의 깊은 감정을 곰곰이 생각하면서 어쩔 수 없는 꾀죄죄한 모습을 할 뿐이다." 라고 했습니다.

송나라 사람 필기에 더 재미있는 이야기가 하나 실려 있습니다. 어느 날 송태조 조광윤(趙匡胤)이 한 성문을 지나게 되었습니다. 그런데 지나다 쳐다보니 성문에 '모모지문'(某某之門)이라고 넉 자가 쓰여 있었습니다. 그래서 그는 곁에 있던 수행 비서에게 "성문에 그저 '모모문'이라고 써 놓았으면 좋았을 텐데 왜 '之'자 하나를 더 써 놓았느냐?"고 물었습니다. 비서는 '之' 자는 어조사라고 대답했습니다. 그러자 조광윤은 "이런 지호야자(之乎也者)가 무슨 일에 도움이 되겠느냐!"고 말했습니다.

여기서 우리가 주의할 것은 중국 문화의 시와 철학 등에는 모두 중국민족 전통의 특성이 담겨 있다는 점입니다. 즉, 반드시 온유돈후한 함의를 갖추고 있어야 충후지덕(忠厚之德: 충실하고 너그러운 덕—역주)이 된다는 겁니다. 그렇지 않으면 모두 경박함으로 흐르게 됩니다. 중국인들은 시를 짓기 좋아합니다. 고시(古詩)이든 금시(今詩)인 백화시(白話詩)이든 모두다 선천적으로 시인의 재능이 있는데, 이것 역시 중국 민족의 특수한 기질 중의 하나입니다. 그렇지만 재능이 있더라도 반드시 단련을 거쳐야 좋습니다. 예컨대 시성(詩聖)인 두보나 비교적 유명한 역대 시인들의 훌륭한 시에는 모두 이러한 풍격이 담겨 있습니다. 방금 예를 들었던 두보와 당언겸의 두 시는 역사 철학과 관련이 있지만, 확실히 수양이 깊어서 사람들이 읽고 나면 감회를 느끼지만 세속에 대해 분노하고 질투하는 정도까지는 이르지는 않았습니다.

밥이 하늘이다

고대에 국가와 정부의 지출은 모두 백성들의 세금에 의존했습니다. 고대에는 세금을 '徹'(철)이라고 불렀는데, 보통 10분의 1의 세금을 거두었습니다(자세한 숫자는 따로 고증해야 하므로 여기서는 상관하지 않겠습니다). 이것은 매우 합리적인 세금이었는데, 뒤에 춘추전국 시대에는 사회가 불안하고 정치가 혼란했기 때문에 정부의 재정이 부족해서 더 많은 세금을 징수했습니다.

중국 역사에서는 변란의 시대마다 거의 이런 문제가 생겼습니다. 외국도 마찬가지입니다. 나라마다 재정은 매우 중요합니다. 그러므로 국가에 공헌하려면 재정 경제에 관한 책을 많이 읽어야 합니다. 큰 일이든 작은 일이든 재정 경제에 관한 지식이 부족해서는 안 됩니다. 회사를 창업하고는 경리가 가져온 회계 장부도 제대로 볼 줄 모른다면, 속으면서도 모를 것이니 큰일입니다. 더군다나 시대가 혼란에 처하면 항상 이런 종류의 문제가 발생합니다. 명나라 말엽에 특히 심각했는데,

그 때는 이런저런 세금으로 인해 "백성들의 원성이 들끓었다."(民怨沸騰)고 역사에 기록되어 있습니다. 우리는 역사를 읽을 때 이런 구절을 대수롭지 않게 생각하고 지나치지만, 자세히 연구하면 백성들이 정부에 대해 애정이 없고 물이 부글부글 끓듯 원성이 들끓었다는 것을 알 수 있습니다. 이런 정도에 이르면 더 이상 수습할 수가 없는데, 명나라 말엽이 이런 상황이었습니다.

송나라의 문학가인 범석호(範石湖)는 이런 시를 썼습니다.

벼를 심고자 괴롭게 쟁기질과 호미질 하고	種禾辛苦費犁鋤
무덤까지 개간하느라 손가락에 피가 흘렀네	血指流丹鬼質枯
밭을 살 힘이 없어서 물에다 재배했더니	無力買田聊種水
요즘에는 그것조차 세금으로 거둬가네	近來湖面亦收租

범석호와 육방옹, 소동파와 같은 사람들은 모두 송나라의 저명한 문인이자 훌륭한 정치인이었습니다. 범석호는 금나라에 사신으로 가서 정치적인 큰 교섭을 하여 정치적 공헌이 컸습니다. 그의 시사(詩詞) 문장은 송나라 4대가 중의 하나로 찬양되었는데 '문질빈빈'(文質彬彬)하다고 할 만합니다. 그의 이 시는 난세의 세금징수 상황을 이야기한 것인데, 정치의 근본적인 문제입니다. 그는 힘들게 호미로 토지를 개간하면서 심혈을 쏟는 농부를 묘사했습니다. 개간할 땅이 더 이상 없자, 묘지까지 파서 농토로 개간하여 생산에 힘껏 종사했습니다. 그러나 수입으로는 과중한 세금을 납부할 수조차 없었습니다. 이런 사실은 그 다음 두 구절에서 더욱 분명해집니다. 즉, 돈이 없어서 땅을 사지 못한 농민들은 물에서 고기를 잡거나 연꽃을 재배해서 살아갈 수밖에 없었는데, 나중에는 물에서 재배하는 것마저 세금으로 납부해야 했습니다. 문인이자 정치인인 범석호는 당시의 상황을 이렇게 개탄한 것입니다. 이것은 그 시대의 백성들 마음의 소리를 대표하는 유명한 시구가 되었

습니다. 각 왕조 말기에는 거의 백성들의 마음을 대표하는 이런 작품이 나타났습니다.

재경세수(財經稅收)는 정치철학의 대원칙을 떠나지 않습니다. 백성이 부유하고 개인 생활과 사회가 안정되면 정부도 자연히 풍족해집니다. 만약 백성이 가난하게 되면, 국가와 사회도 유지하기가 어렵습니다.

옥 씻고 향을 묻는 자 결국 한 사람이었네

당나라 명황이라는 황제는 분명 훌륭했습니다. 소년 시절에는 대단히 훌륭했지만, 만년에 양귀비를 총애하다가 국가에 변란이 발생하는 지경에 이르렀고 이것은 역사상 유명한 이야기가 되었습니다. 과거 역사에서는 많은 사람들이 이 죄과를 양귀비에게 전가시켰는데, 반드시 그렇게만 말하기는 어렵습니다. 한 여자가 정치에 그렇게 큰 영향을 미칠 수도 있겠지요. 서양에도 이런 상황이 있어서, 영웅은 천하를 정복하지만 여인은 영웅을 정복한다는 말도 있습니다. 그렇지만 어떤 여인인지 보아야 하는데, 참으로 영웅을 정복할 수 있는 여인은 만만치 않습니다.

우리가 역사를 읽으면 알 수 있듯이 촉(蜀)나라가 망한 후에 촉나라의 왕비 화예(花蕊) 부인은 송나라에 포로로 잡히게 되었습니다. 송나라 태조 조광윤은 그녀에게 촉나라에는 십여 만 명의 대군이 있었는데, 어찌하여 그대는 오늘 포로로서 내 곁에 오게 되었느냐고 물었습니다. 이 때 화예 부인은 시를 한 수 지어 대답했습니다. 그 대체적인 뜻은, 자신은 본래 깊은 궁중에서 사치스럽고 안일하게 지내던 여자로 국가 대사는 알지 못했다는 것이었습니다. 그러나 이 시의 결말에서 그녀는 남자들을 여지없이 욕했습니다.

군왕의 성 위에 항복 깃발 세웠음을 　　君王城上豎降旗
깊은 궁에 있는 첩이 어찌 알았으리오 　　妾在深宮那得知
십사만 군사가 일제히 무기를 버리다니 　　十四萬人齊解甲
어찌 남아 장부는 하나도 없었습니까 　　寧無一個是男兒

이 역시 여인이 역사 운명과 관계된 한 고사입니다.

　다음으로, 모든 사람들은 당 현종이 양귀비의 손 안에서 잘못되었다
고 말했습니다. 특히 시인들은 다 그렇게 말했습니다. 중국의 시인들
은 대부분 역사적인 큰 일에 대해서 신중하고 엄밀한 비평을 했습니
다. 그러나 다른 견해도 있었는데, 예를 들면 원매(袁枚)의 시는 이렇게
말합니다.

장생전에서의 맹세 부질없이 회상하니 　　空憶長生殿上盟
강산에 대한 정은 무거워도 미인에겐 가벼웠네 　　山情重美人輕
화청지의 물과 마외파 땅에서 　　華清池水馬嵬土
옥 씻고 향을 묻는 자 결국 한 사람이었네 　　洗玉埋香總一人

　안록산이 반란을 일으켜 병사들이 장안으로 들이닥치자 당 명황은
피난길에 올라 장안의 남쪽 마외파에 이르렀습니다. 그 때 군대 내부
소동이 발생했습니다. 부대가 움직이려고 하지 않았습니다. 모두들 양
귀비를 죽여야 한다는 하나의 조건을 제시했습니다. 명황은 어쩔 수
없이 양귀비가 목매어 자살하도록 시킬 수밖에 없었습니다. 그래서 후
인들은 역사를 평론하면서 명황이 꼭 양귀비 때문에 나라를 그르쳤다
고는 하지 않는데, 바로 이 시가 그런 뜻입니다. 온천을 만들어 양귀
비에게 목욕하라고 준 것도, 양귀비를 자살하도록 시킨 것도 모두 명
황 한 사람이 한 것이니 역사의 죄과를 한 여인에게만 전가시켜서는

안 됩니다.

마찬가지로 청나라의 공정암(龔定盦)도 반대의 논조를 제기했는데, 그의 시 한 수는 이렇습니다.

소년은 이미 탕왕과 무왕보다는 못했지만	少年已自薄湯武
진시황과 한 고조보다는 못하지 않았네	不薄秦皇與漢王
생각해 보라 영웅이 만년에 이르렀다면	設想英雄遲暮日
온유함 속에 머물지 않으면 어느 곳에 머물까	溫柔不住住何鄕

한 영웅이 만년에 이르러 할 일이 없으니, 그를 온유향(溫柔鄕)에 살게 하지 않으면 그에게 뭘 하라는 거냐고 공정암은 말하고 있습니다. 공정암의 이 말은 현대 심리학이나 프로이트의 성심리학과 유사한 점이 있습니다. 성심리학과 마르크스의 이론이 근 백 년 동안 현대사상에 심각한 영향을 미쳤다는 것에 우리는 유의해야 합니다. 마르크스의 영향도 물론 크지만, 프로이트의 성심리학이 근 백여 년 간 문화를 전환시키는 데 미친 영향은 더욱 큽니다. 그렇지만 이 분야는 정치 이론만큼 중시되지 않았습니다. 성심리학의 관점에 의하면 정력이 넘쳐야 걸출한 사업을 할 수 있습니다. 그래서 영웅·호걸·재자들은 거의 다 행위가 단정치 못했는데, 바로 공자가 "나는 덕을 좋아하기를 색(色)을 좋아하듯 하는 사람을 아직 보지 못하였다."고 말한 대로였습니다.

그러나 공자가 요구한 진정한 성인의 경지는 대단히 어려운 일입니다. 일반적인 성심리로 보아 걸출한 사람들은 대부분 정력이 넘쳐 여색의 길로 가기 마련입니다. 이것이 우리가 성심리학의 측면에서 역사를 본 견해입니다. 이를 확대하면 호색(好色)은 남녀간의 일만 가리키는 것이 아니라, 물질에 대한 탐욕도 '색'(色)자로 나타낼 수 있습니다. 특히, 불학(佛學)에서는 이 사상이 더욱 뚜렷합니다. 유가사상에서는 지도자가 되는 사람은 어떤 기호(嗜好)도 가져서는 안 된다고 봅니다.

그러나 사람은 완전히 기호가 없을 수 없습니다. 예를 들어, 어떤 사람들은 아무 기호도 없고 그저 독서만 좋아하는데, 이 역시 하나의 기호가 되어 그의 주변에 모여드는 사람들은 다 책을 좋아하는 사람입니다. 남조 시대의 양원제(梁元帝)는 독서만 한 나머지 꽉 막힌 사람이 되어, 적군이 국경에 들이닥쳤는데도 문무 대신들에게 군복을 입고 자신의 책 이야기를 들으라고 했습니다. 결국 나라가 망했습니다. 그는 투항할 때 소장도서 14만 권을 불질러 태우면서 말하기를, "문왕·무왕의 도가 오늘 밤 사라졌다."고 했습니다. 어떤 사람이 왜 책을 태워 버리느냐고 묻자, 그는 책을 만 권이나 읽었어도 오늘 이 지경이 되었기 때문에 태운다고 말했습니다. 독서도 사람을 해치고 멍청이로 만든다는 것을 알 수 있습니다.

이를 통해 우리가 알 수 있듯이, 윗사람이 뭘 좀 좋아하면 아랫사람은 따라서 그쪽으로 기울어집니다. 이것이 바로 "물건은 좋아하는 사람에게 반드시 모인다."는 이치입니다. 우리가 골동품을 보고 싶으면, 골동품을 좋아하는 사람 집에 가야 볼 수 있습니다. 어떤 사람들은 돌을 좋아하고, 어떤 사람들은 괴이한 나무를 좋아하며, 어떤 사람들은 지폐를 좋아합니다. 어떤 분이 한 이야기인데, 자기의 오랜 친구 하나는 날마다 잠들기 전에 철제금고의 지폐를 한 장씩 한 장씩 세어 보아야 잠들 수 있다고 합니다. 그러므로 공자의 이 말은 하나의 최고 원칙이 됩니다. 사람이 책임자가 되면 색뿐만 아니라 다른 모든 기호도 그에게 허점이 될 수 있어서 다른 사람들이 이용할 기회를 주게 되고, 그 영향으로 사업에 실패하기 쉽다는 것을 우리에게 깨우쳐 주고 있습니다.

금단 한 알이 선생을 그르쳤네

저도 유년 시절 과외 읽을거리들을 읽고는 범인[人道]을 승화시키면 신선의 경지에 도달할 수 있는 것이라고 몹시 믿었습니다. 당시 어린 시절의 읽을거리들에는 다음과 같은 것이 있었습니다.

왕자가 신선 되려고 떠나가서	王子去求仙
단(丹)을 이루어 구천(九天)에 올랐네	丹成上九天
동굴 속에서 겨우 칠일 머물렀는데	洞中方七日
세상은 이미 천 년이 흘러갔네	世上已千年
서른세 개의 하늘세계로 이루어진 제석천	三十三天天重天
그 흰 구름 속에 신선이 있네	白雲裏面有神仙
신선이란 본래 범부가 이루는 것이건만	神仙本是凡人做
범부의 마음 견고하지 못할까 걱정할 뿐이네	只怕凡人心不堅

뒷날 점점 자라면서 더욱 깊은 내용의 많은 단경(丹經)과 도서(道書)들을, 심지어 도장(道藏) 전체를 다 읽었습니다. 정말 '산 경치가 너무나 좋아 눈이 모자랄 지경이다.'(山陰道上, 目不暇接)는 기세였습니다. 그러나 그와 반대로, 신선도를 배우고 닦았던 사람들의 결과와 일반의 통달한 사람들의 저작을 두루 읽어보면서 또 회심의 미소를 짓지 않을 수 없었습니다. '황량몽에서 깨어나서' 예전대로 인간 본위로 되돌아온 겁니다. 예컨대 사마천은 신선도를 배우고 닦는 사람들을 직접 방문하고서 '산과 늪의 여러 신선들의 동무요, 그 모습은 맑고도 야위었다.'는 기록을 남겼습니다. 이로써 보면, 원(元)나라 시대 이후의 화가들이 상상한 8선(八仙) 중의 한종리(漢鍾離)는, 상어 지느러미와 제비집 요리를 많이 먹은 대식가(大食家)의 모습을 닮은 것이 아니었음을 알

수 있습니다.

이밖에도 역대 문인들의 '반유선'(反游仙) 류의 시사 작품도 많습니다. 예를 들어 신가헌(辛稼軒)이 복산자(卜算子) 형식으로 지은 음주(飲酒) 사(詞)는, 인도(人道)적인 본위에서 말하기를, 감히 신선이 된다거나 부처를 배우려는 망상을 하지 않는다 합니다.

한 사람은 신선을 배우러 갔고	一個去學仙
한 사람은 부처를 배우러 갔네	一個去學佛
신선은 천 잔 술을 마시면 진창처럼 취한다니	仙飲千杯醉似泥
그래서 가죽과 뼈는 쇠나 돌 같을까	皮骨如金石
술을 마시지 않으면 건강하고 굳세다니	不飲便康強
부처의 수명은 십만 세여야 할 텐데	佛壽須千百
팔십 여 세에 열반에 들었네	八十餘年入涅槃
그러니 또 잔속의 술이나 들이키게나	且進杯中物

신가헌의 이 사를 읽고 나면 정말 하늘을 쳐다보며 미친 듯이 웃고 큰 술잔을 쭉 들이킬 것입니다. 하지만 우리는 동시에 이것이 그의 불평이며 이를 구실삼아 자기의 생각을 드러내고 술을 빌어 시름을 푸는 것일 뿐임을 알아야 합니다. 마찬가지로, 그에게는 또 다른 사가 한 수 있는데, 성현의 책을 애써 공부하였지만 충성 애국하려던 포부를 발휘하지 못하니 술을 빌어 회포를 푼다는 유명한 사입니다.

도척을 만약 구(丘)라고 이름 짓고
공자를 만약 척(跖)이라 이름 지었다면
도척은 성인이요 구는 어리석다고 지금까지 전해올 것이니
미추선악(美醜善惡)에 진실이란 없구나
서책에 헛된 이름을 기록한들

개미들이 마른 해골을 갉아먹으니
천고의 세월도 한 순간이라
그러니 또 잔속의 술이나 들이키게나

盜跖倘名丘　孔子如名跖　跖聖孔愚直到今　美惡無眞實
簡冊寫虛名　螻蟻侵枯骨　千古光陰一霎時　且進杯中物

　그밖에 청나라 사람의 반유선시(反游仙詩)도 많습니다. 여순양(呂純陽)
을 제목으로 빌린,

십년 동안 문무 닦아 출세하려 했건만　　　十年橐筆走神京
종리를 한 번 만나 그에게 경도되었네　　　一遇鐘離蓋便傾
당나라 사직에 무심한 건 아니었건만　　　不是無心唐社稷
금단 한 알이 선생을 그르쳤네　　　　　　金丹一粒誤先生

시라든지, '이 천한 몸의 지아비는 참으로 운명이 기구하여, 불행하게
도 신선이 되었네.'(姜夫眞薄命, 不幸做神仙) 등 곳곳에서 볼 수 있습니다.

한마디 말로 나라를 일으키기도 잃어버리기도 하고

　역사적 사실로 보면 "한마디 말로 나라를 일으킬 수 있다."는 사례
가 매우 많은데, 그 중 두 가지만 예로 들겠습니다. 하나는, "창업도 어
렵지만, 성취한 것을 지키기도 쉽지 않다."(創業難, 守成也不易)라는 당
태종의 명언이 바로 그것인데, 국가의 일만 이러할 뿐만 아니라 개인
의 경우도 마찬가지입니다. 사람이 가난에서 벗어나 부유해지는 것은

창업의 어려움이며, 자손들이 그것을 지켜 나가는 것 또한 큰 문제입니다. 도대체 어느 것이 어려울까요? 중국 고대의 정치사상에서는 이 두 가지를 모두 어렵다고 했습니다. 다른 하나는, 송나라의 고종이 말한 "내 나이 쉰 살이 되어서야 비로소 마흔아홉 살까지의 잘못을 알았다."(吾年五十方知四十九之非)는 것입니다. 춘추전국 시대 위나라의 거백옥(蘧伯玉)도 이 말을 한 적이 있는데, 나이가 들어 경험이 쌓인 후에 되돌아보니 그제서야 과거의 잘못이 발견된다는 뜻입니다. 이런 것들이 모두 "한마디로 나라를 일으킨다."(一言興邦)의 실제 사례입니다.

반대로 그 아래 나오는 "한마디로 나라를 잃게 할 수 있는"(一言喪邦) 사례도 많습니다. 역사상 초나라와 한나라의 전쟁을 보더라도 유방(劉邦)의 장점은 다른 사람의 말을 잘 받아들였다는 점입니다. 그의 성공은 다른 사람의 좋은 의견을 잘 받아들인 데에 있습니다. 우리가 역사에서 일부 성공한 인물과 실패한 인물의 성격을 연구해 보면 아주 재미있는 대비를 발견할 수 있습니다. 어떤 사람은 자신의 의견을 즉시 거두고 남의 좋은 의견을 받아들이기 좋아합니다. 그러나 이런 사람은 아주 적습니다. 유방은 이런 소수의 인물 중 한 사람이었습니다. 그러나 항우(項羽)는 자신의 의견과 판단을 절대로 바꾸지 않았으며, 남의 의견도 절대로 받아들이지 않았습니다. 이 점은 개인의 수양 면에서 주의해야 됩니다. 특히 한 조직 단위의 책임자는 흔히 심리적 잘못을 범하기 쉬운데, 남의 의견이 더 옳고 훌륭하다는 것을 뻔히 알면서도 '체면' 때문에 이러지도 저러지도 못해서 잘 받아들이지 않습니다. 이것은 크게 말하면 수양이 모자라는 것이고, 작게 말하면 개성의 문제로 융통성이 없는 것입니다. 이제 역사적으로 중요한 항우의 결정을 보도록 합시다. 항우가 함양(咸陽)까지 쳐들어갔을 때, 어떤 사람—초한춘추(楚漢春秋)의 기록에서는 채생(蔡生)이고, 한서(漢書)의 기록에서는 한생(韓生)—이 그에게 "관중은 사방이 산과 강으로 막힌 험한 지형이며 땅 또한 비옥하니, 이 지방을 수도로 정하면 패자(覇者)가 될 수 있습니다."(關中險阻, 山河四塞, 地肥饒, 可都以霸)라고 하면서 함양에 수도를 정하면 천하를 크게 평정할 수 있다고 권했습니다.

수도를 어디에 정해야 하는가 하는 점에 대해서는 중국 역사상 많은 연구가 있었습니다. 이 문제는 역대 왕조에서 항상 논의되었습니다. 송대와 원대 이전에는 대부분 수도를 섬서 지방의 장안(長安)에다 정했지만, 송대에는 국력이 대단히 약해서 변량(卞梁)에 수도를 정했습니다. 그 당시도 어떤 사람들은 낙양(洛陽)을 사전지지(四戰之地:지세가 험하지 않아 쉽게 공격을 받을 수 있는 곳—역주)라고 하면서 수도로 알맞은 곳이 아니라고 했습니다. 그 뒤로 원·명·청에 걸친 8백 년 동안은 북경을 수도로 삼았습니다. 중화민국이 성립된 후에도 수도를 어디에 정하는가 하는 논쟁이 있었는데, 주장이 다양했습니다. 어떤 사람들은 북경에 정하자고 하고, 다른 사람들은 남경에 정하자고 하고, 또 어떤 사람들은 함양에 정하자고 주장했습니다. 그런가 하면 수도를 북경에 정하든 남경에 정하든 상관없이, 장안·무한 등 4개 지방에다 제2의 수도를 정하자고 주장하는 사람도 있었습니다. 이런 사람들은 이미 장차 다가올 국가의 대세를 보았기 때문에 국제 정세와 맞추려 했던 것입니다. 한 나라가 수도를 어디에 정하느냐 하는 것은 정치·군사·경제·외교 등의 여러 방면과 관련되어 중요하기 때문에 아주 커다란 문제입니다.

다시 본론으로 돌아가서 항우가 수도를 정하자는 건의를 받아들이지 않은 이야기를 하겠습니다. 그가 한 말이 아주 재미있습니다. 명언이기도 하지요. "부귀하게 되었을 때 고향에 돌아가지 않으면, 마치 비단옷을 입고 밤길을 가는 것 같으니 누가 알아주겠는가?"(富貴不歸故鄕, 如衣錦夜行, 誰知之者) 이 말을 보더라도 항우와 유방의 도량은 큰 차이가 있다는 것을 알 수 있습니다. 항우의 포부는 부귀하게 된 후 고향에 가서 사람들에게 자신의 위풍을 보여 주는 것이 고작입니다. 그렇지 않으면 멋진 옷을 입고 밤길을 걷는 것과 같으니, 누구에게 자랑을 하겠느냐는 것입니다. 이런 생각으로 어찌 망하지 않겠습니까? 그러므로 항우는 반드시 실패하게 되어 있었습니다. 그러나 같은 일이 유방에게 일어났다면, 그는 어떻게 행동했을까요?

유방은 천하를 평정한 뒤 수도를 낙양에 정하려고 하였습니다. 그러나 제나라 사람인 누경(婁敬)이 찾아와서, 수도를 낙양에 정하는 것은 주나라와 견주려는 것이 아니냐고 물었습니다. 유방이 그렇다고 대답하자, 누경은 이렇게 말하였습니다. "낙양은 천하의 중심으로서 덕망이 있는 사람은 여기에 수도를 정하고 왕 노릇 하기가 쉽지만 덕망이 없는 사람은 공격받기가 쉽습니다. 주나라는 후직(后稷) 때부터 합(邰)에 봉해져서 문왕·무왕에까지 이르렀는데, 그 동안 10여 세대의 공덕이 쌓여서 여기에 수도를 정할 수 있었던 것입니다. 그러나 지금 당신은 무력으로 천하를 평정하였으며, 게다가 전쟁 후의 폐해가 아직도 남아 있어서 만신창이니, 상황이 완전히 다릅니다. 그런데 어떻게 주나라와 견줄 수 있겠습니까? 따라서 수도를 관중에다 정하는 것이 오히려 낫습니다." 당연히 일리가 있는 말로서 장량(張良)도 동의하였기 때문에, 유방은 즉시 자신의 의견을 거두고 누경의 건의를 받아들였습니다. 그리고 그에게 5백 근의 황금과 벼슬자리를 주었습니다.

뚜렷하게 대조적인 이 사실(史實)에 대하여, 청나라 가도(嘉道) 연간에 공정암(龔定盦)과 함께 이름을 날린 왕담(王曇)은 항우를 애도하는 명시 네 수를 썼습니다. 그 중 한 수는 다음과 같습니다

진나라 사람의 천하는 초나라 사람의 활인데도
자신의 머리를 베어 마동에게 선물했네
하늘의 뜻이 어찌 유방을 택했겠는가
대왕은 실패하고 강동 땅을 그리워했네
일찍이 함곡관을 무찔러 서제라 칭했음에도
하필이면 홍문에서 유방을 죽이려 했는가

한갓 함양을 석 달 동안 불타도록 했을 뿐
결국 누경이 관중을 설명토록 양보했네

秦人天下楚人弓　枉把頭顱贈馬童
天意何曾祖劉季　大王失計戀江東
早摧函谷稱西帝　何必鴻門殺沛公
徒縱咸陽三月火　讓他婁敬說關中

　시의 첫 구절인 "진나라 사람의 천하는 초나라 사람의 활인데도"(秦
人天下楚人弓)는 춘추전국 시대에 초왕이 아끼는 활을 잃어버린 일에서
유래한 것입니다. 부하가 활을 잃어버렸다고 보고하자, 이 황제는 "초
나라 사람이 잃어버린 것을 초나라 사람이 얻겠지."(楚人失之, 楚人得之)
라고 말했습니다. 그 뜻인즉 황가에서 보존하든 백성이 가지고 있든
똑같기 때문에 추궁할 필요가 없다는 것입니다. 왕담은 이 고사를 인
용하여 진시황이 죽고 나면 중국인의 천하이므로 중국인이라면 누구
나 나라를 통치할 수 있다고 말했습니다.

　"자신의 머리를 베어 마동에게 선물했네."(枉把頭顱贈馬童)는 항우가
해하(垓下)의 마지막 싸움에서 한나라 군대에게 사면으로 포위되었을
때의 이야기입니다. 항우가 뒤돌아서 자기를 쫓아오는 사람을 보니,
유방에게 투항한 옛날 자기의 부하 마동(馬童)이었습니다. 마동은 그가
뒤돌아보자 얼굴을 돌렸습니다. 그러나 항우는 "무서워하지 말라. 그
대는 나의 옛 친구 마동이 아닌가? 유방이 내 머리를 가져오는 자에게
는 천금을 상으로 주고 만후호(萬侯戶:1만 호가 사는 토지를 소유한 제후
로, 한대 제후 중 최고 등급―역주)로 봉한다고 들었는데, 그대는 나의 옛
친구이니 이 머리를 너에게 주겠다."고 말하고는 스스로 자기 목을 베
었습니다. 이 역시 항우의 기백입니다.

　"하늘의 뜻이 어찌 유방을 택했겠는가?"(天意何曾祖劉季)에서 유계(劉

季)는 유방의 이름인데, 이 구절은 항우가 "싸우지 않은 죄로 하늘이 항우를 멸망시켰다."(非戰之罪, 天亡項羽)고 하는 말은 잘못이라는 것입니다. 그러면 항우의 잘못은 무엇일까요? 나머지 다섯 구절이 바로 항우가 실패한 중요 이유입니다.

여기에서 또 여담을 하나 하겠습니다. 역사는 매우 묘한 것인데, 여러분이 모두 알다시피 진시황이 책을 태워 버린 일은 중국 문화의 입장에서 큰 죄악 행위입니다. 그러나 그는 그 죄악의 절반만 책임지면 됩니다. 진시황은 민간인들이 책을 읽지 못하도록 전국의 책을 모아 함양궁에다 넣어 놓았는데, 후에 항우가 함양궁을 통째로 불살라 버려 이 불길이 연속 3개월이나 탔습니다. 얼마나 많은 서적과 얼마나 많은 국가의 재부를 태워 버렸는지 모릅니다. 그러므로 엄격히 말해서 중국 문화의 기초가 단절된 것은 이 항우 노형께 큰 책임이 있습니다. 그런데도 후세인들은 그 책임을 진시황에게 다 뒤집어씌웠습니다. 항우의 책임에 대해서는, 실패한 영웅에 대한 동정심 때문에 언급하는 일이 드물었습니다.

남을 위해서만 신부 옷을 지어요

당나라 태종이 고시제도를 확립하자 독서인들은 머리를 싸매고 십 년 동안 힘들게 공부하여 한 걸음 한 걸음 공명의 장으로 뚫고 들어갔습니다. 오늘날에 이르러서도 수당 시대에 창립된 고시제도의 정신 하에 고시는 지식인들이 부귀공명을 추구하기 위해서 반드시 거쳐야 할 길이 되어 있습니다. 수당 이후의 많은 문학작품은 고시로 얻은 과거 급제와 공명을 찬송했습니다. 사회적으로는 가정마다 지식인마다 과거에 급제하여 공명을 얻음으로써 집안을 빛내고 조상을 영광스럽게 하기를 기구하고 희망했습니다. 청나라에 이르러서는 심지어 황제인 건륭도 이름을 바꾸어 몰래 고시에 참가하여 진사에 합격하는 맛이 어떤 것인지를 느껴 보았습니다. 그래서 옛날의 아동 교육 책에는 이런 격언이 실려 있었습니다.

천자는 영웅호걸을 중시하노니	天子重英豪
문장을 너희들에게 가르치노라	文章教爾曹
모든 것이 다 하찮은 것이요	萬般皆下品
오직 글공부만이 높은 것이니라	唯有讀書高

물론 이런 말은 오늘날의 상공업사회에서는 완전히 시대에 뒤진 낡아빠진 말이 되어버렸습니다. 오늘날은 이렇게 바꾸어야겠지요.

사회는 금전을 중시하노니	社會重金條
기술재능을 배워 높아야 하느니라	技能須學高
모든 것이 다 하찮은 것인데	萬般皆下品
오직 글공부만이 찌꺼기니라	唯有讀書糟

사실 옛날에는 과거에 급제하여 공명을 얻는 것은 얻는 것이고, 그다음 벼슬길에서 빨리 출세할 수 있느냐는 별개의 일이었습니다. 많은 사람들이 공명은 있었지만 선후배가 없고 배경이 없어 끌어 주는 사람이 없었기 때문에 여전히 일생토록 아주 가난하게 보냈습니다. 그저 공명을 얻지 못한 사람보다 약간 나았을 뿐이었지요. 예를 들면 당대의 시문학 중에 모두들 다 읽어 본적이 있는 진도옥(秦韜玉)의 가난한 여인을 읊다 (貧女吟)는 시는 이렇습니다.

가난한 집안이라 비단옷 향기 아직 모르는데	蓬門未識綺羅香
좋은 중매 부탁하려니 더욱 마음 아프네요	擬託良媒益自傷

그 누가 높은 격조 풍류를 사랑하고　　　　　誰愛風流高格調
오늘 세태 함께 연민하여 옅은 화장 할까요　共憐時世儉梳妝
감히 열 손가락 바느질 솜씨 자랑하여　　　敢將十指誇針巧
누가 두 눈썹 잘 그리나 겨뤄 보지 않을래요　不把雙眉鬪畫長
괴롭고 한스러워요, 해마다 금실 수놓음　　　苦恨年年壓金線
남을 위해서만 신부 옷을 지으니까요　　　　爲他人作嫁衣裳

　진도옥은 경조(京兆, 지금의 섬서성陝西省 서안西安) 사람입니다. 젊은 시절에 시의 명성이 있었고 만당(晩唐) 시인 중에서 상당히 시문학적 영향을 끼쳤던 한 사람입니다. 전당시(全唐詩)에는 그의 시가 36 수가 수록되어 있는데 칠언율시가 많고 이 시가 가장 유명합니다. 마지막 구절인 "남을 위해서만 신부 옷 지으니까요"는 이미 천고에 유전되어 널리 인용되고 있는 명구입니다. 진도옥은 젊은 시절에 과거에 응시하였으나 급제하지 못하고, 뒷날 희종(僖宗)이 사천(四川)으로 피난 갈 때 따라 가 환관인 전령자(田令孜)의 부(府)중에서 막료가 되었습니다. 아마 이 시는 그 때 지었을 것입니다. 그는 시집 못간 한 가난한 여인의 신세 독백을 빌려, 시인 자신이 벼슬길에서 불우한 것을 탄식하면서 그 비애와 어찌해볼 수 없음을 털어놓고 있습니다.
　이처럼, 가난한 여인에 기탁하여 자신이 재능을 품었음에도 불우한 것을 토로한 또 하나의 시로는 당나라 말기 시인인 이산보(李山甫)의 명작이 있습니다.

　여태까지 비단옷이 뭔지 모르고 지내는데
　부질없이 비녀와 귀걸이를 쥐니 더욱 마음 아파요
　거울 속에서 그저 소박한 외모에 익숙해야 하건만
　세상 사람들은 대부분 짙은 화장을 중시하거든요
　예전에 시집 못가고 늙을 까 걱정되어

하루 종일 중매 구하자 제정신이냐 그러더니
이제는 아무런 희망이 없게 되어버려
남몰래 흘리는 눈물이 누에 바구니에 떨어져요

平生不識綺羅裳　閒把簪珥益自傷
鏡裡只應語素貌　人間多是重紅妝
當年未嫁還憂老　終日求媒卽道狂
兩意定知無處說　暗垂珠淚滴蠶筐

　셋째 구절과 넷째 구절은 현실 사회 인정의 두려움을 탄식한 것입니다. 다섯째 구절과 여섯째 구절은, 자신이 젊었을 때는 의기가 날아갈 듯 대단히 자부심을 가졌지만 청춘은 지나가고 늙어 가는 것이 이미 걱정되니 좀 더 일찍이 의지처를 찾는 것이 역시 좋겠다 싶어, 줄곧 남에게 중매를 부탁했다는 겁니다. 하지만 남들은 그녀가 제정신이 아니라고 비웃으면서 그녀의 아름다운 재능으로 봐서 결혼 대상자가 없을까 두렵지는 않다고 생각했습니다. 그런데 지금은 어떻다고 말하고 있을까요? 아무런 희망이 없게 되어버렸다는 겁니다. 여전히 한낱 가난한 여인으로 늙어 가면서 매일 힘든 일을 하니 누에바구니를 앞에 두고 남몰래 눈물지을 뿐이라고 말하고 있습니다. 이는 지식인에 대해 얼마나 재미있는 풍유입니까? 그렇지만 또 그 속에는 얼마나 비애가 담겨 있습니까! 시대는 비록 다르더라도 인정세태는 마찬가지입니다. 마치 오늘날 지식인들이 석사 박사 학위를 받은 후에는 제왕가(帝王家)에 파는 식으로 높은 월급을 주는 사람에게 자신을 내다 파는 것과 같습니다. 한 달에 3만원 5만원을 주는 그에게 머리를 숙이지 않을 수 없지요. 다만 오늘날은 그 사는 사람이 제왕가에서 자본가 사장으로 바뀌었을 뿐입니다.

세상의 심한 변천을 읊노라면 시 구절도 정교해졌네

역사상 명인들이 부귀나 빈천에 처했을 때와 관련된 인생 경험 이야기는 그 수를 다 헤아릴 수가 없을 정도로 많습니다. 사람들이 깊이 생각해보도록 하기 위하여 이제 이런 방면에서 발휘한 시문 몇 편을 우선 뽑았습니다.

중국 역사상 두 번째의 남북조 시대인 송·요·금·원나라 시기의 명인들의 시를 자세히 음미해본다면, 인생철학의 깊은 뜻을 이해할 수 있을 것입니다. 이 작품들은 지나치게 비관적이고 무기력하다고 말할지도 모릅니다. 그렇지만 인생은 반드시 슬픔의 고통을 겪어보아야만 비로소 건설하려는 용기를 분발시킬 수 있습니다. 이는 바로 청나라 시대의 사학가요 천문학자였던 조익(趙翼) 선생이 원유산시집에 쓰다(題元遺山詩集)에서 말한 것입니다.

몸소 나라의 흥망을 겪고 나니 대재난도 부질없었고
두 왕조 문헌에 보이는 한낱 쇠약한 늙은이었네
관직이 없었으니 주나라 곡식 먹은들 해될 것도 없었지만
역사가 있기에 초나라 활을 잃을까 깊이 근심하였네
행전(行殿) 앞 그윽한 난초는 밤 불빛에 서글프고
옛 도읍의 교목은 가을바람에 흐느껴 우는데
나라의 불행은 시인에겐 행복이라
세상의 심한 변천을 읊노라면 시 구절도 정교하였네

身閱興旺浩劫空　兩朝文獻一衰翁
無官未害餐周粟　有史深愁失楚弓
行殿幽蘭悲夜火　故都喬木泣秋風
國家不幸詩家幸　賦到滄桑句便工

다음의 시들이 바로 "금과 옥이 집안에 가득하면 그것을 지킬 수가 없고, 부귀하면서 교만하면 스스로 그 허물을 남기게 된다."(金玉滿堂, 莫之能守. 富貴而驕, 自遺其咎)는 철학적인 문예작품입니다.

기녀의 노래　　　　요나라 시대

백척간두에 서서 중국 땅 바라보니	百尺竿頭望九洲
전인의 농토를 후인이 거두는구나	前人田土後人收
후인들은 거두었다 기뻐하지 마소	後人收得休歡喜
거둘 사람이 또 뒤에 있다네	更有收人在後頭

인생사는 확실히 그렇습니다. 유감스럽게도 사람들은 뻔히 알면서도 해탈하지 못합니다!

추야(秋夜)　　　　금나라　원유산(元遺山)

구사일생 살아남아 습결은 붙어있건만
쓸쓸한 거리는 마치 궁벽한 촌락 같구나
봄날 우뢰가 칩충(蟄蟲)을 놀라게 함은 말할 것도 없지만
밝은 해는 언제 엎어진 사발 속을 비춘 적이 있던가
제수(濟水)는 정도 많아 이별의 눈물 보태고
뜬 구름 바라보니 꿈속에서 고향 가고 싶건만 꿈을 못 꾸네
백년의 국가대사가 개인의 운명이거니
술잔 놓고 누구와 자세히 논해 볼거나

九死餘生氣息存　蕭條門巷似荒村
春雷漫說驚坯戶　皎日何曾入覆盆

濟水有情添別淚　吳雲無夢寄歸魂
百年世事兼身事　樽酒何人與細論

　"백년의 국가대사가 개인의 운명이거니", 마지막에 가서는 누구나
틀림없이 그렇게 느낄 것입니다. 태평한 세상이건 혼란한 시대이건 대
체로 그러합니다. 다만 안타깝게도 원유산이 몸소 흥망성패를 겪었던
철학 관점은 "술잔 놓고 누구와 자세히 논해 볼거나"라는 탄식인데,
오직 노자와 자세히 헤아려보면서 서로 한 잔 했더라면 아마 생긋 한
번 웃을 수 있었을 겁니다.

　　한한공몽귀시에 쓰다(題閑閑公夢歸詩)　　　　원나라　유종익(劉從益)

　도를 배우면서 몇 사람이나 도의 맛을 알까
　사람마다 결국은 모두 마찬가지라네
　장주의 베개 위 호접몽은 진짜 나비가 아니었고
　악광(樂廣)의 술잔 속 활 그림자도 가짜 뱀이었네
　죽은 뒤 공명은 반 장의 종이 일뿐이니
　밤이 오면 한 연못의 개구리 사기나 북돋운다네
　꿈속에서 꿈 얘기를 하면 겹겹이 꿈이고
　집 떠나서 집을 잊어버리면 곳곳마다 집이라네

　學道幾人知道味　謀生底物是生涯
　莊周枕上非真蝶　樂廣杯中亦假蛇
　身後功名半張紙　夜來鼓吹一池蛙
　夢間說夢重重夢　家外忘家處處家

　"도를 배우면서 몇 사람이나 도의 맛을 알까"라는 구절은 노자를 읽

는 세상 사람들에 대하여 총평을 하나 내린 겁니다. "모생저물시생애(謀生底物是生涯)", 사람마다 결국은 모두 마찬가지입니다. 만약 "꿈속에서 꿈 얘기를 하면 겹겹이 꿈이고, 집 떠나서 집을 잊어버리면 곳곳마다 집이라네"의 경지를 철저하게 알 수 있다면 구태여 입산수도한 뒤에야 해탈 자재할 수 있을까요?

구선시(求仙詩)　　　원나라　밀란사(密蘭沙)

낮은 벼슬아치로 지냈던 사십년의 세월	刀筆相從四十年
시시비비가 헤아릴 수 없이 많았네	非非是是萬千千
한 집안의 부귀는 일 천 집안의 원망이요	一家富貴千家怨
반평생의 공명은 오랜 세월의 허물이라	半世功名百世愆
상아홀과 자색 두루마기 이제는 끝냈으니	牙笏紫袍今己矣
짚신 신고 죽장 짚어 한가함에 내맡기네	芒鞋竹杖任悠然
누가 내게 봉래산의 일을 묻는다면	有人問我蓬萊事
구름은 청산에 물은 하늘에 있다오	雲在青山水在天

"한 집안의 부귀는 일 천 집안의 원망이요, 반평생의 공명은 오랜 세월의 허물이라네.", 참으로 동서고금의 인정세태를 꿰뚫어 보았습니다. 바로 그렇기 때문에 '금과 옥이 집안에 가득한' 부귀의 광경을 오래 보전하고 싶다면, '부귀하면서 교만하면 스스로 그 허물을 남기게 되어' 스스로 빠른 패망을 취하게 되니 두려워해야 할 것임을 반드시 깊이 알아야 합니다.

집짓기와 인생

집 짓는 이야기가 나왔으니, 옛 이야기를 몇 가지 소개하겠습니다. 첫째는 곽자의(郭子儀)의 이야기입니다. 당나라 현종 때 안록산(安祿山)의 반란으로 정권이 무너지려 할 즈음, 곽자의가 혼자 싸워 당나라를 지켜냈다고 할 만합니다. 역사적으로 당나라 장군 중에 부귀와 장수를 누린 사람은 곽자의 한 사람뿐이었습니다. 그가 퇴직한 후, 황제는 그에게 분양(汾陽)에 있는 황족의 저택을 하사했습니다. 저택 개축 공사를 할 때, 그는 한가롭게 지팡이를 짚고 현장에서 직접 감독을 하면서, 벽을 쌓고 있는 미장공에게 벽의 기초를 튼튼하게 하라고 분부했습니다. 그러자 그 미장공이 말했습니다. "염려하지 마십시오. 우리 집은 삼대를 내려오면서 장안에서 미장일을 했습니다. 아주 많은 관사를 지었는데, 주인이 바뀌는 것은 보았지만 그 집이 무너진 것은 본 적이 없습니다." 이 말을 들은 곽자의는 지팡이를 짚고 떠나더니, 다시는 공사를 감독하러 나오지 않았습니다. 삼대에 걸쳐 실제 경험을 쌓았다는 미장공의 말을 듣고, 곽자의는 인생의 이치를 깊이 생각하여 더욱 통달했습니다.

둘째는 당나라 말기 양분(楊玢)의 이야기입니다. 그가 상서(尙書)직으로 내무를 담당하고 있다가 고령으로 퇴직하려던 무렵, 고향에 있는 옛 집의 일부를 이웃들이 침범해 차지해 버렸습니다. 그의 집안사람들이 관가에 고소하겠다며 작성한 고소장을 양분에게 보내 왔습니다. 양분은 고소장을 보고 나서 뒷면에 이렇게 썼습니다.

이웃들의 내 집 침범 내버려 두라	四鄰侵我我從伊
끝내는 내 것 아닐 때를 생각해야지	畢竟須思未有時
함원전 터에 한번 올라 바라보라	試上含元殿基望
가을바람에 가을 풀 한창 무성하다네	秋風秋草正離離

양분의 집안사람들은 이 시를 보고 나서 고소를 취소했습니다.

셋째는 양분과 유사한 이야기인데, 청나라 강희제와 옹정제 시대에 동성(桐城)에서 살았던 장정옥(張廷玉)이라는 재상의 이야기입니다. 그는 청나라 초기 부자(父子)가 정치에 참여해서 재상까지 된 한인(漢人)이었습니다. 장정옥은 당시 관리인을 시켜 고향에 저택을 짓게 했는데, 이웃 사람이 그 집과 석 자 되는 땅을 다투어 현(縣) 관아까지 소송이 올라가게 되었습니다. 장정옥의 관리인은 이 일을 편지로 북경에 있는 장정옥에게 보고하면서, 장정옥이 현령 앞으로 이 일을 잘 선처해 달라는 편지를 써 주기를 청했습니다. 장정옥은 그 편지를 읽고 나서 편지에 다음과 같은 시 한 수를 적어 관리인에게 보냈습니다.

천 리 길 온 편지가 길과 담 때문이라니 　千里求書爲道墙
땅 석 자를 이웃에 양보하면 무슨 해가 있으랴 　讓他三尺又何妨
만리장성은 지금도 있건만 　長城萬里今猶在
그 누가 당시의 진시황을 보았을까 　誰見當年秦始皇

장정옥네 관리인은 이 시를 읽고, 즉시 이웃집에 땅 석 자를 양보하였습니다. 이웃은 의외로 장정옥이 땅 석 자를 양보하는 것을 보고 자기도 석 자를 양보했습니다. 그 결과 여섯 자 되는 빈 땅이 생겨 누구나 다닐 수 있는 골목이 되었는데, 이것이 '육척 골목'(六尺巷)이라 불리게 되었습니다. 동성(桐城)에 사는 친구의 말에 의하면, 동성에는 지금도 이 '육척 골목'이 있다고 합니다.

이 몇 가지 이야기로부터 우리는 공자가 한 세가공자의 생활을 이야기한 이유를 이해할 수 있습니다. 만족을 알아 항상 즐거워하며 그저 배부르고 따뜻하기만 바랄 정도로 수양이 될 수 있기란 아주 드물다는 것입니다. 이런 수양이 된 사람은 정치에 종사하더라도 외부 환경의 유혹을 받지 않을 것입니다.

조금 전에 분양에 곽자의의 저택을 짓던 이야기를 했는데, 여기서 당나라 사람의 시 두 수를 더 보겠습니다.

분양구택을 지나며(經汾陽舊宅)　　　조하(趙嘏)

문 앞의 산하는 옛 모습 그대로인데	門前不改舊山河
오랑캐 무찌름은 마원을 깔보았네	破虜曾輕馬伏波
춤추고 노래하던 곳 오늘 홀로 지나가니	今日獨經歌舞地
옛날의 홰나무는 석양에 쓸쓸하네	古槐疏冷夕陽多

법웅사의 동루(法雄寺東樓)　　　장적(張籍)

분양구택 이제는 절이건만	汾陽舊宅今爲寺
춤추고 노래하던 누각 아직도 남았네	猶有當年歌舞樓
수레 말 흩어진 지 사십 년	四十年來車馬散
깊은 골목 옛 홰나무 매미소리 석양에 시름겹네	古槐深巷暮蟬愁

위의 두 시는 시구가 간단합니다만, 담고 있는 의미는 깊이 성찰해 볼 만합니다. 우리가 앞에서 보았던 '만리장성은 지금도 있건만, 그 누가 당시의 진시황을 보았을까?'(長城萬里今猶在, 誰見當年秦始皇)라는 시와 비교해 보면 어떤가요?

술보다 진한 명예와 이익

공자는 다음과 같이 대답했습니다. "국가와 사회가 정상 궤도에 올라 있다면 우리 같은 사람들은 쓰일 필요가 없게 되었으니, 우리가 관직을 차지하고 있을 필요가 없다. 다른 사람에게 양보하는 것이 좋다. 만일 관직에 연연하여 여전히 그 자리에 앉아 아무 공헌하는 바도 없이 녹봉만 받아먹고 지낸다면 그것이 바로 수치스러운 일이다. 다음으로, 국가와 사회가 정상궤도에 오르지 않았는데도 그 자리에 앉아 아무 공헌도 하지 않고 녹봉만 받아먹는 것도 역시 수치스러운 일이다." 결론적으로 말해 지식인은 무엇을 위해 공부하는 것입니까? 먹고 살 수단을 얻기 위해서가 아니라 국가 사회에 공헌하기 위해서인데, 만일 공헌하는 바가 없다면 안정된 사회에서건 어지러운 사회에서건 다 부끄러운 일이라는 것입니다.

여기서 몇 가지 이야기가 생각나는데, 이 두 마디 말을 연구하는 데 참고로 삼을 수 있습니다. 여기서 말하는 '부끄러울 치'(恥)를 면하는 공부는 참으로 어렵습니다.

여러분이 잘 알다시피 한나라의 광무제 유수(劉秀)와 엄광(嚴光;子陵)은 유년 시절의 학우이자 사이좋은 친구였는데, 뒷날 황제가 된 유수가 옛 친구 엄자릉을 찾고자 전국에 수배령을 내렸습니다. 그러나 엄자릉은 벼슬하는 것을 원하지 않아 숨어 버렸습니다. 뒷날 엄자릉은 절강성(浙江省) 동로현(桐盧縣)에 있는 부춘강(富春江)에서 모피로 안을 댄 옷을 입고 낚시질을 하고 있었는데, 사람들이 모두 그를 이상히 여겼습니다. 그래서 동로현 현령은 이 사실을 조정에 보고했습니다. 광무제는 보고서를 보자마자, 그 사람이 틀림없이 옛 학우 엄자릉이란 것을 알았습니다. 광무제는 서둘러 그를 찾아 조정으로 맞아들였습니다. 그러나 엄자릉이 여전히 벼슬하기를 원하지 않자, 광무제는 "그대는 내가 황제가 된 것이라고 생각하지 말게. 우리는 아직도 여전히 학우이니 오늘밤에도 예전 학우 때처럼 함께 자면서 이야기나 하세."라고 말했습니다. 그래서 엄자릉은 그날 밤을 황제와 함께 지내게 되었는데, 그는 여전히 잠버릇이 좋지 않아 다리를 황제의 배 위에 올려놓았습니다. 그래서 "객성이 황제의 자리를 범한 것"(客星犯帝座)을 태사공이 발견했다는 말이 있습니다. 당시 엄자릉이 낚시질했던 곳에는 후세에 엄자릉 사당이 세워졌습니다. 역대 이래 지식인들은 엄자릉을 몹시 추앙하고, 그가 진정한 은사라고 생각했습니다. 어떤 지식인은 과거시험을 보러 가는 길에 엄자릉의 사당을 지나면서, 그곳에 다음과 같은 시를 지어 놓아 엄자릉을 추앙했습니다.

그대는 명리 때문에 숨었건만	君爲名利隱
나는 명리를 위해서 왔구료	吾爲名利來
선생의 얼굴 뵙기 부끄러워하며	羞見先生面
깊은 밤 낚시터를 지나가오	夜半過釣台

이와 반대로 청나라의 어떤 사람은 시로 엄자릉을 다음과 같이 비난했습니다.

한 벌의 양모피 옷 입음 딴 마음 있었는데	一襲羊裘便有心
헛된 명성이 지금까지 전해 오네	虛名傳誦到如今
당시에 도롱이를 걸쳤더라면	當時若著蓑衣去
안개 낀 강 아득한데 어디서 찾았을꼬	煙水茫茫何處尋

이는 엄자릉이 실제로는 명예를 추구하면서도, 일부러 고상한 은사를 표방하여 역사에 고상한 미명(美名)을 남기려 했다는 것입니다. 이것은 부정적으로 본 일면입니다.

이 밖에 또 중국 역사상 재미있는 일이 하나 있습니다.

청나라 개국 이후 많은 지식인들이 청나라 정부에 투항하지 않았습니다. 그런 가운데 강희제(康熙帝)는 16세에 등극하여, 넓은 땅과 많은 백성들의 천하를 평정(平定)하고 60년 동안 황제 노릇을 하면서 청나라의 정치적 기초를 확립하였으니, 그는 천재 황제이지 직업 황제가 아니라고 할 수 있습니다. 그는 한인(漢人) 중에 청나라를 반대하는 사람들이 대단히 많은 것을 보고, 우선 투항하지 않는 지식인들을 모으려고 과거시험 과목에 특별히 '박학홍사과'(博學鴻詞科)를 새로 두었습니다. 투항하지 않는 명말(明末)의 유로(遺老)들을 배려하기 위한 것으로, 그들이 대충대충 이름만 써서 신청하면 형식적으로 시험을 치르게 하고 좋은 벼슬자리를 주었습니다. 결과적으로 많은 사람들이 이러한 유혹에 동요되어 박학홍사과에 응시했습니다. 그러나 한편으로는 한사코 투항을 거부한 사람들도 많았기 때문에, 당시 투항한 사람들을 풍자한 우스갯소리들이 많이 나돌았습니다. 그 중에는 대단히 날카롭게 비꼬는 말들도 있었는데, 당시 유명했던 풍자시 한 수를 들어 보겠습니다.

한 무리의 백이 숙제 수양산에서 내려와	一隊夷齊下首陽
몇 년이나 관망함 얼마나 처량했나	幾年觀望好凄涼
일찍이 고사리로는 배부르기 어려움 알고서	早知薇蕨終難飽
무단히 무왕에게 간함 후회했네	悔煞無端諫武王

강희제는 뒷날 또 2차 박학홍사과를 열어 1차에서 모으지 못한 사람들을 다시 모았습니다. 많은 사람들은 1차 박학홍사과에서 선발된 사람들이 모두 좋은 벼슬을 얻은 것을 보고 더 이상 버티지 못했습니다(이것을 보더라도, 중국인이 중시하는 절조를 지킨다는 것은 참으로 어려운 일이며, 자기의 중심사상을 끝까지 변함없이 지킬 수 있다는 것은 정말 높은 경지의 수양임을 알 수 있습니다). 2차로 응시한 사람들은 더 많아서 시험장이 꽉 차 버렸기 때문에, 늦게 간 사람들은 문밖으로 밀려나 버렸습니다. 어떤 사람은 시를 읊어 이를 빈정대었습니다.

절개 잃은 백이 숙제 수양산에서 내려와	失節夷齊下首陽
과거시험장 밖으로 밀려나니 더욱 처량하도다	院門推出更凄涼

이제부터 결심하여 다시 산에 돌아간들　　從今決計還山去
고사리가 지난 영광 어찌 돌려주겠는가　　薇蕨那堪已吃光

중국의 지식인이 절조를 대단히 중시했던 것은 곧 중심 사상과 확고한 견해의 문제이기도 했습니다.

또 명말 청초(明末淸初)의 유명한 시인인 오매촌(吳梅村)의 예를 봅시다. 그의 시는 뛰어나게 좋았습니다. 그는 본래 투항하지 않으려고 굳게 버티다가 청나라 정부가 그의 어머니를 미끼로 협박하면서 몰아붙이자, 마침내 청나라의 과거시험에 응할 수밖에 없었습니다. 이 때문에 오매촌은 일생 동안 고통 속에서 살았습니다. 청나라 정부는 이렇게 투항한 사람들에게 비록 대우는 잘해 주었지만, 뒷날 역사를 쓸 때 이런 사람들을 '이신'(二臣)으로 기록했습니다. 이것이 중국 문화의 정신인데, 아무리 훌륭했다 해도 결국 투항을 한 것은 지조가 그만큼 굳지 못했기 때문입니다. 이것은 아주 엄격한 일로서, 사람들의 멸시를 받았습니다. 오매촌도 뒷날 이신전(二臣傳)에 열거되었습니다. 그는 청나라 정부에 투항할 때 몹시 괴로워했지만, 청나라의 부름을 받고 나가지 않으면 안 되었습니다. 그래서 그는 시에서 이렇게 말했습니다.

덧없는 인생이 빚짐은 오직 한 번의 죽음인데　　浮生所欠唯一死
인간세상은 불사의 신선금단을 알 길이 없네　　人世無由識九還

오매촌은 유명한 사람이었기 때문에, 그가 북경으로 떠날 때 몇 백 명의 사람들이 '천인회'(千人會)란 모임으로 송별연을 베풀어 주었습니다. 그 때 한 청년이 이 모임에 참가하지 않고, 편지 한 통을 써서 인편으로 오매촌에게 전했습니다. 그 날 연회의 주빈자리에 앉아 있던 오매촌은 그 편지를 뜯어보자마자 얼굴색이 변해 버렸습니다. 옆에 있던 사람들이 이상하게 여겨 그 편지를 보았는데, 그들 역시 모두 얼굴색이 변해 버렸습니다. 그 편지에는 이런 시 한 수가 쓰여 있었습니다.

천인석상에 천인이 앉았는데	千人石上千人坐
절반은 청나라인이고 절반은 명나라인이네	一半淸朝一半明
오매촌 학사에게 말 전하노니	寄語婁東吳學士
두 조정의 천자에 한 조정의 신하라네	兩朝天子一朝臣

결국 그 자리에 있던 모든 사람들이 욕을 먹은 셈입니다.

우리는 이런 자료들을 보고 나서 중국 문화에서 신하의 절개와 충정(忠貞)의 정신이 어떠한 것인가에 대해 특히 유의해야 합니다. 그저께 몇몇 학우와 함께 점심을 먹으면서 이 문제를 담론했습니다. 지금 프랑스에서 철학 박사 과정을 공부하고 있는 학우 한 분이 돌아와 논문을 준비 중인데, 그녀는 이 이야기를 듣고 이상하게 여기며 물었습니다. "그것이 뭐 잘못된 것인가요?" 그리고 증국번을 이신(二臣)이라 할 수 있는지도 물었습니다. 나는 당연히 증국번을 이신이라 할 수 없다고 말하자, 그녀는 더욱 이상하게 생각했습니다. 내가 그녀에게 "어떤 사람이 당신을 재혼 부인이라고 한다면 화가 나겠습니까, 안 나겠습니까?" 하고 물으니, 그녀는 "당연히 화가 나지요. 난 아직 결혼도 안 했으니까요."라고 했습니다. 나는 "맞아요. 이신(二臣)이란 결혼한 여자가 남편에게 잘못이 없는데도 남편을 떠나 다른 남편에게 간 것이나 마찬가지니 당연히 비난 받을 만하지요."라고 말했습니다. 이것은 서양 문화와 중국 문화의 견해가 다르기 때문입니다. 지금 시대의 도덕이나 절조의 관념도 과거와는 다릅니다. 오늘날 중국은 지금 이 문제에 있어서도 역사 문화적 관점의 모순과 변천 과성 속에 놓여 있습니다.

행불행이라 단정하기 어려운 득의와 실의

큰 지위나 요직을 맡기기에는 적합하지만, 그들에게 실무를 맡겨 어떤 임무를 수행해보라고 하면 딴판인 사람들이 많이 있습니다. 어떤 사람은 평소에 학문도 훌륭하고, 높은 식견도 있으며, 쓴 글이나 건의 내용이 모두 옳습니다. 그러나 실제로 행정 일을 시켜 보면 제대로 하지 못합니다. 반대로 어떤 사람들은 실제적인 일을 아주 잘 처리하기 때문에, 그를 대단하게 생각하여 높고 중요한 자리에 발탁해 놓으면 전혀 다른 결과가 나타나 버립니다. 그러므로 지도자는 인재를 알아보기가 몹시 어렵고, 자기 자신에 대해서도 알기 어려워 자기가 무엇을 할 수 있는지 깨닫는 것이 정말 쉽지 않습니다.

제가 지난날 사숙에서 공부할 때 선생님들에게서 배운 산문과 시들에는 모두 인생의 철리가 담겨 있었습니다. 저의 선생님 한 분은 역사를 평론한 시를 한 수 지었는데, 내용이 대단히 좋았습니다.

수나라 양제는 불행히도 천자가 되었고	隋煬不幸爲天子
송나라 왕안석은 불쌍하게도 재상이 되었네	安石可憐作相公
만약 그 두 사람 죽을 때까지 불우했다면	若使二人窮到老
한 사람은 명사 되고 한 사람은 대문호 되었을걸	一爲名士一文雄

이 시의 뜻은 이렇습니다. 수양제는 운이 좋지 않아 황제가 되었고, 왕안석은 불쌍하게도 재상이 되었는데, 이 두 사람이 만약 뜻을 이루지 못했다면, 왕안석은 대문호(大文豪)가 되어 그 뛰어난 문장으로 당시에나 후세에나 더 높은 존경과 우러름을 받았을 것이요, 수양제는 대단히 훌륭한 명사(名士)가 되었을 것이란 뜻입니다.

여기서 다시 이후주(李後主)에 대해 이야기해 봅시다. 그는 정말 훌륭한 문학가로서, 과거에도 그처럼 뛰어난 문학가를 찾기 어려웠으며,

앞으로도 찾기 어려우리라 생각됩니다. 그러나 안타깝게도 그는 황제가 되었습니다. 송대의 휘종(徽宗) 같은 사람도 그러했습니다. 다시 본론으로 돌아와, 문학이 말처럼 그리 쉽겠습니까? 홍루몽(紅樓夢) 이후로 제2의 홍루몽이 나올 수 없는데, 그 이유는 조설근(曹雪芹)과 같은 그런 가정이 없고, 조설근처럼 하루 종일 계집애들과 함께 뒹굴어 본 경험이 없는 사람으로서는 아무리 해도 써 낼 수가 없기 때문입니다. 시내암(施耐庵)의 수호전(水滸傳)도, 강호를 떠다녀 본 적이 없고, 툭하면 칼을 뽑는 강호의 친구들과 함께 섞여 지내보지 않고서는 써 낼 수 없습니다. 문학이란 이렇게 배양되어 나오는 것입니다. 이후주의 사(詞)는 훌륭하지만, 앞에서도 말했듯이 그가 들인 밑천이 컸고 또 황제 노릇도 했으며, 강산이 그의 손 안에서 사라지고 난 후에야 비로소 그러한 문학적 경지가 나왔습니다. 이런 사람들은 그의 인생으로 볼 때에는 모두 불행했습니다. 여기서 또 다른 한 사람의 철학을 생각해 보게 되는데, 그것은 인생에서 득의하는 것이 어떤 때는 결코 행복이 아니요, 어떤 때는 실의한 것이 결코 불운한 일이 아니라는 것입니다. 명말 청초에 어떤 사람이 쓴 시 한 수가 있습니다.

눈앞의 키 큰 나무 모두 아들 손자뻘이니　　　　眼前喬木盡兒孫
오나라 궁전 봄을 몇 번 지냈는지 보았을까　　　曾見吳宮幾度春
내가 만약 당시 궁궐 동량 되었더라면　　　　　若使當時成大廈
나 역시 마찬가지 불탄 재로 되었으리라　　　　亦應隨例作灰塵

이 시는 실의(失意)가 결코 나쁘다고는 할 수 없음을 말하고 있습니다. 첫 구절에서 그는 당시 국가의 동량이 모두 다 그의 후배늘임을 탄식하고 있습니다. 둘째 구절에서는 자신을 말하고 있는데, 산 위의 큰 나무나 신목(神木)처럼 자기는 나이가 많아 왕조의 교체, 흥망 성쇠, 성패를 여러 차례 보았다는 것입니다. 그러나 만일 자기도 당시에 궁궐 동량이 되었더라면, 벌써 불살라져 버렸을 것이라고 말하고 있습니다. 그러므로 인생에서 득의한 일이 꼭 나쁜 것은 아니라 하더라도, 꼭 좋은 것만도 아니며, 어떤 때는 실의한 것도 꼭 나쁜 것이 아닙니다.

시대 유행에 맞지 않다

당나라 사람의 시 가운데는 남녀간의 즐거움(男女相悅)을 비유로 활용한 것들이 많은데, 특히 처녀의 감정을 비유로 하여 자신의 생각과 감회를 표현했습니다. 부귀공명을 얻은 기쁨이나 불우 곤궁에 처한 실의를 왕왕 처녀의 정감으로 그려내었던 것입니다. 당나라 시대 주경여(朱慶餘)의 명시를 인용해 보겠습니다.

지난 밤 신방에 붉은 촛불 밤새 켜졌고	洞房昨夜停紅燭
이른 아침 당 앞에서 시부모께 절 올릴 일 남았네	待曉堂前拜舅姑
화장 끝난 신부 남편에게 나직이 묻기를	妝罷低聲問夫婿
눈썹화장이 요즘 유행에 맞나요	畫眉深淺入時無

이 시는 과거시험에 합격하여 득의만면한 모양을 나타낸 것으로, 윗사람을 찾아뵙기 전에 정성들여 한 자기의 화장이 윗사람에게 좋은 인상을 줄 수 있기를 바라는 것입니다. 모든 준비를 다 해 놓았지만 아직 마음이 놓이지 않아, 윗사람의 뜻에 맞을지 안 맞을지를 스승과 동료들에게 가만가만히 알아본다는 것입니다. 우리는 평생 일을 하지만, 새로운 환경에 처할 때마다 '화장'을 짙게 해야 할지 담담하게 해야 할지 꼭 알맞은 정도를 안다는 것이 정말 어렵습니다. "눈썹 화장이 유행에 맞나요?"(畫眉深淺入時無)라는 것은 곧 시대에 맞는지를 묻는 것입

니다. 아무리 정성을 들인 화장이라도 시대에 맞지 않는다면 소용이 없는 것입니다.

다시 옛 사람이 남긴 다음 두 구절의 명시를 봅시다.

당시 사람들 눈에 들지 못함을 일찍 알았더라면　無知不入時人眼
연지를 많이 사서 모란꽃을 그릴 것을　　　多買胭脂畵牡丹

이 시는 표면상 그림의 주제를 이야기하는 것 같지만, 사실은 세태를 불평하는 시입니다. "사람이 권세와 이익을 좋아한다는 것을 일찍 알았더라면, 차라리 고상한 격조를 멸시하고 좀 속되게 연지를 더 발라 부귀화(富貴花:중국에서 모란꽃은 부귀를 상징함)를 그렸을 텐데."라는 뜻입니다. 우리가 시의 참뜻을 이해하지 못하면, 그저 평범한 문학 작품으로만 여기게 됩니다. 그래서 어떤 사람은 시를 쓰는 것은 병이 없으면서도 신음하는 것과 같은 것이라고 했습니다. 그러나 사실은 정치 철학과 인생 철학 모두가 시 속에 들어 있습니다. 우리가 일생을 살아도 '눈썹 화장을 어떻게 해야 유행에 맞을지'를 알지 못하는데, 이 것은 곧 인생철학이기 때문입니다. 이처럼 중국 철학을 연구하려면 문학에도 깊이 통해야 하기 때문에 매우 어렵습니다.

왜 이런 시들이 철학과 관계가 있다고 할 수 있을까요? 지난날 중국의 지식인들은 만년에 가정으로 돌아와, 붓글씨를 쓰거나 시사(詩詞)를 지으면서 하루 종일 바쁘게 지냈습니다. 그런데 오늘날 사람들은 은퇴한 후 부부 중 한 쪽이 먼저 세상을 떠나거나 자녀들이 자라서 떠나고 나면 몹시 공허함과 적막함을 느낍니다. 어느 대학 교수도 60세 이후에 이런 느낌이 들었다고 하는데, 그는 신봉하는 종교도 없었습니다. 제가 그에게 시를 지어 보라고 권했더니, 자기는 시를 지을 줄 모른다고 했습니다. 그래서 저는 "금방 시를 배울 수 있습니다. 일주일 후면 시를 지을 수 있다는 것을 제가 보장하겠습니다. 그런데 배우기는 쉽지만 뛰어난 시를 짓기는 어렵습니다." 하고 말해 주었습니다. 과연 그는 곧 시 짓는 데 흥미를 가지게 되었습니다. 현재 그는 이미 70세가 되어 시집도 한 권 냈는데, 이제 자신의 여생을 무료하지 않게 보낼 수 있을 만한 수준이 되었습니다. 이처럼 시를 짓는 수양은 아주 쓸모가 있습니다. 또, 사람을 만나지 못하면 마음에 불평이 쌓이기 마련인데, 이런 불평도 흰 종이에 검은 글자로 표현하여 놓고 한번 읽어 보면 다 풀 수 있고, 마음에 얻는 바가 있을 수 있습니다. 여기서 시 한 수를 더 보겠습니다. 진도옥(秦韜玉)의 '가난한 여인을 읊은 시'(詠貧女詩)입니다.

가난한 집안이라 비단옷 향기 아직 모르는데	蓬門未識綺羅香
좋은 중매 부탁하려니 더욱 마음 아프네요	擬託良媒益自傷
그 누가 높은 격조 풍류를 사랑하고	誰愛風流高格調
오늘 세태 함께 연민하여 옅은 화장 할까요	共憐時世儉梳妝
감히 열 손가락 바느질 솜씨 자랑하여	敢將十指誇針巧
누가 두 눈썹 잘 그리나 겨뤄 보지 않을래요	不把雙眉鬪畵長
괴롭고 한스러워요, 해마다 금실 수놓음	苦恨年年壓金線
남을 위해서만 신부 옷을 지으니까요	爲他人作嫁衣裳

이 '가난한 여인을 읊은 시'는 가난한 집 여인의 정감을 비유로 하여, 학문은 훌륭하나 불운하여 뜻을 이루지 못한 사람의 심정을 넌지시 암시하고 있습니다. 마치 오늘날 어떤 공무원이 학문은 훌륭하지만 특별 시험이나 고시에 합격하지 못해, 여기서 벽에 부딪치고 저기서 통하지 않아 하급 공무원 노릇만 하고 있는 것과 같은 심정이라고 할 수 있을 것입니다. 이 시는, 남루한 초가집에 살면서 고귀한 분들의 화려한 의복 냄새조차도 맡아 본 적이 없는 한 가난한 여인이 중매쟁이에게 좋은 혼처를 하나 찾아 달라고 부탁하고 싶지만 자신의 비천함을

생각하고 마음 아파하면서, 굳이 스스로를 굽혀 자기를 내세우지 않으려는 마음을 묘사하고 있습니다. 학문과 재능을 갖춘 사람이 구차스럽게 친구에게 일자리를 구해 달라고 부탁하고 싶지 않은 것에 비유할 수 있습니다. 그러나 시대 풍조는 매우 현실적이고 저속해서 청송명월(靑松明月)과 같은 격조를 절대로 좋아하지 않습니다. 비록 시대가 이와 같지만, 가난한 여인은 오히려 그런 풍조를 따르는 사람들을 가련하게 여기며, 자신만은 소박함과 순진함을 보존하여 결코 세속을 따라 살지 않겠다는 것입니다. 이 시에서 가난한 여인은 바로 작자 자신을 나타내고 있습니다. 사람들이 모두 다 현실적이어서 남에게 자기를 소개하고 아첨하거나, 텔레비전에 나가고 신문에 이름을 내어 출세할 방법을 찾고 있지만, 자기는 이런 사회 풍조를 옳지 않게 생각하므로 굳이 그런 길을 가지 않고 소박함을 지켜 나가겠다는 것입니다. 이것으로 작자의 수양과 대단한 자부심을 알 수 있는데, 자신을 가난한 집 여공(女工)에 비유하여 자신의 학문과 재능이 그 누구보다도 훌륭하다고 자부하고 있습니다. 그러나 시의(時宜)에 맞지 않아, 자기가 이런 시대에는 뜻을 이룰 수 없고 국가 사회에 직접 공헌할 기회가 없음을 한탄하고 있습니다. 이것 역시 시로써 자신의 불평을 토로한 것입니다. 중국의 시문(詩文)은 미언대의微言大義가 흔히 한 글자 속에 있는데, "누가 두 눈썹 잘 그리나 겨뤄 보지 않을래요?"(不把雙眉鬪畵長)의 '鬪'(투)자가 바로 이 시의 화룡점정(畵龍點睛)입니다. '싸운다'(鬪)는 것은 곧 남과 경쟁하는 것으로, 남이 예쁘게 단장하면 자기는 남보다 더 예쁘게 단장하여 자기를 내세우는 것입니다. 눈썹을 그리는 이야기가 나오니 말입니다만, 옛 사람은 시에서 이런 류의 일을 많이 묘사하고 있습니다. 어떤 문인들은 배불리 먹고 나서 여인들이 화장하는 모습을 실제로 보면서 시를 짓기도 했는데, 이런 시들은 소위 향염체시(香艶體詩)라 불립니다. 여기에 소개한 '가난한 여인을 읊은 시'는 향염체시에 속하는 것은 아니고, 거기에 의탁하여 작자의 함의를 나타낸 것입니다.

출처는 예로부터 똑같지 않았으니

고서에서는 이 '출처'(出處)라는 말을 많이 볼 수 있지만, 지금은 이 말을 사용하는 사람이 매우 적습니다. 그 뜻은 '인생의 첫걸음'으로서, 인생의 첫걸음을 어떻게 시작하느냐 하는 것은 아주 중요합니다. 첫걸음이 잘못되면 영원히 잘못된 길로 나가게 됩니다. 역사적으로나 개인적으로나 이러한 예가 많습니다. 그러므로 인생의 출처는 과거 지식인에게 있어 대단히 중요한 일이었습니다. 예를 들면, 송대(宋代)의 신기질(辛棄疾)은 송대 역사상 대단히 걸출한 인물이었는데, 악비(岳飛)보다는 좀 늦고 주희(朱熹)와는 거의 동시대에 살았던 산동(山東) 사람으로 학문이 아주 깊었습니다. 당시 원(元)나라는 아직 흥기하지 않았고, 북방은 금(金)나라 사람들이 점령하고 있었습니다. 신기질은 호협한 기상을 지닌데다 문무(文武)를 겸한 인재로 일반 습속에 얽매이지 않았습니다(요즘 말로 건달이라고 할 수 있지만, 본질적으로 오늘날의 불량배와는 달랐습니다). 그는 열아홉 살에 나라에 보답할 뜻을 세우고 많은 청년들과 함께 금나라에 대항하여 국토를 회복하고자 했습니다. 그래서 수천 명에게 봉기를 호소하여 산을 점령하고 유격전을 벌였습니다. 신기질은 이전에 어떤 사람을 장수감이라고 남송 조정에 추천한 적이 있었는데, 뜻밖에 그 사람이 반란을 일으켰습니다. 그는 이 소식을 듣고 단창필마(單槍匹馬)로 반군의 진지로 뛰어들어, 그 반도(叛徒)를 잡아 왔습니다. 이를 보아도 신기질의 무공·담력·식견이 대단히 뛰어났음을 알 수 있습니다. 뒷날 그는 1만여 명을 이끌고 강을 건너 남송으로 돌아왔습니다. 그도 악비의 뜻이 그랬던 것처럼 하루빨리 국토를 회복하고 금나라 사람들을 몰아내고자 했습니다. 그렇지만 남송 조정에서 그를 중용(重用)하지 않았기 때문에, 유명한 사(詞) 작가로만 남게 되었습니다. 송나라 문학이나 사(詞)를 말할 때에는 그를 반드시 언급하게 됩니다.

그의 일생의 출처(出處)를 보면, 젊은 시절에는 건달로서 의협심이 충만한데다 문무를 겸비한 인재였으며, 중년에는 의거를 일으켜 유격전을 벌이고, 적진에서 1만여 명을 이끌고 강을 건너올 수 있었습니다. 남송 조정에 국토 회복 계획을 몇 번이나 올렸지만 조정의 군신들은 북벌(北伐)을 원하지 않아 그의 의견을 받아들이지 않았습니다. 그는 뒷날에 유명한 문학가이자 유명한 이학가(理學家)가 되었습니다. 남송에서 벼슬을 하였지만, 재기(才氣)가 너무 뛰어나 사람들로부터 많은 공격을 받고 몇 차례 면직되었습니다. 사람들은 그가 재물을 탐하고 호색한다고 비난했지만 모두 떠도는 말일 뿐 사실상의 근거가 없었으므로, 그는 전혀 개의치 않았고 물러나라 하면 바로 물러났습니다. 그러나 지방에서 군사 반란이나 정치상의 골치 아픈 문제가 발생할 때마다 조정에서는 그를 기용하여 난을 평정 수습하도록 파견했습니다. 그가 파견되어 가면 몇 달 되지 않아 난은 평정되고 일이 잘 수습되었으니, 그의 재능이 얼마나 뛰어났는가를 알 수 있습니다. 여기서 신기질의 이야기를 꺼낸 것은 바로 그의 입신출처(立身出處)를 말하기 위한 것으로, 겉으로의 행동이 어떠했든 간에 그의 입신출처는 한결같이 정당하고 확고부동했습니다. 이 점은 그가 만년에 지은 시사(詩詞) 속에서 많이 볼 수 있습니다. 물론 그 중에는 불평을 토로한 것도 있지만, 문학적 입장에서 보면 그의 성취가 대단히 높고 수양도 훌륭해서 유불도 삼가에 두루 통하여 모르는 바가 없었으니, 비록 불평이 들어 있다 하더라도 이해할 만한 일입니다. 그는 바로 그러한 기인이었습니다. 우리가 오늘날 역사를 진지하게 연구하여, 청년들로 하여금 신기질 같은 사람을 본받도록 장려하는 것도 의미 있는 일일 것입니다.

출처라는 두 글자를 말했으니, 이제 신기질의 사(詞)를 한 수 보도록 합시다.

　　출처는 예로부터 똑같지 않았으니　　　　　　　　出處從來自不齊

임금의 수레로 강태공을 모셨다네	後車方載太公歸
그 누가 알리 적막하고 빈 산 속에	誰知寂寞空山裏
채미가 부르는 높은 선비 있는 줄을	卻有高人賦採薇
부드러운 노란 국화 늦향기 가지에 감돌자	黃菊嫩 晚香枝
사람들은 다 같이 꽃을 꺾는데	一般同是採花時
벌들은 고생스레 관부에 들끓지만	蜂兒辛苦多官府
나비는 꽃 사이로 자유롭게 날아다니네	蝴蝶花間自在飛

이 사는 신기질이 남방에 도착한 후 나이가 많아졌을 때 지은 것입니다. 이 사의 전반부를 보면, 인생의 출처, 즉 첫째 역에서의 출발은 누구나 다 같기를 바랄 필요가 없다고 말하고 있습니다. 그는 주대(周代)의 역사를 인용했는데, 문왕이 강태공을 찾아 모셔올 때 자기의 존귀한 자리를 강태공에게 양보하여 앉게 하고, 문왕 자신은 수레를 몰았다는 것입니다. 그 결과 주대의 정권이 8백 년 동안 안정되었고, 왕업(王業)을 성공시킨 계획이 강태공의 손에서 나왔다고 말합니다. 그러나 같은 시대에 백이와 숙제는 황제가 되는 것도 원치 않아서 끝까지 도망가 숨어 수양산에서 굶어 죽었다는 것입니다. 즉, 앞에서 말한 "어떤 이는 벼슬을 버리고 고향으로 돌아가는데, 어떤 이는 비오는 밤 과거시험장으로 달려가네."(有人辭官歸故里, 有人漏夜趕科場)라는 시구와 같이 사람의 지향은 각각 다르다는 것을 말하고 있습니다. 어떤 이는 세상으로 들어가려 하고, 어떤 이는 세상에서 벗어나려 합니다. 어떤 이는 황금 천만 냥을 대하고 쳐다보지도 않는가 하면, 어떤 이는 하찮은 몇백 원에도 눈이 번쩍 뜨입니다. 이처럼 사람마다 출처가 다릅니다.

위의 사(詞)는 출처의 문제를 말한 것으로, 문학적인 관점에서만 보면 특별히 좋은 작품은 아닙니다. 그렇지만 그 문학적 경지가 학술 사상과 관계있기 때문에 그의 전집에서 유명한 작품 중의 하나로 손꼽히며, 일반인들은 그의 사를 배우기도 어렵습니다. 사람들은 문학가 이야기만 나오면 먼저 소동파를 손꼽는데, 그는 운이 좋았고 명성도 높았습니다. 시대적으로 보면 소동파는 신기질보다 앞선 선배였지만, 어떤 사람들은 신기질의 사(詞)는 기백이 다르기 때문에 소동파를 능가한다고 생각합니다. 신기질은 소년 공자(公子)에서 건달, 유격대 우두머리에 이르기까지 떠돌이 생활을 맛보았는가 하면 장수도 되어 보았고, 지방 정치 수장(首長)도 해 보는 등 일생 동안 여러 가지 경험을 했습니다. 그의 경험 속에는 지배 계층의 부패하고 음탕한 생활이나 좋고 나쁜 것이 모두 다 갖춰져 있었습니다. 그의 작품 속에는 이처럼 다방면의 것들이 들어 있어, 기백이 완전히 다릅니다.

입신출처와 관련된 문제로서 송(宋) · 명(明) 이후에 '출산'(出山)이라는 또 하나의 새로운 단어가 널리 유행했는데(물론 오늘날 보면 구식 문학의 명사입니다), 이는 은사(隱土) · 처사(處士)를 존중한 기풍에서 만들어진 말입니다. 두보의 다음 시에 나오는 '출산'이라는 단어에도 그런 함의가 들어 있습니다.

산 속에서는 샘물이 맑았건만   在山泉水淸
산 떠나니 샘물이 탁해지네   出山泉水濁

이 이야기를 하다 보니, 저의 스승인 원(袁) 선생님이 지은 것으로 관현(灌縣)의 영암사(靈巖寺)에 걸려 있는 대련 한 폭이 생각납니다. 영암사는 도강언(都江堰)의 관구(灌口) 가까운 곳에 있는데, 선진(先秦) 시대에 서촉(西蜀)의 태수 이빙(李冰) 부자(父子)가 관구 도강언을 수축했습니다. 양자강 상류의 이 위대한 수리 공사가 있고부터 1,2천 년 동안 성도(成都)는 땅이 기름지고 물산이 풍부한 고장으로서 농토가 수리 혜택을 누리게 되었습니다. 그래서 사천(四川) 사람들은 이빙 부자에게 감사와 흠모의 뜻을 표하기 위하여 관구에 이랑묘(二郎廟)라는 사당을 지어 놓고, 후인들이 향 피우고 큰절을 하며 그의 명성과 위업을 기리고 존경하도록 해 놓았습니다. 원 선생님의 대련은 다음과 같습니다.

수 만 이랑의 좋은 농토에 물 대어 주니	漑數萬頃良田
산 속에서도 맑은 샘물이요	在山泉水淸
산 떠나서도 맑은 샘물이라	出山泉水淸
마치 이웃 진나라의 태수와 같네	個比鄰秦太守

일천칠백 조사 공안 주무르니	揉千七則藤葛
말하지 않아도 떨어지고	不說話亦墮
말하려 해도 떨어지니	欲說話亦墮
인도 승려 아지타에게 집어 주네	拈與胡僧阿耆多

하련은 선문 공안(禪門公案)이니 상관하지 맙시다. 상련의 "산 속에서도 맑은 샘물이요, 산 떠나서도 맑은 샘물이라."(在山泉水淸, 出山泉水淸)는 구절은 진태수 이빙 부자의 천추에 남을 공훈 업적은 명신(名臣)이 산에서 나와 정치에 종사한 가장 좋은 모범으로 삼을 만하다는 것을 노래하고 있습니다.

지사는 산이 더 깊지 않음을 한하다

노자가 말한 이런 처세 철학과 인생 태도는 진실로 도가를 깊게 믿는 신선들을 제외하면 일반 사회 대중들에게 적용시키기란 불가능한 일입니다. 만약 이런 본보기를 찾아내고자 한다면 물론 역대 도가의 신선전에 매우 많습니다. 하지만 모두들 바른 길에서 벗어나고 도리에 어긋나며 괴상한 모습들이어서 본받을 만하지 못합니다. 그 다음으로는, 도가와 비슷한 은사(隱士)나 고사(高士)들이 있을 뿐인데 탈속과 세속 사이에 있는 사람들로서 고사전(高士傳)에서 그 전형을 찾아낼 수 있습니다.

이제 우리가 일반적으로 잘 아는 사람으로서, 난리의 시기로부터 치국평천하의 시대에 이르는 두 사람의 중간적인 인물만을 노자가 말한 수도자와 비슷한 풍격으로 삼아보겠습니다. 서한(西漢)과 동한(東漢) 전환기에 엄광(嚴光)이 있었고, 당나라 말기 오대로부터 송나라 건국 까지 사이에 진단(陳摶)이 있었습니다.

엄광은 자가 자릉(子陵)입니다. 그는 소년 시절에 한 광무제(光武帝) 유수(劉秀)의 학우였습니다. 다른 학문은 말하지 않고 문학만 가지고 말하면 엄자릉이 어느 정도에 이르렀는지는 믿을만한 자료를 찾을 수가 없습니다. 그러나 광무제 유수의 소수의 글들의 문채를 보면 확실히 훌륭합니다. 유수는 황제가 된 뒤에 유독 이 친구가 그리워서 백방으로 알아보고 그가 한 번 만나러 오기를 바랐습니다. 엄광의 깊이를 보고 싶었는데 결코 간단하지 않았습니다. 엄광도 당시의 정치 형세에서 제2인자가 되지 않는다는 생각을 한 인물이었는지 모릅니다. 그러나 그 역시 유수라는 인물이 간단하지 않다는 것을 잘 알고 있었습니다. 제1인자의 위치는 이미 유수의 것이었기에 그는 세상 밖에서 한가하게 떠돌아다니고 더 이상 올가미 속으로 들어가고 싶지 않았습니다. 그래서 그는 양가죽 옷을 걸치고 절강(浙江) 동려(桐廬)의 부춘강(富春江)에 낚싯대를 드리웠습니다. 뒷날 그는 비록 황제가 된 학우 유수와 만났을 뿐만 아니라 황궁에서 소년시절처럼 한 침대에서 자고 하룻밤을 보냈지만, 일부러 잠자는 모습이 좋지 않은 척하여 다리를 유수의 배위에 올려놓고 잤습니다. 마치 천자도 업신여기는 듯이 말입니다. 유수는 확실히 큰 도량을 지닌 편이어서 그로 하여금 벼슬을 하라고 강박하지 않고 산으로 돌아가 여전히 자유롭고 한가하게 떠돌아다니며 강에서 낚시를 즐기는 생애를 보내게 했습니다.

그래서 전해오는 바에 의하면 과거시험을 보러 가는 어떤 수재가 엄자릉의 낚시터를 지나가는 길에 그곳에 다음과 같은 시를 지어 써 놓았습니다.

그대는 명리 때문에 숨었건만	君爲名利隱
나는 명리를 위해서 왔구료	吾爲名利來
선생의 얼굴 뵙기 부끄러워하며	羞見先生面
깊은 밤 낚시터를 지나가오	夜半過釣台

이는 정말 "어떤 이는 벼슬을 버리고 고향으로 돌아가는데, 어떤 이는 비오는 밤 과거시험장으로 달려가네."(有人辭官歸故里,有人漏夜趨科場) 와는 대비되는 모습입니다

만약 은사·고사·처사에게 이렇게 엄격하게 요구한 기준에 비추어 본다면 무릇 역사 문헌에 기록된 유명한 인물들, 심지어는 신선전이나 불문(佛門)의 고승들 가운데도 그 기준에 맞는 사람은 한 사람도 없을 것입니다. 송나라 시대의 대 시인 육방옹(陸放翁)은 이렇게 말했습니다.

산 속에 사는 지사 산이 더 깊지 않음을 한하니	志士棲山恨不深
사는 곳 남이 알면 이미 초심 저버린 것	人知己是負初心
엄광 같은 무리를 다시 말하지 말지니	不須更說嚴光輩
소부와 허유부터 지금까지 잘못 됐네	直自巢由錯到今

일생이 평범하여 명성이 향리에 드러나지 않고 끝내는 초목과 함께 썩는 것이 거의 그 기준에 가까울지도 모릅니다!

진단은 도호(道號)가 희이(希夷)입니다. 물론 그는 일찍이 도가에서 신선의 조사로 추대되었습니다. 민간에서는 일반적으로 그를 진단 노조(老祖)라고 부릅니다. 그는 당나라 말엽 오대라는 말세에 태어나서 일생을 화산(華山)에서 은거생활을 하며 세상일에는 조금도 관심이 없

는 것 같았습니다. 송 태조 조광윤이 진교(陳橋)에서 군대 내부 반란에서 황포(黃袍)를 걸치고 황제의 자리에 오르자 그때 마침 그는 산에서 내려와 노새를 타고 다녔는데 그 소식을 듣자 기뻐서 노새 등에서 떨어지면서 말했습니다. "이제부터는 천하가 태평해질 수 있겠구나!" 그가 조(趙)씨 송나라의 창업건국에 대해 이처럼 호감을 지니고 있었기 때문에 조씨 형제들도 그를 매우 존중하였습니다. 동생 조광의(趙匡義)가 형의 뒤를 이어 황제—송 태종이 되자 특별히 그를 불러 만나고자 했습니다. 신선전의 기록을 보면 송 태종은 특별히 사람을 파견하여 궁녀 몇 사람이 그를 시중들게 하도록 보냈습니다. 결과적으로 그는 시 한 수를 지어 궁녀를 모두 되돌려 보냈습니다.

얼음 같은 피부 옥 같은 뺨의 미인들을	氷肌爲骨玉爲腮
임금이 보내주시니 대단히 감사할 뿐	多謝君王送到來
산중처사는 남녀 간 정이 일어나지 않으니	處士不生巫峽夢
공연히 수고롭게 비와 구름이 양대를 내려오네	空勞雲雨下陽臺

이 고사와 시는 당나라 말기의 처사 시인 위야(魏野)의 책에도 기록되어 있고 당시(唐詩) 중에도 위야의 저작으로 수록되어 있습니다. 아마 도가에서 여전히 명성을 좋아하다 보니 위야를 진단의 몸에 끼워 넣었는지 모르겠는데, 비단위에 꽃을 더하고 뱀 그리고 발을 더하듯 쓸데없는 일을 했다는 의심을 피할 수 없습니다.

사실 희이 선생은 난리가 난 시대에 태어났으니 소년과 장년 시절에 세상에 쓰이고자 하는 마음이 어찌 없었겠습니까? 다만 투철하게 살펴보고 주도면밀하게 관찰하고 나서 마침내 화산에서 은둔생활을 하면서 그 때를 기다리고 그 사람이 오기를 기다렸을 뿐입니다. 우리가 그의 유명한 시를 한 수 보면 그 결말을 알게 됩니다.

십년의 발자취 홍진 속에 분주하여서
머리 돌려 청산으로 돌아가는 꿈 자주 꾸었네
자주색 인수(印綬)가 영화롭지만 어찌 한가한 낮잠에 미치겠으며
화려한 저택이 부유하지만 가난보다 못하네
칼과 창이 위태로운 군주 보호함을 바라보기 근심스럽고
생황에 노래 소리 취객들 떠들썩한 소리 듣기도 울적하여
옛날 서책들 챙겨서 옛 은거지로 돌아오니
들꽃 피고 새 우는 봄은 예나 지금이나 같구나

十年踪跡走紅塵　回首青山入夢頻
紫綬縱榮爭及睡　朱門雖富不如貧
愁看劍戟扶危主　悶聽笙歌聒醉人
攜取舊書歸舊隱　野花啼鳥一般春

　이 칠언율시에서 당시 희이 선생의 감개와 탄식이 매우 뚜렷이 드러난 곳이 "칼과 창이 위태한 군주 보호함을 바라보기 근심스럽고, 생황에 노랫소리 취객의 떠들썩한 소리 듣기도 울적하여"라는 두 구절입니다. 이 두 구절은 시 전체에서의 화룡점정(畵龍點睛)의 부분이기도 합니다. 왜냐하면 그는 당나라 말엽 오대의 난세에 태어났기 때문입니다. 몇 십 년 사이에 이 사람도 왕이라 칭하고 저 사람도 왕이라 칭하여 온통 엉망진창이어서 옳은 곳이라고는 하나도 없었습니다. 그렇지만 모두가 우담화(優曇華)가 잠깐 나타났다 사라져 버리듯이 저마다 바쁘게 허둥대면서 몇 년 혹은 십여 년 간 백성을 어지럽히다 끝나버리고 모두 큰 그릇이 되지 못했습니다. 그래서 그는 "칼과 창이 위태한 군주 보호함을 바라보기 근심스럽고"라고 보았던 것입니다. 거기다 난세를 살아가는 일반 사회 인사들은 우환을 모르고 죽는지 사는지도 모르면서 그저 취생몽사하고 음주가무로 거짓 태평 생활을 보내고 있었

으니 몹시 서글픈 한 세대였습니다. 그래서 "생황에 노래 소리 취객의 떠들썩한 소리 듣기도 울적하여"라고 탄식했습니다. 그래서 그는 자기 처신의 길이 반드시 있어야 했기에 "옛날 서책들 챙겨서 옛 은거지로 돌아와" 화산에 은거생활을 하러 떠났습니다.

이것도 당나라 말기의 또 다른 도사의 시가 말하는 바와 꼭 같습니다.

단사(丹砂)를 사려고 흰 구름 속에서 내려오니	爲買丹砂下白雲
사슴가죽 옷이 또 온 거리의 먼지를 일으키네	鹿裘又惹九衢塵
귀를 가지고 산에 들어가 버린 것만 못하니	不如將耳入山去
온갖 시비가 근심으로 애타게 하기 때문이네	萬是千非愁煞人

그들이 맞닥뜨린 상황과 심정은 모두 똑같이 고통스러웠고 세상을 위하여 근심하고 슬퍼했습니다. 그렇지만 어찌해 볼 수가 없었기 때문에 그저 노자처럼

"나는 어리석은 사람의 마음이로다! 흐리멍덩하구나. 세상 사람들은 밝고 밝은데 나만 홀로 어둡고, 세상 사람들은 살피고 따지는데 나만 홀로 몽매하구나. 바다와 같이 잠잠하다가 바람처럼 쉼 없이 나부끼도다. 뭇 사람들은 다 하는 게 있는데, 나만 홀로 어리석고 고루하구나."

我愚人之心也哉! 沌沌兮, 俗人昭昭, 我獨若昏. 俗人察察, 我獨悶悶. 澹兮其若海, 飂兮若無止, 衆人皆有以, 而我獨頑且鄙.

는 노선을 갈 수밖에 없었습니다. 보기에는 그 경지가 높아서 기어올라 도달할 수 없을 것 같지만, 사실은 사회의 부패와 백성들의 고통에

대해서 비분과 불만을 느끼면서도 어찌 해볼 수 없는 가운데 일부러 활달한 척 해본 것일 뿐이겠지요!

화려한 궁전 최상층까지는 오르지 말라

현대사에서 다들 알고 있듯이, 국민혁명이 성공한 후 손중산(孫中山) 선생은 지위를 남에게 미루어 나라를 양보하고 원세개(袁世凱)가 중화민국의 첫 번째 대총통을 맡게 되었습니다. 결국 원세개는 황제에 미련을 두고 이성을 잃은 나머지 억지로 황제가 되려고 연호를 홍헌(洪憲)으로 바꾸었습니다. 그러나 1년도 채 못 되어 원 얼뜨기는 지위도 명예도 잃고 자기 집 안방에서 목숨을 마쳤습니다. 남긴 것이라고는 그저 천추의 죄과라는 웃음거리뿐이었습니다. 원세개 개인의 역사는 모두들 다 알듯이 그의 사람됨과 처사가 원래 말할 것이 못되었습니다. 홍루몽 소설에 나오는 다음 두 마디는 참으로 그의 일생에 대한 총평으로 삼을 만합니다. "부모가 길러 자라게 해준 은혜를 저버렸고, 스승과 벗들이 충고하고 타일러준 은덕을 어겼다."

원세개의 두 아들 중, 큰아들 극정(克定)은 다리를 절었는데 태자가 되어 황위를 계승하려는 뜻을 품고 있었기 때문에 아버지를 부추기는 데 가장 힘썼습니다. 둘째 극문(克文)은 재능이 넘치고 풍채가 시원스럽고 명사(名士)의 향기를 지녀서, 당시 사람들은 원세개를 조조(曹操)에 둘째 원극문을 조식(曹植)에 비유하였습니다. 저는 그의 부친 원세개가 황제가 되려는 것에 반대하는 시 두 편을 몹시 좋아합니다. 시가 훌륭한데다 사리를 깊게 밝히고 있을 뿐만 아니라 노장학(老莊學)의 정서가 가득하기 때문입니다. 중화민국 초년에 원극문 같은 시적 재능이 있는 문필이 아직도 남아있었으리라고는 생각지도 못했습니다. 원극문은 선배 허지산(許地山)의 학생이었습니다. 부친이 황제가 되려는 것에 반대하는 시를 두 수 지었기 때문에 원세개는 아들을 잘못 가르쳤다며 허지산 무리 사람들을 크게 욕하고 그 때문에 둘째 아들을 연금했다고 합니다. 이제 원극문의 시 두 수의 좋은 점을 얘기해 보겠습니다.

  잠시 가을 겉옷 입으니 굳이 말하면 좀 따듯해서
  옛 누대 황폐한 난간에 한 번 기대어 보네

  乍著吳棉強自勝　古臺荒檻一憑陵

  첫 두 구절이 좋습니다. '오면'(吳棉)은 남방의 소주(蘇州) 항주(杭州) 일대에서 생산되는 풀솜으로 만든 가을 옷을 말합니다. '강자승'(強自勝)이라는 말은 차가운 가을 날씨에 남방의 풀솜으로 만든 겉옷을 입으니 몸이 조금 따뜻해짐을 느끼는데 굳이 말하면 많이 좋아졌다고 말할 수 있다는 겁니다. 이 말은 그의 부친 원세개가 남방 혁명의 성공에 힘입어 이제 막 조금 득의한 가을의 상황을 비유하는데, 그로 인해 그들은 북경의 황궁에 들어와 살게 되었습니다. 그러나 원·명·청 삼대에 걸쳐 계획 건축하여 이루어진 북경의 황궁은 풍경은 예나 다름없지만 인간사는 완전히 바뀌었으니 저 역대의 제왕들은 모두 어디로 갔단 말인가! 그래서 황궁에 이르러 높은 곳에 올라가 바라보고는 옛 누대와 황폐한 난간을 탄식하게 되었습니다. 이러한 역사의 옛 자취나 사람들을 보면 인간세상의 헛된 영화를 그렇게 중요하게 볼 필요가 어디에 있다는 말인가!

  태액(太液)에 파도 일어나니 마음이 멈추지 못하고
  마애(魔崖)에 구름이니 꿈은 뛰어오르려 하네

波飛太液心無住　雲起魔崖夢欲騰

'화지태액'(華池太液)은 도가에서 말하는 신선 경지 속의 맑고 시원한 못물을 합니다. 수련가들은 그것을 화지신수(華池神水)라고도 부르는데 그것을 복용하면 병을 없애고 수명을 연장시켜 불로장생할 수 있다고 합니다. 원극문은 이를 비유로 사용하여, 어떤 사람의 맑고 조용한 마음 가운데서 홀연히 만족하지 못하는 탐욕심의 큰 망상이 움직이는 것은, 마치 화지신수에 물 끓듯이 파도가 일어나는 것과 같아서 평정한 마음을 영원히 안온하게 하지 못함을 말하고 있습니다.

이어서 말합니다. "어떤 사람이 만약 마음을 움직임이 바르지 않고 삿된 생각이 한 번 일어나면 구름이 피어오르고 안개가 어두운 것 같아서 마음의 지혜를 가리고 있지만 스스로는 알지 못한다. 일단 마(魔)가 씌워지면 몽상으로 제정신이 아니어서 마음이 하늘보다 높아져 천상계에 날아올라 신선이 되기를 허망하게 추구한다."

우연히 먼 숲을 바라보니 원망의 피리소리 들려와
홀로 영실(靈室)에 돌아와 밝은 등을 돌리네

偶向遠林聞怨笛　獨臨靈室轉明燈

이것은 당시 시국의 실제 정경을 가리킵니다. 그의 부친과 형은 오로지 황제가 될 생각만 하고 있으니 바깥 여론이 분분하고 대중의 원망은 들끓고 있음을 어떻게 알겠습니까? 그러나 시인의 필법은 왕왕 같은 성격의 일로써 역사적 사실을 비유하고 심원한 기탁을 통해 시사 문학의 함축적인 묘미를 드러냅니다. 그래서 다만 자신이 아직 옛 누대 황폐한 난간이 있는 정원에서 높은 곳에 올라 옛 일을 추모할 때면 곳에서 원망의 피리가 슬피 우는 것이 귀에 들려오는데 그 처량함을 견디기 어려웠습니다. 그래서 자신의 실내로 돌아와 밝은 등을 돌리면서 번뇌를 풀었습니다. '영실'(靈室)이나 '밝은 촛불'(明燈)은 도가나 불가에서 마음속의 영명하여 어둡지 않은 양지(良知)를 비유하는 데 가끔 사용합니다. 하지만 그는 이 구절에서 글자 사용의 오묘함은 바로 그 묘함이 '轉'(전)자에 있습니다. '전명등'(轉明燈)이란 말은 민중의 원망을 그치게 하고 싶어 함은, 자기 내심으로부터 진정으로 반성하여 바르지 못한 생각을 막고 바른 생각을 품는 것만 못하다는 점을 그의 부친과 형이 깨닫기를 바란다는 뜻입니다.

몹시 가련하여라 높은 곳에는 비바람이 많으니
화려한 궁전 최상층까지는 오르지 말라

劇憐高處多風雨　莫到瓊樓最上層

마지막 구절의 변화는 소동파의 명구인 "화려한 궁전, 높은 곳은 추위를 이기지 못하네."(瓊樓玉宇, 高處不勝寒)를 약간 변형시켜 인용한 것입니다. 그의 부친에게 만족할 줄 알아 항상 즐거워해야지 황제가 될 생각을 절대 하지 말라고 충고하고 있습니다. 원세개는 아들의 시를 보자마자 버럭 화를 내면서 즉시 그를 연금했는데, 바로 이 두 구절이 그로 하여금 읽고 나서 가장 골치 아프고 참을 수 없게 만든 겁니다. 또 한 수는 이렇습니다.

작은 정원에 서풍은 날씨 갠 저녁을 향해 불고
시끄러운 속에 은혜와 원망 아직 분명하지 않구나

小院西風向晚晴　囂囂恩怨未分明

첫 두 구절에 시인은 온 정신을 다 기울였습니다. 당시 민국 성립 초기에 원세개가 비록 첫 번째 대총통이 되기는 했지만 각 지방의 의론이 분분하고 천하의 인심이 그에게로 돌아가지 않았습니다. 그래서 "시끄러운 속에 은혜와 원망 아직 분명하지 않구나"라고 직설적으로 말했습니다. 이른바 '날씨 갠 저녁을 향해 불고'이란 말은, 그의 부친이 이미 나이가 많고 일생 고생하다 만년에 이르러서야 이런 성취가 있는 것이니 더 이상 경거망동해서는 안 된다고 암시하고 있습니다.

남쪽으로 돌아가는 외로운 기러기가 차가운 달빛을 가리고
동쪽으로 부는 오만한 바람은 구성(九城)을 흔드네

南回孤雁掩寒月　東去驕風動九城

'남쪽으로 돌아가는 외로운 기러기'는, 남방의 국민당의 영향력이 비록 정권을 잡지는 못했어도 정의가 있는 곳이며 분투하며 외로이 날고 있으므로 역시 차가운 달빛을 충분히 가릴 수 있음을 비유했습니다. '동쪽으로 부는 오만한 바람'은 당시 일본인들이 거만하고 횡포 무도하며 나쁜 마음을 품고 있으니 특별히 주의해야한다는 것을 가리킵니다.

짧은 인생은 가고 공과가 남음은 한 순간에 달렸는데
귀뚜라미 우는 속에 꾸는 꿈은 삼경이 되려 하네

駒隙去留爭一瞬　蛩聲吹夢欲三更

옛사람들은 인생 백세도 작은 틈새로 흰 말이 얼핏 지나가는 것을 내다보는 것에 불과 한 순간일 뿐이라고 말했습니다. 흰 말은 태양

광선이 문 틈새를 투과하여 지나는 환영인데 작은 말이 뛰듯이 그렇게 빠름에 비유한 것입니다. 이 구절은 그의 부친에게 충고하기를, 나이가 많아졌으며 인생은 짧으나 역사에 길이 남을 공적과 죄과의 결정 논단은 오직 한 생각 사이에 달려 있으니 밝은 지혜로 선택해야 한다고 합니다. '공성취몽'(蛩聲吹夢)은 가을벌레인 귀뚜라미 우는 소리입니다. '욕삼경'(欲三更)은 사람이 늙었음을 밤이 깊어감에 비유한 말입니다. 좋은 꿈은 원래부터 가장 깨기 쉬운데 도대체 늦가을의 좋은 꿈을 꿀 수 있는 시간이 아직 얼마나 있느냐는 의미입니다.

산 샘물이 집을 휘돌아 흐르니 그 깊이를 알 수 있고
미미한 생각이 파도치니 평온하지 못함을 느끼네

山泉繞屋知深淺　微念滄波感不平

샘물은 산에 있을 때는 맑지만, 산을 나오면 탁합니다. 사람은 자기를 아는 지혜가 있어야 하며 반드시 자신의 재능과 도덕 능력의 깊이를 알아야 좋습니다. 그러나 그의 부친과 형의 뜻은 그런 생각이 아닙니다. 이 때문에 그는 생각 생각마다 마음에서 떠나지 않아 평온하지 못하고 마음이 편할 수 없다는 말입니다.

원극문의 시문 재기는 정말 아름답습니다. 그렇지만 어디까지나 세가(世家) 출신의 공자(公子)로서 중화민국 초년 이후 상해에 기거하면서 연극배우나 치켜세우고 골동품이나 감상하는, 소위 민국초기 4공자 가운데 하나였습니다. 학술 사상이건 덕업(德業)공적이건 이룩해 놓은 것이 하나도 없었고 취할 것이 하나도 없었습니다. 지금 우리는 시만 가지고 시를 논할 뿐 그 사람을 논하는 것은 아닙니다. 저는 늘 이런 경험을 하는데 어떤 사람은 그 글만을 읽어야지 그 사람에 대해서는 꼭 알 필요가 없습니다. 또 어떤 사람은 그 사람만 알아야지 그 학문은 꼭 논할 필요가 없습니다. 사람됨과 재능은 어차피 두 가지를 다 갖추기 어렵습니다. 저 같은 사람은 시문이건 학술이건 하나도 취할 것이 없습니다. 사람 노릇도 아직 잘 못하고 있습니다. 누추한 골목 오막살이집에서 철부지 어린이들 몇 명 가르치며 간신히 그럭저럭 살아갈 수밖에 없을 뿐입니다.

인간 세상은 어디에나 이해타산이 있다

청나라의 중흥 명신인 증국번(曾國藩)은 여러분들이 다 알듯이 근대 역사상 한 분의 대 정치가로서 그의 경력과 공적은 많이 소개할 필요가 없을 겁니다. 후세 사람들은 말하기를 그가 공훈을 세우고 업적을 쌓은 데는 모두 열세 벌의 수완이 있었다고 합니다. 그러나 그 중 열한 벌의 모략학(謀略學)은 전해지지 않았고 두 벌의 수완만을 후세 사람에게 남겨주었습니다. 그 중 하나가 관상술인 빙감(冰鑒)을 한 부 저술하고 후세에 전해준 것입니다. 빙감은 그의 스승이 가르쳐 준 것이었습니다. 증국번 이후의 많은 정치·군사·경제 지도자들이 이 빙감에서 기술해 놓은 관상술을 운용하여 인재를 가리고 사람을 써서 확실히 얼마간의 효과들을 거두었습니다.

또 한 벌의 수완은 바로 그의 일기와 가서(家書)입니다. 어떤 사람은 이렇게 물을 것입니다. "증국번의 일기와 가서는 집안 식구들에게 닭둥지는 어떻게 손보고 채소밭은 어떻게 정리하라고 일러주고, 자신도 하루 빨리 고향으로 돌아가 농사나 짓겠다는 등을 표시하고 있습니다. 이런 자질구레한 일들은 늙은 농부나 노련한 채소 농사꾼도 다 아는 것인데 무슨 대단한 수완이라고 후세 사람들에게 남겨줄 가치가 있는 것입니까?"

이것은 단지 겉모습만 본 낮은 견해입니다. 만약 한 걸음 더 나아가 증국번 · 증국전(曾國荃) 형제가 당시 세웠던 공훈 업적 · 처했던 환경 · 시대의 정치적 배경과 역사적 궤적 등을 분석해보면 증국번이 이런 하찮은 일들에 수다를 떤 것은 사실 노장의 도를 깊이 운용하고 있는 것임을 이해할 수 있습니다.

증국번 형제는 9년에 걸친 간고한 전쟁을 거쳐 마침내 국토의 절반을 차지한 채 수도를 뒤흔들고 거의 정권을 획득한 태평천국을 무너뜨렸습니다. 그들이 세운 '공적'은 만주족이 산해관을 넘어 들어온 이래 일찍이 없었던 것으로 '높은 공적이 군주를 놀라게 하는'(功高震主) 정도에 도달했습니다.

'높은 공적이 군주를 놀라게 하는' 상황은 아마 많은 사람들이 체험하지 못할 테니 회사를 하나 창립하는 일에 비유해 보겠습니다. 어느 회사 사장이 대단히 유능한 간부를 하나 찾아냈습니다. 이 간부는 총명하고 유능할 뿐만 아니라 열심히 노력하였습니다. 이리하여 그 우수한 업적공로로 말단 업무직원으로부터 점점 상승하여 계장이 되고 주임이 되고 지배인이 되더니, 마침내 총지배인까지 올라갔습니다. 이 단계에 올라오자 회사의 모든 업무와 많은 일들을 그가 사장보다도 훨씬 더 이해하고 숙련되었고, 게다가 아래 사람들과의 인간관계도 아주 좋았습니다. 이런 상황 아래서 사장은 걱정을 하기 시작할 것입니다. 이것이 '높은 공적이 군주를 놀라게 한다'는 것으로 사장의 지위가 위험해집니다. 정치적으로 그 공적이 높아 군주를 놀라게 하는 대신(大臣)은 위험과 영예가 정비례하는 것이라, 영예로운 훈장이 많으면 많을수록 위험 또한 그만큼 큽니다. 권세와 재부를 잃을 가능성이 항상 있을 뿐만 아니라 심지어는 생명도 왕왕 아침저녁을 보장할 수 없습니다.

청나라 왕조는 특무(特務: 간첩—역주) 수단으로 대신들과 각급 관료들을 제어하였는데, 옹정황제는 이 수단의 사용으로 가장 저명하며 효과를 거둔 사람입니다. 그 이후 청나라 제왕은 모두 이 수법을 버리지 않았습니다. 자희(慈禧)태후는 일개 여인의 몸으로 독재정치를 하면서 그 수단을 더욱 많이 더욱 심하게 사용하였습니다. 그래서 증국번의 일기와 가서에 이런 닭장이니 채소밭이니 하는 자잘한 일을 쓴 것은, 집안 자제들에게 보여주기 위해서라기보다는 자희태후에게 보여주기 위해서였다고 말할 수 있습니다. 보이지 않는 가운데 사장의 의심을 없애기를 바라면서, 자기는 전답이나 가옥을 사려고 묻는 한낱 시골뜨기에 지나지 않다고 표시함으로써 목숨을 보전하고자 했습니다.

또 증국번이 자신의 동생 증국전에게 보낸 한 수의 시 속에서도 그가 노장 사상을 깊이 이해하고 있었고 노장의 도를 융통성 있게 운용하였다는 것을 알 수 있습니다.

왼쪽엔 표창장들이요 오른쪽엔 비방공격서이니	左列鍾銘右謗書
인간 세상은 어디에나 이해타산 있다네	人間隨處有乘除
머리 숙여 도양열에게 절할지니	低頭一拜屠羊說
만사는 허공을 지나가는 뜬구름이어라	萬事浮雲過太虛

시 속의 도양열(屠羊說)의 전고는 바로 장자의 양왕편(讓王篇)에 나옵니다. 도양열은 본래 초나라 소왕(昭王) 때 저자 거리에서 양고기를 파는 백정으로서 다들 도양열이라고 불렀지만 사실은 은사(隱士)였습니다. '說'(열) 자는 고대의 글자로서 고대의 음이 '悅'(열) 자와 통했습니다. 당시 오원(伍員: 오자서—역주)이 부친과 형의 원수를 갚기 위해 오나라를 도와 초나라를 공격하자 초나라는 패망하고 소왕(昭王)은 피난하여 수(隨)나라로 달아났습니다. 도양열은 소왕을 따라 도망가 유랑길에서 소왕의 많은 문제들과 생활상의 의식주와 교통까지 자신이 도와서 해결하여 주었기에 그 공로가 컸습니다. 뒷날 초나라를 회복한 소왕은 대신을 보내 도양열에게 무슨 관직을 희망하는지 물어보게 하였습니다. 도양열은 이렇게 답했습니다. "초왕이 그의 나라를 잃자 나

역시 따라서 양고기 판매 노점을 잃었고, 이제 초왕이 국토를 회복하였으니 나 역시 나의 양고기 판매 노점을 회복하였습니다. 이렇게 되었으니 본래의 작위를 회복한 것이나 다름없는데 또 무슨 상을 내린다는 말입니까?" 소왕이 재차 명령을 내려 그더러 꼭 받아들이라고 요구하였으나 도양열은 한 걸음 더 나아가 말했습니다. "지난번 초나라의 실패가 내 잘못이 아니기 때문에 나에게 죄를 내려 죽여 달라고 청하지 않았던 것이고, 이제 나라를 회복한 것 또한 나의 공로가 아니기 때문에 상을 받을 수가 없습니다."

그의 이 말에는 약간 가시가 돋쳐 있었으니 그 숨은 뜻은 이런 말이었습니다. "당신은 국왕이면서 실패하였다고 달아나 버렸습니다. 이제 당신이 국가를 다시 구해냈으니 당신의 노력과 복입니다." 그래서 초나라 소왕은 대신한테 그의 이런 말을 듣고는 양고기 노점이나 하나 벌려놓은 이 사람이 보통 인물이 아니라는 것을 알았습니다. 그리하여 또다시 대신을 보내 그를 불러들여 만나고자 했습니다. 뜻밖에도 도양열은 더 영리하게 말했는데 그는 이렇게 대답했습니다. "우리 초나라의 정치 체제에 의하면 반드시 큰 공로가 있어서 큰 상을 받은 사람이라야 국왕을 직접 만날 수가 있습니다. 지금 나 도양열은 문(文) 방면으로는 국가를 보존할 지식과 학문이 없으며, 무(武) 방면으로는 목숨을 걸고 적과 한 번 싸울 용기도 없습니다. 오나라 군대가 우리 수도로 쳐들어왔을 때 나는 오직 죽음이 두려워 황급히 도망갔던 것이지 충성을 바치기 위하여 국왕을 따라 달아난 것은 결코 아니었습니다. 이제 국왕께서 저를 불러 보고자 하시지만 이는 정치 체제에 위배된 일이니 나는 세상 사람들이 초나라에는 법제가 없다며 비웃기를 원치 않습니다."

초나라 소왕은 이 논리를 듣자 더더욱 이 양고기 노점 사장이 예사로운 무리가 아님을 느꼈습니다. 그래서 지위가 더 높은 대신인 관사마(官司馬), 오늘날의 국방장관에 가깝습니다, 자기(子綦)에게 분부하였습니다. "이 양고기 노점 사장이 비록 아무런 지위도 없지만 그가 말하는 도리는 대단히 고명하다. 이제 네가 가서 그를 오라고 청하고 내가 그러러 국가의 삼공(三公)이라는 높은 지위를 하라고 청한다고 말하라." 생각해 보십시오. 한 나라의 삼군 통솔자가 직접 가서 청하는 데는 무슨 의미가 있는지를. 하지만 도양열에게는 여전히 이 수단이 먹혀들지 않았습니다. 그는 말했습니다. "나는 삼공이라는 지위는 이 양고기 노점 사장보다 몇 배나 고귀한지 압니다. 이 지위의 월급은 만종(萬鍾)의 녹봉(祿俸)이니 아마도 내가 일평생 양고기를 팔더라도 그렇게 많이 벌지는 못할 것입니다. 하지만 내가 어떻게 높은 관직과 많은 녹봉을 탐냄으로써 우리 군주로 하여금 상장을 남발한다는 악명을 얻게 하겠습니까? 저는 아무래도 그렇게 할 수가 없으니 제발 저의 양고기 노점을 돌려주십시오!"

물론 사실상, 초나라 소왕이 나라를 회복할 수 있도록 한 많은 의견들 모두가 이 양고기 노점 사장이 제출한 것은 아니었습니다. 그 후에도 그는 세 번 네 번 벼슬을 하려하지 않았는데, 바로 "공을 이루고 명성을 얻으면 자신이 물러나는 것이 하늘의 도이다"(功成, 名遂, 身退; 天之道也) 라는 노장의 정신이었습니다. 그야말로 학문이 깊었던 사람이었습니다.

증국번이 이 시를 쓰면서 도양열의 전고를 인용한 것은 그의 동생 증국전에게 경고를 내린 것입니다. 그는 당시의 객관적 환경이 자신에 대하여 위험성이 대단히 크다는 것을 알고 있었습니다. 위에 계시는 저 자희태후라는 노부인이 대단히 모질고 모시기가 지극히 어려우므로 자신이 높은 지위에 있으면서 위험을 생각하지 않을 수 없었을 뿐만 아니라, 밖에서 그에 대해 왈가왈부하고 비판하고 나쁜 말을 하는 사람도 많았습니다. 특히 증국전은 남경을 공격하여 들어갔을 때 태평천국의 왕궁 안에 있던 많은 금은보화를 자신이 옮겨갔습니다. 이 일로 증국번의 절친한 고향 친구였던 왕상기(王湘綺)마저도 크게 불만을 품게 되어 상군지(湘軍志)를 쓰면서 찬양하는 말도 물론 많이 썼지만 증씨 형제와 상군(湘軍)의 나쁜 점도 써 넣었습니다. 이때에 증국번 형제는 매우 난처했습니다. 증국전의 수양은 아무래도 형만 못했습니다. 또 증국번의 일부 중요한 간부들은 밖에서 들려오는 비판의 소리를 견디지 못하고 증국번에게 진언하기를, 왜 만주족의 청나라를 뒤집어엎지 않느냐며 군대를 북경으로 진격시켜 천하를 차지하자고 하였습니다. 더욱이 어떤 사람은 그런 의견을 글쪽지로 써서 제출하였습니다. 증국번은 보고나서 그 사람에게 이렇게 말했습니다. "당신 너무 수고했소, 피곤하니 먼저 가서 한 숨 자시오." 그 사람을 보내고는 얼른 그 글쪽지를 삼켜버렸습니다. 자신의 생명을 보전하고자 찢어서 휴지통에 버리는 것조차도 감히 하지 못했습니다.

게다다 그가 훈련시킨 향토의 청년 병사들은 이미 '교만한 군대 용맹한 장수'로 변해 있었습니다. 태평천국을 타도한 후 모든 병사들은 저마다 모두 공로가 있고 모두 의기양양해하며 자만하는 심리가 있었으므로 거만하고 횡포해지기 쉬웠습니다. 그래서 그는 자신의 학생인 이홍장(李鴻章)더러 서둘러 회군(淮軍)을 훈련시키게 하여 그의 휘하로 인계받음으로써 상군의 자만과 거만 횡포를 약화시켰습니다.

사실 증국전과 상군은 한번 자극받아 충동되기만 하면, 이미 중국의 절반이 그의 것이었기 때문에 한 걸음 더 나아가 전 국토 아름다운 산천을 손에 넣을 수 있을 것만 같았습니다. 그러나 정말로 손에 넣을 수 있었을까요? 역시 손에 넣지 못할 이유가 있었습니다. 우리가 오늘날 당시의 상황을 자세히 연구해 보면 손에 넣을 수 없는 이유가 확실히 있었습니다. 아무래도 역시 증국번은 대단한 사람이었습니다. 차라리 그런 일을 하지 않았습니다, 그래서 이런 시 한 수를 써서 증국선에게 "머리 숙여 도양열에게 절할지니"(低頭─拜屠羊說)라고 하였습니다. 그는 말합니다. 왼쪽에 중앙정부인 조정에서 내린 표창장이 아무리 가득 걸려 있더라도 '공적이 높으면 군주를 놀라게 하는' 이치를 알아야 하며 그 때문에 자만하고 잘난 체해서는 안 된다. 오른쪽에 우리를 비방하고 저주하는 문서가 놓여 있더라도 마찬가지로 그리 대수롭지 않으니 화낼 필요가 없다. "인간 세상은 어디에나 이해타산 있으니"(人間隨處有乘除), 인간 세상은 본래 저울과 똑같아서 이쪽이 높아지면 저쪽이 낮아지고 이쪽이 낮아지면 저쪽이 높아지는 것이니 꽁하게 생각할 필요가 없다. "머리 숙여 도양열에게 절할지니", 오직 도양열의 정신과 행위를 본받아 세상에서 제일 높은 사람을 학습하기만 하면 "만사는 허공을 지나가는 뜬구름이어라"(萬事浮雲過太虛), 영예도 비방도 모두가 푸른 하늘 위의 한 조각 뜬구름에 지나지 않으니 홀연히 바람이 불어와 흩어버리면 과거의 일이 될 뿐이다. 그러나 맑고 투명한 하늘은 변함없이 여전히 맑고 짙푸르다.

근대사에서 명나라 왕조에서 신호(宸濠)의 난을 평정했던 왕양명과, 청나라 왕조에서 태평천국을 물리친 증국번은 모두 노장학에 정통했고 그것을 능숙하게 운용한 사람들이었습니다. 하지만 모두 '안으로는 도가 학술을 이용하고 밖으로는 유가 학술을 표방하는' 기풍이었는데, 만약 그들을 억지로 유가에 집어넣어 그들이 오로지 이학(理學)이나 강의하고 정좌 좀 했을 뿐이라고 여긴다면, 그런 견해는 남을 속이지 않으면 자기를 속이는 것입니다. 그렇지 않으면 남화경(南華經) 장자(莊子)의 글을 읽은 것을 정말로 후회해야 합니다!

글을 쓰는 일은 천고에 전하는 큰일이라
그 득실을 자기 마음속에서 다 안다

옛 사람들은 이미 문장과 시사(詩詞)류의 문학작품에 대해서 "보잘 것 없는 재주로서 말할 만한 것이 못된다."(彫蟲小技, 不足道也)는 관념을 가지고 있었습니다. 이것은 사실 문인들의 자기 겸손의 말이었습니다. 또 이와는 반대로 '글은 나라를 빛낸다'(文章華國)거나 '글은 도리나 사상을 기록 설명하는 데 쓴다.'(文以載道)등과 같이 숭상하는 평가도 있었습니다. 그러기에 대시인인 두보는 "글을 쓰는 일은 천고에 전하는 큰일이라, 그 득실을 자기 마음속에서 안다."(文章千古事, 得失寸心知)라는 명구를 남겼습니다. 하지만 사람들이 시사문학 자체를 어떻게 보든 간에, 그것은 한 개인의 성격·인품·사상·감정을 그대로 표현해 주어 조금도 감출 수 없으며 비켜갈 수도 없습니다.

재능이 넘쳤던 조조(曹操) 부자(父子)같은 역사상 인물들은 그들의 작품 곳곳에서 자신들의 외롭고 슬프고 처량한 모습들을 드러내 보이고 있는데, 이는 마치 그들의 필생 사업의 국면이 시종 크고 폭넓고 유구함에 도달할 수 없었던 것과 같습니다.

전하는 바에 의하면 황소(黃巢)가 출가하여 스님이 되었다는 위작(僞作)의 시도 도(道)를 얻은 고승의 숨결은 조금도 없고 그저 살기만 가득합니다.

근대인인 왕국유(王國維)는 시사(詩詞)문학을 담론하면서 문학적 경계를 품평의 기준으로 삼았는데 일리 있는 말인 듯 합니다. 사실 좋은 작품이든 나쁜 작품이든 일단 문자의 모습을 띠면 경계가 있기 마련입니다. 단지 그 경계가 훌륭한가 저속한가의 차이가 있을 뿐입니다. 문자를 통해서 표현되는 기백과 기상은 필경 문자적 기교에 가려질 수 있는 것이 아닙니다.

옛사람의 야사(野史) 기록에는 황소가 반란에서 패배한 후에도 피살되지 않고 도망하여 머리와 수염을 깎고 스님이 되어 법명을 도가(道價)라 했다 합니다. 뒷날 서경(西京)의 용문사(龍門寺)에서 자기를 취미(翠微)선사라 불렀고 최후에는 설두사(雪竇寺)에 가서 머물렀다고 합니다. 그래서 또 설두(雪竇)선사(설두사는 절강성 영파寧波 사명산四明山 중에 있으며 역대 이래로 고승들이 때때로 나왔는데 모두 설두로 이름을 지었습니다. 황소는 결코 선종의 정맥인 설두중현雪竇重玄선사가 아니니 오인해서는 안 됩니다)라고 불렀답니다. 그리고 그는 송나라 초기 개보(開寶) 시기에 팔십이 넘는 나이에 죽었다고 합니다. 이는 역사적인 사실과 맞지 않는 모두 날조한 말입니다.

휘록기(揮麈記)에는 그의 다음 시가 들어 있습니다.

삼십년 전엔 초야에서 말 탄 장교였건만	三十年前草上飛
갑옷을 벗어던지고 승복을 걸쳤네	鐵衣抛卻着僧衣
천진 다리에서 묻는 자 없고	天津橋上無人問
홀론 높은 누각에 기대 낙조를 보네	獨倚危樓看落暉

읽어 보면 확실히 영웅이 만년에 몰락한 의미가 들어 있습니다. 하지만 "삼십년 전엔 초야에서 말 탄 장교였건만"이라는 구절은 한결같이 반정부 일당 분위기를 벗어나지 못하면서 대단히 재미가 있습니다. 그런데 빈퇴록(賓退錄)에 기록되기로는, 이 시는 호사가인 후인이 원진(元稹)이 지도(智度)선사에게 써 보낸 두 수의 시속에서 표절하여 고친 것입니다. 원진의 시집 중에는 원작이 들어 있습니다.

사십 년 전엔 말 탄 장교였건만	四十年前馬上飛
공명을 다 감추고 선승의 옷 껴안고	功名藏盡擁禪衣
석류원 아래 포로 잡던 곳을	石榴園下擒生處
홀로 한가하게 걷고 홀로 돌아가네	獨自閒行獨自歸

사명을 세 번 함락하고 세 번 포위 뚫었건만	三陷四明三突圍
갑옷을 내던지고 선승의 옷을 즐기네	鐵衣抛盡納禪衣
천진 다리 위에서 알아 보는 사람 없고	天津橋上無人識
한가히 난간에 기대어 낙조를 바라보네	閒憑欄干望落暉

이 두 수의 원시에서 모아 고쳐서 황소로 가탁한 시도 28자로 된 작품이지만, 도량과 기상이 완전히 다릅니다. 이를 통해 우리는 신문학이든 구문학이든 어느 쪽이나 도량과 식견과 기백이 있어야 좋은 작품을 이룰 수 있음을 이해할 수 있습니다.

금나라 말년의 완안량(完顔亮)은 포악 오만하면서 제멋대로 날뛰었습니다. 기개는 산하를 삼킬 듯하고 글씨를 잘 썼고 시사(詩詞) 짓기도 좋아했습니다. 그가 처음 기왕(岐王) 겸 평장정사(平章政事)에 봉해졌던 시기의 시사에는 고집스럽고 남 아래 처하기를 달가워 하지 않는 뜻을 이미 드러내고 있습니다. 출사도역(出使道驛)의 영죽(詠竹) 시 한 수를 보겠습니다.

쓸쓸한 역참의 한 대숲 바람에 우수수	孤驛蕭蕭竹一叢
보통 초목과는 달리 봄바람에 아첨하네	不同凡卉媚春風
내 마음은 꼭 그대와 서로 닮아서	我心正與君相似
구름 끝에서 푸른 하늘 스치기를 기다릴 뿐이네	只待雲梢拂碧空

벽에 써서 포부를 말하다(書壁述懷)

교룡은 푸른 파도에 잠겨 숨어서	蛟龍潛匿隱滄波
잠시 새우와 두꺼비와 섞여 어울리지만	且與蝦蟆作混和
어느 아침에 머리 뿔 이루어지거든	等得一朝頭角就
벽력을 치고 산하를 뒤흔들리라	撼搖霹靂震山河

여음을 지나며(過汝陰)

| 문 닫혀있고 황혼이 푸른 이끼 물들인다 | 門掩黃昏染綠苔 |
| 저번의 종적은 태반은 먼지였지 | 那回蹤跡半塵埃 |

날 저문 정자에 새들이 요란이 지저귀고　　　空亭日暮鳥爭噪
그윽한 오솔길은 풀이 깊어 사람이 오지 않네　幽徑草深人未來
문을 열면 수 인(仞) 높이 인조 산이 보이고　數仞假山當戶牖
한 못의 봄물이 누대를 휘감았네　　　　　　一池春水繞樓臺
무성한 꽃들은 흥망한 땅 알아보지 못하고　繁華不識興亡地
여전히 난간에 기대어 차례차례 피어있네　猶倚闌干次第開

추석에 달을 기다리는데 나오지 않다(中秋待月不至: 鵲橋仙)

멈춰 술 잔 들지 않고　　　　　　　　　　停杯不擧
멈춰 노래 부르지 말라 하고　　　　　　　停歌不發
달이 바다에서 나오기를 기다리는데　　　　等候銀蟾出海
어디서 오는지 모르는 구름 한 조각이　　　不知何處片雲來
하늘만큼 큰 장애가 되는구나　　　　　　做許大通天障礙
용갈은 수염을 비벼 끊고　　　　　　　　虯髯捻斷
별갈은 눈으로 노려보되　　　　　　　　星眸睜裂
오직 한스럽구나 칼날이 잘 들지 않아　惟恨劍鋒不快
한 번 휘둘러 붉은 구름 허리 두 동강내고　一揮截斷紫雲腰
상아의 몸 자태 자세히 보지 못함이　仔細看嫦娥體態

뒷날 그는 송나라 사작가인 유영(柳永)의 명작을 읽고 화공에게 항주(杭州) 임안(臨安)의 도시 그림과 서호(西湖)의 경치를 그려서 제작하라고 했습니다. 이 시절에 이미 남침의 음모를 품고 있었습니다. 그 그림에 시 한 수를 이렇게 썼습니다.

강산 만리와 수레와 문자를 다 통일함에　萬里車書盡混同
어찌 따로 강남 조정을 두어 강토를 봉하리요　江南豈有別疆封

백만의 군사를 이끌고 서호로 와서 　　　　　　提兵百萬西湖上
항주의 오산 제일봉에 말을 세우리라 　　　　立馬吳山第一峯

그 다음 해에 군사를 일으켜 양회(兩淮)로 남하하였는데 희천영(喜遷鶯)이라는 한 수를 지어 부하들에 두루 나누어 주었습니다.

지휘 깃발 처음 들자 　　　　　　　　　　　　　旌麾初擧
한참 힘이 넘치는 뛰어난 말은 　　　　　　　正駃騠力健
강가에서 바람에 울부짖는다 　　　　　　　嘶風江渚
호랑이도 쏘아 잡을 장군 　　　　　　　　　射虎將軍
수리도 쏘아 떨어뜨릴 도위(都尉) 　　　　　落雕都尉
수놓은 모자 눈부신 전포를 입은 걸출한 인재들　繡帽錦袍翹楚
쟁탈 의지는 성난 수염이 창처럼 곧추서 　　怒磔戟鬚爭奪
대지를 휩쓰는 한 번의 진군 북소리에 　　捲地一聲鼙鼓
담소하는 잠깐사이 장강을 가리키자 　　　笑談頃指長江
제나라 초나라 6십만 대군 날듯이 건너가리라　齊楚六師飛渡
이번에 가면 실패함이 없으리라 　　　　　　此去無自墮
큼직한 황제의 금 옥새 　　　　　　　　　　金印如斗
오직 공명을 취함에 있나니 　　　　　　　獨在功名取
뛰어난 임기응변의 모략 　　　　　　　　　斷鎖機謀
전반적인 계획과 책략으로 　　　　　　　　垂鞭方略
사람의 일은 본래 고금이 없나니 　　　　人事本無古今
제갈공명 같은 전법을 펼쳐 　　　　　　　試展臥龍韜略
마침내 보리라 성공이 아침저녁에 있음을　果見成功旦暮
강동지역을 물고 무지개 생각하며 　　　　問江左想雲霓
백성들 환영 길 나오길 간절히 바라노라　望切玄黃迎路

이런 시사들도 모두 역사 인물들의 명작인데 경계가 있을까요? 물론 있습니다. 그렇지만 "사람들 무리 속에서 그를 천백 번이나 찾았건만, 문득 고개 돌려 보니, 그 사람은 등불 사위어가는 곳에 있구나."(衆裏尋他千百度, 驀然回首, 那人卻在燈火闌珊處)와 같은 정조(情調)는 아닙니다. 그러므로 일단 문자로 써지게 되면 좋든 좋지 않든 그 자체의 경계가 있기 마련이지만 도량과 기상 면에서 차이가 현저히 다릅니다. 완안량의 시사는 과연 침략자로서의 기개가 산하를 삼킬 듯 하는 의미가 넘치고 있습니다. 하지만 그의 시 문자 행간에는 그의 사업과 문학이 아직 성공하지 못한 기운이 드러나 있습니다. 그래도 역사상 실패한 일류 인물의 작품에 속합니다.

사(詞) 작가인 유영(柳永)의 명작인 망해조(望海潮)는 정말 순수문학적인 미(美)가 충만합니다. 흡사 항주 서호(西湖)의 산수 자태가 말로 이루 다할 수 없을 정도로 곱고 사랑스러운 것과 같습니다. 그러기에 어떤 사람은 유영의 사 한 수가 완안량의 남침야욕을 불러 일으켰다고 합니다.

중원의 동남쪽은 지세와 풍광이 뛰어나
삼오(吳興 吳郡 會稽) 지역의 도성으로
항주는 예로부터 번화하였네
서호의 안개 낀 수양버들과 그림 같은 다리
바람에 펄럭이는 주렴과 비취색 장막들
들쭉날쭉 높고 낮은 십만 호의 인가가 살고 있네
구름에 닿을 듯 키 큰 수목들은 제방을 둘러싸고
눈서리 말아오는 전당(錢唐)강의 밀물 성난 파도는
끝없는 천연의 참호(塹壕)라네
저잣거리에는 보석 장신구가 즐비하고
집집마다는 비단을 가득 가득 쌓아

서로 서로들 호화사치 경쟁하네

서호는 안팎을 겹겹이 에워싼 산봉우리들로 수려하고
가을이면 계수나무 꽃 피어 향기롭고
여름에는 십 리 넓은 호수 연꽃이 가득 피네
퉁소 소리는 맑은 하늘에 울려 퍼지고
마름 따는 노래는 밤에 물위에 떠 울리고
고기 잡는 늙은이 연꽃 따는 아가씨 싱글벙글 하네
높은 깃발 수많은 기병들의 옹위 속에 돌아오며
취기 띤 지방장관 피리소리 북소리 들으면서
석양의 고요한 산수 안개와 노을을 읊조리네
그대여 다른 날 이 좋은 풍광 그림으로 그려서
조정으로 돌아가거든 대신들께 자랑하게나

東南形勝　三吳都會　錢塘自古繁華
煙柳花橋　風簾翠幕　參差十萬人家
雲樹繞堤沙　怒濤捲霜雪　天塹無涯
市列珠璣　戸盈羅綺　竟豪奢

重湖疊巘清佳　有三秋桂子　十里荷花
羌管弄晴　菱歌汎夜　嬉嬉釣叟蓮娃
千騎擁高牙　乘醉聽蕭鼓　吟賞煙霞
異日圖將好景　歸去鳳池誇

화상이 읊은 시에 위령이 있다

오승(吳僧) 월주(月洲)는 시 짓기를 좋아했습니다. 명사였던 심석전(沈石田)이 그에게 화제(畵題)를 써 달라 하려고 고의로 그를 속여 말했습니다. "이 곳에 명기(名妓)가 하나 있는데 특별히 당신이 오셔서 감상하시기를 청합니다." 월주는 즉시 서둘러 왔습니다. 도착한 뒤에야 속았음을 알고는 심석전의 채변호접도(菜邊蝴蝶圖)에 이런 시를 썼습니다.

복사꽃 열매 맺고 채마밭엔 이끼 나고	桃花結子菜生苔
가랑비에 개구리 소리 풀 속에서 들려오네	細雨蛙聲出草來
한 절기의 봄 경치는 모두 보이지 않건만	一段春光都不見
나비더러 잘못 날아오게 하였네	卻敎蝴蝶誤飛來

당나라 송나라 이래의 일반 승려복은 검은 옷을 많이 입었습니다. 원나라 문종(文宗) 시대에 이르러 특별히 흔소은(欣笑隱)화상(和尙)을 중시했기 때문에 문종이 황색 승려복을 하사했습니다. 뒷날 그의 문도들이 황색 승복을 입었습니다. 그래서 살천석(薩天錫)이 흔소은에게 지어 보낸 시에 이런 구절이 있습니다. "나그네는 식사시간 종소리를 듣고 지나가는데, 승려는 황제가 하사한 옷을 입고 있네."(客過鐘鳴飯, 僧披御賜衣) 명나라 초에 이르러 참선승(參禪僧)의 옷은 검은색으로 하고 강경승(講經僧)의 옷은 붉은색으로 하도록 제정했습니다. 초청에 응하는 송경배참승(誦經拜懺僧)의 옷은 아주 연한 남색으로 했습니다.

명나라의 영락(永樂)황제의 남방 정벌은 모두 사승(師僧)이었던 요광효(姚廣孝)가 획책했습니다. 일이 성공하자 소사(少師)에 봉해졌습니다. 한번은 요소사가 칙명을 받고 운대(雲臺) 관현번(觀縣幡)을 가게 되었는데 가는 길이 소주(蘇州)를 지나게 되어 잠시 한산사(寒山寺)에 머물렀습니다. 때가 되어 혼자서 소나무 숲속에 시식(施食)을 하러갔습니다.

그는 헝겊신을 신은 채 시식을 하면서 천천히 걸어갔습니다. 그런데 때마침 소주의 현재(縣宰)인 조이윤(曹二尹)이 관료들을 대동하고 길을 비켜라 소리치면서 오고 있었습니다. 요소사는 비키려 하지 않고 가던 길을 그대로 걸어 나아갔습니다. 이에 화가 난 조이윤은 부하들에게 그를 잡아와 가죽 채찍으로 20번을 치라고 소리쳤습니다. 요소사는 아무런 항변도 않은 채 묵묵히 맞았습니다. 곁에 있던 어떤 사람이 그를 알아보고 조이윤에게 그가 바로 지금의 국사(國師)인 요소사라고 일러 주었습니다. 그 말을 들은 조이윤은 깜짝 놀라면서 재빨리 무릎을 꿇고 머리를 조아리면서 잘못을 빌었습니다. 요소사는 그 자리에서 시 한 수를 지어 조이윤에게 주고는 묵묵히 한산사로 돌아왔습니다. 그 시는 이렇습니다.

칙명 받아 남방으로 와 놀잇배를 탔고	出使南來坐畫船
가사를 입었지만 아직도 어로연을 지녔네	袈裟猶帶御爐煙
까닭 없이 조이윤을 부딪쳐서	無端撞着曹二尹
가죽 채찍 2십대 맞고 숙세 인연 다 갚았네	二十皮鞭了宿緣

명대의 왕양명(王陽明)이 우연히 절에 노닐면서 한 승방(僧房)이 단단히 봉쇄되어 있는 것을 보고서 문득 의심이 일어났습니다. 그래서 스님더러 문을 열어 안을 보게 해달라고 했습니다. 그러자 그 스님이 말했습니다. "방안에는 한 노승께서 입정(入定)하여 계시는데 이미 50년이 되었습니다. 윗대 때부터 당부하기를 함부로 문을 열어서는 안 된다고 했습니다." 그 말을 듣고 난 왕양명은 꼭 한번 열어보자고 고집했습니다. 스님은 그의 고집을 이길 수 없어서 문을 열었습니다. 과연 한 스님이 감(龕)속에서 앉아 입정하고 있는데 얼굴색이 엄연히 살아 있는 듯 그 모습이 왕양명 자신을 닮아있었습니다. 왕양명은 보고 나자 마음속에 깨달은 바가 있는 것 같았습니다. 이 화상이 바로 전생의

자신이라고 느껴졌습니다. 고개를 들어 사면을 보니 벽 위에 이런 시가 한 수 남아있었습니다.

오십 년 전의 왕수인이 　　　　　　　　 五十年前王守仁
문을 열 것이니 바로 문을 닫았던 사람이다 　 開門卽是閉門人
영혼이 떠난 뒤 다시 돌아오리니 　　　　　 精靈剝後還歸復
선문에서의 불괴의 몸을 비로소 믿으리라 　　 始信禪門不壞身

왕양명은 마치 무엇을 잃어버린 듯 아쉬워하면서 이 감에 앉아 원적(圓寂)한 스님의 육신탑을 세우라고 스님들에게 돈을 주어 분부했습니다.

칠수류고(七修類藁)에는 원나라 시대의 어떤 스님이 지은 시 두 수가 실려 있습니다.

백 길 높은 바위에 짚신 걸어 놓기도 하며 　　 百丈岩頭掛草鞋
흐르는 물처럼 내맡겨 다니며 머무르네 　　　 流行住止任安排
노승의 발바닥은 예전부터 넓으니 　　　　　 老僧脚底從來闊
해골을 꼭 어느 곳에 묻을 필요 없다네 　　　 未必骷髏就此埋

연말에 명절 선물 보내느라 분분한데 　　　　 殘年節禮送紛紛
모두 권세 집안과 부자 집안들이네 　　　　　 盡是豪門與富門
노승이 머무는 곳 층계만이 눈 내려도 　　　 惟有老僧階下雪
끝내 미투리 흔적 보이지 않네 　　　　　　　 始終不見草鞋痕

초목자(草木子)에 실려 있는 이야기입니다. 남송 시대에 가사도(賈似道)가 국정을 맡아 다스릴 때 하루는 서호(西湖)를 만유하고 있었습니다. 그런데 사천의 한 스님이 그를 보고서도 피하지 않고 오히려 배회하면서 가지를 않았습니다. 가사도는 그에게 뭘 바라느냐고 물었습니다. 스님은 시를 짓겠다고 했습니다. 가사도는 호수 가운데 늙은 어부를 가리키면서 천(天)자 운(韻)으로 시를 지어보라고 했습니다. 스님은 그의 말이 끝나자마자 시를 한 수 지었습니다.

바구니 속에 고기 없고 술 마실 돈 모자라	藍裹無魚少酒錢
주막 문 밖에 고기잡이 배 묶어 놓았네	酒家門外繫漁船
몇 번이나 도롱이를 벗으려 하다가도	幾回欲脫蓑衣當
내일 아침 날씨 비 올까 걱정하네	又恐明朝是雨天

명대에 승천사(承天寺)에는 수한(岫閒)이라는 스님이 있었습니다. 스스로 한시(閒詩: 심심풀이 시―역주)를 새겨 팔면서 각처에 시사화답을 청했습니다. 헌부(憲副) 이자(李滋: 호는 여곡如穀)가 그를 몹시 꾸짖는 시를 한 수 썼습니다.

승려란 어떤 사람인데 감히 한가함을 말하는가
팔순에도 행각했다 옛날부터 전해오고
벽돌 갈고 쌀 방아 찧음이 승려의 일이요
새에게 보시하고 불전에 향피우고 날마다의 인연을 교화해야지
한가하게 지냄 자체가 도둑질인데 누가 감히 사겠는가
판다면 하늘이 사자를 보내 꼭 따져 갚게 하리라
어리석음은 팔 수 있어도 한가함은 팔기 어려운 것
귀신의 도끼와 창이 그대를 불쌍히 여기지 않으리라

老禿何人敢說閒　八旬行脚古來傳
磨磚碓米僧家事　施鳥添香度日緣
閒自己偸誰敢買　賣干天遣定追還

痴呆可賣聞難賣　鬼斧神鎗不汝憐

　주원장(朱元璋)은 황제가 되고나서 정강(政綱)을 엄격하게 했습니다. 어느 날 스님들과 놀고자 절에 갔습니다, 그러나 수행원들에게는 절에 들어오지 못하도록 하고 혼자서만 들어갔습니다. 절의 벽을 보니 그 위에 포대화상의 그림이 그려져 있는데 아직 먹이 마르지 않은 상태였습니다. 그리고 곁에는 이런 시 한 수가 써져 있었습니다.

가없이 크고 아득한 삼천대천세계	大千世界浩茫茫
거둬들여 모두 한 자루 포대에 담았네	收拾都將一袋裝
거둬들임 있으면 또 흩어짐이 있는 법	畢竟有收還有散
조금 느긋하게 해도 괜찮지 않은가	放寬些子又何妨

　그는 보고서 즉시 수행원들에게 들어가 수색해보라고 명령했습니다. 알고 보니 그 절은 사람 하나 없는 텅 빈 고찰이었습니다.
　명초의 선승인 겸목(謙牧)은 항상 소유산(小有山)에 살았는데 각처에서 그의 도행고풍(道行高風)을 우러러 보았습니다. 주원장은 본래 그를 아는 사이었습니다. 황제가 되고 난 후 친히 시를 지어 그를 남경으로 불렀습니다.

산중의 늙은 대머리 소에게 말을 전하노라	寄語山中老禿牛
구태여 동주를 그리워할 필요가 있는가	何勞辛苦戀東洲
남쪽 지방에 한 묵혀진 땅 있으니	南方有片閒田地
말 타고 채찍질하여 돌아보지 말고 오게나	鞭打繩牽不轉頭

　겸목 선사는 주원장의 친필 시를 받아보고서도 여전히 산을 나오려 하지 않고 다만 시 한 수로써 답했습니다.

늙은 소가 힘이 다 한지 이미 여러 해라	老牛力盡已多年
이마 깨지고 발굽 구멍 나 잠만 좋아 하네	頂破蹄穿只愛眠
진단의 성중에는 양식과 사료가 풍족한데	震旦城中糧草足
주인이 애써 채찍을 더할 필요가 있겠는가	主人何用苦加鞭

시를 보고 난 주원장은 마침내 그를 내버려두기로 하고 한 번 웃고 그만두었습니다. 또 어떤 사람이 산꼭대기에 있는 일승암(一僧庵)에다 칭송하는 시 한 수를 썼습니다.

높은 산 꼭대기에 있는 한 칸 집	高山頂上一間屋
노승이 반 칸 용이 반 칸 쓰네	老僧半間龍半間
밤중에 용이 비 내리려 날아가더니	半夜龍飛行雨去
돌아와 도리어 노승의 한가함 비웃는구나	歸來翻笑老僧閒

명나라 때 도원(桃源)의 진랑계(陳朗溪)가 장강사(漳江寺)에 쓴 시가 있는데 의도가 꼭 그 반대입니다. 그의 시를 보겠습니다.

서른 골짜기를 두루 읊조리고	吟遍三十洞
돌아와 4대의 침상에서 잠자니	來眠四大床
흰 구름은 종각 밖에서	白雲鐘鼓外
도리어 노승의 분망함 비웃는구나	翻笑老僧忙

남송 때 항주 영은사 원조(元肇) 스님은 법명을 회해(淮海)라 했습니다. 절에 그 둘레가 수십 아름드리나 되는 늙은 소나무가 있었는데 월파정(月波亭)과 서로 마주하고 서있었습니다. 사미원(史彌遠)이 집을 짓는데 쓰려고 갑자기 사람을 보내 그 큰 소나무를 베려하자 회해스님은 부득이 시 한 수를 지었습니다.

대부가 마루대와 기둥감을 만들려고 가니　　大夫去作棟樑材
다시는 맑은 그늘이 푸른 이끼를 덮지못하겠네　無復淸陰覆綠苔
서글퍼라 월파정에서 바라보면　　　　　　惆悵月波亭上望
깊은 밤에 학이 돌아오는 것만 보이겠네　　夜深惟見鶴歸來

　염귀비(閻貴妃)의 부친인 염량신(閻良臣)이 향화공덕원(香火功德院)을
세우고 또 마을을 세우고자 영은(靈隱)의 삼천축(三天竺)에서 소나무들
을 베려하자 회해스님은 부득이 또 시 한 수를 지었습니다.

소나무 심기와 복령 심기 하지 않음은　　　不爲栽松種茯苓
단지 산 빛이 춘하추동 푸르기 때문이네　　只緣山色四時靑
노승은 옮겨 가져가지 않을 것이니　　　　老僧不會移將去
서호에 남겨주어 그림 병풍 삼으리라　　　留與西湖作畵屛

　회해의 이 두 수의 시는 당시에 사람들의 중시를 받았습니다. 송의
이종(理宗)도 보고서는 벌목을 그만 두라고 명령했습니다.
　영은 산중에는 폐허가 된지 오래된 절터가 있었습니다. 권세 있는
이들이 풍수를 믿고 그 옛 절터에 무덤을 쓰고자 차지하려 하므로 회
해스님은 이에 대해서도 시를 섰습니다.

이 일대의 산이 인적 드물고 쓸쓸한지 이미 여러 해라고
서글퍼하며 허물어진 벽돌을 일으킬 필요 없다네
길가의 많은 명신귀인(名臣貴人)들의 무덤들은
잠깐 지나면 종이돈 올려 제사지내는 사람이 없지 않던가

一帶空山已有年　不須惆悵起頹磚
道旁多少麒麟塚　轉眼無人送紙錢

회해스님의 이 시는 권세부호 가문으로 하여금 보고 나서 탐심을 다시 내지 못하도록 했습니다. 이를 보면 문자의 위령(威靈)도 때로는 가볍게 보아서는 안 된다는 것을 분명히 알 수 있습니다.

제2장 문화와 문학

고대의 음악

전하는 바에 의하면 공자가 시서(詩書)와 예악(禮樂)을 간추려서 시경(詩經)·서경(書經)·역경(易經)·예기(禮記)·악경(樂經) 그리고 춘추(春秋) 등 모두 여섯 부로 정리했습니다. 하지만 진시황(秦始皇)이 책을 태워 버리고, 항우가 함양을 불 질러 버려 악경은 마침내 실전되었습니다. 그래서 전해오는 것은 단지 오경(五經)뿐입니다. 오늘날까지 전해오는 것으로 정치철학과 관계가 있는 악례(樂禮)부분은 오직 예기 중의 한 편인 악기(樂記)인데 당시 공자가 정리한 악경을 개괄하기에는 부족합니다. 공자 자신은 음악에 대한 조예가 상당히 깊었습니다. 논어의 기록에 보면 그 대략을 볼 수 있습니다. "공자께서 순 임금 시대의 음악인 소(韶)에 대하여는 '아름다움을 다했고 또 선함도 다했다.'하시고, 무왕 시대의 음악인 무(武)에 대하여는 '아름다움은 다했으나 선함은 다하지 못하였다.'고 하셨다."(子謂韶：盡美矣，又盡善也。謂武：盡美矣，未盡善也)라 하여 순임금이 만든 소악을 추앙하고 무왕이 만든 무악은 소악보다 못하다고 비평하고 있습니다.

공자는 춘추 시대 당시의 예악이 이미 그 이전의 고대보다 못하며 문화가 쇠퇴하고 있다고 여기고 있지만, 우리가 오늘날 역사 자료상으로 볼 때 춘추 시대의 예와 악은 그래도 볼 만 했습니다. 예를 들면 공자는 음악 대가인 사양(師襄)이나, 음악적인 감각을 영민하게 하기 위하고 음악을 잘 배우기 위해서 자신의 눈까지 찔러 봉사가 되었던 사광(師曠)에게서 음악을 배운 적이 있는데, 이 두 사람은 음악의 조예가 대단히 높았습니다.

도대체 중국 음악은 어느 정도까지 훌륭했을까요? 공자의 말이나 고서상의 자료에 의하면 신기한 이야기들이 많습니다. 예를 들면, 거문고를 타거나 퉁소를 불어 그 연주의 경지가 미묘한 곳에 이르면 뭇새들이 찾아오게 할 수 있었답니다. 허공을 나는 새들뿐만이 아니라 멀고 가까운 산속의 짐승들도 달려와 춤을 추었다고 합니다. 그런 음악에는 어떤 힘이 있기에 그렇게 공명을 일으키고 그런 반응을 낳게 할 수 있는지 정말 모르겠습니다. 오늘날 미얀마인들이 뱀을 몰기 위해 피리를 불면 동굴 속의 뱀들이 기어 나온답니다.

이상 말한 것과 같은 신화들은 많습니다. 그런 신화들의 전래 속에 담겨 있는 뜻은 한마디로 말하면 중국 고대음악의 조예 성취를 추앙하는데 지나지 않습니다.

악경은 유실되었지만 중국의 고악이 완전히 사라져버렸다고는 말할 수 없습니다. 예컨대 고대의 악기인 금(琴)·슬(瑟)·쟁(箏)·소(簫)·고(鼓) 등은 전해 내려오고 있으며 후세의 걸출한 음악가의 훌륭한 작품들도 있습니다. 그러나 오늘날 우리들은 진나라 한나라 이전의 음악을 찾을 수 없을 뿐만 아니라 당나라 송나라 사이의 음악도 찾을 수 없습니다. 들으니 한국이나 일본에는 아직 좀 남아 있다고 합니다. 물론 원래의 모습과는 많이 다르겠지요.

당 태종이 천하를 통일하고 나서 정관(貞觀) 원년 봄 정월에 많은 신하들에게 큰 연회를 베풀 때 진왕파진악(秦王破陣樂)을 연주한 적이 있습니다. 이것은 당 태종이 진왕이었을 때 유무주(劉武周)를 격파하는 전쟁 중에 한가한 시간을 이용하여 지은 한 곡의 대악장으로, 128명의 무용악공이 은색의 갑옷을 입고 창을 들고 음악에 맞추어 춤을 추도록 되어있습니다. 이 음악은 뒷날 신공파진악(神功破陣樂)으로 개명했습니다. 그러다 정관 7년에 이르러 다시 칠덕무(七德武)로 개명했는데, 그 장면이 장관이었던 집단연주 음악이었지만 지금은 실전 되었습니다. 최근 들으니 한국에는 그 일부가 보존되어 있고 일본에는 그 전체가 보존되어 있다 합니다.

중국 상고의 악기를 말하면 한 가지 상당히 재미있는 문제가 떠오릅니다. 종(鐘)·고(鼓)·금(琴)·슬(瑟)·쟁(箏)·소(簫)와 같은 상고의 악기들은 종(鐘)을 제외하고는 대부분 줄(絃)과 대나무악기 소리에 편중되어 있고, 그 다음으로 흙이나 가죽 혹은 나무 같은 재료이고 금속제 악기는 아주 드물게 썼다는 사실입니다. 현대의 금속 악기는 대부분 서양에서 들어온 것인데, 이것도 동서문화의 기본 정신이 악기 면에서 서로 다르게 나타난 점입니다(심지어 징鑼도 서역에서 들어왔을 것입니다). 고대 중국에서는 작전을 할 때에 북소리로 진격과 퇴각, 그리고 공격과 방어 명령을 전달했습니다. 그러다 훗날 징소리로써 작전 명령의 전달 보조 수단으로 삼았습니다. 그리고 호금(胡琴)이나 비파 등은 외래의 악기입니다. 그러므로 우리의 악기 역사를 보면 후래로 내려올수록 악기 소리가 커졌습니다. 그래서 많은 사람들이 듣고 감상할 수 있게 하였는데 이런 악기들의 대부분은 오랑캐 땅(胡地)에서 들어온 것입니다.

음악 자체의 입장에서 말해본다면 우리의 수십 년 동안의 생활 체험에서 볼 때 예악은 문화전체 중에서 확실히 중요한 지위를 차지하고 있으며 하나의 큰 문제입니다. 음악은 흔히 한 시대의 정신을 대표하기에, 과거의 음악은 과거 시대를 대표하고 현대의 음악은 현대를 대표합니다. 문화가 튼튼한 시대에는 그 음악도 더욱 풍성하고 튼튼합니다.

문(文)과 질(質)

세계 각국의 역사 발전은 모두 통례가 있습니다. 즉, 문화가 높은 나라에서는 문(文)과 질(質) 양쪽을 함께 중요시합니다. 만약 한 나라의 문화가 문(文)에만 치우치면, 그 나라에는 반드시 문제가 생깁니다. 우리가 알듯이 과거에 세계 각 민족이 철학 사상을 연구했는데 가장 흥미롭고 가장 성취가 있는 민족은 인도와 그리스입니다.

인도인은 상고 시대부터 철학 사상이 발달하여 불교 사상이 형성되었습니다. 인도의 기후는 중국과는 달라서 남인도에서 중인도에 이르는 지방은 날씨가 무덥고 생활이 간단하여 1년 사계절 내내 옷을 하나만 입으면 되었습니다. '천의무봉'(天衣無縫)이란 말이 있는데, 이 '천'(天)의 원래 의미는 '천축'(天竺)입니다. 한나라 때의 번역음은 지금과 달랐고, 당나라 이후부터 인도라고 번역했습니다. 당시 인도복장의 대체적인 형태를 오늘날 태국 변경에 가면 아직 볼 수 있는데, 천 한 벌을 몸에 두른 것을 '천의'(天衣)라고 했습니다. 우리들이 입은 옷처럼 바느질로 꿰맬 필요가 없으니 당연히 꿰맨 자국이 없었습니다. 더 더운 곳에서는 옷을 입지 않아도 되었으며, 배가 고프면 바나나와 같은 야생과일을 먹었습니다. 배불리 먹은 후에는 드러누워 잠을 자고, 깨어나서는 한 곳에 조용히 앉아 풀기 힘든 신비의 문제를 생각했습니다. 이처럼 인도 철학이 발전한 데는 지리적 영향이 컸습니다.

그리스의 철학 사상도 매우 발달했습니다. 우리가 문화사를 이야기하다 보면 그리스에 대해 존경심으로 가득 차게 됩니다. 그러나 그곳에 가 보면 별로 대단할 것 없는 비교적 가난한 지역일 뿐입니다. 이런 가난한 곳에는 인생의 문제도 많습니다. 곤란에 처한 사람은 자신의 팔자가 왜 이렇게 나쁜지 생각하게 되고 그렇게 된 원인을 생각하게 되는데, 이렇게 서서히 생각해 가다 보면 철학적인 문제가 나타납니다.

이 두 지역은 철학 사상이 그처럼 훌륭했는데도 왜 부유하고 강대한 대국을 건립할 수 없었을까요? 그것은 문(文)과 질(質)이 조화를 이루지 못한 데서 오는 필연적인 현상입니다.

다시 서양의 문화를 보면, 고대 로마는 조각과 건축 등에서 매우 뛰어났습니다. 그러나 로마의 문화는 문학의 경지와 예술의 경지가 최고 수준에 이르렀을 때 쇠락하기 시작하였습니다. 이것은 세계 문화 발전상 거의 필연적인 이치입니다. 그러나 중화 민족만은 국가·민족·문화·정치·역사가 한 덩어리를 이루어 총체적으로 발전하였습니다. 전 세계에서 오직 중국만이 이와 같습니다. 이 점에 유의해야 합니다. 문화 역사와 국가 민족의 관계는 이처럼 깊고 두터운 것이지만, 오직 중국만이 이런 영향을 받지 않았습니다.

이제 중국 역대 왕조의 문(文)과 질(質)에 대한 문제로 돌아가 살펴보겠습니다. 이미 말했듯이 하나라에서는 질(質)을 숭상하고, 은나라에서는 충(忠)을 숭상하고, 주나라에서 문(文)을 숭상하여 삼대가 서로 달랐습니다. 하우(夏禹) 시대에는 큰 농업 국가를 건립하기 시작했는데, 모든 것이 질박했습니다. 은나라 때도 사람들은 매우 정직했지만 종교적인 색채가 비교적 짙었습니다. 현재의 중국 문화는 주나라 시대에 건립되었고 완성되었는데, 주나라가 문(文)을 숭상하였기 때문입니다. 그러나 주나라의 문화는 하나라와 은나라 문화에 바탕을 두고 형성된 것으로 문화 전통이 한데 모아진 것입니다.

뒷날 역사적 변천에서 한 시대 한 시대를 뚜렷이 볼 수 있습니다. 진(秦)나라의 역사는 매우 짧아서 전국 시대의 여파나 다름없었기에 이야기하지 않겠습니다. 한(漢)나라 건국 후 4백 년 동안 지속된 유(劉)씨 정권은 초기에는 매우 질박했습니다. 그러나 국가와 사회가 점차 안정되면서 문풍(文風)이 흥성하기 시작했습니다. 동한(東漢) 시대에는 문풍이 아주 흥성하다가 역사의 추세가 내리막길을 걷게 되었습니다.

한나라 이후는 위진남북조(魏晉南北朝)입니다. 우리는 조조(曹操)와 사마의(司馬懿)가 위진의 선조임을 알고 있습니다. 문학적 경지와 질을 서로 비교하면, 위진의 문풍은 철학 사상도 포함하고 있어서 실로 훌륭합니다. 이 시대의 인물로는 첫째로 조조를 꼽을 수 있는데, 그들 삼부자(三父子: 조조曹操·조비曹丕·조식曹植—역주)는 문학발전에 매우 큰 공헌을 한 일류 문인들이었습니다. 그들은 위진 시대 문풍의 흥성에는 영향을 주었지만, 충(忠)을 숭상하는 질박함은 부족했습니다. 남북조시대에 이르는 수백 년간은 매우 혼란했습니다. 그것은 문(文)이 없어서가 아니라 질박한 숨결이 부족했기 때문입니다.

뒷날 당(唐)나라가 천하를 통일했는데, 당나라의 이씨(李氏) 혈통 속에는 서북 변경 민족의 피가 섞여 있었습니다. 그래서 당대 개국 초기에는 문풍도 좋았고 정치와 사회 기풍도 좋아서 대단히 질박했습니다. 현재 중국 문화에서 시를 이야기할 때는 당시(唐詩)를 대표로 꼽습니다. 다른 시대의 시도 훌륭한데 왜 당시가 숭상되고 있을까요? 당시는 달이 좋다거나, 꽃이 멋지게 피었다거나, 바람이 시원하다는 등 풍화설월(風花雪月)을 노래한 것에 지나지 않아 대단치 않은 것 같습니다. 그러나 당대의 시는 풍화설월을 노래하면서도 질박한 아름다움이 있었습니다. 중당과 만당 시기에 이르러서는 문풍이 갈수록 왕성해졌지만, 민족의 질박하고 거칠고 웅건한 기백은 쇠락하여 사라졌습니다.

오대(五代)를 거쳐 송나라 조광윤이 중국을 통일했을 때, 처음에는 문풍이 매우 발달했습니다. 이 시기에는 누가 문학과 학문을 숭상했을까요? 바로 조광윤의 두 형제입니다. 그들은 20년 동안 말 위에서도 책을 놓지 않았고, 싸우면서도 책을 즐겨 읽었습니다. 군사를 이끌고 전쟁터에 나가 싸울 때도 뒤에 따르는 말 몇십 마리에는 책이 실려 있었습니다. 이 시기의 역사를 읽어 보면, 문제를 발견하게 됩니다. 송나라를 세운 천자는 전략가이자 문인이기도 하지만, 송나라는 국토를 절반밖에 통일하지 못하고 북방의 유연(幽燕) 16주(州)는 얻지 못했습니다. 조광윤은 군인의 몸으로 전쟁터에서 싸워 보았기 때문에 전쟁이 무섭다는 것을 알고 있는데다 독서를 즐기는 학자여서 전쟁을 원치 않았습니다. 그는 또한 자신감도 없었습니다. 그래서 송나라는 처음부터 중국의 반쪽이나 다름없었습니다. 송나라는 문풍이 매우 왕성했지만, 건국 초기의 기백은 한나라나 당나라처럼 웅장하지 못했습니다.

그 다음인 원(元)나라는 역사가 8십 년으로 짧았기 때문에 이야기할 필요가 없습니다. 명(明)나라는 3백여 년 동안 송나라의 문학을 계승했는데, 학술의 기세와 짜임새는 크지 않았습니다. 여기서 우리는 유의해야 합니다. 원나라 이전의 서양인들이 오늘처럼 문화의 발전을 이루게 되리란 것을 어찌 알았겠습니까만, 당시 서양인들은 매우 낙후되어 있었습니다. 그래서 당시 중국으로 건너와서 관리를 지냈던 이탈리아 사람 마르코 폴로는 여행기를 써서 중국 문화를 유럽에 소개했는데, 유럽 사람들은 그것을 읽고 세상에 이렇게 아름다운 천당이 어디 있겠느냐며 아예 믿지도 않았습니다. 명나라 중기 이후에야 서양 문화가 머리를 들기 시작했으니, 소위 서양의 르네상스가 바로 이 단계입니다.

청(淸)나라의 민족 문제는 밀쳐두고 말하지 않기로 합시다. 청나라는 처음 150년 동안은 문과 질 양쪽 모두가 참으로 훌륭했습니다. 이상과 같이 역사적으로 보면, 우리는 한 국가 민족의 건립은 문과 질 그 어느 쪽으로도 치우쳐서는 안 된다는 것을 알 수 있습니다.

이제 현대로 돌아와 보면, 오늘날 전 세계는 심각한 위기에 놓여 있습니다. 특히, 정치나 군사보다는 문화가 없어진 것이 심각합니다. 지금 전 세계는 경제가 균형을 잃었으며 문화가 쇠퇴하고 어지러운 지경에 이르렀습니다. 현재 세계 각국의 경제는 독일을 제외하고는 모두 적자입니다. 20여 년 동안 세계 각국은 케인즈의 "소비가 생산을 자극한다."는 경제 이론에 영향을 받아 손해를 많이 보았다고 합니다. 영국인들은 설탕도 사먹을 수 없다고 합니다. 하나의 사상이나 학설이 세계 인류 사회에 준 영향이 이렇게 심각합니다. 요 몇 년 동안 미국의 통화가 이처럼 팽창한 것은 줄곧 케인즈의 경제사상을 응용한 결과입니다. 지금은 결과가 좋지 않다는 것을 알게 되었지만, 이미 방법이 없어서 단시일 내에는 시정할 수 없습니다. 독일이 실패하지 않은 이유는 경제 공황 이후 케인즈의 경제 이론을 무리하게 고수하지 않고 고전적인 경제 이론을 사용했기 때문입니다. 즉 '근검절약하고 수입에 맞게 지출한다.'(省吃儉用, 量入爲出)는 사상입니다. 간단한 문제입니다. '생산하는 자는 많고, 쓰는 자는 적으면'(生之者衆, 用之者寡) 경제는 자연히 튼튼해집니다. 옛날 사상이 옳다는 것이 증명된 것입니다. 우리는 옛 사상을 나누어 생각하여, 이것은 경제학인데 공맹의 학과 무슨 상관이 있느냐고 합니다. 그러나 결론적으로 말해 문화는 총체적인 것입니다.

정이 없다면 구태여 이 세상에 태어날 필요가 있을까

일반인들은 유정(有情)과 무정(無情), 그리고 다정(多情)과 몰인정(絶情)의 문제를 언급할 경우 대부분은 얼버무릴 뿐 정론(定論)을 내리기 어렵습니다. 특히 남과 선(禪)을 담론하거나 스님과 선을 담론할 경우 자연히 자신도 모르게 화제를 바꾸어 버리고 감히 차원 높게 담론해가지 않습니다. 그렇지 않을 경우 스님의 웃음거리가 되고 속세의 속물로 비칠까 두렵기 때문입니다. 혹은 스님이 정이 무엇인지 전혀 모르기에 더불어 얘기할 정도가 못된다고 생각하기 때문입니다.

사실은 그렇지 않습니다. 서양 스님이든 우리나라 스님이든, 고승(高僧)이든 속승(俗僧)이든 고사(高士)이든 하사(下士)이든 어디까지나 사람입니다. 무릇 사람이라면 사람의 숨결이 있으므로 결국 정이 있기 마련입니다. 설사 진정으로 수행이 감정에 움직이지 않는 성인의 정도에까지 이를 수 있더라도 역시 정의 테두리를 벗어나지 못했습니다. 각각 성명(性命)을 바르게 하고 감히 잊지 않아서는 안 될 바를 잊고, 잊지 않을 수 없는 것을 잊었을 뿐입니다.

아득한 태고부터 지금까지 억만 년 동안 이 거대한 우주세계 속의 생명 존재가 각종 문자로 기록한 문헌은, 그것이 문학이든 정치든 군사이든 경제든 경서이든 정사(正史)이든 필기소설이든, 한마디로 말하면 모두 인간의 천태만상의 괴상한 연애소설(情史)기록일 뿐입니다. 이를 확대해 보면 위로는 종교 교주인, 신선이나 부처나 신이나 주(主)로부터 아래로는 꿈틀거리는 미물에 이르기까지 유정(有情)아님이 없습니다. "정이 없다면 하필 이 세상에 태어났겠는가, 좋아함이 있다면 결국은 이 몸에 부담된다네."(無情何必生斯世, 有好終須累此身)란 말은 만고에 변치 않은 명언입니다. 신선이나 부처나 신이나 주(主)는 신선이나 부처나 신이나 주의 정이 있고 꿈틀거리는 미물은 미물의 정이 있습니다. 소위 충신, 효자, 열부(烈婦), 의사(義士), 문학가나 예술가, 시인이나 학자, 시골 농부에 이르기까지 모두 정은 특별히 끌리는 대상이 있고 정은 기대고 맡기는 대상이 있습니다. 그러기에 수신(修身)·제가(齊家)·치국(治國)·평천하(平天下)라는 채색 무늬 비단 그림을 이루는 것입니다. 부처가 말한 '일체유정중생'(一切有情衆生)이란 한 마디는 바로 무상(無上)의 밀어(密語)요 무상(無上)의 혜학(慧學)입니다. 정이 있으면서도 해탈하면 곧 신선이나 부처요, 영원히 정의 노예가 되면 바로 범부입니다.

이를 보면 석가모니 부처가 왕위를 버리고 출가하여 사문이 된 뜻은 중생을 널리 제도하는 데 있었음을 알 수 있습니다. 그러기에 미래의 시간과 공간이 다하도록, 즉 '허공은 다함이 있더라도 나의 중생구제 서원은 다함이 없다.'(虛空有盡, 我願無盡)라는 말은 다정의 극치요 대정종성(大情種性)이지 않습니까? 공자는 일생토록 '불안하게 서성대는 모습이 마치 상가 집 개와 같았습니다.'(棲棲遑遑 如喪家之犬) 공자는 시대의 비운을 돌이킬 수 없음을 잘 알고 있었습니다. 공자가 '해서는 안 되는 줄 알면서도 해본 것'(知其不可爲而爲之)은 바로 정이 많았기 때문에 스스로 고난속에 뛰어들기를 마다하지 않은 것 아닙니까? 유하혜(柳下惠)가 말하기를 "곧은 도리로 사람을 섬기다 보면, 어디를 간들 세 번은 쫓겨나지 않겠소? 비뚤어진 도리로 남을 섬길진대, 어찌 꼭 부모의 나라를 떠나야 되겠소?"(直道而事人, 焉往而不三黜? 枉道而事人, 何必去

父母之邦)라 한 것도 정의 쏠림 아님이 없습니다. 예수가 십자가에 못 박혀 선혈을 뚝뚝 흘리면서도 하늘과 사람들을 조금도 원망하지 않고 오히려 세상 사람들을 위해 속죄하는 것이라고 말한 것도 진심에서 우러나오는 지극한 정의 승화 아님이 없습니다. 마호메트가 한 손에 칼을 한 손에 코란경을 들고 사람들을 교화한 것도 고국을 사랑하는 정이요 천하를 생각하는 마음이었습니다. 오직 노자만은 일부러 무정한 모습을 보였습니다. 어찌해볼 수 없다는 모습으로 푸른 소를 타고 서쪽으로 함곡관을 지나 사막을 향해 홀로 쓸쓸히 걸어 나갔습니다. 그리하여 저 멀리 아득한 곳으로 방랑을 떠나 그의 마지막을 알 수 없는데, 이 역시 '내일 아침 홀로 말 타고 그대를 그리워하는 곳은, 수많은 산 밖 아득히 멀리 있을 것임을 안다.'(明朝匹馬相思處, 知隔千山與萬山)는 심경임을 피할 수 없을 것입니다!

　사람이 정을 잊기란 어렵습니다. 수십 년이 지난 지금, 땅은 산과 바다로 막혀 있지만 산들바람 불어오는 서늘한 달 밤 등잔 앞에서 가끔 영암산의 단풍이 파도 물결치는 것을 추억하면 저도 모르게 방외(方外)의 벗 전서상인(傳西上人)이 그리워집니다. 상인은 출가 승려의 모습으로 구양경무(歐陽竟無) 선생 문하에서 학업을 닦아 유식법상학(唯識法相學)에 정통했습니다. 청성(靑城)에 주석(駐錫)하면서 천하의 많은 명사 학자들과 교유하였는데, 보잘 것 없는 저 역시 그 산중의 단골손님이었습니다. 평소 서로 허물없이 지내면서 이미 승속의 구별을 초월했었습니다. 당시 화서(華西)대학에서 상인더러 선학(禪學) 강의를 해달라고 초청했지만 시종 수긍하지 않았습니다. 그래서 우리들이 자꾸 재촉하자 한사코 '정(情)과 애(愛)의 철학' 과목을 강의하겠다고 고집했습니다. 스님이 '정과 애의 철학'을 강의한다는 사실이 실로 듣는 사람을 놀라게 하기에 충분했습니다. 그래서 청중석도 빈자리가 없었고 스님도 알찬 강의를 해서 대단한 인기를 끌었답니다. 저는 때마침 중경에 여행 중이어서 강의현장에 없었습니다. 나중에 상인과 저는 그 날 강의의

대요를 언급하고 흉금을 터놓고 이야기하면서 크게 웃었습니다.

고금의 문학작품 중에는 정을 주제로 한 대작이 셀 수 없을 정도로 많습니다. 예를 들면 여러분이 다 아는 고시19수(古詩十九首), 제갈량의 출사표(出師表)와 양부음(梁父吟), 조자건(曹子建) 부자 형제 3인과 건안칠자(建安七子)의 시문이 있고, 당대(唐代)의 이세민(李世民) 이래의 명작인 이백, 두보, 왕유, 유우석, 이상은 등 재능과 감정이 겸비되고 넘치는 일군의 시인들의 시가 있습니다. 송대(宋代)에는 악비(岳飛)의 만강홍(萬江紅), 문천상(文天祥)의 정기가(正氣歌)와 과영정양(過零丁洋)의 명시가 있으며, 명대(明代)에는 사가법(史可法)과 다이곤(多爾袞) 사이에 오고 간 편지가 있습니다. 이 모두가 참된 정이 흘러나온 가작(佳作)으로, 정말 이루 다 말할 수 없고 열거할 수 없을 정도입니다. 심지어 이십육사(二十六史)의 흥망성패도 시비정사(是非正邪)의 기록이요 인류사회의 한 부의 연애소설에 지나지 않는다고 할 수 있습니다.

크나큰 정은 그만두고 인생경계의 정아(情我)의 작은 경계에 대해서 말해본다면 사람들은 송대의 시인인 육방옹의 다음과 같은 애국 정서를 말합니다.

조정의 군대가 북벌하여 중원을 수복하는 날
집에서 제사지내며 잊지 말고 이 아비에게 알려다오

王師北定中原日　家祭無忘告乃翁

그 다음으로는,

내 사랑 향기로운 여인 떠나간 지 벌써 사십 년　夢斷香銷四十年
심원의 버들도 늙어서 솜털이 날리지 않는구나　沈園柳老不飛棉
이 몸은 곧 회계산의 흙이 될 테지만　　　　　此身行作稽山土

아직도 남긴 자취 추모하며 눈물 줄줄 흐르네　　猶弔遺蹤一泫然

가 있고 신가헌(辛稼軒)의 다음 시가 있습니다.

배불리 밥 먹고 한가히 작은 시냇가 거닐면서　　飽飯閑游繞小溪
지나간 일들을 곰곰이 생각하여 본다　　却將往事細尋思
때로는 가슴 아픈 일에 생각이 미치면　　有時思到難思處
난간이 부서지도록 치는 것을 남들은 모르네　　拍碎闌干人不知

이런 시들은 모두 마음 씀이 깊고 치밀하며 늙어서도 달라지지 않는 다정한 이야기요 진심어린 말입니다. 이외에도 승속 중에서 정(情)과 애(愛)의 철학에 관한 소품(小品) 시사(詩詞)들을 대략 골랐으니 감상해보시기 바랍니다.

자고천(鷓鴣天)　　　　송(宋)　신기질(辛棄疾)

석양에 추운 까마귀 울음 시름 가득한데　　晩日寒鴉一片愁
버드나무 연못 신록은 다사하고 부드럽구나　　柳塘新綠卻溫柔
만약 두 눈 속에 이별의 한이 없다면　　若叫眼底無離恨
인간 세상에 흰 머리 있음을 믿지 않으리라　　不信人間有白頭
이미 애끓는 간장 거두기 어려운 눈물　　腸已斷　淚難收
그대 그리워서 다시 작은 붉은 누각에 올라　　相思重上小紅樓
구름 멀리 첩첩 산들로 가로막힌 줄 알면서도　　情知已被雲遮斷
나를 못 말려 자꾸 난간에 기대어 바라본다　　頻倚闌干不自由
피곤해도 잠 못 이루니 이 밤을 어쩔 것인가　　困不成眠奈夜何
돌아오지 못할 것 분명하니 수심만 많아지네　　情知歸來轉愁多
남몰래 지난 일 두루 생각해 본다　　暗將往事思量遍

누가 다정함으로 그를 괴롭혔던가 　誰把多情惱亂他
무슨 일이 사람 일 틀려지게 하는가 　些底事　誤人哪
설마 정말 집 생각 하지 않는 건 아니겠지 　不成眞個不思家
교치는 향향이 잠든 것 샘이나 　嬌痴卻妒香香睡
일부러 불러 깨워 꿈 이야기 하네 　喚起醒怡說夢些

서풍이 부는 김에 멀리 거닐어 본다 　趁得西風汗漫游
그이를 만나 노래한 뒤 왜 시름이 일어날까 　見他歌後怎生愁
일이란 봄풀 같고 봄은 영원히 오가며 있건만 　事如芳草春長在
사람은 뜬 구름 같아 그림자도 남지 않네 　人似浮雲影不留
화장 눈썹 찌푸려지며 눈물이 울컥 울컥 흐른다 　眉黛斂　眼波流
십 년 정 남기고 떠난 박정한 낭군 얘기하더니 　十年薄幸說揚州
또 청루몽 꾸려고 내일 아침 작은 배 타고 가 　明朝短棹輕衫夢
계남의 엄화루에만 있겠지 　只在溪南罨畫樓

낙엽 진 높은 산에 서리 내리는 밤 　木落山高一夜霜
북풍은 기러기를 몰아 또 떠나가는구나 　北風驅雁又離行
말 없음이 정감이 더 좋은 것을 매번 느끼고 　無言每覺情懷好
읊지 않음이 흥미를 더 길게 할 수 있네 　不吟能令興味長
자주 만났다가 헤어짐을 한번 생각해보자 　頻聚散　試思量
누구를 위해 봄풀은 못을 꿈꾸는 걸까 　爲誰春草夢池塘
중년에는 이별의 일로 며칠을 두고 슬프니 　中年長作東山恨
보내지 말게나 이별의 노래에 괴로워 애끊네 　莫遣離歌苦斷腸

억강남(憶江南)　　　청(淸)　납란성덕(納蘭性德)

마음은 다 사그라진 재
머리만 길렀지 거의 스님
인생의 비바람에 시달리고 아내와 생사별
서로 알고지낸 사인 듯 마주 보는 것은 외로운 촛대 뿐
깊은 정 속에서 깨어날 수 없어라

흔들려 떨어진 뒤
가을 바람소리 어찌 들으리
저 어둠속에 산들산들 날리는 오동나무 샘의 나뭇잎들
갑자기 바람이 멈추고 종소리가 들린다
내가 박복하여 미인이 떠나갔구나

心灰盡　有髮未全僧
風雨消磨生死別　似曾相識只孤檠　情在不能醒
搖落後　清吹那堪聽
淅瀝暗飄金井葉　乍聞風定又鐘聲　薄福荐傾城

산화자(山花子)

남은 버들 솜 바람에 날려 물위에 떠다니고
못의 연꽃은 굳세지만 줄기는 연뿌리 실들에 얽혔네
이별할 때 향기로운 꽃 한 송이 그대에게 주어
전생을 기념했지
사람은 정이 많아지면 박정해진다고
예전에 정이 많았음을 지금은 정말 후회하면서도

마음 아파하며 이별했던 곳에 돌아와
남몰래 눈물 떨군다

잠깐 등불 앞에서 취해 깨어나지 않았는데
봄날 꿈같은 몽롱한 회한 분명할까 두려워라
어슴푸레한 달빛 얇은 구름에 창밖에는 비
뚝 뚝 뚝 내리는 소리
사람은 정이 많아지면 박정해진다고
예전에 정이 많았음을 지금은 정말 후회하면서도
가지 말라 우는 자고새 소리 울려 퍼짐을 듣는다
단장정에서

風絮飄殘已化萍　泥蓮剛倩藕絲縈　珍重別拈香一瓣　記前生
人到情多情轉薄　而今眞個悔多情　又到斷腸回道處　淚偸零

一霎燈前醉不醒　恨如春夢畏分明　淡月淡雲窓外雨　一聲聲
人到情多情轉薄　而今眞個不多情　又聽鷓鴣啼遍了　短長亭

채상자(采桑子)

그 누가 처량한 악부곡을 연주하고 있을까
바람 소리도 쏴아쏴아　비 소리도 쏴아쏴아
등화는 점점 다 타가고 또 하룻밤이 지나가고
무슨 일이 가슴속을 맴돌고 있는지 모르게
깨어 있어도 무료하고 취해있어도 무료하고
꿈속에서도 그녀 있는 곳 사낭교(謝娘橋)에 갈 수 없네

誰翻樂府淒凉曲　風也蕭蕭
雨也蕭蕭　瘦盡燈花又一宵
不知何事縈懷抱　醒也無聊
醉也無聊　夢也何曾到謝橋

낭도사(浪淘沙)

답답하여 꺼지려는 등불을 돋운다
어둠속에 빈 뜰에 비가 내린다
쏴아쏴아 비 소리 듣는 것도 견디지 못하겠는데
거기다 서풍이 일부러 그러려는 듯
가을 소리를 다 한다
성에서 들려오는 딱딱이 소리는 벌써 삼경
자려고 해도 여전히 말똥말똥
밤중 추위에 은장식 병풍을 가려본다
일찍이 물든 계율의 향으로 속념을 녹여보려는데
왜 또 정은 많은 걸까

悶自剔殘燈　暗雨空庭　瀟瀟已是不堪聽
那更西風偏着意　做盡秋聲
城柝已三更　欲睡還醒　薄寒中夜掩銀屏
曾染戒香消俗念　怎又多情

하엽배(荷葉杯)

나의 지기 한 사람은 누구일까
그 사람은 이미 떠나버렸네

내생을 얻어 그르쳐야지
정이 있음은 영원히 무정한 듯
이별하는 말에는 후회가 분명하였네
꽃다운 젊은 시절 보내기 쉽다 말하지 마시어요
아침저녁으로 좋은 시절을 소중히 하시어요
그 사람을 위해 내생의 인연을 가리쳐줄
남기고 떠난 비녀를 보니 눈물이 비 오 듯이 떨어지네

知己一人誰是　己矣 贏得誤他生　有情终古似無情　別語悔分明
莫道芳時易度　朝暮 珍重好花天　爲伊指點再来緣　疏雨洗遺鈿

억지로 기뻐하다(强歡)　　　청(淸)　왕차회(王次回)

슬픔이 일어나 가슴을 메워도 억지로 기뻐하니　悲來塡臆强爲歡
나도 모르게 꽃들 사이에서 눈물이 떨어지네　不覺花間有淚彈
세상사 겪어보고 변덕스런 염량세태 알았기에　閱世已知寒暖變
사람 만나면 웃기도 울기도 어렵단 걸 느끼네　逢人眞覺笑啼難

돌아가는 길에 스스로 탄식하다(歸途自嘆)

병풍을 그리던 이 떠나다니 편지 드물고　　畵屛人去錦鱗稀
근심스레 바라보니 눈물이 나그네 옷 적시네　愁見啼紅染客衣
설사 집에 가더라도 여전히 나그네라　縱使到家仍是客
멀고 먼 고향 길 근심하며 돌아가네　迢迢鄕路爲愁歸

중국문학사에서의 세 개의 꿈

　중국문학에는 유명한 아름다운 꿈 이야기 세 가지가 있는데 인생철학을 가르쳐 주는 기묘한 글들입니다. 하나는 장자의 호접몽(胡蝶夢)이요, 또 하나는 한단몽(邯鄲夢), 그리고 나머지 하나는 당나라 사람 이공좌(李公佐)가 쓴 남가몽(南柯夢)입니다. 남가몽에서 깨어나더라도 사람의 욕망이란 끝이 없어서 여전히 멈추려 하지 않습니다. 그래서 죽은 뒤에도 천당에 가거나 타방의 불국토에 가서 이 세상에서 만족시키지 못한 욕망을 만족시키고 싶어 합니다.

　장자의 사상은 도가에서 가장 중요합니다. 장자는 풀이하기 어려운 책입니다. 그 속에서는 수도(修道)나 공부에 관한 내용을 유가보다도 분명하게 말하고 있습니다. 뿐만 아니라 이야기나 우스갯소리만을 이용하여 현실을 풍자하고 있습니다. 실제로 역사상 일부 정치가나 영웅적인 인물들은 모두 장자를 이해하고 있었습니다. 예컨대 조조나 당태종 등은 이해하고 있었지만 입으로 말하지 않았을 뿐입니다. 후흑학(厚黑學) 교주인 이종오(李宗吾)도 그랬습니다. 장자의 앞 7편은 내편(內篇)이라하고 그 나머지 부분은 외편(外篇)과 잡편(雜編)이라 하는데, 모두 모략 정치의 운용이 됩니다. 일본인들이 손자병법과 삼국연의를 연구 활용하여 장사에 성공하고 있지만 사실 모략과 관리학을 가장 심하게 말하고 있는 것은 장자임을 모르고 있습니다.

　호접몽은 장자의 제2편 제물론(齊物論)의 최종 결론입니다. 제물(齊物)은 평등의 의미로서 만물은 모두 평등합니다. 부처님은 금강경에서 모든 법이 평등하다고 설하고 있습니다. 그러므로 '평등'이라는 구호는 석가모니가 말한 것입니다. 사실상 세상 만물은 평등할 수 없습니다. 장자가 살았던 시대는 전국 시대로서 불교가 아직 중국에 들어오기 전이었습니다. 그런데 어떻게 장자는 부처와 같은 사상을 가졌을까요? 이를 보면 도를 얻은 사람의 사상은 마찬가지임을 알 수 있습니다. 만물은 서로 같지 않은데 어떻게 평등할까요? 장자의 제물론은 바로 이에 대해 말하고 있는데 그 속에는 수도, 사람됨, 응용 등 많은 내용이들어 있습니다. 제물론편의 최후 문장은 이렇습니다.

예전에 장주가 꿈에 나비가 되었다. 훨훨 날아다니는 나비로서 유쾌하면서 마음에 맞아 자기가 장주임을 알지 못했다. 갑자기 잠에서 깨어보니 자기는 놀랍게도 장주였다. 장주가 꿈에 나비가 된 것인지 나비가 꿈에 장주가 된 것인지를 알 수가 없었다. 이와 같은 장주와 나비 사이에는 틀림없이 하나의 구분이 있으며 주재자가 있고 이치가 있는 것이다. 이것을 만물의 변화인 물화(物化)라고 한다.

昔者莊周夢爲胡蝶, 栩栩然胡蝶也。自喩適志與！不知周也。俄然覺, 則蘧蘧然周也。不知周之夢爲胡蝶與, 胡蝶之夢爲周與？周與胡蝶, 則必有分矣。此之謂物化。

장자는 이름이 장주(莊周)인데 이렇게 말하고 있습니다. "내가 어느 날 꿈에서 보니 내가 나비로 변해 정말 자유자재하게 날아다니고 있었다. 이때에는 내가 나비인 줄만 알고 내가 장주임은 몰랐다. 그러다 돌연 꿈에서 깨어보니 내가 장주로 변해있고 나비가 아니었다. 이에 의문이 들었다. 도대체 내가 장주의 꿈속의 나비인가 아니면 나비 꿈속의 장주일까? 생명의 진리(眞諦)는 도대체 나비가 나일까? 장주가 나일까? 어느 것이 진정한 나일까? 이를 물화(物化)라 한다."

이상을 장자의 호접몽이라고 합니다. 이는 불학(佛學)에서, 저녁에 눈을 감고 잠자는 것도 꿈꾸는 것이요 낮에 눈뜨고 활동하는 것도 꿈꾸는 것이건만, 사람들은 잊어버리고 낮은 진짜로 여기고 밤에 꾸는 꿈만 가짜로 여기고 있다고 말하는 것과 마찬가지입니다. 도대체 꿈이 인생인지 인생이 꿈인지를 부처는 금강경에서는 "일체의 유위법은 꿈과 같고 허깨비 같고 물거품과 그림자와 같다."(一切有爲法 如夢幻泡影)라고 설하고 있습니다. 부처는 인생 전체가 바로 하나의 꿈이라고 합니다. 죽는 것도 꿈이요 사는 것도 꿈이요 고통도 꿈이요 쾌락도 꿈으로, 이 모두가 믿을 수 없는 것입니다. 진정한 인생은 무엇일까요? 장자는 결론을 내리지 않았는데 이것을 깨달으면 도를 얻게 됩니다.

뒷날 민간에서 장자의 호접몽을 오해하여 극 공연으로 바꾸었습니다. 대벽관(大劈棺)이라는 일막극이 있는데 장자에 관한 것입니다. 사실 장자는 억울합니다. 대벽관의 줄거리는 이렇습니다. 장자가 어느 날 부인에게 묻습니다. "내가 죽으면 당신 어떻게 할꺼요?" "당신이 죽으면 나도 살 수 없어요. 나도 꼭 당신과 함께 죽을래요." 이는 애정을 말하고 있는 겁니다. 장자가 어느 날 죽습니다. 장자는 가사(假死) 상태에 들 수 있는 공부가 있었습니다. 그의 아내는 몹시 슬퍼하고 울면서 장자를 관에 넣고 못질을 합니다. 그리고 관을 붙들고 울다 못해 땅바닥에 나뒹굽니다. 그런데 갑자기 그녀의 머리카락이 관의 못에 걸립니다. 그녀는 깜짝 놀라면서 장자가 함께 죽자고 잡아 다니는 것으로 생각합니다. 큰 소리로 외칩니다. "나는 갈 수 없어요. 당신 먼저 가세요." 그러자 장자는 관속에서 일어나 말합니다. "하하, 당신 나를 속였구만." 이것은 민간에서 엮은 이야기이지만 구성이 훌륭합니다.

또 하나의 꿈 이야기는 당나라 사람의 필기소설에 나오는 한단몽입니다. 그 이야기는 이렇습니다. 당나라 때 노(盧)씨 성을 가진 한 서생이 부귀공명을 얻고자 서울로 과거시험을 보러 나섭니다. 가는 도중에 한단(邯鄲)이라는 곳에 이르러 피곤해서 쉽니다. 그런데 곁에 있던 한 늙은이가 밥을 지으려고 황량미(黃粱米)를 다 씻어 솥에 앉히면서 이 노생에게 한 잠 자라며 목침을 빌려줍니다. 그래서 이 노생은 그 옆에서 깊은 잠에 빠져 꿈을 꾸게 됩니다. 꿈에 자신이 과거시험에서 진사에 급제하고 장가들어 자식도 낳고 빠른 출세로 재상까지 됩니다. 나아가서는 장군이요 들어 와서는 재상으로서 4십 년 동안 일대의 부귀공명을 누립니다. 그러나 끝내는 죄를 범해 목이 잘리게 됩니다. 마치 진(秦)나라 2세(世)의 재상이던 이사(李斯)처럼 동문(東門) 밖에 끌려 나가 목이 잘리게 됩니다. 칼이 내려쳐지자 깜짝 놀라 잠에서 깨어납니다. 일어나 돌아보니 곁의 노인이 짓고 있던 황량미 밥이 아직도 채익지 않은 상태였습니다. 노인은 그가 깬 것을 보고 웃으며 말합니다. "4십년 동안 부귀공명을 실컷 맛보았겠지!" 노생이 생각해 봅니다. "아! 내가 꿈을 구고 있었구나. 그런데 이 노인이 어떻게 알고 있을까? 그는 신선이 변하신 분이 틀림없어." 그래서 그는 과거시험을 보러가지 않고 그 노인을 따라 도를 닦으러 떠납니다.

어떤 사람은 이 한단몽의 주인공은 바로 역사상 유명한 신선인 여순양(呂純陽)이고 그 노인은 여순양의 스승인 종리권(鍾離權)이라고 말합니다. 여순양이 지은 유명한 시 한 수가 있습니다.

돛대의 힘은 천 층의 파도를 쪼개 나갔고	帆力劈開千級浪
말발굽은 오령(五嶺)의 봄을 다 밟았네	馬蹄踏破嶺頭春
헛된 명예와 헛된 이익 술처럼 진해	浮名浮利濃如酒
취한 인간세상 죽어도 못 깨어나네	醉得人間死不醒

여순양은 대단히 오래 살았으며 도가에서 그의 위치는 선종의 육조(六祖)에 해당합니다. 신선은 귀선(鬼仙), 인선(人仙), 지선(地仙), 천선(天仙), 신선(神仙) 이 5등급으로 분류됩니다. 여순양의 수도 경지는 지선과 천선 사이에 이르렀으며 검술이 고명했습니다. 호남성(湖南省)의 동정호(洞庭湖)에는 유명한 악양루(岳陽樓)가 있는데 이곳에 여순양이 시한 수를 써놓았습니다.

아침에 북해에서 노닐다 저물어 창오군으로 가는데

소매 속의 보검은 담력과 기력이 더욱 호쾌하여라
악양루에서 세 번 취했어도 사람들은 나를 몰라보고
낭랑히 시를 읊고 동정호를 날아서 지나가노라

朝游北海暮蒼梧　袖裏靑蛇膽氣粗
三醉岳陽人不識　朗吟飛過洞庭湖

창오(蒼梧)는 지금의 광서(廣西)지방이고 청사(靑蛇)는 그의 보검입니
다. 신선인 그가 동정호를 날아 다녀도 알아보는 사람이 없다는 겁니
다. 송나라 때 이르러 범중엄이 악양루기(岳陽樓記)라는 글 한 편을 썼
는데 그 글에서 가장 중요한 두 마디이자 천고의 명구는 이렇습니다.
"천하가 근심하기 전에 먼저 근심하고, 천하가 즐거워하고 난 뒤에 즐
거워한다."(先天下之憂而憂. 後天下之樂後樂). 범중엄은 유가입니다. 공맹
사상은 세상이 태평해지거든 다시 우리가 누려야 합니다. 악양루에 써
놓은 시들은 물론 많습니다. 어떤 호남 사람이 여순양과 범중엄의 시
문에 대해서 이렇게 대련 한 폭을 지어 악양루에다 써 놓았습니다.

여도인은 너무 무료하여 팔백 리 동정호를 이리 저리 날아다녔
는데, 한 신선의 눈에 그 누가 있었겠는가
수재 범중엄은 정말 일이 많아서 수십 년의 세월 동안 무엇이
먼저고 무엇이 뒤라며, 모든 가정들의 근심과 즐거움이 관심사였
네

呂道人太無聊　八百里洞庭　飛過來飛過去　一個神仙誰在眼
范秀才煞多事　數十年光景　什麼先什麼後　萬家憂樂總關心

한단몽을 얘기하다보니 여순양을 말하게 되었습니다. 한단몽은　교

육적이며 종교철학적인 이야기로서 사람들로 하여금 인생을 간파하라고 합니다. 그래서 후세의 시사(詩詞)나 문학작품 속에서 '황량미숙'(黃梁米熟)이나 '황량몽각'(黃梁夢覺) 이란 말이 자주 등장합니다. 그러나 뒷날 어떤 지식인은 이와는 다른 견해를 지니고 있었습니다. 그 역시 실의에 빠져 한단에 이르렀을 때 이 고사를 생각하며 이렇게 시를 한 수 지었습니다.

사십 년 동안 공과 후의 벼슬	四十年來公與侯
비록 꿈이더라도 풍류이어라	縱然是夢也風流
나는 지금 실의한 채 한단 길에 있나니	我今落魄邯鄲道
선생께 베개 빌리고 싶다오	要向先生借枕頭

비록 꿈속의 일이라 하더라도 부귀를 실컷 누려도 무방하다는 겁니다. 이 시는 사람의 욕망 묘사를 정말 통쾌하기 그지없이 했다고 할 수 있습니다.

또 남가몽이라고도 하고 회안몽(檜安夢)이라고도 하는 꿈 이야기가 있는데 역시 당나라 사람의 필기소설에 나옵니다. 그 이야기는 이렇습니다. 어떤 선비가 서재에서 책을 읽고 있습니다. 그의 서재는 남향으로 창이 나 있었는데 창 밖에는 늙은 회나무 한 그루가 서 있습니다. 그 나무 한 가지 위에 개미집이 두 개 있습니다. 개미는 조직성 동물로서 개미 왕이 있고 두 개미집은 서로 영역 경계가 분명히 있습니다. 이 선비는 평소에 공부하다 지치면 개미들이 기어 오르내리는 것을 봅니다. 어느 날 선비는 책을 읽다 피곤하여 잠이 듭니다. 꿈에 자기가 과거시험에서 장원급제하여 황제를 뵙게 되고, 황제는 이 청년 장원이 몹시 마음에 들어 자신의 딸을 그에게 시집보냅니다. 그 후로 부부는 행복하게 살면서 아이도 낳고 나아가면 장군이요 들어오면 재상으로서 국가에 큰 공로를 세웁니다. 이렇게 수 십 년을 지내고 있는 어느 날 외국군대가 쳐들어와 자신이 군대를 지휘하여 전쟁을 하게 됩니다. 그러나 전쟁에서 패배하여 나라도 망하고 자신도 죽음을 당하게 됩니다. 자신의 목에 칼이 내려쳐지는 순간 놀라면서 꿈에서 깨어납니다. 깨어나 나무 위의 개미들을 보니 개미들이 한참 전쟁 중으로 한 무리의 개미들이 죽어 있었습니다. 알고 보니 자신이 꿈에 개미로 변한 겁니다. 꿈에서 깬 다음에는 아마 수도하러 떠났을 겁니다. 남가몽은 우화로서 한단몽을 본뜬 이야기입니다.

호접몽과 한단몽 그리고 남가몽은 중국문학에서 유명합니다. 이 밖에 열자(列子)에는 초록몽(蕉鹿夢)이라는 꿈 이야기가 있는데 이렇습니다. 머리가 좀 모자라는 어떤 사람이 외출하였다가 죽어있는 사슴 한 마리를 우연히 보게 됩니다. 아마 사냥꾼에게 피살되었으나 찾아내지 못한 것일 겁니다. 그런데 당시에 우연히 사슴 한 마리를 얻는 것은 오늘날 횡재를 한 번 하는 것이나 다름없었습니다. 이 사람은 남에게 발견될까 두려워 사슴을 길가로 끌고 간 다음 저녁에 메고 가려고 파초 잎으로 덮어놓습니다. 그런데 밖에서 일하면서 이 사실을 잊어버립니다. 다음날 아침 일어나 한 친구를 만나서 말하기를, 정말 이상하다며 어제 자신이 꿈을 꾸었는데 어느 곳에서 사슴 한 마리를 발견하여 어디에다 자신이 파초 잎으로 덮어놓았다고 합니다. 이 말을 들은 친구는 진짜로 여기고 그가 말한 곳으로 얼른 가서 봅니다. 가서 보니 정말로 파초 잎이 있고 사슴도 있는 게 아니겠습니까. 그래서 그는 사슴을 메고 돌아갑니다. 분명히 진짜인 사실을 그 사람은 꿈으로 여겼고 친구는 그의 꿈 이야기를 듣고 진짜로 여겨 결과적으로 성공했습니다. 인생은 바로 이처럼 재미가 있습니다.

무협소설의 내력

중국의 무협(武俠)이 정식으로 전기(傳記)에 나타나는 것은 사마천(司馬遷)이 쓴 사기(史記)의 유협열전(遊俠列傳)에서 시작됩니다. 사마천은 유협열전에서 먼저 한비자(韓非子)의 다음 말을 인용합니다. "유자는 문(文)으로써 법을 어지럽히고 협객은 무(武)로써 금령을 어긴다."(儒以文亂法, 俠以武犯禁) 법가의 관점에서는 양쪽을 다 비난합니다. 다시 말하면 한비자는 유자와 무협 이 두 부류의 사람들에 대해 모두 악평하고 극히 동의하지 않은 것입니다. 그러나 의협정신과 의협도의 역사적 사실만을 가지고 본다면 의협의 기풍은 실은 유가와 묵가 이 양가 사상의 상호 결합에 그 연원이 있습니다. 특히 묵가의 정신에 치우쳐 있습니다. 그리고 의협도의 발전 자취는 위로는 전국 시대의 6국(六國)의 선비양성에서 시작하여 아래로는 수당(隋唐)의 과거제도와 명청(明淸) 이후의 특수사회 형식에까지 이어집니다. 하지만 사마천이 최초에 일컬었던 유협은 단순히 개인의 무술이 걸출함만을 뜻하는 것은 결코 아닙니다. 개인의 무예 재능과 의협이 합해져 후세의 무협이 되었는데 사기의 자객열전(刺客列傳)의 기풍과 유협의 정신이 서로 결합한 자취라고 응당 말해야 합니다. 당송 이후에는 선종과 도가의 영향으로 중국문화의 발전은 각 방면에서 예술적 경지로 진입하여 더 이상 진한 시대의 모습이 아니었습니다. 그래서 문학적인 조예 경계를 문예(文藝)라고 하고 무공武功의 조예 경계는 무예(武藝)라고 했습니다. 명청 이후에는 문과(文科)에는 문장원(文壯元)이 있었고 무과(武科)에는 무장원(武壯元)·무진사(武進士)·무거인(武擧人)·무수재(武秀才) 등이 있었습니다. 뿐만 아니라 민간에서는 과거를 미신하여 심지어 문장원은 천상(天上)의 문공성(文曲星)이 인간세계에 내려온 것이고 발군의 무예를 지닌 무장원이나 무공이 뛰어났던 고대의 대장도 무곡성(武曲星)이 인간세계에 내려온 것으로 여겼습니다. 그래서 송명 이후의 역사연의소설에는 이런 관념이 충만하고 보편적으로 퍼져 사회 각계각층에 영향을 미쳤습니다.

무협소설의 흥기

단순히 개인을 주인공으로 삼아 그의 무예가 신출귀몰할 뿐만 아니라 기예로써 도의 경지까지 들어간 조예를 묘사하고 있습니다. 그들의 행위는 개인으로 보면 은사와 유사하면서도 국가 사회나 정인군자(正人君子)를 돕는 사업에 대해서는 의협심으로 충만하여 있습니다. 혹은 간악한 자들을 징벌하거나 약자를 구해주며 부자를 약탈하여 가난한 자들을 구해 주곤 하는데, 이런 무협소설은 당나라 때의 전기소설에서 시작되었습니다. 예를 들면 곤륜노(崑崙奴), 공공아(空空兒), 섭은낭(聶隱娘) 등의 이야기는 후대 무협소설의 선구자였습니다. 청나라 중엽 이후가 되면 무협소설은 군주에 충성하고 나라를 사랑하는 충의지기(忠義之氣)를 담으면서 간악(奸惡)을 징벌하고 횡포를 부리는 사람들을 제거하여 성실한 사람들이 편히 살도록 해주며 부자를 약탈하여 가난한 자들을 도와주는 내용과 혼합하였습니다. 이리하여 문강(文康)의 아녀영웅전(兒女英雄傳)·석옥곤(石玉昆)의 삼협오의(三俠五義)·유월(兪樾)의 칠협오의(七俠五義), 그리고 소오의(小五義)·속소오의(續小五義)·정속소오의(正續小五義) 등이 출현했습니다. 동시에 시공안(施公案)·팽공안(彭公案)·칠검십삼협(七劍十三俠) 등등의 무협소설이 잇달아 나오게 되었습니다. 하지만 작품 속에서 인물의 삿되고 바름, 인정세태의 옳고 그름, 개인 품행의 선악 묘사는 구별이 분명해서 일목요연합니다. 마치 우리가 어린 시절 연극을 볼 때 등장인물이 붉은 얼굴이면 관우처럼 좋은 사람으로 알고 하얀 얼굴이면 조조처럼 나쁜 사람으로 생각하듯이 그 구분이 분명합니다. 요컨대 작품의 결말은 선악정사(善惡正邪)의 과보를 유의시키면서 한편으로는 이를 빌려 사람들의 가슴속에 있는 불평을 발산케 하고 또 한편으로는 인심을 돈후하고 정직하게 하면서 전통적인 신념인 '선악의 행위는 마침내 그 과보가 있나니, 단지 과보가 일찍 오느냐 늦게 오느냐 차이일 뿐이다.'(善惡到頭終有報, 只爭來早與來遲)

를 선양합니다.

무공 묘사를 보면 아녀영웅전에서의 진도진창(眞刀眞槍)과 주먹질 발길질이 칠검십삼협에서는 백광일도(白光一道)로 백 리 밖에서 검을 날려 사람 목을 자르는 경지로 바뀌었습니다. 이를 보면 소설가의 붓끝 무예가 시대의 발전에 따라 점점 현묘하고 신기한 상상의 경지로 진입하였음을 보여줍니다. 또 다른 각도에서 보면 19세기 중엽 이후 동양이 '전쟁을 그침을 무로 삼는 것'(止戈爲武)과 서양이 '무를 숭상하여 싸우기 좋아한'(尙武好鬪) 기풍이 모두 원시적인 격투기와 무기의 운용에서 신기함에 대한 요구로 진입하였음을 반영하고 있습니다. 서양문화는 물질문명을 바탕으로 하기 때문에 총포 기계로 발전했습니다. 그러나 중국문화는 인문 본위와 개인의 정신을 기초로 하기 때문에 격투기에 있어 기(氣)로써 검을 부리거나 마음과 검이 하나로 합하는 심검합일(心劍合一)의 환상 경지로 진입하게 되었습니다.

항일전쟁 기간의 무협소설

뛰어난 예술은 태평성세와 안정된 사회의 산물입니다. 그런데 종교나 철학, 소설은 대체로 역사의 변란이나 사회가 불안정한 데서 나오는 결정(結晶)입니다. 중화민국 초년부터 항일전쟁 기간 사이의 무협소설은 인쇄의 발전에 따라 폭풍처럼 거세게 일어났습니다. 무협소설을 읽는 풍조도 마치 서양인들이 보편적으로 탐정소설이나 공상과학 소설을 읽는 것과 같았습니다. 초기에 영향이 가장 컸던 작품은 향개연(向愷然, 필명이 평강불초생平江不肖生)이 쓴 강호기협전(江湖奇俠傳)입니다. 이 책 속의 무협 종사(宗師)인 김라한(金羅漢)과 유지(柳遲) 그리고 주요 사건인 홍련사(紅蓮寺)를 불태우는 이야기는 인구에 회자되었을 뿐만 아니라 거의 집집마다 아는 이야기가 되었습니다. 그래서 영화로 제작되어 많은 관중들의 환영을 받았습니다. 심지어는 많은 청소년들이 강호기협전을 읽고서는 입산하여 밝은 스승을 찾겠다고 집을 나가는 웃지도 울지도 못 할 우스운 일들이 벌어졌습니다. 그 다음으로 나온 것으로는 이수민(李壽民, 필명은 환주루주還珠樓主임) 저작인 장편 촉산검협전(蜀山劍俠傳, 일명 아미검협전峨帽劍俠傳) · 청성십구협(靑城十九俠) · 병서협(兵書峽)등의 검협소설이 전국적으로 잘 팔리면서 책 파는 노점들에 넘쳐났습니다. 무협소설 대여점도 이런 분위기를 타고 흥성하여 크게 장사를 잘 했습니다. 환주루주의 소설들은 장편이면서 심오하였지만 이야기를 결말지은 작품은 거의 하나도 없습니다. 그런데도 독자의 심리를 영원히 끌어들입니다. 그가 이전에 배운 도가의 방술 지식과 많은 명산대천(名山大川)의 유람 견문, 그리고 자신이 많이 알고 있는 곤충이나 물고기, 새, 짐승, 인물에 대한 경험, 신선전과 산해경(山海經)을 모방한 환상(幻想)은, 문장체와 구어체가 뒤섞인 그의 필치와 결합되어 정말 당시 청년들이 읽으면 곧바로 심령 환상(幻想)의 웅장하고 훌륭하며 기이한 경계에 심취하게 만들고 현실의 고민으로부터 도피하도록 만들었습니다. 많은 대가 학자들이 그랬듯이 그 역시 이런 소설을 쓰는 일이 즐거워 피곤하지 않으면서 심심풀이가 되었습니다. 전해오는 바로는 당시에 철학가로 불렸던 호적지(胡適之) 선생조차도 환주루주의 충실한 독자의 한 사람이었답니다(사실 여부는 고증할 길이 없습니다). 그러나 그 후의 저자 운명은 분명하지 않습니다. 상해에서 나그네로 지내면서 타락하여 종일 아편 가게에 누워 아편을 피웠답니다. 그러면서 온갖 생각을 짜내어 작품의 줄거리를 구상하여 조수에게 받아쓰도록 불러 주었다 합니다. 뒷날 저는 도가 방술을 전해준 사람들을 우연히 만나게 되었습니다. 뜻밖에 그들 얘기로는 그 스스로 명사진전(明師眞傳)의 이합신광(離合神光)이라는 도법(道法)을 얻었다고 했는데, 정말 사람으로 하여금 아연 실소케 하면서 눈을 휘둥그레 뜬 채 뭐라고 대답해야 할지 모르게 만들었습니다. 왜냐하면 이런 법술 이름은 사실 환주루주가 소설속에서 멋대로 억측해서 만든 것인데 결과적으로 공공연히 이를 진짜로 여기는 사람들이 있었으니 불가사의 하지 않습니까?

근대 무협소설의 변천

일본과의 전쟁에서 승리한 후 무협소설은 점차 방향을 바꾸기 시작 했습니다. 그 당시 평강불초생(平江不肖生)의 강호기담전(江湖奇談傳)은 이미 과거사가 되었고 환주루주의 촉산검협전이나 정증인(鄭證因)의 응 조왕(鷹爪王)의 풍미도 점점 퇴색되었습니다. 검선협객전(劍仙俠客傳)에 끼워진 이야기와 중국 격투기 공부에는 전혀 적합하지 않으면서 그저 억측으로 구상한 작품들이 점점 대두하기 시작했습니다. 그래서 대만 에서는 무협소설 대여점들이 이런 소설을 통해서 그 당시 시대의 비바 람 속에 불안해하면서 정처 없이 떠돌던 사람들의 가슴속에 가득 쌓인 분노를 풀어주었습니다. 이때에 다년간 문화 사업에 종사하고 출판 경 험이 풍부한 서협(書俠) 한 분이 출판사업 입장에서 출판을 말하면서 이런 무협소설들은 장차 과거가 될 것이라고 판단했습니다. 그래서 자 금을 내어 다른 사람에게 무협소설을 저작해달라고 청탁하여 남명협 은(南明俠隱)이나 연갱요신전(年羹堯新傳) 같은 소설들이 계속 출판 발행 되었습니다. 이로부터 무협소설 저작 작가들과 무협소설 출판상들, 그 리고 크고 작은 무협소설 대여서점들이 이에 따라 우후죽순처럼 생겨 나기 시작했습니다. 이렇게 해서 전 가족의 생활문제를 해결한 사람들 도 많았습니다. 아울러 이로 인해 무협소설 심취 풍조가 한바탕 사회 각계 각층에 불었는데 가정주부와 초중고 학생의 머릿속에까지 두루 불었습니다. 무협소설 탐독 풍조가 이렇게 성행하게 된 주요 원인은 시대와 사회 심리가 고민할 때 일수록 괴력난신(怪力亂神)의 소설들이 사람들의 환영을 받기 때문입니다. 더군다나 일반 애정소설이나 사회 소설은 천편일률적인데다 걸출한 작품이 나타나지 않았기에 사람들은 싫증을 느꼈기 때문입니다.

무협소설 탐독이 한 때 크게 유행하다

하지만 요 일이십 년 동안 대만과 홍콩을 포함한 해외에서의 무협소설 저작과 출판은 되는대로 한 권씩 나왔습니다. 뛰어난 것이든 조잡한 것이든 좋은 것이든 나쁜 것이든 제가 알고 본 것 만 해도 수천 권 내지 수만 권이 됩니다. 그래서 저는 늘 우스갯소리로 이렇게 말합니다. 독서는 만권을 독파해야 한다고 한다면 저는 이미 무협소설만 가지고도 이 한계를 넘어섰다고 말입니다. 이 속에는 결코 학문이 없을 뿐만 아니라 멋대로 쓰고 엮은 것들이 쇠털만큼이나 많습니다. 하지만 정식(正式) 책들을 깊이 연구하고 학문을 깊이 사유하는 여가에 무협소설을 빌려 생각을 잠깐 바꾸고 심령을 보호 휴식하며 노안(老眼)을 좀 가리는 것도 정말 재미있었습니다. 뒷날 알게 되었는데 저와 같은 동호인으로는 많은 학자 교수들, 외국에 유학 간 학생들, 그리고 재능이 뛰어난 문인 명사들이 있었습니다. 그리고 일반 청년 학생들과 노동자 친구들은 손에 한 권씩 들고 있을 뿐만 아니라, 바지 주머니 두 개에 가득 넣은 게 온통 무협소설이었습니다. 어느 날 제가 대북 성중(城中)공원을 지나갈 때 전임 경관학교 교장인 조용문(趙龍文) 선생이 홀로 나무 아래 앉아 책을 보고 있었습니다. 저는 속으로 생각하기를 "그가 정말 열심히 공부하며 책을 읽고 있구나, 아마도 사서오경을 연구하고 있겠지!" 하며 그의 독서 경계를 차마 중단시키지 못하겠기에 인사말을 건네지 않고 그저 살살 그의 뒤로 돌아가서 한 번 살펴보았습니다. 그런데 알고 보니 역시 정신을 집중하여 무협소설을 열심히 읽고 있었습니다. 이 시대에 중국인이 무협소설 읽기를 좋아하는 까닭은 미국 정계의 중요 인물들이 탐정소설이나 과학환상 소설을 읽음으로써 기분상태를 적당히 조절하는 것이나 비슷합니다. 동서양의 이런 상황은 시대의 심리적 병태라고도 말할 수 있습니다. 그러나 무협소설 바람은 이 정도만은 아닙니다. 요 몇 년 사이의 어떠한 크고 작은 신문 간행물도 무협소설과 암흑가를 묘사한 소설들을 빼버리면 그 간행물들의 발행 부수가 거의 수직 하강할 것입니다. 십리에 걸친 이런 칼바람은 정말 사람으로 하여금 소름이 끼치는 느낌이 들게 합니다.

무협소설의 저작 범람

그러나 무협소설 창작 소재는 2십 년 동안의 발굴을 거쳤기에 확실히 모두 케케묵은 소리가 되어서 상등의 작품이 나타나지 않았습니다. 촉산협검을 기습한 강호기담과 응조왕의 내용은 다 저작했습니다. 그에 이어서 겉으로 색정을 보태고 서양의 탐정소설과 과학 관념의 '독(毒)을 쓰고 독을 푸는 것'을 결합하고 '얼굴을 바꾸고 화장하고' '물리 작용 등의 환상을 이용하는 것'도 다 저작했습니다. 그리하여 따라 나온 것이 곧 쩍하면 만용을 부리며 싸우거나 파벌 사이에 복수하거나, 말 한마디 맞지 않으면 바로 검을 뽑으며 일어나며, 피를 흘리며 다섯 걸음을 걸어도 조금도 아까워하지 않거나, 흘겨만 보아도 반드시 보복하여 조금도 사리가 없는 그런 내용들이었습니다. 개인적인 은혜와 원한이 가슴에 가득하거나 심리변태적인 이런 무협을 주인공으로 쓴 것은 보이지 않는 가운데 청년들에게 지극히 나쁜 영향을 주는 데 아주 큰 관계가 있습니다. 그리고 그 내용 속에는, 지리를 모르고 지방 풍속을 모르며 역사시대의 생활방식을 모르는 사례가 정말 이루 다 헤아릴 수 없을 정도입니다. 그래서 화산(華山)의 최고봉의 험난한 곳에서 말을 탈 수 있다거나, 높고 험준한 산악 지방을 커다란 호수나 깊은 늪으로 묘사하였습니다. 이런 터무니없는 말들은 당연히 모두 더 말할 나위가 없습니다. 그 밖에도 불가와 도가의 기맥 수련법을 멋대로 말하는 동시에 일본식 무사도의 칼 뽑기 수법과 일본식 주먹 발 싸움을 중국전통무술 품새로 바꾸어 놓았습니다. 그러나 진정한 중국무공의 격투기에 대해서는 조금도 알지 못합니다. 심지어 요가를 무공 속으로 끌어다 써서 비록 따로 멋진 부분도 있지만 이런 것들이 곧 중국 정통의 격투기 무술이라고 생각한다면 더욱 웃기는 일입니다. 현재 무협영화가 유행하고 있는데 도창검봉(刀槍劍棒)을 휘두르는 모든 무술 격투기는 절반 이상이 모두 동양의 무사도 수법입니다. 전문가 눈으로 보면 정말 웃지도 울지도 못할 감개가 듭니다! 하지만 이런 부류의 영화는 남녀노소로부터 크게 환영받을 뿐만 아니라 다수의 학자교수들도 심취 감상하고 또 극구찬양하고 있습니다. 이는 중국문화 속의 무예의 비애일 뿐만 아니라 중국문화의 진정한 쇠락의 한 재난이라고 말해야 마땅합니다. 이런 현상들도 바로 인심의 침울, 시대의 애수를 표시하여 주는데, 다들 어찌할 수 없는 가운데 이를 빌려 가슴속의 울분을 일소할 수밖에 없는 것에 있지 결코 중국 무예문화가 진짜인지 가짜인지 옳은지 그른지에 있지 않습니다.

무협과 사회 교육

오늘날 대만에서의 무협소설 기풍은 대략 이상 말한 바와 같습니다. 그런데 우리들 문화 책임자는 완전히 문외한일 뿐만 아니라 심지어는 지도할 방법이 없습니다. 몇 년 전에 관계 인사 한 분이 제게 말하기를 "이에 대해 약간 제한을 가하는 좋은 정책을 한 가지 생각해 내어야 좋겠습니다. 왜냐하면 이런 기풍은 보이지 않는 가운데 사회 청년들에게 일종의 지극히 나쁜 교육을 주기 때문입니다."라고 했습니다. 제가 말했습니다. "천하의 일에는 왕왕 많은 모순이 존재합니다. 교회당 맞은편에는 기생집이 차려져 있고, 최고 학부의 문전에는 외설영화 상연 장사를 하고 있는 사람이 있습니다. 한 편으로는 불량소년이나 불량배들이 쩍하면 만용을 부리고 싸우는 것을 방지 관리 통제하면서, 한 편으로는 거칠고 마구 저작하는 소설을 대량으로 개방해놓는가 하면, 텔레비전에서는 살인을 하고도 눈 하나 깜짝하지 않는 서부영화의 사나이나, 굼뜨기 짝이 없는 레슬링 장면을 힘껏 방송하는데, 누가 또 문제를 근본적으로 뜯어 고치기 위해 사회교육에 종사하기를 원하겠습니까! 하물며 지혜·용기·언변·힘(智勇辯力) 이 네 가지는 제한한다고 효과가 발생할 것이 절대 아닙니다. 오직 완화해주는 것이야말로 방법입니다. 예컨대 사람이 땅 바닥 때문에 넘어졌다면 그 땅 바닥에 의지하여 일어나는 것처럼, 만약 무협소설이 청소년들의 행위에 영향을 미쳤다면, 왜 무협소설 저작 명인들을 배양하여 다음 세대를 위하여 많이 착안하고 진정한 중국문화, 예컨대 인륜도덕이 강한 의협심이나 충실 용감 등의 정신과 사실들을 불어넣어 주지 않은 것인지요? 아울러 중국문화의 무덕(武德)과 진정한 중국 남북파와 기타 명가의 격투기 무술을 다시 한 번 잘 연구하지 않은 것인지요? 금지의 폐단은 방지보다도 심합니다. 완화의 효과는 보이지 않는 가운데 나쁜 영향보다 이롭습니다. 소설의 공로는 학교 교육을 뛰어넘습니다. 여러 사람의 좋은 의견은 양호한 기풍을 형성할 수 있습니다. 좋은 무협소설이 국가민족의 정기를 배양하는 효과도 마찬가지로 불가사의한 힘이 있습니다. 반드시 모두 그런 것은 아니더라도 당면한 문화의 급선무가 꼭 아닌 것은 아닙니다."

번역의 학문

지혜(智慧)에서의 지(智)는 동양문화에서 시식이 아니라는 데 주의해야 합니다. 공부를 잘해서 아는 것이 많은 것이 지식입니다. 지혜는 지식이 아니며, 총명도 아닙니다. 이것은 불교를 연구해 보면 알 수 있습니다. 범어를 음역한 '반야'(般若)라는 말은 중국어로 '지혜'에 해당합니다. 당시 번역한 불교 경전 중에서 금강반야바라밀다경(金剛般若波羅密多經)의 '바라밀다'와 '반야'는 모두 범어의 음역(音譯)입니다. 반야는 지혜라고 해석하는데, 왜 '금강지혜바라밀다경'으로 번역하지 않았을까요? 중국에서는 옛날에 번역을 할 때, 다섯 가지 경우는 번역하지 않는다는 원칙이 있었습니다. 외국어에는 뜻이 있지만 중국어에 그 뜻이 없는 것은 번역하지 않는다는 것이 그 첫째였습니다.

예를 들면, '경계'(境界)라는 단어는 외국어에 이런 뜻의 단어가 없으므로 굳이 '현상'(現象)이라고 번역하지만, 엄밀하게는 두 단어가 완전히 같은 의미가 아닙니다. 예컨대 어떤 이가 자주 인용하는 송나라 신가헌의 유명한 사(詞)의 한 구절을 봅시다.

문득 고개 돌려 보니　　　　　　　　　　　　蓦然回首
그 사람은 등불 사위어 가는 곳에 있구나　那人卻在燈火闌珊處

이 구절이 바로 '경계'로서 보일락말락한 것입니다. 다시 시의 경계를 말해 봅시다.

지는 달빛 서리 가득한 하늘에 까마귀 울고　月落烏啼霜滿天
강변의 단풍 고깃배 등불에 잠 못 이루는데　江楓漁火對愁眠
고소성 밖 한산사　　　　　　　　　　　　姑蘇城外寒山寺
한밤중 종소리 객선에 들리누나　　　　　夜半鍾聲到客船

이 시는 아주 좋은 경계입니다! 만약에 이것을 "비행기 날아가는 소리에 잠들 수 없구나."(飛機轟轟對愁眠)로 개작하면 이건 소음이지 시가 아닙니다. 이후주(李後主)의 사(詞)의 유명한 구절인,

말없이 홀로 서루에 오르니
초승달은 하늘에 떠 있고
오동 깊은 뜰에 적막이 맑은 가을을 녹이네

無言獨上西樓　月如鉤　寂寞梧桐深院鎖清秋

를 만약,

달은 둥글고
삶은 오리고기는 빨갛게 큰 쟁반에 담겨 있네

月如團　紅燒鴨子一大盤

로 바꾼다면 '경계'가 없어져 버립니다. 이것은 문학적인 경계를 말한 것입니다. 만약 경계를 '현상'으로 번역하면, "달은 둥글고 삶은 오리고기는 빨갛게 큰 쟁반에 담겨 있네."야말로 현상입니다.

또 예컨대 중국 글자인 氣(기)는 어떻게 번역해야 할까요? 서양 문화는 중국과 다른데, 산소(氧氣)·수소(氫氣)·가스(瓦斯氣)는 도대체 어느 기(氣)로 나타낼까요? 중국 글자는 이와 달라서 電(전) 자 하나에도 묘한 용법이 많습니다. 외국어는 문제가 큽니다. 지금 외국어는 수십만 단어나 있지만, 정말 자주 사용되는 것은 몇천 단어일 뿐입니다. 외국어과 학생들에겐 정말 문제입니다. 새 단어가 해마다 증가하여, 제가 보기에는 이대로 가면 7,80년 이후에는 단어가 수없이 늘어나 결국 폐기하지 않으면 안 될지도 모릅니다. 그러나 중국은 예컨대 電(전)자 하나면 되는데, 불빛을 내는 것은 電燈(전등), 소리를 퍼지게 하는 것은 電唱機(전창기: 전축), 밥을 지을 수 있는 것은 電鍋(전과: 전기밥솥) 또는 電爐(전로: 전기곤로), 그 밖에 電影(전영: 영화)·電視(전시: 텔레비전)·電

熨斗(전울두: 전기다리미) 등 두세 글자만 합해 놓으면 단어가 되고 누구나 이해합니다. 외국어는 그렇지 않아서 전등은 전등대로 따로 단어가 있고 전화는 전화대로 단어가 있기 때문에, 물질문명이 진보할수록 단어에 쓰이는 글자도 증가하여 최후에는 사람의 머리가 터지게 될 것입니다. 그래서 오늘날 외국어를 중국어로 번역할 때에는 음역방법을 채택하고 주석을 달고 있습니다.

　과거의 번역은 지금과는 달랐습니다. 특히, 남북조 시대에 불교가 들어왔을 때 정부는 몇 천 명의 일류 학자들을 조직하여 함께 토론하도록 했습니다. 한 구절의 원문을 읽은 후에 중국어를 책임진 사람이 번역하고 그것을 수천 명이 토론했는데, 어떤 경우에는 한 글자에 대해 몇 개월 동안 토론해도 해결하지 못한 적도 있었습니다. 옛 사람들은 번역에 대해 그렇게 신중했기 때문에 불교가 중국 문화의 일부로 변할 수 있었습니다. 지금 사람들은 영어를 3년만 배워도 중국어를 영어로, 영어를 중국어로 번역하는데, 그가 번역한 것이 무엇인지 누가 알겠습니까? 뒤바뀐 번역을 자주 했기 때문에 우리의 문화가 바로 이 모양으로 뒤엎어져 버렸습니다. 당시에 '반야'(般若)를 왜 '지'(智)로 번역하지 않았을까요? 그 까닭은 중국인들이 지(智)를 흔히 총명(聰明)의 뜻으로 해석했기 때문입니다. 총명은 머리가 좋고 말귀가 밝고 눈이 밝아 반응이 빠른 것을 말하는데, 이것은 후천적인 것입니다. 그렇지만 지혜는 선천적인 것으로, 후천적인 반응에 의하지 않고 태어날 때부터 본래 스스로 갖추어져 있는 영명(靈明)함, 이것을 지혜라고 합니다. '반야'(般若)의 범어 단어에는 다섯 가지 의미가 있는 것을 고려해 볼 때, 지혜란 단어로는 그런 의미를 온전히 나타낼 수 없었기 때문에 아예 번역하지 않고 '반야'로 음역한 것입니다.

생활의 예술

음악과 시가(詩歌)는 오늘날로 말하면 예술과 문학의 혼합입니다. 과거의 지식인은 문학과 예술 수양을 대단히 중시했습니다. 한당(漢唐) 이후 그 범위가 점점 좁아져 악부(樂府)에서 시(詩)와 사(詞)로 변했습니다.

어느 정도의 문학과 예술의 수양이 없는 인생은 살아가기가 고통스럽습니다. 특히, 사회나 정치 분야에서 일하는 사람은 정신적으로 상당히 고독합니다. 후세인들은 문학과 예술 수양이 없을 경우 대부분 종교의 길을 갔습니다. 그렇지만 사람들은 순수한 종교가 요구하는 구속도 견디기 어렵기 때문에, 문학과 예술, 음악의 경지를 즐기는 것이 더 낫습니다. 그리고 나이가 많은 사람들에게는 음악 가운데서도 성악이나 취주(吹奏) 악기보다 손으로 연주하는 거문고나 북 같은 악기가 적합합니다. 중국에서 후세에 변천되어 이룩된 시(詩)와 사(詞)는 음악적 경지를 가지고 있지만, 소리 높여 노래 부를 필요는 없습니다. 나직이 내키는 대로 읊어도, 음악적인 정취에 젖어들고 문학적 세계에 도취될 수 있습니다.

최근에 보면 연로한 많은 친구들이 퇴직했지만, 자식들은 커서 떠나버린데다 자신은 할 일이 없어서 하루 종일 뭘 해야 좋을지 모르며, 하다못해 카드놀이도 사람이 없어서 하지 못합니다. 그래서 저는 사람들에게 중국 문화의 옛 길을 따라 문학과 예술 수양을 하라고 권하면서, 그렇게 하면 나이가 들어서도 마음의 안주처가 있을 것이라고 말합니다.

수천 년 동안 우리 옛 선비들은 인생이 저물어 가도 하루 종일 바빴습니다. 왜냐하면 학문 수양이란 영원히 끝이 없는 것이기 때문입니다. 붓글씨를 예를 들어 봅시다. 붓글씨는 일생을 쓰더라도 졸업할 수가 없으며, 누가 꼭 잘 썼다고 단정적으로 평가하기도 어렵습니다. 뿐만 아니라, 어떤 사람들은 글씨를 잘 쓰기는 하지만, 꼭 서예가가 될수 있는 것은 아닙니다. 그것은 그가 글씨를 잘 쓰기는 하지만, 서법(書法)을 반드시 알고 있다고는 할 수 없기 때문입니다. 반대로 어떤 사람은 글씨를 잘 쓰는 것은 아니지만, 그의 글씨를 보자마자 글씨를 배운 적이 있음을 알 수 있는 경우도 있습니다. 시(詩)와 사(詞)도 이러합니다. 과거 몇 천 년 동안 노인들은 붓글씨를 쓰고, 시를 짓고, 사도 지으면서 일생 동안 끝없이 바쁜 듯 살았는데, 그들이 이렇게 할 수 있었던 것은 심리적으로 한 가지 희망이 있었기 때문입니다. 즉, 그들은 자기가 쓴 글씨나 시·사가 영원히 남아 전해지기를 바랐던 것입니다. 사람이 8,9십 세까지 산다 하더라도 결국 수명은 한정된 것이기 때문에, 그들은 자신이 쓴 글씨나 시사(詩詞)를 시간적인 제약을 초월하여 영원히 남김으로써 자신의 명성을 후세에 전할 수 있다고 믿었습니다. 그래서 그들은 인생을 대단히 즐겁게 살았고, 끝까지 희망과 진취적 정신을 가득 품고 있었습니다. 저 자신도 만년에 접어들었지만, 나이가 중년 이상이 되면 심정이 쓸쓸해지기 쉬운데, 그 원인은 정신 수양이 결핍되어 있기 때문입니다.

구팔고(舊八股)   신팔고(新八股)

　공자가 시서(詩書)를 간추리고 예악(禮樂)을 확정하고서부터 우리는 그가 수정한 육경(六經)과 유작(遺作) 가운데서 하은주(夏殷周) 삼대를 우러러보고 현재를 내려다보면서 상하 3천 년 동안의 교육의 목적과 정신을 종합 열거하여 보면, 한 마디로 전적으로 인격 양성 교육의 중요시였습니다. 예기(禮記)의 유편(遺編) 가운데 대학(大學)과 중용(中庸) 그리고 유행(儒行) 등은 비록 상세하게 말하고 뜻을 알기 쉽게 자세히 설명하였더라도 동주(東周)이래로 여전히 대학에서 다음과 같이 말한 것에 지나지 않았습니다. "위로는 천자로부터 아래로는 일반 백성에 이르기까지 전체가 저마다 인격교육을 근본으로 한다."(自天子以至於庶人, 壹是皆以修身爲本) 이른바 '수신'(修身)이란 현대어로 말하면 바로 인격교육입니다. 그런데 인격교육은 반드시 먼저 심리와 생각의 기본적인 수정(修正)으로부터 착수해야 하기 마련입니다. 그래서 대학에는 격물(格物)·치지(致知)·성의(誠意)·정심(正心) 등의 일련의 단계적 설명이 있습니다.

우리가 이런 관념에서 육경을 돌이켜 보고 그의 주요 목적을 귀납시켜보면 다음과 같이 강조하여 말할 수 있습니다. 서경(書經)의 정신은 후세의 정치철학과 정치인격 교육의 전범입니다. 이로부터 다시 공자가 지은 춘추(春秋)의 정신과 결합하면, 정치사상과 정치행위의 시비·득실·진퇴·거동 등이 역사철학과 정치인격과 정치행위의 성패 사례에 관계가 있습니다.

역경(易經)의 정신은 과학(중국고대의 과학관념)적인 관찰로부터 철학적인 깊고 오묘한 신비(精微)로 진입하는데, 전적으로 심리를 정결하게 하고 생각을 승화시키는 문화교육입니다. 이로부터 다시 공자가 직접 엮은 시경(詩經)과 악기(樂記, 악경樂經은 이미 실전되었기 때문에 악기라고만 함)를 결합하면 일반인들이 성정(性情)을 도야하고 심신을 적절히 조절하게 하는 데 적용하는 교육이 되었습니다.

예기가 포괄하는 삼례(三禮, 예기禮記 주례周禮 의례儀禮)의 정신은 중국 상고 전통문화의 집대성으로서, 교육·정치·경제·군사·사회·문학예술·인생 등 사상 체계를 포함하고 있습니다. 강조하여 말하면 이는 후세 사람들이 떠받드는 개인인격 교육·정치인격 교육의 모범입니다.

그러나 이러한 관념들은 동한 서한으로부터 근대까지 이르는 유가 전통사상에서 세운 이론입니다. 역사적인 사실로서는 춘추전국 시대로부터 진한 무렵에 이르기까지 5백 년간 육경은 결코 중시 받지 못했

습니다. 특히 춘추 전국 시대에는 지혜 · 힘 · 용기 · 변론의 선비들이
경쟁적으로 서로 정치 외교적인 수완을 통한 연합과 분열 · 용병모략
· 잡설(雜說) · 음양(陰陽) 등의 학술로써 임금의 환심을 사서 스스로 작
록(爵祿)과 공명을 얻어 당세에 입신출세하기를 추구하고, 아울러 이를
당연하고 중요한 일로 여겼습니다. 공자가 모은 경서의 사상을 계승하
여 받드는 소수의 사람들은 오직 노(魯)나라와 위(魏)나라 사이의 유생
들로서 증자 · 자사 · 맹자 등과 같은 이들이었습니다. 그러나 그들은
여전히 임금의 환심에 의존하여 일시적으로 안일한 생활을 얻는 게 필
요했습니다. 그렇지 않으면 여전히 그 시대에서 입신출세하여 자기의
뜻을 펼 수 없었습니다. 그러므로 일생동안 처량하고 적막함을 자연히
면하기 어려웠습니다.

진한 이후의 글공부와 교육의 목적

역사는 한고조 유방이 천하를 평정한 뒤에 말한 한 마디를 기록하
고 있는데 아주 재미있는 명언입니다. "네 아비는 말위에서 천하를 얻
었다."(乃翁天下, 在馬上得之) 후세에는 다들 그를 우스개 이야기로 인용
하며 한고조는 교육을 받은 적이 없었고 그래서 지식인들을 깔보았으
며 유생들을 수유(竪儒)라고 욕했다고 보았습니다. 사실 진나라가 6국
을 병합한 후 진시황과 이사(李斯)와 유생들은(당시의 유생은 각종 지
식인의 통칭이었음) 서로 협력할 수 없어서 학술사상적인 진공(眞空)
현상을 초래했습니다. 그러므로 우리들은 한고조가 학식도 없고 재간
도 없었음을 비웃을 필요는 없습니다. 한나라 초기 숙손통(叔孫通) 등
의 제례(制禮, 제도의 제정)를 받아들인 때부터, 당시에 속손통 등과 같
은 유생들은 비록 한고조에게 의존하고 권세 있는 자에게 빌붙어서 임
용되기를 기다렸지만 중국 상고의 전통 문화인 경의(經義)에 대해서는
깊은 조예가 없었습니다. 여러분이 사기(史記)나 한서(漢書)속의 숙손통

관련 전기를 연구해보기만 하면 그들의 생각과 목적도 임금의 환심을 얻어 일신의 작록과 입신출세를 꾀하는 데 그치지 무슨 도(道)를 전하고 학업을 가르치는 큰 뜻이 없었음을 알 수 있습니다. 그는 중국의 옛날부터의 전통교육 정신 그리고 공자의 학술사상과는 이미 거리가 크게 멀었습니다.

한나라 초기에 유학을 중시하고 공자를 존숭했던 것은, 사실 한 무제가 사마상여(司馬相如)의 문장 사부(詞賦)를 좋아하고 동중서(董仲舒)의 유학사상(동중서의 학은 공맹의 학을 순수하게 잇는 것이 아니었음)을 중시하고 공손홍(公孫弘)의 형사(形似)유가의 학을 신임하는 데서 시작하였습니다. 그래서 비로소 서한 시기에 유학을 중시하고 공자를 존숭하였습니다. 이로부터 다시 발전되어 점차 변하여 동한 유가의 '경학' 사상의 큰 싸움이 형성되었습니다.

한나라 유생의 학문은 위로는 공자의 모자를 쓰고, 안으로는 다른 제목을 빌어 자기 말을 하며 도가·묵가·음양가 등 제가의 장점을 뒤섞어 모으고, 밖으로는 유가로 꾸며 표방하였습니다. 이로부터 진리에 어그러지는 학설로써 세상 사람들의 환심을 사는 일이 크게 득세하였습니다. 후세에 위·진·남북조·당·송·원·명·청나라를 거치면서 중간에 여러 번 변질되었습니다. 비록 사장(詞章)·의리(義理)·기문(記聞) 등으로 유림 학자의 내함을 삼고 군도(君道)·사도(師道)·신도(臣道)로 유가 학문의 본질로 여겼지만, 어떻게 말하든 간에 요컨대 반드시 공명작록 벼슬길에 들어가 세상에 쓰임을 목적으로 하였습니다. 맹자가 말했습니다. "불효에 세 가지가 있는데, 후손이 없는 게 큰 불효다"(不孝有三, 無後爲大) 그 나머지 두 가지 불효의 하나는 한나라 유생 조기(趙岐)의 주해에 따르면 "집은 가난하고 어버이가 늙었는데 작록의 선비가 되지 못한 것"(家貧親老, 不爲祿士)입니다. 바꾸어 말하면 글공부는 관료가 되는 것 밖에는 생계를 도모할 수 없었습니다. 생계를 도모하여 양친을 봉양할 수 도 없는 바에야 당연히 죄가 막대합니다. 이는 오늘날 '교육은 곧 생활이다' '생활은 큰 돈을 버는 것이다'를 가장 싹 수 있는 것으로 여기는 새로운 관념과 본질상 도대체 무엇이 다릅니까?

한당의 '선거'와 '고시' 제도 그리고 교육사상

주(周)나라 진(秦)나라 이후 글공부를 하고 교육을 받는 목적은 개략적으로 이상 말했습니다. 그런데 조정에서 인재를 가늠하고 임용하는 방법은, 상고 시대에는 교육이 아직 발달하지 않았기 때문에 학문덕행으로 선비를 뽑고 벼슬에 들게 하는 기존 방식이외에, 전국 시대에 이르러서는 학술사상이 발흥하고 제후 각국이 왕과 패국(覇國)임을 자처한데다 학술사상이 있는 인재를 기용해야 했기 때문에 전국말기에 6국이 선비를 양성하여 인재를 비축하는 기풍이 형성되었습니다. 한나라 초기 천하가 통일된 뒤부터 국가가 안정되고 정치가 궤도에 오르자 선비양성의 기풍은 사라졌습니다. 그러나 사상이 있고 학식이 있는 사람들은 정치 사회의 안정으로 인하여 결코 사라지지는 않았습니다. 그래서 품행덕학을 기준으로 하는 선거(選擧) 제도를 창시하여 지방에서의 현량방정(賢良方正: 현량은 재능과 덕행이 뛰어난 것이요 방정은 정직한 것—역주)의 선비를 추천하고 나아가 국가가 사람을 쓰며 선비를 취하는 체제가 되었습니다.

한나라 초기의 선거 제도는 확실히 그 법이 좋고 의도도 아름다웠으나 세상의 모든 좋은 법이나 아름다운 정치는 오래 실행하다보면 전해 내려오는 나쁜 폐단이 나타났습니다. 이른바 '법이 오래되면 폐단이 깊어진다'와 '법이 엄격하면 폐단이 깊어진다'는 모두 동서고금에서 변하지 않는 명언입니다. 그러므로 한나라 말기에 이르러서는 세가문벌들이 '선거'를 독점 좌지우지하면서 사사로운 정에 얽매여 좋은 사람을 천거하였습니다. 이리하여 이것이 지식인들이 사회를 뒤흔드는

난의 근원의 중요한 원인이 되었습니다. 이로부터 중국의 역사상 3백여 년 쯤 문란이 이어져 위진남북조 기간을 거치면서 글공부를 하여 학문이 있는 지식인들은 선비양성과 유사한 인재 천거 등의 방식에 의하여 당세에 공명을 현양할 것이 요구되었습니다. 수나라 당나라 무렵에 이르러 당 태종은 수나라의 선비 선발 등용 방식을 답습하여 고시제도를 창시한 뒤에야 으쓱해하며 "천하의 영웅들이 모두 내 손아귀에 들어왔다."는 자랑 넘치는 말을 하였습니다. 이로부터 고시를 통해 인재를 선발 등용하는 방법이 변천하여 송·원·명·청나라 시대의 과거고시제도가 되었습니다. 그래서 "한밤중에서 새벽 닭 울 때 까지가 바로 남아가 뜻을 세우고 글공부하기 제일 좋은 시간이네."(三更燈火五更鷄, 正是男兒立志時) "힘들게 공부하던 지난 십년 동안 차가운 창가에 묻는 자 없더니, 과거에 급제하여 일거에 이름이 나자 천하가 아는구나."(十年窓下無人問, 一旦成名天下知) 등의 공명을 성취하는 전도몽상(顚倒夢想)이 사람들의 마음에 깊이 심어져 길이 속세의 법이 되어버렸습니다.

청대 말기에 이르자 팔고제의(八股制義)의 고시를 통한 인재 선발등용 제도에 내려오던 폐단이 많이 발생하자 교육사상도 진부하고 부패하였습니다. 이 때문에 청나라 말기 학문이 있고 사상이 있는 지식인들의 불만을 일으켜 민족혁명 주장과 결합함으로써 3백 년의 만청왕조를 끝냈으며 또 이로 말미암아 2천여 년 동안의 구 전통 교육방식도 뒤엎었습니다.

시급히 수정을 요하는 팔고학풍

대체로 상하 3천 년의 교육개황과 고시를 통한 인재선발등용의 상황을 이해했습니다. 우리들의 선성선현(先聖先賢)·제자백가의 명언이 교육과 학문의 가르침에 관하여 얼마나 장엄 신성한 정론(定論)을 지었던 간에, 교육의 이상(理想)과 교육에 대한 일반사회의 암반(暗盤: 매매 쌍방 간의 비밀협정가격—역주) 사상 사이에는 마침내 한 토막의 큰 거리가 존재하였습니다. 만약 우리들이 정말로 심각하고도 절실하게 반성 검토해본다면 우리들의 일반 교육사상은 2천여 년을 지나오면서 한결같이 하나의 일관되게 잘못된 암반 속에 빠져 맴돌았다고 분명하게 말할 수 있습니다. 이 암반 사상의 잘못된 관념의 유래는 가장 먼저 옛날부터 동서양의 일률적인 남존여비 사상입니다. 왜 남자는 중요시하고 여자는 가볍게 여겨야 했을까요? 남자는 밖을 주관하고 여자는 안을 주관하기 때문이었습니다. 남아는 원대한 포부와 이상을 지녀야 하고 아들이 있으면 집안일을 잘 꾸려나가서 가문을 빛내고 조상을 영예롭게 할 수 있기 때문입니다. 그런데 가문을 빛내고 조상을 영예롭게 하는 방법으로는 글공부가 제일 좋은 출세 길이었습니다. 특히 상공업을 경시하던 고대의 관념 하에서는 '모든 것이 다 하찮은 것이요, 오직 글공부만이 높은 것이다.'는 견해가 나올 수 있는 게 당연했습니다. 글공부는 왜 이런 좋은 점들을 갖고 있을까요? 글공부를 하면 고시를 통해 공명을 취하여 등과(登科)급제하여 관료가 될 수 있었기 때문입니다. 그래서 글공부로 관료가 되는 것이 자연스럽게 일반 사회의 당연한 사상이 되었습니다. 관료가 되면 또 무슨 좋은 점이 있을까요? 관료가 되면 국가의 봉록을 앉아서 먹는 이익을 얻을 수 있었기 때문입니다. 이로부터 벼슬이 높아지고 부자가 되는 것이 민간에게는 당연한 도리로 보였습니다. 이러한 일련의 잘못된 관념이 양성되었기 때문에 글공부가 뒷날에 가서는 모든 경사자집(經史子集)도 쓸데없는 물건이 되어버리고 오직 팔고제의 문장만이 생활의 보전(寶典)이 되었는데, 이는 모두 자연스럽게 형성된 사상으로서 이상이 여길 것이 못됩니다.

19세기 말 20세기 초에 이르러 서양문화사상이 들어오자 가숙(家塾)·한창(寒窓)·서원(書院) 그리고 국자감(國子監) 등의 중국 전통교육의 방식은 서양식의 학부(學府)제도로 변했습니다. 양학당(洋學堂)의 호칭으로부터 시작하여 오늘날의 3급제 학교제도에 이르고 나아가 대학원까지 이르게 되었는데, 교육은 정말 보급되었고 일반 국민의 교육수준은 정말 높아졌습니다. 그러나 지식의 보급은 모든 학문의 진정한 정신을 무너지게 했습니다. 특히 중국문화와 동서문화의 기본 의의가 있는 곳은 거의 구원할 수 없는 지경에 떨어졌습니다. 그럴 뿐만 아니라 우리들의 교육사상과 교육제도는 비록 서양문화의 훈도를 받아 묵은 것을 새것으로 바꾸었지만 우리들 교육의 암반사상은 여전히 2천여 년 동안의 일관된 관념 가운데 떨어져 있으면서 이왕의 글공부로 관료가 되고 가문을 빛낸다는 사상을 조금 방향만 바꾸어서 배우면 돈을 벌고 부자가 된다는 관념으로 전향한 데 불과할 뿐입니다. 그런 뒤 허울 좋은 말 한마디로 스스로 그런 관념을 가리고, '교육은 곧 생활이다'는 말을 정면적이며 당당한 문장으로 삼고 있습니다. 잠재의식 속에서 자녀의 진학이라는 큰일에 대하여 그런 관념의 영향을 받지 않는 부모가 몇 명이나 될까요? 또 학교를 선택하고 학과를 선택하는 심리가 그런 관념에 좌우되지 않는 자제들이 몇이나 될까요? 이리하여 새로운 '과학 팔고'의 고시방법과 기계적으로 외우는 기풍은 여전히 역사의 지나온 자취와 같습니다. 단지 과거에는 팔고 문장을 기억 암송하여 고시의 밑천으로 삼았을 뿐인데 오늘날은 문답과 알아맞히기를 기억 암송하기만 하면 좋은 학교 연합고사의 영광을 얻을 수 있습니다. 과거의 글공부는 공명에 응시하고 관료가 되기 위해서였는데, 오늘날의 글공부와 고시는 출세 길을 구하고 직업을 구하여 큰돈을 벌기 위한 것입니다. 과거의 글공부는 성현이 됨에 뜻을 두었으며 관료가 되면 일심으로 천하국가를 자기의 책임으로 여겼으며 그와 같이 뜻을 세운 사람도 많이 있었습니다. 그렇지 않으면 '군자라는 작자도 때를 잘 만나면 마차를 타고 건들거리는 몸이 되기도 하지만, 때를 만나지 못하면 바람에 어지럽게 흐트러진 산쑥대강이같이 이리저리 떠돌아다니는 신세가 될 뿐이어서'(君子乘時則駕, 不得其時, 則蓬纍以行), 농촌사회로 돌아가 농사짓고 책 읽으며 삶을 마친 사람도 적지 않았습니다. 오늘날은 교육을 받고난 뒤 외국에 나가 큰돈을 버는 기회를 하나 마련하지 못하면 적어도 공무원이라도 되어야 평생 동안 글공부하고 배움을 구했던 한 가닥 고심을 저버리지 않는 셈입니다. 특히 상공업 시대에 도시생활의 유혹, 소시민 사상의 인심에의 깊은 침투는, 만약 그렇게 할 수 없다면 망설이며 기회를 기다리거나 스스로 도로 순찰사(巡察使)가 되어 빈둥빈둥 돌아다녀도 됩니다. 그리고 나머지 일에 대해서는 운명의 안배에 맡길 뿐입니다.

우리가 세심하게 교육 현황을 반성해보면 현대 청소년들이 온통 미망에 빠져드는 원인과 결과를 이해할 수 있습니다. 그러므로 우리들은 다음 세대를 위하여 가정교육사상·사회교육사상 그리고 학교교육의 사상제도에 대하여 반드시 많이 검토함으로써 문화부흥의 새로운 기상을 건립해야 합니다. 비록 문제는 간단하지 않다고 말하지만 마침내 답안과 조정방법을 찾아내어야 합니다. 이는 우리 노년 세대의 책임일 뿐만 아니라 바로 현대 청년의 몸에 떨어진 중요한 책임이며 해박 통달한 학문을 시급히 요구하며 그래야 시급히 부흥이 요구되는 중국문화를 구해낼 수 있습니다.

선종과 중국문학

중국문화는 위진 시대 이후부터 시대의 쇠락과 혼란을 따라 점차 기운이 꺾어지는 무렵에 이르자 뜻밖에 서역에서 불교문화가 전해들어와, 중국의 학술사상에 갑자기 새로운 피가 더하여 주입되었습니다. 그리하여 남북조에서 시작하여 수당 이후까지 불학이 왕성하게 흥기함으로써 유불도 삼가가 주류가 되는 중국의 문운(文運)을 형성하였습니다. 특히 중국에 뿌리를 내리고 흥성한 선종은 당나라 초기부터 시작하여 마치 황하의 물이 천상에서 쏟아지듯 그 도도한 흐름은 세차게 내달리고 솟구치면서 중국문화 매 부분마다 보편적으로 깊이 들어가 유형무형 간에 혹은 정면이나 반면으로 언제 어디서나 모두 물대어 촉촉하게 적셔주었습니다. 그야말로 '강에 도달하여서는 객선을 보내주고, 큰 산에서 흘러나와서는 백성의 농토를 적셔주는'(到江送客棹, 出嶽潤民田) 기능이 있었습니다. 우리는 그 뚜렷한 것을 예로 들어 설명함으로써 선종과 중국문화와의 변천 관계를 연구하는 데 참고로 제공하겠습니다.

수당 이후 문학 의경(意境)의 변화와 선종

한나라 말기 위진 남북조로부터 수나라 당나라에 이르기까지의 사이에 문장·사(詞)·부(賦)·시(詩)·가(歌)의 전통적인 내용과 의경(意境)은, 대체로 오경(五經)에 연원을 두고 공맹의 의리에 출입하며 제자백가의 번영과 화려함을 포함시켜 사장(辭章)의 중심 의경을 형성했습니다. 간혹 출중한 작품들은 모두 노장(老莊)과 도가 신선의 한가하고 편안한 의경을 동시에 취하였습니다. 간단하며 보기 쉬운 것을 구한다면, 소명(昭明)의 문선(文選)만 좀 읽어보면 당시의 풍조를 엿볼 수 있습니다. 남북조에서부터 수당까지의 사이의 유일한 특징은, 예로부터 중국문학사를 얘기하는 사람들이 소홀히 한 바이기도 한데, 바로 불교의 수입이 경전 번역의 성행을 일으켜 명승인 혜원(慧遠)·도안(道安)·구마라집·승조(僧肇) 등의 번역 작품이 독특한 풍격의 중국불교문학을 형성하였으며, 그 영향이 천여 년을 지나면서도 쇠퇴하지 않아 정말 드문 일이었다는 사실입니다. 단지 후세의 일반 문인들이 불학의 의미 도리와 전고를 잘 알지 못했기 때문에, 알지 못한 것을 억지로 아는 척하고 알지 못한 것을 격에 맞지 않다고 하면서 여러 가지를 트집 잡아 문학의 범주 밖으로 열거하여, 마침내 중국문학에서의 이 한 송이 커다란 꽃이 외따로 떨어진 알려지지 않은 시골에 파묻혔습니다. 선종에서 "내 눈이 본래 밝았는데 스승 때문에 멀어졌다."고 말한 꼭 그대로였습니다. 매우 안타까운 일입니다.

(1) 시

당나라 시대의 대표적인 작품으로서 당시(唐詩) 풍격의 변화에 관하여만 말하겠습니다. 초당에서 시작하여, 상관체(上官體, 上官儀)로부터 왕발(王勃)·양형(楊炯)·노조린(盧照隣)·낙빈왕(駱賓王) 이 4걸을 거쳐, 측천무후 시대의 심전기(沈佺期)·두심언(杜審言)·송지문(宋之問) 등 이른바 경룡(景龍) 문학이 있었고, 또 수나라 문학의 여파와 초당에 새롭게 열린 질박한 기풍이 있었습니다. 뒷날 일변하여 개원(開元)·천보(天寶) 문학이 되었는데, 이백(李白)·두보(杜甫)·왕유(王維)·맹호연(孟浩然)·고적(高適)·잠삼(岑參)에서 위응물(韋應物)·유장경(劉長卿)까지와 대력십재자(大曆十才子) 등은 불교와 선종과 도가의 성분이 들어갔음이 아주 뚜렷합니다. 다시 변하여 원화(元和) 장경(長慶) 년간의 시체는 일대의 풍격을 대표하며 기풍을 영도하기에 충분했습니다. 알기 쉽게 쓴 백거이(白居易), 풍류스럽고 화려하고 요염한 시를 쓴 원진(元稹), 그리고 맹교(孟郊)·가도(賈島)·장적(張籍)·요합(姚合) 내지는 만당 문학의 두목(杜牧)·온정균(溫庭筠)·이상은(李商隱) 등 같은 이들은 불가와 도가를 넘나들지 않았던 사람이 없었습니다. 뿐만 아니라 모두 선미(禪味)에 물들어야 당나라 시문학 특유의 향기로운 숨결과 뜻의 깊이가 무궁한 운치를 개척할 수 있었습니다. 그리고 방외 고승의 작품은 비록 당시의 문학전통 가운데서 예외로 여겨 대체로 정통 시가(詩歌)로 주인되지 않았지만 그 나름의 독립적인 가치를 지니는 존재임은 확실합니다. 이제 선종 성격에 치우친 시율(詩律) 몇 편을 대략 예로 들어 당대 문학과 선학 사상 영향의 작품 체재의 범례를 설명하겠습니다. 시인 왕유(王維: 維摩詰)의 작품에는 선어가 전편을 관통하는 것이 있는데, 예를 들면 그의 범체시(梵體詩)는 다음과 같습니다.

일단 미세한 속진의 망념이 일어나면	一興微塵念
홀연히 아침이슬 같은 몸이 있게 되네	橫有朝露身
이와 같이 5음과 18계를 관찰하면	如是睹陰界
어느 곳에 나와 너를 두겠는가	何方置我人
유(有)에 머무름은 물론 주인을 두는 것이지만	礙有固為主
공(空)에 쏠려서 어찌 빈객을 버리겠는가	趣空寧舍賓
마음을 씻는다고 어찌 해탈하리요	洗心詎懸解
깨달음의 길에서 곧 길을 헤매는 것이네	悟道正迷津
애욕으로 인하여 그 과보로 병이 나며	因愛果生病
탐욕으로 인하여 비로소 빈궁을 깨닫네	從貪始覺貧
빛과 소리 등 6진은 허망한 것이 아니니	色聲非彼妄
허망한 것이 나의 진성(眞性)을 떠나지 않았네	浮幻即吾真
진성은 원만하니 마침내 무엇을 배제하며	四達竟何遣
만물이 어찌 더럽힐 수 있으리요	萬殊安可塵
호 거사는 베개만 높이 베고 있고	胡生但高枕
적막한데 누구와 이웃할 것인가	寂寞與誰隣
자기와 싸워 이기고 의식을 도모하지 말며	戰勝不謀食
이론이 다 갖추어졌으니 기꺼이 은거 하게나	理齊甘負薪
그대가 아직 쇠약하기 시작하지 않았다면	子若未始異
남이 가깝게 하거나 멀리하거나를 왜 논하겠나	詎論疏與親

공(空)에 떠있으면 한갓 한없이 넓고 멀뿐이며	浮空徒漫漫
유(有)에 떠있으면 끝없이 넓고 멀기 마련이라	泛有定悠悠
수레도 없고 타는 자도 없나니	無乘及乘者

이를 지혜로운 사람이 타는 배라 하네   所謂智人舟
가난과 질병을 버려 마음에 두지 않는다면   詎舍貧病域
생사윤회의 흐름에서 피로하지 않으리니   不疲生死流
그대를 말에 비유해도 번뇌할 필요가 없고   無煩君喻馬
그대를 소라고 불러도 내 맡기게나   任以我為牛
복을 심느라 마하가섭에게 공양올리고   植福祠迦葉
인을 구하면서 공자를 비웃는데   求仁笑孔丘
어느 나루터인들 노를 저을 수 없으며   何津不鼓棹
어느 길인들 수레 사고 나지 않겠는가   何路不摧輈
이런 지혜 듣고 사유함이   念此聞思者
어찌 지혜 닦음에 많이 방해가 되겠는가   胡為多阻修
허공꽃은 모였다가 흩어지기도 하고   空虛花聚散
번뇌의 나무도 드물다가 빽빽해지기도 하네   煩惱樹稀稠
생각을 없앰은 선도 악도 아닌 무기를 이루고   滅想成無記
마음을 내면 욕구함이 있게 되나니   生心坐有求
그 둘 모두 도에 들어가는 길이 아니네   降吳複歸蜀
이상 내 말이 세밀하지 못하다 탓하지 말게나   不到莫相尤

또 백거이의 '독선경'(讀禪經)은 다음과 같습니다.

모든 상(相)은 다 상이 아님을 알아야 하리니
무여열반에 머무르면 도리어 유여열반이라
말을 듣고 말을 잊어 일시에 깨달으니
꿈속에서 꿈을 말함 이중으로 허망하네
허공꽃에서 어찌 그 열매까지 구할 수 있으며
아지랑이에서 어떻게 다시 물고기를 찾겠는가
움직임을 억누름이 선(禪)이라면 선은 움직임이 되니

선도 않고 움직이지도 않으면 여여하여라

須知諸相皆非相　若住無餘卻有餘
言下忘言一時了　夢中說夢兩重虛
空花豈得兼求果　陽焰如何更覓魚
攝動是禪禪是動　不禪不動即如如

당나라 시대 방외의 고승인 한산자(寒山子) 시의 경우 그의 의경이 높은 곳은 불가사의한 선경에 진입하였지만 글이 까다롭지 않고 알기 쉬운 장점은 향산(香山)거사 백거이보다도 더욱 나아서, 그는 평민화한 재미를 온통 내포하고 있습니다. 당나라 시대의 기타의 시승들의 시에는 좋은 작품들이 정말 많이 있습니다. 예컨대 시승 영일(靈一)의 작품으로는 다음의 것이 있습니다.

비 온 뒤 천목산을 찾고자 원공과 낙공에게 계곡 길을 묻다(雨後欲尋天目山 , 問元駱二公溪路)

어제 밤 천정의 동쪽에 구름 일더니	昨夜雲生天井東
봄 산에 비 한 번 회오리바람 한 바탕	春山一雨一回風
숲속의 꽃들 떨어져 계곡 물 따라 내려가는데	林花解逐溪流下
용의 못에 올라가고자 하면 통할까 안통할까	欲上龍池通不通

승원에 쓰다(題僧院)

한가한 달에 이끌려 호계를 지나가니	虎溪閑月引相過
눈 덮인 소나무가지에 벽라가 걸려있네	帶雪松枝掛薜蘿
끝없는 청산 걷고 걸어 다 가려 하였더니	無限青山行欲盡

흰 구름 깊은 곳에 노승이 많구나　　　　　　白雲深處老僧多

잠산에 돌아가며 유심상의 별장을 지나가다(歸岑山過惟審上別業)

선객은 무심히 벽라를 추억하여　　　　　　禪客無心憶薜蘿
자연히 오솔길 걸어 산으로 많이 향하네　　自然行徑向山多
알게나 그대가 세상사를 묻고자 하기에　　知君欲問人間事
뜬 구름과 함께 한 켠에 있다는 것을　　　始與浮雲共一邊

또 시승 영철의 작품은 다음과 같습니다.

동림사에서 위단자사에게 응답하다(東林寺酬韋丹刺史)

나이 늙어 마음 한가하고 바깥일 없으니　　年老心閑無外事
삼베옷 입고 짚신 신어도 몸이 편안하네　　麻衣草履亦容身
만나면 다들 말하길 벼슬 쉬는 게 좋다지만　相逢盡道休官好
시골에 언제 한 사람이라도 보이던가　　　林下何曾見一人

　이 밖에도 당나라 시대의 시승 관휴(貫休)·교연(皎然) 등의 작품에는 모두 불후의 명작들이 많은데 번거로워 예를 들지 못함을 양해하기 바랍니다.
　선종의 영향을 받은 시문학은 송나라 시대에 이르러 더욱 뚜렷해졌습니다. 송나라 초기의 저명한 시승 9인은 세상 사람들이 9승(九僧)이라고 하는데(즉, 검남劍男의 희주希晝·금화金華의 보섬寶暹·남월南越의 문조文兆·천태天台의 행조行肇·여주汝州의 간장簡長·청성靑城의 유봉惟鳳·강강江江의 우소宇昭·아미峨嵋의 회고懷古·회남淮南의 혜승惠崇), 그 풍격의 영향으로 선학에 심취한 시인들, 예컨대 양억(楊億) 등이 유명한 서곤체(西崑體)를 형성하게 되었습니다. 소동파(蘇東坡)·왕형공(王荊公)·황산곡(黃山谷) 등 같은 명사들은 선종사상의 훈도를 받지 않은 사람이 하나도 없으며 청아하고 아름다우며 범속을 초월한 작품들이 있습니다. 송나라 고종(高宗)이 임안(臨安)으로 천도한 이후 육방옹(陸放翁)·범성대(范成大)·양만리(楊萬里)·용무(龍袤) 이 4대가는 모두 불교 선사상과 갈라놓을 수 없는 인연이 있었습니다. 하지만 지금 우리가 토론하는 것은 모두 문학방면에 치우친 성격이 비교적 많기에 본 주제를 너무 뛰어넘어서 특별히 토론할 수 없으므로 잠시 많은 얘기는 하지 않겠습니다. 이제 송나라 명나라의 선종 고승의 시로서 비교적 통속적으로 접촉하는 것들을 골라 간략히 소개하겠습니다. 예컨대 속칭 제전(濟顛)화상인 도제(道濟)의 시는 다음과 같습니다.

몇 번이나 서호에서 홀로 배에 올랐건만	幾度西湖獨上船
뱃사공은 나를 알아보고 돈을 따지지 않네	篙師識我不論錢
새가 한 번 울자 깊은 적막 깨지고	一聲啼鳥破幽寂
때마침 가로 누운 산 너머로 석양이 비치네	正是山橫落照邊

호수의 봄 풍광 이미 아끼지 않고 베푸니	湖上春光已破慳
호숫가 수양버들 실 줄기들 난간을 스치네	湖邊楊柳拂雕欄
셈해보니 사는데 돈 한 푼 쓸 필요 없도록	算來不用一文買
산승에게 바쳐서 한가하게 오고가게 하네	輸與山僧閑往還

산기슭 복사꽃은 붉은 비단 꽃이요	山岸桃花紅錦英
뚝 양쪽 수양버들 푸른 실 줄기들은 살랑살랑	夾堤楊柳綠絲輕
멀리 백로가 물고기 엿보고 있는 곳 바라보니	遙看白鷺窺魚處
평평한 호수면 한 점의 푸름을 쪼아 깨는구나	衝破平湖一點青
오월의 서호는 가을처럼 서늘하고	五月西湖涼似秋

새로 핀 연꽃이 토해낸 그윽한 향기 떠도네	新荷吐蕊暗香浮
내년에 꽃 지면 사람은 어디에 있을까	明年花落人何在
술잔잡고 꽃에 물어보니 꽃이 머리 끄덕이네	把酒問花花點頭

그의 절필 작품은 다음과 같습니다.

육십 년 동안 너저분하게 살았더니	六十年來狼藉
동쪽 벽이 때려 서쪽 벽이 넘어졌네	東壁打倒西壁
이제 이 몸 거두고 떠나가는데	如今收拾歸來
여전히 물은 하늘과 이어져 푸르구나	依舊水連天碧

만약 시의 경지 입장에서 시의 품격을 논한다면 송나라의 4대가인 범성대·육방옹과 서로 비교하여도 결코 손색이 없습니다. 만약 선학 (禪學)의 경계에서 시를 논한다면 거의 한 글자 한 구절도 선의 경계 아님이 없습니다. 만약 선종의 견지와 공부에 대하여 깊은 조예가 없 다면 정말 그것이 가리키는 바를 분별하기 쉽지 않습니다.

다시 당송 시대 선사들의 좋은 작품 몇 수를 예로 들어 당송 시대의 시사문학 풍격 변천의 관건을 살펴보겠습니다.

한산대사(寒山大士)

내 마음은 가을 달과 같아	吾心似秋月
맑고 푸른 못에 비쳐 휘영청 밝아서	碧潭淸皎潔
그 무엇에도 견줄 수 없는데	無物堪比倫
나더러 어떻게 말하라 하는가	敎我如何說

혜문선사(慧文禪師)

오십오 년 살아온 몽환 같은 몸　　五十五年夢幻身
동서남북 어느 곳이 친할까　　東西南北孰為親
끝없는 산 밖에서 흰 구름 다 흩어지니　　白雲散盡千山外
광활한 가을 하늘에 조각달이 새롭네　　萬里秋空片月新

혜충선사(慧忠禪師)

여러 해를 티끌세상 속에서 스스로 취하여　　多年塵土自騰騰
비록 승복을 입었지만 승려가 아니었지　　雖著伽黎未是僧
오늘 돌아가 본래의 뜻을 갚으니　　今日歸來酬本志
머리 기르고 연등불을 기다림도 괜찮으리라　　不妨留髮候燃燈

시대와 마음이 좀처럼 맞지않다(與時寡合)　설두중현선사(雪竇重顯禪師)

거사의 문턱은 높아 만나 뵐 기약 없고　　居士門高謁未期
잠깐 으슥한 곳의 암석이 가장 적당하네　　且隈岩石最相宜
태호(太湖)의 3만6천 경 드넓은 수면　　太湖三萬六千頃
달이 물결들 속에 있는 풍광 누구에게 말할까　　月在波心說向誰

이 밖에 명나라 시대 선종 시승의 작품으로서 시율이 가장 엄밀하면서도 선의 경지와 시의 경지가 가장 좋은 것은 욱당(栯堂)선사의 산거시(山居詩) 만한 것이 없습니다.

천길 바위 앞에서 지팡이를 짚고 의지하여
유위법은 반드시 다하여 무위법에 도달해야 하네
말이 도리에 어긋나면 푸른 하늘의 얼룩이요

행위가 닦음에 들어맞지 않으면 흰 옥의 티끌이네
말 한 마리 비유로 어찌 만물을 다 할 수 있겠는가
양을 잃고 많은 갈림길에서 헛되이 스스로 우네
하서(霞西)의 도인은 눈썹이 흰 눈 같고
달빛 아래서 문 두드려 보라색 영지를 보내주네

千丈岩前倚杖藜　　有為須極到無為
言如悖出靑天淬　　行不中修白璧疵
馬喩豈能窮萬物　　羊亡徒自泣多歧
霞西道者眉如雪　　月下敲門送紫芝

　명나라의 시승 창설(蒼雪) 같은 이는 당시의 승속사단(僧俗詞壇)에서
그 주도권을 쥐었을 뿐만 아니라 순수한 민족 시인으로 출가 애국시인
이라고도 할 수 있었습니다. 그는 또 명나라 말기 유로(遺老)로서 세상
을 피하여 선(禪)으로 들어갔으며 암암리에 명나라 회복 활동 공작의
비호자였습니다. 그의 명시는 많아서 일일이 열거할 수 없을 정도입니
다. 이제 그의 시의 경지가 가장 높은 작품 몇 수를 대표작으로 골라
보겠습니다.

소나무 아래 사람은 없고 한 판이 안 끝났는데　松下無人一局殘
공중에서 솔방울이 바둑판에 떨어지네　　　　　空出松子落棋盤
신선은 다시 신선의 바둑돌 한 수가 있어서　　神仙更有神仙著
영원토록 승부가 끝나지 않네　　　　　　　　　千古輸贏下不完

몇 번이나 눈 속에 서있고 구름 헤치고　　　　幾回立雪與披雲
애써 정진 노력하여 게으른 사람을 배웠던가　費盡勤勞學懶人
고삐 당겨 끊어져도 일어나지 않고　　　　　　曳斷鼻繩猶不起

물안개 깊은 곳에 한 몸이 한가하네   水煙深處一閑身

머리 들어 하늘 밖에 구름 없음 바라본다   擧頭天外看無雲
누가 인간세계에서 우리 같은 사람일까   誰似人間吾輩人
가시 덤불속을 걸어가며 다리 쉼 하고   荊棘叢中行放脚
달 밝은 밤 주렴 아래에 몰래 몸을 숨기네   月明簾下暗藏身

(2) 사곡(詞曲)

중국문학의 시대적 특성은 당시(唐詩)의 풍격 형성과 탈바꿈으로부터 만당(晚唐) 오대(五代) 시대 사이에 이르러 사(詞)문학이 발생하였습니다. 만당에서 시작하여 오대 시대를 거쳐 송·원·명·청나라까지의 기간에 선종의 종사들은 사(詞)로써 선(禪)을 말했습니다. 뿐만 아니라 사의 경지와 선의 경지가 모두 좋았으며 도처에서도 볼 수 있었지만 사람들이 소홀히 여겼을 뿐입니다. 우리는 이제 옛날부터 사람들이 추숭하고 공인한 사인(詞人)들의 작품을 간단히 들어서 참고로 제공하겠습니다. 예컨대 신가헌의 사는 다음과 같습니다.

잠에서 일어나 눈앞의 사물을 보고(睡起卽事)

노랑어리연꽃 들쭉날쭉 녹색 물결에 움직이고   水荇參差動綠波
한 연못 뱀 그림자에 개구리들 울음 뚝 그치네   一池蛇影喋群蛙
부는 바람에 배고픈 들 학은 춤추는 것 같고   因風野鶴飢猶舞
장맛비로 병든 치자나무는 꽃이 피지 않네   積雨山梔病不花
명예와 이익이 있는 곳은 전쟁이 많은 법   名利處　戰爭多
문전에서 만씨 촉씨 날마다 전쟁하며   門前蠻觸日干戈
또 회안국이 있는 줄 모르는구나   不知更有槐安國

남가일몽 깨어보니 해가 기울지 않았네　　　　　　　　夢覺南柯日未斜

느끼는 바가 있어(有感)

출처는 예로부터 똑같지 않았으니　　　　　　　出處從來自不齊
금의 수레로 강태공을 모셨다네　　　　　　　　後車方載太公歸
그 누가 알리, 적막하고 빈 산 속에　　　　　　誰知寂寞空山裏
채미가 부르는 높은 선비 있는 줄을　　　　　　卻有高人賦採薇
부드러운 노란 국화 늦 향기 가지에 감돌자　　黃菊嫩　晩香枝
사람들은 다 같이 꽃을 꺾는데　　　　　　　　　一般同是採花時
벌들은 고생스레 관부에 들끓지만　　　　　　　蜂兒辛苦多官府
나비는 꽃 사이로 자유롭게 날아다니네　　　　蝴蝶花間自在飛

어지럽고 어지러움 어느 때나 쉬려나　　　　　膠膠擾擾幾時休
일단 산 밖으로 나오니 자유롭지 않네　　　　　一出山來不自由
추수관에서는 가을 달밤을 보냈고　　　　　　　秋水觀中秋月夜
정운당 아래서는 가을 국화를 감상했네　　　　停雲堂下菊花秋
인연 따르는 도리를 마땅히 알아야지　　　　　隨緣道理應須會
과분한 공명을 억지로 구하지 말자　　　　　　過分功名莫強求
먼저 자기 한 몸의 근심도 마치지 못했는데　　先自一身愁不了
근심에 근심을 다시 더해 어떻게 감당하리　　那堪愁上更添愁

　원곡(元曲)으로 유병충(劉秉忠: 1216-1274)의 건하엽(幹荷葉)은 다음
과 같습니다.

연잎이 말라 푸르누릇하게 변했고
쇠로한 연잎 줄기는 바람 속에 흔들거리네

지난날의 맑은 향기는 열어졌고
색깔은 한층 더 누릇해졌네
이 모두 어젯밤 한바탕 서리 때문인데
연잎은 적막하게 가을 강에서 버티고 있네

乾荷葉　色蒼蒼　老柄風搖盪
減了淸香　越添黃
都因昨夜一場霜　寂寞在秋江上

또 선어거긍(鮮於去矜)의 채아령(寨兒令)은 다음과 같습니다.

한(漢)나라 엄자릉과 진(晉)나라 도연명
두 사람은 맑고 높은 절개의 향기로
지금까지 역사책에 전해오네
낚시했던 늙은이 엄자릉을 누가 찬양하며
늙은 농부 도연명을 누가 이름 날려주는가
벼슬을 그만두거나 하기나 가볍기는 마찬가지라
오류장은 달 밝고 맑은 바람 불어오고
낚시터 칠리탄은 물결이 잔잔하네
허리 굽힐 때 연명의 마음은 이미 부끄러웠고
두 다리 펼 곳에서 자릉의 꿈속 혼령은 먼저 놀랐네
듣게나 천추만고의 옛 성현의 평을

漢子陵　晉淵明　二人到今香汗靑
釣叟誰稱　農父誰名　去就一般輕
五柳莊月朗風淸　七里灘浪穩潮平
折腰時心已愧　伸腳處夢先驚

聽　千萬古聖賢評

청나라 초기 유명한 소년 사인이요 만청의 귀족 재자인 납란성덕(納蘭性德)의 사(詞) 완사계(浣紗溪)는 이렇습니다.

낙엽은 계곡을 매우고 물은 이미 얼었는데
석양은 아직 단장정(短長亭)을 비춘다
황폐한 절 와서 보니 그 이름 사라져서
말 멈추고 객은 비석의 글자를 내려다본다
닭 우는 소리 들으며 불전의 등 먼지 털고 문질러본다
아득바득한 인간세상 어느 때나 깨어날까

敗葉填溪水已冰　夕陽猶照短長亭
行來廢寺失題名　駐馬客臨碑上字
聞雞人拂佛前燈　勞勞塵世幾時醒

끝없는 번뇌 버리려 해도 깊은 한은 갈수록 자라나
자비의 가피 바라며 죽은 자 살린다는 향에 절했건만
묘법연화경에 한 말을 자세히 연구해보니
무릇 유정 중생이면 다 소원을 이루어준다 했는데
다시 어느 곳에다 그리움을 붙여볼까
다 타가는 촛불 맴도는 향 연기는 함께 구곡간장이네

拋卻無端恨轉長　慈雲稽首返生香
妙蓮花說試推詳　但是有情皆滿願
更從何處著思量　篆煙殘燭並回腸

(3) 소설

중국문학 가운데 소설은 당나라 시대의 희극(戲劇) · 사곡(詞曲)과도 분리할 수 없는 연체(連體)입니다. 뿐만 아니라 마치 중국의 희극처럼 재미있으면서 1, 2천 년 동안 한결같이 불가와 도가의 사상 정감과는 관계를 뗄 수 없었습니다. 그래서 후세의 민간에는 희극의 각색 연출자에 대하여 다음 두 마디 속담이 널리 퍼졌습니다. "희극이 부족하면 신선과 부처가 모이지 않는다."(戲不夠 , 仙佛湊)

본 주제에 맞추어 얘기하기 위하여 우리 잠시 중국소설 저작의 변천을 두 개의 큰 단계로 나누겠습니다. 첫째 단계는 상고 전설속의 신화로부터 주나라 진나라 무렵까지 제자서 가운데 우언과 비유, 그리고 한나라 위나라 시대 이후 도가 신선의 전기 등입니다. 예컨대 목천자전(穆天子傳) · 한무제외기(漢武帝外記) · 서왕모전(西王母傳) 등 대부분은 전통문화사상에 도가의 정감과 신선의 환상 성분을 섞어 탄 작품입니다. 두 번째 단계는 당인(唐人)의 필기소설과 불경의 변문(變文)에서 시작하여 송나라 원나라 간의 희곡 그리고 명나라 청나라 시대의 설부(說部)와 산기(散記) 등인데 대부분이 불가와 도가 사상의 감정을 내포하고 있습니다. 뿐만 아니라 그렇게 융화한 것 중에는 왕왕 불가사상의 감정이 도가사상의 감정보다 많습니다. 특히 유의할 필요가 있는 것은 소설이든 희곡이든 그 결말은 혹은 희극으로 혹은 비극으로 혹은 가뿐하고 산만한 골계극(滑稽劇)으로 끝난다는 것입니다. 심지어는 오늘날 말하는 포르노 작품이기도 한데 그것은 필연적으로 한 작가의 고유의 도덕규범에 따라서 구성되고 결말지어지는데, 바로 불가와 도가 사상의 종합적인 관념으로 인생세사의 인과응보 법칙입니다. 구식의 연애소설과 희극은 우리가 풍자 식 말투로 하면 대부분 결국은 "아가씨가 뒤의 화원에서 금덩이를 주어서, 곤경에 빠졌던 공자는 장원에 급제했네."(小姐贈金後花園 , 落難公子中狀元) 식입니다. 그렇더라도 이것도 어떤 인생이든 인과응보가 또렷하여 어긋나지 않는다는 도리를 설명합니다. 당인의 필기소설 중에는 시대사상이 선종과 불학의 영향을 받았기 때문에, 물론 이미 그 처음이 시작되었지만, 진정으로 그런 불변의 법칙을 모아 소설마다의 내용 속에 끼워 넣은 것은 당연히 원나라 명나라 사이에 이르러서야 소설 저작의 불문율이 되었습니다.

원나라 명나라 사이에 역사소설 작자, 예컨대 나관중(羅貫中)은 삼국연의(三國演義) 첫머리에서 서강월(西江月)이라는 사(詞) 한 수로써 역사의 인과순환에 대한 그의 관념과 역사철학에 대한 총평어로 삼고 있습니다.

동쪽으로 흘러가는 장강의 물
그 물보라처럼 숱한 영웅들 다 사라졌네
시비와 성패는 잠시일 뿐 공허한 것
푸른 산은 여전하건만 몇 번이나 석양은 붉었던가
백발의 어부와 나무꾼은 강가에서
가을 달 봄바람을 늘 보아왔지
또 서로 만나 기뻐 탁주 한 잔 하면서
고금의 흥망성쇠 일들을
모두 웃음거리로 날려 보내네

滾滾長江東逝水　浪花淘盡英雄
是非成敗轉頭空　青山依舊在　幾度夕陽紅
白髮漁樵江渚上　慣看秋月春風
一壺濁酒喜相逢　古今多少事　都付笑談中

만약 철학의 입장에서 역사철학의 관점을 말하면 나관중의 이 한 수의 사는 바로 금강반야바라밀경에서 말하는 "일체의 유위법은 꿈 물거품 그림자와 같고 이슬 같고 번개와도 같나니, 마땅히 그와 같이 관해야한다.”(一切有爲法, 如夢幻泡影, 如露亦如電, 應作如是觀)에 대한 문학적 경계가 가장 좋은 주석입니다. 또한 어떤 선사가 법신향상사를 노래한(頌法身向上事) 꼭 그대로입니다.

어제 밤 억수 비에 포도 넝쿨 지주들이 넘어지자
총무 스님의 운력 소집에 행자들이 나서 힘썼지
받쳐줄 것은 받쳐주고 고일 것은 고이며
날 새도록 받쳐주고 고이느라 여전히 가련한 삶이네

昨夜雨滂沱　打倒葡萄棚
知事普請　行者人力
撑的撑　拄的拄　撑撑拄拄到天明　依舊可憐生

어찌 같은 사상에서 나온 작품이 아니겠습니까? 후인이 이런 사상에 근거해서 삼국인(三國因)이라는 소설중의 소설을 한 권 써서 설명하기를, 삼국시기의 국면은 초(楚)나라와 한(漢)나라가 나누어 다툰 인과 순환응보법칙의 결과라는 것입니다. 시내암(施耐庵)의 명저인 수호전(水滸傳)은 겉으로 보면, 그저 송나라 명나라 시대 사회의 불평 상태와 관부에서 위아래를 속이고 백성을 억압하여 불평이 일어나 우는 공동(公同) 심리의 반응과 공명(共鳴)을 묘사하는 것 같지만, 만약 다시 깊게 자세히 연구해보면 그것은 또 다른 면에서 여전히 선악인과라는 중심사상을 떠나지 않으며 횡포한 자들이 좋은 죽음을 맞지 못한다는 관념을 어렴풋이 드러내고 있습니다. 뒷날 어떤 사람이 사람들이 오해할까봐 탕구지(蕩寇志)라는 책을 냈는데, 비록 매우 고심했지만 뱀을 그리면서 쓸데없이 발을 더 그려 놓았다는 유감을 면하지 못합니다. 그리고 서유기(西遊記)·봉신방(封神榜) 등의 책들은 온통 불가와 도가 사상

임은 더 말할 것도 없습니다. 이 밖에 역사소설의 경우 동주열국지(東周列國志)·수당연의(隋唐演義)·설악전전(說岳全傳) 등은 불학 선종의, 인과는 어둡지 않고 뚜렷하다는 불매인과(不昧因果) 중심 사상을 함유하지 않는 것이 하나도 없습니다. 이 또한 천목(天目) 예(禮)선사의 능엄경송의 '그대가 돌려보낼 수 없는 것은 그대가 아니고 누구이겠는가'(不汝還者 , 非汝是誰)라는 시와 꼭 같습니다.

그대가 되돌려 보낼 수 없는 것이여 다시 누구겠는가
지는 꽃은 떨어져 낚시터 물가에 가득 하네
석양에 바람 불어도 쓸어내는 사람 없는데
제비가 물고서 물가를 날고 있네

不汝還兮復是誰　殘紅落滿釣魚磯
日斜風動無人掃　燕子銜將水際飛

청나라 시대에 이르러 필기문학으로 저명한 포송령(蒲松齡)이 지은 요재지이(聊齋志異)는 거의 전반적으로 여우 귀신과 사람사이의 이야기로써 선악과보의 관계를 두드러지게 했습니다. 특히 그의 성세인연(醒世姻緣)이라는 책은 더더욱 불가의 삼세인과(三世因果) 관념의 걸작으로서 인생 남녀 부부간의 번뇌와 고통을 설명했습니다. 이런 관념은 후세에 이미 민간사회에 보급되었습니다. 그래서 항주의 성황묘의 문 입구에는 청나라 말기 민국의 초기에도 한 폭의 운련(韻聯)이 걸려있었습니다.

부부는 전생의 인연이라, 착한 인연이든 악한 인연이든, 인연 없으면 서로 만나지 못하네
자녀는 원래 전생의 빚이라, 빚 독촉에 빚 갚아야 하니, 빚이 있

어야 비로소 찾아오네

夫婦是前緣　善緣惡緣　無緣不合
兒女原宿債　討債還債　有債方來

　이게 바로 그런 관념의 확장입니다. 세계적으로 유명하면서 구식문화 속의 귀족 대가족 생활에 대한 반응인 홍루몽(紅樓夢)이라는 책도 오늘날 많은 사람들이 해설할 수 없는 일종의 정감과 심리로써 홍학(紅學)이라고 부르면서 심취하는 한 부의 명 소설입니다. 홍루몽의 첫 시작은 한 승려와 한 도사가 출현하여 각자 속세를 경각시키는 경어와 선기(禪機)를 한 토막씩 노래합니다. 그런 다음 또 신선세계와 범부세계 사이의 한 덩이 막돌과, 한 포기 작은 풀이 몹시 가련하게도 오로지 홀로 살아서 인간세계의 이별의 한을 만류하지 않는다는 한 이야기로써, 많고 많은 형형색색의 이리저리 얽혀 사로잡혀있으면서 엎치락뒤치락하는 치정(癡情)과 은혜와 원한을, 진짜 같으면서도 허깨비 같은 태허(太虛)의 몽환경계 장부상에 모두 기록하여 놓고는 망망한 고해를 사이에 두고 피안의 저쪽에 놓아둠으로써 몽환공화(夢幻空華)와 머리를 돌리면 바로 저 언덕이라는 선(禪)의 경지를 있는 힘을 다하여 돋보이게 하고 있습니다. 작자는 시작부분의 자백 가운데서 이렇게 말합니다.

이야기는 모두 허튼소리 같지만　　　　　滿紙荒唐言
실로 피눈물로 써진 것이어늘　　　　　一把辛酸淚
모두들 저자를 미쳤다고 하나　　　　　都云作者癡
이 속의 진미를 아는 이 그 누구일까　　誰解其中味

그리고 이어서 경구를 말하고 있기를,

가짜가 진짜로 될 때는 진짜 또한 가짜요
없는 것이 있는 것으로 되는 곳엔 있는 것 또한 없는 것과 같도
다

假作眞時眞亦假　無爲有處有還無

라 했는데, 이 어찌 능엄경에서 말한 "생명이 장차 마치려고 할 때 이 사람이 아직 따뜻한 기운 감촉이 완전히 다하지 않았을 때에는 일생동안의 선악 행위가 의식 경계 속에서 한꺼번에 나타날 수 있으며 죽음은 거스르고 태어남은 따르는 두 가지 습기가 서로 교전한다. 만약 평생 동안 온통 생각 속에만 떨어졌던 사람은 신식(神識: 영혼—역주)이 상승하여 천상세계에 태어나며, 온통 감정뿐이고 생각이 없는 것은 아비지옥으로 빠져들어 간다."(純想即飛 , 純情即墮) 그리고 "생성될 때에는 식음 작용 때문에 먼저 있고 소멸할 때는 색음으로부터 제멸시켜야 한다."(生因識有 , 滅從色除)에 대한 가장 좋은 설명이 아니겠습니까? 그러므로 어떤 사람은 홍루몽을 읽고는 도를 깨닫도록 도와주는 한 부의 좋은 소설이라고 여겼습니다. 어떤 사람은 홍루몽을 읽고는 풍월보감 (風月寶鑑)과 여인들이 사람을 미혹시키는 면으로 잘못 들어가곤 했습니다. 그 속의 득실시비와 좋고 나쁨과 아름다움과 추함의 문제는 모두 당사자의 한 생각 사이에 있을 뿐입니다. 저의 스승 염정(鹽亭)노인이 시 한 수를 지었는데 아마 가장 좋은 결어일 것입니다.

색이 다하고 다함도 다하고 그 다함도 다하고 다하여
근원까지 다하니 다함도 공하네
말을 전하여 자식을 미혹시켜 어리석게 하노니
드넓은 하늘에 어떤 객이 한참 용을 도살하고 있다네

色窮窮盡盡窮窮　窮到源頭窮亦空
寄語迷魂癡兒女　寥天有客正屠龍

선과 문학의 중요성

이상에서 들어본 당시(唐詩)·송사(宋詞)·원곡(元曲) 등의 예들은, 어떤 것들은 사장(辭章)의 작품에 불학이나 선어가 완전히 혼입한 것은 결코 아니지만 선의 의경(意境) 가운데서 변화해 나온 것입니다. 만약 겉으로만 본다면 아마 불학 선종과 중국문화 변천과의 깊은 관계를 그리 쉽게 알아보지 못할 것입니다. 실제로는 저도 그저 이런 청아하고 아름다우며 산뜻한 선(禪)의 의경과 관련이 있는 작품들을 제시하여, 이 시간 이 세상에서 고뇌에 지치고 슬픈 속세 가운데서 부산을 떠는 인생에 대한 청량한 해갈제로 삼을 뿐입니다. 선종은 본래 불립문자(不立文字)하며, 더더욱 문자를 빌려서 높음을 나타내지 않습니다. 하지만 선종과 당나라 송나라 이후의 선사들은 문학과 나누어질 수 없는 인연을 맺고 있습니다. 여기서 두 가지를 제시하여 부대적으로 설명하겠는데, 선이 문학과 관계가 중요하다는 것을 이해할 수 있을 것입니다.

(1) 선사와 시

공자는 만년에 시서(詩書)를 간추리고 예악(禮樂)을 확정 취사선택하여 한데 모아서 중국 전통문화 학술사상의 체계를 이루었는데, 그는 왜 시를 논할 때마다 언제 어디서나 시를 들어서 논단(論斷)의 증명으로 삼았을까요? 진한 이후의 유가는 왜 일변하고 다시 변하여 오경을 언급할 때 시경을 서경·역경·예기·춘추의 전주곡으로 삼았을까요? 그 이유는 중화민족의 전통문화 정신은 옛날부터 지금까지 완전히 인문 문화를 중심으로 삼았기 때문입니다. 비록 종교사상의 성분도 있지만, 서양의 상고 원시문화처럼 완전히 신의 종교 사상에서 흘러나온 것은 아닙니다. 인문문화의 기초는 당연히 사람의 생각과 감정, 몸과 마음 안팎의 작용을 떠나지 않습니다. 종교는 사람들의 생각과 감정을 안착시켜서 영원한 아득함과 불가사의한 경계 속에 의탁하게 하여 하나의 자아 안심(安心)의 효과를 얻게 합니다. 순순하게 인문문화를 본위로 하기에 종교사상에 대한 신앙이 단지 정감의 작용에 속할 뿐인 경우도 있습니다. 그러므로 사람의 희노애락(喜怒哀樂)의 정서를 안배하려면, 현실을 초월하면서도 정감 사이에 있는 일종의 문학예술의 의경이 반드시 있어야 합니다. 그래야 비로소 사람의 정감과 생각을 종교와 유사한 의경으로 승화시킬 수 있어서 현실 환경을 초탈할 수 있으며, 정서와 생각은 따로 의탁함이 있고 독립적이면서 의지하지 않음을 양성하여 자아의 천지를 안배할 수 있습니다. 중화민족의 문화 가운데서 시종일관 시의 교화 가치를 건립할 것을 강조하는 원인인 이 특징과 특성은 확실히 옛날부터 지금에까지 이르고 있습니다. 옛사람들이 '유가의 경전과 그 도덕규범을 대대로 전해준다.'(詩禮傳家)와 '유가의 경서들이 조상이 남긴 은택이다.'(詩書世澤)라고 표방했지만 대부분 그런 줄만 알았지 그런 이유를 알지 못했던 것은, 시사(詩詞) 경지의 가치와 신묘한 작용을 깊이 연구하지 않았기 때문입니다.

과거 중국 지식인들은 문학적인 기본 교양인 시사가부(詩詞歌賦)를 알았으며, 고금에 해박 정통한 역사학과 인생의 기본 교양인 철학, 더 나아가 비파·바둑·글씨·그림 등의 예술에 까지도 깊이 들어갈 필요가 있었는데 이 모두는 불가분의 백과(百科) 지식이었습니다. 그러므로 5, 6십 년 이전에는 문인이라면 거의 당연히 시사도 많이 지을 줄 알았습니다. 다만 좋거나 나쁘거나 깊이가 달랐을 뿐 조금도 모르는 상황은 없었습니다. 그러므로 과거 중국의 시인은 학자·철학자 혹은 정치가·군사가와 엄격하게 구분하기가 어려웠습니다. 서양문화의 시인처럼 완전히 시로 생계를 삼으면서 꼭 다른 학식을 겸할 필요가 없는,

그런 것이 아니었습니다.

선종은 불립문자할 뿐만 아니라 무상(無相)과 '문이 없음을 문으로 합니다.'(無門爲門) 바꾸어 말하면 선종도 경계 없음을 경계로 하여 종교의 형식주의를 벗어나 선법(禪法) 수행 증득의 진정한 정신을 중시하며 인생의 의경을 승화시켜, 청정함의 극점이요 공령(空靈)하여 모습이 없으면서 모습 없는 것도 아닌 경계로 진입합니다. 우리는 말하고 해석하기 위한 방편으로, 본래 없는데 억지로 그것을 말하는 방법으로써 세간의 학문을 열거할 수밖에 없는데, 선종의 경계를 비유할 수 있는 것으로는, 오직 절묘한 시사의 의경과 상승(上乘) 예술 작품의 경지 그리고 최고 군사예술의 의경으로써만이 거의 그것과 비교할 수 있습니다. 선종의 종사들이 입에서 나오는 대로 읊거나 노래한 시사와 문장은 모두 높고 깊은 의미가 있는 제일류의 문학작품입니다. 그래서 그 유행풍에 따라 자연스럽게 서서히 당·송·원·명·청의 문학 의경과 중국문학의 과거 특유의 풍격을 형성하였습니다.

(2) 종교와 문학

종교와 문학은 원래 서로 떼어낼 수 없는 연리지(連理枝)입니다. 어떤 종교든 민간사회에 널리 보급되고 영원히 독립적인 풍격을 형성하며 역사의 매 시대와 사회 각 계층에 영향을 줄 수 있는 것은 그 교의(敎義)가 구성하는 문학적 가치에 온통 의존합니다. 교의는 본래 있던 평민의 통속문학으로부터 문학적인 최고의 경계까지 승화하여야 종교의 생명과 역사를 영원히 이어가게 할 수 있습니다. 불교의 교의와 선종의 혜명(慧命)이 중국문화 가운데 뿌리를 내리고 싹 트며 꽃 피워 장성하게 된 원인은, 그 교의 자체가 종교·철학·과학·예술과 학술사상 등을 갖추고 각 방면마다 모두 풍부한 내용과 고귀하면서도 평범한 가치가 있는 것 이외에도, 그 최대의 관건은 역시 불교가 중국에 수입된 이후 독립적인 특유의 불교문학을 형성하고 더 나아가 중국문화 전체의 중심에 영향을 미쳤기 때문입니다. 예컨대 서양문화 중의 신구약 전서(속칭 성경)는 서로 문자가 다른 서양 민족 국가에 어느 번역본이든 모두 최고 권위의 문학적 가치를 지니고 있습니다. 그러므로 교의의 내용이 어떠한지는 잠시 그만두기로 하고, 그 자체의 문학적인 가치의 입장에서 말해보면 역시 "글의 경지가 천추에 전해질만한 가치가 있다."(文章意境足千秋)라고 말할 수 있습니다. 저는 늘 종교 신앙이 다른 많은 친구 분들에게 말하기를, 천추에 전해지기를 바란다면 여러분들은 여러분들의 교의와 문장에 주의를 많이 기울여야 한다고 합니다. 왜냐하면 종교 신앙이 비록 다르고 종교마다의 교의의 깊이와 옳고 그름에 문제가 있더라도, 진정으로 종교의 기본 입각점이라고 할 수 있는 것은 모두 사람들에게 선을 행하라고 권하고 모두 세상인심의 재난을 구제하고 싶어 하기 때문입니다. 이것은 몇 개의 대종교가 함께 갖고 있는 선한 일이므로 최후와 최고의 종교철학이 다르다고 서로 원수처럼 다투고 고집할 필요는 없습니다. 그것은 인문문화의 과거의 잘못이요 인간 심리생각의 약점이요 치욕입니다. 중화민족 중국문화 정신은 더더욱 아니니 여러분은 많이 주의하고 진기하게 여기고 소중히 하기 바랍니다.

제3장 천명을 앎과 세상에 서기

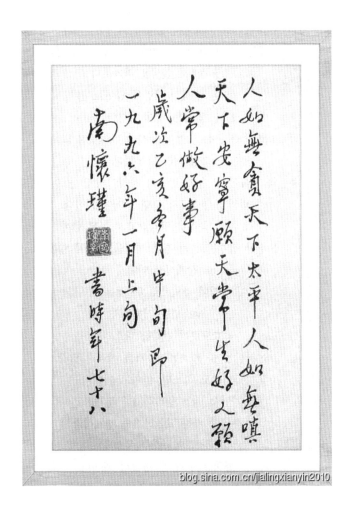

아름다움과 추함, 선과 악
백성과 관료
자기가 바라지 않는 것을 남에게 베풀지 말라

공을 이루고 몸이 물러남은 풍류라 할 수 있다
인재 양성은 백년이 필요하다
문예 · 무예를 배워 이루어서 제왕가에 팔다
고달픈 황제
그 누가 자신이 상황이 되려하겠는가
세상에는 사람의 욕망처럼 위험한 것이 없다
양쪽에서 인생을 바라보다
작은 것에서 사람을 알아보다
인재는 얻기 어렵다
가난과 근심이 절대 동시에 찾아오지 않게
숙명론을 좀 논해본다
총애와 치욕에 그 누가 마음이 움직이지 않을 수 있을까
번뇌를 없애고자 하면 무아여야 한다
그 누가 죽음을 생각하고 쉬려고 할까
노련한 장수는 은퇴 후에 병법을 논하지 않는다
장례식장 이야기
이 정경이 추억으로 될 것을 바라다
청소년을 이해하자
효도로써 천하를 다스리다
사람을 쓸 때 다 갖추기를 바라지 말라
아이고 하느님, 아이고 어머니
가난할 때는 원망하기를 경계하고
부유할 때는 교만하기를 경계하라
소를 마음에 비유하다
천하는 원래 두 팔보다 가볍다
겉 태도는 위엄이 있지만 속마음은 공허한 사람
비난과 칭찬
양심을 저버림은 흔히들 지식인이었네
인생은 영원히 결함이 있다
사람마다 관세음보살이 될 수 있다

아름다움과 추함, 선과 악

미(美)와 선(善)은 본래 고금동서의 사람들이 우러르고 숭배하며 힘써 추구하는 경계입니다. 예컨대 서양 문화의 연원인 그리스 철학은 진선미(眞善美)를 철학의 목적으로 삼았습니다. 중국의 상고 문화 역시 똑같이 표방하였습니다. 특히 인생철학에 대하여는 반드시 지선(至善)에 이르기를 요구하고 생활과 행위는 반드시 지미(至美)의 경지에 이르기를 요구하였는데, 제자백가의 학술사상 속에서도 어디서나 볼 수 있습니다.

진선미의 천당이 하나 있다면 추악함·죄악·허위의 지옥이 있어 서로 대립됩니다. 천당이 물론 좋지만 어떤 사람은 한사코 죽어도 지옥을 싫어하지 않습니다. 극락세계가 물론 사람들로 하여금 부러워하고 마음에서 동경하게 하지만 어떤 사람은 영원히 끝없는 고해 속에서 목욕하면서 고통을 즐거움으로 삼기를 원합니다. 하나를 버리고 하나를 취한다면 이미 길을 등지고 달리는 격이니 차라리 둘 다 잊어버려서 진실과 허위·선과 악·미와 추에 집착하지 않고 그 도의 오묘함을 얻어 유유자적하는 것만 못합니다.

학술 사상적 관점에서 보면 미와 추·선과 악은 모두 형이하의 인위적 상대적 대립으로서 처음부터 절대적인 기준은 없습니다. 그렇게 선의 전형을 하나 세울 경우 그 선은 사람들에게 이용되어 많은 죄악을 짓는 방패막이가 될 것입니다. 미의 기준을 하나 세울 경우 그 미는 '서시라는 미녀가 가슴이 아파서 양미간을 찌푸린 것을 사람들이 아름다움으로 알고 흉내 내는'(東施效頻) 낡은 풍습을 생겨나게 할 것입니다. 두 가지 역사 고사가 네 마디의 명언으로 농축시켜져 "아름다움을 아름답다고 하면 이는 추함이다. 선을 선하다고 하면 이는 악함이다." (美之謂美, 斯惡矣. 善之謂善, 斯不善矣)는 이치를 설명해줄 수 있는데, 그 것은 바로 "은나라 폭군 주(紂)가 밤새도록 술을 마시니, 온 나라 사람들이 모두 낮을 잃었다."(紂爲長夜之飮, 通國之人皆失日)와 "초나라 왕이 가는 허리 미인을 좋아하자, 궁녀들은 허리를 가늘게 하려다 굶어죽는 사람이 많았다."(楚王好細腰, 宮人多餓死)는 고사입니다. 이제 이것을 인용하여 경험철학의 명확한 모습으로 삼는 것은, 윗자리에 있는 사람은 어떤 방면에서든지 편호(偏好)나 편애(偏愛)의 경향이 있어서는 안 된다는 것을 설명하기 위해서입니다. 설사 인의도덕이나 자유민주라 할지라도 선을 행하는 척 가장하는 데 이용되어 못된 짓을 하고 악을 행하는 구실로 변할 수 있습니다.

마찬가지로 아름다움을 사랑함이 이미 인이 박히는 정도에 이르렀다면 그런 지나친 기호는 바로 큰 병입니다. 역사의 경험 속에 나오는 개인의 고사를 가지고 이야기해 보겠습니다.

명나라 초기의 대 명사(名士)요 대 화가인 예운림(倪雲林)은 아름다움을 몹시 사랑하고 깨끗함을 대단히 좋아했습니다. 그가 사용하는 문방사보인 붓·먹·종이·벼루는 매일 두 사람의 전문가가 와서 관리하면서 수시로 책임지고 깨끗하게 닦고 씻어 놓아야 했습니다. 정원 앞에 심어진 오동나무는 날마다 아침저녁으로 사람을 보내 물을 길어다 깨끗하게 씻겨야 했습니다. 이 때문에 무리하게 오동나무를 깨끗하게 한 결과 죽여 버렸습니다. 한번은 친한 친구 한 분을 집에 머물러 묵게 했지만 그 친구가 지저분하게 할까봐 또 걱정이 되어 하룻밤 사이에 서너 번이나 일어나서 시찰했습니다. 문득 친구가 침대 위에서 기침을 한 번 하는 것을 듣고서는 걱정이 되어 밤새도록 잠을 이루지 못했습니다. 날이 밝자 하인을 시켜 그 친구가 뱉은 가래침이 어디에 있는지 찾아내고 깨끗하게 처리하라고 하였습니다. 일하는 사람들이 온 집안에서 다 찾아보았어도 가래침을 뱉은 흔적을 찾을 수가 없었습니다. 그렇지만 주인이 화를 내고 꾸짖을 것이 두려워 약간 더러운 흔적이 있는 낙엽 하나를 찾아내어 가지고 그에게 보여주면서 찾아냈다고 말할 수밖에 없었습니다. 그는 즉시 눈을 감고 코를 막더니 하인더러 그 나뭇잎을 3 리 밖에다 내다버리라고 시켰습니다.

원나라 말기에 의병을 일으킨 장사성(張士誠)의 동생 장사신(張士信)이 예운림의 그림을 앙모하였기 때문에 특별히 사람을 보내 비단과 황금을 보내며 그에게 그림 한 장을 그려주기를 청했습니다. 그런데 예운림이 크게 화를 내면서 이렇게 말할 줄 누가 알았겠습니까? "예찬(倪瓚: 예운림의 이름)은 왕가의 화공이 될 수 없다." 그러면서 보내온 비단을 당장에 찢어버렸습니다. 장사신은 크게 화가 났고 마음에 원한을 품었습니다. 어느 날 장사신이 한 무리의 문인들과 함께 태호(太湖)로 즐겁게 놀러 갔습니다. 배가 중류에 떠 있는데 또 다른 한 척의 작은 배에서 특별한 향기가 전해져 왔습니다. 장사신은 말하기를 "저 배에는 틀림없이 고상하고 우아한 사람이 있다."고 하고는 즉시 배를 가까이 대고 자세히 보니 뜻밖에도 바로 예운림이었습니다. 장사신은 그를 보자마자 하인들을 시켜 잡아오게 하고는 칼을 뽑아 죽이려고 했습니다. 주위 사람들이 용서해줄 것을 간청하자 비로소 채찍 한 대를 크게 때리는 것으로 일을 끝냈습니다. 예운림은 맞고 아팠지만 끝내 한 마디 소리도 지르지 않았습니다. 후에 어떤 사람이 그에게 물었습니다. "아프게 맞았으니 소리를 질러야 했지 않소." 그러자 예운림은 이렇게 대답했습니다. "소리를 지르면 너무 속되지 않소."

예운림은 아름다움을 너무 사랑하고 깨끗함을 너무 좋아했기 때문에 여색에 대해서도 평상시 그다지 가까이하지 않았습니다. 이는 청나라 초기의 명사 원매(袁枚)가 말한 "시를 고르는 것은 여색을 고르는 것과 같아, 언제나 마음이 움직이기가 어렵다고 느낀다."와 꼭 같았습니다. 그런데 한 번은 그가 갑자기 금릉(金陵)의 조(趙)씨 성의 가희(歌

姬)를 보고는 마음에 들어 그녀를 자신의 별장으로 초대하여 머물게 했습니다. 그러나 역시 그녀가 청결하지 않을까 걱정이 되어 먼저 그녀에게 목욕을 잘 하라고 했습니다. 목욕을 끝내고 침상에 오르자 손으로 머리부터 발끝까지 만져보았는데, 만져 보는 한편 냄새도 맡아보았습니다. 그래서 그녀의 어디가 깨끗하지 않다고 생각하면 다시 목욕하라고 하고 씻고 나면 또 만져 보면서 냄새를 맡아보고, 그래도 깨끗하지 않다고 생각되면 다시 목욕하라고 했습니다. 이렇게 씻으러 갔다 왔다 하다 보니 날도 새버렸고 그도 그만 두었습니다.

이상은 생각나는 대로 예를 들어 '아름다움을 아름답다고 하면 이는 추함이다'는 고사를 말해보았습니다. 이제 또 하나의 이야기를 들어 '선을 선하다고 하면 이는 악함이다'를 설명하겠습니다.

송나라 시대의 대 유학자 정이(程頤)는 철종(哲宗) 시대에 강관(講官) 직을 맡았습니다. 어느 날 전각에 올라가 철종 황제를 위해 글 강의를 마쳤지만 아직은 다 끝나지 않았는데도 철종이 우연히 일어나 잠깐 쉬면서 난간에 기대어 버드나무 가지가 하늘거리는 아름다운 자태를 보고는 손을 뻗어 버드나무 가지를 하나 꺾어서 손에 쥐고 완상(玩賞)했습니다. 정이는 이를 보고 즉시 철종에게 말했습니다. "바야흐로 봄이라 움이 싹트려 하니 까닭 없이 꺾음은 불가합니다." 울 수도 웃을 수도 없게 된 철종은 몹시 불쾌해 하면서 버드나무 가지를 땅에다 던지고는 내궁으로 돌아가 버렸습니다.

이런 역사 고사가 깨우쳐 주는 것을 통하여, 장자가 말한 "선을 행하나 명성을 가까이함이 없고, 악을 행하나 형벌을 가까이함이 없다"(爲善無近名, 爲惡無近刑)는 도리도 바로 "선을 선하다고 하면 이는 악함이다."는 말의 다른 면으로의 확충임을 이해할 수 있습니다.

다시 인간의 심리 상태라는 넓은 의미에서 보면 미를 사랑하는 것은 즐기려는 욕망의 필연적인 경향이며, 선(善)을 지향하는 것은 잘하려고 애쓰는 심리의 자연스러운 표현입니다. "원컨대 하늘은 항상 좋은 사람을 태어나게 하소서, 원컨대 사람은 항상 좋은 일을 하소서."(願天常生好人, 願人常作好事)는 유토피아에나 있는 진선미에 대한 염원인데, 이 인문 세계에 출현할 수 있을지 없을 지는 도리어 하늘만큼이나 큰 문제입니다. 우리가 역사를 넘겨서 한번 살펴보면 진시황(秦始皇)의 '아방궁', 수양제(隋煬帝)의 '미루(迷樓)'와 그가 개통시켰던 운하의 양쪽의 제방(隋堤), 이후주(李后主)의 화려한 누각과 태자의 궁전 그리고 그가 애써 정교함과 아름다움을 추구했던 사구(詞句), 송 휘종(徽宗)의 '간악(艮嶽: 하남성 개봉현에 있는 산 이름—역주) 궁원(宮苑)과 글씨, 붓 그리고 서법, 자희(慈禧)태후의 '원명원(圓明園)'과 그녀의 꽃과 새, 로마 제국 전성기의 조각과 건축, 심지어 오늘날 세계적 명성을 떨치는 뉴욕의 마천루, 워싱턴의 백악관, 모스크바의 크레믈린궁도 모두 세상 사람들이 한 시대의 아름다움이나 권력의 상징이라고 인정하는 것들입니다. 그렇지만 인류의 역사 경험을 통해 과거를 돌아보고 미래를 내다본다면 장래 지극히 선하고 지극히 아름답고 뛰어난 물건이 될지 안 될지는 누가 보증할 수 있겠습니까? 당나라 사람 한종(韓琮)은 이런 유지사(柳枝詞) 한 수를 남겼습니다.

양나라 정원 수나라 제방 모두 이미 헛된 일
수많은 실버들은 아직도 의구한 봄바람에 춤을 추네
어찌 천년의 일을 생각할 필요가 있으랴
한나라 궁궐에 버들개지 날아 들어감을 누가 보았을까

梁苑隋堤事已空　萬條猶舞舊春風
何須思想千年事　誰見楊花入漢宮

백성과 관료

우리가 역사 사실을 대강 이해하기만 하면, 과거의 한 체제의 중국 정치제도에서 황제의 중앙정부인 조정은 저 높고 높은 공중에 독립되어 있었다는 것을 알 수 있습니다. 각급의 관리는 이론상으로는 상하가 의사소통을 하고 백성을 위해서 일 처리를 해야만 합니다. 그런데 사실 일단 지방관이 되면, "하늘은 높고 황제는 멀리 있으니, 원숭이가 패왕이라고 칭하네."(天高皇帝遠, 猴子稱霸王)라고 했듯이, 하고 싶은 대로 내버려둔 사실이 너무나 많았습니다. 우리 한 번 생각해봅시다. 그런 식으로 공로를 꾀하니 무슨 일을 할 수 있겠습니까? 그런 식으로 나라를 꾀하니 어찌 나라가 망하지 않을 수 있겠습니까! 그런데 우리들의 민족성은 본디 인의(仁義)를 품고 백성들은 한결같이 하늘의 법칙에 순응하며 대단히 선량하기에, 백성들을 맹자가 말한 대로 '풍년에는 배부르도록 먹게 하고 흉년에는 죽음을 면하게만'(樂世終身飽, 凶年免於死亡) 한다면, 편안히 살고 즐겁게 일하며, 비록 세월이 좀 힘들더라도 당신은 당신의 황제가 되고 당신의 관료 노릇하여서 그들과는 조금도 상관이 없었습니다. 이것이 바로 중국역사상 정치철학에서 중점의 하나였습니다. 춘추전국 시대이래로 중국의 관리와 백성과의 관계는 줄곧 그러했습니다.

오늘날은 민주시대이며 기층의 정치 업무를 중시하는 시대이기도 합니다. 국민을 위해 봉사하는 기층 업무는 정말 하나의 신성하고 위대한 사명으로서 아주 간단하지 않습니다. 최상층으로부터 중추 각 부처에 이르기까지 정부의 행정명령의 시행은 한 단계 한 단계씩 하달되어 모두 기층으로 집중됩니다. 그 과정에서 사무는 복잡하고 바쁘며 두서가 어지러움은 상층의 집정자들이 날마다 회의를 하고 수시로 회의를 하는 고통만 못지않습니다. 그리고 아주 처리하기 힘든 것인데, 왕왕 각 부문의 정부 행정명령이 횡적으로 전체적 협조가 부족하여 정부 행정명령이 기층에 도달하였을 때 많은 모순이 저촉되는 곳이 있기 때문에 집행할 방법이 없어 내버려둘 수밖에 없게 된다는 것입니다. 또 정부의 많은 행정명령들은 갑(甲)의 지역에는 적용할 수 있지만 을(乙)의 지역에는 적용되지 않고 더욱이 병의 지역 사실에는 부합하지 않습니다. 그러나 여전히 공문대로 행하고 훈령대로 어기지 않고 처리합니다. 실재로 하기 어려운 것은 오직 내버려둠으로써 일을 끝내버립니다. 또 가장 중요한 것이 있는데, 무슨 고위 관직에 높은 봉급, 실제 성과에 돌아가는 명예, 영광스럽고 떠들썩한 일은 모두 상급 도시에 집중되어 있다는 점입니다. 기층의 일을 하는 자는 지옥에 들어가겠다는 보살의 마음과 성공은 꼭 내게 있을 필요는 없다는 성현의 포부를 반드시 갖추고 있어야 합니다. 그런 상황에 비추어 저도 항상 이렇게 생각해봅니다. "가령 나더러 궁벽한 시골에 가서 장기간 초등학교 교사를 맡으라고 한다면 정말로 달가워하면서 마음과 힘을 다하여 할 수 있을까?" 제 자신에 대한 대답은 이렇습니다. "꼭 그런 건 아니겠지. 자기가 바라지 않는 것을 어떻게 남에게 바라겠는가? 자기를 미루어 남에게 이르러야지 어떻게 남에게 요구할 수 있겠는가?"

요컨대 얻은 결론은, 옛날부터 지금까지 기층의 업무를 할 수 있는 자는 기꺼이 하려하지 않고, 기꺼이 하려고 하는 자는 할 수 없다는 것입니다. 이 때문에 진정으로 업무에 참여하는 자는, 할 수 없는 자가 아니면 기꺼이 하려 않는 자들입니다. 정부를 위해서 돕는다는 것이 왕왕 오히려 방해가 되고 민심을 잃는 업무를 했다면 당신은 어떻게 할 것입니까? 탐오하고 탐오하지 않고는 또 다른 부대적인 문제이므로 그에 대해는 토론할 필요가 없습니다.

때로는 친구들이 저와 미국 사회의 정치를 얘기하면서 기층 업무가 어떠어떠해서 좋으며 그러기 때문에 오늘의 성취가 있다고 말합니다. 제가 말합니다. "맞네. 미국은 아직 젊고 역사도 짧기 때문에 역사문화의 보따리도 가볍네. 심지어는 역사문화의 보따리를 아직 짊어져보지도 못했다고 할 수 있네. 나는 그들이 영원히 이처럼 젊으며 역사문화의 보따리를 짊어지지 않기를 축복하고 싶다네. 일단 오래되고 크다보면 역사문화 보따리의 토대가 갈수록 깊어져 좀 개혁을 하고 싶어도 그만큼 어려워지네. 그렇다면 서서히 보이지 않는 가운데 변화시켜 가야지 지금 당장 효과를 볼 것처럼 하는 것은 불가능하다네."

자기가 바라지 않는 것을 남에게 베풀지 말라

자공이 물었다. "한 마디 말로서 평생 동안 실천할 만한 것이 있습니까?" 공자께서 말씀하였다. "그것은 바로 서(恕)이다! 자기가 바라지 않는 것은 남에게 베풀지 않는 것이지."

子貢問曰 : 有一言而可以終身行之者乎? 子曰 : 其恕乎! 己所不欲, 勿施於人。

자공이 공자에게 "인생수양의 도리를 한 마디로 개괄할 수 있습니까?" 하고 물었습니다. 즉, 사람으로서의 처세의 도리를 요약한 것으로, 일생 동안 목표로 삼을 만한 한 마디 말이 있으면 말해 달라고 한 것입니다. 그러자 공자는 그것은 바로 '서'(恕)라고 말했습니다. 후세의 유가들은 공자 가르침의 정신을 '충서'(忠恕)의 도리로 설명했습니다. 후세 사람들이 연구해 보니 '서'(恕)의 도리는 바로 '나를 미루어 남을 생각하는 것'(推己及人)으로, 자기 생각을 하여 남도 생각하는 것이었습니다. 다시 말하면, 어떤 일에 대해서나 객관적 입장이 되는 것으로, 내가 바라는 것이라면 남도 역시 바란다는 것을 아는 것입니다. 사람은 누구나 일을 처리함에 있어 시원스럽지 못하고 만족스럽지 못한 점이 있기 마련입니다. 솔직히 말해, 내가 해 보아도 상대보다 나을 것

같지는 않습니다. 문제는 사람들의 심리에 있는데, 사람들은 누구나 자연스런 심리적 요구로서 남들이 모두 잘할 수 있기를 바란다는 것입니다. 우리는 친구나 부하 혹은 상사들이 결점이 없고 모든 면에서 좋기를 바랍니다. 하지만 상대도 사람이요, 사람인 이상 결점이 있다는 것을 잊어서는 안 됩니다. 심리학적 입장에서 보면, 이처럼 남이 좋기만을 바라는 것은 절대적인 이기주의입니다. 왜냐하면 상대방이 모두 좋고 결점이 없기를 바라는 것은 자기의 견해와 필요를 바탕으로 하고 있기 때문입니다. 내가 생각하는 상대방의 옳지 않은 점이란, 실제로는 나의 견해와 어긋나는 것으로 나의 필요나 행위에 근거한 관념일 뿐인지도 모릅니다. 사회에서는 모든 사람이 남에게 이와 같이 요구합니다. 특히, 종교계는 더 심하고 정치권도 예외가 아닙니다. 어떤 기독교도나 천주교도, 혹은 불교도는 지도자인 목사·신부 혹은 법사들에 대해 지나치게 완전하기를 요구합니다. 교도들은 목사나 신부나 법사들도 한 인간이란 것을 잊고, 그들을 마치 신인 것처럼 생각하기 때문입니다. 이런 심리는 좋은 것일까요, 좋지 않은 것일까요? 좋다고 할 수 있습니다. 그렇지만 남에게 바라는 것이 너무나 높습니다. 이 예만 보더라도 '서'(恕)의 도리가 매우 어렵다는 것을 알 수 있습니다. 후세 사람들은 '서'의 도리를 풀이하면서, '恕'자를 '같을 여'(如)자와 '마음 심'(心)자로 나누어 풀이했습니다. 즉, 다른 사람의 마음도 내 마음과 같다는 뜻으로, 내가 바라는 것은 남도 바란다는 것입니다. 내가 이익을 얻고 싶으면, 남도 이익을 얻고 싶은 것입니다. 우리의 이익을 조금 나누어 남에게 주는 것, 이것이 곧 '서'입니다. 남이 좀 좋지 않게 여겨지더라도 그를 용인해 주는 것, 이것 역시 '서'입니다.

'서'(恕)의 도리는 자공에게 특히 중요했습니다. 왜냐하면 그는 공문 제자 중 재능이 뛰어나, 사업적으로 장사를 잘해 실업계의 거물이 되었을 뿐만 아니라, 외교와 정치 방면에서도 걸출한 인재였습니다. 재능이 뛰어난 사람은 남을 용서하고 용인할 줄 모르는 잘못을 범하기 쉽습니다. 그러므로 공자가 자공에게 이 말을 한 것은 더욱 절실하고 깊은 뜻이 있었습니다. 공자는 자공의 물음에 대해, "죽을 때까지 실천해도 좋은 유익한 한 마디가 있다. 그러나 아주 어려운 일인데, 바로 '서'恕이다."라고 말했습니다. "자기가 바라지 않는 것은 남에게 베풀지 않는 것이다."(己所不欲, 勿施於人)라는 말은 바로 '서'에 대한 주해(註解)입니다.

책벌레의 입장에서 자기 인생을 전문적으로 연구해 가지고는 "자기가 바라지 않는 것은 남에게 베풀지 말라."는 말을 실천해 낼 수 없으며, 언제 어디서나 우리는 이 말을 위배하는 잘못을 범할 수 있습니다. 특히, 젊은이들의 단체 생활 속에서 많은 사례를 볼 수 있습니다. 그저께 군복무 중인 학생이 휴가를 나와 저에게 하는 말이, 자기 칫솔 세 개와 반지 여섯 개를 남이 슬쩍 가져가 버렸다고 했습니다. 사실 남의 것을 슬쩍해 가는 친구는 자기 것을 가지고 있으면서도 남의 것을 가져가기를 좋아하는데, 슬쩍하고 나서는 마음 속으로 통쾌하게 느끼는 것입니다. 이 정도의 일을 가지고, 그를 도둑이라고 할 수 있을까요? 그 정도로 심각해 보이지는 않습니다. 그저께 우리 건물 계단 입구의 문발이 보이지 않았습니다. 일하는 사람이 도둑맞았다고 하기에, 저는 "틀림없이 젊은 친구가 슬쩍해 갔을 것이오."라고 말했습니다. 그가 고의적으로 훔쳐갔을까요? 그에게 그런 뜻은 없었다고 하면, 훔치지 않은 것일까요? 젊은이들에게는 흔히 이런 심리가 있어서, 슬쩍해 가는 것을 재미있고 스릴 있게 느끼면서 스스로 영웅 심리에 빠지는 일이 많습니다. 누구든지 자기 물건이 슬쩍 사라져 버리면 틀림없이 불쾌함을 느낍니다. 그런데 자기에게 기회가 생기면 자기도 남의 것을 슬쩍해 버리는 사람이 있습니다. 단체 생활을 할 때 어떤 사람은 손을 씻고 나서 자기 수건으로 손을 닦으려고 하다가도 옆에 남의 수건이 걸려 있는 것을 보면 남의 수건으로 닦아 버리는 일이 있습니다. 왜 이런 생각과 행위가 나올까요? "이것은 별 것 아닌 작은 일이니 '자기가 바라지 않는 것은 남에게 베풀지 말라.'는 말을 들먹일 필요가 없다. 큰 일에 있어서 내가 바라지 않는 것을 다른 사람에게도 베풀지 않는 것은 아주 위대한 일인데, 이렇게 하는 사람은 사람이 아니라 성인인 것이다. 너무나 어려운 일이야!" 바로 이런 심리에서 비롯됩니다. 그러나 우리는 사람으로서의 품고 있는 마음을 반드시 이런 방향으로 수양해야 합니다. 실천할 수 있느냐 없느냐 하는 것은 다른 문제입니다.

"자기가 바라지 않는 것은 남에게 베풀지 않는다."는 수양은 대단히 어렵습니다. 이것은 "자기가 바라지 않는 것을 남에게 베풀지 않는" 동시에 "자기가 바라는 것을 남에게 베푸는"(己所欲, 施於人) 것입니다. 이 말은 뒷날 불가 사상이 중국에 전해질 때 보시(布施)로 번역되었습니다. '베풀 시'(施)자 앞에 덧붙인 '보'(布)자는 곧 '널리'(普遍)의 뜻입니다. 불가의 '보시'와 유가의 '서'(恕)의 사상은 같은 것으로, 소위 "자비(慈悲)를 근본으로 삼고 방편(方便)을 문(門)으로 삼는다."는 것이 바로 보시의 정신입니다. 인생에서는 두 가지가 가장 버리기 어려운데, 하나는 재물이요 하나는 목숨입니다. 인간 세상을 이롭게 할 수만 있다면, 자기의 생명과 재산을 모두 바치는 것이 바로 '시'(施)입니다. 이것을 행하기는 너무나 어려운데, 비록 할 수는 없더라도 마음으로는 마땅히 지향하고 있어야 합니다.

공을 이루고 몸이 물러남은 풍류라 할 수 있다

높아지면 떨어지기 마련이며	崇高必致墮落
쌓이면 반드시 흩어져 사라지고	積聚必有消散
인연으로 만나면 마침내 이별해야 하고	緣會終須別離
목숨이 있으면 다 죽음으로 돌아간다	有命鹹歸於死

이것은 세상사란 모이면 흩어져 무상하다는 것을 불학에서 훤히 꿰뚫어본 명언이며 출세간 사상의 기본 관점이기도 합니다. 하지만 노자로 대표되는 도가철학은 세간을 벗어날 수 있고 세간으로 들어갈 수도 있습니다. 노자에게는 도리어 '그 날카로움을 꺾고 그 어지러움을 풀어주는'(挫其銳 , 解其紛) 불사약이 있어 '흩어지더라도 다 없어지지는 않도록' 길이 보존해 주는 일곱 글자의 진언(眞言)이 있습니다. 그것은 '공수, 신퇴, 천지도(功遂, 身退, 天之道)', 공이 이루어지면 몸이 물러나는 것은 하늘의 도이다는 것 입니다. 그 중에서 어조사인 '지'(之) 자 하나를 빼버리면 사실은 여섯 자 뿐인 진언입니다. 그렇지만 후세의 많은 문학가들은 그 뜻이 아직 미진하다고 느끼고는 다시 두 글자의 한 마디를 끼워 넣어 아홉 자 진언으로 변해서 '공성, 명수, 신퇴, 천지도'(功成, 名遂, 身退, 天之道)가 되었습니다. 일곱 자 진언이든 아홉 자 진언이던 말이야 아주 시원스럽더라도, 일반적인 관념으로는 아무래도 소침하고 무기력한 의미가 너무 짙다고 느낍니다. 사실은 다들 자연계의 '천도(天之道)'를 관찰하는 것을 잊어버렸을 뿐입니다. 그래서 의기소침하다고 느끼는 것입니다. 만약 천도를 자세히 관찰해 본다면, 해와 달은 하늘을 지나가되 해는 낮에 나왔다가 밤이 되면 사라지고, 달은 밤에 나왔다가 낮이 되면 사라지며, 추위가 오면 더위가 물러가고, 가을이 가면 겨울이 오는 것이 모두 '공이 이루어지면 몸이 물러가는' 아주 자연스러운 정상적 현상입니다. 식물 세계의 풀 · 나무 · 꽃 · 열매도 모두 묵묵히 말없이 자신의 생명 임무를 완수하면 아주 조용히 사라져 흔적이 조금도 없습니다. 동물 세계 역시 새 생명이 끊임없이 태어나 한 세대 한 세대 교체하니 그 누가 생명의 행렬에서 자연스럽게 물러나지 않을 수 있겠습니까! 있다면 오직 인간의 마음만이 죽지 않으려 하고 쉬지 않으려 하며, 잡을 수 없음에도 잡기를 바라고 영원히 소유할 수 없음에도 허망하게 점유하려고 합니다. 자연을 위반할 망상을 하니 얼마나 슬픕니까!

그렇다면 노자의 이런 명언들은 결국 천도불변의 법칙이라는 자연 철학을 말한 것일까요? 아니면 그가 생존했던 당시 시대의 추세에 대해 느끼는 바가 있어 세상 사람들을 경각시키고자 말한 것일까요? 쟁론할 필요가 없을 듯합니다. 그러나 우리 상고 시대 문화에서 원래 유가와 도가가 나누어지지 않았던 공통의 관점에서 보면, 공자 맹자 및 기타 제자의 학설에서는 걸핏하면 선왕(先王)을 들먹이며 다들 요순(堯舜)의 행위도 극력 떠받들었습니다. 요순의 도는 찬양할 만했습니다. 그것은 바로 '공이 이루어지면 몸이 물러가는 것이 하늘의 도이다'의 가장 좋은 본보기였습니다. 삼대 이후에는 천하를 자식에게 양위하면서도 '공이 이루어지면 몸이 물러간다.'를 한 번 표현하고 싶어서 태상황(太上皇)을 자칭하는 희극을 연출하였는데, 그런 경우 지극한 정성에서 우러나온 자도 거의 하나도 없었으며 말로(末路)가 아름다운 자도 하나도 없었습니다. 그 다음으로, 북위(北魏)의 문제(文帝)가 황제 자리에서 물러나 출가한 일, 그리고 청나라 초기 순치제(順治帝)가 오대산에 들어가 머리 깎고 불도에 귀의했다고 전해오는 일은 모두 딴 마음이 있었던 것이지 '공이 이루어지면 몸이 물러가는' 마음에서 나온 것이 절대 아니었습니다.

　　그 이하의 것으로, 진나라 한나라에서부터 역사상 풍운아의 행동 풍격을 보아 도가와 약간 유사한 사람을 취한다면, 한나라의 장량(張良)과 제갈량(諸葛亮) 같은 이가 있는데, 이들은 '공이 이루어지면 몸이 물러날' 마음을 원래 품었었고 모두 그러고 싶었지만 안타깝게도 그 운명은 여전히 그러한 소원을 이룰 수 없었습니다. 장량은 공을 차지하려 들지 않고 단지 겸손하게 물러나 '류'(留) 땅에 봉해져 '류후'(留侯)가 되었지만, 자신의 뜻대로 되지 않아 삼수변을 더한 '溜(류: 가만히 도망치다)'자로 끝맺지 못했습니다. 인간 세상의 화식(火食)을 이미 떠난 절반의 신선 수준이었음에도 결국 여후(呂后)가 보낸 독이 든 음식을 받아먹고 죽는 일을 피할 수 없었습니다. 장량의 경우보다는 차라리 제갈량이 생명의 마지막 순간까지 자신의 모든 힘을 다 바쳐 몸이 당대에 견줄 이 없는 공적을 이룬 것이 더 수지가 맞았습니다.

아마 이러한 역사 경험의 교훈으로 말미암아 후대의 도가 인물들인 동진(東晋)의 포박자(抱朴子) 갈홍(葛洪)이나 남조의 제량(齊梁)간의 도홍경(陶弘景) 같은 이들의 행위가 더욱 조심하고 근신했는지도 모릅니다. 갈홍은 일찌감치 세속에서 몸을 빼서 스스로 구루령(句漏令)을 맡기를 원하고, 벼슬길을 은둔의 방법으로 삼아 자신이 알고 있는 신선도를 몰래 닦으며 일생을 마쳤습니다. 도홍경은 일찌감치 신무문(神武門)을 사직하고는 유유자적하면서 '산 속의 재상'이라는 상황을 조성하고 자신의 동천진고(洞天眞誥)와 자재한 정신 영역을 짓고 죽었습니다.

수나라 당나라 시대에 이르러 문중자(文中子)는 유불도 삼가를 겸비한 사람으로서의 학식과 수양으로 황하(黃河)와 분하(汾河)에서 학문을 강의하여, 당나라 초 개국의 문무를 겸비한 태평성세의 인재들을 양성하여 인문 문화에 막대한 공덕을 세웠습니다. 그러나 마침내 자신은 성명조차 감추고 드러내지 않아서 도리어 후세에 다방면으로 그에 관해 고증하게 만들었는데, 막후로 몸이 물러난 세상에 다시없는 기인이었으니 비록 혁혁한 사업적 공적은 없었더라도 참으로 '몸이 물러남'의 도리에 부합하였습니다.

송나라 초기에 화산에 은일했던 진단(陳摶)은 이미 완전히 도가의 신선 항렬에 걸어 들어갔으니 따로 논의해야 마땅합니다. 남송(南宋)의 한세충(韓世忠)은 기미를 알아차리고 일찌감치 물러 나와 나귀 타고 강호를 떠돌며 산림 속에서 웃으면서 농질하였으니, 밝은 지혜의 행위요 매우 기특한 일이었다고 할 수 있습니다. 명나라 초의 성의백(誠意伯) 류기(劉基)는 유가이자 도가적인 자태로 산에서 나와 주원상을 도와 제왕의 사업을 성공시켰지만 결국은 독살을 면하기 어려웠습니다. 이밖에 불가의 출가 고승이 환속하여 공을 세워 역사에 이름을 남긴 사람으로는, 원나라 초의 류병충(劉秉忠)이나 명나라 영락제(永樂帝) 때의 소사(少師) 요광효(姚廣孝)가 '공이 이루어지자 몸이 물러남'을 성실히 실행했다고 할 수 있습니다. 이밖에 주원장을 도와 서번(西番: 吐蕃, 지금의 트루판—역주)의 외교 정치를 전적으로 맡아 처리했던 고승 종륵(宗泐) 선사는 도업(道業)과 학문은 물론이고 일의 공적에서도 일류의 인물이었는데, 다만 '공이 이루어지면 몸이 물러남'대로는 못하고 서번의 임지에서 입적하였습니다. 이로써 알 수 있듯이 아무리 고명한 인물이라도 한 평생이 '공이 이루어지면 몸이 물러나는 것은 하늘의 도이다'에 완전히 부합하기란 확실히 쉽지 않는 일입니다! 설마 '명예의 고삐와 이익의 쇠사슬'(名韁利鎖)을 부숴버릴 수 없는 진짜 감옥으로 여겼을까요?

하지만 당나라 송나라 이후의 유가 사상의 관점에서 보면 노자의 이 명언에 대해 비록 비난할 곳은 없었지만 그 문자 표현만을 바꾸어서 '겸양'(謙讓) 혹은 '겸광'(謙光: 군자는 스스로 자신을 낮추어도 저절로 그 덕은 빛난다—역주)의 미덕으로 변했을 뿐입니다. 사실 후세 유가들은 노자의 관념에 대해 마음에 달갑지 않아 감히 완전히 맞장구치지는 않았습니다. 특히 신선을 닦거나 성불한다는 학설을 반대하였습니다. 그래서 문자의 겉모습만을 만지작거렸을 뿐입니다. 이런 생각이 가장 재미있게 표현된 대표적인 작품으로는 청나라 사람이 다른 제목을 빌려 자기 말을 하는 형식으로 여순양을 읊은 다음의 시 한 수만 한 것이 없습니다.

십년 동안 문무 닦아 출세하려 했건만　　　十年囊筆走神京
종리를 한 번 만나 그에게 경도되었네　　　一遇鐘離蓋便傾
당나라 사직에 무심한 건 아니었건만　　　不是無心唐社稷
금단 한 알이 선생을 그르쳤네　　　金丹一粒誤先生

역사상 도가와 유가의 중간적인 풍모를 지니고서 '공이 이루어지고 몸이 물러날 수 있음을 실천할 수 있었으며 세속에 들어왔으면서도 세속을 벗어난 듯한 이런 부류의 전형적인 인물이 역사상 없었을까요? 제가 보기에는 서진(西晋)과 동진(東晋) 이 양진(兩晋)의 청담현학(淸談玄學)의 영향으로 남북조 시대에는 한 시대에 영향을 미치고 공헌한 인물로서 풍류인물들이 적지 않게 있었습니다. 그 풍격이 가장 표준적인 인물로는 양(梁)나라 무제(武帝)의 명신 위예(韋叡)를 들어야 합니다. 그는 정치에 잘 참여하였을 뿐 아니라 군대 지휘와 작전에도 능숙하였습니다. 푸른 두건을 두르고 깃털 부채를 들고 마음속에는 이미 모든 생각이 갖추어져 있어 냉정하게 작전을 지휘하던 제갈량 같은 표정을 지닌데다 '최고의 선은 물과 같다'(上善若水) '공을 이루고도 차지하지 않는다'(功成不居)는 경지도 있었습니다. 만약 노자를 만났다면 혹시 그를 제자로 받아들이려 했을지도 모릅니다. 함곡관의 관문지기 관윤자(關尹子)와 비교해도 손색이 없었을 겁니다. 안타깝게도 남북조라는 시대가 역사적으로 그다지 훌륭하지 않았기 때문에 남북조 시대의 인물들도 사람들에게서 잊혀지고 묻혀버렸습니다.

위예는 자(字)가 회문(懷文)이고 경조(京兆) 두릉(杜陵) 사람이었습니다. 그는 한(漢)나라 승상 위현(韋賢)의 후예로 명문세족 출신이었습니다. 어려서부터 군수 조징(祖徵)이 알아보고 '국가 대사에 참여하고 공적을 세울'(干國家, 成功業) 인재로 여겼습니다. 남제(南齊)가 혼란하던 무렵 그는 인물들을 관찰 분석하고는 양무제(梁武帝) 소연(蕭衍)이 한 시기에 이름을 날릴 재목이라고 할 수 있다고 여기고 양무제를 보좌하고 따르기로 마음먹었습니다. 태자우위솔(太子右衛率)직을 거쳐 보국장군(輔國將軍)·예주자사(豫州刺史)로 전근되었다가 역양태수(歷陽太守)직을 받았으며 뒤에 합비(合肥)로 전근되었는데, 세운 공으로 벼슬사리가 높아져 후(侯)가 되었습니다.

양무제가 북벌을 결심하자, 위나라는 중산왕(中山王) 원영(元英)을 정남장군(征南將軍)으로 임명하여 군대를 이끌고 남쪽으로 와서 적에게 항거하였습니다. 위예는 명을 받들어 부대를 거느리고 북벌하면서 여러 차례 특별한 공을 세웠습니다. 그는 본시 몸이 약하고 병이 많아 전선에서 작전할 때라도 말을 탄 적이 없었습니다. 흰 나무판으로 만든 수레를 타고 앉아 있었는데, 손에는 흰색 여의(如意)를 들고 장교와 병사들을 독려하니 용감한 사기가 무찌르지 못할 적이 없을 정도였습니다. 평상시에는 병사들과 동고동락하면서 부하를 온 힘을 다해 아끼고 보살폈는데, 명령을 내리면 반드시 그대로 하고 전쟁을 하면 이기지 않는 때가 없었습니다. 위나라 군중에는 "소씨 여자(蕭娘)와 여씨 노파(呂姥)는 두렵지 않고, 단지 두려운 것은 합비에 위씨 호랑이(韋虎)가 있는 것이라네."라는 노래가 있었는데, 당시 그를 아주 두려워했던 겁니다.

전방의 군사 상황이 긴급하던 때에 양무제는 조경종(曹景宗) 장군에게 친서를 보내 위예의 부대와 합류하라면서 경종에게 특별히 이르기를 "위예는 그대 고향에서의 명망이니 그를 잘 공경해야 하오."하였습니다. 그래서 경종은 위예를 만나자 대하는 예절이 매우 신중했습니다. 그러나 매번 전쟁에서 승리할 때마다 경종과 다른 장수들은 앞 다투어 먼저 보고를 올렸습니다. 오직 위예만이 느릿느릿 보고함으로써 공을 다투기를 원하지 않았습니다. 한 번은 승리를 경축하는 연회에 위예와 경종이 동석하였는데, 술기운이 익어 흥이 오르자 모두들 도박으로 여흥을 즐기자며 판돈을 20만으로 정했습니다. 경종이 던지자마자 지게 생기자 위예는 얼른 주사위 하나를 뒤집어 경종을 승자로 만들고는 자신은 오히려 "이상하다! 이상하다!"는 말을 연거푸 했습니다.

사실 소(蕭)씨 양(梁)나라 초의 모든 신료와 고급 무관 중에는 위예만 한 사람이 없었습니다. 양무제는 그의 재능을 분명히 알고 있었으면서도 내내 그에게 군사 통수권을 맡기지는 않았습니다. 오히려 큰 재략도 없던 종실인 임천왕(臨川王) 소굉(蕭宏)을 원수로 삼았습니다. 뿐만 아니라 또 조경종을 파견하여 위예와 나란히 작전을 하게 하였습니다. 양무제의 이런 처사는 위예에 대하여 곳곳마다 마음에 꺼리는 바가 있었기 때문이었습니다. 다행히 위예 자신은 난세에 그럭저럭 목숨을 부지할 줄 알아서 시골로 숨어 피하였는데. 비록 상책은 아니었다 할지라도 오직 그렇게 함으로써 자기 처신의 도를 행하며 명리를 탐하지 않고 공로를 다투지 않았습니다. 뿐만 아니라 공이 이루어졌을 때 깊이 스스로 겸손하게 사양함으로써 시기질투를 면하였습니다. 그래서 그는 79세까지 살다가 죽으면서 평상복을 입혀 간소한 장례를 치르면 된다고 유언하였습니다. 마침내 그가 죽었을 때 감동하게 된 양무제는 직접 와서 통곡함으로써, 그가 난세에도 일생동안 그럭저럭 목숨을 부지하고 '공이 이루어지자 몸이 물러난' 명극(名劇)은 완성되었습니다.

위예와 행적이 달랐던 사람은 후량(後梁)의 원제(元帝) 소역(蕭繹)의 공신인 형산거사(荊山居士) 육법화(陸法和)였습니다. 그는 후경(侯景)이 반드시 모반하리란 것을 먼저 알았지만 아무도 그의 말을 믿어주지 않았습니다. 후경이 군대를 보내 상동(湘東)을 공격하자 그는 군사를 거느리고 상동의 위기를 해결하겠다고 자청하여 영주자사(郢州刺史)에 임명되었습니다. 뒷날 또 원제에게 크게 군사를 일으켜 위(魏)나라를 평정하자는 정책을 건의하였으나 쓰이지 않자 이렇게 말했습니다. "내 일찍이 제석천왕이 태어난 곳도 바라지 않았거늘 어찌 사람의 왕위를 엿본단 말인가! 그러나 공왕불(空王佛) 처소에서 왕과 인연을 맺었는데, 만약 쓰일 수 없다면 업(業)인 것을 어찌하겠는가!" 원제가 실패하자 제선제(齊宣帝)는 그를 태위(太尉)에 봉하고 큰 저택을 하사했습니다. 그는 오로지 관청을 불교사원으로 만들어 주기만을 원하면서 한쪽 방에서 종일 분향 정좌한 채 죽을 날만 기다렸습니다. 때가 되자 과연 앉은 채 입적하였는데 시신이 3척으로 줄어 크기가 갓난애만 했습니다. 이것도 '공이 이루어지자 몸이 물러남'과 이상한 도의 한 사례로서 퍽 의미심장하여 그 뜻을 자세히 새겨볼만 합니다.

인재 양성은 백년이 필요하다

문화를 건립하는 일은 정말 쉽지 않다는 것입니다. 큰 일은 제쳐놓고 사소한 일만 보더라도 그렇습니다. 저는 전에 학술적인 문장을 많이 썼는데, 나중에 수십 년 동안의 인생 경험과 제가 보고 들은 것을 소설로 써 보려 했지만 끝내 쓰지 못했습니다. 새로운 형식의 소설이든 낡은 형식의 소설이든 모두 쓰다가 찢어 버렸습니다. 요즈음 많은 젊은 독자층을 가지고 있는 작가들과 달리 저는 소설 쓰는 재주가 없습니다. 그래서 저는 그 작가들을 면전에서 대단하다고 칭찬했습니다. 우리는 소설을 경시해서는 안 됩니다. 많은 사람들이 눈만 높지 실제 쓰는 능력은 없으면서 다른 사람의 글을 함부로 비난합니다. 이처럼 소설이라는 한 가지 문화를 건립하는 일만 해도 정말 어렵습니다.

제가 이해하는 바로는 소위 "나무를 기르는 데는 십 년이 필요하고, 인재를 양성하는 데는 백 년이 필요하다."(十年樹木, 百年樹人)는 말과 같습니다. 한 인재를 길러 내는 데는 아주 긴 시간이 필요합니다. 저는 앞에서 보유(薄儒)의 훌륭한 그림이 나오게 되기까지는 만주족이 산해관에 들어온 뒤 3백 년 동안 그를 길러 내었기 때문이라고 말했습니다. 그가 궁중에서 보았던 그 많은 명화를 다른 사람은 볼 수 없었습니다. 사실 그의 글씨는 그림보다 더 좋고, 그의 시는 글씨보다 더 좋은데, 이는 다른 사람으로서는 배울 수 없는 것이었습니다. 이후주(李後主)의 사(詞)에 대해서도 제가 이야기한 적이 있습니다. 그의 파진자(破陣子)라는 사(詞)는 다음과 같습니다.

사십 년 지나온 국가　　　　　　　　　　　　　　四十年來家國
삼천 리 넓고 넓은 강산　　　　　　　　　　　　三千里地山河
은하수에 닿을 듯 높은 호화로운 궁궐에서　　　鳳闕龍樓連霄漢
아름다운 수목들에 깊숙이 둘러싸여 살았으니　玉樹瓊枝作煙蘿

언제 창찰을 알아나 보았던가　　　　　　幾曾識干戈

하루 아침에 포로가 된 몸　　　　　　　一旦歸爲臣虜

여윈 허리 반백의 살쩍　　　　　　　　沈腰潘鬢銷磨

무엇보다도 허둥지둥 종묘 하직하던 날　　最是倉皇辭廟日

교방에서는 오히려 이별의 노래 울리는데　教坊猶奏別離歌

눈물지으며 궁녀를 바라보았네　　　　　揮淚對宮娥

　읽는 사람을 감탄시키는 대단히 훌륭한 사입니다. 매 구절은 모두 작자의 생활 경험에서 우러난 진정한 감정이자 참 생각으로서, 그가 쓰기에는 대단히 쉬웠을 것입니다. 그러나 작자와 같이 황제로서 포로의 신세가 되어 보지 못한 사람이라면 누가 이런 사를 써낼 수 있겠습니까? 이것은 문학에 대하여 말해 본 것인데, 문학의 배양이 이렇게 어려운 것을 보더라도 우리는 문화를 건설하는 것이 얼마나 어려운 것인가를 이해할 수 있습니다.

　다음으로 관자(管子)의 고견인 "창고가 차 있으면 예절을 알고, 의식주가 충분하면 영욕을 안다."(倉稟實則知禮節, 衣食足則知榮辱)는 말을 살펴봅시다. 이 말은 동서고금 어디에서나 모두 적용될 수 있습니다. 중국의 정치사상은 관자를 떠나서는 이야기할 수 없습니다. 또, 이 두 구절을 통해서 사회와 국가의 번영과 교육 문화의 흥성은 경제를 토대로 해야 한다는 사실을 알 수 있습니다. 의식이 풍족해야 비로소 영욕을 알고, 창고가 채워져 있어야 예의가 흥합니다. 어떤 사람이 말하기를, "입을 옷마저 없는 찢어지게 가난한 사람은 더 이상 두려울 것이 없어서 목숨까지 아까워하지 않지만, 지위가 있고 돈이 있으면 두려워하게 된다."고 했는데, 관자의 말에는 이런 이지가 담겨 있습니다.

문예 · 무예를 배워 이루어서 제왕가에 팔다

중국은 과거에 "문예 · 무예를 배워 이루어서 제왕가에 판다."(學成文武藝, 貨與帝王家)라는 속담이 있었습니다. 옛사람은 문학 · 무학(武學)을 문예 무예라고 불렀습니다. 옛사람은 이 '藝'(예) 자를 아주 잘 사용하였습니다. 문학이든 철학이든 혹은 어떤 학문이든 그 수양이 예술의 경지에 도달하여야 상당한 성취가 있다고 할 수 있었습니다. 무술을 배우는 것도 마찬가지로 배워서 상당한 정도에 도달해야 무예라고 부를 수 있고 예술의 경계, 이른 바 화경(化境)에 들었습니다. 일본인들에게 이른바 일단(一段) · 이단(二段)... 이렇게 9단까지 있는 것과 달랐습니다. 일본 무술의 분단법(分段法)은 중국 불가의 선종의 부산구대(浮山九帶)에서 탈바꿈한 것입니다. 위에서 인용한 이 옛 말은 상당히 심각합니다. 이 말에서 보면 사람은 모두 현실에 대한 불만 정서가 있는데, 아무리 학문이 좋고 재간이 크더라도 팔리지 않으면 역시 헛되다는 것입니다. 맹자도 팔리지 않았고 공자도 팔리지 않았습니다. 논어 중에는 공자가 말한 "팔아야지! 팔아야지!"(沽之哉! 沽之哉!: 논어 제9편 자한에 다음의 대화가 나온다. 자공이 물었다. 아름다운 옥이 여기 있는데, 궤 속에 넣어 감추어 두시겠습니까, 좋은 값으로 파시겠습니까? 공자께서 말씀하셨다. 팔아야지, 팔아야지! 나는 상인을 기다리는 사람이다—역주)가 기록되어 있습니다. 결과적으로 빙빙 돌며 보여주는 상품 진열장에 가서도 여전히 팔리지 않아서 영원히 억울하게 된 가련한 모습입니다. 맹자도 마찬가지였습니다. 현재와 장래 사람들도 마찬가지로 팔리지 않을 때는 모두 아주 가련합니다. 이게 바로 세간의 모습입니다. 과거에는 배워 이룬 문예 · 무예를 제왕가에 팔았지만 오늘날은 어떨까요? 상공업의 재벌가나 대자본가에게 팝니다. 중국의 지식인들은 수천 년 동안 줄곧 그랬습니다.

또 다른 면으로는 그런 큰 사장님인 매주(買主)들은 태도가 모두 사람으로 하여금 난감하게 합니다. 흥정하면서 깎고 심하게 요구할 뿐만 아니라 때로는 지식인들을 대하기를 집집마다 찾아다니면서 물건을 파는 작은 장사꾼 대하듯이 한 번 쳐다보기조차도 않으면서 곧장 손짓을 하며 말합니다. "가세요! 가세요! 가!" 당신이 그에게 황금을 쇳덩이로 여겨 천하게 팔더라도 거들떠보지도 않겠다는 바로 그런 분위기입니다.

제가 어렸을 때 부친께서 저를 훈계하는 두 폭의 구어체 대련은 다음과 같습니다.

부귀는 용과 같아서 오호사해를 다 유람할 수 있지만
빈궁은 호랑이와 같아서 구족육친을 놀라 흩어지게 한다
나를 때려도 아프지 않고 나를 욕해도 아프지 않지만
가난한 서생의 간장이 가장 아프다
우는 얼굴도 예쁘고 웃는 얼굴도 예쁘지만
돈 있는 자의 얼굴은 꼴 보기 싫다

富貴如龍　遊盡五胡四海　貧窮如虎　驚散九族六親
打我不痛　罵我不痛　窮措大　肝腸最痛
哭臉好看　笑臉好看　田舍翁　面目難看

'궁조대'(窮措大)는 오늘날 '궁소자'(窮小子)라고 부르며, '전사옹'(田舍翁)은 오늘날 '유전인'(有錢人: 부자/역주)이라고 부릅니다. 수십 년을 살고 난 뒤 세상일에 대하여 많이 겪어보고 돌아보면서 다시 이 대련의 말을 생각해보니 확실히 세상에 대한 동쾌한 묘사입니다.

고대에는, 특히 춘추전국 시대 기간에는 지식인들은 첫째로 찾아다니면서 팔 좋은 대상은 당연히 임금인 각 나라의 제후로서 정권을 쥔 사장님들이었습니다. 만약 팔리면 즉시 벼락출세할 수 있고 적어도 대부(大夫) 자리 일을 하나 할 수 있었습니다. 그 다음으로, 임금에게 팔리지 못하면 그 보다 못한 세가(世家)에게, 예컨대 맹상군(孟嘗君)·평원군(平原君) 등 4대공자나 일반적으로 말하는 경대부(卿大夫)의 부류에게 팔았습니다. 그들의 좌상객(座上客)이 될 수 있다면 그것도 매우 흡족해 했습니다. 명의는 비록 빈객이라고 불렀지만 한 사람의 양사(養士)에 지나지 않았을 뿐입니다. 장검을 두드리고 노래한 풍훤(馮諼)의 경우가 바로 그랬습니다. 진시황은 천하를 통일하고 난 뒤에 축객령(逐客令)을 내린 적이 있습니다. 당시 이사(李斯)도 쫓겨날 객들의 대열에 있었는데 떠나려 할 때 글을 올려 간(諫)을 하자 진시황은 일리가 있다고 느꼈습니다. 그래서 이미 내린 명령을 거두어들이고 이사는 뒷날 그 일로 인해 중용되었습니다. 비록 그러했지만 각 나라 제후의 멸망은 양사 기풍에 하나의 타격이 아니라고 말할 수 없었습니다. 이 단계의 독서인들은 비교적 처량하고 비참하게도 대다수가 정처 없이 다른 고장으로 떠돌아다니면서 협객 생활을 하였습니다. 이것이 한나라 초기 협객풍이 성행한 주요 원인이었습니다.

고달픈 황제

당시삼백수(唐詩三百首)에는 이상은(李商隱)이 지은 이런 시구가 있습니다.

원망스러워요 높은 벼슬 서방님께 시집왔는데
이불 겨우 따뜻해진 새벽에 조회 출석 준비하니

無端嫁得金龜婿　辜負香衾事早朝

이제 막 결혼해서 장원급제한 사람에게 시집갔더니 저녁에 이불이 겨우 따뜻해진 시각인 새벽 서너 시에 일어나 조정에 나아갈 준비를 했습니다. 그래서 "고부향금사조조"(辜負香衾事早朝)라고 말했습니다. 요즘 공무원들이 8시나 9시에야 출근하는 것처럼 공무원 노릇하기가 그렇게는 좋지 않았습니다.

대신(大臣) 노릇하기도 쉽지 않았지만 황제 노릇하기란 더욱 가련했습니다. 여러분 한 번 생각해보십시오. 황제는 날이 밝자마자 일어나 대청에서 대신들의 알현(謁見)을 기다려야 하니, 그 얼마나 고달픈 일이었을까요? 여러분은 틀림없이 이렇게 의심할 겁니다. "선생님은 황제가 되어보지도 않았으면서 어떻게 아세요?" 황제를 모셨던 청나라의 한 친왕(親王)이 직접 말했던 실제 경험인데, 그는 이렇게 말했습니다. "솔직히 말해 만약 그때 사람들이 청나라를 뒤집어엎지 않았다면 나라도 뒤집어엎지 않았으면 안 되었을 걸세!" 그건 정말 괴로웠다고 말했습니다. 황제도 사람이고 우리도 사람인데 누가 놀고 싶지 않겠습니까? 저녁에 좀 놀고 싶어도 공무(公務)가 그렇게 많아 밤에도 보아야 합니다. 공무는 몇 건으로 따질 정도가 아닙니다. 태감이 들고 오는 공문은 저울로 달아보면 날마다 몇 근은 되었습니다. 옹정(雍正)처럼 그렇게 정력이 왕성했던 황제라면 밤낮으로 공문을 읽고 결재하는 것을 즐거움으로 삼을 수 있었겠지만 다른 황제들은 감당해 낼 수 없었습니다! 황제는 매일 조정에서 정무(政務)를 보는 것 외에도 황태후에게 안부를 드려야 하고, 대신의 경전 강의를 들어야 하며, 거기다가 궁녀들과 놀기도 해야 합니다. 저녁에는 상주문을 읽고 결재해야 하고, 상주문을 읽고 결재를 마치고 나면 이미 밤이 깊습니다. 그리고 잠도 얼마 자지 못했는데 서너 시면 일어나 조정에 아침 출근을 해야 합니다. 특히 젊은 황제라면 잠을 탐하니 어떻게 잠을 깰 수 있겠습니까? 그래서 늙은 태감으로 사례(司禮) 태감이란 자가 있어 날마다 새벽 서너 시면 황제의 침궁(寢宮) 문밖에서 큰 소리로 고함을 지릅니다. "황태후의 명이십니다. 성상, 일어나십시오..."

중국의 윤리는 조정에서 황제 자신이 가장 엄격히 지켜야 했습니다. 궁중에 돌아와 어머니를 뵐 때는 무릎을 꿇고 안부를 물어야 합니다. 이것이 중국의 윤리입니다. 태감이 황태후의 명을 받드는 것은 궁중에서는 황제의 어머니가 최고이기 때문입니다. 그러므로 황태후의 명을 황제가 어길 수 없습니다. 젊은 황제가 한참 단 잠을 자고 있을 때 사례 태감은 크게 세 번 외칩니다. 그래도 황제가 일어나지 않을 경우 큰 태감이 입을 한 번 삐죽 내밀어 지시하면 작은 태감이 뜨거운 물이 가득 담긴 세숫대야를 들고 와서는 수건을 물에 적셔 황제의 얼굴에 덮어 놓습니다. 그래도 황제가 버틸 때는 작은 태감이 뒤에서 황제를 밀어 부축합니다. 그리고는 여러 사람들이 달려들어 얼굴도 닦아주고 머리도 빗어주고 용포(龍袍)로 갈아입히고 해서 황제를 밖으로 밀어냅니다. 이를 보면 황제 노릇이 정말 가련하다는 것을 알 수 있습니다. 황제는 잠잘 때도 혼자 자야합니다. 황제와 잠자리를 함께 하는 비(妃)는 밤이 깊어지면 태감들이 이불로 싸서 업고 가버립니다. 일반인들처럼 자기 부인과 긴 밤 동안 따뜻하고 부드럽게 지낼 수 없습니다. 만일 황제가 비와 함께 좀 더 다정한 시간을 보내고 싶어 하면 태감이 소리를 지릅니다. "성상, 용체(龍體)를 보중하소서!" 얼마나 살풍경합니까! 뿐만 아니라 어떤 비를 데리고 자려면 먼저 황후한테 등록을 해야 하고, 만약 어떤 비가 함께 자는 횟수가 많아지면 황후가 경고를 내립니다.

게다가 황제가 먹는 요리는 백여 가지나 됩니다. 그렇지만 상 앞의 몇 가지만 먹을 수 있고 뒤에 놓인 것은 모두 먹을 수 없습니다. 황제가 두부 한 접시를 먹고 싶다면 역시 내부(內府)에 결산 보고를 해야 하고 우리가 호텔에서 먹는 것보다도 비쌉니다. 황후가 먹는 것도 마찬가지입니다. 9십여 가지 요리 중에 먹을 수 있는 것은 몇 가지에 지나지 않습니다. 궁내에서 황후는 황제와 같은 식탁에서 식사할 수 없습니다. 그러나 황제가 좋아한다면 비는 같은 식탁에서 식사할 수 있습니다. 그러나 비도 모시는 횟수가 너무 많아서는 안 됩니다. 많아지면 늙은 태감도 잔소리를 하고 황후도 잔소리를 하게 됩니다. 만약 황후가 황제와 같이 식사를 하고 싶어 할 경우는 어떻게 할까요? 역시 가련합니다! 황후와 비는 모두 곁에 서서 모셔야 하고 같은 식탁에서 식사하지 못합니다. 황태후가 황후더러 앉아서 식사하라 하면 황후는 머리를 조아려 감사 표시를 한 뒤 앉을 수 있습니다. 그렇지만 젓가락을 들고 입을 좀 오물오물 하는 정도고 배불리 먹을 수도 없습니다. 한마디로 말해 천하에 무슨 일이든 다 해도 좋지만 황제 노릇만은 해서는 안 됩니다.

그 누가 자신이 상황이 되려하겠는가

우리는 사람의 심리를 알아야 합니다. 어떤 재산가든 감히 자신의 재산을 자식에게 물려주려 하지 않습니다. 권력과 지위 또한 마찬가지입니다. 저는 아직도 지위를 가지고 있는 오랜 친구 몇 사람들에게 항상 이렇게 말합니다. "자네들 조심 하게나! 권력과 지위는 마귀 같다네. 손에 넣기 전에는 좋았던 사람이 일단 손에 넣고 나면 마귀에 달라붙을 수 있네." 한 친구가 듣고 나더니 탁자를 탁 치면서 껑충 뛰듯이 일어서서 말했습니다. "자네 그 말 정말로 옳은 말이네. 조금도 틀리지 않네!" 그는 옛날 전고를 들어가며, 어떤 사람들은 권력과 지위를 손에 넣기 전에는 아주 좋고 사랑스러웠던 사람이 손에 넣고 나서는 마귀에 달라붙은 것 같아 가까운 친척도 안중에 없이 몰인정했다고 지적했습니다. 이런 점을 다들 검토 반성하고 수양해야 합니다.

그 밖에도 권력과 지위를 넘겨주기 어려운 또 하나의 원인은, 바로 권력과 지위가 있는 사람은 특히 나이가 많아졌을 때에는 아무래도 젊은이는 경험이 부족하고 능력이 부족하며 생각이 성숙되지 않았다고 보기 때문입니다. 그래서 감히 손을 놓아버리지 못하고 권력과 지위를 넘겨주지 못합니다. 그러나 감히 넘겨주려 하지 않는 결과도 비참했으며 역사상 많거나 적은 비극을 낳았습니다.

우리가 역사상의 황제를 보면 이른바 '항룡유회'(亢龍有悔)였기에 태상황의 처지였습니다. 청나라 건륭(乾隆)황제 역시 그런 경우의 하나였습니다. 건륭은 8십여 세까지 살았는데 최후에는 황제의 자리를 그의 아들 가경(嘉慶)에게 넘겨주었습니다. 결과는 역시 비참했습니다. 당나라 명황은 사람을 잘못 썼는데, 이림보(李林甫)를 재상으로 쓴 것이 그렇습니다. 그러나 건륭은 화신(和珅)이라는 가장 마음에 드는 인물을 썼습니다. 화신은 아주 나빴습니다. 그가 뇌물을 받아먹고 국가 법률을 위반한 것은 역사적으로도 유명합니다. 건륭이 죽자 아들 가경은 먼저 화신의 가산을 몰수했는데, 그의 가산을 몰수해서 나온 재부는 황제 궁 안의 재부보다 크고 더 많았습니다. 이를 통해 그가 얼마나 지독한 탐관오리였는지를 알 수 있습니다. 건륭이 그런 사실을 몰랐을까요? 절대 알고 있었습니다. 어떤 사람이 이렇게 물은 적이 있습니다. "화신의 사람됨이 좋지 못한 것을 뻔히 알면서도 왜 그를 계속 쓰고 계십니까?" 건륭은 대답했습니다. "그대들은 아무래도 나와 함께 놀아줄 수 있는 사람을 하나 머물게 해줘야지!" 이것은 극단적으로 말한 것입니다! 여러분이 장래에 대신이 된다면 황제 측근에는 꼭 소인 한 명을 두어야 합니다. 나라의 황제도 나설 처지가 못 되는 사생활이 좀 있을 게 아닙니까? 오직 그런 사람만이 황제를 대신해서 처리해 줄 수 있습니다. 포청천(包靑天) 같은 사람을 찾았다가는 큰 일 납니다. 예를 들어 황제가 어느 곳에 포르노 영화가 하나 상연중이라는 소리를 듣고는 구해서 한 번 보고 싶다면 포청천 같은 사람은 틀림없이 무릎 꿇고 바른 말로 이렇게 간할 것입니다. "신은…신은…신은…감히 명을 받들지 못하겠사옵니다." 황제가 그 얼마나 무안하겠습니까! 만약 화신에게 말한다면 황제가 상상하는 것보다도 더 용의주도하게 하여 군주가 틀림없이 만족할 것입니다! 그런데 황제가 어떻게 그를 좋아하지 않을 수 있겠습니까? 황제자리에 있는 사람은 아주 괴로울 경우가 있으므로 건륭은 말했습니다. "그대들은 아무래도 나와 함께 놀아줄 수 있는 사람을 하나 머물게 해줘야지!" 그 의미는 이렇습니다. "여러분들은 다들 그에 대해 이러쿵저러쿵 말들 하지 말라. 나는 그가 나쁘다는 것을 안다. 그렇지만 여러분은 다 아주 좋은 사람들인데 어떻게 나와 함께 놀아주겠는가?" 화신 같은 사람을 역사에서는 '농신(弄臣)'이라고 부릅니다.

당나라 명황은 안록산의 난 때 피난을 가느라 사천(四川) 길에 있었습니다. 말을 타고 보슬비가 내리는 가운데 말방울이 딸랑딸랑하는 소리를 들었는데 그런 처량한 맛은 일반인들이 상상할 수 없는 것이었습니다. 자희(慈禧)태후가 피난 갈 때 허운(虛雲)노화상이 뒤에 따라갔습니다. 자희태후의 배고픈 모습을 보고 내시가 민간에 들어가 고구마를 얻어다 황태후에게 드시라고 드렸습니다. 황태후는 고구마를 보더니 침이 줄줄 흘렀습니다. 정말 한 푼어치 값도 안 나가는데 황태후는 무슨 놈의 황태후입니까! 사람은 모두 마찬가지입니다. 당시에 당나라 명황은 촉(蜀)으로 행차하면서 말위에서 탄식을 하고 있었습니다. "어쩌다가 이 꼴이 되었단 말인가!" 당시 고력사(高力士: 고력사는 충신으로 훌륭한 환관이었습니다. 다들 소설가에게 속지 마시기 바랍니다. 고력사가 이태백을 위하여 신발을 벗겨주었다는 것은 하찮은 일이었습니다)가 옆에서 따라가면서 이 말을 듣고 말했습니다. "황상! 이것은 스스로를 원망하실 일이 아닙니다." 명황이 무슨 뜻이냐고 묻자 그가 말했습니다. "누가 황상더러 이림보를 재상으로 쓰라고 하였습니까?" 명황은 한 번 탄식하며 대답했습니다. "이림보 그 놈, 그가 이 꼴로 만들어 놓을 줄 내 알았지." 고력사가 말했습니다. "황상, 그가 나쁜 사람이란 걸 당신도 알고 계셨습니까?" 당명황이 말하기를, 어찌 몰랐겠느냐!"라고 하자 고력사가 말했습니다. "그가 나쁜 사람인데도 왜 쓰려고 하셨는지요?" 명황이 말했습니다. "에이, 그건 네가 이해하지 못해! 지금 다시 이림보 같은 나쁜 사람을 하나 찾아보려 해도 찾을 수 없어!" 이 한마디 말은 인재를 구하기가 어렵다는 것을 설명하고 있습니다! 우리가 역사를 읽더라도 이해하지 못하고, 많은 사람들이 역사를 읽어도 이해하지 못하는데, 인재를 찾기가 제일 어렵습니다. 천하는 바로 마음에 맞는 인재를 찾기가 어려운 것입니다. 이는 좋은 차를 마시는 것과 같은데 사람마다 차를 우릴 줄이야 알지만 제 맛이 나게 우리는 사람은 적습니다. 그래서 명황은 말했습니다. "나는 이림보가 나쁘다는 것을 모르는 것이 아니다. 그러나 지금 다시 이림보와 같은 인재를 하나 찾아보려고 해도 아직 없다!" 얘기하다보니 청나라 때 유명한 인사였던 정판교(鄭板橋)가 생각납니다. 재능이 뛰어난 사람이자 인품도 뛰어난 사람이었습니다. 잘 지은 시가 한 수 있는데 그는 말합니다.

남내궁은 쓸쓸하고 서내궁은 황량한데
얇은 구름에 앙상한 가을 나무는 궁궐 담장에 가득하네
옛날부터 백대에 이름 떨친 현명한 천자라도
자신이 태상황이 되려 하지는 않았네

南內凄清西內荒　淡雲秋樹滿宮牆
由來百代明天子　不肯將身作上皇

정판교는 왜 이 시를 지었을까요? 그는 건륭황제가 태상황이 되는 것을 보고 감개하는 바가 있었기 때문입니다. 첫째, 건륭황제가 자기가 아직 계속할 수 있는 때인데도 황제의 자리를 아들에게 물려줄 수 있다는 점에 감개했습니다. 둘째, 그는 또 건륭이 태상황이 된 뒤의 맛이 걱정되었습니다. 비록 황제가 자기 아들이라 하더라도 일단 권력의 자리를 물려주고 난 뒤에는, 가령 대만의 동정(凍頂) 오룡차(烏龍茶)를 마시고 싶어도 몇 개월이 지나도 마실 수 없습니다. 황제의 자리에 있을 때야 어떤 것을 요구해도 2십분도 채 안 되어 나옵니다. 왜 그럴까요? 상황이 달라졌기 때문입니다. 황제의 아들이 잘못일까요? 아닙니다. 중간에서 소란을 피우는 것은 모두 황제 주변 사람들입니다! 그래서 "남내궁은 쓸쓸하고 서내궁은 황량한데, 얇은 구름에 앙상한 가을 나무는 궁궐 담장에 가득하네."라고 말했습니다. 여기서 정판교의 문학적 경지를 볼 수 있습니다. '담운추수'(淡雲秋樹)에서 '담운'(淡雲)은 어떤 사람이 세력을 잃은 뒤의 그 냉담하고 처량한 상황입니다. '추수'(秋樹)란 가을철 나무로서 낙엽이 져 이파리 하나 남아 있지 않는 모습입니다. 오직 담담한 가지 그림자만 있는데 그런 냉담함과 도움이 없는...상황을 말하고 있습니다. 여러분은 황궁 안을 본 적이 없을 것인데, 일본 경도(京都)에만 가도 둘러 볼 수 있습니다. 그렇게 큰 황궁의 담장 안에서 혼자 앉아 있는 것은 스님보다도 불쌍합니다. 정말 스님보다도 훨씬 외로워서 귀신 그림자도 구경하기 어렵습니다. "얇은 구름에 앙상한 가을 나무는 궁궐 담장에 가득하네.", 황제 자리를 물려주고 난 뒤는 이처럼 처량합니다. 이런 환경은 도를 닦는 사람에게는 오히려 좋습니다. 왜냐하면 도를 닦는 다는 것은 처량함을 즐기는 것이기 때문입니다. 만약 선(禪)을 닦는 사람이라면 폐관(閉關) 정좌하기 딱 좋아서 안성맞춤의 장소를 얻은 겁니다. 그렇지만 보통사람들은 그렇게 할 수 없습니다.

그 다음 구절에서 한 번 전환합니다. "유래백대명천자(由來百代明天子), 불긍장신작상황(不肯將身作上皇).", 자고이래로 고명한 황제라도 차라리 황제의 자리에 앉아 죽었다는 겁니다. 역사상 어떤 황제들은 죽을 때까지 권좌를 물려주지 않았기 때문에 죽은 뒤 시체가 썩어 구더기가 어지럽게 기어오르고 시체 썩는 물이 흘러서 맞들고 나갈 수 없는 경우도 많았습니다. 왜냐하면 아들들이 권력을 다투고 자리를 빼앗아 서둘러 황제가 되려고 황제의 시체를 구더기가 파먹도록 내내 내버려두었기 때문입니다. 이를 보면 권좌의 강탈이 두렵다는 것을 알 수 있습니다. 황제만 그런 것이 아니라 이사장이든 회장이든 마찬가지입니다.

대만에 아주 돈 많은 화교 한 분이 있었습니다. 나이도 많았습니다. 한 친구가 그에게 말했습니다. "자네는 나이도 많고 돈도 많으니 마땅히 좀 쉬어야지 아직도 뭘 그렇게 힘들게 하는가?" 그는 말했습니다. "바로 나이가 많기 때문에 더 노력해서 돈을 벌어야 하네. 내가 죽고 나면 더 이상 돈을 벌 수 없을 테니 말일세." 제 친구는 쓴 웃음만 지었습니다. 이것도 일종의 철학이라 할 수 있습니다. 그렇지만 그가 죽은 뒤 역시 부인이나 자식들 간에 재산 다툼으로 법 소송을 하느라 노인의 후사는 처리하는 사람이 없게 되고 말 것입니다. 이런 일은 우리가 많이 봅니다. 노인네야 이미 죽었으니 내버려두고 형제들은 오로지 재산 다투는 데만 열중하고 소송을 일으킵니다. 늙은 회장님들에게는 그만둘 수 없는 이유가 많은데 이것도 그 중에서 가장 중요한 원인입니다. 그러나 눈을 감는 날이 되면 놓을까요? 놓지 않아도 놓아야 합니다. 그렇지만 역시 그 때 가서 보는 거지요! 내가 눈을 감기 전에는 놓지 못합니다. "옛날부터 백대에 이름 떨친 현명한 천자라도, 자신이 태상황이 되려 하지는 않았네."는 바로 그런 이치입니다.

그렇지만 중국의 예전 황제들 중에는 진정으로 온 마음으로 백성들을 위해 일하고 자기의 모든 행복은 돌아보지 않았던 사람들도 있었습니다. 그래서 황제는 스스로를 '고가과인(孤家寡人)'이라 했는데 정말 고독한 사람이었습니다. 저는 만약 기회가 있다 하더라도 절대로 황제는 되지 않겠다고 늘 말합니다. 황제는 그만두고라도 보통 사람조차도 나이가 많아지면 역시 '과인'이 됩니다. 한번 생각해 보십시오. 지금 여기 두 늙은이가 한참 우스개 얘기를 하고 있습니다. 야한 이야기 등 별의 별 이야기를 다 할 수 있는데, 갑자기 후생인 후배 젊은이가 한 명 들어왔습니다. 아무 얘기도 감히 못하고 거만하고 단정 장중하면서 대단히 도덕 군자인양 점잔 빼는 척 할 수밖에 없습니다. 그러면 젊은 친구도 자연히 감히 접근하지 않을 것입니다. 결과적으로 당신과는 이야기할 사람이 없습니다. 그게 정말 '과인'입니다. 특히 유가 글을 읽은 꼿꼿한 노인네라면 더욱 그렇습니다. 여러분은 앞으로 항상 젊은이들과 함께 어울리고 말도하고 웃고 그러시길 권합니다. 장래에 과인으로 변했을 때에, 다들 당신을 보면 인사만 하고 경원시할 뿐 영원히 당신과는 친근히 하지 않는 그런 사람이 되지 말기 바랍니다.

세상에는 사람의 욕망처럼 위험한 것이 없다

명리(名利)는 본래 권세(權勢)의 필요 도구이니, 명리가 원인이며 권세는 결과입니다. 권력과 세력은 인성(人性) 중의 소유욕과 지배욕이 확대 발전한 것입니다. 비록 현자라 할지라도 피하기 어려운 것입니다. 사마천이 말한 "군자는 죽은 후에 이름이 일컬어지지 않을 것을 두려워한다."(君子疾沒世而名不稱焉) "세상 사람들은 분주하게 저마다 이익을 위해서 찾아오고, 세상 사람들은 분주하게 저마다 이익을 위해서 떠나간다."(天下熙熙, 皆爲利來. 天下攘攘, 皆爲利往)는 말은 바뀌지 않는 명언입니다. 물론 명리를 싫어해서 멀리하고 명리에 대하여 침 뱉고 꾸짖으면서 명리가 도에 부합하지 않는다고 여기는 사람도 있습니다. 그러나 명리는 본래 덧없는 세상에서 중시하는 것이니, 내던져버릴 수 있었던 사람이 고금에 몇이나 있었을까요? 오직 불가와 도가가 혼합된 사상을 가진 사람이 말한 대로 '삼계(三界: 욕계慾界, 색계色界, 무색계無色界─역주) 밖으로 뛰어넘어서, 오행(五行: 금목수화토金木水火土─역주) 가운데 있지 않는다.'는 경지가 아니고서야 아마도 예외가 없을 것입니다. '아마도'라고 말한 것은 여전히 단정 지을 수 없다는 뜻입니다. 일반 종교가들의 말에 의하면 현세를 초월한 세계에서조차도 권력지배적인 우상을 벗어버릴 수 없기 때문입니다. 그렇다면 이 세상에서건 혹은 이 세상을 초월해서건 여전히 권세의 올가미를 벗어나지 못합니다. 이렇게 보면 인간의 욕망은 참으로 슬픈 심리 행위입니다. 그렇지만 어쩌면 어떤 사람은, 인간의 욕망이야말로 사랑스러운 동력이며 인간에게 소유하고 지배하려는 욕망이 없었다면 이 세계는 적막하여 죽음처럼 생기라고는 없지 않았겠느냐고 말할지도 모르겠습니다. 옳고 그름은 참으로 말하기 어렵습니다.

먼저 우리는 욕망이 무엇인지를 확정지어야 합니다. 아주 명확한 답안으로는 욕망에는 넓은 의미와 좁은 의미 두 층의 함의가 있습니다. 넓은 의미의 욕망은 바로 생명이 존재하는 동력이며, 생존과 생활에 있어서의 모든 수요를 포괄합니다. 좁은 의미의 욕망은 일반적으로 말해 모두 남녀 간의 관계와 음식을 향한 욕구를 가리킵니다. 예를 들어 유가를 대표하는 공자는 주역 서괘전(序卦傳)에서 이렇게 말했습니다.

"천지가 있은 뒤에 만물이 있고, 만물이 있은 뒤에 남녀가 있고, 남녀가 있은 뒤에 부부가 있고, 부부가 있은 뒤에 부모와 자식이 있고, 부모와 자식이 있은 뒤에 군주와 신하가 있고, 군주와 신하가 있은 뒤에 위아래가 있고, 위아래가 있은 뒤에 예의를 둘 바가 있다. 부부의 도는 오래하지 않을 수 없다."

有天地, 然後有萬物；有萬物, 然後有男女；有男女, 然後有夫婦；有夫婦, 然後有父子；有父子然後有君臣；有君臣, 然後有上下；有上下, 然後禮儀有所錯。夫婦之道, 不可以不久也。

그는 예기(禮記)의 설명에서 또 말했습니다. "남녀와 음식에는 사람의 큰 욕망이 존재한다"(男女飮食, 人之大欲存焉) 공자는 비록 후대의 고자(告子)처럼 '식욕(食)과 성욕(色)은 본성이다'고 강조하지는 않았지만, '희노애락애오욕'(喜怒哀樂愛惡欲)의 칠정 가운데 '욕'자의 범위를 남녀와 음식이라고 아예 명시했습니다. 사람의 생명이 존재하려면 배불리 먹고 마시는 것 외에도 바로 뒤따르는 것이 남녀 이성 간의 관계입니다. 그래서 공자는 시경을 간추리고 확정하면서 시작 제1편으로 '관저'(關雎)를 채택하였습니다. 공자는 남녀와 음식에 대해 말하기를 꺼려한 것은 결코 아니었고, 다만 남녀와 음식의 문제에서도 반드시 인륜의 윤리 질서를 세워야 하며, '심리적 · 생리적 충동은 행위 면에서 예(禮)에서 그쳐야 한다'(發乎情, 止乎禮)는 것을 강조하였을 따름입니다.

　위에서 든 예가 바로 욕망의 함의를 좁은 의미의 색욕(色欲)의 범주로 귀납시킨 것입니다. 이밖에 유가와 도가의 저술에는 색욕을 싫어하고 멀리하며 색욕이 사람을 사로잡을 것을 두려워하는 논조들이 이루 헤아릴 수 없을 정도로 많습니다. 송나라 시대 다섯 명의 대 유학자 가운데 하나인 정명도(程明道)가 "좌중에는 기녀가 있으나 심중에는 기녀가 없네."(座中有妓, 心中無妓)고 말한 명언은 줄곧 후세의 유학자들이 찬양한 지극히 높은 수양의 경지였습니다. 더 나아가 주희의

십 년을 은거하여 한 몸이 가볍더니	十年浮海一身輕
보조개를 보자마자 도리어 정이 일어나네	乍睹黎渦卻有情
세상에는 사람의 욕망보다 위험한 것이 없나니	世上無如人欲險
몇 사람이나 이 때문에 평생을 그르쳤던가	幾人到此誤平生

등은 '욕심 낼만한 것을 보이지 않으면 백성들의 마음을 어지럽게 하지 않는다.'(不見可欲, 使民心不亂)는 노자의 명언과 거의 맞아떨어집니다.

위진 시대 이후로 불가 학설이 수입되면서 '욕'의 함의는 넓은 의미의 범주로까지 아주 뚜렷이 확충되었습니다. 무릇 인간 세상이나 물질 세계의 사물들 일체에 대하여 물들어 집착하여 탐애(貪愛)가 일어나고 미련을 못 버리는 심리 작용은 모두 욕이라고 보았습니다. 정욕·애욕·물욕·색욕, 그리고 명예를 탐내고 이익을 탐내는 것까지, 무릇 탐하는 것은 모두가 욕이라고 할 수 있습니다. 그러나 불가에서는 욕을 선과 악의 층차로 나누어 놓았습니다. 선한 욕망의 행위는 믿음·소망과 함께 일컬어지지만 악한 욕망의 행위는 타락으로 연결됩니다. 욕락(欲樂)에 대한 사변적인 분석은 지극히 정밀하고 상세하니 여기서는 더 이상 논의하지 않겠습니다. 특히 불가의 소승(小乘) 계율에서는 색욕과 물욕을 독사나 맹수처럼 보아서 생명과 수도를 충분히 방해할 수 있다며 오로지 피하지 못할까 두려워합니다. 이는 노자의 '욕심 낼만한 것을 보이지 않으면 백성들의 마음을 어지럽게 하지 않는다'와 꼭 같습니다. 그래서 위진 시대 이후로 유불도 삼가의 문화가 결합하여 중국 문화의 주류를 형성함으로써, 물욕의 발전을 경시하고 낙천지명(樂天知命)에 편중되어 자연 생활에 안주하는 사상이 보편적으로 뿌리를 내리게 되었습니다. 어떤 사람은 말하기를, 이는 유가와 도가의 사상, 즉 공자와 노자의 학설이 역대로 총명하고 영리한 제왕들에 의해 통치의 도구로 사용되었기 때문이라고 합니다.

어쨌든 인간이란 결국 매우 모순적인 생물입니다. 도리 면에서는 모두 다른 사람더러 욕망이 없고 사심이 없음을 실천하여 성인의 기준에 부합할 수 있기를 바라지만, 행위 면에서는 그 자신이 사욕의 속박 속에서 뒹굴고 있습니다. 그러면서도 자기는 저마다 자신을 위하여 변명할 또 다른 이유를 가지고 있습니다.

양쪽에서 인생을 바라보다

어떤 사람들은 책을 읽지 않아도 하나의 현상으로부터 인생을 분명하게 볼 수 있습니다. 산부인과에 가 보면, 아기는 누구나 네 손가락으로 엄지손가락을 움켜쥐고 있는데 매우 단단하게 움켜쥐고 있습니다. 이와 같이 사람은 태어나자마자 무엇을 잡으려고 합니다. 그런데 장례식장에 가보면, 죽은 사람들은 모두 손을 펴고 있습니다. 사람은 태어나서는 잡으려고 하지만 마지막에 이르러서는 잡을 수 없습니다. 예전에 대륙에서 산중생활을 할 때 저는 원숭이가 옥수수를 훔치는 광경을 보았습니다. 왼손으로 하나를 따서는 오른쪽 겨드랑이에 끼우고, 다시 오른손으로 하나 따서 왼쪽 겨드랑이에 끼웁니다. 이렇게 두 손으로 쉬지 않고 따서 겨드랑이에 끼우지만 옥수수는 계속 떨어집니다. 결국 원숭이가 옥수수 밭을 나갈 때는 기껏해야 하나밖에 손에 쥐고 있지 않는데, 그나마 사람에게 쫓기게 되면 하나마저도 버리고 맙니다. 이처럼 인생도 줄곧 옥수수를 따지만 최후에는 어느 것 하나 자기 것으로 가지지 못합니다. 여기에서 우리는 인생이 무엇인지 이해할 수 있습니다. 부귀빈천에 상관없이 모두 이렇게 잡았다가 다시 놓고, 마지막에 가면 아무 것도 없습니다. 알몸으로 왔다가 알몸으로 가는 것입니다.

생과 사 양쪽의 현상을 살펴보았는데, 살아가는 과정에서 느낀 고통이나 번뇌 등 이런 심리적인 정서는 모두 생각이라는 근원에서 온 것입니다. 현상을 이야기하지 않고 생각의 근본만 추구하는 것이 바로 형이상학입니다. 지금 우리가 여기 앉아 있는데, 누가 생각이 없을 수 있을까요? 생각이 없다는 것은 불가능합니다.

서양의 철학자 데카르트는 "나는 생각한다. 그러므로 나는 존재한다."고 말했습니다. 그는 생각이 있으면 내가 존재하고, 생각이 없으면 내가 존재하지 않는다고 보았습니다. 서양 철학에서는 '생각'이란 것을 매우 중요시했습니다. 사람에게 생각이 없다면 뭐라고 부를까요? 당연히 '죽은 사람'이라고 부릅니다. 그러면 내가 존재하지 않는 것이지요. 이런 생각은 엄격히 말하면 유물 사상의 범주에 속합니다.

우리가 중국 철학이나 동양 철학의 관점에서 서양의 이런 철학을 보면, 생각할 수 있는 '나'는 모두 단속적(斷續的)인 '나'입니다. 앞에서 우리는 전기 불빛과 흐르는 물로 그것을 비유한 적이 있습니다. 지금 여기 앉아서도 깨어 있기만 하면 생각이 있다는 것을 체험할 수 있습니다. 그러나 돌이켜 다시 한번 반성하고 이해해 보면 영원히 존재하는 생각이란 없습니다. 한 생각 한 생각이 매우 빨리 지나가 버립니다. 우리 머리 속으로 "내가 현재……"라고 생각하는 순간 이미 현재는 지나가 버리기 때문에, 결국 현재란 존재하지 않습니다. 미래의 것은 아직 오지 않았지만, 우리가 '미래'라고 했을 때는 이미 '현재'로 변하고, 이 '현재'는 또 금방 지나갑니다. 흐르는 물의 물결처럼 하나하나 지나갑니다. 하지만 매우 밀접하게 이어집니다. 이것은 사람 본성의 기능이 일으키는 현상입니다.

불학에서는 본성을 큰 바다에 비유합니다. 우리들의 현재 생각—감각·지각을 포괄하는—은 모두 바다의 파도입니다. 파도는 겹겹이 밀려오고 밀려가면서 영원히 존재하지는 않습니다. 우리는 여기서 사람의 생각과 감정도 끊임없이 변하고 있다는 것을 알 수 있습니다. 예를 들어, 분노가 일어나더라도 그냥 내버려두면 다시 일어나지 않는데, 이것이 바로 파도가 지나가는 것입니다. 불교는 이런 관점에서 이것을 '공(空)하다'고 말합니다. 우주의 모든 현상은 사람의 심리적인 생명 현상까지 포함해서 머물러 있는 것이 하나도 없습니다. 이것을 불교에서는 '무상'(無常)이라고 부릅니다. 세상의 것은 모두 무상하여 영원히 존재하는 것이 없습니다. 그러나 종교철학을 모르는 사람은 다릅니다. 그들은 '무상'을 제멋대로 '무상귀'(無常鬼)로 변화시킵니다. 사실 '무상'은 하나의 술어로서 '영원히 존재하는 것은 없다.'는 뜻입니다. 그러므로 사람의 감정도 무상한 것으로서 영원히 불변하는 것이 아닙니다. 내가 이 물건을 좋아한다고 하지만 사흘이 지나면 그만입니다. 이런 '무상'의 관념은 인도 문화이자 동양 문화의 범주이기도 합니다. 중국의 역경(易經)에서는 '무상'이라 부르지 않고 '변화'라고 부릅니다. 천지간의 일은 언제 어디서나 매분 매초마다 변하고 있으며, 불변의 법칙이 없습니다. 반드시 변합니다. 다시 말하면 역경에서 말하는 변화의 이치는 원칙을 이야기한 것이고, 불교에서 말하는 무상은 현상을 이야기한 것입니다. 명칭은 다르지만 이치는 같습니다. 즉, 사람의 생각을 말하는 것으로 심리적인 파도는 지나가기 마련입니다. 그래서 공(空)하다고 합니다. 이것은 소극적인 관점으로 인생을 비관적으로 본 것입니다. 인생이란 마치 원숭이가 옥수수를 훔친 것과 같아서 빈손으로 오고 빈손으로 가서 아무 것도 가질 수 없다는 것입니다. 이는 소승불교의 생각입니다.

위에서는 겨우 절반만 이야기했는데, 또 하나의 이치가 있습니다. 즉, 생각만이 무상하고 공한 것이 아니라, 이 몸과 생명도 모두 '나'라고 할 수가 없습니다. 그러면 어느 것이 '나'일까요? 불교에서는 우리가 말하는 '나'는 가짜일 뿐 진정한 '나'는 있을 수 없다고 생각합니다. 서양 데카르트의 철학에서는 생각을 진정한 '나'로 여기는데, 이 이론은 앞서 지적했듯이 맞지 않으며 역시 문제가 있습니다.

작은 것에서 사람을 알아보다

재(才) · 덕(德) · 학(學) 세 가지를 두루 다 갖춘 사람은 많지 않습니다. 지난날 정치상 한 가지 큰 비밀이 있었는데, 역사상 총명한 제왕은 탐욕이 있더라도 유능한 사람을 등용하기 좋아했다는 것입니다. 어떤 사람의 인품 덕성이 그리 좋지 않다는 것을 뻔히 알면서도, 재능이 있으면 관직에 등용하여 때로는 한쪽 눈을 감아 주고 상관하지 않았습니다. 그런데 이런 사람은 사실 국가 사회를 위해 좋은 일을 했습니다. 어떤 사람들은 대단히 청렴결백하며 인품도 좋고 학문도 훌륭했지만, 미련하기 이를 데 없어 일을 해내지 못했습니다. 그런 경우 그는 한림원(翰林院)으로 보내져, 지위야 높았지만 찬밥 신세가 되었습니다. 예를 하나 더 들겠습니다.

송태조 조광윤의 젊은 시절 학우였던 조보(趙普)는 자기가 논어 반 권 정도의 책밖에 읽지 않았다고 하여, 뒷날 재상이 되었을 때 논어 반 권으로 천하를 다스린다는 말을 했습니다. 그는 늘 서랍 속에 논어를 넣어 놓고 해결하기 어려운 정치적 문제가 있으면, 마치 종교를 믿는 교인들이 경전을 찾아보듯이 논어를 넘겨보았습니다.

송태조 조광윤은 저녁이면 평복을 입고 대신들의 집에 들르기를 좋아했습니다. 재상 조보의 집안사람들과는 이전부터 잘 아는 사이라 특히 그의 집에 자주 들렀습니다. 큰 눈이 내린 어느 겨울날 저녁, 조보 부부는 이렇게 추운 날씨에는 황제가 오지 않을 것이라 생각하고 있었습니다. 그런데 대문 두드리는 소리가 나기에 나가 보니 황제였습니다. 조보 부부는 속으로 크게 당황했습니다. 왜냐하면 당시 남방은 아직 평정되지 않았고, 그날 오후에 공물로 바쳐진 물건들이 와 있었는데 조보가 아직 황제께 보고를 하지 못했기 때문이었습니다. 조보는 얼른 무릎을 꿇어 황제의 행차를 맞이하고, 그 사유를 아뢰었습니다. 송태조는 그를 위로하면서 상관없으니 공적인 일은 내일 아침에 말하자고 했습니다. 송태조는 응접실에서 이리저리 왔다 갔다 하다가 공물 속에 큰 병이 하나 있는 것을 발견했는데, 뜻밖에도 그 위에는 조보에게 보낸다고 쓰여 있었습니다. 송태조는 이상하게 여기며 그 병을 열어 보았습니다. 그랬더니 병 안에는 오이처럼 생긴 작은 금덩이들이 가득 들어 있었습니다. 조보를 포함해 누구도 예상하지 못한 일이었습니다. 조보는 크게 놀라면서 즉시 황제에게 무릎을 꿇고, 정말로 아직 자세히 보지 못해 그것이 황금인 줄은 몰랐다고 아뢰었습니다. 그러자 송태조는, "당신이 재상의 몸이니, 남들은 천하의 일이 모두 당신 같은 서생의 손에서 결정되는 줄로 생각하고, 그렇지 않다는 것을 모르오. 다른 나라에서 이런 약간의 물건을 보내 온 게 뭐 대단하겠소? 이건 받으시구려. 주는 대로 받아도 괜찮소!" 하고 말했습니다. 송태조의 마음 속 동기가 무엇이었든 간에, 여하튼 훌륭했습니다. 또 한 사람인 조빈(趙彬)은 원래 조광윤의 동료이자 친한 친구였는데, 그는 오대 시대 주 왕조의 외척이었습니다. 조광윤은 늘 그와 함께 술을 마시러 가자고 했지만, 그는 결단코 가지 않고 중립을 지켜 자기 자리를 보존했습니다. 뒷날 조광윤은 황제가 되자, 그의 인품이 훌륭하다고 여겨 조보와 함께 중용(重用)했습니다. 어떤 사람이 조광윤에게 조빈의 사생활을 밀고했으나, 조광윤은 곧이 듣지 않았습니다. 이것이 바로 조광윤이 사소한 일에서 사람을 알아본 것입니다.

이런 이야기들은 재덕(才德)을 구비한 사람이라야 국가의 대신이 되고, 사회적으로 훌륭한 인물이 된다는 것을 말해 줍니다. 이 단락에서 공자도 재와 덕이 서로 결합되지 않은 문제를 말하고 있습니다. 중국 문화는 주공(周公)이 정리한 것이고, 공자는 그의 도통을 계승한 데 불과합니다. 주공은 정치에 종사해서 국가의 수상이 되었는데, "일목삼악발, 일반삼토포"(一沐三握髮, 一飯三吐哺)라는 유명한 말은 바로 그에게서 유래되었습니다. 곧, 머리를 한 번 감다가 세 차례나 머리털을 움켜쥔 채 나왔고, 밥을 한 끼 먹다가 세 차례나 뱉으면서 나와 손님을 맞고 공무를 처리했다는 말입니다. 일국의 수상으로 내정·외교를 다 처리해야 했으므로 그를 만나려는 많은 사람들을 거절하지 못해 이처럼 바빴습니다. 바쁘기만 한 것이 아니라 그는 아랫사람들을 대할 때나 어떤 일을 대할 때라도 이처럼 마음을 다하고 좋은 태도를 보였습니다. 이것이 바로 주공의 재능과 미덕이었습니다. 만일 주공 같은 재능과 미덕을 갖춘 사람이라도, 교만하여 남을 깔보고 동정하거나 포용할 줄 모르며, 남을 도와주거나 격려해 주기를 아쉬워하며, 남에게 상장 한 장 주는 것을 아까워한다면, 그가 이룩하는 성과는 틀림없이 볼 만한 것이 별로 없을 것입니다. 사람은 재능이 있더라도 노력해야 하며, 원대하고 굳센 포부와 깊고 두터운 미덕을 갖추어서, 교만하지 않고 인색하지 않아야 합니다. 교만하지 않아야 겸허하게 되고, 인색하지 않아야 동정·포용·기백을 갖출 수 있습니다.

인재는 얻기 어렵다

역사를 연구해보면, 동서고금 어느 시대나 천하를 평정했던 사람은 몇 사람에 불과했다는 것을 알 수 있습니다. 한 고조(漢高祖)에게는 수하의 삼걸(三傑)이었던 장량(張良)·소하(蕭何)·진평(陳平)의 세 신하가 있었습니다. 한신은 단지 싸움에 능한 장군이었을 뿐이기에 그 안에 포함시킬 수 없습니다. 물론 한 고조도 유능했기에 신하들의 의견을 잘 받아들일 수 있었습니다. 한광무(漢光武)의 중흥기에 소위 운대(雲臺) 28장수는 중심 인물이 아니었습니다. 진정한 중심 인물은 몇 사람에 불과했습니다. 외국 역사를 보더라도 이탈리아를 부흥시킨 인물은 단지 세 명이었습니다. 각 시대마다 혼란을 다스리는 데 결정적인 역할을 한 최고의 두뇌는 몇 사람에 불과했습니다.

어찌 국가 대사만 그렇겠습니까? 제가 경험하고 체험해 본 바로는 작은 일도 그렇습니다. 저는 큰 회사의 사장들을 꽤 많이 압니다. 어떤 사장은 제가 그의 가난한 시절도 보았고 그가 지금 발전해 가는 모습도 보고 있습니다. 옛 소설에서 말했듯이, 마치 그가 고층건물 짓는 것을 지켜보고 있는 것과 같은데, 역시 두세 사람이 그를 위해 머리를 쓰고 이리저리 영리하게 사업을 꾸려 나간 덕분에 10년도 안 되어 많은 재산을 소유하게 되었습니다.

개인의 사업 역시 이와 같습니다. 그러므로 인생에서 얻기 어려운 것은 지기(知己)입니다. 개인의 사업이든 국가의 사업이든 한두 명의 지기나 친구도 없다면 해 나갈 수가 없습니다. 부부의 경우, 서로 의견이 맞지 않으면 매우 어렵습니다. 역경(易經)에 "두 사람이 마음을 합하면 그 날카로움이 쇠를 끊는다."(二人同心, 其利斷金)고 했는데, 진정으로 두 사람의 뜻이 같고 길이 같으며 마음이 완전히 일치한다면 그 두 사람의 정신적인 힘은 아무리 단단한 것도 뚫고 나갈 수 있습니다. 주무왕도 혁명을 일으켜 걸왕을 타도하고 천하를 평정할 당시에 진정으로 훌륭한 신하는 열 사람 뿐이었다고 말했습니다. 그 열 사람 중에 한 사람은 부인이었으니, 남자는 아홉 명 뿐이었습니다.

공자는 "참으로 인재를 얻기 어렵다."(才難)고 했습니다. 공자는 학생들에게 말했습니다. "너희들은 주의해야 한다! 인재란 이렇게 얻기 어려운 것이다. 역사상 순 임금과 무왕의 사례에서 보더라도 그렇지 않으냐? 요·순·우 삼대 이래 주 왕조 1천여 년의 역사에서, 주 왕조 개국 시기가 가장 인재가 많은 시기였지만 그것도 8,9명이었을 뿐이다. 주 왕조는 8백 년 동안 천하를 다스리면서 문화가 우수했고 모든 문화건설이 왕성했다. 그러나 오직 열 사람이 이런 문화의 토대를 다졌는데, 그 중에 부인이 한 사람 있었으니 남자는 아홉 사람뿐이었다. 하지만 주무왕의 전기(前期)에 천하의 절반 이상인 3분의 2를 차지하였으면서도, 혁명하자는 말을 경솔하게 꺼내지 않고 여전히 제후의 예를 지키고 있었으니 이는 진정한 정치적 도덕이었다."

우리가 알듯이 청대의 건륭 이후 가경(嘉慶) 연간 사이에 공정암(龔定盦)이라는 괴짜 인물이 있었습니다. 근세의 중국 사상은 근 1백여 년 동안 그의 영향을 크게 받았는데, 강유위(康有爲)·양계초(梁啓超) 등이 모두 그의 영향을 받았습니다. 그는 재능이 대단히 뛰어나고 문장이 훌륭했을 뿐만 아니라, 국방에도 주의를 기울였습니다. 그는 외몽고와 만주 변방까지 다 가 보았는데, 중국의 문제는 모두 변방에서 발생한다고 생각하였습니다. 사실 변방에 구멍이 뚫리면 서북쪽으로는 러시아가, 동쪽으로는 바다 건너 일본이 있으니, 장래에 반드시 큰 문제가 생길 것이었습니다. 그는 몹시 과격했는데, 한 편의 글을 써서 역시 인재 얻기가 힘들다는 것을 토로하였습니다. 그는 인재가 없기 때문에 장차 천하에 대란이 일어날 것이라고 예측하였습니다. 그는 글 속에서, "조정에는 유능한 재상이 없고, 거리에는 솜씨 있는 도둑이 없으며, 늪지에는 뛰어난 비적이 없다."(朝無才相, 巷無才偸, 澤無才盜)고 심하게 비난했습니다. 재능 있는 소인조차도 없으니 이 시대의 인재는 끝나 버려, 몇 년 못 가서 천하에 대란이 일어날 것이라고 개탄했습니다. 과연 반세기가 못 되어 홍수전(洪秀全)이 반란을 일으키고, 이어서 내우외환이 계속 닥쳐왔습니다. 그의 말이 적중한 것입니다. 이와 같이 흥망성쇠와 치란(治亂)의 중요한 고비에 사회 안정의 중심은 인재에 있다는 것을 알아야 합니다.

하지만 공정암은 괴짜 인물이라서 내세울 만하지는 않았습니다. 그도 괴짜였지만, 아들은 더 괴짜였습니다. 그의 아들은 별명이 공반륜(龔半倫)이었는데, 오륜(五倫) 중에서 아버지와의 인륜을 인정하지 않았다 하여 붙여진 것입니다. 그는 한층 더 과격하여, 부친의 글을 읽을 때 부친의 위패를 곁에다 놓고 손에는 막대기를 하나 들고 글을 읽다가 옳지 않다고 생각되면 아버지의 위패를 한 번씩 때리면서 "당신, 또 틀렸어요!"라고 책망했습니다. 불효자식이자 괴짜 인물이었습니다.

가난과 근심이 절대 동시에 찾아오지 않게

중국 문학 속에는 인생에는 "가난과 병이 번갈아 닥쳐온다."(貧病交加)라는 비탄이 늘 있습니다. 세상에는 가난과 질병이 번갈아 닥쳐오는 사람이 너무나 많은데, 이는 우리가 마음을 기울이고 힘을 써야 할 점입니다. 인(仁)의 도를 실천한다는 것은 바로 사회 전체에 부(富)가 고루 배분되도록 하는 데서 출발해야 합니다. 오늘날의 정치술어로 말하면, 곧 모든 국민의 부강 안락에 도달해야 하는 것입니다.

지난날 장관급의 높은 지위에 있었던 한 친구를 두 달 전에 우연히 만났습니다. 그의 기색이 좋아 보여 나이를 물었더니, 이미 여든을 바라보는 나이라고 아주 유머 있게 말했습니다. 지금 이 친구는 무척 가난한데 그가 말하기를, 사람 사는 세상에는 두 글자가 있지만 자기는 하나만 허락하고 절대 두 글자를 동시에 허락하지 않는다고 했습니다. 무슨 글자를 말한 것이었을까요? 가난과 근심을 뜻하는 '궁수'(窮愁) 두 글자였습니다. 사람은 대체로 가난(窮)하면 반드시 근심(愁)이 있기 마련인데, 가난에다 근심을 더하면 생활에 쪼들려 의기소침해지고 맙니다. 그러나 그 친구의 말이 자기는 가난 하나만은 허락하고 근심은 절대 허락하지 않는다고 했습니다. 다시 말하면, 낙천지명(樂天知命)하여 즐거운 마음으로 살 수 있다는 것이었습니다. 그는 정말 그렇게 삽니다. 지금도 지기(知己)를 만나면 즐겁게 이야기꽃을 피웁니다. 어떤 사람이 그에게 있었던 재미있는 일화 하나를 저에게 들려주었습니다. 그는 비록 가난했지만, 집안에는 수십 년 동안 심부름하는 늙은 하인을 두고 있었습니다. 하인은 월급도 받지 않고 그를 시중들어 왔습니다. 어느 날 그는 메모 한 장을 써서 하인에게 주면서 그의 친구 한 사람에게 전해 주라고 했습니다. 그의 친구는 그의 사정을 알고 있는데다 수십 년 동안의 오랜 우정이 있는지라, 돈을 좀 달라는 그의 메모를 받고는 당연히 그대로 주었습니다. 그 돈 천 원을 받은 그는 그 날 즉시 한 식당으로 가서 제일 좋아하는 요리 몇 가지와 역시 제일 좋아하는 영국산 최고급 담배 한 갑을 시켰습니다. 그리고 혼자서 천천히 식사와 담배를 즐겼습니다. 그런 다음 호주머니에서 그 천 원짜리 돈을 꺼내 식당 종업원에게 주었습니다. 종업원이 거스름돈을 내주려고 하자, 그는 나머지는 팁으로 주는 것이니 거스름돈을 내어줄 필요가 없다고 했습니다. 사실 그 외국산 담뱃값까지 계산해도, 그가 내야 할 돈은 모두 3,4백 원에 불과했습니다. 종업원이 팁이 너무 많다고 하면서 계속 거스름돈을 내주려고 하자, 그는 한사코 그만 됐으니 거스름돈은 필요가 없다고 말했습니다. 이처럼 그는 원래부터 씀씀이가 컸는데, 아랫사람에게 주는 팁이 특히 많았습니다. 그 친구는 여든이 가까운 지금까지 옛날 모습 그대로였습니다. 습관이 되어 자기에게 돈이 있는지 없는지는 잊어버리고 사는 것이었습니다. 그래서 친구들이 그 사람에게, "자네는 옛날과 같이 여전히 유머가 풍부하군." 하자, 그는 웃으며 말했습니다. "나는 이렇게 하고 싶네. 즉, 궁수(窮愁) 두 글자 중 한 글자만 갖는 것일세. 가난은 가난으로 돌리고 절대 근심하지 않아. 만약 가난한데다 근심까지 한다면 수지 타산이 맞지 않게 되지. 가난에 쪼들리는데다 의기소침해지기까지 하면 너무 억울하지 않나." 많은 사람들이 번갈아 닥치는 가난과 질병으로 시달리는데, 거기에다 심리적인 근심까지 더하고 싶어 하지 않는 것은 수양이 상당히 높은 것이라 할 수 있습니다.

공자께서 말씀하셨다. "훌륭하구나, 회여! 한 그릇 밥과 한 쪽박 물 정도로 빈민촌의 누추한 골목에서 살아간다면, 남들은 그 근심을 견뎌 내지 못할 텐데 회는 그 즐거움을 바꾸지 않으니, 훌륭하구나, 회여!"

子曰 : 賢哉回也! 一簞食, 一瓢飲, 在陋巷。人不堪其憂, 回也不改其樂。賢哉回也!

이 몇 마디 말은 대단히 간단해 보이지만, 자신이 몸소 실천하고 익숙해지기는 간단하지 않습니다. 공자는 첫 마디에서 안회를 찬탄하고, 그 다음에 그의 생활을 언급하고 있습니다. "일단사"(一簞食), 도시락한 그릇이라는 뜻으로, 고대의 도시락은 찐 밥이었는데, 대로 엮은 그릇 속에 넣었습니다. "일표음"(一瓢飮), 당시에는 수도물이 없었습니다. 고대에는 물을 길어다 팔았는데, 안회는 물을 살 돈도 없어 오직 약간의 냉수만으로 살아야 했습니다. 그는 물질적인 생활이 이처럼 힘들고 어려웠으며, 빈민촌의 누추한 골목에 있는 낡은 무허가 건물에서 살았습니다. 어떤 사람이든 이런 환경에 처하면 마음 속의 근심과 번뇌를 견디어 낼 수 없었습니다. 그러나 안회는 여전히 그 즐거움을 바꾸지 아니해서 마음으로 한결같이 기뻐했습니다. 이것은 정말 어려운 일인데, 안회는 물질환경이 이 정도로 고통스러웠지만 심경은 늘 담박하여 변함이 없었습니다. 글로 읽기에는 쉽지만, 개인의 수양이 이런 경지에 도달하려면 정말 어렵습니다. 며칠 동안 먹을 밥이 없는데, 하늘을 이고 땅에 꿋꿋이 서 있는 기개를 유지하기란, 진짜 그렇게 하는 것은 말할 것도 없고, 거짓으로 그렇게 하기도 쉽지 않습니다. 안회가 물질환경의 영향을 받지 않는 정도에까지 이르렀으니, 공자가 안회를 이렇게 찬탄하고 좋아한 것도 무리가 아니었습니다. 공자의 3천 제자 중 오직 안회만이 이 수양을 해낼 수 있었지만, 불행히도 그는 단명하여 서른두 살에 죽었습니다. 근대에 공맹 사상을 연구한 사람이 안회는 영양 부족으로 죽었다고 했는데, 비록 우스운 말이지만 모두들 영양에 신경을 써야 할 필요가 있습니다.

숙명론을 좀 논해본다

사람들은 흔히, "온 세상 사람들이 모두 형제이다."(四海之內, 皆兄弟也)라든가, "생사는 운명에 달려 있고, 부귀는 하늘에 달려 있다."(死生有命, 富貴在天)는 말을 공자가 한 것으로 알고 있는데, 이것은 잘못 알고 있는 것입니다.

『논어』 제11편 안연에는 다음의 단락이 있습니다.

　　사마우가 근심하며 말했다. "남은 모두 형제가 있는데 나만 홀로 없구나." 자하가 말하였다. "내가 듣건대 '생사는 운명에 달려 있고, 부귀는 하늘에 달려 있다.' 하였네. 군자가 공경히 행동하여 실수가 없고 남에게 공손하고 예의가 있다면, 온 세상 사람들이 모두가 형제인 것이네. 군자가 어찌 형제 없음을 걱정하겠는가?"

　　司馬牛憂曰 : 人皆有兄弟, 我獨亡。子夏曰 : 商聞之矣 :「死生有命, 富貴在天」。君子敬而無失, 與人恭而有禮, 四海之內, 皆兄弟也。君子何患乎無兄弟也?

　　이 단락은 사마우의 말에 공자가 대답한 것이 아니고 자하가 대답한 것입니다.

　　최근 중국 사람들은 중국 문화가 수천 년 동안 이 두 마디 말에 많은 영향을 받았다고 공격하면서, 중국인이 숙명론을 들먹이기 좋아하는 것은 이런 사상의 영향 때문이며, 그 결과 중국이 진보하지 못했다고 말합니다. 그러나 사실은 이것이야말로 진정한 중국 문화요 동양 문화로서, 인생철학 중 최고의 철학입니다.

　　'명'(命)은 무엇이며, '천'(天)은 무엇인가 하는 것은 중국 철학에서 큰 문제입니다. 후세에는 '명'을 사주팔자나 관상을 보는 일, 숙명론 등으로 생각하였는데, 이것은 잘못된 것입니다. 이런 것들은 유가에서 말하는 '명'이 아닙니다. 유가에서 말하는 '명'은 우주를 주재하는 그 무엇입니다. 종교인은 그것을 하느님, 신, 부처님이라고 불렀고, 철학자는 '제1원인'이라고 불렀고, 중국의 유가는 '명'이라고 강조했습니다. 이렇게 말하면 간단하지 않습니까? 그러므로 '명'과 '천' 두 가지는 일생 동안 토론할 수 있는 문제인데, 아마 평생 결론을 찾지 못할지도 모릅니다. '명'이란 과연 무엇일까요?

우주간의 생명에는 한 가지 기능이 있습니다―현대 과학에서는 기능이라는 말을 사용합니다. 인간 생명의 기능은 매우 이상한데, 이 때문에 '숙명론'으로 발전했습니다.

저에겐 의사 친구가 많은데, 한의사도 있고 양의사도 있습니다. 저는 그들에게 자주 "세상의 의사들은 병을 제대로 고친 적이 없다. 만약 의술과 약에 의해 병이 나았다면, 사람은 죽지 않았을 것이다."라고 말합니다. 약은 생명의 기능을 회복하는 데 도움을 줄 뿐입니다. 한 의사 친구는 독일에서 서양의학을 배웠을 뿐만 아니라, 한의학에 대해서도 잘 알고 있었습니다. 제가 빈혈이 있는 친구를 보아 달라고 했더니, 그 친구는 아무런 약도 필요 없고 그저 고기와 밥을 많이 먹으라고 했습니다. 그는 보혈하는 약은 세상에 없으며, 보혈하려면 피를 직접 수혈해야 하는데 1백cc를 주사해서 몇십 cc만 흡수해도 충분하며, 그 나머지는 모두 찌꺼기로 낭비되는 것이라고 말했습니다. 양의사는 보혈 주사를 맞으면 보혈할 수 있다고 하고, 한의사는 당귀를 먹으면 보혈할 수 있다고 말합니다. 그런데 보혈하는 약은 피를 만드는 몸 자체의 기능을 자극해서 회복하게 할 뿐입니다. 보혈 주사를 맞느니 고기를 좀더 먹는 것이 나은데, 고기는 흡수되어 피가 되기 때문입니다. 그래서 중국에는, "약은 죽지 않을 병만 치료하고, 부처는 인연 있는 사람만 제도한다."(藥醫不死病, 佛度有緣人)는 속담이 있습니다. 따라서 약으로 병을 고쳤다는 것은 죽지 않을 팔자이기 때문입니다. 치료되지 않는 병이 있다면 이것은 죽을 병이라 어떤 약으로도 치료할 수 없습니다. 그래서 저는 의사 친구들에게 작은 병은 의사들이 치료할 수 있지만, 큰 병은 의사들도 고칠 수 없다고 말합니다. 다시 말해, 생명은 그 까닭을 알 수 없는 오묘한 기능을 가지고 있습니다. 전쟁터에서 가슴에 총알을 맞고 피를 흘리면서도 자신이 부상당한 것을 모를 때는 계속 돌격하여 달리지만, 일단 총 맞은 사실을 알게 되면 그 즉시 쓰러지는 것을 볼 수 있습니다. 일을 할 때에도 바쁘고 긴장된 상태에서는 손을 베여도 아픔을 느끼지 못하지만, 일단 베인 것을 알기만 하면 그 즉시 통증을 느낍니다. 이처럼 육체는 정신적이고 심리적인 영향을 크게 받습니다. 가슴에 총알을 맞아도 본인이 의식하기 전까지는 그대로 유지하면서 앞으로 달릴 수 있는데, 이 생명을 유지하는 것이 바로 '명'命이며 '명'의 안배는 대단히 묘합니다.

총애와 치욕에 그 누가 마음이 움직이지 않을 수 있을까

총(寵)이란 '뜻대로 됨'(得意)을 통틀어 일컫는 대명사요, 욕(辱)은 '뜻대로 되지 않음'(失意)을 통틀어 일컫는 대명사입니다. 어떤 사람이 명성을 이루고 공적을 이루었을 때 평소에 명리에 담담하고 욕심이 없는 참된 수양을 갖추고 있지 않다면, 일단 뜻을 이루면 미칠 듯 기뻐하고 기쁨이 극에 달해 흐느낄지도 모르며 자연스레 놀라는 마음이 있을 지도 모릅니다. 심지어는 이른바 의기양양하여 자신의 몸을 잊어버리는 자도 있습니다.

예를 들어 청나라의 과거시험 시대에 민간에 우스갯소리가 하나 전해왔는데 이게 바로 그 좋은 설명이 될 것입니다. 어떤 늙은 동생(童生: 명청 시기에 생원시험에 급제하지 못한 선비—역주)이 매번 고시에 합격하지 못하였습니다. 그러다 보니 나이가 이미 중년에 접어들었습니다. 이번에는 아들과 함께 동등하게 응시하였습니다. 시험 결과를 발표하던 날이 되어 아들이 그 명단을 보고 합격했음을 알고는 얼른 집에 돌아와 기쁜 소식을 알렸습니다. 그의 부친은 때마침 문을 걸어 잠그고 방안에서 목욕을 하고 있었습니다. 아들이 문을 두드리며 큰 소리로 말했습니다. "아버지, 제가 시험에서 몇 등으로 합격했어요!" 아버지는 방에서 이 말을 듣더니 큰 소리로 꾸짖었습니다. "수재(秀才)로 합격한 것이 뭐 그리 대단한 일이라고 그렇게 침착하지 못하고 큰 소리로 불러대느냐!" 아들은 이 말을 듣자 놀라서 감히 크게 부르지 못하고 가만가만 말했습니다. "아버지, 아버지도 몇 등으로 합격했어요!" 아버지는 이 말을 듣자 방문을 열어젖히고 튀어나와 큰 소리로 꾸짖었습니다. "너는 왜 진작 말하지 않았느냐?" 그는 자기가 벌거벗은 것도 잊어버리고 바지조차도 입지 않았습니다! 이게 바로 "총애는 하찮은 것이니 얻어도 놀라고 잃어도 놀란 듯이 하라"(寵, 爲下 得之若驚 , 失之若驚)는 한 모습입니다.

'총애를 얻어도 놀라는 것같이 함'(受寵若驚)은 다들 많은 경험이 있습니다. 단지 크고 작은 경험들이 너무 많아 자연스런 현상이 되어버린 것 같습니다. 그와 상반된 일면이 바로 '뜻을 잃으면 놀라는 것 같이 함'(失意若驚)입니다. 몇 년 전 제가 살던 어떤 거리의 골목 이웃집에 관할 공무원이 살았는데 새해와 명절이 올 때마다 선물하러 온 사람들로 문전성시를 이루었습니다. 어느 해 가을 그 집 주인이 어떤 일로 면직되었습니다. 이제 막 그의 자리를 이어 받은 후임자가 바로 맞은 편에 살고 있었는데 추석이 되자 선물하러 이 골목을 드나드는 사람은 옛날처럼 많았습니다. 어느 날 전임 주관의 가장 어린 아이가 입구에 서서 놀다가 평소 선물하러 집에 오던 낯익은 사람들이 손에 꾸러미를 들고 맞은편 대문으로 가는 것을 보게 되었습니다. 아이는 천진하고 악의 없는 좋은 마음에서 큰 소리로 불렀습니다. "누구 아저씨, 우리 여기에 살아요, 잘못 찾아가셨어요!" 손님들은 아주 어색해 하며 아이를 향해 쓴웃음을 지으며 손을 흔들 뿐이었습니다. 어떤 사람이 그것을 보고 몹시 한심(寒心)하여 일부러 와서 우리들에게 그 이야기를 하고는 "인정이란 차가웠다 따뜻했다 하고, 세태란 뜨거웠다 서늘했다 하는군요."라며 한탄했습니다. 저는 말했습니다. 이것은 동서고금의 한

결같은 세상 모습인데 뭐 이상할 게 있습니까." 우리가 어릴 적에 읽었던 석시현문(昔時賢文)에 이런 말이 있습니다.

술 있고 고기 있을 때는 다들 형님 동생 하지만, 환난을 당하면 어디 한 사람이라도 보이던가

有酒有肉皆兄弟　患難何曾見一人

시끄럽고 번화한 도시에서도 가난하게 살면 물어보는 사람 없고, 멀리 깊은 산속에서도 부자로 살면 먼 친척이 찾아온다

貧居鬧市無人問　富在深山有遠親

이것은 곧 성년이 된 후 일반적인 세태를 간파하고 난 경험이 아니겠습니까? 일반인들 입장에서 말하면 그것은 권세나 이익에 빌붙는 것입니다. 그런데 사실 사람과 사람의 교제, 사람사이의 사물 교류에는 권세나 이익에 빌붙는 것이 정상적인 세태입니다. 순수하게 도의(道義)만 따지고 권세나 이익을 돌아보지 않는 것이 비정상적인 변태입니다. 물건은 흔치 않을수록 귀한 법입니다. 이런 까닭에 도의가 절대적으로 귀한 것입니다.

권세나 이익에 빌붙는 것을 옛사람들은 특별히 '시도지교'(市道之交)라고 불렀습니다. '시도'란 시장에서 사고파는 장사는 오직 취할 이익이 있는지 만을 따지는 것과 같다는 말입니다. 전국 시대 조(趙)나라의 명장 염파(廉頗)는 "사람은 지위가 한 번 고귀하게 되고 한 번 빈천하게 되어 보아야, 남과의 정분의 깊이를 비로소 알 수 있다"(一貴一賤, 交情乃見)는 역사적 경험을 남겼는데, 사마천의 사기에 다음과 같이 실려 있습니다.

염파가 장평에서 면직되어 고향으로 돌아와 권세를 잃었을 때, 예전부터 알고 지내던 객들이 모조리 떠나갔다. 그가 다시 등용되어 장군이 되자 객들이 또다시 찾아들었다. 이에 염파가 "객들은 모두 돌아가라!"라고 하자, 그 중 한 객이 이렇게 말했다. "아! 그대는 어쩌다 이제야 아셨습니까? 지금 세상은 시장에서 교역을 하듯이 교제를 합니다. 그대가 권세가 있으면 우리는 그대를 따르고, 그대가 권세가 없으면 떠나가는 것입니다. 이는 본디 당연한 이치인데, 무슨 원망을 가지십니까!

廉頗之免長平歸也, 失勢之時, 故客盡去。及復用為將, 客又復至。廉頗曰：客退矣。客曰：吁。君何見之晚也。夫天下以市道交, 君有勢, 我則從君, 君無勢則去, 此固其理也, 有何怨乎!

염파가 평소 돌봐주던 빈객들의 대화는 조금도 틀리지 않았습니다. "세상 사람들이 당신 염파 대장군과 교제하는 것은 본래 모두 이해관계 때문에 온 것입니다. 당신이 권세가 있을 뿐만 아니라 우리를 돌봐줄 수 있기에 우리 모두 와서 당신을 따르는 것입니다. 당신이 권세를 잃으면 당연히 멀찍이서 바라만 보다가 다른 곳으로 가버릴 것입니다. 이것은 세태의 당연한 이치인데, '군하견지만야'(君何見之晚也), 당신은 어쩌다 이제야 아셨습니까? 아무래도 좀 너무 늦었다 아니할 수 없군요!"

인생에서의 득의와 실의, 총애와 치욕의 느낌에 관하여는, 동양이나 서양이나 예나 지금이나 관료·상업·애정의 분야에서 마치 극장에서처럼 가장 뚜렷이 볼 수 있습니다. 남녀의 애정 분야에서 말하사면, 모두가 알다시피 당나라 명황이 가장 먼저 총애했던 매비(梅妃)는 뒷날 장문영항(長門永巷)에 쓸쓸히 내버려져 명황을 다시 만나고 싶어 했어도 불가능했던 경우가 그렇습니다. 세상에는 치정에 빠진 남녀들이 많습니다. 이 때문에 한 번 맺어지면 거기에서 벗어나지 못하고, 그리하여 애절하면서 화려한 연정을 그린 무수한 문학 작품으로 엮어졌습니다. 그래서 송나라 시대 어느 시인은 "다른 마을에 무염(無鹽)녀가 있는 것을 부러워하나니, 총애하지도 않고 놀라지도 않으면서 일생을 보내네."(羨他村落無鹽女, 不寵無驚過一生)라는 해탈어(解脫語)를 일부러 지어내기도 했습니다. 무염은 전국시대 제(齊) 문선왕(文宣王)의 못생긴 비(妃)인 무염군(無鹽君)을 가리키며 역사적으로는 그녀를 못생긴 부녀자의 대명사로 썼습니다. 사실 무염이든 서시이든 현란(絢爛)을 겪어보지 않으면 평담(平淡)이 귀하다는 것을 어떻게 알겠습니까. 영예를 겪어보지 않으면 또 어떻게 평범이 좋다는 것을 알겠습니까. 이 두 구절의 명시는 당연히 오랜 풍파를 겪고 영화를 두루 맛보고서 평담으로 돌아간 뒤에 나온 소감입니다. 문자 예술의 관점에서 보면 확실히 아름다운 시입니다. 그렇지만 인생의 실제 경험에 서서 말한다면 그 누가 '자족할 줄 알아서 항상 즐거워하고'(知足常樂) 담박(淡泊)을 달가워하겠습니까! 나면서부터 알았다는 노자 같은 성철(聖哲)들이 아니고서야 어떻게 그럴 수 있겠습니까? 그 다음으로, 인간관계에서 영욕(榮辱)에 상관없이 도의를 지켰던 제갈량은 다음과 같은 명언을 하나 남겼는데 사람들이 배우고 수양해야 할 가장 좋은 좌우명이라 하겠습니다.

권세와 이익을 좇는 사귐은 오래 지속되기 어렵다. 선비는 서로 깊이 알고 통하게 되면, 마치 꽃나무와 같아서 따뜻할 때에도 더 많은 꽃을 피우지 않고, 추울 때에도 잎의 색깔을 바꾸지 않으며, 일 년 사계절 내내 쇠약해지지 않고, 평탄하거나 위험한 환경을 거치면서 갈수록 견고해진다.

勢利之交, 難以經遠。士之相知, 溫不增華, 寒不改葉, 貫四時而不衰, 歷坦險而益固

번뇌를 없애고자 하면 무아(無我)여야 한다

어제 한 친구가 저를 보러 와서 말하기를, 맹자 진심장(盡心章)에 대한 저의 글을 연거푸 세 번이나 읽었는데 감개가 많았다고 했습니다. 그는 말했습니다. "나는 자네의 견해에 전적으로 동감한다네. 당연히 그렇게 풀이하는 게 지극히 옳아! 이전에 일부 사람은 부동심(不動心)의 의미를 마치 마음을 억눌러 움직이지 못하게 해야 하는 것처럼 풀이했는데, 그건 움직이지 않는 것이지. 부동심이란 어떤 일에 직면해서도 마음이 움직이지 않을 수 있어야 비로소 참된 부동심이라 할 수 있지." 사실 중요한 이해관계가 걸린 일을 앞두고 과연 그 일을 해야 할지 말아야 할지를 결정하기는 무척 어렵습니다. 진정한 실력은 이럴 때 능히 마음이 움직이지 않을 수 있어야 하는 것입니다. 만약 그럴 수 있다면 정좌하면서의 그 부동심은 불학의 입장에서 말한다면 이미 소승의 도로서 별것 아닙니다. 사실 살아가면서 위험과 안락의 고비에서 마음이 움직이지 않을 수 있다는 것은 대단히 어려운 일이란 것을 알아야합니다. 또 하나의 현상으로, 일반적으로 대부분의 사람들은 살아 있는 사람의 글을 읽는 것 보다 죽은 사람의 글을 읽는 게 더 흥미롭습니다. 이것 역시 "인정이란 죽음을 중시하고 삶을 경시하며, 먼 것을 중시하고 가까운 것을 경시한다."(人情重死而輕生, 重遠而輕近)는 역경(易經)의 이치입니다. 멀리서 온 스님이 독경을 잘한다는 격인데, 이런 일은 필연적인 현상입니다. 조비는 그의 글에서 이렇게 두 마디 말을 했습니다. "보통사람들은 먼 것을 귀하게 여기고 가까운 것을 천히 여기며, 소문만을 향하고 사실을 등진다."(常人貴遠而賤近, 向聲而背實) 예컨대 최근 미국에서 선(禪)을 배운 어떤 사람이 대만에 왔습니다. 그는 미국에서도 명성이 큰데다 우리가 미국의 선종대사가 도를 전파하러 왔다고 받들어 홍보했더니 강연 회장에는 천여 명이나 되는 사람들이 몰려 맞이하였습니다. 만약 제가 거기서 강연했더라면 2백 명도 채 오지 않았을 것입니다. 만약 제가 외국에 가서 강연한다면 또 다를 것입니다. 그렇기 때문에 사업을 할 때는 인정의 도리를 다들 알아야 합니다. 이런 도리를 모른다면 사업을 얘기할 자격이 없습니다.

앞서 말했듯이 인정은 대부분 먼 것을 중시하고 가까운 것을 경시하며 옛 것을 중시하고 현재 것을 경시합니다. 옛 사람이 결국 훌륭한 사람이지 '현재의 저는 아니올시다' 이기 때문에 저는 죽은 뒤에 인기가 있을 겁니다. 나폴레옹이나 초패왕 같은 경우도 죽은 뒤에야 숭배를 받았습니다. 그러므로 여러분은 인정과 군중의 심리를 알아야 합니다. 인정이란 무엇일까요? 식욕과 성욕 외에도 권력욕도 큽니다. 권력욕은 단지 지도자가 되고자 하는 사람에게만 있는 것이 아니라 누구에게든 다 있습니다. 남자는 여자를 지배하려 하고 여자도 남자를 지배하려 합니다. 남편이 집에 돌아와서 아내에게 "어이 차 한 잔 따라와!" 라고 하면 아내는 뭐라 할까요? "신발이 너무 어지러워요, 여보, 정돈 좀...!" 라고 대꾸합니다. 이것이 바로 권력욕입니다. 사람은 남을 지휘하기를 좋아합니다. 만약 이런 인간의 권력욕을 제거하고자 한다면 불교를 배워야 합니다. 불교에서 말하는 무아(無我)의 경지에 도달하면 거의 이루어집니다!

사람에게 '나'라는 의식이 있는 한 남을 지휘하고 제어하려 합니다. '나'라는 의식이 있는 한 남이 내 말에 복종하기를 바랍니다. 이 속에서 스스로 당신의 '나'라는 것이 얼마나 크며 다른 사람의 '나'를 압도할 수 있는지를 가늠해야 합니다. '나'라는 것이 조그만 카스텔라 정도라면 일찌감치 집어 던져야 합니다. 그것으로는 다른 사람을 압도할 수 없으니까요! 이 도리는 아주 묘합니다. 권력욕을 자제하여야 합니다. 비단 지도자 되는 사람뿐만 아니라 어떤 사람이든 권력욕을 자제해야 합니다. 사람이 '나'라는 의식이 있고 '나'가 좋아하거나 싫어함이 있기 때문에 잠재의식 속에 권력욕이 있습니다. 권력욕의 경향은 사람들이 '나'의 의견에 따르는 것을 좋아하는 것입니다. "내 옷 예뻐요 안 예뻐요?" "어머, 당신 옷 정말 좋아요, 몸에 꼭 맞네요!" 이게 바로 권력욕으로, 당신이 내게 한 번 아부해주기를 바라는 겁니다. 만약 이런 심리가 없기를 바란다면 불교에서 말하는 무아의 경지에 이르지 않고는 불가능합니다.

불교에서는 번뇌를 없애려면 반드시 '나'라는 의식을 없애야 한다고 합니다. 무아의 경지에 이르러서야 비로소 번뇌가 없어진다는 것입니다. 또 사람은 저마다 이전의 원인이 있어 그런 것이니 남을 부러워하지 말라고 합니다. 이것은 출세간적인 사상입니다. 세상을 다스리고 세간에 들어가는 사업을 한 번 진정으로 하고 싶다면 출세간적 수양이 없이는 입세간적 공훈업적을 낳을 수 없습니다. 제가 보니 역사상 진정으로 성공한 사람은 아주 드물었습니다. 대부분은 실패했습니다. 사업하는 사람이 진정으로 성공하고자 한다면 출세간적 정신이 반드시 있어야 합니다. 그러므로 말합니다. "번뇌를 없애고자 하면 '나'라는 의식이 없어야 하며, 저마다 이전의 원인이 있어서 그런 것이니 남을 부러워하지 말라." 사람이 그런 경지에 도달한다면 아마 권력욕이 비교적 담박하다고 말할 수 있을 것입니다.

그 누가 죽음을 생각하고 쉬려고 할까

공자께서 말씀하셨다. "군자에게는 세 가지 경계해야 할 일이 있다. 젊은 시절에는 혈기가 안정되지 않았으니, 경계할 것은 성욕의 탐닉이다. 장년이 되면 혈기가 한창 강성하므로, 경계할 것은 싸움이다. 노년이 되면 혈기가 쇠잔해지므로, 경계할 것은 물욕(物慾)이다."

子曰 : 君子有三戒。少之時, 血氣未定, 戒之在色 ; 及其壯也,血氣方剛, 戒之在鬪 ; 及其老也, 血氣旣衰, 戒之在得。

　이것은 인생을 3단계로 나누어 사람들이 경계해야 할 것을 가르친 명언으로, 우리가 모두 잘 아는 말입니다. 우리는 나이 · 경험 · 심리 · 생리의 체험이 많아질수록 이 말을 깊이 깨닫게 됩니다. 젊은 시절에는 "계지재색"(戒之在色), 곧 성욕의 탐닉을 경계해야 합니다. 젊은 시절에 지나치게 성욕에 탐닉하여 불과 3,40세에 몸을 못쓰게 되는 사람들이 많습니다. 중년 · 노년에 발생하는 많은 병들은 젊은 시절에 성행위를 절제하지 않은 데 그 원인이 있는 경우가 많습니다. 중국인은 성(性)에 대한 학문을 세밀하게 연구했습니다. 그러나 이것은 의학 방면에서의 이야기이고, 딱하게도 도덕적으로는 성에 대해 너무나 억압적이어서 이 분야의 학문이 발전하지 못했고, 결과적으로 국민 건강에 장애가 되었습니다. 제가 아는 바로는 과거 우리 청소년들 중에 자위행위를 하지 않는 청소년이 거의 하나도 없었는데, 부모 된 사람은 주의를 기울여야 합니다! 나치 시대 독일에서는 청소년들에게 모두 반바지를 입히고 밤에 잠잘 때는 양손을 묶어 이불 위에 올려놓도록 했는데, 이것은 위생을 중시하고 게르만 민족의 우월성을 내세우기 위한 것이었습니다. 이 방법은 너무 지나치기는 했지만, 교육 면에서 크게 유익한 점이 있었습니다. 오늘날 젊은 세대들의 생각을 보면 젊은 처녀들은 돈 많은 노인에게 시집가기를 원하고, 나이 많은 남편이 죽은 뒤에는 돈이 있으니 다시 결혼하겠다고 합니다. 청년들은 일부 외국 영화의 영향을 받아 중년 유부녀를 사랑하는 일이 흔히 있습니다. 이것은 오늘날의 일반적인 풍조로서 심각한 문제입니다. 그래서 청소년들의 생각을 알고 나면, 우리의 교육에 문제가 많다는 것을 발견하게 됩니다. 외국에서는, 예를 들어 미국 같은 곳에서는 청년 남녀들이 결혼하는 것을 별로 원하지 않습니다. 결혼하여 가족에 대해 책임지는 것을 꺼리고, 그저 즐기면서 살기만을 원해 사회가 온통 혼란스럽게 되었습니다. 이것은 인류 문화에 있어서 하나의 큰 문제입니다. 그래서 공자는 젊은 시절에는 "혈기가 안정되지 않았으니, 경계할 것은 성욕의 탐닉이다."(血氣未定, 戒之在色)라고 말했습니다. 이 말은 그 의미를 확대해 나가면 문제가 아주 많아지므로, 청소년들의 성교육에 특별히 주의해야 합니다.

공자는 또 장년에 대해서는, "혈기가 한창 강성하므로, 경계할 것은 싸움이다."(戒之在鬪)라고 말했습니다. 여기서 '투'(鬪)자는 단지 싸움만을 말하는 것이 아니라, 일체의 다투는 기질을 모두 말합니다. 여기에서 "경계할 것은 싸움"이라고 말한 것은 바로 사업상의 경쟁으로, 어떤 일을 할 때 남을 공격해서라도 자기가 성공할 수 있기를 바라는 심리는 중년기 사람들의 병폐이므로 이를 경계해야 한다는 것입니다.

노년기의 사람들이 "경계할 것은 물욕"(戒之在得)이라는 문제는 대단히 중요한 것인데, 노년에 이르지 않으면 이 문제를 이해할 수 없습니다. 어떤 사람은 성격이 상당히 강개하여 자신은 그렇게 되지 않겠다고 늘 경계하지만, 막상 늙으면 이를 실천하기가 어렵습니다. 제가 본바로는 많은 사람들이 젊었을 때는 의리를 귀중히 여기고 재물을 소홀히 하다가도, 노년에 이르러서는 10원짜리 하나도 쓰기를 아까워하고 사업에서 손을 떼는 것은 더더욱 아까워합니다. 젊은 시절에는 강개하고 의(義)를 좋아하다가도 만년에 이르러서는 일변하여 돈을 하늘만큼 크게 봅니다. 노년기에 "경계할 것은 물욕"이라는 말은 돈에만 한정되는 것이 아닙니다. 다른 많은 면에도 적용이 됩니다. 관장현형기(官場現形記)라는 소설 속에 이런 묘사가 있습니다. 벼슬 맛에 인이 박힌 어떤 늙은 벼슬아치가 죽음이 임박하여 침상에 누워 있으면서도, 벼슬 맛을 단념하지 못해 오직 벼슬 생각만 하고 있었습니다. 그것을 알고 두 사람의 부관이 방문 앞에 서서, 한 사람은 옛날 명함을 꺼내 들고 "모모(某某) 나리 오십니다!" 하고 말하고, 다른 한 부관은 "나리께서 편찮으시니, 미안하지만 면회를 하실 수 없습니다!" 하고 소리내어 말하자, 그 늙은 벼슬아치가 듣고서 아주 만족해했다는 것입니다. 저는 전에는 이 소설이 사람을 지나치게 풍자한 것이라고 생각했는데, 이제 나이가 많아지고 보니 그것이 결코 지나친 풍자가 아니라 실제로 이런 사람이 허다하다는 것을 알게 되었습니다. 많은 사람들이 일을 할 때는 팔팔하더니, 퇴직한 뒤 집에서 할 일이 없게 되자 늘 수심에 싸여 권태롭게 지냅니다. 한 노인이 어떤 사람에게 자기는 어느 유명한 건물을 지었으며, 돈도 아주 많이 가지고 있다고 말했습니다. 그 말을 들은 사람이 그 노인에게 물었습니다. "그렇게 부유하고 나이도 많으신데 무엇 때문에 악착같이 돈을 더 벌려고 하십니까?" 그러자 그 노인은 "나이가 많아졌기 때문에 더욱 부지런히 돈을 벌어야지요. 지금 돈을 더 벌지 않으면 앞으로는 그럴 시간이 얼마 없기 때문이지요." 하고 대답했답니다. 이것은 무슨 인생철학일까요? 어떤 친구가 이런 이야기를 했습니다. "모 노인은 돈이 매우 많은데, 전문적으로 미 달러만 저축하고 매일 잠들기 전에 꼭 금고를 열어 달러를 한 번 세어 보고서야 잠이 들 수 있다고 합디다." 이런 이야기들을 들으면, "물욕을 경계하는"(戒得) 수양이 참으로 중요하다는 것을 절실히 깨닫게 되는데, 어찌 명예를 위하고 이익을 위해서뿐이겠습니까! 인생의 이런 이치들을 간파하고, 스스로 체험할 수 있다면 삶이 대단히 편안할 것입니다. 그렇지 않으면 늘그막에 이르러 자기 마음이 안주할 곳이 없어 매우 고통스럽게 지내게 됩니다. 그러므로 공자의 이 인생 삼계(人生三戒)에 대해서는 우리 모두 경각심을 가질 필요가 있습니다.

노련한 장수는 은퇴 후에 병법을 논하지 않는다

중국인은 "천하의 흥망에 필부도 책임이 있다."(天下興亡, 匹夫有責)고 하여, 모든 국민이 저마다 국가 정치에 마땅히 관심을 가져야 한다고 말합니다. 그러나 하나의 원칙이 있는데, 바로 공자가 말한 "부재기위, 불모기정"(不在其位, 不謀其政)으로서, 자신이 그 위치에 있지 않으면 함부로 그 위치상의 일을 말하지 말라는 것입니다.

　저의 견해로는 지식인은 정치를 적게 말하는 것이 좋다고 생각합니다. 왜냐하면 우리가 말하는 것은 모두 탁상공론인데, 모두 잘 알다시피 근래 60년 동안 모든 지식인들이 정치적 동란의 서곡(序曲)을 떠들어대는 것이 아주 심각했습니다. 특히, 사람은 나이가 많으면 접촉한 분야도 많은 법이라 과학을 배운 사람들이 정치를 말하는 것을 더 좋아하는 것을 볼 수 있습니다. 만일 장래에 과학자들이 전문적으로 정치를 하게 된다면, 인류는 아마 더욱 큰일이 날 것입니다. 왜냐하면 정치란 만능 인재를 요구하는데도 과학자의 두뇌란 한 분야에만 전문적이기 때문에 부분을 전체로 보는 잘못을 범하기 쉽기 때문입니다.

　그러므로 공자의 이 말은 정치에 관한 기본 수양으로, 표면상으로 보면 마치 제왕이 전제 정치를 해도 좋으니 일반 사람들은 쓸데없이 상관하지 말라고 하는 것 같습니다. 사실 그렇게 생각할 만도 합니다. 왜냐하면 자신이 그 위치에 처해 보지 않으면 그 위치의 일에 대해 체험이 없고 아는 것도 적어, 그 사정을 속속들이 아는 것이 불가능하기 때문입니다. 그러므로 우리는 역사상 많은 대신(大臣)들이 물러난 후에는 정치를 묻지 않았던 것을 볼 수 있습니다. 예를 들어, 남송(南宋)의 유명한 대장 한세충(韓世忠)은 진회(秦檜)가 권력을 잡아 자신의 병권(兵權)이 취소된 후에는 날마다 노새 한 마리를 타고 항주(杭州)의 서호(西湖)에서 술이나 마시고 노닐며 풍경이나 감상하고, 국가 대사에 대해서는 입을 딱 다물어 버렸습니다. 정말 후세 사람의 다음과 같은 명시와 같았습니다.

　영웅은 늙으면 모두 불교에 귀의하고　　　　英雄到老皆皈佛
　노련한 장수는 은퇴 후 병법을 논하지 않는다　宿將還山不論兵

이 역시 "그 직위에 있지 않으면, 그 정사를 논하지 않는다."는 도리를 묘사한 것인데, 공자는 정치를 정권 담당자가 하도록 넘겨주고 모두들 아예 관여하지 말라고는 결코 말하지 않았습니다.

제가 아는 바로 문인은 전쟁 이야기를 더 좋아해서 입만 열면 공격해야 한다고 합니다. 그들은 전쟁의 어려움을 모르고 자기가 싸워 본 적도 없으며, 또 어떻게 싸워야 하는지도 모릅니다. 마치 어떤 이가 거리에서 남이 싸우는 것을 보고 옆에서 큰소리로 싸움을 부추기지만, 자기더러 싸워 보라고 하면 이쪽에서 주먹만 한 번 휘둘러도 먼저 도망가 버리는 꼴이나 다름없습니다. 역대 문인들이 전쟁 이야기를 하는 것도 바로 이와 같습니다. 지식인은 군사 이야기나 정치 이야기를 좋아하는데, 그들 대다수가 이 방면에는 문외한입니다. 그래서 저는 그들에게 자주, "그 위치에 있지 않다면, 그 위치의 정사를 논하지 말라." 는 공자의 말을 인용합니다. 무엇이 어렵겠느냐고 그들이 말하면, 저는 이렇게 말합니다. "키신저가 이 시각에 무슨 공문을 보고 있는지 당신이나 내가 알 수 있을까요?" 무슨 말이냐고요? 당신이나 내가 알고 있는 정보나 자료는 다 신문에서 본 것이지 결코 기본 자료가 아니므로, 신빙성에 크게 문제가 있습니다. 신빙성이 있다 하더라도 신문 지상에 발표된 것은 역시 한계가 있고, 발표되지 않은 것이 또 얼마나 있는지 모릅니다. 뿐만 아니라 이 시각의 상황과도 거리가 멉니다. 사정이 이러한데 어떻게 당신이나 내가 정치를 말할 수 있겠습니까? 게다가 정치는 절대적으로 경험에 의한 것이지 이론에 의존하는 것이 아닙니다. 당신은 누구누구는 안 된다고 하지만, 당신이 직접 해 보면 경험이 전혀 없기 때문에 3개월도 못 가서 끝장날 것입니다. 그러므로 공자가 "그 위치에 있지 않다면, 그 위치의 정사를 논하지 말라."고 한 이 말은 대단히 일리가 있습니다. 실제로 그 위치에 있지 않으면, 일의 진짜 내용을 알 수 없습니다. 아주 구체적인 사실을 예로 들어 봅시다. 어떤 종합병원의 한 수술실에서 이 시각에 어떤 환자에게 수술을 하고 있다고 합시다. 당신과 내가 그 수술실의 일을 알 수 있겠습니까? 가족이 수술실 안에서 치료를 받고 있다 하더라도, 안에 들어가지 못하고 문 밖에 서 있는 우리들은 안에서 행해지는 수술의 위험이 어느 정도인지 알지 못합니다. 단지 얇은 문 하나 사이를 두고 있는데도 우리는 그 안의 정황을 모릅니다. 그러므로 '정사를 논하는 것'은 상상하는 것처럼 그렇게 간단하지 않으며, 자신이 그 위치에 있어야 그 정사를 집행하고 정사를 논할 수 있습니다.

불행하게도 사람들은 공자의 이 말을 자주 교활한 핑계거리로 쓰고 있습니다. 심지어 어떤 사람들은 누가 이 말로 방패막이를 삼는 것을 보고, 그가 공자에게서 교활한 것을 배운 것으로 오인합니다. 그러므로 공가점(孔家店)을 비판한 사람들도 이 말을 공자의 죄상의 하나로 들어 그에게 죄과를 씌웠습니다. 그러나 사실 이 말은, 진정한 학문은 배운 것을 실제로 활용하여 올바르게 살아가는 것과 결합되어야 한다는 것을 우리에게 가르치는 말입니다. 이것은 또 공자가 학생들에게, 어떤 일에 대해서 아직 완전히 이해하지 못하여 잘 판단할 수 없을 때에는 그 내막을 진정으로 이해하기가 어려우므로, 무엇이든 함부로 단정하거나 함부로 비평하지 말아야 한다고 훈계한 것입니다.

물론 사람은 특히 현실을 생각함에 있어 자기 분수를 지키지 않으면 안 됩니다. 분수에 지나치는 생각은 곧 공상(空想)이나 망상(妄想)으로서, 이것은 무익한 노고(勞苦)에 지나지 않습니다. 물론 이 말에 대해서는 사회 문화적 입장에서 반대할 수 있습니다. 과학 연구에 있어서는 사람의 공상이 오히려 필요합니다. 좀 과장해서 말하면, 역사도 공상이 창조해 낸 것입니다. 진정한 과학자 중에는 개성이 괴팍하지 않은 사람이 매우 드문데, 이것은 환경의 영향 때문입니다. 과학자들은 날마다 실험실에서 살기 때문에 생활에 정취가 없습니다. 그들이 연구에 깊이 몰두하고 있을 때에는 자기 손에 들고 먹는 빵을 썩은 고깃덩이로 바꾸어 주어도 모르고 그대로 먹을 정도입니다. 이렇게 미친 사람처럼 연구하지 않으면 절대로 진정한 과학자가 되지 못할 것입니다. 학문하는 것도 이러해서 학문을 성취하기 바란다면 반드시 미친 듯이 깊이 파고들었다 나온 다음이라야 성공할 수 있습니다. 미치는 정도에 이르지 않고는 성공하기 어렵습니다. 만능 재인(萬能才人)은 모든 것을 다 잘하지만 또 어느 것 하나 잘하는 것이 없을 수도 있는데, 이들은 너무 총명하다는 것이 폐단입니다. 과학 분야에 성공한 사람은 세상에서 가장 우둔한 사람이라고도 할 수 있고 가장 총명한 사람이라고도 할 수 있지만, 이들에 대해 "생각하는 것이 자기 직위를 벗어나지 않는다."(思不出其位)고 말할 수는 없습니다. 그래서 오늘날 젊은이들은 논어 같은 책들을 읽는 것에 반감을 품고, 이 책들에 '사상 통제'니 '사상 억제'니 하는 많은 죄명을 씌우고 있습니다.

그러나 이것은 사람의 기본 수양을 말한 것입니다. 다시 말하면, 정치에 종사하는 사람은 자기 직책의 관장 범위가 아니면 남의 일을 간섭하지 않는 것이 인격의 기본 수양이라고 말하고 있습니다. 오늘날 정치 사상적으로 이 말의 뜻을 풀이해 보면, '사상의 법칙'을 위반하지 말라는 것입니다. 일처리 면에 이 말을 적용해 보면, 함부로 남을 위해 의견을 제출하지 말아야 한다는 것입니다. 이렇게 이해하면, 이 말의 뜻이 통합니다.

장례식장 이야기

중국에서는 부고를 쓸 때 '수종정침'(壽終正寢)이라는 넉 자를 자주 쓰지만, 오늘날은 대부분이 그렇지 않습니다. 왜냐하면 지금 사람들은 대부분 병원에서 죽는데, 몇 사람이나 자기 집에서 천수를 다하고 죽을까요? 고대에는 사람이 자기 방에서 숨을 거두면 정문의 큰 대청으로 옮겨갔기 때문에 '수종정침'이라고 했습니다. 지금은 모두 병원에서 죽어 영안실로 보내지는데, 정침(正寢)이 어디 있겠습니까? 그리고 지금의 장의사에서는 많은 부인들이 남편을 애도하고 아들들이 부모를 애도하는 만련(輓聯)을 쓰는데, 모두 도리에 맞지 않는 것입니다. 전통적인 예절에 따르면, 당사자가 문학적으로 시와 대련을 지을 마음이 없으면 가족들이 만련을 쓰지 않았습니다. 오늘날에는 가족들 자신이 만련을 쓸 줄 모르면 다른 사람으로 하여금 대신 쓰게 하는데, 이것은 더욱 이상한 일입니다. 만련은 죽은 사람과 정감이 있어야 쓰는 것인데 정감이 전혀 없는 사람이 어떻게 대신 쓴다는 것입니까? 정감이 있는 사람이라면 본인이 직접 쓰는데, 쓰는 법은 간단합니다. 요즘 말로 "당신이 먼저 갔으니, 곧 따라가리다."라거나 "당신이 한 걸음 먼저 갔지만, 나도 곧 따라갈 것입니다. 마음 편히 먼저 가십시오!"라는 식으로 쓰면 좋지 않습니까? 이처럼 중국 문화를 얘기하자면 오늘날 많은 점들이 다 문제가 됩니다.

이야기하다 보니 장의사와 얽힌 두 친구의 이야기가 생각납니다. 한 친구는 장군인 모씨였는데, 한 번은 장의사 부근에, 그것도 장의사 바로 옆집을 몹시 구하고 싶어 했습니다. 제가 왜 그러느냐고 묻자, 그는 두 가지 이유를 말했습니다. 첫째, 나이든 친구들이 하나씩하나씩 세상을 떠나 자주 장의사에 가야 하는데, 장의사가 가까이 있으면 편리하다는 것이었습니다. 둘째, 어느 날 자신이 떠날 때 장의사까지 스스로 걸어갈 수 있으니 또한 편리하다는 것이었습니다. 또 다른 친구도 장군이었는데, 십여 년 전 정초에 저를 만나서는 금년에는 재수가 없다고 했습니다. 왜 그러냐고 제가 물었습니다. 그는 설을 쇠자마자 정월달에 삼륜차를 타고 친구 장례식에 참석했는데, 그곳에 이르러 차비를 지불할 때 삼륜차 기사가, "선생님 다시 돌아가실 겁니까?"라고 묻더라는 것입니다. 그는 이 말에 화가 몹시 나서 그 기사에게, "당신이나 돌아가지 마시오."라고 크게 욕을 했다는데, 뜻밖에 몇 개월 후에 이 친구는 그곳에 가서 다시 돌아오지 못했습니다. 이런 묘한 일이 있었습니다. 이 두 이야기도 두 가지의 전혀 다른 관점을 보여 줍니다. 우리는 "생영사애"(生榮死哀)라는 네 글자를 자주 보는데, 살아서는 영화를 누리고 죽은 후에 모든 사람들이 애통해하는 것이 영광이라는 것입니다. 그러나 요즈음은 우리가 장의사에 가서 조문을 해도 애통해하는 정이 없습니다.

이 정경이 추억으로 될 것을 바라다

어떤 일이나 어떤 행위에 있어서 한 걸음 느릴 수만 있다면 매우 좋습니다. 우리는 수명이 오래 지속되기를 원하지만 나이 많은 사람 입장에서 보면 '가득 참을 넘어서는 안 됩니다. 연로한 친구들에게 저는 늘 이렇게 말합니다. "영양에는 신경을 좀 적게 쓰십시오. 이 도를 지키는 사람은 가득 차기를 바라지 않는 것이니' 매사 95%만 해내면 거의 된 겁니다. 적당한 정도에서 그쳐야 합니다. 100%가 아니면 안 된다거나 혹은 지나치면 결과는 꼭 그 반대가 될 것이라고 저는 확신합니다."

젊은 사람들은 연애를 할 때 반드시 연애 철학을 알고 있어야 합니다. 무릇 가장 사랑스러운 사람은 설사 죽도록 사랑하더라도 사랑하지 못합니다. 동서고금의 애절하여 사람을 감동시키는 연애 소설들을 보면, 감정이 깊고 절실한 곳에서는 그 사람을 위해 이루지 못한 사랑 때문에 자살할 수도 있고 그 사람을 위해 통곡할 수도 있는 것으로 묘사합니다. 그러나 진짜 함께 있게 되면 그대와 나, 나와 그대가 서로 다정하게 지내는 아름다운 시간을 헤아려보면 얼마나 될 수 있던가요? 홍루몽을 봐도 몇 년 안돼서 끝나고 말았습니다. 비교적 길다고 하는 부생육기(浮生六記)를 봐도 처음에는 달콤하지만 나중에는 비참한 결말을 피하기 어려웠습니다. 그러므로 인생에서 가장 아름다운 경지는 '가득 차기를 바라지 않는 것'입니다. 비록 영원히 추구할 수 없는 일이 있더라도 이상은(李商隱)의 명시에서 말한 것처럼 "이 정경이 추억으로 될 것을 바랐지만, 오로지 그 당시엔 망연했을 뿐이네."(此情可待成追憶, 只是當時已惘然) 영원히 눈을 감고 아무것도 없이 아득한 경계에서 그 있는 듯 없는 듯한 사이를 음미하여본다면 그 여운이 얼마나 많겠습니까! 그렇게 하지 않고 두 눈을 크게 뜨고 심하게 화를 낸다면 이 두 구절의 시가 말하는 인생의 정취는 무슨 맛이 없어져버릴 것입니다.

중국 문화의 동일한 근원인 유가의 도리도 마찬가지입니다. 서경(書經)에서도 말하기를 "겸손하면 이익을 받고, 가득차면 손해를 부른다."(謙受益, 滿招損)고 하였습니다. '겸'(謙) 자는 '흠'(欠: 모자람) 자로도 해석할 수 있습니다. 만사는 약간 모자란 것이 좋습니다. 마치 술을 마실 경우 한 잔이 모자랄 정도면 아주 좋아서 취하지도 않고 머리가 맑을 수 있듯이 말입니다. 만약 한 잔을 더했다가는 온갖 추태를 다 드러내고 망신을 당하고 말 테니 '가득 차면 손해를 부릅니다.' 한 잔의 차를 예로 들면 80%만 채우면 될 것을 구태여 가득 채우려 들면 틀림없이 넘치고 말 것입니다.

길한 일은 어떻게 해야 오래 지속시킬 수 있을까요? 재물을 가진 자는 어떻게 해야 재물을 유지시킬 수 있을까요? 권세를 지닌 자는 어떻게 해야 권세를 유지시킬 수 있을까요? 바로 '가득 차기를 바라지 않는다'를 실천해야 합니다. 이전에 어떤 친구가 저에게 사람들이 명성을 추구하는 것에 관해 이야기했는데, 그 친구는 말했습니다. "이름이 있고 성이 있으면 됐네. 더 이상 추구하지 않겠네. 아무리 추구하더라도 한 개의 이름에 불과하여 모두 두 글자 아니면 세 글자로서 무슨 일리가 없네."

한 번은 대북(臺北)에서 기차를 타고 여행을 하는데 2인용 의자에 저와 함께 앉은 여행객이 마침 제가 쓴 책을 한 권 읽고 있었습니다. 거의 대남(臺南)역에 도착할 때까지 내내 아주 재미있게 읽고 있었습니다. 나중에 서로 이야기를 나누게 되었는데 이야기 중에 저에게 이렇게 말하는 것이었습니다. "이 책은 남모라는 사람이 쓴 것입니다." 제가 말했습니다. "당신은 그를 아십니까?" 그가 대답했습니다. "모릅니다. 이 사람은 책을 아주 많이 썼는데 모두 아주 잘 썼습니다." 제가 말했습니다. "당신이 이렇게 소개해 주신 바에야 기차에서 내리면 저도 한 권 사서 봐야겠군요." 우리 대화는 여기에서 끝나고 말았지만 이게 아주 좋았습니다. 당시에 만약 "제가 바로 그 남모라는 사람입니다"라고 했다면 그는 틀림없이 "존함은 오래 전부터 들었습니다."라고 말했을 것입니다. 그런 다음에는 당연히 인사치례가 나오고, 그런 틀에 박힌 예절은 재미없었을 겁니다.

"이 정경이 추억으로 될 것을 바랐지만, 오로지 그 당시엔 망연했을 뿐이네." 명예와 이익도 그렇고 권세도 그렇습니다. 설사 부자·형제·부부지간이라 할지라도 약간의 부족함을 남겨두어야 아름다운 감정도 생겨납니다. 문예작품의 애정 소설을 예를 들어 말하면 앞에서 말한 홍루몽이나 부생육기 등처럼 줄거리에 약간의 부족함을 남겨두어야 아무래도 아름답습니다. 또 골동품을 하나 예로 든다면 금간 흔적이 하나 있으면서 진열되어 있다면 틀림없이 마음이 몹시 아플 겁니다. 만약 완전무결한 물건을 진열해 둔다면 그저 바라만 볼 뿐 결코 마음이 아프지는 않을 겁니다. 그렇지만 사람들은 아무래도 마음이 아파야 가치가 있고 의미가 더욱 심장하다고 느낍니다. 그렇지요?

청소년을 이해하자

오늘날 우리 청년들은 동서고금 사조(思潮)의 교류와 충격, 사상적 방황과 모순, 정서적 우울과 번민을 모두 겪고 있어, 시대적인 혼란과 불안을 느끼고 있습니다. 그 결과 청소년들의 병적인 심리가 점점 심각해져 갑니다. 한편, 구세대를 대표하는 노인들은 궁색한 생활을 비탄하며, 세태가 날마다 나빠지고 인심이 예전 같지 않음을 슬퍼합니다. 노인들은 해는 저물고 길은 다한 듯한 초조함과 불안감을 가지고 있습니다. 어린이는 갓 태어났을 때의 순수한 마음을 품고 있습니다. 아이가 세상에 처음 태어날 때는 마치 한 장의 흰 종이 같아서 빨간 물을 들이면 빨갛게 되고, 검정 물을 들이면 검게 됩니다. 그런데 부모들이 아들은 용(龍)이 되고 딸은 봉(鳳)이 되기를 바라는 주관적인 욕심에서 그 백지에 각양각색의 모양을 제멋대로 칠하여 온통 지저분하게 만들어 버립니다. 그리하여 마침내는 자식을 세상 물정 모르는 책벌레로 만들거나 아니면 불량 청소년, 그것도 진짜 불량 청소년도 아닌 중간 뜨기 불량 청소년이 되도록 몰아갑니다. 저는 평소에 진짜 불량 청소년은 역사를 창조하는 인재라고 말하곤 합니다. 부모가 되었든 선생이 되었든 또 지도자가 되었든 간에 구세대들은 모두 그러한 사고 방식에서 깨어나 먼저 자신에 대한 교육을 한번 해야 하겠습니다. 특히, 교육에 종사하거나 문화 사상을 이끌어 나가는 사람은 이 문제를 분명히 알지 않으면 안 됩니다.

청소년 교육 문제는 먼저 청소년들의 이상(理想)에 유의해야 합니다. 왜냐하면 그 이상이 바로 학문의 기초이기 때문입니다. 동서고금을 막론하고 사람의 학문이나 사업의 기초는 모두 소년기에 이루어지는데, 소년기의 공부와 개성을 보면 장래 중년과 노년에 어떠한 성과를 이룰지 알 수 있습니다. 한 사람의 일생은 소년기의 이상(理想)에다 학문을 더해 배양한 것에 지나지 않아서, 중년기의 사업은 소년기의 이상을 현실에서 실현하는 것이며, 만년에는 자신의 중년과 소년 시기의 성과를 돌아보는 것입니다. 그러므로 역사 문화는 동서고금을 막론하고 영원히 젊어서, 늘 3십세일 뿐 5천세가 되지 않는 것이라고 저는 말합니다. 왜 그럴까요? 사람의 총명과 지혜는 모두 4십세 이전에 발휘되기 때문입니다. 과학 분야를 살펴보면 4십세 이후에는 새로운 발명을 하기 어렵다는 것을 알 수 있습니다. 사람마다의 성취도 모두 십세에서 2,3십세 사이에 이루어지기 때문에, 이 기간에 이룩한 인류의 성과가 쌓여서 문화역사가 되는 것입니다. 사람의 두뇌가 완전히 성숙하게 되는 것은 5, 6십세 때이지만 그 절반쯤에서 사과처럼 땅에 떨어져 버리는 것입니다. 그래서 인류의 지혜는 영원히 3, 4십세 단계에서 릴레이 경기를 하면서 그 3십년의 경험을 이어가고 있는 것이므로, 결과적으로는 5천 년에 걸친 역사라 해도 2, 3십 년의 경험에 지나지 않을 뿐입니다. 그렇기 때문에 아직 인류의 기본 문제가 해결되지 못하고 있습니다. 닭이 먼저일까요? 달걀이 먼저일까요? 우주는 어디에서 왔을까요? 인생은 도대체 어떤 것일까요? 아직도 절대적인 답이 없습니다. 그러므로 생각이 있으면 힘써 배워야 합니다. 좀 전에 말했듯이 학문은 있으나 생각이 없다면 현실과 동떨어지게 되어 쓸모가 없습니다. 그와 반대로 생각이 있으면 그것을 학문으로 배양해야 합니다. 만일 청소년들이 천재처럼 분방하기만 하고 힘써 배우지 않으면, 미국의 일부 청소년들처럼 마약을 먹고 나체로 뛰어다니거나 하게 되어, 앞으로 또 무슨 짓을 하게 될지 모릅니다. 그러므로 생각을 학문으로 배양하지 않으면 위험합니다.

효도로써 천하를 다스리다

서양 문화를 연구하려면, 미국만을 대상으로 하지 마십시오. 미국은 건국한 지 2백 년도 채 안 되어 이야기할 만한 것이 없습니다. 전 유럽의 관점에서 보고 유럽 문화를 연구하려면, 그리스 문화를 반드시 연구해야 합니다. 2천 년 전의 아테네와 스파르타로부터 시작해야 합니다. 아울러 서양 문화는 중국 문화와 기본적으로 다르다는 것을 알아야 합니다. 중국이라는 나라는 지리 환경적인 요인으로 농업을 기반으로 하여 국가를 세울 수 있었지만, 유럽은 그럴 수 없었습니다. 특히, 그리스는 그럴 수가 없었는데, 그리스인들은 생존하기 위해 상업을 발전시켜야 했습니다. 과거 유럽 역사에서 '해상에서의 상업'이란, 보는 사람이 있으면 장사를 하고 보는 사람이 없으면 해적들이 되는 것이었습니다. 16세기 이전의 서양은 재화가 부족해 궁핍하기 이를 데 없었습니다. 그들은 16세기 이후에 인도를 빼앗고 중국을 속여 황금을 거두어 갔는데, 서양의 문화나 경제 발전 등은 알고 보면 이렇게 이루어진 것입니다.

　서양 문화를 이해하고 나서 중국 문화를 돌아보면, 중국은 농업 국가로서 그 문화 정신이 서양과는 근본적으로 다르다는 것을 알 수 있습니다. 그 핵심은 바로 중국이 종법사회(宗法社會)라는 것입니다. 하은주(夏殷周) 삼대 이후 종법사회로부터 주대(周代)의 봉건제도가 발생하게 되었습니다. 요즈음 사람들이 일반적으로 말하는 봉건은 서양형의 봉건이지 중국의 봉건이 아닙니다. 중국의 봉건 형태를 서양의 봉건 노예제도와 함께 놓고 비교해 보면 전혀 별개임을 알 수 있습니다. 이를 동일한 것으로 이해하는 것은 완전한 잘못입니다. 중국의 봉건은 종법사회로부터 형성된 것입니다. 왜냐하면 종법사회와 효도 정신은 주나라 이전에 건립되었으며, 진한 이후에는 종법사회로부터 가족사회로 변천되었는데, 이 역시 종법사회의 한 형태로서 가족 효도의 범위가 축소되었을 뿐 그 정신은 일관되었기 때문입니다. 이 효(孝)도 우리가 바로 앞에서 말했던 인정세고(人情世故)의 확충인데, 효를 정치 면에서 제창하고 실행하여 사회적 기풍으로 삼게 된 것은 어느 때일까요? 그것은 서한 이후로서, 위진 시대에 이르러 효도로써 천하를 다스릴 것을 정식으로 제창하였습니다. 24인의 효자(二十四孝) 이야기에서 보듯이, 얼음 위에 누웠던 것으로 유명한 왕상(王祥)은 바로 진(晋)나라의 조정 대신이었습니다. 진(晉)나라 이후 남북조·당·송·원·명·

청으로 쭉 내려오면서 모두 효도로써 천하를 다스린다는 기풍을 이었습니다. 역대 대신들이 국가의 큰 문제나 백성을 사랑하고 보호하는 문제로 올린 주의(奏議)를 보면, 대부분이 "폐하의 조정은 효도로써 천하를 다스린다."(聖朝以孝治天下)란 말이 있는데, 먼저 이 큰 '모자'를 황제에게 씌워 놓은 다음 어떻게 어떻게 해야 한다는 건의를 올리고 있습니다. 이런 방식이야말로 중국 문화가 효도를 제창하는 좋은 점이자 우수한 점입니다.

그러나 천하의 일 가운데 정치 분야의 일은 이야기하기가 가장 두렵습니다. 우리가 역사를 깊이 연구해 보면 효도를 통치 수단으로 이용한 사람도 있었는데, 누가 그랬을까요? 바로 만주족이 세운 청나라의 강희 황제였습니다.

만주족의 고아와 과부가 산해관으로 들어온 후, 3대째인 순치(順治) 황제는 젊어서 죽었습니다. 이것은 청나라 역사상 큰 의혹 사건으로서, 일설에는 순치 황제가 죽지 않고 출가했다고 하는데, 아직도 풀리지 않은 청대의 몇 가지 수수께끼 중의 하나입니다. 그 뒤를 이어 강희(康熙)가 여덟 살의 어린아이로 황제가 되어, 열네 살에 이르러서야 정식으로 친정(親政)을 시작하였습니다. 솔직히 말해서, 그 당시 평범한 무리가 방대한 4억 인구의 중국을 통치하려고 했으니 별 방법이 없었을 테지만, 이 열네 살의 어린 황제는 대단한 인물이었습니다. 얼굴에 몇 개의 곰보 자국이 있어 '강 곰보'라 불리었던 강희 황제는 열네 살부터 수십 년 간 중국을 통치하여(강희는 8세에 즉위하고 14세에 친정을 시작하여 69세에 죽기까지, 61년 동안 황제 노릇을 했음), 만주족의 천하는 그의 손에서 안정되었습니다. 당시 중국의 지식인 중에는 청(淸)나라를 반대하고 명(明)나라의 복고를 주장한 사람들이 아주 많았습니다. 고염무·이이곡(李二曲)·왕선산(王船山)·부청주(傅靑主) 등과 같은 사람들은 투항하지 않고, 특히 사상이나 학술 분야에서 반청복명(反淸復明)의 활동을 했는데, 정말 대단했습니다. 그 결과는 어떻게 되었을까요? 강 곰보는 중국의 효(孝) 자를 이용해 허울 좋게 유혹함으로써 반청(反淸) 종자가 2백 년이 지나서야 싹이 트도록 공작했습니다.

사람을 쓸 때 다 갖추기를 바라지 말라

우리가 인재를 관찰해 보면, 특히 학생들이 그러한데, 어떤 학생들은 품행 도덕이 아주 좋지만 일은 절대로 맡길 수 없습니다. 그는 일을 하자마자 망쳐 놓고 맙니다. 그러므로 지도자는 사람을 편애하지 않도록 주의해야 합니다. 누구나 정직한 사람을 좋아하지만 정직한 사람이 반드시 일을 잘할 수 있는 것은 아니며, 재능 있는 사람은 일을 잘하지만 그에게 덕행까지 훌륭하기를 요구해서는 안 됩니다.

그러므로 과거 중국의 제왕은 사람을 쓸 때 오로지 재능만 중시했습니다. 세상을 바로잡아 회복시킬 때에는 인재의 재능만 중시하고 덕행은 무시할 수밖에 없었습니다. 우리가 알다시피 조조가 내린 인재 모집 명령서는 역사상 유명한 문헌인데, 그는 닭이나 개를 훔치는 도둑도 상관없이 자기에게 도움만 된다면 누구든지 와서 봉사할 수 있다고 했습니다. 오직 조조만이 그런 명령을 내릴 담력이 있었습니다. 후세 사람들은 감히 노골적으로 말하지는 못했지만 실제로는 모두 그렇게 했습니다. 다음으로 한 고조에게는 장량·소하·진평이라는 삼걸(三傑)이 있어 그를 도와 천하를 평정했습니다. 그 중에서 진평은 그를 위해 여섯 번이나 뛰어난 계략을 내놓았는데, 이 계략은 오직 그와 진평 두 사람만이 알았습니다. 한 고조는 항우와 전투를 할 때, 진평에게 항우에 대한 정보 공작을 하고 또 이간계를 쓰라면서 황금 50일(鎰 : 옛날의 중량단위로, 20냥에 해당함)을 경비로 주었습니다. 그 때 어떤 사람이 진평은 형수와 간통한 믿을 수 없는 사람이라고 한 고조에게 모함을 하였는데, 한 고조는 이 말을 곧이들었습니다. 그래서 진평이 정보공작을 하러 떠나기 전에 작별인사를 하러 왔을 때, 한 고조는 진평에게 형수와의 간통 사실에 대해 물었습니다. 진평은 이 말을 듣고 즉시 경비로 받은 황금을 한 고조에게 돌려주고 가지 않겠다고 하면서, 한 고조에게 이렇게 말했습니다. "당신이 나에게 맡긴 일은 국가 대사인데, 내가 형수와 간통했고 안 했고가 국가 대사와 무슨 관계가 있습니까?" 사실 진평에게는 형이 없었으니 당연히 형수도 없었으므로, 간통은 다른 사람이 날조한 이야기였습니다. 그러나 진평은 변명하지 않았던 것입니다. 이것이 바로 재능 있는 사람의 태도입니다. 한 고조는 대단히 총명해서 즉시 미안하다는 뜻을 표시하고, 계획대로 가서 임무를 완성하라고 했습니다. 이것도 한 고조의 영명한 점입니다.

어떤 사람들은 작은 것 때문에 큰 것을 잃으며, 작은 일 때문에 큰 일을 그르치는 경우가 흔히 있습니다. 또 한 가지 문학상 유명한 '장창이 눈썹을 그리다'(張敞畵眉)라는 이야기가 있습니다. 한 무제 역시 대단한 황제였는데, 장창은 당시의 재자(才子)로서 뒷날 명신이 되었습니다. 장창과 그의 부인은 금실이 매우 좋았습니다. 장창의 부인은 어렸을 때 상처를 입어 눈썹 끝에 약간 흠이 있었으므로, 장창은 매일 아침 자기 부인에게 눈썹을 그려 준 후에 출근했습니다. 그런데 어떤 사람이 이 일을 한 무제에게 일러바치자, 한 무제는 조정 대신들 앞에서 장창에게 이 일을 물었습니다. 그러자 장창은 "규방에는 눈썹 그리는 것보다 더 큰 즐거움이 있습니다."(閨房之樂, 有甚於畵眉者)라고 말했습니다. 이 말은 "규방의 부부지간에는 눈썹 그리는 것보다도 더 살맛나는 즐거운 일이 있습니다. 당신은 내게 국가 대사를 잘 처리했는가만 물으면 되지, 내가 마누라를 위해 눈썹을 그려 주든 말든 당신이 상관할 것이 무엇입니까?"라는 뜻이었습니다.

그러므로 책을 읽고 역사를 읽는 것은 세상 물정을 이해하고 올바르게 살아가는 법을 배우기 위한 것입니다. 어떤 책임자들은 모든 사람이 성현이 되기를 바라기라도 하는 듯이 부하에 대해 너무 자질구레한 것까지 간섭하는데, 일을 하는 사람이 반드시 성현이 될 수 있는 것은 아닙니다. 공자의 제자들을 보면 덕행 면에서 뛰어난 사람이 언어 면에서도 반드시 성공한 것은 아니었습니다. 또, 재아나 자공처럼 언어 면에서 성취를 이룬 사람이 반드시 덕행 면에서도 안회만큼의 수준에 도달할 수 있는 것은 아니었습니다. 정치 면에서 성공한 사람의 도량은 덕행이 있는 사람과는 또 달랐습니다. 문학이 훌륭하고 글을 잘 쓰면 더 물어 볼 필요도 없습니다. 천고 이래로 문사(文士)는 풍류를 즐겼습니다. 역사적으로 보면 문인들은 불평이 가장 많았지만, 황제가 몇 명의 궁녀를 상으로 주고 몇 명의 예쁜 부인을 골라 주고, 돈을 좀 더 주고 벼슬을 좀 높여 주면 불평할 시간이 없었습니다. 이상의 이야기들은 모든 면을 다 갖춘 인재를 구하기 어렵다는 것입니다. 역사상 모든 면에서 뛰어난 인재가 없었던 것은 아니지만, 덕행 · 언어 · 정사 · 문학 등에 두루 훌륭한 인재는 정말 드물었습니다.

아이고 하느님, 아이고 어머니

"노여움을 남에게 옮기지 않고, 같은 잘못을 거듭 저지르지 않았다." 는 뜻인 '불천노, 불이과'(不遷怒, 不貳過) 이 여섯 자에 대해 토론하고자 합니다. 이 여섯 자의 말은 우리가 평생토록 해도 완전히 실천할 수 없습니다. 공자도 이같이 할 수 있는 사람은 3천 제자 중에서 안회밖에 없다고 했습니다. 사람은 모두 이 여섯 자의 잘못을 범하기 쉽습니다. '천노'(遷怒)는 짜증을 함부로 내는 것인데, 우리는 모두 이런 경험이 있습니다. 우리가 가장 쉽게 짜증을 내는 대상은 집안 식구들입니다. 예를 들어, 밖에서 분한 일을 당하고 돌아왔는데 아내가 좋은 마음으로 다가와, "오늘 왜 이리 늦었어요?" 하고 물을 때, 아내에게 "귀찮게 하지 말아!" 하고 짜증을 내는 것이 바로 '천노'입니다. 사실은 자기 아내에게 욕을 하는 것이 아니라, 밖에서 당한 분을 풀 데가 없어서 아내에게 분풀이를 하는 것입니다. 그러므로 우리는 어떤 때에 윗사람이나 친구에 대해서도 용서를 해야 합니다. 내가 윗사람으로부터 부당한 욕을 먹고 곰곰이 생각해 보니, 윗사람이 무언가를 잘못하여 한참 고민하고 있을 때 내가 찾아갔기 때문에 그는 자연히 나에게 분풀이를 한 것이었습니다. 일의 처리도 이와 같습니다. 역사에서 볼 수 있듯이, 어떤 사람들이 역사의 대죄인이 된 것도 분풀이를 한 것에 그 원인이 있는 경우가 있습니다. 어떤 위정자는 다른 사람에게 불만을 느껴, 온 나라를 가지고 울컥 도박을 해 버린 경우도 있습니다. 분풀이를 하지 않는 것, 곧 '불천노'(不遷怒)는 참으로 어려운 일입니다.

여기에서 두 가지 이야기를 해 보겠습니다.

제1차 세계대전 이전에 독일의 명재상 비스마르크와 국왕 빌헬름 1세는 단짝이었습니다. 독일이 당시에 강성해질 수 있었던 것은 비스마르크라는 훌륭한 재상이 있었을 뿐만 아니라, 또한 도량이 크고 넓은 빌헬름 1세라는 훌륭한 황제가 있었기 때문입니다. 빌헬름 1세는 후궁에 돌아오면 종종 화를 내며 물건을 닥치는 대로 깨뜨리고 찻잔을 내던졌는데, 한번은 아주 진귀한 그릇을 내던져 깨버렸습니다. 황후가 "당신 또 비스마르크 늙은이로부터 욕먹었군요?" 하자, 빌헬름 1세는 퉁명스레 "그렇소." 하고 대답했습니다. 황후가 "당신은 왜 늘 그에게 욕을 먹는 거예요?" 하고 묻자, 빌헬름 1세는 이렇게 대답했습니다. "당신은 이해하지 못해요. 그 사람은 수상으로 일인지하 만인지상(一人之下, 萬人之上)에 있으니, 자기 아래 있는 그 많은 사람들의 욕을 다 먹어야 해요. 그가 그렇게 많은 욕을 먹고 나서 어디다 풀겠소? 나한테 풀 수밖에 없지 않겠소! 황제인 나는 또 어디다 풀겠소? 접시를 내던질 수밖에 더 있겠소?" 그래서 그 황제는 성공할 수 있었습니다. 이 황제와 재상 때문에 독일은 그 당시 그렇게 강성할 수 있었습니다.

또 하나의 이야기입니다. 주원장(朱元璋)의 마황후(馬皇后)도 역시 훌륭한 인물이었습니다. 주원장이 황제가 된 후, 어느 날 후궁에서 황후와 즐겁게 담소를 하고 있었습니다. 그런데 갑자기 주원장이 무릎을 탁 치고는 기쁜 듯이 뛰면서, "나 주원장이 황제가 될 줄이야 상상도 못 했지!" 하고 말했습니다. 그리고 춤을 추면서 자신이 구차하고 변변치 못했던 옛 시절의 모습을 드러냈는데, 이는 대단히 추태를 부린 것입니다. 그 때 두 명의 태감(太監)이 옆에 있었는데, 황제는 이들에 신경을 쓰지 않았습니다. 잠시 후 주원장이 나가자 마황후는 즉시 그 두 태감에게, "황제는 곧 돌아오신다. 너희들 중 하나는 벙어리 행세를 하고, 하나는 귀머거리 행세를 하라. 그렇지 않으면 너희 둘은 목숨이 붙어 있지 못할 것이다. 잘 기억하고 내 말대로 하라!"고 했습니다. 과연 황제는 밖에 나가 자기가 한 짓을 생각해 보니 추태인지라, 그 추태를 두 태감들이 밖으로 소문을 내면 큰일이라는 생각이 들었습니다. 이에 황제가 급히 후궁으로 돌아와 보니, 두 태감 중 하나는 벙어리라서 말을 못하고, 하나는 귀머거리라서 듣지 못했다고 하자 안심을 하여 아무 일이 없게 되었습니다. 그렇지 않았더라면 두 태감의 머리가 어떻게 떨어지지 않았겠습니까? 이 마황후는 역사상 좋은 황후로 유명합니다.

이로써 인생의 수양과 분풀이에 대해 말했는데, 일이 좀 못마땅하고 다른 사람에게 짜증을 내고도 이를 반성하여 자기를 꾸짖을 줄 모르는 사람이 많다는 것입니다. 특히, 남을 이끄는 지도자는 이 점을 각별히 주의해야 합니다.

다음으로 어려운 점은 '불이과'(不貳過)입니다. '이과'(貳過)란 한 번 잘못을 범한 후에 다시 같은 잘못을 범하는 것입니다. 마치 우리가 담배를 피우는 것과 같아서, 이번에만 피우고 다음에는 다시 피우지 않겠다고 하지만 그 때 가면 또 피웁니다. 이와 같이 같은 잘못을 거듭하는 것이 바로 '이과'입니다. 공자는 안회만이 "불천노, 불이과"(不遷怒, 不貳過)의 여섯 자를 실천할 수 있다고 말했는데, 사람이 참으로 이렇게 할 수 있다면, 성인이나 현인이라 할 수 있을 것입니다.

사실 "불천노, 불이과"에 대해 우리가 말해 본 것은 아주 작은 일부일 뿐입니다. 진지하게 연구해 보면, 이 두 마디 말은 모든 역사 철학을 개괄하고, 인류의 행위 철학도 개괄합니다. 사람이 참으로 "불천노, 불이과"할 수 있을 정도까지 수양이 된다는 것은 결코 쉽지 않습니다. 공자가 재삼 안회를 찬탄한 데는 그만한 까닭이 있습니다.

예를 들면, 우리가 흔히 말하는 "하늘을 원망하고, 남을 탓한다."(怨天尤人)는 것도 '천노'(遷怒)의 일례입니다. 사람이 곤경에 처했을 때 하늘을 원망하는 것은 보통 있는 일입니다. 하늘을 원망한다는 말은 한유가 "곤궁이 극에 달하면 하늘을 부르고, 고통이 극에 달하면 부모를 부른다."(窮極則呼天, 痛極則呼父母)고 했듯이 자연적인 현상입니다. 또, 사마천은 사기(史記)에서 이소(離騷)에 대해 다음과 같이 평론하고 있습니다.

대저 하늘은 사람의 시초이며, 부모는 사람의 근본이다. 사람이 궁지에 이르면 근본을 돌이켜보는 까닭에 힘들고 피곤할 때에 하늘을 찾지 않을 수 없는 것이며, 질병으로 고통스럽고 참담해지면 부모를 찾지 않을 수 없는 것이다.

夫天者, 人之始也 ; 父母者人之本也。人窮則反本, 故勞苦倦極, 未嘗不呼天也 ; 疾痛慘澹, 未嘗不呼父母也。

여기서 말하는 궁지(窮)는 단지 돈이 없는 것만을 말하는 것이 결코 아닙니다. 어떤 일이 막다른 골목에 이른 것을 궁지라고 합니다. 이럴 때에는 흔히 자기도 모르게 "아, 하늘이여!" 하고 절로 탄식하게 됩니다. 몸이 참기 어려울 정도로 아파서 고통스러울 때에는 저절로, "아이구 어머니!" 하고 외치게 되는데, 이는 사람의 자연적인 심리입니다.

사람이 어찌해 볼 수 없는 지경에 이르렀을 때에는 심리적으로 현실을 도피하고, 이것은 하늘이 준 불행이라고 생각하고 싶어집니다. 우인(尤人)은 남을 원망하는 것으로, 잘못의 원인을 남에게 떠넘기고 자신은 잘못이 없다고 생각하는 것입니다. 옛날 평민 문학 가운데 다음과 같은 시 한 수가 있습니다.

하늘 노릇도 사월 하늘 노릇이 어려워라	作天難作四月天
누에는 따뜻하기 바라는데 보리는 춥기를 바라네	蠶要溫和麥要寒
나그네는 맑기 바라는데 농부는 비오기를 바라며	行人望晴農望雨
뽕잎 따는 아낙네는 흐린 하늘을 바라네	採桑娘子望陰天

사정이 이러하니 하늘은 어찌해야 좋은 하늘이 될 수 있을까요? 하늘 노릇 하기도 어려운데 하물며 사람 노릇이야 어떠하겠습니까? 그러므로 어떤 사람이 친구를 위해 힘을 다해도 원망 듣는 것을 면하기 어렵습니다. 특히, 지도자가 대중의 비평을 받는 것은 더욱 필연적입니다.

"불이과"(不貳過)의 수양은 "불천노"(不遷怒)의 지조보다 한층 더 깊은 공부입니다.

가난할 때는 원망하기를 경계하고
부유할 때는 교만하기를 경계하라

공자께서 말씀하셨다. "가난하면서 원망하지 않기는 어렵지만, 부유하면서 교만하지 않기는 쉽다."

子曰 : 貧而無怨, 難 ; 富而無驕, 易。

"부이무교"(富而無驕)는 사람이 비록 지위가 높고 재부(財富)가 있고 공을 이루었다 하더라도 교만하지 않은 것입니다. 이러한 수양은 아주 어려운 것으로 결코 쉽지 않지만, 다른 것과 비교해 보면 그래도 쉽습니다. 동서고금을 막론하고 사람들은 지위가 높아지면 풍모도 좋아집니다. 풍모가 좋아 외형이 그럴싸해 보이는데도 사람됨이 교만하지 않다면 그는 이미 대단한 사람입니다. 그러나 이런 사람이라도 대부분의 경우 내심으로는 자신이 대단하다는 느낌을 어느 정도 가지고 있기 마련입니다.

저는 조금 전에 외국에서 돌아온 몇몇 학생과 한담했는데, 과거에 일부 사람들은 부모와 자녀 사이의 세대차가 매우 컸으며, 부모들은 아주 근엄한 모습을 보이지 않으면 안 되었다고 말했습니다. 어떤 학생은 자기의 부모는 그렇지 않아서 자녀와 서로 친구처럼 지낸다고 말했습니다. 어떤 학생은 지역적으로 보아, 대만의 일부 가정에서는 부모가 자녀에게 너무 근엄한 모습을 보인다고 지적했습니다. 저는 그들에게 외국에서도 화교사회의 부모들이 자녀들에게 근엄한 태도를 보이더냐고 물었습니다. 이것은 광동(廣東)·복건(福建) 지방의 기풍으로, 그들은 아직도 구세대 부모의 위엄을 유지하고 있습니다. 부모 자녀 사이가 비교적 개방적인 사람들은 대부분 상해에서 태어나 자란 사람들입니다. 부모의 위엄이 너무 지나친가 그렇지 않은가 하는 것이 문제일 뿐 결코 잘못은 없습니다. 또 어떤 학생은 말하기를, 부모가 그런 위엄을 지니는 것은 곧 "나는 아들딸이 있으며, 아들딸은 내 말을 들어야 한다."는 교만한 심리의 표현이라고 했습니다. 저는 "이것을 교만의 범위에 넣어서는 안 된다. 더욱이 교만하다는 말을 잘못 사용해서는 안 된다."고 했습니다.

저 개인적 관찰과 체험에 의하면, 사람이 교만하지 않기란 몹시 어려운 일이라고 생각합니다. 부귀해지고 지위가 높아지면 교만해질 수 있습니다. 돈이 있으면 교만해질 수 있습니다. 나이가 많아져도 교만해질 수 있는데, 자기가 몇십 년 밥을 더 먹었다고 하여 젊은이들은 안 된다고 생각합니다. 사실은 몇 십 년 밥을 더 먹었더라도 반드시 밥을 바르게 먹은 것은 아닐 것입니다. 학문이 높아져도 교만해질 수 있습니다. 그러므로 교만이 없는 정도까지 수양하기가 정말로 쉽지 않습니다. 그런데 부유하면서 교만하지 않은 것과 가난하면서 원망하지 않는 것, 이 두 가지를 비교해 보면 전자가 조금 더 쉽습니다.

"가난하면서 원망하지 않기는 어렵다."(貧而無怨)고 했는데, 가난은 꼭 경제적인 궁함만은 아닙니다. 뜻을 이루지 못한 것도 가난입니다. 지식이 없는 사람은 지식이 있는 사람을 부유하다고 느낍니다. 재능도 재산인데, 재능이 부족한 사람들도 많습니다. 장자(莊子)는 "눈이 보이지 않는 맹인이나 귀가 들리지 않는 귀머거리는 밖으로 드러난 신체적인 장애일 뿐이다. 지식상의 맹인이나 지식상의 귀머거리는 치료할 방법이 없다."고 말했습니다. 그러므로 가난은 꼭 돈이 없는 것만을 가리키는 것이 아니라, 각종의 부족이 모두 그 안에 들어갑니다. 사람은 가난하면 원망을 하게 됩니다. 이른바 하늘을 원망하고 남을 탓합니다. 사람이 궁하면 불평이 많고, 화도 많이 냅니다. 그러므로 "안빈낙도"(安貧樂道)를 가르쳐야 하는 것입니다. 이것은 중국 문화에서 지식인이 배워야 할 기본적인 대원칙입니다. 그러나 가난하면서도 편안할 수 있기란 참으로 쉽지 않습니다.

오늘날 어떤 사람은 "가난을 편히 여기고 도를 즐기며, 만족을 알면 항상 즐겁다."(安貧樂道, 知足常樂)라는 말을 가지고 중국 문화를 비평하기를, "중국이 발전하지 못한 것은 바로 이런 사상의 영향을 받았기 때문이다."라고 합니다. 이런 비평은 반드시 옳은 것이 아닙니다. "안빈낙도"와 "지족상락"은 개인의 수양으로서, 진정으로 그 정도의 수양에 이른 사람도 많지 않습니다. 더욱이 우리는 중국 민족이 이 두 가지 수양 때문에 진취(進取)를 도모하지 않는다고 말할 수는 없습니다. 사실 이런 의미는 아닙니다. 또, 중국 문화에는 "하늘의 운행은 꿋꿋하니, 군자는 진취적으로 끊임없이 노력해야 한다."(天行健, 君子以自强不息)는 말과 같은 고무적인 명언들이 있으므로, 우리는 한 가지 점만 잡아 부분을 전체로 여기는 잘못을 범해서는 안 됩니다. "안빈낙도, 지족상락"(安貧樂道, 知足常樂)이란 말은 자기가 바르게 살아가기 위한 하나의 잣대이자 시험이 됩니다.

소를 마음에 비유하다

중국역사상 소에 관한 이야기도 꽤 많습니다. 오대 시대의 한 재자 황제인 전촉(前蜀)의 후주(後主) 왕연(王衍)의 취사(醉詞)는 이렇습니다.

이리 다니고 저리 다니면서 그저 기생집만 찾고
저리 다니고 이리 다니면서 금잔 술을 싫어않네

者邊走　那邊走　只是尋花柳
那邊走　者邊走　莫厭金杯酒

인구에 회자되는 명구입니다. 그는 문학도 애호하고 경극(京劇) 보기도 좋아했습니다. 자기가 공연하기도 좋아해서 항상 무대 예술인들이 그의 곁에서 즐겨 놀았습니다. 남당(南唐)의 중주(中主) 이경(李璟)도 그 같은 취미를 갖고 있었습니다. 한 번은 그가 한참 즐겁게 놀고 있을 때 들판에 소 한 마리가 한가하게 풀을 먹고 있는 모습이 보였는데 한 폭의 그림처럼 아름다웠습니다. 그는 내키는 대로 칭찬하기를 '저 소가 살지다'고 했습니다. 만당 이후의 무대 예술인, 그러니까 오늘날 스타라고 하는 사람으로 정말 대단한 사람들이 있었습니다. 그 때에 그의 신변에 이가명(李家明)이라는 무대 예술인이 있었는데 그가 그 소를 칭찬하는 것을 보고 나서 즉시 소를 읊는 시를 한 수 지었습니다.

일찍이 영척에게 뿔에 채찍 맞았고	曾遭寧戚鞭敲角
또 전단에 의해 몸이 탔건만	又被田單火燎身
한가하게 석양에 마른 풀 먹고 있는 신세	閒向斜陽作枯草
근래에는 헐떡거림 묻는 자 다시 없구나	近來問喘更無人

네 구절 가운데 세 구절은 소의 전고를 말하고 있는데 다들 알고 있는 것입니다. 진(秦)나라의 유명한 재상 영척(寧戚)이 출세하기 전에 남의 소를 길러준 적이 있었습니다. 아마 그 소를 기르는 생활 가운데 자기를 단련했거나 소의 몸에서 어떤 계시를 얻었을 것입니다. 결과적으로 그는 명신이 되었습니다. 반대로 말하면 소가 영척에 대하여 공헌한 바가 있었습니다. 그 다음 구절의 전단(田單)의 고사인데 화우진(火牛陣)을 이용하여 일거에 나라를 되찾아서 소의 공로가 정말 크다는 것입니다. 세 번째 구절은 목전의 이 소를 가리킵니다. 가련하게도, 해지는 황혼의 햇빛 아래서 풀을 씹고 있는데, 먹고 있는 게 마른 풀이고 여린 풀조차도 먹을 수 없다는 겁니다. 마지막 구절은 아주 심한 내용입니다. "근래문천경무인"(近來問喘更無人), 여기서 말하는 것은 한(漢)나라 시대의 명재상인 병길(丙吉)이 길에서 살인사건을 보게 되었는데 그는 거들떠보기조차도 않았습니다. 그런데 길을 더 가다가 소한 마리가 길에서 숨을 헐떡거리는 것을 보았습니다. 그는 즉시 멈추고 이 소가 왜 숨을 헐떡거리는지를 물었습니다. 뒤에 어떤 사람이 그에게 묻기를, 왜 소의 목숨에는 관심이 있지만 사람의 목숨에는 관심이 없느냐고 했습니다. 병길이 말했습니다. "길에서의 살인사건은 응당 지방 관리가 관할할 것이니 내가 가서 물어볼 필요가 없소. 그렇지만 소가 이상하게 숨을 헐떡거리는 것은 소 전염병이 발생하였을 가능

성이 있거나 혹은 민생의 질고와 관계되는 다른 문제가 있을 수 있는 데 지방 관리가 그리 주의를 기울이지 않을지 모르니 내가 당연히 물어서 알아야만 하오." 그가 이렇게 자세히 관찰하고 물어본 일로 인하여 명성이 널리 전해졌으며 그를 훌륭한 재상이라고 불렀습니다.

이가명의 이 시는 당시의 남당에는 안타깝게도 병길 같은 현명한 재상이 없다는 말이나 다름없습니다. 이것은 이중주에 대한 이가명의 일종의 풍자이며 또 다른 면에서 보면 이중주의 신변의 이 무대 예술인이 아주 대담하게 당시 조정의 대신들을 모두 욕하는 것이었습니다. 그는 이 풍류재자형의 황제더러 마음을 좀 다잡고 정권을 행사하라고 촉구하고 싶었습니다.

제가 어느 날 양식을 먹으러 갔습니다. 그런데 소갈비 요리를 내올 때 위의 이 시가 생각이 났습니다. 그래서 시 한 수를 지었는데 제목을 '소갈비를 먹으면서 감상이 들어' 라고 했습니다. 한번 웃으시라고 여러분들에게 말해 드립니다.

> 노자를 등에 태우고 함곡관을 나갔었는데
> 다시 석양의 방초를 따라서 돌아왔네
> 어릴 적 소뿔에 책 걸고 한 독서는 지금 무슨 일 이뤘나
> 마침내 몸과 뼈 부스러져도 그 누가 슬퍼해줄까

> 曾馱紫氣函關去　又逐斜陽芳草回
> 掛角詩書成底事　粉身碎骨有誰哀

노자가 함곡관을 나갈 때 교통수단은 없고 오직 소의 등에 앉아 있었습니다. 또 수나라 당나라 사이의 이밀(李密)은 젊은 시절에 집이 가난하지만 글 읽기를 좋아해 소의 등을 탄 채 글을 읽은 적이 있었습니다. 그는 집을 나설 때 마다 책을 소의 뿔에다 걸었습니다. 이것이 후

세의 '괘각독서'(掛角讀書)의 전고입니다. 그날 제가 다들 소갈비를 먹는 것을 보면서 소에 대한 감격의 마음이 저절로 일어났습니다. 오늘날 전 세계인들은 모두 동물보호운동 바람이 불어 동물보호회를 설립하고 영화나 출판물 그리고 각종의 홍보 수단을 이용하여 널리 선전 제창하고 있습니다. 하지만 어떤 사람이 경우회(敬牛會)를 설립하는 것은 보지 못했습니다. 왜 소를 존경해야 할까요? 오늘날 전 세계인들은 소고기를 먹고 우유를 마시며 소가죽 제품을 입거나 신고 있습니다. 하지만 인도가 소를 성스러운 소로 받들어 지나치게 받드는 것 말고는 전 인류 중에는 소가 주는 은혜에 감사하는 사람이 없습니다. 소를 위해 한 방울의 동정의 눈물을 흘려도 좋을 것으로 보입니다.

아울러 이전에 한 노형이 꽤 깊은 의미가 있는 우스갯말을 한 적이 있었던 일이 생각났습니다. 그는 말했습니다. "세계에서 소고기를 먹기 좋아하거나 꼭대기가 뾰족한 모자를 쓰기 좋아하는 민족은 모두 남을 정복하기 좋아한다네. 반대로 소고기를 먹지 않고 꼭대기가 평평하거나 둥근 모자를 쓰기 좋아하는 민족은 비교적 평화를 애호한다네." 그는 말했습니다. "자네가 믿지 못하겠거든 세계역사를 한 번 연구해 보게나." 이 말은 비록 유머이지만 확실히 일리들이 있습니다. 하지만 큰 예외가 하나 있는데, 그것은 평평한 모자를 쓰는 일본인들이 우리들에게 중대한 침략전쟁을 한 차례 발동시킨 것입니다.

그 밖에 좋은 면으로는 불교나 기타 종교학설의 경우 그들이 수양을 말할 때도 항상 소를 말합니다. 사천의 아미산에 불교 사원이 하나 있는데 그 이름이 우심사(牛心寺)라고 합니다. 제가 사원의 스님에게 이 절의 내력을 물었더니, 그는 이 절 앞의 계곡물 속에 큰 돌덩이가 하나 있는데 우심석(牛心石)이라고 불렸기 때문에 그에 따라 우심사라고 이름 지었다고 했습니다. 실제는 그렇지 않습니다. 왜냐하면 불교에서는 늘 소를 말했기 때문입니다. 예컨대 선종의 대사들의 경우 여러 대사들이 소를 얘기로 설법했습니다.

불학에서는 원래 소를 가지고 심성(心性)에 비유한 이야기가 있습니다. 그래서 당나라 시대의 저명한 선종대사인 백장(百丈)스님은 한번은 그의 제자 장경(長慶)선사에게 대답할 때 소로써 비유를 했습니다. 장경이 그에게 물었습니다. "학인이 부처를 알고자 합니다. 어떤 것이 바로 그것입니까?" 백장이 말했습니다. "너의 이 질문은 소를 타고 소를 찾는 것과 크게 비슷하다." 장경이 또 물었습니다. "그럼 알고 난 후에는 어떻습니까?" 백장이 말했습니다. "소를 타고 집에 이르는 것과 같다." 장경이 또 물었습니다. "알지 못하겠습니다. 시종 어떻게 보호하여 머물러야 하는지요?" 백장이 말했습니다. "소치는 사람이 막대기를 들고 살펴보아 남의 곡식 싹을 범하지 않게 하라." 그래서 장경은 이 마음이 바로 부처님이라는 요지를 깨닫고는 더 이상 밖으로 무슨 불법을 어지럽게 찾지 않았습니다. 뒷날 장경선사는 남을 교화할 때도 항상 소의 이야기로써 비유했습니다.

그래서 송나라 원나라 이후의 선사들 중에서 보명(普明)화상이라는 분이 나왔는데 심성 수양을 소치는 것에 비유하여 한 마리의 들소를 물아양망(物我兩忘; 외물과 자아 혹은 주관과 객관 둘 다를 잊음—역주)의 경지까지 수행하여 가는 과정을 열 단계로 나누었습니다. 그 첫 단계는 '미목'(未牧), 아직 기르지 않다 인데 마치 멋대로 포효하고 멋대로 곡식을 밟아대는 들소에 비유합니다. 둘째 단계는 '초조'(初調), 처음 조복하다입니다. 이미 코를 뚫어 사람의 뜻대로 끌려갑니다. 세 번째는 '수제'(受制), 통제를 받다 입니다. 더 이상 멋대로 달려가지 않아서 소 고삐를 좀 느슨하게 놓을 수 있습니다. '회수'(回首), 머리를 돌리다는 네 번째인데 미친 심경이 비교적 유순해졌습니다. 그러나 아직은 코를 끌고 갑니다. '순복'(馴服), 길들여져 복종하다는 다섯 번째 단계로서 자연스레 거두기도 놓을 수도 있어서 끌어당길 필요가 없게 된 겁니다. '무애'(無碍), 걸림이 없다는 여섯 번째 단계로서 얌전하고 편안하고 움직이지 않아서 사람이 염려할 필요가 없게 되었습니다. '임운'(任運)은 일곱 번째인데 목동이 실컷 자도 될 정도가 된 겁니다. '상망'(相忘)은 여덟 번째인데 소치는 사람과 소 둘 다 무심합니다. '독조'(獨照)는 아홉 번째입니다. 소가 없는 경계에 도달하였고 사람의 모든 망상심이 이미 제거되었습니다. 최후인 열 번째는 '쌍민'(雙泯)으로, 사람도 보이지 않고 소인 마음도 보이지 않습니다.

천하는 원래 두 팔보다 가볍다

구식 문학 작품이나 인생의 명언 가운데서 사람들이 남에게 권고하는 말로서 "몸 바깥의 사물은 말할 가치도 없다."(身外之物, 何足掛齒)라는 말을 흔히 듣습니다. 뜻을 이루어 받는 영화와 총애, 뜻을 이루지 못하여 당하게 되는 수치와 모욕, 이해·득실은 결국 우리 생명체 몸 밖의 사물에 지나지 않기에 이해의 고비에 처하였을 때 주저하지 않고 사물을 버리고 목숨을 구하는 일은 흔히 보는 일입니다. 어떤 사람이 몸 바깥의 사물을 생명보다 더 중요하게 여긴다면 그것은 상식적인 도리로 논할 수 없을 것입니다!

십여 년 전 어떤 학생이 수업 중에 "저에게 애정 철학의 함의가 무엇입니까?"라고 질문하였습니다. 제 대답은 이러했습니다. "사람이 가장 사랑하는 것은 바로 나 자신입니다. 이른바 '나는 당신을 사랑합니다.'라는 말은 내가 당신을 사랑하기를 원하므로 당신을 사랑한다는 뜻입니다. 내가 원하지 않거나 혹은 당신을 사랑할 필요가 없으면 곧 당신을 사랑하지 않습니다. 그러므로 사랑은 자아의 이기심의 가장 극단적인 표현입니다. 사실 사람이 가장 사랑하는 것은 당신도 아니고 물론 타인은 더욱 아닙니다. 가장 사랑하는 것은 역시 나 자신입니다."

그렇다면 나란 무엇일까요? 신체일까요? 아닙니다. 당신이 중병을 앓고 있을 때 의사가 선고하기를, 당신의 중요한 지체나 기관을 잘라

내야만 다시 살아갈 수 있다고 한다면 아마 사람들은 대부분 의사의 의견에 동의하여, 차라리 생명을 지닌 이후 동고동락하며 지내왔던 지체나 기관을 고통을 참으며 잘라내 버리고 자아 생명이 다시 살아가기만을 꾀할 것입니다. 이것을 통해 알 수 있듯이 설사 우리의 신체라 할지라도 중요한 이해의 고비에서는 역시 내가 가장 사랑하는 것이 아니었습니다. 그런데 어떻게 내가 당신이나 그를 진정으로 사랑할 수 있단 말입니까! 그래서 명나라의 어떤 시승(詩僧)은 '천하는 원래 두 팔보다 가벼운데, 세상 사람들은 무엇 때문에 귀한 보물을 중시할까?'(天下由來輕兩臂, 世間何苦重連城)라는 의미심장한 말을 했습니다.

두 팔보다 가볍다는 고사는 장자(莊子) 잡편의 양왕편(讓王篇)에 나옵니다.

한(韓)나라와 위(魏)나라가 침략한 땅을 서로 다투고 있었다. 자화자(子華子)가 소희후(昭僖侯)를 뵈었을 때 소희후는 이 다툼 때문에 근심스런 낯빛을 하고 있었다. 자화자가 말했다. "이제 천하 사람으로 하여금 임금님 앞에서 서약서를 쓰게 했다고 합시다. 그 서약서에는 '왼손으로 이 서약서를 움켜잡는 자는 오른손을 없앤다. 오른손으로 움켜잡는 자는 왼손을 없앤다. 그러나 이 서약서를 움켜잡은 자는 반드시 천하를 갖게 될 것이다.'라고 씌어 있습니다. 자, 임금님께선 이 서약서를 움켜잡을 수 있겠습니까?" 소희후는 말했다. "나는 잡지 않겠다." 자화자가 말했다. "매우 좋습니다. 이런 일로 미루어보건대, 두 팔은 천하보다도 소중합니다. 몸은 두 팔보다도 소중합니다. 한나라는 천하보다는 훨씬 가벼우며 지금 위나라와 다투고 있는 땅은 한나라보다도 훨씬 가볍습니다. 그런데 임금님은 자기의 몸을 괴롭히고 목숨을 해치면서까지 그 땅을 잃는 걸 괴로워하겠다는 말입니까?" 소희후는 대답했다. "정말 좋구나! 내게 가르쳐 주는 자는 많으나 지금까지 이런 말을 해준 사람은 없었다."

韓魏相與爭侵地, 子華子見昭僖侯。昭僖侯有憂色。子華子曰 : 今使天下書銘於君之前, 書之言曰 : 左手攫之則右手廢, 右手攫之 則左手廢。然而攫之者必有天下。君攫之乎 ? 昭僖侯曰 : 寡人不攫 也。子華子曰 : 甚善。自是觀之, 兩臂重於天下也。身亦重於兩 臂。韓之輕於天下亦遠矣。今之所爭者, 其輕於韓又遠。君固愁身 傷生以優戚不得也。僖侯曰 : 善哉 ! 教寡人者眾矣, 未嘗得聞此言 也。

그러므로 말하기를 "비록 부귀하더라도 지나친 보양(保養)과 향락 때 문에 몸을 상하게 하지는 않고, 비록 빈천하더라도 지나치게 이익을 탐하고 추구하느라 몸을 해치지는 않는다."(故曰 : 雖富貴不以養傷身, 雖貧 賤不以利累形)고 하였습니다. 노자도 이 때문에 "나에게 큰 근심이 있는 까닭은 나에게 몸이 있기 때문이다. 나에게 몸이 없다면 나에게 무슨 근심이 있겠는가 ?"(吾所以有大患者 , 為吾有身 , 及吾無身 , 吾有何患)라는 기본 철학을 제기한 것입니다. 다시 더 나아가 말하면, 천하에서 왕 노 릇 하는 왕후장상들은 이른바 '한 몸에 천하의 안위(安危)가 묶여있다' (一身系天下安危)는 가장 큰 인식을 가지고 반드시 자신을 사랑하는 마 음으로써 천하의 온 백성들을 소중히 여기고 보호하며 전 인류에 대한 큰 사랑을 발휘해야만 비로소 그에게 '천하의 안위를 한 몸에 묶는' 중임을 맡길 수가 있습니다. 이것은 온 백성이 희망을 걸고 천하를 믿 고 맡기는 기본 요점이기도 합니다. 같은 도리를 다른 말로 한 것은 바로 증자(曾子)의 말입니다. "어린 고아를 맡길 수 있고, 사방 백 리인 지방의 운명을 맡길 수 있고, 중대사에 임해서는 그의 뜻을 빼앗을 수 없다면, 이런 사람은 군자겠지 ? 군자야 !"(可以托六尺之孤 , 可以寄百裡之 命 , 臨大節而不可奪也。君子人歟 ? 君子人也 !)

이런 관점에서, 우리가 이 20세기에서 경험하고 있는 일로서, 미국식 민주선거를 본뜬 민의(民意) 대표자들은 두 팔을 번쩍 들고서 "부탁합니다! 부탁합니다!"하고 있는 힘을 다해 소리 지르며 상대방의 허물이나 비밀을 들춰내어 공격하면서 자신에게 한 표를 던져달라고 소리 지르는 선거운동을 보노라면, 곁에서 바라보는 자로서 자신도 모르게 노자의 다음과 같은 말의 깊고 조용한 심정이 연상됩니다. "자신을 소중하게 여기듯이 천하 사람들을 소중하게 여기라, 자신을 사랑하듯이 천하 사람들을 사랑하라."(貴以身爲天下, 愛以身爲天下) "천하는 원래 두 팔보다 가벼운데, 세상 사람들은 무엇 때문에 귀한 보물을 중시할까?"

겉 태도는 위엄이 있지만 속마음은 공허한 사람

많은 사람들이 외관상 태도는 아주 위풍 있고 무서워 보이지만 속마음은 몹시 공허하다는 것입니다. 공자는 이런 사람에 대해서 하나의 결론을 내려 이렇게 말했습니다. "그런 사람들은 저급한 소인들에 해당된다. 작은 좀도둑처럼 남에게 잡혔을 때 입으로는 강경하지만, 실제 내심으로는 몹시 두려워한다." 공자의 이 말은 춘추전국 시대인 당시에 많은 대인(大人) 선생들이 흔히 이런 저급한 심리를 가지고 있었다는 것을 말해 줍니다. 사람이 내면으로 진정한 수양이 없다면 "외관상 태도는 위엄이 있으면서도 속마음은 공허한 사람"(色厲內荏)이 됩니다. 때때로 우리가 자신을 반성해 보면 어찌 이렇지 않다고 할 수 있겠습니까? 솔직하게 말해서, 때로는 생활이 곤란해서 궁해 보았자 한 달이요 넉넉해 보았자 3일을 못 가는 월급쟁이로 지내노라면 겉으로는 번드르르하게 보이느라고 애쓰지만 내심으로는 고통스러운 때가 많은데, 이것도 "색려내임"(色厲內荏)의 일종입니다. 사실 이렇게 할 필요가 없습니다. 사람이 좋으면 좋은 것이고, 궁하면 궁한 것이며, 고통스러우면 고통스러운 것입니다. 역사의 법칙에서 보면 지도자가 되어 서는 더욱 그럴 필요가 없습니다.

당나라 현종 같은 사람은 소년 시절에도 훌륭했고, 중년에도 훌륭했 으며, 만년에는 좀 못했는데, 그는 자기 수하에 인재(人才)가 없다고 느 꼈습니다. 당대(唐代)의 역사 두 가지를 들어 보면 이해할 수 있습니다. 현종은 초기에는 명재상 장구령(張九齡)과 한휴(韓休)를 기용했는데, 두 사람 모두 현종이 상당히 경외하는 사람들이었습니다. 그래서 현종의 초기 업적은 훌륭했습니다. 현종과 양귀비와의 사건에 대해서 후인들 이 역사를 쓸 때 모든 책임을 한 여인에게 전가시켜 버렸습니다. 마치 모든 잘못이 당나라 현종이 총애한 양귀비 때문에 생겨난 것처럼 말하 고 있는데, 이 말은 공평하지 않습니다. 총명한 황제들 중에는 여인을 총애한 사람도 많았지만 모두 현종처럼 되지는 않았습니다. 그러므로 문제는 역시 황제 본인에게 있었습니다. 현종은 형제간 항렬에서 셋째 였기 때문에, 별명도 이삼랑(李三郎)이라 불렸습니다. 그는 잘못한 일이 있을 때면 한휴가 그것을 알까봐 걱정이 되어, 옆 사람에게 한휴가 알 고 있는지 묻곤 했습니다. 현종의 걱정이 채 끝나기도 전에 벌써 한휴 의 간의의견서(諫議意見書)가 도착하는 일이 흔히 있었습니다. 옆 사람 이 "황제께서 한휴를 기용한 후로 몸이 야위셨습니다."라고 하자, 현종 은 "괜찮다. 내가 마르고 천하가 살찌면 된다."고 말했습니다. 뒷날 그 는 양귀비 자매를 총애하고 또 공놀이와 연극 공연을 즐겼는데, 이것 도 심리적 공허감으로 인해 자극을 찾은 것이라고 할 수 있습니다.

그러나 이런 일은 현종의 중년 이후의 일이었습니다. 그래서 조무구 (晁無咎)는 다음과 같은 시를 한 수 남겼습니다.

대궐의 모든 문 활짝 열어젖히고 　　　　　　閶闔千門萬戶開
삼랑은 술에 취해 공을 치네 　　　　　　　　三郎沉醉打毬回
장구령은 이미 늙고 한휴는 죽었으니 　　　　九齡已老韓休死

내일 조회에 다시 상소문 올라올 일 없으리 　　無復明朝諫疏來

이 시는 인재가 없어 외로웠던 현종의 모습을 묘사한 것입니다. 안록산의 반란이 일어나기 전, 조정에는 인재가 없어 황제에게 간하려고 하는 사람이 없었습니다. 장구령도 한휴도 세상을 떠나 버려, 황제에 대해 감히 반대 의견을 제시할 사람이 없었습니다. 현종은 안록산의 난을 당해 사천의 변경까지 피난을 갔는데, 후세 청대 말기에 자희 태후가 피난을 갔을 때와 같이 낭패스럽고 처량했습니다. 현종은 피난길에 말을 탄 채 인재가 부족함을 탄식하면서, "이제는 이림보(李林甫) 같은 인재를 찾고 싶어도 찾을 수 없게 되어 버렸다."고 말했습니다. 이림보는 역사에서 현종이 기용한 재상 가운데 나쁜 사람으로 공인되고 간신(奸臣)으로 거명되는 사람입니다. 그런데도 현종은 이림보처럼 수완 있고 재능을 갖춘 인재를 찾을 수 없음을 탄식한 것입니다. 그 때 곁에 있던 다른 간의대부(諫議大夫)가 "확실히 인재는 얻기 어렵습니다." 하고 맞장구를 쳤습니다. 그러자 현종이 말했습니다. "안타깝게도 이림보는 그릇이 너무 작아 좋은 사람을 포용할 수 없었고, 도량이 너그럽지 못해 인재도 등용할 수 없었다." 간의대부는 놀라면서 "폐하께서도 이미 아셨군요!" 하자, 현종은 "당연히 알고 있었다. 그것도 일찍부터 알고 있었다." 하고 말했습니다. 간의대부가 "이미 알고 계셨으면서도 왜 그를 기용했습니까?" 하고 묻자, 현종은 이렇게 대답했습니다. "내가 그를 기용하지 않고 달리 누구를 기용할 수 있었겠는가? 그 사람보다 더 유능한 사람을 찾을 수 있었던가?" 이는 현종이 지도자가 된 후에 인재를 얻기 어려워 몹시 고통스러워했던 것을 말하는 것으로, 겉으로는 위엄이 있으면서도 속마음은 공허한 것임을 뻔히 알았지만, 인재가 없는 것에 비하면 그래도 나았다고 할 수 있습니다.

비난과 칭찬

  저의 인생 체험에 의하면 경솔하게 남을 비방해서도 안 되며 경솔하게 남을 추켜세워서도 안 됩니다. 사람이란 아첨에 속아 넘어가기가 매우 쉽습니다. 그렇지만 제 생각에는 과분하게 추켜세우지만 않는다면 그래도 남을 추켜세워 주는 것이 비교적 좋습니다. 자신에 대해서는 똑똑히 보아야 합니다. 세상에 비난을 받지 않을 수 있는 사람은 없습니다. 어떤 종교가라 할지라도 비난을 피할 수 없습니다. 예수 같은 사람이 십자가에 못 박혀 죽은 것도 바로 사람들의 비난을 받았기 때문이었습니다. 그리고 위대한 인물일수록 비난을 많이 받았으며, 이름이 높을수록 비방이 많이 따르는 법입니다.

  조조(曹操)가 아직 세력이 크지 않았을 때, 처음에 원소(袁紹)와 전쟁을 했습니다. 정세가 매우 위급한지라 부하들은 싸움에 질 것으로 생각하여 마음이 동요되었습니다. 그래서 많은 사람들이 만일 정세가 잘못될 경우 원소 쪽으로 합세하기 위해 원소와 연락을 취하면서 양다리를 걸쳤습니다. 조조는 사람을 파견해 그들이 주고받은 서신 자료를 조사하여 손에 넣고 있었습니다. 조조는 뒤에 싸움에 승리하자 즉시 그 자료들을 모두 소각해 버리고, 그에 대해 사람들에게 묻지도 않았습니다. 어떤 사람이 조조에게 "이 사람들은 다 믿을 수 없으니, 추궁해야 한다."고 말하자, 조조는 이렇게 말했습니다. "나와 함께 전투에 참가한 사람으로, 그 누가 자신의 아들딸들을 위해 앞날의 살 길을 찾고 싶지 않았겠는가? 당시 싸움에 이길지 질지 나 자신조차도 자신이 없었는데, 지금 와서 그들을 추궁할 필요가 있겠는가? 나 자신도 신념이 동요되었는데, 어떻게 그들에게 신념을 요구할 수 있었겠는가? 만일 그들을 추궁한다면, 연루된 사람이 너무 많아 마지막에는 충성과 절개를 지킨 사람을 하나도 찾을 수 없을 것이다. 그러니 추궁할 필요가 없다." 이것 역시 조조가 '서'(恕)의 도리를 이용하여, 남을 너그럽게 용서할 수 있음을 의도적으로 보여 주었던 것입니다.

옛 사람의 말에 "누가 등 뒤에서 내 말 하지 않겠으며, 나는 또 누구 앞에서 남의 말 하지 않을까?"라는 말이 있습니다. 사람과 사람이 만나면 두서너 마디 하고부터는 남의 이야기를 하게 되는 것이 다반사로서, 이 말이 뭐 대단할 것은 없습니다. 그러나 어떤 조직의 주관 책임자나 지도자가 된 사람은 자기의 지혜와 수양에 의지해 함부로 남의 이야기를 해서도 안 되며, 남에 대한 다른 사람의 비평도 함부로 믿어서는 안 됩니다. "와서 시비를 말하는 자가 바로 시비를 일으키는 사람이다."라는 말이 있듯이, 남의 허물을 들추어 공격하는 사람은 반드시 서로 의견이 맞지 않아 두 사람 사이에 못마땅한 점이 있는 것입니다. 이런 상황에서는 주관 책임자가 키를 단단히 잡아야지, 그렇지 않으면 부하를 거느릴 방법이 없습니다. 또, 남을 좋게 말하는 사람들도 늘 문제가 있습니다. 이종오(李宗吾)가 세상을 풍자하여 지었던 후흑학(厚黑學) 속에는 사회의 일반 심리를 종합한 '벼슬을 구하는 여섯 자 진언'이나 '벼슬을 하는 여섯 자 진언', '일을 처리하는 두 가지 묘법' 등이 들어 있습니다. 이른바 보과법(補鍋法) · 거전법(鋸箭法) 등은 모두 사람들의 가장 나쁜 방법들을 가리키는 것입니다. 어떤 사람들은 남에게 아첨을 하는 데 능하지만, 그의 아첨도 나름대로의 작용이 있습니다. 근대 이래로 모두들 증국번을 매우 숭배합니다. 사실 그는 당시 비난과 칭찬을 함께 받고 있는 처지였습니다. 그가 원포구제(沅浦九弟)의 41회 생일 때 보낸 시가 있는데, 이 시는 당시 그의 처지를 말하는 것으로, "왼쪽에는 조정에서 내린 표창장들이 쌓여 있고, 오른쪽에는 귀로 차마 듣기 어려운 비난의 글들이 쌓여 있다. 세상의 시비를 그 누가 완전히 가릴 수 있으랴? 한쪽이 많아지면 반드시 한쪽이 적어지는 것이니, 가감승제(加減乘除)를 정확히 계산할 수 없는 것이다. 장자(莊子) 속에 나오는 도양열(屠羊說)의 고사를 읽어 보라. 인생 처세에는 도양열과 같은 도량이 있어야 옳다. 만사는 허공을 지나가는 뜬구름이

다."라는 내용입니다.

　　공자께서 말씀하셨다. "내가 사람들에 대하여 누구를 비난하
고 누구를 칭찬하겠는가? 만약 칭찬하는 사람이 있다면, 그것은 칭
찬을 통해 그 사람을 시험해 보려는 바가 있기 때문이다. 지금 사
람들이란…! 하은주 삼대의 옛 사람들은 칭찬과 비난에 흔들리지
않고 곧은 길을 걸어 바른 소리를 했다."

　　子曰 : 吾之於人也, 誰毀誰譽? 如有所譽者, 其有所試矣。斯民
也! 三代之所以直道而行也.

　　공자는 여기서 말하기를, "누가 어떤 사람을 헐뜯는 것을 듣거나 칭
찬하는 것을 듣더라도, 자신은 그 사람에 대해 단정을 해서는 안 된다.
또, 어떤 사람이 자기를 헐뜯거나 자기에게 아첨하더라도 모두 상관하
지 말라. 어떤 사람이 남을 칭찬하더라도 거기에는 반드시 그럴 만한
원인이 있다."고 했습니다. 과분한 말은 그것이 비난이든 칭찬이든 그
가운데 반드시 원인이 있고 문제가 있습니다. 그러므로 비난과 칭찬은
사람을 가늠하는 절대 기준이 아니니, 듣는 사람은 이것을 분명히 알
아야 합니다. 공자는 여기까지 말하고 나서, "지금 사람들이란…!" 하
고 탄식을 금치 못했는데, 이 탄식을 하고 말을 잇지 않음으로써 아주
많은 뜻을 담고 있습니다. 그런 다음 공자는 또 다른 말을 한 마디 합
니다. "하은주(夏殷周) 삼대의 옛 사람들은 칭찬과 비난에 흔들리지 않
고, 곧은 길을 걸어 바른 소리를 했다." '곧은 길'을 걷는 것은 몹시 어
려우며, 비난과 칭찬에 따라 마음이 바뀌면 사람 노릇을 할 수 없고
주관 책임자가 된 사람도 사람을 거느릴 수 없습니다. 그러므로 이 점
은 사람됨과 일처리, 자기 수양, 남과의 사귐에 있어 매우 중요합니다.
장자도 "온 세상 사람이 칭찬해도 마음이 움직이지 않으며, 온 세상

사람이 비방해도 기가 꺾이지 않는다."(擧世譽之而不加勸, 擧世毀之而不加沮)라는 말을 했는데, 진정한 대성인(大聖人)은 이와 같아서 비난과 칭찬에 동요되지 않습니다. 그에게는 칭찬이 결코 고무 격려하는 작용을 하지 못합니다. 그는 본래 좋은 사람이 되려고 했기 때문에, 남의 칭찬에 상관 없이 좋은 사람이 됩니다. 또한, 그는 사람들이 비방한다고 해도 결코 기가 꺾이지 않고 예전대로 합니다. 이것이 바로 비난과 칭찬 어느 것에도 동요되지 않는 것으로, 심지어는 온 세상의 비난과 칭찬에도 상관하지 않는 정도에 이른 것이 성인의 경지요, 대장부의 기개입니다.

역사 기록에 의하면, 이렇게 굳센 의지를 가진 사람이 하나 있었으니, 왕안석이 바로 이런 기백을 가지고 있었습니다. 왕안석에 대해서는 과거 역사에서 그를 좋지 않은 사람이라 평하기도 했고, 또 대정치가라 평하기도 했는데, 어느 쪽으로도 결론을 내리기가 아주 어렵습니다. 그러나 왕안석에게 분명히 훌륭한 점이 몇 가지 있었으니, 그 의지의 굳건함은 일반인들이 미칠 바가 아니었습니다. 그에게는 다음과 같은 외고집이 있었습니다.

하늘의 이변도 두려울 것이 못 되고	天變不足畏
남의 말도 두려울 것이 못 된다	人言不足懼
조상도 본받을 것이 못 되고	祖宗不足法
성현도 스승 삼을 것이 못 된다	聖賢不足師

옛 성현도 안중에 두지 않고, 자신이 곧 당대의 성현이라니 이런 사람의 기상이 얼마나 굳건했는지 알 수 있습니다. 이와 반대로, 그는 삿된 길을 간 것일까요? 그렇게 단언하기도 어렵습니다. 그가 일생 동안입은 옷이라고는 다 해진 옷뿐이어서, 재상이 되었을 때도 황제는 그의 목 깃에 이가 있는 것을 보았습니다. 눈은 또 근시여서 음식 먹을

때는 오직 눈 앞에 있는 접시만 보았으며, 생활은 아주 소박했습니다. 그러나 고집스러운 의지만은 정말 대단했습니다. 비난과 칭찬에 대해 꿈쩍도 하지 않았는데 표면상으로는 확실히 움직이지 않았지만, 내심으로는 그래도 움직였을 것입니다. 그러므로 이 단락은 우리의 좌우명으로 삼아도 좋은데, 비난과 칭찬에도 부동심이 될 수 있는 그런 수양은 매우 어려운 것입니다.

양심을 저버림은 흔히들 지식인이었네

대다수 고결한 선비들이 이룬 성취는 이 정도에 그쳤습니다. 그들은 성품이 아주 맑습니다. 무슨 일을 비평하는 데 모두 심각하고 말이 많고 또 일리가 있습니다. 그렇지만 그들에게 무슨 일을 해 보라고 맡기면 이건 말이 아닙니다. 고상한 선비들이 천하사를 논할 때면 말마다 이치가 합당합니다. 그렇지만 천하사를 그에게 해 보라고 넘겨주면, 아마 몇 달 이내에 스스로 끝장나 버릴 것입니다. 국가 천하사는 인생 경험 속에서 얻어야 됩니다. 아무런 경험도 없고, 심지어 많은 부하를 거느려 본 권세의 경험도 없다면 더 말할 필요가 없습니다. 경험이 없으면, 당신이 위에서 "차 가져와요!" 하고 한 번 소리치면, 아래에서는 용정(龍井)·오룡(烏龍)·향편(香片)·철관음(鐵觀音) 등 차라는 차는 모두 내오는데, 당신의 머리가 띵해지지 않고는 버틸 수가 없을 것입니다. 당신은 바닥에 놓여 있는 차들을 힐끗 보고는 눈썹을 찡그리면서, 이게 아니라고 느껴 잠시 후에 싹 쓸어버립니다. 이런 경험을 한 적이 있습니까? 없습니까? 경험한 적이 없다면, 그런 경우에 아마 까무러칠 것입니다. 머리는 어지럽고, 혈압은 올라가고, 거기다가 심장병이 겹치는데 그래도 일을 할 수 있을까요? 그러므로 부귀공명을 다 겪어 보고서도 반드시 평담한 모습을 유지할 수 있어야 합니다. 지위가 가장 높을 때도 이와 같이 하고 별 볼일 없을 때에도 이와 같아서, 나는 어디까지나 나로서 있어야 비로소 국가 천하사를 논할 자격이 있습니다. 그렇지 않다면 가서 책이나 읽는 것이 낫습니다.

어떤 일에 대해서 비평도 마음껏 합니다. 왜냐하면 지식인들은 비평을 해도 뼈에 사무칠 정도로 하기 때문입니다. 그러나 그 자신이 할 수 있는 일은 아무리 대단해 보았자 고결할 수 있을 뿐입니다. 엄격히 말해서 일반적인 고결함도 이기심의 발로에 지나지 않을 뿐, '위태로움을 보고 목숨까지 내던질 수'(見危授命) 없으며, '의로움을 보고 용감히 나설 수'(見義勇爲) 없습니다. 그래서 옛 사람의 시에,

의리를 지킴은 매번 도구배였고	仗義每從屠狗輩
양심을 저버림은 흔히들 지식인이었네	負心多是讀書人

라고 했는데, 이 역시 인생 경험 속에서 체험으로 얻은 것으로 확실히 십중팔구는 이와 같습니다. 도구배(屠狗輩)란 옛날 개나 돼지 도살에 종사하던 비천한 출신들로, 그들은 때로는 의협 정신이 많았습니다. 역사상의 형가(荊軻), 고점리(高漸離) 같은 사람들은 다 도구배였습니다. 비록 지식이 없는 사람들이었지만, 그러나 때로는 이런 사람들이 의기(義氣)를 중시해서 한마디 약속을 했으면 반드시 실행에 옮겼습니다. 그런데 지식이 높은 사람일수록 비평은 비평일 뿐이라서 빈말은 매우 잘하지만, 실제로 어려움이 있을 때 그를 찾으면 그게 아닙니다.

이 이야기가 나오니 생각나는데, 호남성 출신의 한 친구가 몇 해 전에 어떤 일에 연루되어 감옥살이를 했습니다. 3개월 후 출옥했을 때 제가 만나 소감을 물었더니, 그는 3개월 감옥살이 경험을 시 한 수로 지었다고 했습니다. 7자 1구에 그 아래 3자의 주해를 더한 특이한 체제의 시입니다. 이것을 '조각시'(吊脚詩)라고 하지요. 그 시는 이렇습니다.

인정세태 얇기가 깁 같으니―정말 차이 없어라
스스로 넘어져 스스로 기어간다―끌어 주리라 기대 말라
좋은 친구들 많이 사귀었지만―담배·술·차 친구일 뿐
일단 일이 있어 그를 찾아가면―집에 없어라

世態人情薄似紗―眞不差　自己跌倒自己爬―莫靠拉
交了許多好朋友―煙酒茶　一旦有事去找他―不在家

　저는 이 시를 듣고 나서 연거푸 좋다고 칭찬했습니다. 이는 "양심을
저버림은 흔히들 지식인이었네."와 마찬가지로서, 그 친구도 이 '淸'
(청)자의 부정적인 작용을 확대하여 말한 것입니다. 사회에 대한 작용
을 말하더라도 역시 같은 이치입니다.

인생은 영원히 결함이 있다

　인생은 영원히 결함이 있는 것입니다. 불교에서는 이 세계를 '사바
세계'(娑婆世界)라고 합니다. 이를 번역하면 '수많은 결함을 견뎌야 하는
세계'라는 뜻입니다. 원래부터 세계는 결함이 있도록 되어 있는 것입
니다. 결함이 없으면 인간 세계라고 할 수 없으며 인간 세계는 원래부
터 결함이 있기 때문에, 만일 원만해지면 끝장이 나 버립니다. 남녀 관
계를 보더라도 누구나 다 원만하기를 바랄 것입니다. 그런데 중국에는
이런 말이 있습니다. 소리치고 다투는 부부는 오히려 백발이 될 때까
지 살 수 있지만, 금실이 좋은 부부는 어떤 결함, 이를테면 자식이 없
다거나 아니면 자식 중 하나가 일찍 죽거나 하는 결함이 있다는 것입
니다. 부생육기(浮生六記)를 읽어 보면 심삼백(沈三白)과 운랑(芸娘) 두
사람은 얼마나 금실이 좋습니까! 그렇지만 둘 중 한 사람이 일찍 죽었

습니다. 소설 중에서 연애 소설이 아름다운 이유는 단지 2~3년 사이의 일, 심지어는 몇 달 사이의 일이 쓰여 있기 때문입니다. 영원히 이룰 수 없는 사랑 이야기는 아름답기 그지없지만, '생계를 유지하기 위해 결합된 부부'가 되는 이야기는 그야말로 아름답지 않습니다!

우스운 이야기를 하나 더 해 보겠습니다. 태양은 왜 지는 것일까요? 태양이 지지 않고 항상 떠 있어서, 전등불도 발명할 필요가 없었다면 더 좋지 않을까요? 어떤 사람은 우스갯소리로 하느님이 처음부터 사람을 잘못 만들었다고 합니다. 눈썹을 눈 위에 자라게 하지 말고, 손가락에 자라게 했다면 칫솔도 살 필요가 없다는 것이지요. 이런 말은 모두 결함에 관한 우스갯소리입니다.

이 세상은 결함이 있는 세상이며, 결함이 있는 세상에 인간이 살아가기 마련입니다. 꽃은 그토록 아름답게 피었다가 왜 시들어야 할까요? 사람은 그렇게 잘 살다가 왜 죽어야 할까요? 이 모든 것은 철학적인 문제입니다. 이 우주의 심오함과 신기함을 누가 주재하는 것일까요? 관할하는 사람이 있을까요? 만약 관할하는 사람이 있다면, 이 사람은 아마 컴퓨터로 계산할 것입니다. 사람은 누구나 똑같이 코·입·눈 등의 오관이 있지만, 그렇게 많은 사람 중에서 모양이 똑같은 사람은 단 둘도 없습니다. 사람 하나만 보더라도 이렇게 많은 점들이 서로 다릅니다. 그래서 어떤 사람들이 하느님이 인간을 만들었다고 주장하면, 저는 하느님이 그 제조 공장에서 모형 틀을 잘못 잡고 찍어 냈기 때문에 어떤 사람은 코 모양이 안 좋고 어떤 사람은 귀 모양이 안 좋은 것인지도 모른다고 말합니다. 이것은 도대체 어떻게 된 것일까요? 서양 종교에서는 하느님이 자신의 형태에 따라 인간을 만들었으니 우리더러 더 이상 캐묻지 말라고 가르칩니다. 그렇다면 하느님의 형태는 어떤 모습일까요? 알 수 없습니다. 서양의 종교는 여기에서 멈추고 그 이상 묻지 말라면서, 다만 믿으면 구원 받고 믿지 않으면 구원 받을 수 없다고 말합니다. 그러나 동양의 종교에서는 믿는 자는 구원을 얻고, 믿지 않는 자는 더욱 구원해야 한다고 가르칩니다. 좋은 사람도 구원해야 하지만, 나쁜 사람은 더욱 구원해야 합니다. 동양의 종교에서는 인생을 그 누군가가 주재하는 것으로 보지 않았기 때문에, 하느님도 신도 아닌 다른 명칭을 정해 놓았습니다. 즉, 최초의 원인(第一因)이라는 것인데, 이 최초의 원인은 어디에서 온 것일까요? 최초의 인종은 어디에서 왔을까요? 인도에서 전해 온 불교나 중국의 도교는 인간을 생물로부터 진화한 것으로 보지 않으며, 또 어떤 주재자가 창조한 것이나 우연한 존재로 보지도 않습니다. 따라서 이것은 하나의 크나큰 문제라고 할 수 있습니다.

　10년 전에 외국인 신부 한 분이 저를 찾아와서 함께 중국 종교 사상 문제를 토론했는데, 그는 중국인에게는 종교적 신앙이 없다고 말했습니다. 저는 중국에 종교적 신앙이 분명히 있다고 말했습니다. 그 첫째는 예(禮)이고, 둘째는 시(詩)입니다. 서양인이 종교를 잘못 이해한 데서 비롯된, "나를 믿으면 구원을 얻고, 나를 믿지 않으면 구원을 얻지 못한다."는 좁은 의미의 종교 관념과는 다릅니다. 저는 그 신부에게, "그런 종교 관념에서라면 저는 절대로 그를 믿고 따를 수 없습니다."라고 말했습니다. 왜냐하면 그는 대단히 이기주의자이니까요! 자신에게 잘해야 구원해 주고, 자신에게 잘하지 못하면 구원해 주지 않아서야 되겠습니까? 교주는 자기를 믿는 자는 마땅히 구원해 주어야 되지만, 믿지 않는 자는 더욱 구원해 주어야 합니다. 이야말로 올바른 종교 정신이며 또 중국 예(禮)의 정신이기도 합니다. 다음으로 중국 시(詩)의 정신을 말해 보겠습니다. 시의 경지는 바로 종교의 경지입니다. 시를 이해하는 사람은 비록 마음 속에 번민이 가득하더라도 흥얼흥얼 시를 한 수 읊거나 짓고 나면, 스스로 위안을 느껴 마음이 편안해집니다. 셋째로 중국은 다신교를 믿는데, 이는 중국의 큰 도량과 관용을 말해 줍니다. 노자가 출현했지만, 그는 동한(東漢)·북위(北魏)로부터 당대(唐代)에 이르러서야 후세 사람들에 의해 교주로 받들어졌으며, 노자 자신은 교주가 되고 싶은 생각이 절대 없었습니다. 공자의 학이 공교(孔敎)로 불리며 떠받들어진 것도 명나라 이후의 일이며, 공자 역시 교주가 되고 싶은 생각은 없었습니다. 요컨대 세계 모든 종교의 창시자는 처음 시작할 때는 자신이 교주가 되려고 생각하지 않았습니다. 만약 교주가 되고 싶어 종교를 시작했다면, 그런 교주는 문제가 있어서 사람들이 믿고 따르기가 어렵습니다. 종교적인 열의를 가진 사람은 무엇을 구하는 바가 없기에 위대하며, 그러기에 교주가 된 것입니다. 중국에서는 노자가 교주가 되었으나, 그 밖에 공자의 유학을 종교라고 불러야 할지 부르지 말아야 할지는 또 다른 문제입니다. 중국인의 종교는 대부분 외래의 것으로, 불교는 인도에서 온 것이며, 천주교·기독교도 외래의 것입니다. 중국인은 옛날부터 지금까지 어떠한 종교에도 반대하지 않았는데, 이것 역시 중화 민족만이 가질 수 있는 점잖고 온화하면서 아량이 넓은 태도입니다. 왜 그럴까요? 손님을 접대할 때, 찾아온 손님이 좋은 사람이기만 하면 누구에게나 "앉으십시오. 차(茶) 준비하겠습니다." 하면서 똑같이 예의로 대접하고 정성으로 환영하듯이, 종교에 대해서도 그러하기 때문입니다. 그러므로 중국의 종교적 신앙은 오교합일(五敎合一)의 구호를 외칠 수 있으며, 또 이러한 기풍은 이미 미국으로 전해져 갔습니다. 현재 뉴요크에는 이미 중국을 모방해서 예수·공자·석가모니·노자·마호메트를 함께 모신 예배당이 있는데, 이는 마치 좋은 손님이라면 누구나 "앉으시지요. 차 준비하겠습니다." 하면서 맞이하는 것과 같습니다. 그래서 저는 끝으로 그 외국인 신부에게, 제가 중국인이라서 중국 종교를 변호하는 것이 아니라 외국인이 이를 깊이 연구하지 않은 것뿐이라고 말했습니다.

사람마다 관세음보살이 될 수 있다

관세음보살 법문에 관하여는 이미 여러분이 다들 아실 것입니다. 특히 관세음보살의 자비와 위덕(威德)은 중국인이라면 혹은 한국·일본·남양 등의 국가 지역, 더 나아가 저 멀리 서양세계도 모두 들어보았거나 찬송하기에 그 성스러운 명호를 모르는 사람은 적습니다.

관세음보살의 명호는 중국불교에서 두 가지 번역이 있습니다. 구역에서는 '관세음'(觀世音)으로 번역했습니다. 중국문화는 습관적으로 간략함을 좋아하므로 당나라 시대에 이르러서는 '관음'(觀音)으로 바꾸어 부르고 '세'(世) 자를 생략했습니다. 물론 이것도 당(唐) 왕조를 창업한 황제 이세민(李世民)의 이름 자 사용을 피하기 위해서였습니다. 그 뒤에 습관이 생활화되었습니다. 하지만 여전히 관세음보살이라고 부르는 사람들이 있습니다.

또 하나의 번역 이름은 '관자재'(觀自在)라고 하는데 중국의 위대한 두 번째 인도 유학생이었던 현장(玄奘)법사의 번역입니다. 첫 번째로서 그 보다 먼저 인도에 경전을 구하러 갔던 중국의 승려는 진(晉)나라의 법현(法顯) 법사였습니다. 현장법사는 관세음보살을 포함한 원래의 여러 보살의 번역이름이 적합하지 않다고 보았기 때문에 달리 번역했습니다.

사실 구역인 관세음은 조금도 틀리지 않습니다. 왜냐하면 관세음보살은 음성법문 수행에 의지하여 도를 이루었기 때문입니다. 즉, 능엄경(楞嚴經)에서 말하는 이근원통(耳根圓通)입니다. 온갖 소리를 경청함으로써 보리를 증득하는 것입니다. 그러므로 보살 자신이 수행한 인지(因地)의 입장에서 말하면 관세음보살의 호칭은 잘못이 없습니다. 그리고 이 법으로써 수증(修證) 성공한 행자는 만법(萬法)의 근원을 꿰뚫을 수 있습니다. 모든 존재의 본래면목을 꿰뚫어보고 시방세계에 자유롭게 왕래하며 과거 현재 미래 일체에 자재(自在)하지 못함이 없습니다. 그래서 '관자재'라 부릅니다. 오늘날의 관념으로 말하면 진정으로 해탈을 얻고 자유자재(自由自在)를 얻은 사람인데, 이는 아주 쉽지 않은 일입니다.

평소에 우리들은 자유자재하다는 말을 사용하지만 그것은 아주 작은 범위와 아주 낮은 층차에서 말하는 것입니다. 진정한 자유자재는 우리 인간들 입장에서 보면 거의 불가능합니다. 무엇보다 먼저 사람은 시간의 제약을 벗어나지 못합니다. 일단 태어나면 나이가 많아짐에 따라 늙어지고 늙어지면 병이 나며 병이 나면 죽기 마련입니다. 자기에 대하여 아예 뜻대로 할 수 없으니 아주 자재하지 못하다고 할 수 있는데 하물며 그 나머지는 더 말할 나위가 있겠습니까? 오직 도를 얻은 사람만이 생로병사의 속박에서 해탈하여 우주만법의 주인이 되어 어떠한 시간과 공간도 초월하여 시방삼세(十方三世)에 존재하면서 진정한 관자재의 경지에 도달할 수 있습니다.

화신이 시방세계에 두루 있다

석가모니불의 소개에 의하면 관세음보살은 아주 멀고 먼 과거에 이미 성불했으며 부처님 명호가 정법명여래(正法明如來)였습니다. 이 고불(古佛)은 원력이 크고 깊으며, 불가사의하며, 천백억 화신(化身)이 있어 시방세계에 두루 존재하면서, 과거 현재 미래가 다하도록 어떠한 위급한 재난 속에서도 일체의 유정중생을 구해내줍니다. 그래서 관세음보살의 성상(聖像)은 때로는 천 개의 눈 천 개의 손의 모습을 하고 갖가지 모양의 장엄법보(莊嚴法寶)를 지니고 있는데, 이것은 정법명여래의 무궁무진한 비밀장(祕密藏)을 상징하는 것입니다.

관세음보살은 이렇게 천 개의 손 천개의 눈만 있을까요? 아닙니다. 그는 한 손 바닥 마다 한 개의 눈이 있고, 다시 그 눈마다 또 손이 하나 있으며, 또 다시 그 손에 또 하나의 눈이 나타나고... 이렇게 유추해

가면 무한 수에 도달하여 상상하기 어렵습니다. 일반 신도 대중은 비록 겉으로 경건 공경하며 머리 조아려 절하지만 속마음으로 진정으로 믿는지의 여부는 아마도 여전히 문제일 것입니다. 다들 절의 대웅전에 가면 천수천안관세음보살(千手千眼觀世音菩薩)의 장엄한 보상(寶相)을 보고 저절로 무릎을 꿇고 이것저것 빌 것입니다. 무슨 승진ㆍ돈벌이ㆍ장수ㆍ건강ㆍ아내ㆍ재물ㆍ자식ㆍ봉록 등등 빌지 않는 게 없으며 바라지 않는 게 없습니다. 가령 관세음보살이 진짜로 그런 덕상(德相)으로 몸을 나투어 당신의 면전에 서있을 경우 당신이 놀라지 않는다면 이상할 것입니다!

불교에 나오는 대보살들의 형상은 저마다 모종의 깊은 의미를 상징합니다. 관세음보살의 천수천안의 조형은 또 무엇을 상징할까요? 천 개의 눈은 일체만법을 꿰뚫은 지혜를 상징합니다. 사람이 만약 눈이 없다면 광명을 보지 못합니다. 아무것도 볼 수 없고 사물을 구별하기 어렵고 생활을 안착시킬 수 없으니 아주 고통스럽고 불행한 일입니다. 그리고 천개의 손은 갖가지 생명을 구해주고 이롭게 해주는 방편(方便)을 상징하는데 지혜의 일종의 행위 표현이기도 합니다. 방편이란 되는 대로 하거나 대충대충 한다는 의미가 아닙니다. 남의 물건을 나도 손에 잡히는 대로 사용하고 살 필요가 없다는 그런 의미가 아닙니다. 그건 매우 편리하다는 것이지요. 만약 그런 의미로 풀이한다면 수준 미달로서 너무 철이 없는 것입니다.

'방편'이란 두 글자는 불학의 전문 명사입니다. 그 의미는 사물을 알맞게 성취시키는 일체의 방법이란 뜻입니다. 관세음보살의 천수는, 그에게 많고 많은 각양각색의 고명한 방법이 있어 중생을 교화하여 중생으로 하여금 삼계윤회(三界輪廻)의 고통에서 벗어나 무상보리도과(無上菩提道果)를 증득하게 한다는 것을 의미합니다.

부처는 마음속에 있으니 멀리서 찾지 말라

중국불교는 4대성지와 5대명산이 있습니다. 산서(山西)의 오대산(五臺山)은 문수보살의 도량이요, 사천(四川)의 아미산(峨嵋山)은 보현보살의 도량이며, 안휘(安徽)의 구화산(九華山)은 지장보살의 도량이며, 그리고 절강(浙江)의 주산군도(舟山群島)의 보타산(普陀山)은 관세음보살의 도량입니다. 절강의 동남 해안가에 있기 때문에 중국인들은 또 습관적으로 관세음보살을 '남해관세음보살의 도량'이라고 부릅니다.

그런데 이 보살님은 성별이 남자일까요 여자일까요? 이 또한 문제입니다. 예로부터 많은 사람들이 이 점에 대해 적지 않은 연구를 했습니다. 그리고 부처님을 배우는 일반인들도 평소에 묻기를 도대체 그 답이 무엇이냐고 합니다. 사실 중국 불교도들이 일반적으로 모시는 관세음보살상은 비록 여성의 몸이지만 불법의 도리에 의하면 일체 제불보살이 보리를 성취할 때는 모두 남자도 여자도 아닌 모습입니다. 남자도 여자도 아닌 이 모습은 보통 의학 개념속의 음양인(陰陽人)이 아니라 남녀 모습의 제한을 초월하여 어느 한 쪽에 집착하지 않고 완전히 자유로운 변화시현을 할 수 있습니다. 즉, 즉남즉녀(卽男卽女)로서 인연에 따라 시현함으로써 응화(應化)가 무궁합니다.

관음보살의 자취는 당신이 꼭 절에 가서 구할 필요가 없으며 꼭 남해에 가서 찾을 필요가 없습니다. 당신이 길거리에서 몹시 가난하고 아주 가련한 사람을 하나 만났다면 그 사람이 바로 관세음보살일지도 모릅니다. 단지 당신이 눈 뜬 소경이어서 알아보지 못할 뿐입니다. 만약 이 때에 당신이 약간의 자비를 행하고 조금의 보시를 한다면 큰 이익을 얻을 것입니다. 혹은 당신의 눈에 제일 거슬리거나 싫은 어떤 사람도 관세음보살의 화신일 수 있습니다. 심지어 사람마다 가운데 모두 한 분의 관세음보살이 있거나 혹은 당신의 부인이 혹은 당신의 남편이 혹은 당신의 아빠가 혹은 당신의 엄마가 관세음보살일 수 있습니다.

현교(顯教)도 배우고 밀교(密教)도 배운 어떤 사람이 이래저래 해보다가 마지막에는 관세음보살이라는 성스러운 명호를 외우는데, 왕왕 번뇌가 오거나 위급한 어려움을 만나면 곧바로 "아이고, 우리 엄마야!"한답니다. 그건 틀리지 않습니다. 본래 관세음보살이 바로 우리들의 엄마이니까요! 우리들의 엄마도 곧 관세음보살입니다(대만 본토인들 중에도 관음보살을 관음엄마라고 부르는 사람이 있습니다). 세상에는 어머니의 사랑보다도 더 위대한 사랑은 없습니다. 부처님을 배우면서 그러한 정신으로 닦는다면 아주 쉽게 궤도에 오릅니다. 또 그렇기 때문에 관세음보살이 여자의 몸을 나타내는 경우가 대단히 많습니다. 어머니 사랑의 빛으로 우리들을 돌보아 주는 겁니다.

중국은 예로부터 널리 전해오는 관음보살의 화상 중에는 남성으로서 수염을 기른 모습도 있고 출가하여 스님 모습을 한 것도 있으며 도사의 몸인 것이 있습니다. 심지어 온갖 들짐승 날짐승 등 각양각색으로 그 종류가 대단히 많습니다. 그런데 삼국 시대 이후 위진남북조 시대 사이에 이미 여자 몸의 모양으로 많이 그렸는데 얼굴 생김새와 자태가 대단히 호화롭고 부귀하며 아름답습니다. 하지만 장엄하고 점잖은 기질은 잃지 않았습니다. 지금 거리에서 파는 도자기 보살상들은 루즈도 바르고 연지와 분도 발라서 아무래도 그리 잘 된 것이라 느껴지지 않습니다. 물론 보살은 갖가지 영락(瓔珞) 보배구슬로 그 몸을 장엄하고 여기다 루즈와 연지와 분을 바른다고 불가할 것은 없습니다. 그렇지만 기본적으로 자비희사(慈悲喜捨)의 신성한 느낌이 조금도 없어서는 안 됩니다.

관세음보살은 이렇게 자비롭고 이렇게 수고를 사양하지 않으면서 우리들 인간세계에서 곤경에 처한 생명을 구하고 이롭게 하기 때문에 청나라 시대에 여성 시인 김운문(金雲門) 여사는 두 구절의 명시를 지었습니다.

신선은 타락하여 명사가 되고	神仙墮落爲名士
보살은 자비로워 여성의 몸 생각하네	菩薩慈悲念女身

한편으로는 자기의 남편을 묘사하는 동시에 천하의 문인도 빗대어 말하고, 또 한편으로는 관세음보살이 대자대비하고 특히 세간의 모든 여성과 인연이 있는 원력의 마음이 있음을 고맙게 생각하고 있습니다. 관세음보살은 이 세상의 여성의 고뇌에 몹시 동정합니다. 여인의 문제는 너무나 많고 많은데 왕왕 하소연하고 싶어도 할 곳이 없습니다. 위로는 감히 부모님에게 말하지 못하고 아래로는 자녀들에게도 입을 열지 못합니다. 만약 살뜰히 돌봐줄지도 모르고 여색을 좋아할 줄 모르는 남편을 만나게 되면 묵묵히 탄식하고 말없이 푸른 하늘에 물어볼 수밖에 없습니다. 이때에 관세음보살은 바로 이런 여성들의 정신적인 최후의 유일한 의지처요 기댈 곳이 됩니다. 김운문 여사의 절실한 체험에서 느껴 일어난 이 시구는 제가 보기에 관세음보살을 찬송하는 모든 문사 중에서 사람을 가장 감동시키는 섬세한 한 수입니다.

관세음보살은 이 세상에서 늘 여성의 몸으로 나타납니다. 자애로운 어머니의 덕성과 형상으로써 일체 유정중생의 갖가지 고통을 어루만져 줍니다. 우리가 만약 세상의 일반 부녀자가 한 여인으로서 겪는 고락을 깊이 이해할 수 있다면 이 세상의 갖가지 다른 생활의 고충을 거의 체험할 수 있을 것입니다.

제4장 독서와 역사를 논하다

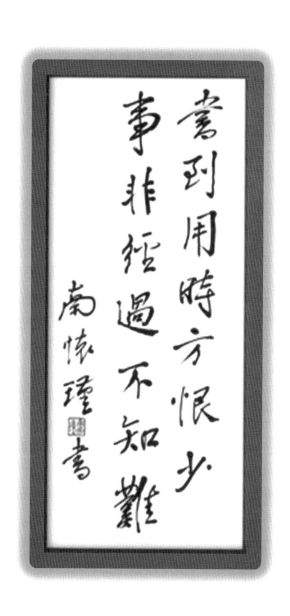

논어 반 권의 계시

　논어는 무릇 중국인이라면 어릴 때부터 읽어 왔을 터인데, 지금 여러분들이 주로 읽고 있는 책은 문제 있는 판본입니다. 그것은 송나라 시대의 대유학자인 주희(朱熹) 선생이 주해(註解)한 것입니다. 주희 선생의 학문과 인품에 대해서는 대체로 할 말이 없지만, 그렇다고 해서 사서오경에 대한 그의 주해를 절대적으로 옳은 것이라고 할 수 있을까요? 몹시 불경스러운 말이지만 책임지고 말하건대, 문제가 너무 큰데다 완전히 옳은 것이라고 할 수 없습니다.

　남송(南宋) 시대이전의 사서(四書)는 주희 선생의 주해를 이용하지 않았지만, 그가 주해를 하고 나서부터는 완전히 그의 사상에 휩싸여 버렸습니다. 그렇게 된 것은 명나라 때부터인데, 주가 황제(朱家皇帝: 주원장을 말함—역주)가 사서로 시험을 봐서 관료를 뽑도록 명령을 내리면서, 주희의 주해로 된 사서만을 채택하도록 했습니다. 그 결과 이후 6,7백 년 동안 모든 사서오경과 공맹 사상은 대체로 '주희의 공자 사상'으로 제한되었습니다. 바꾸어 말해, 명대 이후 사람들은 과거시험에 응시하기 위해 모두 주희 사상의 테두리 안에서 뒹굴었던 것입니다. 그러는 가운데 매우 많은 문제들이 생겨나게 되었는데, 앞으로 우리가 연구해 가면서 알게 될 것입니다. 그러므로 여러분들이 주로 읽고 있는 주희 선생 주해본은 참고할 가치가 있기는 하지만 완전히 믿어서는 안 됩니다.

　우리가 공자를 연구하기로 했는데, 공자는 역경(易經) 계사전(繫辭傳)에서 단 두 마디로, "글은 말을 충분히 표현할 수 없고, 말은 뜻을 다

할 수 없다."(書不盡言, 言不盡意)고 했습니다. 이 말은 사람의 언어란 표현하고자 하는 생각을 다 표현할 수 없다는 뜻입니다. 오늘날은 이런 문제를 전문적으로 연구하는 의미론이라는 학문이 있습니다. 소리가 완전히 같은 한마디의 말도 녹음기를 통해서 방송하는 것과 서로 얼굴을 대하고 표정과 동작을 곁들여 말하는 것은, 듣는 사람이 같다 할지라도 서로 다른 별개의 체험과 느낌을 얻게 될 것입니다. 그러므로 세계에는 의지와 사상을 완전하게 표현할 수 있는 언어는 하나도 없습니다. 더군다나 말을 문자로 바꿔 놓고 문자를 문장으로 바꿔 놓음에 따라, 그 본의와 표현된 것 사이에는 더 한층 간격이 벌어집니다.

우리가 공맹 사상을 연구하려면 반드시 논어에서 시작해야 합니다. 논어가 결코 공맹 사상 전부를 대표할 수는 없지만, 반드시 여기에서부터 시작해야 합니다. 지금 저의 관점으로는 옛 사람의 해석을 아주 대담하게 뒤엎는 곳이 허다합니다. 저는 논어가 나누어질 수 없는 하나의 체계이며, 전 20편은 매 편대로 완결된 한 편의 글이라고 생각합니다. 지금 우리가 보고 있는 책의 문구에 찍힌 방점들은 송나라 시대 유학자들이 표시해 끊은 것입니다. 뒷날 한 조목 한 조목이 교조(敎條)가 되었는데, 이것을 방점으로 표시해 끊어서는 안 됩니다. 다시 말해, 전 20편의 논어는 연결시켜 보면 완결된 한 편의 문장입니다. 적어도 오늘 저는 이렇게 생각하는데, 내일 또 새로운 견해가 나올지도 모릅니다. 또, 뒷날 제 자신이 지금의 제 견해를 스스로 뒤엎게 될지도 알 수 없지만, 오늘 현재까지는 이렇게 생각하고 있습니다.

송나라 개국재상인 조보(趙普)가 "반 권의 논어로 천하를 다스린다."(半部論語治天下)고 한 말이 생각납니다. 조보는 젊은 시절에 황제인 조광윤과 학우처럼 지냈는데, 시골의 어려운 집안 출신이었기 때문에 일생 동안 글공부는 많이 하지 못했지만 뒷날 재상이 되었습니다. '반 권의 논어'란 그의 겸손한 말로서, 글공부를 많이 못해 논어 반 권 밖에 읽지 못했다는 말입니다. 조보는 어려운 국가 대사나 중요한 문제에 부딪칠 때면 시간을 두고 생각하여 오늘 해결할 수 없는 문제는 내일까지 보류했다가 해결하곤 했습니다. 조보는 집에 돌아오면 자주 서재에서 책 한 권을 꺼내 읽었는데, 뒷날 그의 측근이 호기심에서 그 책을 몰래 꺼내 보았더니, 바로 논어였다고 합니다. 사실 논어는 어떻게 국가를 다스리라고 구체적으로 일러 주지는 않습니다. 공문(孔門) 특유의 정치 기법을 일러 주는 것은 더더욱 아닙니다. 논어가 말하는 것은 모두 대원칙입니다. 우리는 책을 읽고 나서 책에 있는 말을 융통성 없이 그대로 적용해서는 안 됩니다. 책에서 어떤 구절이 말하고 있는 원칙은 우리의 영감을 계발하고 연상을 불러일으킵니다. 우리가 어렸을 때 책을 읽다가 이해할 수 없는 구절에 대해 선생님께 물어 보면, 선생님은 "그런 것은 상관하지 말고 외우기만 해라. 앞으로 차츰 이해하게 된다."고 하셨습니다. 저는 당시 이런 대답이 아주 불만스러웠습니다. 그런데 그렇게 글을 외워 읽은 후 나이가 들고 인생 경험이 많아졌을 때, 어떤 일에 부딪치면 홀연히 논어의 한 구절이 떠올라 큰 영감과 지혜를 주곤 했습니다. 이로 인해 어떻게 일을 처리해야 할지 알게 되는 일이 많았고, 선생님의 말씀이 사실임을 알게 되었습니다.

삼백천천은 중국문화 이해의 지름길

법어(法語)란 우리가 오늘날 흔히 말하는 격언입니다. 옛 사람들의 명언은 옛날에도 법언이라고 불렸으며, 움직일 수 없는 철리(哲理)가 들어 있습니다. 저는 중국 문화를 배우러 오는 외국 유학생들에게 늘 말하기를, "헛걸음하지 말라. 가장 빠른 방법은 먼저 삼백천천(三百千千)을 읽는 것이다."라고 합니다. 즉, 삼자경(三字經)·백가성(百家姓)·천가시(千家詩)·천자문(千字文) 이 네 가지 책을 말하는 것인데, 조금만 노력하여 3개월 동안만 이 책들을 읽으면 중국 문화에 대해서 기본적으로 이해하게 됩니다.

세 글자가 한 구절인 삼자경은 중국 문화의 요점만을 간단하게 소개한 것입니다. 역사 · 정치 · 문학 · 사람됨 · 일처리 등이 그 안에 모두 들어 있습니다.

천자문은 1천 글자인데 이 1천 자를 알고 나면 중국 문화에 대해 기초적인 개념을 갖추게 됩니다. 대단한 중국의 문인이나 학자라 해도 글자를 삼천 자만 알면 훌륭한 것입니다. 가령 저더러 한자 3천 자를 외워서 써 보라고 한다면, 아마 여러 시간을 들여 천천히 생각해 보아야 할 것입니다. 일반적으로 머릿속에 1천 자 정도를 기억하고 있다면, 이미 대단한 것입니다. 어떤 글자들은 자전을 찾아보아야 하는데, 우리가 평소에 사용하는 글자는 몇 백 자에 불과합니다. 천자문이라는 책은 단지 1천 자로 중국의 철학 · 정치 · 경제 등을 다 말해 놓았으면서도 한 글자도 중복되지 않습니다. 전해 오는 이야기로는 양무제(梁武帝) 때 주흥사(周興嗣)라는 대신이 잘못을 범해, 양무제가 처벌로 그에게 하룻밤 사이에 1천 자의 서로 다른 글자로 한 편의 글을 지으라고 했답니다. 만일 지어내지 못하면 죄를 묻고, 지어내면 사면해 주겠다는 약속이었습니다. 결과적으로 주흥사는 하루 낮 하루 밤 만에 천자문을 지었는데, 그러고 나서 머리털이 하얗게 세어 버렸다고 합니다. 천자문은 천지현황(天地玄黃), 우주홍황(宇宙洪荒), 일월영측(日月盈昃), 진숙열장(辰宿列張)처럼 네 글자를 한 구절로 한 운문인데, 우주천문에서부터 말해 내려가 사람으로서 행할 도리까지 말하고 있습니다. 한래서왕(寒來暑往), 추수동장(秋收冬藏) 하는 식으로 말해 내려가는데 이 천자문을 절대 쉽게 생각해서는 안 됩니다. 현대인들 중에 즉석에서 천자문을 잘 풀이할 수 있는 사람은 아마 많지 않을 것입니다.

격언으로 말하면 증광석시현문(增廣昔時賢文)이라는 책 한 권이 있는데, 일종의 민간 격언입니다. 예전에 독서할 때에 일종의 과외 독본처럼 읽었는데 누구나 읽을 줄 알았으며, 그 안에는 사람으로서 행할 도리가 들어 있습니다. 물론 그 안에는 "창밖의 달빛 문 닫아 밀어내고, 매화더러 스스로 주장하라 분부하네."(閉門推出窗前月, 吩咐梅花自主張) 같은 풍의 쓸모없는 말들도 들어 있지만 아주 좋은 것들이 많이 수록되어 있습니다. 대만에 온 이후 시중에서 유통되는 석시현문에는 복건·광동·대만 지역의 민간 격언도 실려 있었습니다.

중국 문화를 말할 때는 사서오경 외에 이런 몇 권의 작은 책들도 경시해서는 안 되며, 전기소설(傳奇小說)들을 경시해서는 더더욱 안 됩니다. 중국 문화에서 이런 몇 권의 작은 책들과 몇몇 소설들의 영향은 매우 컸습니다. 사서오경은 공명을 얻기 위한 시험용 외에는 평소에 연구하는 것이 귀찮기 때문에 연구한 사람이 드물었습니다. 그렇지만 이런 책들은 이해하기 쉬우면서 중국 문화의 정화(精華)를 모두 담고 있습니다.

춘추의 대의

춘추(春秋)는 공자가 쓴 책으로, 오늘날 신문지상에 보도되는 국내외 큰 사건의 핵심만을 기록한 것과 같은 책입니다. 그 속의 큰 제목은 공자가 어떤 사건에 대해 내린 정의(定義)가 되는데, 그는 정의를 어떻게 내렸을까요? 핵심은 미언대의(微言大義)에 있습니다. 미언(微言)은 겉으로 보아서는 큰 상관이 없거나 그리 중요하지 않은 말로서, 문학적으로는 글을 늘이거나 줄일 수 있습니다. 그러나 춘추의 정신에서 보면 한 글자도 쉽게 움직일 수 없습니다. 왜냐하면 한 글자마다 그 속에 큰 뜻이 담겨 있어, 아주 심오한 의미를 지니기 때문입니다. 그래서 후대 사람들은 "공자가 춘추를 쓰자 난신적자(亂臣賊子)가 두려워했다."고 했는데, 왜 두려워했을까요? 역사에 난신적자라는 오명이 남게 될 것이기 때문이었습니다. '미언' 가운데 큰 뜻이 있는 점이 춘추를 읽기 어려운 원인이기도 합니다.

공자가 지은 춘추는 '제목'과 '요강'(要綱)으로 되어 있습니다. 그러면 '요강' 속에는 어떤 내용들이 들어 있을까요? 춘추삼전인 좌전(左傳), 공양전(公羊傳), 곡량전(穀梁傳)을 보아야 합니다. 이것은 세 사람이 각각 춘추를 연역(演繹)한 것인데, 그 중에 좌전은 공자의 제자이자 친구였던 좌구명(左丘明)이 쓴 것입니다. 좌구명은 춘추에 나오는 역사상의 사실을 더욱 상세하게 서술하고 좌전이라 이름 지었습니다. 당시에 좌구명은 이미 양 눈을 실명한 상태였기 때문에 그가 구술(口述)한 것을 학생이 기록한 것입니다.

공양전 · 곡량전도 일가를 이루고 있습니다. 우리가 춘추의 정신을 연구하는 데는 삼세설(三世說)이 있습니다. 특히 청말 이후 중국에는 혁명 사상이 일어났는데, 춘추에 대한 공양학이 상당히 유행했습니다. 강유위(康有爲)·양계초(梁啓超) 같은 학자들은 공양전 사상을 크게 받들었는데, 그 중에서 춘추 삼세설을 제기했습니다. 소위 '춘추 삼세'란 바로 세계 정치 문화에 대한 세 가지 분류입니다. 그 하나는 '쇠세'(衰世)입니다. 이는 다시 말하면 난세(亂世)인데, 인류 역사에는 쇠세가 많았습니다. 중국사를 연구해 보면, 이삼십 년 동안 변란과 전쟁이 없었던 시기를 거의 찾아볼 수 없으며, 단지 큰 전쟁이냐 작은 전쟁이냐의 차이만 있을 뿐 크고 작은 전쟁이 곳곳에서 수시로 일어났습니다. 그래서 인류 역사를 정치학적으로 보면, 미래의 세계가 결국 어떻게 될 것인가 하는 것이 큰 문제입니다. 정치 철학을 배우는 사람은 이런 문제를 연구해야 합니다.

서양의 철학자 플라톤의 정치 이상인 소위 이상국가(理想國家)를 예로 들어 봅시다. 우리가 알다시피 서양의 낳은 정치사상은 다 플라톤의 이상국가에서 온 것입니다. 그러면 중국에는 이와 유사한 이상이 없을까요? 당연히 있습니다. 첫째, 예기 속의 예운대동편(禮運大同篇)에서 볼 수 있는 대동사상(大同思想)이 바로 그것입니다. 우리가 평소에 보는 대동사상은 예운편 중의 한 단락에 지나지 않으므로, 대동사상을 이해하기 위해서는 예운편 전체를 연구해야 합니다. 그 다음으로는 도가의 사상인 화서국(華胥國)이 있는데, 이것은 소위 황제의 화서몽(華胥夢)으로서 역시 하나의 이상국가입니다. 플라톤의 사상과 비교하면 중국 문화가 그보다 나았으면 나았지 못하다고 할 수 없습니다. 그러나 인류 전체가 진정으로 그러한 이상 시대에 도달할 것인지 못할 것인지는 정치 철학적인 큰 문제로서, 절대적으로 완전한 답안을 내기란 매우 어렵습니다. 자, 이제 춘추 삼세설로 돌아와 살펴봅시다. 삼세설에 의하면, 인류 역사에는 '쇠세'가 매우 많으며, 쇠세가 변란이 일어나지 않는 수준까지 진보하면 '승평세상'(昇平之世)이라 부릅니다. 마지막 가장 좋은 것은 '태평'(太平)으로서, 곧 중국인들이 말하는 '태평성세'(太平盛世)입니다. 중국 문화를 역사적으로 관찰해 보면, 진정한 태평성세는 하나의 이상국가와 같은 것으로 실현되기가 거의 어렵습니다.

예운편의 대동사상이 곧 태평성세 사상으로, 진정한 인문 정치의 최고 목적인 이상국가 사상입니다. 역사에서 일반적으로 말하는 태평성세란 춘추 삼세의 관점에서 보면 일종의 '승평세상'입니다. 중국 역사상으로는 한(漢)나라와 당(唐)나라 두 시대가 가장 훌륭한 시기로서, 굳이 말하자면 승평세상이었다고 할 수 있습니다. 역사상 표방되었던 태평성세는 어디까지나 표방에 지나지 않았다고 할 수 있는데, 표방인 이상 표방해도 좋습니다. 그러나 춘추대의로 논한다면, '승평'이 될 수 있을 뿐 '태평'이라고 할 수는 없습니다. 여기에서 다시 아래 등급으로 내려가면 '쇠세'가 됩니다. 중국의 국부(國父) 손문(孫文)이 제창한 '삼민주의'(三民主義)의 최종 목표는 세계대동(世界大同)인데, 이 역시 춘추대의의 이상입니다.

노자 5천자가 함곡관을 지나다

옛날부터 노자(老子)에 관해 풀리지 않는 의문이 하나 있는데, 도대체 노자는 만년에 어디로 간 것일까요? 알 수가 없습니다. 그는 어디에서 죽었을까요? 역시 알 수 없습니다. 역사적 문헌자료에 의하면 그는 서쪽으로 유사(流砂)를 건너 신강(新疆) 북쪽을 지나고 계속해서 사막을 지나 서역(西域)으로 갔다고 합니다. 결국 중동이나 인도로 간 것일까요? 알 수 없습니다. 그가 중국을 떠날 때 오늘날의 여권과 비자에 해당하는 관첩(關牒)을 받았었는지에 관해서도 알 수가 없습니다.

그러나 역사상 거론되는 한 인물인, 관문을 지키던 관리 윤희(尹喜)는 대체로 오늘날 공항이나 부두의 세관처장에 해당했던 사람이었는데 이 관문을 지나가는 노인이 도(道)를 닦은 도사임을 알았습니다. 신선전(神仙傳)에는 다음과 같이 기재되어 있습니다. 어느 날 함곡관(函谷關)을 지키던 이 관원이 새벽에 일어나 기운을 살펴보니, 고대에는 일종의 기운을 살피는 학문이 있었습니다, 자주색 기운이 동쪽 중국 본토로부터 서쪽 변경을 향해 오고 있었습니다. 그것을 본 관원은 "오늘 틀림없이 성인이 관문을 지나가겠구나."라고 단정하였습니다. 반드시 그에게 도를 구하지 않으면 안 되겠다고 속으로 마음먹었습니다. 과연 수염과 머리가 온통 하얀 영감님 한 분이 푸른 소를 타고 느릿느릿 함곡관으로 다가왔습니다. 관원은 그에게 관첩을 내놓으라고 독촉했으나 내놓지 못하는 것이었습니다. 이렇게 되자 관원에게는 딱 기회가 주어진 겁니다. 그는 본색을 드러내어 말했습니다. "관첩이 없으면 법에 의거해 관문을 통과할 수가 없습니다. 그렇지만 당신이 꼭 관문을 통과해야겠다면 방법이 없지는 않습니다. 당신도 '규칙'이란 게 있다는 것은 아시겠지요." 이른바 '규칙'이란 바로 뇌물을 주는 것입니다. 당시 노자에게는 말을 살 돈조차 없었는데 어디서 '규칙'을 변통해 온단 말입니까. 마침 이 관리가 노자에게 바란 '규칙'은 돈에 의도가 있던 게 아니었으므로 노자에게 이렇게 말했습니다. "저에게 도를 전해 주기만 하면 됩니다." 노자는 할 수 없이 그렇게 할 수 밖에 없었습니다. 그리하여 5천 자의 이 도덕경(道德經)을 억지로 써 주고는 겨우 관문을 나갈 수가 있었습니다.

노자는 뇌물의 다른 형태로서 이 저작을 남긴 후 서쪽으로 유사를 건너가고 난 뒤로는 그 끝을 알 수가 없습니다. 그런데 그의 이 저작은 후대로 계속 전해져서 당나라 시대에 이르면 도가가 흥성하고 도교가 국교로 되었습니다. 당시 도교를 신봉한 사람으로 진사(進士)이자 오대(五代) 때 재상을 지냈던 두광정(杜光庭)이 불교에 항거하고자 불경의 교리를 기초로 하여 많은 양의 도가 경전을 써냈습니다. 일설에는 후세에 실제 근거도 없이 마음대로 쓴 저작을 '두찬(杜撰)'이라고 부르는 것이 여기서 유래했다고 합니다. 그 중에 노자화호경(老子化胡經)이라는 책에서는 노자가 인도에 도착한 뒤에 석가모니로 변신하였다고 합니다. 불교의 어떤 위경(僞經)들에서는 중국의 공자는 문수보살이 변신한 것이라고 말합니다. 종교 방면에는 이처럼 끌어다 붙인 재미있고 황당무계한 이야기가 옛날부터 그 수를 셀 수 없을 정도로 많습니다.

노자 본인에 관한 이런 설들을 살펴보면 최후의 결론은 어떠하든지 간에 부정할 수 없는 하나의 사실은, 그의 생사는 '그 끝을 알 수 없다'는 것으로 그 결과를 조사해낼 수 없다는 것입니다. 신선전에 나오는 옛날 신화대로라면 노자의 수명은 더 연장되어 불사의 경지에 이르렀을지도 모릅니다!

이런 신선 이야기들은 잠시 덮어두고 토론하지 않기로 합시다. 노자의 이 저작은 확실히 제자의 강제에 의해 써진 것으로서, 노자의 도를 꼭 얻고자 하는 소원에 따라 뒤에 이 저작을 남길 수밖에 없었던 것입니다. 윤희는 노자의 전수, 즉 5천 자에 달하는 이 도덕경을 얻은 후 과연 자신도 도를 이루었습니다. 그래서 관직도 팽개치고 임무 교대도 하지 않은 채 머리에 관을 쓰고 떠나버린 후 그 역시 끝을 알 수가 없습니다.

도교는 바로 이렇게 전해졌다고 합니다. 노자에서 관윤자(關尹子)로 전해지고, 다시 아래로 전해져 호자(壺子), 열자(列子), 장자로 이어졌습니다. 이런 경로로 쭉 전해내려 오다가 당나라 왕조에 이르러는 마침내 국교로 변신하자 노자 또한 도교 삼경(三經)의 우두머리가 되었습니다. 도교 삼경이란 도교의 중요한 세 권의 경전을 말하는데 노자를 달리 부르는 도덕경, 장자를 달리 부르는 남화경(南華經), 열자를 달리 부르는 청허경(清虛經)이 그것입니다.

최근에 상고 시대의 유물들이 많이 출토되었는데 그 중에는 백서(帛書) 노자도 있습니다. 이런 문헌 자료들은 노자의 학설과 사상이 은나라 이전의 문화 체계를 계승한 것임을 더욱 보여줄 뿐 아니라 옛사람들이 말한 것이 거짓이 아닌 진실임을 증명해 주었습니다.

묵자라는 책은 읽기 어렵다

묵자(墨子)라는 책은 비교적 읽기가 어려우며, 그의 이론은 하늘을 숭배했을(尚天) 뿐만 아니라 귀신도 숭배했습니다(尚鬼). 이 '鬼'(귀)자는 문자 구조를 풀이해 보았지만, 중국인이 말하는 귀(鬼)는 도대체 어떤 것인지 명확히 말하기 어렵습니다. 화가들이 가장 그리기 좋아하는 대상이 귀신이라지만, 아무도 본 적은 없습니다. 따라서 아무렇게나 그려도 되며, 보기 싫을수록 그럴싸합니다.

은나라 때에는 귀신을 숭배하여 종교적인 분위기가 아주 짙었습니다. 중국이 무슨 종교를 믿었는지 연구해 보면, 일정한 종교는 없었고 무엇이든 믿었습니다. 특히, 오늘날 오교동원(五敎同源)이라는 신흥 종교의 홍만자회(紅卍字會)와 같은 단체는 공자·노자·석가모니·예수·마호메트 등 다섯 종교의 창시자를 나란히 모셔 놓고 있습니다. 중화

민족은 평등을 좋아해서 모든 교주를 다 좋다고 생각하기 때문에 다섯 분을 함께 모시는 것입니다.

은나라 때에는 귀신을 중시했습니다. 묵자는 송나라 사람의 후예인데, 송나라는 은나라의 후예입니다. 그래서 묵자의 사상은 송나라의 전통을 계승했습니다. 공자도 본래는 송나라의 후예였지만 조상은 줄곧 노나라에서 살았으며, 노나라는 주나라 문화를 계승했습니다. 춘추 전국 시대에는 각국의 문자가 통일되지 않았고 교통도 통일되지 않았으며, 각 지방의 사상이 달랐다는 것에 우리는 주의해야 합니다. 마치 오늘날의 세계에서 미국과 프랑스가 각각 다른 문화를 갖고 있는 것과 마찬가지였습니다. 묵자의 사상은 하늘도 숭배하고 귀신도 숭배했습니다. 얼마 전에 한 학생이 묵자사상으로 논문을 쓰겠다며, 묵자사상은 하늘을 대단히 숭배하여 천주교의 교의(敎義)와 같은 점이 있다고 말했습니다. 저는 그에게 묵자의 사상은 귀신을 숭배했지만, 천주교나 기독교와는 다르다는 것을 주의하라고 일러 주었습니다.

묵자를 읽어 보면 귀신의 권세와 힘을 많이 말하고 있는데, 이는 과거 중국민족의 공통신앙이었습니다. 사람이 나쁜 일을 하면 귀신이 찾아옵니다. 좋은 귀신은 사람을 보호할 수 있습니다. 그러므로 수천 년 동안의 중국 문화에서, 귀신이 나쁜 사람을 찾아온다는 민간 전승은 결코 공자사상이 아니라 묵자사상의 전승입니다. 묵자사상의 원류는 멀리 하나라 문화에까지 거슬러 올라가는데, 우리가 상고의 중국 문화를 제대로 연구하려 하면 힘이 듭니다.

중국문화는 춘추전국 시대에 제자백가가 있었고 그 중 중요한 것으로는 삼가가 있었습니다. 유가는 공자 맹자가 대표였고, 도가는 노자 장자가 대표였으며, 묵가는 바로 묵자가 대표였습니다.

묵자는 중국문화의 중요한 한 가(家)입니다. 중국은 몇 천 년 동안 의협도(義俠道)가 존재하여 협객 의기(義氣)를 중시했으며 심지어 방회(幫會)는 모두 묵자 정신의 영향이라고 말할 수 있습니다. 묵자의 교육은 "분골쇄신토록 천하를 이롭게 하겠다."(摩頂放踵以利天下)는 것입니다. 즉, 머리에서부터 발까지 무릇 천하에 대하여 유리한 일이라면 모두 온 몸과 마음으로 하겠다는 겁니다. 묵자 시대는 공자보다도 늦었고 맹자보다는 빨랐는데 중국 최초의 사회주의 사상이라 할 수 있으며 공산주의 사상도 거의 있다고 할 수 있습니다.

묵자라는 책은 연구하기가 어렵습니다. 묵가는 춘추전국 시대에 한 방회요 한 당파에 해당되었습니다. 묵자는 하루 종일 남의 고통만을 오로지 해결해주고 남의 어려움만을 해결해주었습니다. 당시에 두 나라가 전쟁을 하려하자 묵자가 찾아와 전쟁을 하지 말라고 했습니다. 만약 자기의 말을 따르지 않으면 묵자의 학생이 와서 제지할 것이라고 했습니다. 당시 초나라는 공수반(公輸班)이라는 사람을 찾아 그로 하여금 나서서 묵자와 담판을 하게 했습니다. 공수반은 과학자로서 많은 과학발명을 가지고 있었습니다. 그는 어떤 것 한 가지를 들어보이자 묵자는 자기에게도 있다고 하자 공수반은 변론에 졌습니다. 최후에 공수반이 말하기를 "내게 한 가지 법보가 하나 있는데 가지고 나오면 당신은 어쩔 수 없게 된다."고 했습니다. 묵자가 웃으면서 "당신의 법보란 바로 사람을 시켜 나를 죽이는 것이다. 당신은 알아야 한다. 당신이 지금 나를 죽여도 소용이 없다. 나의 학생 제자들이 아주 많다. 당신이 묵적 하나를 죽인다면 천하의 많은 묵적들이 나서서 당신을 반대할 것이다." 결과적으로 두 나라는 전쟁을 일으키지 않았습니다.

춘추전국 시대에 묵가의 영향은 컸으며 의기를 중시했습니다. 묵자의 학생들 · 분당(分黨)의 영수들 · 암흑가의 두목을 거자(巨子)라고 불렀는데 오늘날 신문에서 상거자(商巨子)라고 부르는 것은 여기서 비롯되었습니다. 당시 진(秦)나라에서 묵가의 역량은 컸습니다. 당시 진나라에 한 거자가 있었습니다. 그에게는 외아들이 있었는데, 죄를 지었기 때문에 법에 따라 사형을 받게 되었습니다. 재상은 진나라 왕에게 보고하기를, 이 사람은 죽이지 않으면 안 되지만 그는 누구의 아들이라고 했습니다. 왕은 누구의 아들이란 말을 듣자마자 곧 특별 사면령을 내렸습니다. 그의 아버지인 거자는 왕을 찾아가 아들을 살려 준 데 대해 먼저 감사를 드리는 한편, 국법으로는 사면해 줄 수 있으나 묵가의 가법(家法)으로는 용서할 수 없다고 말하였습니다. 그리고는 자기의 외아들을 죽여서 그 머리를 국왕에게 보냈습니다. 이런 방회 조직은 수천 년 동안 존재해왔으며 가법이 엄격했습니다. 오늘날 암흑가 조직은 엉망진창입니다. 청나라 말년의 청방(靑幇)과 홍방(紅幇)은 만약 밖에서 법을 범한 사람이 있으면 방회가 나서서 그를 구해왔습니다. 구해온 뒤 자기들이 법으로 다스렸습니다. 만약 불충불효하고 의기를 중시하지 않고 친구를 해친 행위가 있다면 그것은 엄중한 일로서 가법으로 다스려야 했습니다.

묵가의 정신은 중국에 수천 년 동안 영향을 끼쳤습니다. 오늘날 대륙의 암흑가 조직 역량도 나타나기 시작하였습니다. 제가 대륙에서 온 사람에게 말했습니다. "여러분은 주의해야 합니다. 암흑가 조직이 사라졌다고 생각하지 말기바랍니다. 암흑가 조직은 여전히 줄곧 존재해왔습니다. 여러분은 아십니까? 과거 중국의 암흑가 조직의 우두머리는 누구일까요? 황제였습니다. 청방의 진정한 우두머리는 건륭황제로서 만주족 청나라를 옹호하였습니다. 그래서 청방이라 불렀습니다. 홍방의 우두머리는 청나라 말에는 좌종당이었습니다. 좌종당이 신강(新疆)을 공격할 때 군사비용이 없었는데 호설암(胡雪巖)이 주었습니다. 즉, 대만의 작가 고양(高陽)이 쓴 소설 홍정상인(紅頂商人)에 나오는 호설암입니다. 호설암은 외국인으로부터 돈을 빌린 첫 번째 중국인이었습니다. 그는 돈을 빌려 좌종당에 군사비용으로 쓰라고 주었습니다. 좌종당의 부대는 호남 사람들이었는데 부대가 섬서(陝西)와 감숙(甘肅)의 진령(秦嶺) 일대에 도착하자 몇 십 만 사람들이 걷지 않기로 했습니다. 대원수 좌종당은 아주 이상하게 여겼습니다. "왜 그럴까?" 곁의 사람은 모두 말을 하지 않았습니다. 좌종당은 크게 화를 냈습니다. 그의 참모가 말했습니다. "대원수님, 그들은 수령을 맞이하고 있습니다." 좌종당이 말했습니다. "무슨 수령?" 참모가 말했습니다. "이 호남병사들은 저마다 홍방인데, 홍방의 수령이 왔습니다." 좌종당이 말했습니다. "어찌 그럴 리가 있단 말이냐? 암흑가 조직 수령이 그렇게 위풍이 대단하다니." 참모가 말했습니다. "이 장교와 사병들은 모두 홍방이라서 당신이 화를 내면 그들은 당신을 따르지 않을 겁니다." 이런 일이 있다니 좌종당은 한 번 곰곰이 생각해보았습니다. 그렇지만 그는 대단히 총명했습니다. "좋다 형님을 오시라고 해라." 좌종당이 수령형님을 보자 방회의 사람들이 대단하다고 크게 말했습니다. 방회의 수령이 될 수 있는 조건은 세 가지가 있습니다. 세 마디 말인데, 첫째 인의여천(仁義如天)입니다. 인의를 하늘처럼 여긴다는 것입니다. 친구에게 어려움이 있으면 목숨을 바쳐서라도 구해야 합니다. 둘째 필설양겸(筆舌兩兼)입니다. 글을 쓸 줄 알아야 하고 말을 잘 할 줄 알아야 합니다. 셋째 무용당선(武勇當先)입니다. 무공이 높아야 합니다. 좌종당이 한 번 보니 이 두령형님은 그런 조건들을 다 갖추었습니다. 마지막에는 좌종당도 방회에 참가했습니다. 그 두령형님이 좌종당을 두령의 두령으로 받들어서 좌종당은 벼락출세하여 대 수령이 되었습니다.

제가 '중국 2, 3천 년의 특수사회'라는 책을 한 권 썼는데 출판하지는 않았습니다. 원고가 어디에 박혀있는지 모르겠습니다. 이런 특수사회는 영원히 존재합니다. 미국의 마피아 조직이나 이탈리아의 마피아 조직은 정치와 군사로도 소멸시키지 못하며, 이런 사람들은 정치를 모릅니다. 제가 본 적이 있는데 많은 큰 사장님들은 겉으로야 부유한 사장님이지만 실제로는 방회 속의 수령이었습니다. 그들의 장사나 상품에는 문제가 나타날 리가 없습니다. 지방의 도적 떼들이 약탈해가면 얼마든지 약탈하더라도 구두로 통지하기를 "형제들 잘 보관하게나. 이건 누구 사장님 것이네."라고 하면 도적 떼는 속셈이 있어서 약탈해간 물건을 개봉하거나 손대지 않고 그대로 둡니다. 며칠 지나면 사장이 사람을 보내면서 수표를 한 장 가지고 가게 합니다. "수고했어요, 이번 장사는 당신들이 본전을 까먹었으니 이게 우리 작은 뜻이요." 며칠 지나 물건을 되돌려 보내옵니다. 체면만 세워줄 뿐만 아니라 이익도 보게 해줍니다.

그러므로 고대의 중국문화는 그 중심이 유가·도가·묵가 삼가라고 말하는 겁니다. 묵가의 것들은 불가 속으로 섞여들어 갔습니다. 지금 어떤 사람이 묵자를 연구하고 있는데 저는 두 편의 박사 논문을 읽은 적이 있습니다. 묵자를 연구하는 자는 중국인이 아니라 인도인입니다. 정수리부터 발뒤꿈치까지 닳아터지고 빡빡 깎은 머리에 맨발인 인도 스님입니다. 얼굴이 거무스름한 사람은 인도인과 아랍인들인데 이런 연구에 아주 흥미가 있습니다. 하지만 묵자가 중국인인 데는 문제가 없습니다.

관자와 상군서

"벼슬하면서 여력이 있으면 학문을 하고, 학문을 하면서 여력이 있으면 벼슬을 하라."(仕而優則學, 學而優則仕)는 말을 다시 이야기 해봅시다. 옛 사람은 책을 읽었을 뿐만 아니라 일의 경험과 학문이 한데 녹아 있었기 때문에, 진정으로 가치 있는 저작을 써서 세상에 널리 전파시킬 수 있었습니다. 옛 사람들의 가치 있는 저작을 한번 봅시다. 예컨대 중국의 정치 철학을 논할 때, 관자(管子)를 절대 빼놓을 수 없습니다. 그러나 관자라는 책은 요즘 우리가 학위나 명예를 위해 마구 쓴 것과는 달리, 자기 일생의 경험, 나아가 공자가 그를 평한 말로서 역사적으로 유명한 "천하를 하나로 통합하고 제후를 아홉 번이나 규합했다."(一匡天下, 九合諸侯)는 데서 나온 작품입니다. 관중(管仲)은 본래 법을 어긴 죄인이었는데, 제환공(齊桓公)이 그를 등용하자 제후들을 규합시킬 수 있었습니다. 당시 국제 관계는 지금보다도 더 해결하기 어려웠는데, 그는 아홉 번의 국제 연합 회의를 열어서 다른 나라가 그의 말을 듣지 않을 수 없도록 했습니다. 그는 남을 원자탄으로 압박하지도 않았고, 석유를 이용하여 제압하지도 않았지만, 정치적으로 혼란한 시대를 제 궤도로 이끌었습니다. 이 때문에 공자가 그에 대해 매우 탄복한 것입니다. 그는 일생의 공적이 이러했으면서도, 책은 관자(管子) 한 권밖에 쓰지 않았습니다. 더욱이 후세 사람들이 이 책의 내용을 연구한 바에 의하면, 그가 진짜 쓴 것은 이 책의 10분의 3~4밖에 안 되고 그 나머지는 다른 사람이 보탠 것이거나 다른 사람이 그의 이름으로 쓴 것으로 여겨지고 있습니다. 혹은 당시 그의 참모가 증보한 것이라고도 합니다. 어쨌든 이 책은 중국의 정치·문화 사상에 있어 대단히 중요한데, 공자의 사상보다 더 빠르다고 할 수 있습니다. 그가 일생의 경험으로도 책 한 권밖에 쓰지 않은 것을 볼 때, 옛날 사람은 저작을 매우 신중하게 했다는 것을 알 수 있습니다.

또 상군서(商君書)라는 책이 있습니다. 진시황 이전의 진나라가 특히 강성하였던 까닭은 상앙(商鞅)의 변법을 채택했기 때문인데, 상앙은 법치(法治)를 주장하는 법가 출신으로, 법률을 통치 수단으로 한 정치라 할 수 있습니다. 진나라에서는 상앙을 등용한 후 줄곧 법치를 주장했습니다. 이 책의 진짜와 가짜 부분이 어느 정도인지에 대해서는 논하지 않겠지만, 중국 법가의 정치사상을 연구하는 데 매우 중요하고, 사상 투쟁을 연구하는 데도 이런 책들이 없어서는 안 됩니다. 우리 일반인들은 요 몇 십 년 동안 외국의 철학 사상을 우리나라의 철학 사상보다 더 많이 받아들였고, 서양 서적을 우리 고전보다 더 많이 읽었는데 이것도 큰 문제입니다. 청나라가 산해관(山海關)을 들어와서 명나라를 치던 병법이 삼국연의(三國演義)를 이용한 것이라는 견해는 지나치게 개괄적이라서 아무래도 청나라를 얕잡아본 것이지만 대체적으로는 그렇습니다. 삼국연의는 소설이지만 외교·정치·경제·군사·전략

사상을 아주 많이 담고 있습니다. 제2차 세계대전 때, 일본이 중국을 침략하기 전에 일본 국민 거의가 손자병법과 삼국연의를 읽었다는 사실에 주목할 필요가 있습니다. 그러나 요즘 중국의 젊은이들 중에는 이런 소설을 읽는 사람이 참으로 드뭅니다.

춘추에는 권모술수가 많다

모략(謀略)이라는 두 글자를 얘기하면 대체로 다들 이해하기 아주 쉽습니다. 중국문화를 연구할 경우 고대의 책들에는 주의해야할 몇 가지 명사들이 있습니다. 종횡지술(縱橫之術)·구거지술(勾距之術)·장단지술(長短之術) 같은 것들은 모두 모략의 다른 이름입니다. 고대에 모략을 쓰는 사람을 모사(謀士) 혹은 책사(策士)라고 불렀습니다. 전문적으로 계책을 내 놓는 것, 즉 방법을 내놓는 것입니다. 그리고 종횡이든 구거이든 장단이든 책사이든 모략이든 모조리 음모술(陰謀術)에 속합니다. 이전에 어떤 사람이 말한 무슨 음모(陰謀)·양모(陽謀)와는 상관이 없습니다. 어쨌든 모두 모략이니 고대의 음모의 음(陰)과 음험(陰險)과 서로 연결하지 말기 바랍니다. 그 내함은 완전히 그런 뜻인 것은 아닙니다. 이른바 음이란 고요한 것이요 어두운 것이요 무형에서 나온 것으로, 보이지 않는 것입니다. 이런 모략 방면 기록이 가장 많은 것은 어떤 책들일까요? 사실은 춘추좌전이 바로 아주 좋은 모략서입니다. 하지만 그 성격이 다릅니다. 그러므로 우리가 이 방면의 것을 연구하려면, 특히 현대 국제관계 문제와 관계가 있는 것은 전국책(戰國策)·좌전(左傳)·사기(史記) 이 몇 부의 책들을 읽어 통하고 관념을 현대화하면 자연히 이해할 것입니다. 이제 여러분들에게 지름길을 하나 다시 말씀드리겠습니다. 사마천이 저작한 사기의 매 편 마지막 부분의 결론, 즉 '태사공왈(太史公曰) 어떠어떠하다'고 한 부분 글을 한데 모으는 것입니다.

그 속에는 많은 모략의 대원칙이 들어있습니다. 하지만 그는 결코 모략에만 온통 치우치지는 않았고, 아울러 군자의 도리에도 주의를 기울였는데, 이것은 사람됨의 기본입니다.

이 몇 권 책들의 음모를 연구하려면 그 가운데는 한 가지 구별이 있습니다. 전국책은 한(漢)나라 시대 유향(劉向)이 지은 것인데, 당시와 고대의 모략 방면에 관한 것들을 한데 모은 것으로, 그 성격이 완전히 모략에 편중되어 온통 지모권술지학(智謀權術之學)의 기록이라고 할 수 있습니다. 이 책은 수천 년을 거치면서 베끼고 판에 새겼기 때문에 빠진 글자가 많습니다. 그리고 그 속의 많은 부분이 당시의 방언입니다. 그러므로 이 책의 고문은 비교적 읽어 이해하기 어렵습니다. 좌구명이 지은 좌전은 만약 모략의 관점에서 보면 그 성격이 또 다릅니다. 좌전에는 한 가지 주요 취지가 있는데 도덕인의(道德仁義)로 기준을 삼는다는 것입니다. 이 기준을 위반한 것은 모두 제거했습니다. 사실 역사적인 평가도 제거되었습니다. 그러므로 비록 모략서이지만 대원칙인 경(經)을 비교적 중시합니다. 사기라는 책은 포괄하고 있는 내용이 많습니다. 예컨대 우리들 손에 있는 이 소서(素書) 속에는 좋은 자료가 한 편 있습니다. 유후세가(留侯世家)가 그것인데 장량(張良)이 쓴 전기입니다. 만약 이 한 편의 전기를 자세히 연구해보면 그로부터 모략의 대원칙과 장량의 사람됨과 일처리의 대원칙, 군도(君道)·신도(臣道)·사도(師道)의 정신을 포함한 대원칙을 이해하게 됩니다.

장단경(長短經)―반경(反經)

장단경(長短經)이라는 책은 여러분들이 아마 주의를 기울이는 일이 드물 것입니다. 작자가 당나라 사람으로 이름이 조유(趙蕤)인데 일생동안 벼슬에 나서지 않은 은사(隱士)였습니다. 유명한 시인 이백이 바로 그의 학생입니다. 만약 이백을 연구하면 중국인들은 모두 이백과 두보가 명시인임을 말하는데 사실 이백의 일생의 포부는 왕패지학(王覇之學)을 말하는 것이었습니다. 안타깝게도 그가 살던 시대와 맞지 않았습니다. 좀 너무 이른 시기였습니다. 당 명황의 시대는 천하가 태평했으며 천하가 어지러워졌을 때는 이백은 이미 죽어서 쓸 곳이 없었습니다. 조유가 지은 것이 장단경인데 바로 종횡술(縱橫術)입니다. 이 책은 고대에, 특히 만주족 청나라의 몇 백 년 동안 비록 겉으로야 금서가 아니었지만, 왜냐하면 고서로서 금지할 이유가 없었습니다, 사실은 암암리에는 금지된 서적이었습니다. 장단경이 인용 서술하고 있는 역사의 경험은 모두 당나라 시대까지입니다. 뒤에 송나라에 이르러 소서(素書)가 나왔습니다. 그 전에도 있었지만 송나라 시대에 널리 전해진 소서가 한나라 시대의 원본인지는 증명할 길이 없습니다. 명나라 말기 청나라 초기에 이르러 지낭보(智囊補)라는 또 하나의 책이 나왔습니다. 저자 풍몽룡(馮夢龍)은 명사(名士)로 역사의 경험을 모두 뽑아내었습니다. 우리가 좌전·국어·전국책·인물지(人物志)·장단경·지낭보 그리고 증국번의 빙감(氷鑑) 등등을 한 세트로 편성한다면 모두 종횡술의 범위 안에 속합니다. 장단지학(長短之學)과 태극권의 원리는 같습니다. 즉, 사량발천근(四兩撥千斤)의 재간으로 거중약경(擧重若輕), 무거운 물건을 들을 수 없으면 방법을 생각해내어 힘의 교묘함을 장악하여 한 손가락의 일천 근의 물건을 움직이는 것입니다.

반경(反經)은 영도자 철학 사상 면에서 매우 중요합니다. 우리는 과거의 많은 저작들 내지는 근 7~8십 년 동안의 저작들을 보면 모두 그리 정면적으로 쓰지 않았습니다. 그래서 우리는 오늘 반면의 것들에 대하여 주의를 기울이지 않을 수 없습니다.

반경에서의 '반'자의 의미는 천지간의 일은 모두 상대적이고 절대적인 것은 없다는 말입니다. 절대적인 선도 없고 절대적인 악도 없습니다. 절대적인 옳음도 없고 절대적인 그름도 없습니다. 이 원리는 중국

문화 속에서 과거에 대부분 얘기하기를 피했고 대부분 사람들은 이를 연구하지 않았습니다. 이런 사상의 원류는 중국문화 속에 일찍이 있었는데 역경(易經)을 근거로 나온 것입니다. 역경의 8괘는 다들 알 듯이 ☷ 는 곤괘입니다. 그것은 우주 대현상의 대지를 상징합니다. ☰ 는 건괘인데 우주 대현상의 천체를 상징합니다. 이 두 괘를 겹치면 ䷋ 로서 천지비괘(天地否卦)입니다. 비(否)는 나쁘다는 의미입니다. 재수 없는 것이 비입니다. 또 비극태래(否極泰來)라는 것이 있는데 재수 없음이 극점에 이르면 또 호전됩니다. 그러나 만약 우리가 이 괘를 거꾸로 보면 ䷋ 현상이 아니라 이 현상은 ䷊ 지천태괘(地天泰卦)로 변하며, 좋다는 의미입니다. 역경은 이런 괘에 대하여 종괘(綜卦)라고 부릅니다. 즉, 반대괘(反對卦)인데 한 괘마다 정대(正對) 반대(反對)의 괘상(卦象)이 있습니다. 사실 역경의 변(變)은 이 한 법칙에 그치는 것은 아니며 이 모두를 괘변(卦變)이라고 합니다.

이것은 천지간의 인정(人情)·사리(事理)·물상(物象)에는 절대 고정 불변하는 것은 하나도 없다는 점을 설명합니다. 저의 입장에서 보면 여러분은 이런 한 장면이지만 여러분의 방향에서 보면 저의 여기는 또 다른 장면입니다. 우주간의 만사만물은 언제 어디서나 모두 변화하고 있기에 입장이 다르고 관념이 서로 다릅니다. 그러므로 정면에는 반드시 반면이 있습니다. 좋음에는 필연적으로 나쁨이 있습니다. 귀납하면, 음(陰)이 있으면 반드시 양(陽)이 있으며, 양이 있으면 반드시 음이 있습니다. 음과 양은 어디에 있을까요? 음일 때는 양의 성분은 반드시 음 가운데 포함되어 있습니다. 양일 때는 음의 성분도 반드시 양 속에 포함되어 있습니다. 우리가 어떤 일을 할 경우 좋은 때는 나쁜 요소의 씨앗이 이미 좋은 이면에 뿌려져 있습니다. 예컨대 어떤 사람이 모든 일이 순풍에 돛을 단 것처럼 순조롭다면 득의하여 자신의 처지를 잊어버림으로써 실패의 씨앗이 이미 뿌려지기 시작합니다. 어떤 사람이 실패하였을 때는 이른바 실패는 성공의 어머니이기에 미래의 새로운 성공의 씨앗이 이미 실패가운데 싹이 돋아나고 있습니다. 중요한 것은 성패의 시간과 기회 그리고 공간의 형세를 파악하고 있느냐의 여부에 있습니다.

우리가 반경을 얘기하기 전에 괘상을 언급하는 것은 인류문화는 가장 원시시대에 아직 문자가 발명되지 않았을 때 이런 도상(圖像)·중첩의 도안이 있었다는 것을 설명하기 위해서입니다. 이런 도안은 이미 우리들에게 이런 한 원리를 설명해줍니다. 즉, 우주간의 일은 절대적인 것이 없을 뿐만 아니라 시간 공간의 위치 변화에 따라 수시로 모두 변화하고 있으며 모두 반대 속에 있다는 것을 말입니다. 단지 우리의 옛사람들은 반면의 것에 대하여는 그리 말하려 하지 않았을 뿐입니다. 지혜가 높은 소수의 사람들은 다 알고 있으면서도 말하지 않았습니다. 오직 노자가 이렇게 제시했습니다. "화는 복이 의지하는 곳이며, 복은 화가 엎드려있는 곳이다."(禍兮福之所倚, 福兮禍之所伏) 복과 화는 절대적인 것이 없습니다. 이것은 비록 중국문화의 한 심오한 지혜학 수양이지만 중화민족에게 한 가지 나쁜 결과도 불러오기도 했습니다. (이것도 정면 반면으로 상대적입니다) 왜냐하면 인생의 도리를 철저하게 꿰뚫어보고 나면 움직이고 싶지 않게 되기 때문입니다. 그러기에 저는 젊은이들에게 역경(易經)이나 유식학(唯識學) 이런 것들에 대하여 깊이 들어가지 말라고 일깨워줍니다. 저는 그들에게 말하기를 이런 것들을 배워 통달하고 나면 인생에 대해 보려하지 않게 된다고 합니다. 만일 배우려 한다면 그저 반거충이 정도까지는 배워도 됩니다만 절대 통달하지는 마십시오. 반거충이 정도까지 배운다면 재미가 무궁합니다. 뿐만 아니라 자기가 아주 위대하다고 느끼고 많은 것을 이해하고 있다고 생각합니다. 만약 배워 통달하고 나면 맛이 없습니다. (대중이 웃다) 그러므로 역경을 배우더라도 통달하지는 않는 것이 좋습니다. 통달하고 나면 폐인이나 다름없습니다. 어떤 일이 아직 움직이지 않았는데도 그 결과를 알아버린다면 뭐하려고 하겠습니까! 예컨대 아래층으로 내려

가다 넘어질 가능성이 있다는 것을 미리 안다면 이 층을 내려가는 것은 정말 일리가 없습니다. 역경에서는 인생과 우주에 대하여 네 가지 현상으로만 개괄하고 있습니다. 길흉회린(吉凶悔吝)이 그것인데 다섯 번째는 없습니다. 길(吉)은 좋은 것이요 흉(凶)은 나쁜 것입니다. 회(悔)는 절반은 나쁘고 절반은 크게 나쁘지 않거나 재수가 없는 것입니다. 린(吝)은 막힘·방해·빠져나갈 수 없는 것입니다. 역경 계사전에는 "길흉회린, 생호동자야"(吉凶悔吝, 生乎動者也)라는 한마디가 있는데 우리들에게 위로는 천문으로부터 아래로는 지리, 가운데로는 인사(人事)의 도리를 통하는 게 이 속에 다 있습니다. 인생에는 '길흉' 두 개의 법칙만 있습니다. '회린'은 흉에 치우칩니다. 그렇다면 길흉은 어디로부터 올까요? 일의 좋고 나쁨은 어디로부터 올까요? 행동으로부터 옵니다. 움직이지 않으면 당연히 좋고 나쁨이 없습니다. 움직임 속에는 좋은 성분이 4분의 1이고, 나쁜 성분이 4분의 3입니다. 이 원칙에서 벗어날 수 없습니다. 시골 사람들의 말에 "집을 지으면 3년 동안 바쁘고, 손님을 청하면 하루가 바쁘며, 마누라를 얻으면 일생이 바쁘다."고 했듯이 어떤 움직임이든 좋은 성분은 조금만 있습니다.

  이런 원리들을 알고 나면 반경의 도리를 대체로 알 수 있습니다. 하지만 중국의 과거 지식인들은 반경의 도리에 대하여 피하고 말하지 않았습니다. 우리가 예전에 교육을 받을 때 이런 책은 읽도록 허락되지 않았습니다. 전국책(戰國策)조차도 많이 읽는 게 허락되지 않았으며 소설을 보는 것은 더욱 허락되지 않았습니다. 이 방면의 책들을 읽으면 나쁜 것을 배울 수 있다고 보았기 때문입니다. 만약 어떤 사람이 손자병법이나 삼국연의를 읽으면 어른들은 이 아이는 대체로 반란을 일으킬 생각을 한다고 여기곤 했습니다. 그래서 종횡가가 지은 책들을 일반인들은 더욱 감히 많이 보지 못했습니다. 그러나 다른 관점에서 말해보면 어떤 사람에게는 도리를 통하게 해야 합니다. 그런 뒤에는 도리어 나쁜 사람이 되지 않고 좋은 사람이 될 수 있습니다. 왜냐하면 도리를 통하고 나면, 나쁜 짓을 하고난 결과는 고통의 성분이 4분의 3을 차지하고 좋은 일을 하면 그 결과는 귀찮은 성분이 줄어들 것이니 계산해보면 역시 선행을 하는 것이 수지가 맞다는 것을 알 게 될 것이기 때문입니다.

그 다음으로 이른바 '반'(反)이란 어떤 일에 절대적인 좋고 나쁨이 없다는 것입니다. 그러므로 역사와 정치제도와 시대의 변화를 살펴보면 무슨 절대적인 좋고 나쁨이 없습니다. 우리가 어떤 방법을 하나 마련하여 어떤 안건을 처리하고 어떤 법규로써 목전의 문제를 대처한다면 절대적으로 좋습니다. 그러나 몇 년 지나, 심지어는 몇 개 월 지난 뒤에는 나쁜 것으로 변해버립니다. 그러므로 진정으로 그 속의 도리를 이해하고 우주 만사만물은 모두 변화하고 있다는 것을 알면, 제1등의 사람은 변화하려는 것을 알고 그 기선을 잡아 변화를 이끌어 갑니다. 제2등의 사람은 변화가 왔을 때에 따라서 변화합니다. 제3등의 사람은 변화해버렸는데도 여전히 변화를 욕하고 있습니다. 사실 이미 변화해버렸으며 그는 시대에게 버림을 받은 것입니다. 반경의 원리는 바로 여기에 있습니다.

소진(蘇秦)의 역사시대

소진(蘇秦)과 장의(張儀)는 중국 역사상 두 사람의 명인입니다. 과거에는 그들을 '세사'(說士) 또는 '세객'(說客)이라고 불렀습니다. 이른바 유세하는 선비인데 그 의미는 오로지 입만 놀리는 사람이라는 뜻입니다. 우리가 오늘 이 한 편을 제기하여 연구하는 것은 대단히 의의가 있습니다. 오늘날 미국의 키신저 같은 경우를 우리는 유세하는 선비라고 부르는데, 소진과 장의 같은 부류에 해당합니다. 한 서생이 자신의 입을 사용하고 자기의 머리에 의지하여 전 세계의 정세를 좌지우지하는데, 우리의 과거 역사상 가장 유명한 사람으로는 소진과 장의가 있었습니다. 이것은 우리가 다 아는 이야기입니다. 이제 우리 되돌아가 소진과 장의의 전기 자료를 연구해보면 우리의 이 시대에 대하여 매우 깊은 계발이 있으며 많은 도리들을 이로부터 알아낼 수 있습니다. 여기서 역사철학 문제와 관련되는데, 역사철학을 말하면 중요한 관점이 두 가지가 있습니다. 한 가지 관점은 인류의 역사는 반복된다고 보는 것입니다. 다른 한 가지 관점은 인류의 역사는 진화하는 것이지 반복되지 않는 것으로 보는 것입니다. 그러나 이 두 가지 관점은 융회관통할 수 있습니다. 역사의 현상, 사물의 변화는 반드시 반복되는 것은 아닙니다. 예컨대 우리가 지금 입고 있는 서양 복장은 고대의 의복 양식과는 달라졌습니다. 그러나 대원칙으로, 사람은 옷을 입어야 한다는 점은 같습니다. 우리는 역사의 원칙은 같다는 것을 알았습니다. 그러므로 소진 편을 보면 많고 많은 중점을 찾아낼 수 있습니다.

우리가 만약 학술적인 연구를 한다면 이 편에만 의존하는 것은 물론 부족합니다. 전국책은 한나라 시대 유향이 엮은 것인데 역사상의 자료에 근거하여 한데 모아 책으로 엮고 전국책이라고 이름 지었습니다. 고대에 가리키는 책사(策士)는 바로 모략학을 전문적으로 말하는 사람이었습니다. 예를 들어 오늘날 우리는 어떤 사건으로 인하여 상부에 어떤 건의를 제출하는데 이런 건의가 바로 '책'(策)입니다. 오로지 이런 계책으로 집안을 일으킨 사람을 '책사'라고 합니다. 그 밖에 예컨대 송나라 시대의 경우는 시대 추세로 인한 수요로 고시제도를 바꾸었는데 고시에 응하는 문장 속에는 반드시 한 편의 책론(策論)을 더 써야 했습니다. 이것은 바로 정치와 시대에 대한 응시자의 견해로서 국가대사에 대한 인식이었습니다. 청나라 말기에 이르러 팔고(八股)를 폐지하자고 제창할 때 또 한 번 책론 고시를 주장했습니다. 우리가 알듯이 송나라 시대 소동파에게 과거시험 합격 명예를 안겨준 저명한 문장인 형상충후지지론(刑賞忠厚之至論)은 사법상 죄의 판단 문제, 즉 정치와 관계가 있는 사법 문제를 토론하고 있습니다. 이제 우리가 보고자 하는 이 한 편의 문장은 전국책에서 뽑은 것인데 책론 부류에 속하는 것입니다. 전국책이라는 책의 완성이라고도 설명할 수도 있는데 유향이 당시에 전국 시대의 많은 모략문제를 집중하여 한 권의 책으로 엮은 것입니다.

옛날 지식인들은 전국책이라는 책에 대하여 두 가지 주장이 있었습니다. 한 가지는 젊은이들이 이 책을 읽지 못하도록 제한하자는 것이었습니다. 고대의 관념은 이 책을 읽으면 잘못 배우기 쉽다고 판단했습니다. 그래서 먼저 사서와 오경을 다 읽고 나서 읽어야 한다는 것입니다. 정경(正經)으로부터 어떻게 임기응변하는 지를 이해해야 한다는 겁니다. 그러나 또 하나의 관점은, 시대가 어지러워졌을 때마다 전국책을 많이 읽어야 한다는 것이 많은 사람들의 주장이었습니다. 왜냐하면 시대가 어지러울 때는 두뇌가 있는 인재가 필요하기에 전국책을 읽으면 사물에 대한 관점이 다를 수 있기 때문이었습니다. 그러나 모략 부류의 것들을 연구하는 데는 겨우 전국책만을 읽어서는 부족합니다. 예를 들어 소진을 연구하는 경우 사마천이 쓴 사기 속의 소진 등의 전기도 읽어야 합니다. 하지만 그래도 부족합니다. 가장 좋기로는 더 나아가 전국 시대 소진 당시의 모든 역사 정세를 이해할 수 있어야 합니다.

이제 우리는 겨우 전국책 속의 '소진시장연횡'(蘇秦始將連橫)이라는 한 편을 연구해보겠습니다. 합종(合縱)이란 하나의 연합국을 조직하는 것이나 같습니다. 당시 진(秦)나라는 한 신흥국가로서 강대한 힘을 가진 국가였습니다. 소진은 약소한 국가를 연합하여 진나라에 맞섰는데 역사적인 관점에서 보면 소진의 합종계책, 즉 이런 조직의 건의는 아주 잘한 것이며 마땅히 그래야 하는 것이었습니다. 그러나 한 가지 점은, 우리가 전편을 보고나서 무엇보다도 어떤 사람의 동기(動機)를 인식해야 한다는 겁니다. 소진의 당시 속마음은 결코 천하국가를 위한 것이 아니라 개인의 출세를 위한 것이었기 때문입니다. 이 점이 바로 무엇보다도 우리가 반드시 이해해야 하는 것입니다.

　두 번째 점은, 역사 기록에 근거하여 연구해보면 소진은 당시에 글 공부 한 젊은이로서 후세 사람들이 그를 귀곡자(鬼谷子)의 제자로 부른 다는 것입니다. 귀곡자에 관하여는 또 한 가지 전문 제목으로 연구할 수 있는 제재입니다. 역사상 귀곡자라는 사람이 도대체 있었는지의 여 부는 따로 조사 검토를 요합니다. 하남에는 귀곡(鬼谷)이라는 지방이 있습니다. 하지만 고대에는 귀곡(歸谷)이라고도 불렀는데 이 산골짜기 로 돌아가 숨는다는 뜻입니다. 전하는 바에 의하면 이 사람은 도가의 인물입니다. 장량이 만났던 황석공(黃石公)처럼 확실히 그런 사람이 있 었는지는 모릅니다. 정말 그런 사람이 있었다면 의심할 여지없이 학문 이 틀림없이 대단히 훌륭하였을 것입니다. 소진은 바로 그의 학생이라 고 전해집니다. 오늘 모략학을 강의하는데, 이른바 어지러운 세상을 바로잡는 이 학문이든, 아니면 나쁜 방면으로 써서 소란을 일으켜 반 란을 일으키는 학문이든 모두 귀곡자 그 사람으로부터 나왔습니다. 소 진은 당시에 나서서 귀곡자의 이 학문을 가지고 제후에게 유세하여 나 라들의 영수마다 뵙고 공명부귀를 얻고 자기의 사상을 실행하기를 바 랐습니다.

　세 번째 점은 주의해야 하는데, 유세는 당시에 일종의 보편적인 기 풍이었다는 것입니다. 그 때는 고시제도가 아직 건립되지 않아서 지식 인들은 모두 유세에 의지하여 나서서 일을 했습니다. 예컨대 맹자는 하루 종일 이 제후를 만나거나 저 제후를 만났는데 유세를 한 겁니다. 각 제후들은 비록 그의 학문을 존중했지만 그를 기용하지는 않았습니 다. 마찬가지로 뒷날 소진은 처음으로 나서서 유세를 했지만 역시 완 전히 실패했습니다. 아무도 그를 들어주지 않았습니다. 우리가 보기에 그의 유세 내용은 옳았을까요 옳지 않았을까요? 완전히 바른 도리를 말했습니다. 그러나 바른 도리 속에 그른 도리도 있었습니다. 오늘날의 관념으로 말하면 소진은 군국주의 사상에 편중되어 부국강병을 주장했습니다. 그는 역사상의 실례를 들며 오직 전쟁만이 방법이 있으며 강성해질 수 있으며 안정될 수 있다고 주장했습니다. 하지만 진(秦)나라는 받아들이지 않았습니다. 왜 그랬을까요? 이점이 바로 우리가 글을 읽을 때 주의를 기울여야 할 곳입니다. 당시의 진나라는 진시황의 조부 세대였습니다. 날마다 통일을 생각하고 다른 큰 나라들을 소멸시키고 싶어 했습니다. 하지만 소진은 군대를 동원할 것을 주장했는데도 왜 그의 의견을 따르지 않았을까요? 이것은 우리들 오늘의 정세와 같은데 왜 키신저는 평화회담으로 전쟁을 대체하자고 제창할까요? 다들 이것이 독약이라는 걸 뻔히 알면서도 먹을까요? 왜 전쟁을 말하려 하지 않을까요? 우리는 역사를 읽으면서 이런 것들을 이해해야 합니다. 역사를 이해하면 현재를 이해하고, 현재를 이해하면 고대도 이해합니다. 역사는 반드시 반복되지는 않지만 원칙은 같습니다.

네 번째 점입니다. 소진이라는 사람을 다시 얘기해보겠습니다. 그는 처음 유세에서 실패하자 집에 돌아갈 여비를 마련하지 못했습니다. 너덜너덜해진 신발 한 켤레를 신고 낡아빠진 상자를 하나 가지고 집에 돌아오니 형수는 그에게 밥을 주지 않았고 집안사람들은 모두 깔보았습니다. 이루 말할 수 없이 견디기 어려웠습니다. 이 때문에 소진은 새롭게 발분하여 글공부를 했습니다. 이른바 '현량자고'(懸樑刺股), 머리채를 대들보에 노끈으로 달아매놓고 몸 곁에는 송곳을 하나 놓아두고는 밤중에 글공부하다 졸음이 올 때 머리가 낮아지기만 하면 머리털이 잡아 당겨져 깨어났습니다. 그래도 안 되면 스스로 송곳으로 자기의 허벅지를 찔렀습니다. 이렇게 자신을 채찍질하면서 열심히 공부했습니다. 전해오기로는 태공병법(太公兵法)을 읽었다고 합니다. 태공병법을 읽어 통달하고는 다시 제후에게 유세하러 나섰습니다. 이번에는 진나라에 달려가서 전쟁을 주장하지 않고 도리어 약소국가에 달려갔습니다. 오늘날 세계정세 가운데 남의 침략을 받고 남에 의해 분할된 국가에 해당합니다. 연(燕)나라 조(趙)나라부터 시작하여 연합 전선을 조직하여 진나라에 대항하되 전쟁을 주장하지 않고 주요 목적은 진나라로 하여금 감히 출병(出兵)하지 못하게 하는 데 있었습니다. 그는 천하대사와 사람의 심리와 정치의 심리 · 전쟁의 심리를 모두 다 읽어냈고, 과연 성공했습니다. 이번에는 몸에 6국의 재상인(宰相印)을 차고 동시에 여섯 개 국가의 행정원장이 되었습니다, 도장을 몸에 차고 다니면서 수시로 꺼내 찍으면 되었습니다. 당시 이 연합국 사무총장은 오늘날의 유엔 사무총장에 비교가 되지 않았습니다. 그는 실권을 가지고 있으며 그의 말 한마디면 되었습니다. 국가와 국가 사이의 정세는 이런 일개 서생의 기획적인 지시를 받아 2십여 년 동안 안정되었는데, 이것은 또 무슨 도리일까요? 왜 그는 뒷날 합종을 주장하여 모두 단결하였을까요? 이야말로 모순적인 단결이요 이해관계의 단결이지 도의적인 단결이 아니었습니다. 왜 그럴 수 있었는지도 우리가 연구할 필요가 있으며, 이것은 현대의 상황과도 마찬가지입니다.

다섯 번째 점입니다. 그 자신이 성공하고 난 뒤에는 그런 사람들이 오직 수단만을 말했고 어떻게든 목적에 도달하기만을 추구했다는 것을 봅니다. 그래서 중국문화 중 정통문화를 말한 사람들은 원래 이런 사람들에 대하여 그리 중시하지 않았습니다. 왜냐하면 그들은 오직 한 개인을 출발점으로 하였지만 공맹사상은 개인을 출발점으로 하지 않았기 때문입니다. 소진은 성공한 뒤에 그런 수법이 단지 수단을 부리는 것에 불과할 뿐이란 것을 스스로 알았습니다. 각국의 군왕 머리가 모두 다 두부 찌꺼기로 만들어 진 것은 아니니 계속 그의 기획적인 지시에 따르지는 않을 것이고, 단지 꺼낸 방법이 시대의 수요에 딱 맞아떨어졌으며 모두 수단에 불과했습니다. 그 역시 이런 수단이 오래 가지 못할 것이라는 것을 알고서 그의 또 다른 수법은 매우 모질었습니다. 강대한 적이 하나 있을 때 모두 단결하여 그와 맞설 필요가 있을 때는 그렇게 할 수 있습니다. 그러나 진나라를 봉쇄시킨 뒤로는 진나라의 군국주의가 확장할 수 없게 되었습니다. 결과적으로 소진의 연극은 공연할 수 없게 되어 버렸습니다. 적이 없는데 어떻게 여전히 수단을 부릴 수 있겠습니까?

그래서 그는 기회를 이용하여 그와 학문이 비슷한 좋은 학우 장의를 양성합니다. 그의 양성방법은 아주 고명했습니다. 그는 어떻게 장의를 양성했을까요? 그는 장의와의 감정이 원래 무척 좋았습니다. 뿐만 아니라 두 사람은 서로 약속하기를, 둘 중 누가 먼저 방법이 생기면 나머지 한 사람이 일어설 수 있도록 도와주기로 하였습니다. 이때에 소진은 6국의 재상인을 차고 있었지만 장의는 여전히 아주 가난했습니다. 그는 소진을 찾아갔습니다. 마음속으로 생각했습니다. "비서 자리나 과장 자리 하나 얻는 게 무슨 문제가 있겠는가?" 소진은 때마침 사무실에서 각국의 대사를 접견하느라 아주 바빴습니다. 장의가 왔다는 것을 알고서는 그더러 밖의 잡부의 작은 방에서 기다리게 하면서 자신은 위풍이 대단했습니다. 밥 먹을 때가 되어서 장의를 밥을 먹도록 머물게 하였습니다. 하지만 되는대로 그를 한 구석에서 먹도록 보내놓고 자신은 각국의 귀빈들을 응접했습니다. 일부러 장의로 하여금 보게 하여 장의가 견디기 어렵게 하였습니다. 갖가지 방법으로 그를 자극시키고 마침내 장의에게 지금은 기회가 없다고 말했습니다. 여관에 가서 기다리라고 분부하고 돈도 좀 주지 않음으로써 그로 하여금 쓸쓸하고 처량한 고통을 실컷 맛보게 했습니다. 그런 다음 어떤 사람을 시켜 장의에게 이렇게 말했습니다. "당신은 장의를 찾아온 사람입니까? 학우가 무슨 소용이 있습니까? 그는 이미 공명을 이루었으니 당신을 상대하지 않습니다. 당신의 학문도 좋은데 구태여 그를 찾을 필요가 있습니까?" 하면서 갖가지 방법으로 충동질하여 장의로 하여금 소진을 한없이 증오하고 소진을 타도하지 않으면 안 되겠다고 결심하게 만들었습니다. "진나라로 가리라. 소진 너는 합종을 하니, 나는 너의 합종을 깨뜨릴 계획을 하나 마련하겠다." 사실 소진은 장의와 같은 사람이 진나라에 가는 게 필요하다고 생각하고 있는 중이었습니다. 그렇지만 그는 왜 장의에게 합작으로 연극을 공연하자고 말하지 않았을까요? 그는 알았습니다. 장의가 이렇게 큰 자극을 받지 않는다면 분발하지 않을 것이며, 만약 설명했다가는 오히려 잘못하게 되니 반드시 그의 이와 같은 원한의 분개심을 불러 일으켜 파괴할 계획을 즉시 세우게 하도록 해야 연극 공연을 할 수 있다는 것을 말입니다. 그래서 뒷날 장의의 연횡(連橫) 계획은 성공했습니다. 소진이 보낸, 장의가 진나라로 가도록 충동질하면서 처음부터 줄곧 잠복내통한 사람이 이때야 비로소 진상을 말했습니다. 사실 장의가 진나라로 가는 여비도 소진이 보내준 것이며 일체가 소진이 안배한 것이었습니다. 그래서 장의는 말하기를, "나는 이 학우의 손바닥을 벗어나지 못한다."고 했습니다. 그리고 소진이 아직 살아있는 날까지는 진나라가 출병하지 않으며 소진이 죽거든 전쟁을 하겠다고 결정했습니다. 전국 말기는 이런 두 서생에 의해 이리저리 좌지우지되면서 상당히 긴 기간 동안 좌지우지되었습니다. 오늘날 우리가 인재를 쓸 때는 재능도 갖추어져 있고 학문도 있으며 사상이 있어야 하는 것 이외에도 도덕을 기초로 하고 있지 않으면 안 됩니다. 진정한 도덕을 기초로 하고 있지 않으면 좋은 머리는 아주 두려운 것입니다. 이것이 다섯 번째 중점입니다.

여섯 번째 중점은 유명한 이야기를 덧붙여 말합니다. 소진이 맨 처음 유세에서 실패하고 궁해져서 집으로 돌아왔을 때 그의 형수는 그에게 밥을 주지 않았습니다. 찬밥조차도 조금도 남지 않았고 부모형제들도 모두 그를 깔보았습니다. 뒷날 한 몸에 6국의 재상인을 차게 되고 초나라로 가려할 때 자기 고향을 지나갔습니다. 그의 형수와 온 가족이 뛰어나와 영접했는데 그런 떠받듦은 정말 매우 심했습니다. 이때 소진은 그의 형수에게 물었습니다. "왜 전에는 거만하더니 뒤에는 공경합니까?"(何前倨而後恭也) 이 말도 소진만이 입 밖으로 낼 수 있었습니다. 솔직히 말해 중국에서 도덕수양을 중시하는 사람은 이런 말을 하지 않을 것이지만 그는 솔직하고 시원스럽게 면전에서 그의 형수에게 물었습니다. 인성도 본래 이런데 그가 아주 솔직하게 물었다고 할 수 있습니다. 그래도 아주 나쁘지는 않은 편이며 일부러 그녀를 족치지는 않았습니다. 그리고 형수가 대답한 말도 아주 간단명료합니다. 그녀는 말했습니다. "막내 서방님이 지위가 높고 돈이 많은 것을 보기 때문입니다."(見季子位高金多也) 이것은 인정지상(人情之常)입니다. 동서고금의 인류사회는 바로 이런 일입니다. 어느 시대 어느 곳에서 현실을 중시하지 않을까요? 이로부터 또 세상물정을 인식할 수 있습니다.

일곱 번째 점인데, 소진은 어떻게 죽었을까요? 선에는 선의 과보가 있고 악에는 악의 과보가 있습니다. 그는 좋은 죽음을 맞이하지 못했습니다. 최후에 제(齊)나라에 도착하였을 때 누군가가 그를 암살했습니다. 그가 제나라로 간 까닭은 연나라에서 사생활면의 스캔들 이야기가 나왔기 때문이었는데, 연나라 황태후와 관계가 발생하였고 이를 연나라 왕이 알게 되었던 것입니다. 소진은 신뢰받을 수 없게 되었음을 알고 아주 위험에 처하였습니다. 그래서 연나라 왕에게 자기가 제나라로 가야 연나라에 유리하다고 말해 왕의 마음을 움직이게 했습니다. 연나라 왕은 이게 어찌된 일인지 뻔히 알았지만 역시 오직 이 방법으로 그를 떠나게 하는 것이 가장 타당하여 그를 가게 했습니다. 결과적으로 제나라의 대신이 사람을 시켜 그를 암살했는데 소진은 중상을 입고 즉시 죽지는 않았습니다. 그런데 제나라 왕은 그를 알아주고 크게 진노하면서 살인범을 잡으라고 전국에 명령을 내렸습니다. 하지만 잡지 못했습니다. 소진은 죽음에 임박하여 제나라 왕에게 말하기를, "'소진은 나쁜 놈이다. 연나라를 위하여 온 간첩이다. 피살된 뒤에 제나라는 안정될 수 있다.' 이렇게 한번 선포하기만 하면 살인범을 잡을 수 있습니다."고 했습니다. 소진은 이렇게 말하고 나서 곧 죽었습니다. 제나라 왕이 과연 소진의 말대로 선포하니 암살한 살인범이 정말로 나타났습니다. 그래서 제나라 왕은 살인범을 잡아 죽였습니다. 소진은 죽음에 임박하여서도 머리를 굴릴 줄 알아 남의 손을 빌려 자기의 원수를 갚았습니다. 이것이 바로 모략을 하는 사람의 두뇌의 무서움입니다.

이상은 대충 들어본 일곱 가지 중점이었습니다. 사실 우리가 보고자 하는 첫 편 가운데는 이 일곱 가지 점에만 그치는 것이 아닙니다. 아직도 많은 중점들이 있어서 자세히 연구해보면 고대의 전쟁지리 관념·사회발전 관념·경제문제 관념·군사문제 관념 등등이 모두 깊이 반성하게 하기에 충분합니다. 이게 바로 책을 읽을 때 책에 속아 넘어가서는 안 된다는 것인데 그저 문자만 이해하는 것은 진정한 글 읽기가 아닙니다. 우리가 책을 읽는 것은 역사가 우리에게 일러주는 경험을 흡수하고자 하는 것입니다. 이 경험으로부터 많고 많은 일, 특히 오늘날 우리가 처하고 있는 이 세계의 국면에 대하여 더욱 깊게 이해할 수 있을 것입니다. 그래서 그간 몇 차례 여러분 더러 전국책과 국어를 많이 읽으라고 제의하였습니다. 이런 것들이 소용없는 낡은 것이라고 생각하지 말기 바랍니다. 실제로 이런 책들은 대단히 유용합니다.

상앙(商鞅)의 변법

어떤 사상이나 어떤 훌륭한 제도는 모두 인재에 의하여 창조되고 인재에 의하여 추진되어야 합니다. 당시 진(秦)나라가 일백 년 안에 흥성할 수 있었던 까닭은 몇 사람에게서 결정되었습니다. 소진과 장의 이전에 진나라는 정치적 기초에서 한 번의 좋은 개혁이 있었는데, 그것은 법가인 상앙의 정책 결정으로 법치를 주장한 것이었습니다. 이른바 상앙변법(商鞅變法)이었습니다. 상앙이 했던 그 한 번의 정치적 변경은 진나라 후대의 진시황에게 영향을 미쳤을 뿐만 아니라 심지어 후세 3천 년 동안의 중국에게 영향을 미쳤는데, 이것도 한 가지 큰 문제입니다.

상앙이 당시에 정치를 변경하기 위하여 한 법치 주장은 그 첫 항목이 주(周)나라 시대의 공산제도(公産制度)였습니다. 어떤 사람은 주나라 시대의 이 제도가 바로 사회주의, 즉 공산주의라고 하는데 이런 설은 억지 비유를 하는 것으로 비슷하지만 사실은 같지 않습니다. 상앙의 진나라에서의 변법은 가장 먼저 경제사상의 변경으로, 재산의 사유를 주장했습니다. 상앙의 변법으로 말미암아 사유재산 제도가 수립되자 진나라는 단번에 부강해지기 시작했습니다. 하지만 상앙이 변법을 시작할 때는 큰 타격을 만났는데, 관건은 바로 '민왈불편'(民曰不便)이라는 네 글자였습니다. 이 점을 여러분들은 주의하기 바랍니다. 이는 곧 군중심리 · 정치심리와 사회심리를 말합니다. 여러분이 더욱 이해해야 할 점은 인류사회는 대단히 이상하게도 습관을 고치기 어렵다는 것입니다. 상앙이 정치제도를 변경할 때 경제적으로는 사유재산으로 바꾸고, 사회 형태적으로는 우리들의 오늘날 쓰고 있는 인리보갑(隣里保甲)의 관리와 비슷한 모습으로 바뀌어 사회조직이 대단히 엄밀했습니다. 하지만 시대의 획을 긋는 개혁변경은 시작할 때 '민왈불편', 백성들은 오통 반대했습니다. 그 이유는 습관이 안 되었다는 것입니다. 하지만 상앙은 마침내 진나라를 부강하게 하기 시작했습니다. 그 자신은 실패했는데, 그 이유는 그의 개인적인 수양 도덕에 확실히 문제가 있었기 때문에 뒷날 오마분시(五馬分屍: 죄인의 사지와 머리를 다섯 마리의 말에 묶은 뒤 말을 몰아 잔혹하게 죽이는 것—역주)를 당한 것입니다. 그렇지만 그의 변법은 진정으로 성공했으며 중국의 후세 정치노선은 줄곧 그의 범위를 벗어나지 않았습니다.

상앙으로부터 서한 말년에 이르는 이 사이 4백 년 쯤 지나 왕망(王莽)에 이르렀을 때 왕망은 군현(郡縣)제도를 회복하고 사유재산제도를 주왕조의 공유재산제도로 회복하고 싶었습니다. 왕망의 실패도 '민왈불편'에 있었습니다. 왕망이 실권하고 다시 7, 8백 년 지나 송나라 왕안석에 이르렀는데, 우리가 후세에 그를 어떻게 떠받들던 간에 그 당시에는 성공하지 못했습니다. 왕안석 본인에 대하여는 비난할 수 없습니다. 도덕과 학문 등 갖가지가 다 좋았으며 그의 정치사상정신은 후세에 영원히 남겨 전해주었지만 당시에 실패한 것은 역시 '민왈불편' 때문이었습니다. 우리가 역사를 읽을 때 이 네 글자를 단번에 읽고 지나치기 쉽습니다. 그러므로 우리는 책을 읽을 때 이런 부분을 만나게 되면 책을 내려놓고 조용히 많이 생각해보고 연구해야 합니다. '불편' 이 두 글자는 왕왕 한 시대를 망가뜨리고 한 국가를 망가뜨렸으며 한 개인도 망가뜨렸습니다. 작은 일로 비유하면 이것은 옛 사실로서 새로운 명사로는 '세대차'라는 것입니다. 젊은 세대의 새로운 사상이 나타나니 '노인왈불편'이라는 것입니다. 습관이 안 되어 정말 바꿀 수 없다는 겁니다. 이는 왕왕 정치 사회 형태와 관련이 큽니다. 한 위대한 정치가는 이런 심리에 대하여 완전히 이해하기에 돌변(突變)과 점변(漸變)이라는 선택문제가 발생합니다. 점변은 온화하고 돌변은 급진적입니다. 한 사회 환경이나 단체에 대하여 어느 방식으로 바꾸는 것이 비교적 편리하고 쉽게 받아들여져서 서서히 그의 '불편'(不便)을 '편'(便)으로 바꾸어 가느냐는 자기의 지혜에 의지하여야 합니다. 이것도 소진과 장의 이 두 사람의 사적(事跡)에 주의해야 하는 점입니다.

성인과 도척은 그 근원이 같다

도척의 부하가 도척에게 물었다. "도둑질에도 도가 있습니까?" 도척이 대답했다. "어디서나 도 없는 곳이 있겠느냐? 방안에 무엇이 들어있는지 잘 알아맞히는 것이 성(聖)이고, 잠입할 때 선두에 서는 것이 용(勇)이고, 나올 때 맨 뒤에 있는 것이 의(義)이다. 될지 안 될지를 아는 것이 지(智)이며 분배를 공평하게 하는 것이 인(仁)이다. 이 다섯 가지가 갖추어지지 않으면서 큰 도둑이 된 자란 이 세상에 아직 없었다.

故跖之徒問於跖曰：盜亦有道乎？跖曰：何適而無有道邪？妄意
室中之藏，聖也；入先，勇也；出後，義也；知可否，知也；分
均，仁也。五者不備而能成大盜者，天下未之有也。

　　도척은 강도나 토비 등 나쁜 사람의 대명사로서 고서에서 이 명사
를 자주 봅니다. 어느 특정인을 가리키는 고유명사가 아니라 강도나
토비 부류의 나쁜 사람을 광범위하게 가리킵니다. 우리가 평소에 "도
둑도 도가 있다."(盜亦有道)라고 말하는데 이 말의 유래는 장자의 거협
(胠篋)편에 나옵니다.
　　강도가 그의 두목에게 강도에게도 도가 있느냐고 물었습니다. 강도
두목이 말했습니다. "강도 노릇에도 당연히 도가 있지. 천하의 일 가운
데 도가 없는 것이 어디에 있겠느냐? 강도 노릇에는 강도로서의 학문
이 있어야 한다. 뿐만 아니라 학문도 아주 크니라. 그 첫째가 망의(妄
意)다. 어느 곳에 얼마의 재물이 있는지를 짐작해보아야 하는데 정확
히 짐작해 보아야 한다. 이게 바로 가장 고명한 것, 즉 성(聖)이다. 강
탈하고 훔칠 때는 남이 자기 뒤에 있을 경우 자기가 먼저 들어간다.
이것이 용(勇), 큰 용기이다. 강탈하고 훔치는 일을 성공하고 나서는 남
이 먼저 물러나고 자기가 맨 뒤에 떠나서 위험은 자기가 맡는 것이 강
도 두목이 갖추어야할 재간, 즉 의(義)이다. 어느 모처를 가서 털어도
되는 지, 언제 가서 터는 것이 비교적 가능성이 있는지를 판단하는 것
이 큰 지혜, 즉 지(智)이다. 털어 얻은 뒤 수호전(水滸傳)에 써져있듯이
큰 덩어리로 금을 나누고 큰 덩어리로 고기를 먹는 평균 분배하는 것
이 인(仁)이다. 그러므로 강도도 인의예지신(仁義禮智信)의 기준을 갖추
어야 하는데 어디 그렇게 간단하겠느냐!" 과거 대륙의 방회(幫會)의 어
두운 면의 경우가 곧 그랬습니다. 또 다른 각도에서 보면 그런 기풍은

일반 사회보다도 훨씬 시원시원했습니다. 말을 했으면 책임을 져서 친구다운 말 한마디면 되었습니다. "그러므로 인의예지신을 구비하여야 강도 두목이 될 수 있다. 이런 조건을 갖추었으면서도 강도 두목이 되지 못한 자가 혹 있기도 하지만, 이 다섯 가지 조건을 갖추지 못했으면서도 강도 두목이 될 수 있는 그런 도리는 절대 없다."

　이상은 장자에 나오는 한 단락을 인용한 것입니다. 만약 전편을 보면 아주 떠들썩하고 묘합니다. 그 중의 한 단락은 공자의 신상 얘기를 하는데 그 내용은 노나라의 미남자로서 좌회불란(坐懷不亂: 춘추 시대에 유하혜가 곽문에서 잠 잘 때 어떤 여자가 잘 곳을 찾지 못해 와서 함께 자게 해 달라고 하자, 유하혜는 그녀가 얼어 죽을까 봐 품에 안아 재웠지만 그 하룻밤에 예의가 아닌 행동이 없었다는 고사—역주)의 성인 유하혜(柳下惠)에게 동생이 하나 있는데 강도의 두목입니다. 공자는 유하혜에게 왜 그 동생을 감화시키지 않느냐고 자주 말했습니다. 유하혜는 공자에게 말합니다. "노선생은 얘기하지 마십시오. 나는 그를 어쩔 방법이 없습니다. 당신도 그를 어쩔 방법이 없습니다." 공자는 믿지 못하고 유하혜의 동생인 강도 두목한테 갔습니다. 뜻 밖에 이 강도 두목은 먼저 위신을 차리면서 공자를 한바탕 꾸짖고는 이어서 또 한 무더기의 도리를 말했습니다. 마지막에 공자에게 말합니다. "내가 지금 기분이 괜찮은 김에 너를 죽이고 싶지 않으니 너는 떠나거라!" 공자는 한마디도 못하고 떠났습니다. 왜냐하면 이 강도 두목이 말한 도리가 모두 옳았기 때문입니다. 여기서 인용한 한 단락도 유하혜의 동생이 공자에게 말한 것입니다. 그런데 사실은 장자가 세상 풍조를 풍자하고 있는 우언입니다. 이종오(李宗吾)가 후흑학(厚黑學)을 쓴 목적도 그렇습니다. 그러므로 장자가 후흑학의 조사님이라고도 말할 수 있습니다. 반대로 보면 설사 한 강도 두목이 되었더라도 인의예지신의 수양이 있어야 한다면, 사업을 하나 시작하여 리더가 되려하거나 더 나아가 상공업계의 총수가 되려고 하여도 마땅히 그래야 합니다. 만약 사람이 아주 이기적이어서 이익은 모두 자기가 챙기고 손실은 모두 남의 것으로 계산한다면 성공하지 못할 것입니다.

청나라 왕조의 3종 필독서

만주족이 산해관으로 들어오는 데는 세 가지 필독서가 있었는데, 그 세 가지는 무엇이었을까요? 만주족은 병법과 권모술수를 삼국연의(三國演義)에서 배웠습니다. 삼국지(三國志)가 아닙니다. 당시 왕공 대신은 모두 다 삼국연의를 읽었습니다. 두 번째 책은 공개적으로 읽지 않고 은밀히 읽었는데, 바로 노자(老子)입니다. 당시 강희는 특이한 판본의 노자 책을 하나 가지고 있었는데, 지금은 세상에 공개되었고 주해 면에서도 별로 특별한 점은 없지만, 당시에 청나라 관료들은 누구나 노자를 숙독하고 정치 철학을 연구해야 했습니다. 또 다른 책 한 권은 효경(孝經)이었습니다. 그렇지만 그들은 겉으로는 여전히 공자를 떠받들었습니다. 이것은 한(漢)나라 시대의 문제(文帝)와 경제(景帝) 양대에 걸친 영명한 정치를 일컫는 '문경의 치'(文景之治)와 비교해 볼 수 있습니다. 역사학자들은 '문경의 치'의 정치 설계를 안으로는 도가 학술을 이용하고 밖으로는 유가 학술을 표방한다는 '내용황로, 외시유술'(內用黃老, 外示儒術)이라는 여덟 글자로 설명합니다. 이렇게 해서 강희는 효도를 제창하고, 성유(聖諭)라는—뒤에는 성유보훈(聖諭寶訓) 또는 성유광훈(聖諭廣訓)이라 불렸던—어록을 지어 지방 정치의 기층 조직에 보급하여 선전했습니다. 당시 지방 정치에는 어떤 조직이 있었을까요? 바로 종법사회의 사당이 있고, 사당에는 족장·향장이 있었는데, 모두 나이가 많고 덕행이 있으며 학문이 훌륭해서 그 지방에서 신망 있는 사람들이었습니다. 매월 초하루와 보름에는 반드시 친족들을 사당에 모아 놓고 성유를 설명했는데, 이 어록은 바른 사람됨을 조목조목 적은 것이었습니다. 그 속에는 유가의 사상이 담겨 있었으며, 무엇보다도 효도를 제창했습니다. 더 깊이 분석해 보면, 강희는 효의 정신을 깊이 이해하고 이를 통치에 반대로 운용했습니다. 이 점을 알아야 합니다. 즉, 강희 황제는 교묘하게 젊은이마다 부모 말을 잘 듣도록 훈련시켜 놓았는데, 어느 늙은 부모가 자기 자식이 죽음을 무릅쓰고 반역하기를 바라겠습니까? 그러므로 강희가 효의 정신을 역운용한 수법은 대단히 뛰어났습니다. 이것이 그 한 가지였습니다.

또 한 가지로, 당시 섬서 지방에 있던 이이곡은 고염무와 마찬가지로 청나라 정부에 투항하지 않았던 지식인으로, 관중(關中: 지금의 섬서) 지방에서 학문을 가르쳤습니다. 그래서 뒷날 고염무 같은 사람들이 늘 섬서로 달려가 반청복명(反淸復明)의 지하 조직을 조직했던 것입니다. 강희는 이이곡을 벼슬자리에 부르더라도 당연히 그가 사양하리란 것을 너무나 잘 알고 있었습니다. 뒷날 강희는 오대산에 가면서 섬서 지방을 순시할 때 섬서의 독무(督撫)에게 명령하여, 이이곡 선생은 당대의 대 선비이며 당대의 성인이니 강희가 꼭 친히 찾아뵙겠다 하더라고 전하도록 했습니다. 이이곡도 당연히 이것은 강희가 마지막 수를 두는 것임을 알았기 때문에, 병을 핑계대고 어가 행차를 맞을 수 없다고 말했습니다. 그러나 강희가 이이곡이 학문을 가르치는 곳 근처까지 올 줄이야 어찌 알았겠습니까? 심지어 강희가 이이곡의 집에 병 문안을 오겠다고까지 하자, 이이곡은 진퇴양난의 궁지에 몰렸습니다. 만약에 강희가 자기 집에 오게 되면 그는 강희에게 머리를 숙여야 하는데, 그렇게 되면 투항하는 셈이 되고, 그것은 중국 문화 민족의 절개와 관계되는 문제였습니다. 그래서 이이곡은 병으로 침대에 누워 일어날 수 없을 정도라고 핑계를 댈 수밖에 없었습니다. 그러나 강희는 이이곡의 집 근처에까지 이르렀고, 섬서의 독무 이하 많은 관리들도 황제의 뒤를 따라 이이곡의 병 문안을 갈 준비를 하고 있었습니다. 강희가 먼저 사실을 알아보니, 이이곡은 정말로 병이 났다면서 대신에 자기 아들을 보내 황제를 뵙고 말씀드리게 할 수밖에 없다고 했습니다. 강희는 매우 현명했습니다. 그는 한사코 이이곡의 집에 가려고 하지는 않았습니다. 그가 만일 이이곡의 집에 굳이 갔더라면 이이곡은 황제를 한바탕 꾸짖었을 것이고, 그렇게 되면 황제는 이이곡을 죽이지 않으면 안 되었을 것입니다. 이이곡을 죽이면 민족적 반감을 불러일으킬 것이고, 죽이지 않으면 황제의 존엄을 잃게 되어 이러지도저러지도 못하게 될 터이므로, 강희는 가지 않기로 했던 것입니다. 강희는 아버지 대신 황제를 뵈러 온 이이곡의 아들을 위로하면서 자기의 뜻을 아버지에게 잘 전해 주라고 하고는, 지방관들에게도 이이곡을 잘 보살펴 주라고 당부했습니다. 그리고 강희는 관료들에게 말하기를, 자기는 황제의 몸이라 북경으로 돌아가 조정의 일을 처리해야 하지만 지방관들은 아침저녁으로 이이곡에게 배울 수 있으니 정말 복이 많다고 했습니다. 강희의 그런 운용은 바로 중국 문화의 좋은 일면을 자신의 권모술수에 활용한 것입니다. 그러나 후세인들은 그런 죄과를 강희의 권모술수로 돌리지 않고 오히려 공맹의 탓으로 돌려, 결국 공가점이 타도 대상이 되고 공자가 욕을 먹게 되었는데, 이는 너무나 억울하고 탄식할 만한 일이라 하겠습니다.

관상을 보고 인물을 평론하는 책

어떤 사람은 말하기를, 청대의 중흥 명신인 증국번에게는 13가지 학문이 있었지만, 전해 내려오는 것은 가서(家書) 한 가지뿐이라고 합니다. 그러나 사실은 전해 내려오는 것이 한 가지 더 있는데, 관상학인 빙감(氷鑑)이란 책입니다.

빙감에 담겨 있는 관상이론은 다른 관상책과는 다릅니다. 이 책에서 증국번이 말하는 관상법으로 "공명간기우"(功名看器宇)라는 것이 있습니다. '기우'(器宇)가 나오니 또 복잡해집니다. 이래서 또 중국 철학을 말하게 되는데, 이것은 문학과 연결된 개념입니다. 이 '기'(器)자는 무슨 뜻으로 해석될까요? 바로 물건입니다. 그리고 '우'(宇)는 천체를 나타냅니다. 그러면 '기우'란 무엇일까요? '천체의 구조적 형태'를 말합니다. 굳이 말한다면 이런 뜻으로 해석할 수 있습니다. 중국적인 것들은 이처럼 번거롭습니다. 중국인들은 "이 사람은 풍도(風度)가 좋다."라는 말을 합니다. 이 '풍도'는 말로 설명할 수 없는 것으로, 추상명사이지만 아주 과학적입니다. 예를 들면, 많은 사람들이 모인 가운데서 특별히 어떤 사람이 여러 사람의 주의를 끄는데, 인물이 잘생긴 것도 아니고 겉으로 보아 무슨 특별한 점은 없는데도 어딘가 다른 사람과는 다르게 느껴지는 점이 있습니다. 이것이 곧 풍도입니다.

"공명간기우"(功名看器宇)는 어떤 사람이 공명(功名)이 있는가 없는가 하는 것은 그의 풍도를 보고 알 수 있다는 것입니다. 그 밖에도 증국번의 관상법 몇 가지를 들어 보면 다음과 같은 것이 있습니다. "사업간정신"(事業看精神), 어떤 사람의 사업은 그의 정신을 보면 알 수 있다는 것입니다. 이건 당연하지요. 사람이 정신력이 없다면 일을 조금만 해도 피곤해질 텐데, 무슨 사업의 전도가 있겠습니까?

"궁통간지갑"(窮通看指甲), 어떤 사람의 앞날이 어떤가를 알고자 하면 손톱을 본다는 것입니다. 손톱이 그 사람의 앞날과 관계가 있을까요? 확실히 관계가 있습니다. 생리학적으로 보면 손톱의 주요 성분은 칼슘으로, 칼슘이 충분하지 않으면 체력이 부족하고, 체력이 부족하면 정신적으로 경쟁이 안 됩니다. 어떤 사람들은 손톱이 기와 모양으로 둥그렇지 않고 납작한데, 이런 사람들은 체질이 약하고 병이 많다는 것을 곧 알 수 있습니다.

"수요간각종"(壽夭看脚踵), 수명의 길고 짧음은 그 사람이 걸어갈 때의 발뒤꿈치를 보면 알 수 있다는 것입니다. 저의 학생 중에 길을 걸을 때 발뒤꿈치가 땅에 닿지 않는 학생이 하나 있었는데, 과연 단명했습니다. 이런 사람은 첫째 단명하고, 둘째 총명하지만 경솔합니다. 그래서 그에게 일을 맡기면 일을 빨리 해내기는 하지만 착실하지 않습니다.

"여요간조리, 지재언어중"(如要看條理, 只在言語中), 어떤 사람의 생각이 어떠한지는 그의 말에 조리가 있는지 없는지 보면 된다는 것인데, 이렇게 보고 판단하는 방법은 매우 과학적입니다.

중국에서는 이런 류의 학문을 '형명의 학'(形名之學)이라고 했으며, 위진 때 유행했습니다. 또, 인물지(人物志)라는 책이 있는데, 여러분도 한번 읽어 보면 좋을 것입니다. 이 책은 위나라 유소(劉邵)의 저작으로 북위의 유병(劉昞)이 주석을 달았는데, 사람에 대해 전문적으로 논하고 있습니다. 바꿔 말하면, 사람의 과학입니다. 최근에 유행하는 인사 관리나 직업 분류학 같은 것들은 외국에서 들어온 것입니다. 하지만 우리의 인물지는 그보다 더 나은, 진정한 의미의 인사 관리나 직업 분류로서 어떤 사람이 어떤 분야에 적합한지 자세히 분류하고 있습니다. 어떤 사람은 사업형인가 하면, 어떤 사람은 절대로 사업형이 아니므로 잘못 안배해서는 안 되며, 어떤 사람은 학문은 있지만 반드시 재능도 있는 것은 아니며, 또 어떤 사람은 재능은 있지만 품덕이 부족합니다. 학문이 있고 재능과 품덕도 함께 갖춘 사람이 으뜸 인물이지만, 이러한 인재는 많지 않습니다.

예전에 저의 오랜 친구 한 분이 있었는데, 책은 많이 읽지 않았지만 자신의 인생 경험에서 얻은 교훈을 아주 재미있게 말했습니다. "상등인(上等人)은 재능이 있으면서 성깔은 없고, 중등인(中等人)은 재능도 있고 성깔도 있으며, 하등인(下等人)은 재능도 없으면서 성깔만 사납다." 이것은 명언이자, 그의 학문이라고 할 수 있습니다. 그러므로 입신 처세에 있어서 알아 두어야 할 것은, 학문이 있지만 성깔도 있는 사람은 포용해서 그의 장점인 학문은 활용하고 단점인 성깔은 따지지 말아야 한다는 것입니다. 그가 화를 내는 것은 여러분에게 악의가 있어서가 아니라, 그 사람의 본래 결점 때문인데 여러분과 무슨 관계가 있겠습니까? 여러분이 효도를 중시하려면 군도(君道)의 입장에서 사람을 아끼고 존중해야 합니다. 때로는 저에게 크게 화를 내는 학생들이 있는데, 제가 그냥 내버려 두면 뒤에 사과를 하러 옵니다. 그러면 저는 그에게 용건이 무엇이냐고 물어 보면서, 우선 화부터 내지 말고 본론을 이야기한 다음 화를 내도 좋다고 말합니다. 그러면 그는 웃습니다.

인물지 외에 황석공이 장량에게 전해 준 소서(素書)라는 책도 한번 연구해보아야 합니다. 이 책이 위서(僞書)인지는 확실하지 않지만, 중국 문화의 결정인 것은 확실합니다. 위인처세(爲人處世)와 사람을 알아보는 방법에 대해서 깊은 철학적 견해를 담고 있어서, 관상책이라고 할 수 있습니다. 눈썹이 길고 코가 길면 어떻다는 식으로는 결코 말하고 있지 않지만 진정한 관상법을 말하고 있는 책입니다. 눈썹·코·눈 따위는 보지 않고, 대체로 어떤 사람의 처세 태도와 말의 조리를 관찰하는 관상법이라고 할 수 있습니다. 맹자도 관상보기를 좋아했습니다만, 간판을 걸어놓고 하지는 않았습니다. 맹자는 사람의 눈빛에 주의했는데, 정정당당한 사람의 눈빛은 틀림없이 단정합니다. 눈을 위로 치뜨기 좋아하는 사람은 틀림없이 오만하며, 반대로 내려뜨기 좋아하는 사람은 마음이 곧잘 동요하며, 곁눈질하기 좋아하는 사람은 적어도 심리적인 문제가 있습니다. 이런 것이 바로 관상에서 말하는 눈빛으로 맹자 관상법의 한 분야인데, 관상법에서의 안과라 할 수 있겠지요.

심심풀이 책속에 진담이 있다

명나라 청나라 사이에 나온 심심풀이 책이 한 권 있는데 그 이름이 '해인이'(解人頤)입니다. 이 책 이름은 그저 사람들을 파안미소(破顔微笑)하게 한다는 뜻입니다. 즉, 굳은 얼굴 표정을 풀고 헤벌쭉이 좀 웃게 한다는 것입니다. 이 책속의 많은 기록들이 정말 사람들로 하여금 회심의 미소를 짓게 합니다. 하지만 그것도 요재지이(聊齋志異)처럼 대부분은 여우귀신 이야기로써 세상을 풍자합니다. 그 속에 한데 모아진 많은 우스운 문자들 가운데는 웃음 속에 피가 있거나 눈물이 있거나 한데, 많은 처세의 도리를 내포하고 있어서 사람들의 양지(良知)를 깨우쳐주고 있습니다. 과거 시대에 확실히 교육적 의의를 깊이 갖추고 있는 한 권의 심심풀이 책이었습니다.

이 '해인이' 속에 철학적 의미와 인간의 욕망은 끝이 없음을 묘사하는 백화(白話)로 써진 시가 한 편 있습니다.

종일 분주함은 배고픔만 채우기 위해서라	終日奔波只爲飢
이제 막 배부르고 나니 옷이 생각나네	方才一飽便思衣
옷과 밥 두 가지 다 갖추어지고 나니	衣食兩般皆俱足
또 귀엽고 잘생긴 마누라가 생각나네	又想嬌容美貌妻
잘생긴 마누라 얻어 자식 낳고 나니	取得美妻生下子
또 농토 없고 생활기반 작은 것이 한이네	恨無田地少根基
전원을 사고 나니 아주 넓어졌는데	買到田園多廣闊
또 출입하는 데 배가 없고 탈 말이 없네	出入無船少馬騎
마구간에 노새와 말 매어놓고 나니	槽頭扣了騾和馬
또 벼슬 없어 무시당하니 한숨이 나오네	嘆無官職被人欺
현승의 주부 되고 보니 작아서 불만이라	縣丞主簿還嫌小
또 조정 중에서 고관 옷을 걸치고 싶네	又要朝中掛紫衣
황제가 되고 나니 신선술을 구해서	作了皇帝求仙術
또 하늘에 올라 학을 타고 날고 싶네	更想登天跨鶴飛
세상 사람들 욕심 만족하기 바란다면	若要世人心裡足
오직 남가일몽 속에서나 가능하리라	除是南柯一夢西

그 중에 "황제가 되고 나니 신선술을 구해서, 또 하늘에 올라 학을 타고 날고 싶네."라는 두 구절은 제가 멋대로 끼워 넣은 것입니다. 이 작가가 이 백화시(白話詩)를 쓸 때는 바로 군주전제정치 시대라서 당연히 감히 황제라는 말조차도 써넣지 못했습니다. 하지만 역사상의 사실에는 진시황이나 한 무제 처럼 황제가 되고서는 또 장생불로하고 싶어했던 사례가 적지 않았습니다.

　이 한 편의 칠언운문의 백화시는 인간의 욕망이 무궁하여 욕망의 골짜기를 다 채울 수 없다는 심리상태를 다 말해준다고 할 수 있습니다. 본래 아무것도 없는 빈털터리가 끼니조차도 문제여서 하루 종일 아득바득 일하였습니다. 아마 가난하여 정부에 기초생활자로 올라 거리 청소를 하고 하수구 바닥 파는 일을 했을 겁니다. 가까스로 번 돈으로 배불리 먹고 나니 입고 있는 스웨터가 4, 5년 입고 세탁을 많이 해서 온기도 부족하며 친구를 만나러 갈 때도 체면이 서지 않았습니다. 그래서 옷에 관심이 가기 시작했습니다. 옷과 밥 이 두 가지 문제가 해결되고 나니 속담에 말하기를 배부르고 따뜻하면 음욕이 생각난다고 했듯이 예쁜 아가씨를 마누라로 맞고 싶어졌습니다. 뒤에 장가도 가고 애도 낳았습니다. 한 가족 몇 식구가 화목하고 즐겁게 꽤 잘 지냈습니다. 하지만 여전히 만족할 수 없었습니다. 생각해보니 집에 부동산이 없습니다! 아무래도 집을 하나 사야겠고 농토 같은 오래갈 생산 방법을 마련하여 경제적인 기초를 다져서 남은 절반 인생이 생활이 편안하고 안정되고, 자손도 먹고 입을 걱정 하지 않도록 하고 싶었습니다. 이런 것들을 다 갖추고 나니 자동차를 사고 싶었습니다. 8기통의 전자동식인 유명 브랜드의 자동차를 타고 나니 또 어제 교통경찰한테 교통위반 딱지를 받은 게 생각이 났습니다. 세무 공무원의 표정도 그리 예뻐 보이지 않습니다. 그리고 친구 장삼은 관료가 되었는데 비교적 환영을 받고 있습니다. 역시 반쪽 벼슬이라도 하나 봄에 있어야 손해를 안보고 천대를 당하지 않았습니다. 이리하여 경선에 나가거나 권세 있는 집을 드나들어 벼슬자리 하나를 합니다. 벼슬도 했지만 군청 과장 비서가 간섭할 수 있는 사람은 너무 적고 자신을 지휘하는 사람은 많습니다. 역시 만족스럽지 못하니 큰 벼슬을 할 방법을 생각해야겠습니다. 그렇게 해서 올라가고 올라가서 마침내 황제가 되었는데도 욕망이 있어 신선이 되어 하늘에 올라가 장생불로하기를 바랍니다. 그래서 이 작가는 맨 뒤 두 구절은 인간이란 욕망이 끝이 없어서 오직 죽어야 비로소 쉰다고 결론을 내립니다. 그런데 인간의 욕망은 죽어도 쉬지 않습니다.

선비 양성과 인재 등용을 논함

여러분들이 기회가 있을 때, 처세에 큰 도움이 되는 글 한 편을 읽어 보면 좋을 것입니다. 소동파가 지은 '선비 양성을 논함'(論養士)이라는 글입니다. 이 글은 중국의 정치철학 분야에서 중요한 지위를 차지합니다. 특히, 정치와 사회를 연구하는 사람은 읽지 않으면 안 됩니다. 매우 큰 의의가 있는 이 글은 하나의 원칙을 제기하고 있는데, 대단히 일리가 있습니다.

선비를 양성한다는 '양사'(養士)란 말은 전국 시대에 나타난 것입니다. 당시에는 서적이 지금처럼 보급되어 있지 않았고 고시 제도도 없어서, 일반 평민은 지식이 있더라도 권세가에 의지하여 출세길을 찾아야 했으므로 권세가의 집에 빈객이 되었습니다. 과거의 빈객이란 오늘날의 수행원이란 명칭에 해당하는데, 당나라 때부터 청나라 때까지는 막부라고 불렸습니다. 증국번 같은 이에게는 재능 있는 사람이 적지 않게 있었는데, 이 사람들이 다 오늘날의 연구실·참모진·비서실에 해당되는 막부에 있었습니다. 오늘날도 막료라 불리는 것이 있습니다. 육국(六國)의 선비 양성이란 바로 이런 것이었습니다.

그 당시 어떤 사람을 선비로 양성하였을까요? 소동파의 분류에 따르면 지혜·말재주·용기·힘을 가진 네 종류의 사람이었는데, 실제로는 두뇌를 사용하는 사람과 체력을 사용하는 사람으로 분류한 것이라 할 수 있습니다. 이 네 종류의 사람들을 논하기 위하여 현대의 직책 분류학으로 박사논문을 쓴다면, 적어도 2백만 자 이상은 문제없이 쓸 수 있을 것입니다. 그러나 중국의 옛날 문화는 간단한 것을 좋아했기 때문에, 몇 백 자의 글로 해결했습니다.

소동파는 이 글에서 말하기를, 사회에는 태어날 때부터 지혜·말재주·용기·힘을 가진 네 종류의 사람이 있다고 했습니다. 사람들을 관찰해 보면, 두뇌를 쓰는 일에 재능이 뛰어난 사람은 육체 노동을 시키면 해 내지 못하며, 반대로 어떤 사람들은 두뇌를 쓰는 일을 시키면 죽을 것처럼 힘들어하지만 육체 노동을 시키면 잘합니다. 또, 어떤 사람들은 싸움을 할 때는 힘을 잘 쓰면서도, 일을 하라고 하면 세 시간도 채 못합니다. 그러므로 사회나 정치를 연구하려면 사람을 많이 관찰해야 합니다. 그런 다음에 그와 관련된 책을 읽어야 비로소 그 이치를 알게 됩니다. 어떤 사람은 지혜가 있지만, 그 지혜란 것이 총명재지(聰明才智)일 뿐입니다. 어떤 사람은 말재주가 있지만 주로 수단으로 쓰고, 정도(正道)가 아닌 이단(異端)의 길을 걸으며, 흉계를 쓰는 데는 최고 수준급이어서 정당한 방법을 생각해 내지 못합니다. 그렇지만 잊어서는 안 될 점은, 그런 사람 역시 인재이므로 사장이 어떻게 활용하느냐가 중요하다는 것입니다. 이것이 소위 사람을 쓸 줄 아느냐 모르느냐 하는 것입니다. 그러므로 지혜와 말재주는 같아 보이지만 반드시 같은 것은 아닙니다. 총명한 사람은 일을 할 때 반드시 방법을 쓰지만, 그 방법의 정반 양면이 서로 위배되지 않습니다. 용기와 힘도 같은 듯이 보이지만, 용감한 사람이 꼭 힘센 것은 아니어서, 키가 크고 무술을 잘 하는 사람이라도 나라를 위해 전방에 나가 싸우라고 하면 죽음이 두려워서 나가 싸우지 못합니다. 이것이 힘만 있고 용기가 없는 것입니다. 이 때문에 소동파는 지혜·말재주·용기·힘을 가진 네 종류의 사람들은 흔히 자립할 수 없기 때문에 남에게 양성되어야 할 필요가 있다고 말합니다. 이런 사람들은 권세 있는 사람에게 의지하여 큰 업적을 이룩할 수 있지만, 만약 그 자신이 독자적으로 무엇을 해야 한다면 해낼 방법이 없습니다.

그래서 진시황이 중국을 통일한 뒤에 분서갱유(焚書坑儒)를 하고 선비를 양성하지 않기로 하자 선비들은 민간으로 돌아갈 수밖에 없었는데, 그 결과는 어떠했을까요? 그 뒤 한대에 이르러서는 그런 부류의 선비들을 어떻게 했을까요? 한 무제(漢武帝) 시대에 이르러 중국의 선거(選擧) 제도가 시작되었는데, 그 당시의 선거 제도는 물론 서양식 선거인 오늘날의 국민투표제와 같은 것이 아니었습니다. 중국의 옛날 선거는 지방관이 여론을 참고하여 그 지방에서 공인된 현(賢)·량(良)·방(方)·정(正)의 인품을 가진 사람을 선출하여(오늘날로 말하면 인재의 특성을 분류한 것으로서, 현은 현이고 량은 량이며 방은 방이고 정은 정이니, 섞어서 같다고 말할 수 없음. 이것은 네 가지 범위임) 효렴(孝廉)이라고 불렀습니다(중국 문화에서는 효로써 천하를 다스렸으므로 '효렴'이라고 했습니다. 청나라 때는 시험을 통해 거인(擧人)을 뽑고 역시 효렴공(孝廉公)이라 칭했는데, 이는 한대의 전통을 따른 것입니다). 한대에 실시한 이러한 선거 제도는 전국 시대의 선비 양성 제도를 취한 것이었기 때문에, 한나라 4백 년의 천하가 안정될 수 있었습니다. 수(隋)나라에 이르러서는 문장으로써 선비를 선택하는 고시 방법을 창시하였습니다. 당 태종이 천하를 통일한 후 정식으로 한대의 지방 선거 제도의 정신에 수나라의 고시 제도 방법을 채용, 종합하여 당나라의 진사(進士) 고시제도를 만들었습니다. 소위 진사란 민간에서 재능을 갖춘 지식인을 선발해서 나라의 선비로 진출시킨다는 뜻입니다. 그 당시 시험을 치렀던 수재(秀才)는 청대의 수재가 아니며, 청대의 수재는 고시 등급상의 한 명칭입니다. 수재는 다시 거인(擧人) 시험을 치르고,

거인은 다시 진사 시험을 치렀는데, 진사에서 1등한 사람이 장원(壯元)입니다. 당대(唐代)의 수재도 곧 진사의 통칭으로, 학문이 훌륭한 사람이나 우수한 사람은 모두 수재라 불렸습니다.

당 태종은 고시 제도를 창시하여 천하의 재인명사(才人名士)를 뽑은 후, 제일 높은 자리에 앉아 맨 처음 선발된 인재들을 접견하고는 득의의 미소를 감추지 못하며 이렇게 말했습니다. "천하의 영웅이 모두 내 손아귀에 들어왔구나!" 당 태종의 말뜻은 이렇습니다. "자, 다들 내 수단을 보아라. 천하의 영웅은 모두 내 손아귀 속으로 찾아들고 있으니, 다시는 조정에 대해 모반하지 않을 것이다. 공명과 벼슬을 줄 테니, 재능만 있다면 얼마든지 오너라!" 이것이 당 태종이 이루고자 한 바였습니다. 소동파는 "고시 제도를 세운 이후 육국 시대의 선비 양성 기능을 계승하였다. 선비를 양성하는 것은 대단히 중요한 일이다."라고 말했습니다. 지혜ㆍ말재주ㆍ용기ㆍ힘을 가진 사람들에게 좋은 출로를 마련해 주지 않아 그들이 갈 곳이 없게 한다면, 사회적으로 큰 문제이자 정치적으로도 큰 문제가 된다는 것입니다. 그러나 어떻게 그 사람들을 적절히 양성하느냐가 또 하나의 문제입니다. 기용(起用)하는 것도 양성이고, 물러나게 하는 것도 양성이기 때문입니다. 양성을 말하자니 앞에서 말한 "개와 말도 기르지 않는가!"라는 말이 생각나는데, 먹을 밥만 준다고 양성되는 것이 아니며, 겨우 이런 식으로 양성해서는 안 된다는 것임을 알아야 합니다. 지혜ㆍ말재주ㆍ용기ㆍ힘의 선비는 먹을 밥만 위해 일하는 사람들이 아니기 때문입니다. 태어날 때부터 말썽부리기를 좋아하는 사람은 만약 그에게 말썽부릴 기회가 주어지지 않는다면 살아갈 수 없을 것입니다. 그 사람이 말썽부리지 않기를 바란다면 그를 바른 길로 끌어들이지 않으면 안 되는네, 이것이 바로 위정교화(爲政敎化)의 이치입니다.

제갈량의 자식 훈계 글

　일반인들이 수양(修養)의 문제를 말할 때면 "영정치원, 담박명지"(寧靜致遠, 澹泊明志)라는 구절을 흔히 인용하는데, 이것은 제갈량이 그의 아들에게 학문은 어떻게 해야 하는지를 훈계하는 편지 속에서 한 말입니다. 여기에 먼저 제갈량계자서(諸葛亮誡子書)의 원문을 소개하겠습니다.

　군자의 조행은 고요한 마음으로 몸을 닦고 검소함으로써 덕을 기르는 것이다. 마음에 욕심이 없어 담박하지 않으면 뜻을 밝힐 수 없고, 마음이 안정되어 있지 않으면 원대한 이상을 이룰 수 없다. 배울 때는 반드시 마음이 안정되어 있어야 하며, 재능은 반드시 배움을 필요로 한다. 배우지 않으면 재능을 발전시킬 수 없고, 마음이 고요하지 않으면 학문을 성취할 수 없다. 마음이 방자하고 오만하면 정밀하고 미묘한 이치를 깊이 연구할 수 없고, 조급하고 경망하면 자신의 본성을 제대로 다스릴 수 없다. 이치를 제대로 밝히지 못하고 본성을 제대로 다스리지 못하는 사이에 나이는 시간과 함께 달려가고, 의지는 세월과 함께 사라지면서 마침내 가을날 초목처럼 시들어 갈 것이다. 그때 가서 곤궁한 오두막집에서 슬퍼하고 탄식해 본들 어찌 할 것인가?

　君子之行 : 靜以修身, 儉以養德。非澹泊無以明志, 非寧靜無以致遠。夫學須靜也, 才須學也。非學無以廣才, 非靜無以成學。慆慢則不能研精, 險躁則不能理性。年與時馳, 志與歲去, 遂成枯落, 悲嘆窮廬, 將復何及也。

　흔히들 문인은 모두 이름 남기기를 좋아한다고 합니다. 그러나 어찌 문인만이 책을 써서 이름 남기기를 좋아한다고 할 수 있겠습니까? 이름을 좋아하고 이익을 좋아하는 것은 사람의 근본적인 병의 뿌리로서, 현자(賢者)도 이를 피하기 어렵습니다. 옛 사람은 그만두고, 오늘날만 해도 수십 년 동안 얼마나 많은 책들이 출판되었는지 모릅니다. 그 많은 책들 중에서 우리가 책꽂이에 이삼십 년 동안 꽂아 둘 만한 것이 몇 권이나 될까요? 더욱이 오늘날 유행하고 있는 구어체(白話) 글은 읽고 나면 곧 버려져 수명이 단지 3분에 지나지 않습니다. 그것은 후세에 전해질만한 가치가 없는 책이기 때문입니다. 책은 사람들이 아까워 버리지 못하고 서가에 꽂아 둘 정도가 되어야 후세에 전해질 가능성이 있습니다. 그러므로 후세에 이름을 남긴다는 것은 대단히 어렵습니다. 청나라의 시인 오매촌(吳梅村)이 "배불리 먹기만 해서 끝내 어디다 쓰리요. 불후의 이름을 보전키 어렵네."(飽食終何用, 難全不朽名)라고 읊은 말은 조금도 틀리지 않습니다.

그래서 옛 사람은 "책이란 널리 전해지는 데 효용이 있지 그 많음에 있지 않다."(但在流傳不在多)는 유명한 말을 남겼습니다. 예를 들면, 제갈량이 문장으로 세상에 이름이 나지 않았던 것은 말할 것도 없이 그의 공훈 업적이 그의 문장을 가려 버렸기 때문입니다. 그의 문장은 단지 두 편의 출사표(出師表)밖에 없지만, 이 두 편의 글은 문학을 위한 문학 작품이 아닌데도 천하의 명문으로 영원히 전해지고 있으니, 이는 가히 전무후무한 일이라 하겠습니다. 그는 문학적 수양이 이렇게 높은데도 결코 문학가가 되고 싶어 하지 않았습니다. 이 일을 통해서 알 수 있듯이, 사업에 성공했던 사람은 왕왕 높은 재능을 갖추고 있어, 그 재능을 문학에 발휘했더라면 틀림없이 성공한 문학가가 될 수도 있었을 것입니다. 이와 같이 문장 · 도덕 · 사업석 공로는 본래 한 사람이 다 성취하기 어려운 것이기에 사람을 너무 가혹하게 꾸짖어서는 안 됩니다.

출사표 이외에 제갈량이 남긴 글은 모두 짧은 글이지만 문체나 내용이 대단히 간단하고 세련되어 있는데, 이는 그가 일을 처리하는 데 있어 몇 마디 말이면 족할 만큼 간단하고 신중했던 것과 똑같습니다. 그의 전기를 보면 손권(孫權)이 그에게 물건을 보냈을 때, 그가 불과 대여섯 마디로 자신의 뜻을 아주 분명하게 표현하여 회신함으로써 해결한 것을 알 수 있습니다.

위에 소개한 '계자서'라는 한 편의 편지글도 제갈량의 유가사상 수양을 충분히 나타내고 있습니다. 후세의 많은 사람들이 심신 수양의 도리를 말했지만, 솔직히 말하면 모두 다 제갈량의 손바닥을 벗어나지 못했다고 할 수 있습니다. 후세인들은 제갈량의 이 편지에 담긴 사상을 한 벌의 옷으로 바꿔 입혀 유가로 변모시켰습니다. 그래서 이 편지는 대단히 유명한 작품이 되었습니다. 제갈량은 이처럼 문자로 수양의 도리를 말하고 있는데, 그 문학적 경지가 아주 높고, 구성도 아름답고 뛰어나며, 문장은 모두 대구(對句)가 잘 짜여 있습니다. 시를 지을 때, 봄꽃(春花)은 가을달(秋月)과, 대륙(大陸)은 가없는 하늘(長空)과 각각 대구를 잘 이루지만, 학술성이나 사상성을 지닌 내용을 대구를 써서 지어 보려면 아주 어렵습니다. 그러나 제갈량은 자신의 사상을 훌륭하게 문학화 했습니다. 후대의 팔고문(八股文)도 이러했습니다. 먼저 제목을 표시하는데, 이것을 파제(破題)라 하여 주제의 사상 내용을 먼저 한두 구절로 밝히는 것입니다. 제갈량은 자기 아들에게 고요한 마음으로 학문을 하고, 검소한 생활로 수신(修身)을 하라고 가르치고 있는데, 검소함은 단지 돈을 절약하라는 것이 아니라, 자기의 신체와 정신을 잘 보양하라는 것입니다. 간단명료하고 모든 것이 깔끔한 것이 바로 검소함입니다.

"비담박무이명지"(非澹泊無以明志)는 덕을 기르는 이치이며, "비영정무이치원"(非寧靜無以致遠)은 수신치학(修身治學)의 이치입니다. "부학수정야, 재수학야"(夫學須靜也, 才須學也)는 학문을 탐구하는 이치인데, 마음이 차분해야 비로소 학문을 탐구할 수 있고, 학문에 의거해야 재능을 양성할 수 있다는 것입니다. 우리가 공자 사상 속에서 이야기했던 "배우기만 하고 생각하지 않으며, 생각하기만 하고 배우지 않는다."(學而不思, 思而不學)는 논점과 "재능은 반드시 배움을 필요로 한다."(才須學也)는 이치는 같은 것입니다.

"비학무이광재"(非學無以廣才)는 비록 천재라 할지라도 학문이 없으면 위대한 천재가 될 수 없다는 뜻입니다. 그래서 타고난 재능이 있더라도 해박한 학문이 있어야 합니다. 학문은 어디서 올까요? 탐구에서 오는데 "비정무이성학"(非靜無以成學), 즉 마음이 고요하지 않으면 학문을 성취할 수 없습니다. 의미가 층층이 연관되어 있으며, 연속적인 대구 구절입니다.

"도만즉불능연정"(慆慢則不能研精)의 '도만'(慆慢)은 '교오'(驕傲)의 '교'(驕)자와 같은 뜻입니다. 이 '교'(驕)자를 말하자면 퍽 의미가 있습니다. 중국인은 수양을 함에 있어 교오를 힘써 경계하여 조금이라도 교오하지 말라고 가르칩니다. 교오(驕傲)는 원래 두 글자로 나뉘어 사용되던 것으로, 내용이 없으면서도 스스로를 대단하게 여기는 것이 '교'(驕)이며, 내용이 있으면서 남을 대수롭지 않게 여기는 것이 '오'(傲)인데, 뒤에 와서 한 단어가 되었습니다. 중국 문화에서는 아무리 큰 학문이나 권위를 가졌다 하더라도, 사람이 교오하면 인격 수양 면에서 실패한 것으로 여깁니다. 그래서 공자는 논어 속에서 이렇게 말한 바가 있습니다. "사람이 주공(周公)같이 성취한 바가 있더라도, 교만하고 인색하여 사람을 사랑할 줄 모른다면 그 사람은 더 볼 것이 없다."(如有周公之才之美, 使驕且吝, 其餘不足觀也已)

중국인은 교만을 삼가는 데 힘썼건만, 오늘날 외국 문화가 들어와서는 "내게 누군가 있는 것이 정말 자랑스럽다."와 같은 말이 내단히 유행하고, 또 '자랑스럽다'는 뜻으로 '교오'(驕傲)라는 단어를 쓰고 있는데, 이것은 외국어 번역이 잘못되어 교만을 좋은 뜻으로 여기게 된 때문입니다. 중국 문화의 의미대로 단정하고 예의바르게 번역한다면, '기쁘고 위안된다'는 뜻인 '흔위'(欣慰)라는 단어를 써야 마땅합니다. 그런데 이것은 수십 년 동안 번역이 잘못된 것인 줄 알면서도 계속 사용해 온 결과, 잘못된 것이 오히려 맞는 것처럼 되어 버려 단번에 고칠 방법이 없습니다. 장차 중국 문화의 전통 정신을 지켜 나가기 위해서는 방법을 연구하여 잘못된 것들을 서서히 고쳐나가 이 사회의 풍조를 바로잡아야 합니다.

다시 본문으로 돌아갑시다. "도만즉불능연정"(惰慢則不能研精)의 '惰'(도)는 바로 '자만'(自滿)을 말하며, '慢'(만)은 자기가 옳다고 생각하는 것입니다. 주관이 너무 강하면, 학문을 자세히 연구할 수 없습니다. "험조즉불능이성"(險躁則不能理性), 여기서 왜 '험조'(險躁)를 썼을까요? 사람이란 다 남의 덕을 입어 지름길로 가기를 좋아하는데, 지름길로 가는 일은 위험하고 요행을 바라는 일입니다. 이것은 범하기 쉬운 나쁜 버릇입니다. 특히, 젊은이들이 조급하고 성격이 급하면 이성적이 될 수 없습니다.

"연여시치, 지여세거"(年與時馳, 志與歲去), 이 부분은 어떤 책들에는 '뜻 지'(志)자가 아니라 '뜻 의'(意)자로 되어 있는데, '뜻 의'(意)라야 맞을 것 같아서 바꿔 보겠습니다. 이 말의 뜻은, 세월이 가서 나이를 먹다 보면, 서른한 살 때는 서른 살 때와 다르고, 서른두 살 때는 서른한 살 때와 또 달라진다는 것입니다. 사람의 생각은 나이에 따라 변해 갑니다. "수성고락, 비탄궁려, 장부하급야"(遂成枯落, 悲嘆窮廬, 將復何及也), 이 말은 소년 시절에 노력하지 않으면 중년에 이르러서는 후회하게 되어 이미 어쩔 방법이 없게 돼버린다는 뜻입니다.

자식을 훈계하여 쓴 이 한 편의 편지글을 보면, 제갈량의 풍격과 같아 무엇이든지 다 간단명료합니다. 이 도리를 위정에 응용하면, 바로 공자가 말한 '簡'(간)이 되고, 몸가짐에 응용하면 본문에서 말한 '儉'(검)이 됩니다. 그렇지만 문학적 수양은 단지 학문의 한 부속물에 지나지 않으니, 학문하는 데 특히 이 점을 유의해야 합니다.

한가히 창가에 앉아 주역을 읽다

저는 늘 학생들에게 말하기를 반드시 배워야 할 두 가지가 있는데, 그것은 불학과 역경(易經)이라고 합니다. 그러나 이 두 학문은 한 평생의 힘을 다 써도 배워 통하기 쉽지 않고 또 반드시 통해야 할 필요도 없습니다. 배워도 통하지 못하고 영원히 추구해도 도달하지 못하니 통할 듯 말 듯한 그 상태는 그 맛이 무궁하고 평생 소일거리가 있으니 늙어서도 적막하지 않고 연구하면 할수록 재미있을 것입니다. 옛 사람들은 "밤에 역경을 읽는다"고 말했는데 밤중에 역경을 읽는다면 귀신도 견뎌내지 못할 것입니다. 제 경험으로는 밤에 역경을 읽는다면 틀림없이 잠을 잘 수 없습니다. 읽어 가다보면 내용을 곧 알 것 같기도 해서 계속 읽어나갑니다. 이 단락만 다 읽으면 자야지 했다가도 결국 한 단락 읽고, 이어서 또 한 단락 읽다가 결국 자기도 모르는 사이에 날이 새버립니다. 정말 "창가에 한가히 앉아 주역을 읽다보면, 봄이 다 지나간 것도 모른다."(閒坐小窓讀周易, 不知春去幾多時)여서, 봄이 언제 다 가버렸는지도 모르는 그 맛이란 아주 좋습니다.

여러분이 지금 손에 들고 있는 역경집주(易經集注)라는 책은 단지 역경 학문의 일부분에 불과합니다. 이 책은 주역이라 불리는 것으로 주나라 문왕이 유리(羑里)에서 옥살이하면서 역경을 연구한 결과입니다. 유가의 문화·도가의 문화·일체의 중국문화는 모두 문왕이 역경을 저작한 뒤에 발전하기 시작했습니다. 그러므로 제자백가의 학설도 모두 이 책에서 흘러나왔으며 모두 역경에서 그린 몇 개의 괘에서 흘러나왔습니다.

사실 역경에는 주역 외에도 또 다른 두 종류가 있습니다. 하나는 연산역(連山易)이요 다른 하나는 귀장역(歸藏易)입니다. 이것과 우리가 가지고 있는 주역을 합쳐 통칭 삼역(三易)이라 합니다. 연산역은 신농(神農)시대의 역으로 팔괘의 위치가 주역과 일치하지 않습니다. 황제(黃帝)

시대의 역이 바로 귀장역인데 연산역이 간괘(艮卦)로부터 시작하는 데 반해 귀장역은 곤괘(坤卦)로부터 시작합니다. 그랬던 것이 주역에 이르러 건괘(乾卦)로부터 시작된 것입니다. 세 가지 역의 차이도 바로 여기에 있습니다.

여기서 우리는 개념이 하나 있어야겠습니다. 현재 우리는 역경이라 하면 곧 주역을 생각합니다. 연산역과 귀장역이 이미 유실되고 전수가 끊어졌다고 어떤 사람이 말하기 때문입니다. 정말로 그럴까요? 이것 역시 중대한 문제입니다. 현재 시중에 나도는 의약, 감여(堪輿) 등이나 도교 방면의 것들은 모두 연산역과 귀장역이 결합된 것이라 할 수 있습니다.

주역이라는 학문에는 3역이라는 원칙이 하나 있는데, 변역(變易)·간역(簡易)·불역(不易)이 그것입니다. 역경을 연구하려면 먼저 이 3대 원칙의 도리를 알아야 합니다.

첫째는 변역입니다. 변역이란 세상의 어떤 것도 변하지 않는 것이 없다는 겁니다. 어떤 일이든, 어떤 물건이든, 어떤 상황이든, 어떤 생각이든 그것이 시공 속에 존재하는 한 변하지 않을 도리가 없습니다. 가령 여기 있는 우리만 하더라도 잠깐 동안에 이미 변화되어 있습니다. 매분매초마다 상황은 시시각각 바뀌고 있습니다. 시간이 달라지면 환경이 달라지고 정서도 달라지며 정신도 달라집니다. 만사만물은 언제 어디서나 모두 변화하고 있으며 변화하지 않으면 안 됩니다. 변화하지 않는 사물이란 없습니다. 이 때문에 역을 배우는 사람은 먼저 변화(變)를 알아야 합니다. 지혜가 출중한 사람은 비단 변화를 알 뿐 아니라 그 변화에 적응할 수 있습니다. 역을 배우지 않으면 장수나 재상이 될 수 없다고 한 까닭도 이 때문입니다.

두 번째는 간역입니다. 우주의 만사 만물 중 인간의 지혜와 지식으로는 도저히 이해할 수 없는 것이 허다합니다. 제가 늘 친구들에게 하는 말입니다만 천지간에는 "그 원리는 있되 구체적인 현상이 없는 것"

은 우리의 경험이 아직 부족하기 때문입니다. 달리 말해 우주간의 어떤 사물도 현상이 있으면 반드시 그 원리가 있습니다. 어떤 일이 있으면 반드시 그 원리가 있지만 우리의 지혜가 부족하거나 경험이 충분하지 못해 원리를 찾아내지 못할 뿐입니다. 간역 역시 최고의 원칙입니다. 우주간의 아무리 오묘한 사물이라도 우리의 지혜가 충분하여 그것을 이해하고 나면 평범한 것으로 변하고 맙니다. 뿐만 아니라 대단히 간단합니다. 경극에 나오는 제갈량은 손가락을 펴서 몇 번 짚으면 곧 과거와 미래를 압니다. 과연 이런 도리가 있을까요? 있습니다. 그런 방법이 있습니다. 옛사람들은 역경의 법칙을 이해하고서 팔괘를 손가락 마디마디에 배치했으며, 여기다 다시 시간적 공간적 변수를 공식화시킴으로써 어떤 상황을 추산할 수 있게 했습니다. 아주 복잡한 것이 간단하게 바뀐 겁니다. 그래서 이것을 간역이라고 합니다.

　세 번째 원칙은 불역입니다. 만사 만물은 모두 시시각각 변하지만 그 중 영원히 불변하는 것이 있습니다. 만사 만물을 변하게 하는 그것은 변하지 않습니다. 영원히 존재합니다. 그것은 어떤 것일까요? 종교인들은 그것을 상제니 신이니 주재자니 부처니 보살이니 하고 부릅니다. 철학에서는 그것을 본체라 하고 과학자는 그것을 '기능'(功能)이라고 합니다.

　제가 항시 하는 말이지만 제일 좋은 것은 역(易)이라는 학문을 깊이 파고 들어가지 않는 겁니다. 만약 깊이 파고 들어가게 되면 저처럼 빠져나올 수 없습니다. 꼭 공부해야겠다면 방법은 반쯤만 하는 것이 제일 좋습니다. 역경을 배워 제대로 통한다면 사람 노릇이 재미가 없을 겁니다. 외출할 일이 있어도 역학을 통하였기 때문에 이 번 외출에 넘어질 것을 알고는 외출하지 않기로 하고 한 걸음도 움직이기 귀찮을 겁니다. 이런 인생이 그래도 무슨 재미가 있겠습니까? 그래서 제가 반쯤 배우는 것이 제일 좋다고 한 겁니다. 오묘하고 무궁무진하게 느껴지고, 깜깜한 밤에 길을 더듬어 가노라니 눈앞이 조금씩 드러난다면 아주 재미가 있을 겁니다. 그러나 밝은 대낮이라면 눈앞에 구덩이를 보고는 빠질까 봐 또렷이 보고는 그쪽으로 가지 않을 겁니다.

그렇지만 역경에 통했다면 몹시 재미가 없을 겁니다. 그런데도 이런 것을 구태여 배워야 할까요? 그러나 말은 이렇게 하지만 역에 진정으로 통했다면 와서 역경을 강의할 필요가 어디 있겠습니까? 제가 지금 와서 역경을 강의하는 것을 보면 반거충이로서 아직 제대로 통하지 못한 것임을 알 수 있습니다.

지리연구의 이고전서(二顧全書)

중국의 민족성을 논하게 될 때 읽을 책이 한 권 있는데, 고염무의 명저인 천하군국리병서(天下郡國利病書)입니다.

고염무는 앞에서 말했듯이 명나라가 망한 이후 끝까지 투항하지 않았습니다. 그는 훌륭한 인물이었기 때문에, 그가 투항하지 않으니 청나라는 당연히 그를 질시했습니다. 그러나 그는 재간이 있었습니다. 자신은 투항하지 않고 학생들로 하여금 청나라 조정의 벼슬을 하게 함으로써 학생들이 자신을 보호하게 하고, 자기는 암암리에 청나라 전복 음모 활동을 했습니다. 그는 가는 곳마다 부인을 얻어, 아이를 낳고는 떠났습니다. 그가 많은 부인을 얻어 많은 아이를 낳은 것은 그 나름의 이유가 있었습니다. 그가 청나라를 반대하고 명나라를 회복하는 일을 하다가 잘못되면 멸족을 당할 수 있기 때문에, 대를 이을 뿌리를 남겨놓기 위한 일이었습니다. 그는 천하를 두루 다니면서 천하군국리병서를 썼습니다. 각 지방마다 가서 살피고, 특히 각 성(省)의 군사 요새는 모두 가서 보고 이 책을 썼습니다. 그래서 이 책은 뒷날 중국 지리와 중국지방정치사상 연구의 필독서가 되었습니다.

또 한 권의 책은 고조우(顧祖禹)가 쓴 독사방여기요(讀史方輿紀要)인데, 역시 정치 · 군사상의 지리를 연구하는 데 중요한 책으로 오늘날 읽어도 가치가 있습니다. 이 두 권의 책을 합해서 '이고전서'(二顧全書)라 하는데, 당시 국가 천하사에 뜻이 있는 사람이나 군사를 연구하는 사람은 반드시 읽어야 할 책들이었습니다. 이 책들은 각 성(省)에 대해 먼저 총평을 하고 지역 특성 · 민족성을 분명하게 밝혀 놓았는데, 꼭 연구해 볼 만합니다.

중국 각 지방 사람들의 성격은 확실히 다른 점이 있다고 느껴집니다. 그래서 고대에 장군이 병사를 거느릴 때 어느 지방 출신의 병사가 돌격에 적합하고, 어느 지방 출신의 병사가 후방에 적합하고, 어느 지방 출신의 병사가 육상 전투에 적합하고, 어느 지방 출신의 병사가 수상 전투에 적합한지에 대해 대체적인 이해가 있어야 했습니다. 그러므로 청나라를 중흥시킨 상군(湘軍) · 회군(淮軍)은 각각 다른 장점이 있었습니다. 정치도 마찬가지입니다. 그러나 한 가지 주의해야 할 점은, 지방 민속이 다르더라도 만일 외세 침입이 있을 때는 반드시 일치단결해서 먼저 외세의 침략을 몰아내 놓고 보았다는 것입니다.

약재 같은 것도 지방 특성이 있는데, 어떤 약재는 그 지방 이외에서 산출된 것은 약효가 떨어집니다. 당귀 같은 약재는 대만에서 재배 생산하지만 약효는 떨어집니다. 당귀는 제일 좋은 것이 감숙성이나 섬서성에서 나는 진귀(秦歸)이고, 그 다음이 사천에서 나는 것으로 질이 약간 떨어집니다. 오늘날 연구에 따르면 대만의 아리산(阿里山)의 기후 · 토질은 감숙성이나 섬서성과 같지만, 이곳에서 재배 생산된 당귀의 약효는 늘 문제가 있습니다. 지리적 관계로 각지에서 생산되는 식물도 다르고, 출신 인물의 개성도 다른 것입니다. 그래서 고대에 지방 수장(首長)이 된 자는 해당 현(縣)의 현지(縣誌)와 해당 성(省)의 성지(省誌) 같은 자료에 대해서 먼저 다 알아야 했습니다. 물론 독사방여기요를 한 번 읽을 수 있다면 더욱 좋았습니다. 한층 더 잘 이해할 수 있었으니까요.

책들을 정리만 하고 저술하지 않았던 기효람

청나라 시대 건륭 연간에 사고전서(四庫全書)의 편집을 주관하였던 저명한 학자 기효람(紀曉嵐)은 이렇게 말한 적이 있습니다. "세상의 이치와 사정은 모두 옛사람들의 책에 다 말해놓았으므로 이제 다시 저술한다 해도 옛사람의 범주를 넘지 못할 것이니 더 저술할 필요가 어디 있겠는가?" 기효람은 일생동안 책을 저술하지 않고 단지 편서, 즉 전인(前人)들의 전적들을 정리하여 중국문화를 체계적으로 분류함으로써 후대의 학자들이 학습하기에 편리하게 하였습니다. 그 자신의 저작은 단지 열미초당필기(閱微草堂筆記) 하나 뿐 이었습니다.

바로 이러한 태도로써 학문을 하였기 때문에 자연히 독서량도 대단히 많았고 다른 사람보다 이해가 깊고 정확하였습니다. 그는 도가 학술에 대해서는 '종라백대, 광박정미'(綜羅百代, 廣博精微)라는 여덟 글자의 평어를 내렸습니다. '광박'은 많은 것을 다 포괄한다는 의미이며 '정미'는 정교함이 극치에 이르고 미묘함이 불가사의한 경지에 도달하였다는 의미입니다.

그러나 도가의 폐단도 컸습니다. 부적을 그리고 주문을 외운다든지 칼을 삼키고 불을 토하는 기술이 모두 도가 문화로 둔갑했습니다. 더욱이 음양 · 풍수 · 관상 · 점 · 의약 · 무공 등등이 그 속에 포함되지 않는 것이 거의 하나도 없이 모두 도가 학술에 속합니다. 그러므로 '백대의 학술 자료를 두루 모아서 넓고도 정교'하였지만 또한 그로 인해 폐단도 생겨났습니다.

기효람 얘기가 나온 김에 우스개 이야기 두 개를 말해 보겠습니다. 기효람은 일생동안 학문을 함이 근엄했고 학생에 대한 교육도 아주 엄격해서 가혹하게 요구하는 정도에 가까웠습니다. 어떤 학생이 한 편의 글을 들고 와서 기효람에게 보아 달라고 청하자, 보고나서 기효람은 옛 시 두 구절을 가지고 평해 말했습니다.

두 마리 꾀꼬리가 푸른 버드나무에서 울고	兩個黃鸝鳴翠柳
한 줄의 백로가 푸른 하늘로 오른다	一行白鷺上青天

　이것은 두보의 두 구절의 명시인데 이 학생은 영문을 모르겠기에 선생님한테 가서 물었습니다. 기효람은 말했습니다. "두 마리 꾀꼬리가 푸른 버드나무에서 우니 무엇을 말하는지 모르겠고, 한 줄의 백로가 푸른 하늘로 날아오르니 날면 날수록 멀어져 주제와는 만리나 멀다는 말이다."

　또 한 번은 기효람이 한 학생의 글에 방구 뀐다는 평어를 썼습니다. 이 학생은 몹시 억울했습니다. "선생님은 왜 내가 방구 뀐다는 것이지?" 곧 선생님을 찾아 갔습니다. 기효람이 회답했습니다. "너의 글에 대해 방구 뀐다고 평한 것은 그래도 좋은 것이다. 그 보다 못한 것은 개가 방구 뀐다고 하고, 또 그 보다 못한 것은 개방구 뀐다고 한다."

고서를 읽는 방법

　젊은이들은 읽을 만한 책이 없다고 생각하지 말기 바랍니다. 세상의 책은 정말 다 읽을 때가 없으니 다만 어떤 문제를 하나만 붙들어도 반평생 동안 깊이 파고들어 연구하기에 충분합니다.

　중국문화는 정말 활기가 없고 추악할까요? 우리들은 죄과를 꼭 무슨 이학가나 도학가 등 어느 '가'에 전가시킬 필요는 없습니다. 단지 소수의 독서인들이 관념을 잘못하여 대다수의 관념을 그릇된 길로 이끌었기 때문입니다. 중국문화 자체는 결코 그렇지 않습니다. 역사상 한나라 시대의 사마천은 벌써 화리(貨利)의 문제에 대하여 정식으로 제출하여 경제사상을 얘기했습니다. 당시 다른 사람은 경제문제를 그리 중시하지 않았고, 오직 그만이 특히 주의를 기울였습니다. 그리하여 사기 가운데 화식열전(貨殖烈傳)을 썼는데 이는 중국경제학 상의 첫 번째 편의 전기가 되며 중국이 경제철학사상을 토론한 좋은 저작이기도 합니다. 그 밖에 평준서(平準書)도 재정학 상의 중요한 자료입니다.

사마천의 견해는 일반인들과 달랐습니다. 당시에 다들 화리를 대수롭지 않게 볼 때 그는 오히려 화리가 대단히 중요하다고 보았습니다. 그가 제시한 첫 번째 경제전문가는 강태공(姜太公)이고 두 번째가 범려(范蠡)입니다. 그 세 번째는 공자의 천재적인 제자인 자공(子貢)입니다.

세상의 어느 분야의 학문이든 반드시 책을 읽고 지식을 구하고 교육을 받는 것으로부터 기초를 세워야 합니다. 그러나 책에 있는 지식은 모두 앞 시대 사람들의 경험이 누적되어 모여 이루어진 산물입니다. 당신이 이런 지식 경험들을 흡수한 뒤에는 반드시 자기가 소화할 수 있고 발휘하여 당신 자신의 견해를 낳을 수 있어야 비로소 학문의 가장 주요한 요소를 구성하는 것입니다. 만약 융통성 없이 그 범위 속에 갇혀 있다면 이른바 책벌레로 변합니다. 그런데 책벌레도 확실히 인간문화의 예술제품으로 그 나름대로 아주 귀여운 일면이 있습니다. 그러나 왕왕 현실적인 사무에 운용할 때는 대단히 싫은 일면을 드러내어 '아무 짝에도 쓸모없는 것이 서생이다'는 옛사람의 명언의 반영이 될 가능성이 있습니다.

중국 책을 읽고 중국 글자를 알려면 시대가 어떻게 변천하더라도 중국 문자의 육서(六書)인, 상형(象形) · 지사(指事) · 회의(會意) · 형성(形聲) · 전주(轉注) · 가차(假借)에 대하여 유의하지 않을 수 없습니다. 적어도 고대의 문자와 장법(章法)으로 써진 고서를 말하려면 반드시 설문해자(說文解字)의 육서에 대한 상식을 갖추고 있어야 합니다.

하지만 상고의 문자는 간략화를 원칙으로 하였습니다. 한 네모난 중국 문자는 사람들의 의식 사상의 전체적인 관념을 포함하고 있습니다. 때로는 한 중문자만을 쓰고 있지만 가차 전주의 작용을 통하여 또 그 밖의 여러 가지 관념을 포함하고 있습니다. 외국어나 현대어문이 여러자, 심지어는 일이십 자를 써야 비로소 한 가지 관념을 표현하는 것과는 달랐습니다. 이 때문에 현대인들이 고서를 읽는 입장에서는 적지 않은 사색과 고증 상의 번거로움이 증가되는 것을 면하기 어렵습니다. 마찬가지로 우리들이 현대어체로 쓴 문자는 자기는 명백하다고 생각하겠지만 아마 장래에 역시 후세인들에게는 많은 번거로움이 증가할 것입니다. 하지만 사람이 이러한 자질구레한 일을 함으로써 자기를 귀찮게 굴지 않으면 역시 너무 무료하여 살면서 할 만한 일이 없는 것 같다고 느낄 것입니다.

옛사람의 책을 읽기는 어렵습니다. 우선 잠시 이전 사람들의 주해는 보지 말기 바랍니다. 이전 사람들이 우리보다 고명할 수 있지만 우리보다 고명하지 못한 부분도 있습니다. 저작을 써내는 사람은 모두 선입견에 사로잡힌 관념이 있기 마련이기 때문입니다. 고금의 각 부류의 서적들을 읽고 전면적으로 빈틈없이 이해하지 않고서는, 식견이 많지 않기 때문에 어떤 책 한 권을 멋대로 읽고는 곧 그 속의 다른 사람의 주해 관념을 희유한 지극한 보배로 여겨 오래 묵은 지저분한 것을 온통 자기 머릿속으로 집어넣으면, 먼저 들은 것이 옳다고 생각하는 편견이 됩니다. 그런 다음 똑 같은 문제를 토론하는 두 번째 책을 볼 경우, 만약 작자가 상반된 의견을 지니고 있다면 옳지 않다고 여기며 허황된 이론으로 보고는, 첫 번째 책의 견해를 융통성 없이 집착하는 것은 아주 가련하지 않습니까? 중국문화를 연구하는 도서들은 수천 년 지나오면서 그 내용이 쓸데없이 장황한 것들이 이루 헤아릴 수 없을 정도라는 것을 도리어 모릅니다. 사고전서(四庫全書) 한 부만 하더라도 산만큼 쌓여있습니다. 그리고 노자에 대한 주해는 그야말로 소가 땀을 흘리고 실어들인 책이 온 집에 가득하다 할 정도며 각 가(家)는 각 가의 설이 있다고 말할 수 있습니다. 어떤 사람은 읽고는 머릿속이 묵사발이 되어 어느 설이 이치에 맞는지 알 길이 없어 한 벌의 변설을 생각하여 자기의 학설을 그럴 듯하게 꾸며댔습니다. 최후에는 또 재삼

퇴고하고, 스스로 또 회의하기 시작했습니다. 이 때문에 우리들은 노자의 원문을 읽을 때는 원문 중에서 답안을 찾아내어 노자 자신의 주해를 발견할 수밖에 없습니다.

진지하게 말해본다면 고문 짓기의 문법과 논리는 정말 아주 진지했습니다. 옛날과 오늘날은 그 문법 운용만 다르기에 그 논리도 좀 모순이 있습니다. 특히 고대에는 인쇄가 발달하지 않았기 때문에 고문은 가능한 자구가 간결하고 세련되어 한 글자가 왕왕 한 가지 관념을 나타내면서 함의가 깊고 또 많았습니다. 그래서 후세에 읽고 이해하기가 어렵습니다.

예컨대 송나라 시대의 구양수(歐陽脩)가 황제의 명령을 받고 당사(唐史)를 편찬할 때에, 어느 날 편찬을 보조하는 한림학사(翰林學士)들과 교외로 산보를 나갔다가 말 한 마리가 미친 듯이 달려가며 길에서 개 한 마리를 밟아 죽이는 것을 보았습니다. 구양수는 그들이 역사 원고를 쓰는 문장 수법을 한 번 시험해보고 싶었습니다. 그래서 다들 눈앞의 일로 한 가지 제요(提要), 즉 큰 표제로 써내 보라고 했습니다. 어떤 사람은 말했습니다. "어떤 개가 큰 길에 누워있었는데 달리는 말이 발굽으로 죽였다."(有犬臥於通衢, 逸馬蹄而殺之) 또 어떤 이는 이렇게 말했습니다. "말이 거리를 달리고 있는데 누운 개가 그를 만나 죽었다."(馬逸於街衢, 臥犬遭之而斃) 구양수가 말했습니다. "이런 작문으로 한 부의 역사를 썼다가는 일만 권을 써도 다 못 쓸 것이다." 그들은 구양수에게 "그럼 당신은 어떻게 쓸 작정입니까?"라고 묻자 구양수는 말했습니다. "달리는 말이 개를 길에서 죽였다."(逸馬殺犬於道), 한자 여섯 자로 명백했습니다. 이것이 고금의 문자가 다른 한 가지 본보기입니다. 첫 번째 사람이 쓴 문자는 명나라 시대의 일반적인 문자 구법(句法)인 것 같습니다. 두 번째 사람의 것은 송나라 시대의 구법 같습니다. 사실은 시대가 뒤로 올수록 생각도 어수선하고 복잡해지고 문자의 운용도 많아졌습니다.

제가 거듭 강조한 적이 있듯이, 우리들 후세인들이 옛사람의 저작을 읽을 때 흔히 자기 당대의 생각관념을 가지거나 현대 언어문자를 가지고 깊게 알지도 못하면서 옛사람에 대하여 주해를 하여 옛사람을 왜곡하는데, 이것은 얼마나 죄과가 되겠습니까! 어느 시대의 책을 읽을 때는 무엇보다도 먼저 원래 그 시대의 실제 상황 속으로 돌아가 당시 사회의 문물풍속을 체험하고, 당시 조정과 재야 각계각층의 생활심리상태와 당시 언어습관을 이해해야 합니다. 이렇게 한 시대의 문화사상을 창조한 동적인 원천을 파악하고 그 역사 문화의 배경 소재를 분명히 보아야, 비로소 당시의 철학사상과 문예창작에 대하여 곡해를 피하고 정확하고 합리적인 평가를 할 수 있습니다.

　예컨대 우리가 석가모니불의 경전을 연구할 때도 2천여 년 전의 고대 인도의 농업사회로 돌아가 그 입장에 서서 당시의 인민들을 대신하여 한 번 생각해보는 것입니다. 그 당시 인도는 빈부의 차가 지극히 크고 지극히 불평등하며 어디를 가든 우매함과 고통으로 충만한 세상이었습니다. 만약 당신이 역사를 읽으면서 진정으로 '남이 빠지면 나도 빠지고 남이 배고프면 나도 배고프겠다는 정신'으로 자기를 온통 내던져 그 처지를 겪어보고 그런 고통이 어떠한지를 몸소 맛볼 수 있다면, 비로소 석가모니불이 왜 중생은 평등하다고 제창하고 왜 사람마다 일체 중생을 제도하겠다는 행원을 지녀야 한다고 호소하였는지를 진실하게 이해할 수 있으며, 비로소 당시에 불타가 진정으로 위대했던 점을 체험할 수 있습니다. 만약 천하가 태평하고 세상이 본래 좋으며 다들 생활이 근심 걱정이 없다면, 부족한 것이 아무 것도 없고 자동차·서양식 집·냉난방기 등 갖가지가 다 갖추어져 있어 세월을 편안히 지낸다면, 설사 그보다는 좀 못하더라도 달갑게 여길 것인데 구태여 당신이 무엇을 구제하고 무엇을 도와주기를 기대할까요?

　책을 많이 읽고 나면 고금의 문장에 별것 없다고 느낄 것입니다. 이른바 '천고문장일대초'(千古文章一大抄)인데, 오늘날은 더욱 심합니다!

어떤 이는 중앙도서관 중앙연구원이나 다른 곳에 가서 수십 년 전의 신문을 찾아내서 몇 편의 신문 꽁무니 문장을 베껴서 새것으로 바꾸어 놓거나, 풀병 하나와 가위 한 자루를 들고 오리고 이리저리 붙여놓은 게 바로 한 권 책이 되어 새 저작이 됩니다. 또 어떤 이는 학생에게 한참 연구시켜 자료를 가져오라고 해서 한 번 긁어모으면 바로 저작이 됩니다. 프랑스로 유학 간 어떤 학생이 최근 여름 방학으로 돌아와 논문 주제를 찾았는데 그가 말하기를, 프랑스 선생님들은 그더러 중국문제의 어떤 주제에 대하여 쓰라고 요구한다고 말했습니다. 제가 말했습니다. "천하의 까마귀는 똑같이 까맣다. 중국의 선생님도 그렇고 외국의 교수도 그렇다. 그 교수는 아예 이 문제에 대하여 알지 못하기 때문에 너의 박사 논문 주제로 하라고 지정한 것이다. 그는 너의 지도교수이니 명의는 그가 걸어놓고 실제로는 네가 그 대신에 연구하는 것이다. 오늘날 학술계에서 학문하는 것은 모두 솔직하지 못하다. 정말 공자가 '내가 누구를 속이겠는가? 하늘을 속이겠는가?' 라고 말한 그대로다. 온통 그렇게 한다." 자기가 모르는 문제를 학생에게 논문 쓰고 연구하게 합니다. 학생은 학위라는 공명을 얻고 싶으니 자료를 찾을 수밖에 없으며 죽도록 고생합니다. 찾아낸 다음에 모두 그에게 넘겨주고 나면 학생의 학위는 완성됩니다. 그 교수는 지식도 얻게 되고 힘들일 필요도 없습니다. 이것이 학술계의 비밀입니다. 전 세계가 그렇습니다. 옛사람들이 학생을 가르치는 것은 도(道)를 전하고 학업(業)을 전하는 정신이었던 것과는 결코 같지 않습니다. 사람이 늙다보니 이런 것들도 꿰뚫어보게 되었는데 정말 보고 싶지도 않습니다.

이종오와 후흑학

이종오(李宗吾)의 후흑학(厚黑學)이란 책이 지금도 잘 팔리고 있으며 대만·홍콩·대륙에서 많은 사람들이 읽기 좋아한다고 합니다. 그러나 오늘날의 독자들은 아마 이 책의 역사적 배경을 그리 이해하지 못할 것이며 이종오를 이해하는 사람은 더욱 적을 것입니다. 이종오는 사천 사람으로 자칭 후흑교주입니다. 후흑(厚黑)이란 얼굴이 두껍고 마음이 검다는 뜻입니다. 저는 이종오와 인연이 있었는데 저의 인상 속에서 이종오는 조금도 두껍거나 검지 않았습니다. 아주 너그럽다고 말할 수 있습니다.

제가 이종오를 알게 된 것은 대략 항일전쟁의 전기였는데 구체적인 날짜는 기억하지 못하겠습니다. 그 때 저는 성도(成都)에 있었습니다. 성도는 사천성 소재지입니다. 사천은 땅이 기름지고 물산이 풍부한 곳입니다. 아주 풍요로운 곳입니다. 성도는 홍콩 같은 대도시처럼 생활 리듬이 빠른 것은 아니고 저의 인상 속에서는 다들 아주 한가로웠습니다. 지금도 저는 성도를 몹시 그리워합니다.

저는 절강에서부터 이리저리 거쳐 성도에 온 때는 겨우 스무 살 남짓이었습니다. 우리같은 외성인(外省人)들은 하강인(下江人)이나 각저인(脚底人)이라고 불렸습니다. 저는 그 때 일심으로 신선을 구하고 도를 배우고 싶었으며 일심으로 비검(飛劍) 공부를 배워 일본인을 물리치고 싶었습니다. 그래서 저는 늘 유명한 사람이나 학문이 있는 사람이나 무공이 있는 사람을 찾아다녔습니다.

그 때 성도에 소성(小城)공원이라는 곳이 있었습니다. 그 안에는 찻집이 있고 장기 바둑실이 있었습니다. 차 한 주전자를 우리면서 한나절이나 하루를 앉아 있어도 되었으며 떠날 때 돈을 지불했습니다. 중간에 일이 있어 잠깐 자리를 뜰 경우는 찻잔 뚜껑을 뒤집어 놓으면 차실의 심부름꾼이 거두어가지 않았습니다. 돈이 없으면 차를 마시지 않아도 되었습니다. 차 심부름꾼이 뭘 드시겠느냐고 물으면 유리를 마시겠다고 답하면 유리잔에 끓인 물을 한잔 가져다주었습니다. 이런 농업사회의 기풍은 오늘날은 아마 사라졌을 겁니다.

소성공원은 성도의 명인현사(名人賢士)·유로유소(遺老遺少)들이 모이는 곳으로 항상 두루마기를 입고 헝겊신을 신은 사람들을 볼 수 있었으며 각종각양의 기이한 사람들도 있었습니다. 이런 사람들이 바로 제가 찾고자 하는 사람들이었습니다. 그래서 저는 소성공원의 단골손님이 되었습니다. 거기서 저는 양자언(梁子彦) 선생을 알게 되었습니다. 그는 학문이 좋고 청나라 시절 과거에 합격하여 안휘성 어느 현의 지사(知事)를 한 적이 있었습니다. 저는 그를 선생님으로 모셨습니다. 그는 저에게 몇 차례의 수업을 해주었습니다. 당시 성도의 문인 명사 가운데는 이른바 5로7현(五老七賢)이 있었는데 모두 학문이 많은 사람들이었습니다. 양자언 선생님의 소개로 저는 5로7현 중 몇 분을 알게 되었습니다. 그 중에 한 분이 유예파(劉預波)이며 7현 중 한 분이었습니다. 그때 이미 7십여 세였습니다. 시사(詩詞)·문장·글자가 모두 좋았습니다. 그는 유불도를 일가로 융회하여 열문(列門) 교주라고 불렀습니다. 이런 분들 앞에서 저는 아직 어린이였습니다. 저는 중산복장을 하고 또 절강성 사람인데다 장개석과 같은 고향 사람이라 처음에는 그분들 가운데 저에 대하여 이 녀석은 장 두목이 파견한 사람일지 모른다고 의심하는 사람이 있었습니다. 서서히 그분들은 제가 그저 배움을 구하고 도를 묻는 사람이란 것을 이해하게 되었고 의심도 하지 않게 되었으며 여러 사람들이 오히려 저와 나이를 잊은 친구가 되었습니다.

　어느 날 제가 소성공원에서 몇 분의 선배 친구들과 차를 마시고 바둑을 두고 있는 중이었습니다. 이때 어떤 사람이 들어왔습니다. 큰 키에 등이 약간 굽고 중절모를 썼는데 얼굴 생김새가 아주 특이한 게 마치 고대(古代) 사람과 같았습니다. 다른 사람들은 그가 들어오는 것을 보자 그를 향해 머리를 끄덕이거나 다가가서 인사를 했습니다. 양 선생님도 다가가서 인사를 했습니다. 제가 곧 양 선생님께 저 분은 누구냐고 물었습니다. 양 선생님은 말했습니다. "저 사람을 자네가 몰라? 그가 바로 후흑교주 이종오야. 사천에서는 아주 유명한 사람이지." 양

선생님은 곧 제게 이종오에 관하여 얘기하기 시작했습니다. 저는 몹시 사귀고 싶다며 선생님더러 추천 좀 해달라고 청했습니다. 양 선생님은 저를 데리고 가 이종오에게 소개했습니다. "이 분 남모인은 각저인으로 나이를 잊어버리고 사귀는 친구입니다." 저는 얼른 말했습니다. "교주님의 큰 이름을 오랫동안 우러러왔습니다." 사실 저는 방금 그의 이름을 들었지만 강호에서의 그런 인사말은 어쨌든 필요한 것입니다. 이리하여 후흑교주는 우리와 함께 차를 마시며 한담을 하자고 청했습니다. 이른바 한담이란, 모두들 이 후흑교주가 거기서 시사문제를 논의하고 시대적 폐단을 지적 비판하고 항일전쟁을 얘기하며 사천의 군벌을 욕하는 것을 듣는 것이었는데, 그는 그런 사람들은 모두 사람 새끼도 아니라고 욕했습니다. 이것이 제가 후흑교주를 처음 사귄 것이었습니다. 뒤에 소성공원의 다관(茶館)에서 늘 그를 만날 수 있었습니다. 한 번은 후흑교주가 제게 말했습니다. "내가 보니 자네라는 사람에게는 영웅주의가 있어 몹시 영웅이 되고 싶어 하는군. 장래에 성취가 있을 걸세. 하지만 내가 자네에게 영웅이 더욱 빨리 될 수 있는 방법을 하나 가르쳐 주고 싶네. 공을 이루고 명성을 이루고 싶거든 남을 욕해야 하네. 내가 바로 남 욕을 해서 욕으로 유명해진 사람이네. 자네는 남을 욕할 필요가 없네. 자네는 나를 욕하게. 나 이종오를 멍청한 놈 죽어야 할 놈이라고 욕하면 자네는 성공할 걸세. 하지만 자네는 이마에 대성지성선사공자지위(大成至聖先師孔子之位)라는 종이쪽지를 한 장 붙이고 마음속에는 나 후흑교주 이종오의 위패를 모셔야 하네." 저는 당시에 그가 말해준 방법대로 하지 않았기에 명성을 이루지 못했습니다.

후흑교주와 몇 차례 접촉한 뒤에 저는 그에 대해 매우 탄복했습니다. 이 사람은 학문이 좋고 도덕도 좋으며 생활도 매우 엄숙했습니다. 그 때에 그는 이미 여러 권의 책을 출판해서 후흑학(厚黑經) · 후흑총담(厚黑叢談) · 생리와 과학, 그리고 중국교육제도초탐(中國敎育制度初探)이 있었습니다. 그는 성(省) 교육청에서 학사감독 직원을 지냈기에 교육제도에 대하여 좀 연구를 했었습니다. 그는 당시 서양교육제도를 끌어들인 것에 대하여 다른 견해를 갖고 있었는데 이 방면에 있어서는 저는 그와 같은 견해를 가졌습니다.

이종오의 저작들은 당시 제가 다 읽어보았습니다. 그는 학문이 좋고 문장도 잘 썼는데, 괴재(怪才) 부류에 속했습니다. 그의 후흑 이론은 오늘날 말로는 역사에 대한 회의·권위에 대한 회의·권위를 향한 도전이라고 할 수 있습니다. 예컨대 사람마다 요임금 순임금이 성인이라고 말하지만 그는 회의를 제기합니다. 그는 이것이 자신의 발명이라고 하는데 사실은 그의 선배인 같은 종씨인 명나라 시대 이탁오(李卓吾)가 이미 선례를 열어놓았습니다. 또 명나라 말기의 소수의 명사들도 요임금 순임금의 왕위 선양(禪讓) 문제를 제기하여 토론한 적이 있었습니다. 목피산객고사(木皮散客鼓詞) 속에서도 요임금 순임금을 회의합니다. 그 속의 한 단락은 말하기를, 요임금은 자기 아들이 무능했기 때문에 장래에 강산을 지키지 못해 상관없는 사람이 탈취해 가버리면 너무 안타까울까 두려워했다는 겁니다. 그리고 순이 매우 효순하고 능력도 있는 것을 보았기 때문에 자기의 두 딸을 순에게 시집보내서 순을 자기 사위로 거두었다는 것입니다. 사위는 반자식의 몫이 있고 사위가 즉위하여 황제가 되면 자기의 자손들은 여전히 부귀영화를 누릴 수 있다는 겁니다. 이종오의 후흑학 이론 건립은 완전히 이탁오와 목피산객고사에서 배워온 것입니다. 심지어 이종오의 이름 글자도 그 자신이 뒤에 고친 것입니다. 이를 통해 그가 이탁오의 영향을 얼마나 받았는지를 볼 수 있습니다.

이종오의 후흑 이론은 역사상의 인물에 대하여 모두 비평적인 태도를 취하고 있습니다. 뿐만 아니라 일반인들과는 견해가 다릅니다. 예컨대 삼국 인물에 대한 그의 평가는, 유비(劉備)는 낯가죽이 두껍고 조조(曹操)는 마음이 시커멓고, 손권(孫權)은 마음이 시커멓고 낯가죽이 두꺼운 점이 좀 있지만 모두 최고 수준에 이르지는 못했다고 보았습니다. 그는 역사상의 인물들에 대해 거의 욕을 했는데 그는 옛일을 빌려 은근히 현실을 풍자 비판한 것입니다. 그는 당시의 사회에 대하여 불만이었으며 당시의 큰 인물에 대하여 불만이어서 역시 거의 욕을 했습니다. 장개석에 대하여도 그는 감복하지 않았지만 제 앞에서는 이전부터 장개석의 일을 꺼내지 않았습니다. 사천의 당시 군벌에 대하여는 더욱 심하게 욕을 했습니다.

사천은 당시에 군벌의 통치가 매우 심했습니다. 유상(劉湘)·유문휘(劉文輝) 같은 사람들이 그랬는데 유문휘는 뒤에 항일전쟁에 참가했습니다. 백성들은 겉으로는 감히 이런 군벌들에게 반항하지 못했지만 뒤에서는 모두 그들을 욕했습니다. 이종오처럼 감히 군벌을 욕하는 사람은 그 한 사람만이 아니라 제가 아는 유사량(劉師亮)·사무량(謝无量)에게도 모두 군벌을 욕하는 걸작이 있어 전해졌습니다. 예컨대 류상은 너무나 많은 사람을 죽였는데 마치 머리를 깎듯이 사람을 죽였습니다. 류사량은 한 수의 시를 지었습니다.

머리를 깎을 수 있느냐 묻는데	問到頭可剃
사람마다 다 깎을 수 있네	人人都剃頭
머리가 있는 자는 누구나 깎을 수 있으니	有頭皆可剃
깎을 수 없다면 머리가 아니네	不剃不成頭
깎는 것은 남이 깎아주지만	剃之由他剃
머리는 여전히 내 머리이네	頭還是我頭
머리를 깎아 주는 자를 보게나	請看剃頭者
남이 또 그의 머리를 깎아준다네	人也剃其頭

이 시는 의미가 명백합니다. 류상은 가는 데마다 사람을 죽이는데 마침내 어느 날엔가는 당신도 살해당할 거라는 겁니다. 뒷날 장개석이

한복구(韓復榘)를 죽였는데 류상은 그 소식을 듣고는 놀라 죽었다고 합니다.

이것은 당시 사천의 군벌통치 상황을 말하고 있습니다. 우리의 이후흑교주가 하루 종일 군벌을 욕하고 사회의 암흑현상을 욕하니 자연히 사람들이 싫어했습니다. 특히 군벌은 모두 그를 잡아가려 하고 심지어는 죽이고 싶어 했습니다. 중경(重慶)의 국민당 중앙당부도 이종오에 대해 싫어하며 그가 퍼뜨리는 언론이 민심사기(民心士氣)에 불리하다고 보고 잡아들이고 싶었지만 구실을 찾지 못했습니다. 왜냐하면 이종오는 공산당이 아닌데다 항일전쟁을 반대하지 않았기 때문에 뒷날까지도 그를 잡아들이지 않았습니다. 하지만 저는 어떤 사람이 그를 잡아들이려 한다는 것을 알았습니다. 왜냐하면 제게는 정계에서 일한 몇 사람의 친구가 있기 때문입니다.

한 번은 제가 그에게 말했습니다. "선생님 더 이상 후흑학 얘기하지 마십시오. 다시는 글을 써서 남을 욕하지 마십시오." 그가 말했습니다. "내 멋대로 남을 욕하는 게 아니야. 저마다 사람은 얼굴 가죽이 두껍고 마음이 까만데 내가 가면을 벗겨내는 것일 뿐이네." 제가 말했습니다. "중앙에서 당신을 주시하고 있다고 합니다. 누군가 당신을 잡아들이려 한답니다." 그가 말했습니다. "젊은이, 이걸 자네는 이해 못할 걸세. 아인슈타인은 나와 동갑인데 그가 나보다 몇 달 늦지. 그는 상대성이론을 발명해서 지금 세계적으로 유명한 과학자이네. 그런데 나는 지금도 사천에 있으며 성도에 있으면서 큰 명성을 이루지 못했네. 나는 그들이 나를 잡아가기를 바라네. 내가 감옥에 들어가 있으면 세계적으로 유명해질 걸세."

이종오는 뒷날 잡히지 않았으며 세계적으로 유명해지지도 않았습니다. 그는 제게 이렇게 말한 적이 있습니다. "내 운이 좋지 않아. 채원배(蔡元培)나 양계초(梁啓超) 같지가 않아." 하지만 그의 후흑학은 반세기 동안 널리 퍼졌으며 또 그렇게 많은 사람들이 읽기 좋아하는데, 아마 그가 예상하지 못한 일일 겁니다. 그의 후흑교주는 완전히 자칭한 것입니다. 그는 교회 조직 하나도 없고 교도(教徒) 하나도 없는 외톨이였습니다. 당시 그의 책을 많은 사람들이 읽기 좋아했지만 많은 사람들이 물들까 두려워 감히 그와 내왕하지는 않았습니다. 저는 두려워하지 않고 줄곧 그와 내왕했습니다.

한두 해 지나 제가 운남 서강(西康) 변경지역으로 갈 일이 있었는데 그곳은 제가 활동한 근거지였습니다. 일 년 남짓 하고는 하고 싶지 않아서 곧 성도로 돌아왔습니다. 이때 저의 한 친구인 항주에서 알고 지내던 스님이 세상을 떠났다고 들었습니다. 그는 자류정(自流井)에서 죽었는데 지금의 자공(自貢)이 그곳입니다. 저는 그에게 신세를 졌기에 자류정에 꼭 가야만 했습니다. 저의 좋은 친구 전길(錢吉)도 스님이었는데 저와 동무해서 갔습니다. 우리는 8일 동안 가 있었는데 성도에서부터 걸어 자류정까지 가서 그 친구의 무덤을 찾아 향을 사르고 절하였습니다.

자류정으로부터 성도로 돌아오는 데는 또 8일이 걸리는데 우리는 몸에 지닌 여비가 다 되어가서 한참 걱정하고 있었습니다. 저는 갑자기 후흑교주 이종오 고향이 이곳에 있음이 생각났습니다. 이종오는 유명인이라 그의 주소는 알아보자마자 알아냈습니다. 그의 집은 아주 크고 대문이 활짝 열려있었습니다. 과거의 농촌은 다 그랬습니다. 대문을 이른 아침부터 열어 놓았다가 저녁이 되어서야 닫았습니다. 오늘날 홍콩처럼 문을 다들 꼭꼭 닫아놓지 않았습니다. 우리는 대문 입구에서 한 번 외치니 안에서 맞이하여 주는 사람은 바로 후흑교주였습니다. 그는 저를 한 번 보더니 몹시 반가워하면서 물었습니다. "자네가 어찌 왔는가?" 제가 말했습니다. "죽은 친구를 보러 왔습니다." 그는 오해하여 제가 그를 놀리는 줄 알고는 말했습니다. "나는 아직 죽지 않았네!" 저는 얼른 해명했습니다. 그는 우리가 말할 수 없이 지쳐있는 꼴을 보고는 즉시 밥을 짓도록 안배하고 우리를 초대하였습니다. 당장 닭을 잡고 양어장에서 활어를 건져 올리고 채소를 따와 마련한 정통 사천요리를 한 끼 먹었습니다. 술과 밥을 배불리 먹고 난 뒤에 저는 그에게 돈을 빌리려고 입을 열었습니다. 제가 말했습니다. "교주님, 제가 이렇게 하는 것은 일 없으면 삼보전(三寶殿)에 오르지 않는 격입니다만, 성도로 돌아가는데 여비가 떨어졌습니다." 그가 말했습니다. "얼마나 모자라는가?" 제가 10원이라고 말했습니다. 그는 일어나서 곧 안으로 들어가더니 은전 한 봉지를 제게 건네주었는데 제가 손으로 무게를 가늠해보니 10원에 그치는 게 아니어서 얼마냐고 물었습니다. 그는 20원이라고 말했습니다. 제가 너무 많다고 하자 그는 가져가라 했습니다. 언제 돌려드릴 수 있을지 모른다고 하자 그는 우선 쓰고 나서 나중에 말하자고 했습니다. 제가 돈을 빌리는 이 작은 일로 보건대 후흑교주의 사람됨과 도덕은 조금도 후흑하지 않았습니다. 심지어 아주 성실하고 매우 너그러웠습니다.

식사를 하고 난 뒤 한담을 할 때 그는 갑자기 저더러 성도에 돌아가지 말고 머무르라는 제의를 했습니다. 머물러서 뭘 하느냐고 제가 말하자 그는 말했습니다. "자네는 무공을 좋아하지 않는가? 자네는 여기서 배우게. 여기에 조가요(趙家坳)가 있네. 조가요에는 조사(趙四) 할아버지가 한 분 있는데 무공이 대단하네." 그는 이어 저에게 조사 할아버지의 상황을 소개했습니다. "조사 할아버지는 어릴 때부터 절름발이였지만 재간이 좋았네. 특히 경공(輕功)이 그렇다네. 그는 새 헝겊신을 한 켤레 신고 눈길을 걸어 1리를 왕복해도 신 바닥에 진흙이 조금도 흙탕이 묻지 않을 수 있다네. 그가 한 제자를 가르쳤는데 재간도 좋았다네. 그러나 이 제자는 재간을 배우고 나서 좋지 않는 일을 했지. 밤이면 담장을 넘어 들어가 민간 여자를 강간했네. 조사 할아버지는 당장에 이 제자의 재간을 못 쓰게 해버렸네. 그로부터 다시는 제자에게 기예를 전하지 않는다네."

후흑교주는 조사 할아버지의 재간이 전해지지 못하면 너무나 안타까울 것이라고 생각하고는 제가 머물면서 그에게 배우도록 애를 써서 고무 격려했습니다. 저는 그가 제자 받아들이기를 그만 두었는데 어떻게 그를 선생님으로 모시겠느냐고 하자 그는 말했습니다. "자네는 다르네. 왜냐하면 자네는 절강 사람이고 조사 할아버지 재간도 절강에서 온 한 부부로부터 배웠기 때문이네. 내가 자네를 추천하러 가면 그는 틀림없이 받아들일 걸세." 그는 말하기를 조사 할아버지에게 3년을 배우면 장래에 협객이 되는 것도 좋은 일이라고 했습니다. 그는 또 제의하기를 그 3년 동안의 생활비는 그가 부담하겠다고 했습니다. 저는 그의 온통의 성의를 보고 면전에서 거절하기가 거북했습니다. 무공을 배운다는 데는 몹시 마음이 끌리지만 3년이라는 시간이 너무 길었습니다. 저는 말했습니다. "제가 다시 고려 좀 해보도록 허락해주십시오." 그날 저녁 저와 전길은 여관으로 돌아와 밤을 지냈습니다. 그 다음날 아침 이종오가 여관으로 왔습니다. 여전히 저더러 머물러 무공을 배우라고 권했습니다. 저는 마지막에는 역시 사양했습니다. 그는 곧 아쉬움을 느끼며 말했습니다. "안타깝네, 정말 안타까워." 저는 성도로 돌아왔습니다.

얼마 지나지 않아 저는 아미산으로 3년간 폐관을 하러 갔습니다. 외부와는 일체 내왕을 끊었기에 바깥 세상일에 대하여는 모두 알지 못했습니다. 오직 산 아래로부터 쌀을 짊어지고 돌아오는 어린 스님만이 가끔 약간의 바깥 소식을 가지고 왔을 뿐입니다. 스님은 문화가 뒤떨어진 곳에 사는 사람이라서 항일전쟁 소식들에 대하여 그리 관심이 없었습니다. 게다가 어린 스님은 이해하지도 못하니 그 방면의 소식을 듣지 못했습니다. 어느 날 어린 스님이 돌아와 말했습니다. "후흑교주 이종오가 세상을 떠났습니다." 저는 듣고 마음속이 괴로웠습니다. 세가 그에게 빌린 20원 은전을 아직 갚지 못했고 갚을 길도 없어졌기 때문입니다. 저는 매일 그에게 금강경을 읽어주어 그를 천도했습니다. 후흑교주 이종오는 못된 짓을 너무나 많이 했습니다. 그렇게 많은 사람을 욕했습니다. 그의 후흑학을 일부 청년들은 읽었으며 그의 진실한 의도를 알지 못하고 정말로 두꺼운 낯 검은 마음으로 했습니다. 또 많은 젊은이들에게 해악을 끼쳤습니다. 저는 오직 금강경을 읽음으로써 그에 대한 빚을 갚고 그에게 진 신세를 갚았습니다. 뒷날 들으니 그는 죽을 때 편안했다고 하니 수종정침(壽終正寢)한 셈입니다.

제5장 전고를 이야기 하고
인물을 평론하다

이사의 쥐 철학

우리가 다 알듯이 공자는 도(道)를 증자(曾子)에게 전하고, 증자는 대학(大學)이라는 한 편의 심득 보고서(心得報告書)를 썼습니다. 증자는 공자의 손자인 자사(子思)에게 도를 전하고, 자사는 또 중용(中庸)이라는 한 편의 심득 보고서를 썼습니다. 자사는 맹자에게 도를 전했는데, 맹자도 대단해서 적지 않은 논문을 썼습니다. 순자(荀子)의 저서도 한 부가 세상에 전해지고 있지만, 약간 물이 타진 것이라 가짜와 진짜가 섞여 있습니다. 게다가 순자의 학생 중에는 반거충이들이 몇 명 나왔는데, 이사(李斯)나 오기(吳起)같은 사람들이 그 예입니다.

이사에 대해 이야기해 봅시다. 정치 철학사로 볼 때, 이사의 철학은 무엇일까요? 우리는 그것을 '쥐 철학'이라고 할 수 있을 것입니다. 어떤 것이 쥐 철학일까요? 인류의 사상은 역사의 변화 발전과 절대적인 관계가 있다는 것을 먼저 이해해야 합니다. 우리가 사기(史記)를 펼쳐 이사전(李斯傳)을 보면, 이사의 쥐 철학을 알 수 있습니다. 이사는 소년 시절에 순자에게서 배웠는데 당시 그는 아주 가난했습니다. 맹자 이후 전국 시대 말기가 되자, 사람들은 모두 현실적이 되었습니다. 세상이 어지러워질수록 인심은 현실적이 되며, 국가 사회가 안정되어야 비로소 인의의 마음과 도덕적 행위가 자주 눈에 띄게 됩니다.

넷날 진시황에게 영향을 끼진 이사의 사상은 바로 현실에 얽매여서 나온 것입니다. 이사가 어느 날 화장실에 갔습니다. 오늘날의 수세식 화장실이 아니라, 옛날 농촌 사회에서 볼 수 있었던 큰 똥구덩이였습니다. 깊고 큰 구덩이 위에 나무판자를 놓고, 사람이 그 위에 쭈그리고 앉아 대변을 보는 것입니다. 이런 똥구덩이는 그 안에 똥이 층층이 쌓여 있어 멀리서 바라보면 높은 누각 같았습니다. 구덩이가 깊은 것은 대변이 떨어지는 시간도 길고 소리도 커서, 그 때마다 똥을 훔쳐 먹던 쥐들이 놀라 흩어져 도망갔습니다. 어느 날 가난뱅이 이사가 화장실에서 보니, 조그맣고 빼빼 마른 쥐들이 사람을 보고 놀라 황급히 도망가는 모습이 몹시 가련했습니다. 그런데 이사는 그 후 또 쌀 창고에서 쌀을 돌라먹는 쥐를 보았습니다. 그 쥐는 살이 찌고 몸집이 크며 사람이 오는 것을 보고서도 도망해 피하지 않을 뿐 아니라, 오히려 눈을 휘둥그렇게 뜨고 우쭐대는 모습이었습니다. 이사는 아주 이상하게 느꼈습니다. 그리고 찬찬히 한번 생각해 보았습니다. 마침내 그는 현실적인 이치를 한 가지 깨닫게 되었습니다. 사람을 보자마자 도망가는 조그맣고 빼빼 마른 쥐는 의지할 곳이 없었지만, 살찌고 크며 사람을 보고도 피하지 않는 쌀 창고의 쥐는 의지할 곳이 있었습니다. 차이가 여기에 있을 뿐이었습니다.

의지할 곳이란 곧 재주로, 산에 의지한다든가 밑천이 있다든가 하는 것입니다. 이사는 이 이치를 깨닫고 난 후, 순자에게 이야기하고 공부를 그만 하겠다고 했습니다. 순자가 그에게 공부를 그만두고 무엇을 하려느냐고 묻자, 이사는 제후에게 유세하여 부귀공명을 얻겠다고 했습니다. 순자가 "너는 아직 안 된다. 학문이 아직 성취되지 않았다."고 말하자, 이사는 "사람이 밥도 못 먹을 정도로 가난한데, 어찌 학문 도덕을 중시하겠습니까? 이거야말로 말 뼈다귀 같은 소리입니다!"라고 했습니다. 선생은 이 말을 듣고 말했습니다. "너는 생각하는 것이 정말 큰일이구나. 가거라!" 그리고 이사를 학적에서 제명시켜 버렸습니다. 마침내 이사는 진시황이라는 병청이를 만나 둘이 한 넝어리가 되어, 국가를 백성이 살 수 없을 지경으로 만들었습니다. "쥐의 눈빛은 한 치 밖에 못 본다."(鼠目寸光)는 말이 있듯이, 쥐 철학은 현실만 중시하고 인의도덕이 무엇인지 모른 결과, 진시황이 사구(沙丘)에서 죽은 후에 이사도 자신을 보전하기 어려웠습니다. 그래서 이사 부자가 사형당하기 전에 이사는 자기 아들에게 이렇게 말했습니다. "이제는 너와 함께 누런 개를 끌고 고향 상채(上蔡)의 동문 밖으로 토끼 사냥을 나가는 것도 불가능하게 되어 버렸구나."

이사는 쥐 철학을 했는데, 왜 성공할 수 있었을까요? 이는 당시의 환경을 보아야 합니다. 춘추전국 시대 3,4백 년 동안의 동란 속에서 백성은 가난하고 재물은 소진되어 경제적으로 빈곤했을 뿐만 아니라, 인재도 역시 거의 없어져 버렸습니다. 진정한 인재의 양성은 아무래도 백여 년의 안정된 사회라야 가능합니다. 다른 것은 놔두고, 청말의 화가인 보유(溥儒)의 그림만 얘기해 봅시다. 남들은 그의 그림이 정말 좋으며, 그만한 사람이 또 없다고 말합니다. 그러나 저는 이렇게 말합니다. "그대는 보유의 예술이 좋다고 하지만, 그가 그렇게 되기까지 밑천이 얼마나 들었는지 아는가? 청나라는 고아와 과부가 2,3백 만을 이끌고 산해관으로 들어왔다. 황제라고 칭한 3백 년 동안 궁정에서 이 예술가 한 사람이 양성되었을 뿐이다. 그대 생각에 밑천이 얼마나 되겠는가?" 이후주(李後主)의 다음과 같은 사(詞)가 있습니다.

수레들은 흐르는 물인 듯
말들은 헤엄치는 용인 듯 오가고
꽃피고 달은 둥근데 때마침 봄바람이 불어오누나

車如流水馬如龍　花月正春風

정말 아름답습니다. 그렇지만 이 사의 원가가 얼마였을까요? 한 사람의 만승지존(萬乘之尊)으로 한 국가를 가지고 장난질하고 나서야 이런 사가 나올 수 있었습니다. 다른 사람은 결코 이런 사를 써낼 수 없습니다. 기백에 있어서 황제가 되어 보지 못한 사람은 이런 경지를 억지로 써낼 수 없습니다. 만일 가난뱅이가 서문정(西門町: 대북시의 거리 이름—역주)의 큰 거리에 서 있다면 다음과 같이 쓸 수 있을 것입니다.

거리의 차들은 흐르는 물인 듯
끝없이 오가는데
내 호주머니는 허공처럼 텅텅 비었네

車如流水馬如龍　口袋太空空

그러므로 한 국가의 인재는 수백 년 동안 안정된 문화 속에서 비로소 양성될 수 있습니다. 그러나 전쟁이 한 번 일어나면 또 텅 비게 되어 버립니다. 그러므로 전국 시대에 이르러 오직 소진(蘇秦)과 장의(張儀), 이 두 반거충이 학생들이 천하를 가지고 놀았습니다. 그들은 당시의 총아였지만, 만약 춘추 시대의 자공·자로 같은 인재와 소진·장의를 비교한다면, 자공과 자로는 그들을 정면으로 쳐다보지도 않았을 것입니다. 그러나 전국 말기에 이르러는, 소진·장의 등의 인재도 떠나가 버리고 이사 같은 사람들이 갑자기 천하의 형세를 일변시켜 큰 실수를 했습니다. 이로 보아 당시의 인재가 얼마나 심각하게 고갈되었는지 알 수 있습니다. 역사는 이렇게 보고 이렇게 읽어야 합니다. 이야기만 읽어서는 안 되고, 환경·지리 일체를 분명히 알아야 이해할 수 있습니다. 한고조(漢高祖) 유방과 항우가 출현했을 때, 사람들은 한고조가 건달 출신이라고 했습니다. 그 때는 건달이고 뭐고 없었습니다. 4백 년 동안 전쟁을 치르고 난데다, 다시 진시황·이사 두 녀석들이 한 번 해먹고 난 후 세상 사람늘이 온봉 이와 같았는데, 어찌 한고조 뿐이었겠습니까? 문화의 재건립은 한 문제(漢文帝)·한 무제(漢武帝) 때 이루어졌으며, 그 사이의 근 백 년 동안은 공백기로 문화가 거의 없었다고 말할 수 있습니다. 그래서 한 문제·한 무제가 문화를 정돈 건립한 공훈은 확실히 인정해 줄 만한 것입니다.

한 무제의 유모 이야기

사마천의 사기에는 다음과 같은 기록이 있습니다.

한 무제의 유모가 일찍이 바깥에서 죄를 범했다. 황제가 법으로 다스리고자 하자 유모는 동방삭에게 가서 구명을 청했다. 동방삭이 말했다. "이 일은 말로 해서 해결될 일이 아닙니다. 도와주기를 꼭 바란다면, 장차 떠날 때 황제를 자꾸 돌아보기만 하고 이 일에 대해 말하지 않는다면 만 분의 일이라도 희망이 있을지 모르겠소!" 유모가 황제의 앞에 이르자 동방삭 역시 황제를 모시고 서서는 과연 이렇게 말했다. "네가 어리석구나! 황제께서는 이제 이미 장성하셨거늘 어찌 다시 너에게 양육되어 살아가겠느냐!" 황제는 마음이 슬퍼져서 곧 죄를 사면해 주었다.

漢武帝乳母，嘗於外犯事。帝欲申憲，乳母求東方朔。朔曰：此非唇舌所爭，而必望濟者，將去時，但當屢顧帝，慎勿言此，或可萬一冀耳。乳母既至，朔亦侍側，固謂曰：汝癡耳！帝今已長，豈復賴汝哺活耶！帝淒然，即敕免罪。

사기에는 유모를 구해준 사람을 곽사인(郭舍人)이라고 기록하고 있지만 지금 유향(劉向)의 설원(說苑) 등의 기록에 의하면 동방삭(東方朔)이라고 하는데, 그냥 동방삭이라고 보는 게 비교적 재미있습니다. 역사 기록상의 한나라 무제에 대해서는 '무력을 남용하여 전쟁을 일삼았다'(窮兵黷武)고 하여 진시황과 나란히 일컫는 사람이 있지만 동시에 역사상 현명한 군주기도 하였습니다. 무제에게는 어려서부터 자기를 키워준 유모가 하나 있었습니다. 역사상 황제의 유모들은 늘 나쁜 버릇이 나타나 문제가 아주 컸습니다. 왜냐하면 황제가 그녀의 양자이기에 이 유모의 보이지 않는 권세는 당연히 높았습니다. 이 때문에 어느 날 "상어외범사"(嘗於外犯事), 늘 바깥에서 법을 범하는 일들을 저질렀습니다. "제욕신헌"(帝欲申憲), 무제도 그 사실을 알고서 그녀를 법에 따라 엄격히 처리하고자 했습니다. 황제가 정말로 화를 내자 유모로서도 어찌할 방법이 없어서 동방삭에게 구명을 청할 수밖에 없었습니다. 동방삭은 유일하게 무제 앞에서 장난끼를 부리고 시치미를 뗄 수 있기로 유명한 사람이었습니다. 무제는 진시황과는 달리 적어도 두 사람을 매우 좋아했는데 그 중 하나가 동방삭이었습니다. 동방삭은 늘 무제에게 유머를 부려 익살과 우스갯소리로 그를 웃지도 울지도 못하게 하곤 했습니다. 그러나 무제가 그를 몹시 좋아한 것은 그의 말과 행동에는 모두 매우 일리가 있었기 때문이었습니다. 또 한 사람은 급암(汲黯)이었는데, 그는 인품과 도덕이 훌륭하여 항상 무제의 면전에서 말대꾸를 하고 직언을 서슴지 않아서 무제를 난처하게 만들었습니다. 이것으로 보건대 이 황제는 이 두 사람을 포용하고 중요한 자리에 임용하였으며, 그들의 관직은 그다지 높지 않았지만 늘 가까운 곳에 두고서 무제 자신에 대하여 중화(中和) 작용을 하게 하였음을 알 수 있습니다. 그러므로 동방삭은 무제 앞에서 그렇게 큰 관계가 있었습니다. 유모는 한참 생각해보고는 남에게 부탁하지 않을 수 없었습니다.

황제가 법대로 처리하려고 하니 정말 사정해 볼 수가 없어서 동방삭에게 가서 방법을 강구할 수밖에 없었습니다. 그는 유모의 말을 듣고 나서 말했습니다. "차비순설소쟁"(此非脣舌所爭), 유모, 주의하십시오! 이 일은 입으로만 얘기해보았자 소용이 없습니다. 그래서 그는 유모에게 이렇게 하라고 일러주었습니다. "이필망제자, 장거시, 단당루고제, 신물언차"(而必望濟者, 將去時, 但當屢顧帝, 慎勿言此), 당신이 내가 정말로 도와주고 도움이 될 희망이 있기를 바란다면. 황제가 당신을 처리하라고 명령을 내리거든 틀림없이 당신을 끌고 가라고 할 테니 당신이 끌려갈 때 아무 말도 하지 마시오. 황제가 당신더러 썩 꺼지라고 하면 꺼질 수밖에 없습니다. 그러나 한두 걸음을 가다가 황제를 뒤돌아보고 또 한두 걸음을 가다가 황제를 뒤돌아보십시오. 절대로 목숨을 살려 달라며 이렇게 말해서는 안 됩니다. "황제이시여! 저는 당신의 유모입니다. 저를 용서해 주십시오!" 그랬다가는 당신의 목은 땅에 떨어질 것입니다. 당신은 아무런 말도 하지 마십시오. 황제에게 젖을 먹였던 일은 더더욱 꺼내서는 안 됩니다. "혹가만일기이"(或可萬一冀耳), 혹시 아직 만분의 일의 희망이라도 있다면 당신의 목숨을 보전할 수 있을 것입니다!"

동방삭은 유모에게 그렇게 분부하고는 무제가 유모를 불러내어 이렇게 물을 때까지 기다렸습니다. "네가 바깥에서 이렇게 많은 나쁜 짓을 했다니, 참으로 꼴도 보기 싫다!" 말하고 측근들에게 끌고 가서 법에 따라 처리하라고 했습니다. 유모는 듣고 나서 동방삭이 분부한 대로 한 두 걸음 가다가 황제를 뒤돌아보며 눈물 콧물을 줄줄 흘렸습니다. 동방삭은 황제 옆에 서서 이렇게 말했습니다. "너 이 할망구 정신이 나갔구나! 황제께서는 이미 다 크셨는데 아직도 네 젖을 먹어야 할 줄 아느냐? 빨리 꺼져라!" 동방삭이 이렇게 말하자 무제는 듣고 몹시 괴로웠습니다. 어려서부터 그녀의 손에서 자랐건만 이제 그녀를 결박하여 목을 자르거나 감옥살이를 시켜야 한다고 생각하니 그렇지 않아도 마음이 참으로 괴로웠는데 동방삭이 이렇게 욕하는 소리를 듣자 그만 이렇게 말하고 말았습니다. "그만 됐다. 이번만은 죄를 용서해 줄 테니 앞으로 다시는 죄를 짓지 말아라." "제처연, 즉칙면죄"(帝淒然, 即敕免罪), 황제는 마음이 처연해지더니 죄를 사면해 주었습니다."

이런 일은 보기에는 역사상의 작은 일에 불과하지만 작은 일에서 큰 것을 헤아려볼 수 있습니다. 동방삭의 익살은 아무렇게나 한 것이 아니었기 때문입니다. 그의 이 익살스런 방식은 '굽으면 온전하다'(曲則全)는 예술을 운용한 것으로, 무제의 유모 목숨을 구했을 뿐만 아니라 무제가 훗날 느끼게 되었을 마음속의 가책을 덜어주었습니다.

만약 동방삭이 무제에게 달려가서 말하기를 "황제시여! 그녀가 잘했든 잘못했든지 간에 어쨌든 당신의 유모이니 그녀의 죄를 사해 주십시오!" 했다면 황제의 노여움은 더 커졌을 것입니다. 어쩌면 이렇게 말했을지도 모릅니다. "유모가 뭐 어떻다고? 유모는 머리가 세 개라도 되느냐! 또 너하고는 무슨 상관이 있다고 너는 왜 그녀 대신 통사정을 하느냐? 그녀의 범죄가 모두 너의 나쁜 생각에서 나온 것 아니냐! 이 이야기꾼 놈도 같이 목을 베어라!" 그랬더라면 견디지 못했을 겁니다. 동방삭이 그렇게 한 것은 한편으로는 황제를 대신해서 유모에게 화를 내어 "너 이 할망구 미친 얼간이"라고 욕을 한 것입니다. 이렇게 한번 욕을 하자 황제는 마음이 괴로웠고 동방삭은 다시 그녀를 위해 사정할 필요도 없었습니다. 황제 자신은 후회하였을지라도 동방삭을 탓할 수는 없었습니다. 왜냐하면 동방삭은 결코 황제에게 그녀를 풀어달라고 간청하지 않았으며. 황제 자신이 그녀를 풀어주었으므로 은혜는 황제 자신이 베푼 것이기 때문입니다. 이것이 바로 '굽으면 온전하다'입니다.

유비와 음구(淫具)

삼국지(三國志) 촉서(蜀書) 간옹전(簡雍傳)에 다음과 같이 기록되어 있습니다.

선주(先主) 유비가 촉(蜀)에 있을 때, 당시 가뭄이 들어 민간에서 술 빚는 것을 금지시켰다. 관리가 인가에서 술 빚는 도구를 찾아내면 벌을 주려고 했다. 간옹(簡雍)이 유비와 민정을 시찰하며 거리를 한가하게 걸어가다 남녀 한 쌍이 길을 가는 것을 보고 유비에게 말했다. "저들이 음행을 하고자 하는데 어찌하여 포박하지 않습니까?" 유비가 말했다. "어떻게 그런 줄 아는가?" 간옹이 대답했다. "저들은 그 도구를 지니고 있습니다." 하였다. 유비는 크게 웃고는 중지시켰다.

(先主) 劉備在蜀, 時天旱, 禁私釀, 吏於人家, 索得釀具, 欲論罰. 簡雍與先主游, 見男女行道, 謂先主曰 : 彼欲行淫, 何以不縛? 先主曰 : 何以知之? 對曰 : 彼有其具. 先主大笑而止.

삼국 시대에 유비가 사천에서 황제가 되었을 때 가뭄을 만나게 되었습니다. 여름에 오랫동안 비가 오지 않자 비가 내리도록 하기 위해 민간에서는 술을 빚지 못하게 한다는 명령을 내렸습니다. 오늘날 정부의 도살 금지 명령과 같은 것입니다. 왜냐하면 술을 빚는 것도 쌀과 물을 낭비하게 되므로 술 빚는 것을 금한다는 명령을 내린 것이었습니다. 명령이 하달되자 명령을 집행하는 관리들은 법을 집행하는 과정에서 문제를 일으켰습니다. 어떤 관리는 백성의 집에서 술 빚는 기구를 발견해도 처벌하려고 했습니다. 백성이 비록 술을 빚지 않았고 이전에 사용했던 술 빚는 도구들을 수색하여 찾아냈을 뿐인데 어떻게 죄를 범했다고 할 수 있겠습니까? 그렇지만 법을 집행하는 나쁜 관리들은 일단 기회만 잡았다 하면 이를 이용하여 온갖 수단을 다 썼습니다. 남의 공적을 가로채서 포상을 바랐을 뿐만 아니라 핑계를 대고 백성들에게 위협 공갈로 재물을 빼앗거나 강요하고 상부에는 이렇게 보고할 수 있었습니다. "누구 집에서 술 빚는 기구를 수색하여 나왔으니 처벌해야 하는데 가볍게는 벌금에 처하고 무겁게는 옥에 가둬야 합니다." 비록 유비의 명령이 술 빚는 기구를 수색해서 나오면 처벌하라고는 하지 않았지만, 하늘은 아득하고 황제는 멀리 있어 백성들은 고통을 하소연할 곳이 없었으므로 곳곳에서 원성이어서 소동이 일어날 가능성이 있었습니다. 간옹은 원래 유비의 처남이었습니다. 하루는 간옹과 유비 이 매부와 처남이 함께 놀러 나갔다가 나간 김에 민정을 시찰하였습니다. 두 사람이 수레에 함께 타고 앞으로 나아가고 있었는데, 간옹은 슬쩍 보니 마침 앞에 어떤 남자와 여자가 함께 길을 가고 있었습니다. 그는 기회가 왔다고 생각하고는 유비에게 말했습니다. "이 두 사람은 간음하려고 하니 마땅히 잡아다 간음죄로 다스려야 할 것입니다." 그러자 유비가 말했습니다. "자네는 어떻게 저들 두 사람이 간음하려고 한다는 것을 아는가? 또 증거도 없는데 어떻게 함부로 처벌할 수 있겠는가!" 간옹이 말했습니다. "저들 두 사람은 몸에 간음의 도구를 지니고 있습니다!" 유비는 이 말을 듣자 하하하 하고 크게 웃더니 말했습니다. "알겠네. 그 술 빚는 기구를 가지고 있던 사람들을 빨리 석방하게." 이것 역시 '굽으면 온전하다'를 보여주는 일 막의 저속한 희극입니다. 사람이 화가 났을 때에는 이른바 '치솟는 분노를 억제할 수 없으니 악을 자라나게 해서는 안 된다.'는 말이 있습니다. 더욱이 고대의 제왕전제정치체제 시대에는 황제가 한번 화를 낼 경우 그 화를 틀어막으려고 하면 야단났습니다. 그럴수록 그의 화는 도리어 더욱 커졌습니다. 오직 그 추세를 따라 굽으면 온전하여지니 한 번 에돌아 황제를 풀어지게 할 수 있으면 되었습니다. 이것은 대신(大臣)되는 사람이나 남의 간부가 된 자, 특히 고위 간부가 된 자는 반드시 잘 운용해야 할 도리임을 말하는 것입니다.

제나라 경공의 망나니

한시외전(韓詩外傳) 제8권에 다음과 같은 기록이 있습니다.

어떤 사람이 제나라 경공에게 죄를 지었기에 경공이 크게 노하였다. 죄수를 묶어 궁전 섬돌 아래로 끌고 오자 좌우 신하에게 능지처참하라고 명령하고는 감히 간하는 자는 베겠노라 했다. 그러자 안자(晏子)가 왼손으로는 죄수의 머리를 붙들고 오른손으로는 신발바닥에 문질러 칼을 갈면서 고개를 들어 물었다. "옛날의 성군들이 사람을 능지처참할 때는 어디 부분부터 베기 시작하였는지 모르겠습니다." 경공이 자리를 떠나면서 말했다. "풀어주어라, 잘못은 과인에게 있노라."

齊有得罪於景公者，公大怒。縛至殿下，召左右肢解之，敢諫者誅，晏子左手持頭，右手磨刀，仰而問曰：古者明王聖主肢解人，不知從何處始。公離席曰：縱之，罪在寡人。

주나라 왕조 춘추 시대의 제(齊)나라 경공(景公)은 제나라 환공(桓公)의 후예로서 역시 역사상의 현명한 왕이었습니다. 그는 역사상 일류 정치가였던 안자(晏子)—안영(晏嬰)을 재상으로 삼고 있었습니다. 당시 어떤 사람이 경공에게 죄를 지었기에 경공은 크게 화를 내어 잡아와 궁전 섬돌 아래에 묶어 놓고 이 사람을 마디마디 잘라버리려고 했습니다. 고대의 '지해(肢解)'라는 형벌은 팔다리 사지(四肢)와 머리와 몸체를 한마디씩 잘라 버리는 것인데 대단히 잔혹했습니다. 경공이 명령을 내리자 아무도 이 일을 막으려고 간하는 사람이 없었습니다. 만약 누구라도 간하려 했다가는 똑같이 지해당해야 하기 때문이었습니다. 당시 황제의 말은 그대로 법률이었습니다. 안자는 듣고 나서 소매를 걷어 말아 올리고는 아주 사나운 모습을 하더니 칼을 들고 한 손으로는 그 사람의 머리털을 붙잡고 다른 한 손으로는 신발바닥에다 칼을 갈았습니다. 마치 자신이 몸소 이 사람을 죽여 황제의 분을 풀어주려는 모습을 했습니다. 그런 다음 천천히 고개를 들어 위쪽에 앉아서 화를 내고 있는 경공에게 물었습니다. "황제께 보고합니다. 제가 한참 살펴보아도 착수하기가 어렵습니다. 역사에 기록된 요·순·우·탕·문왕 같은 정사에 밝은 성군들은 사람을 지해하여 죽일 때 어느 부분부터 잘라내야 맞는지를 설명하지 않았습니다. 황제께 여쭙니다, 이 사람을 어디서부터 베어야 요순처럼 잘 죽일 수 있을까요?" 제나라 경공은 안자의 말을 듣고는 재빨리 눈치를 챘습니다. 자기가 정사에 밝은 성군이 되고 싶으면서도 어떻게 이처럼 잔혹한 방법으로 사람을 죽일 수 있겠습니까! 그래서 안자에게 말했습니다. "좋다! 그를 풀어주어라, 내가 잘못했다!" 이것 역시 '굽으면 온전하다'를 보여주는 또 다른 한 글입니다.

안자는 당시 왜 무릎을 꿇고서 이렇게 사정하지 않았을까요? "황제시여! 이 사람이 저지른 일은 나라를 다스리는 대계(大計)와는 관계가 없습니다. 단지 사소한 죄를 범한 데 불과할 뿐인데 황제께서는 이처럼 화를 내십니다. 이것은 직무상 저지른 죄가 아닙니다. 사사로운 죄는 단지 볼기를 2백 대만 때리면 될 것을 구태여 죽일 필요가 어디 있는지요?" 만약 안자가 이런 식으로 그 사람을 위해 사정했더라면 큰일 났을 겁니다. 아마 불 위에 기름을 부은 격이었을 테니 그 사람은 틀림없이 살아날 수 없었을 것입니다. 안자는 왜 먼저 나서서 칼을 빼들고 몸소 망나니 역할을 맡았을까요? 경공의 측근들 중에 일부 영문을 모르는 사람들이 죽이라는 주상의 명령을 듣고 즉시 칼을 빼들어 그 사람을 베어버리면 이 사람이 목숨을 잃어버릴까 안자는 걱정했기 때문이었습니다. 그는 대신의 신분임에도 먼저 한 걸음 선수를 쳐서 칼을 들고 죄인의 머리털을 붙드는 연극을 잠시 연출하고는 고개를 들어 사장님에게 물었습니다. "이전의 성명한 황제들이 사람을 죽이려고 할 때 어디부터 손을 댔는지요? 저는 모르겠으니 주상께서 한 칼 한 칼 어디를 베라고 가르쳐 주십시오." 그 뜻인 즉 "당신이 어찌 그런 성명한 군주라고 이런 명령을 내릴 수 있습니까?"라는 말이었습니다. 그러나 그가 당시 이렇게 간할 수 없었습니다. 직언을 했다가는 도리어 경공을 난처하게 만들어 더욱 큰 일 나게 했을 겁니다. 그래서 안자는 '굽으면 온전하다'의 간하는 예술을 사용했던 것입니다.

아마도 이런 역사 고사들을 이해하고 나면 인생을 살아가면서 사람됨과 일처리 면에서 참고로 삼을 수 있을 겁니다. 세상의 많은 일들이 모두 이러합니다. 가정의 골육지간이나 친구 사이라 할지라도 마찬가지입니다. 사람은 배우지 않으면 안 되고 책을 읽었으면 배운 것을 실제에 사용해야 합니다. 그렇지만 아무리 책을 많이 읽었어도 실제 현장에 맞닥뜨렸을 때 화만 내고 읽었던 글은 모두 내버리는 경우가 있는데, 그럴 경우 일을 처리할 방법이 없게 되어버립니다.

나아갈 줄도 물러날 줄도 알았던 곽자의

사업공적 면에서 말하면, 노자 사상의 영향을 받아 일대의 사업공적을 세운 제왕은 엄격하게 말해 오직 한(漢)나라 문제(文帝)와 청나라 초기의 강희제(康熙帝)가 있습니다. 강희제가 황로(黃老)의 도를 운용하여 이룬 성취는 한나라 문제보다 더 뛰어났습니다.

한나라 문제는 노자의 철학을 아주 성실하게 실행하여 나라를 다스림으로써 양한(兩漢) 4백 년에 걸친 유(劉)씨 천하의 기초를 다졌습니다. 강희제는 황로의 법칙을 융통성 있게 운용하여 청나라 왕조 통일의 국면을 세웠고 십여 세 소년의 몸으로 안으로는 권신(權臣)이 있고 밖으로는 강한 번국(藩國)이 있는 상황에 처했으면서도, 만주인 개국공신인 오배(鰲拜)를 제거하고 삼번(三藩)의 난을 평정하였으며, 안으로는 박학홍사과(博學鴻詞科)를 실시하여 명나라 유로(遺老)들을 모으고 밖으로는 몽고와 티베트를 침략하여 영토를 개척하였습니다. 이 모두가 노자의 '비어 있으나 아무리 써도 항상 차지 않고'(冲而用之或不盈) '그 날카로움을 꺾고 그 어지러움을 푸는'(挫其銳, 解其紛) 법칙에 자연스럽게 합치하였습니다. 그는 노자도덕경을 특별히 하달하여 만주족 황제의 형제와 아들들인 친왕(親王)들에게 깊이 연구하며 읽으라 당부하고 지도자학의 성경보전으로 받들었습니다.

역사상 유명한 장수나 재상으로서 사업공적을 세운 인물로는 당나라 중기의 명장 곽자의(郭子儀)와 명재상 이밀(李泌)이 있습니다.

곽자의는 정말 순수하게 고시를 거쳐 기용된 무과의 출신으로 군직(軍職)을 역임하였는데, 당 현종(명황) 천보(天寶) 14년에 안록산(安祿山)이 반란을 일으키자 비로소 위위경(衛尉卿)·영무군(靈武郡) 태수극삭방(克朔方) 절도사로 명을 받아 여러 차례 전투에서 공을 세웠습니다. 당시 당 명황은 다급하게 촉 땅으로 달아나고 황태자 이형(李亨)이 영무(靈武)에서 즉위하여 후일 당 숙종(肅宗)이라 칭해진 인물입니다. 곽자의를 병부상서(兵部尙書)·동중서문하평장사(同中書門下平章事)에 임명하고 총절도사(總節度使)의 직위를 내렸습니다. 2년을 이리저리 옮겨 다니며 싸운 곽자의는 황제의 아들로서 원수의 직책을 맡았던 광평왕(廣平王) 이예(李豫)를 따라 오랑캐족과 한족의 장병 15만을 통솔하고 장안을 수복하였습니다. 숙종은 직접 파상(灞上)에 와서 군대를 위로하면서 곽자의에게 이렇게 말했습니다. "국가가 다시 회복된 것은 경의 힘이다." 그러나 전란이 아직 완전히 평정되지 않아서 도처에 군사를 보내 평정해야 할 때에, 곽자의와 이광필(李光弼) 등의 공로가 너무 크면 부리기 어려울 것을 두려워했던 숙종은 원수(元帥)를 세우지 않고 태감(太監) 어조은(魚朝恩)을 관군용선위사(觀軍容宣慰使)로 파견하여 군대를 감독하게 하였습니다.

반은 남자요 반은 여자인 태감이 무엇을 알겠습니까? 그렇지만 그는 오히려 조정과 황제를 대표하여 사사건건 방해하고 걸핏하면 간섭하니, 제왕의 군사가 비록 많다 해도 통솔자가 없게 되었습니다. 전장에서는 모든 장수들이 서로 관망만 하면서 몸 둘 데가 없었습니다. 부득이 다시 명령을 내려 곽자의를 동기산남동도하남제도행도행영원수(東畿山南東道河南諸道行營元帥)로 임명하였으나, 어조은이 이 때문에 더욱 시기하여 곽자의의 잘못을 밀고하였습니다. 그래서 또다시 명령을 내려 곽자의더러 병권을 넘겨주고 서울로 돌아오라고 했습니다. 곽자의는 명령을 받자 장수와 병사들의 반대에도 불구하고 부하를 속여가면서 까지 홀로 빠져 나와서는, 명을 받들어 서울로 돌아와 하는 일 없이 지내면서 조금도 원망하고 꾸짖는 기색이 없었습니다.

이어서 사사명(史思明)이 재차 하락(河洛)을 함락시키고 서융(西戎)이 다시 수도를 점거하려 하자, 조정에서는 공론을 거쳐 곽자의는 국가에 공이 있고 지금은 큰 난리가 아직 평정되지 않은 때이니 마땅히 그를 한직에 내버려두어서는 안 된다고 판단했습니다. 숙종도 비로소 느껴 깨닫는 바가 있어 그에게 명령하여 제도병마도통(諸道兵馬都統)으로 삼았으며 뒤에는 분양왕(汾陽王)으로 작위도 내렸습니다. 그렇지만 이때의 숙종은 이미 병이 깊어 곧 죽을 지경이었기에 일반 신하들은 만나볼 수가 없었습니다. 곽자의는 재삼 청하며 말했습니다. "노신(老臣)은 명을 받들어 장차 외지에서 죽을 것이나 폐하를 뵙지 못한다면 눈을 감지 못할 것입니다." 이리하여 겨우 침소에 들어갈 수 있었습니다. 이때 숙종은 친히 곽자의에게 말했습니다. "하동(河東)의 일은 완전히 그대에게 맡기겠노라!"

숙종이 죽자 당시 곽자의와 함께 작전하고 장안과 낙양을 수복했던 광평왕 이예가 제위를 계승하니 후일 당나라 대종(代宗)이라 칭해진 인물입니다. 대종 또한 심복인 정원진(程元振)의 참소를 믿고 노련한 장수가 공이 크면 제압하기 어려우리라 남몰래 꺼려하고는, 곽자의의 모든 병권과 직무를 파면시키고 숙종 분묘의 축조를 감독하는 산릉사(山陵使)로 임명하여 파견하였습니다. 곽자의는 갈수록 일이 잘못되어 가

자, 숙종 분묘의 수축(修築)에 진력하는 한편 숙종이 당시 그에게 내렸던 조서와 칙명 천여 편(당연히 밖으로 누설해서는 안 되는 기밀 문건을 포함한)을 모조리 돌려보냈습니다. 이에 비로소 대종은 잘못을 느껴 깨닫고 부끄러운 마음이 일어나서 스스로 조서를 내려 말하기를 "짐이 부덕하여 대신으로 하여금 근심하게 하였으니 짐은 심히 스스로 부끄러워하며 지금부터는 공(公)을 의심하지 않겠노라"고 했습니다.

뒤이어 양숭의(梁崇義)가 양주(襄州)를 부정한 수단으로 차지하였습니다. 반란을 일으킨 장수 복고회은(僕固懷恩)은 분주(汾州)에 주둔한 채 암암리에 회흘(回紇)·토번(吐藩)과 약속하고 불러서 하서(河西)를 노략질하고 경주(涇州)를 짓밟고 봉천(奉天)과 무공(武功)을 침범하였습니다. 대종도 그의 조부였던 명황처럼 서울을 버리고 섬주(陝州)로 피난하였습니다. 부득이하게 되자 또다시 황급히 곽자의를 관내부원수(關內副元帥)에 임명하여 함양에 주둔하여 지키라고 하였습니다. 이때 곽자의는 파직되어 서울로 돌아온 후 평소 거느리고 있던 장수와 병사들은 모두 떠나 흩어지고 신변에는 오직 오래된 기마 병사 몇 십 명만이 남아 있었습니다. 그는 황제의 명령을 받자 임시로 군사를 끌어 모아 출발할 수밖에 없었으며, 민병으로 부대를 보충하여 남하하는 동안 도주병과 패전한 장수들을 모아 재정비하고, 무관(武關)에 이르러서는 그곳에 주둔하고 있던 부대까지 받아들여 새로이 편성하니 마침내 그 수가 몇천 명이 모아졌습니다. 그 후 지난날 자신의 부장(部將)이던 장지절(張知節)을 다시 만나게 되어 맞아들인 후 낙남(洛南)에서 확대하여 열병하고 상구(商丘)에 주둔하였습니다. 그래서 또다시 군대의 위력이 크게 떨쳐서 토번으로 하여금 야밤에 무너져 달아나게 함으로써 재차 두 서울을 수복하게 되었습니다.

이상으로 곽자의 개인 역사의 몇 가지 중점을 대략 소개하였는데 이를 통해 그의 입신 처사가, '써 주면 국가와 천하를 위해서 일을 하고, 버리면 숨어 지내며'(用之則行, 舍之則藏) 하늘을 원망하지 않고 사람을 탓하지 않는 풍격을 진정으로 실천할 수 있었음을 알 수 있습니다. 그는 평소 너그럽고 후하기로 이름이 났었으며 남들에게도 온 마음을 다하고 힘을 다하며 될 수 있는 한 너그럽게 용서하고 포용하였습니다. 전장에서는 침착하고도 모략이 뛰어났고 게다가 매우 용감하였습니다. 조정에서 그를 필요로 할 때면 명령을 받자마자 모든 것을 돌아보지 않고 곧바로 행동했습니다. 위에서 그를 의심하여 파면시키려하면 역시 모든 것을 돌아보지 않고 곧바로 집으로 돌아가 이전의 생활로 되돌아갔습니다. 여러 번 쫓겨나고 여러 번 기용되었지만 국가로서는 그가 없어서 안 되었습니다.

곽자의 개인의 품행과 도의와 관련된 또 다른 두 가지 이야기가 있습니다. 하나는 그와 감군태감(監軍太監) 어조은과의 은혜와 원한인데 당시의 정치 형세에서는 상당히 엄중한 일이었습니다. 일찍이 어조은이 사람을 보내 곽자의 부친의 분묘를 몰래 파낸 일이 있었습니다. 당대종 대력(大曆) 4년 봄에 곽자의가 명을 받들어 조정에 들어왔습니다. 곽자의가 조정에 돌아오자 조야의 인사들은 모두 한바탕 폭풍이 일어날 것을 두려워하였으며 대종조차도 이 일로 인해 특별히 곽자의를 조문하였습니다. 그런데 곽자의는 울면서 이렇게 말했습니다. "제가 바깥에서 병사를 거느리고 싸움을 할 때면 병사들이 다른 사람의 분묘를 망가뜨리기도 했는데 온전하게 돌봐줄 수 없었습니다. 이제 제 부친의 분묘가 파헤쳐진 것은 인과응보이니 남을 탓할 필요가 없습니다."

어조은이 그를 장경사(章敬寺)에 함께 유람하자고 초청하여 존경과 우호를 표시하고자 하였습니다. 당시의 재상 원재(元載)도 그리 고상한 인물이 아니었습니다. 원재는 이 소식을 알고 나자 어조은이 곽자의를 끌어들이게 되면 문제가 커질 것을 두려워했습니다. 이런 정치상의 인사 분규는 고금동서의 역사에서 대단히 골치 아픈 일입니다. 그래서 원재는 비밀리에 사람을 보내 곽자의에게 통지하기를, 어조은의 초청에는 곽자의를 모살하려는 크게 불리한 기도가 있다고 말했습니다. 곽자의 수하의 장졸들은 이 소식을 듣자 무장한 호위대를 거느리고 약속 장소로 갈 것을 극력 주장하였습니다. 그러나 곽자의는 이 헛소문을 믿지 않기로 의연하게 결정하고 단지 몇 명의 필요한 집안의 아이종들만을 거느리고 아주 가뿐하게 약속 장소로 갔습니다. 그는 부장들에게 이렇게 말했습니다. "나는 국가의 대신인데 그가 황제의 명령도 없이 어떻게 감히 나를 해치겠느냐. 만약 황제의 밀령을 받아 나를 해치려 한다면 너희가 어떻게 반항할 수 있겠느냐?" 이렇게 그는 장경사에 도착하였는데, 어조은은 그가 몇 명의 집안 아이종들을 데리고 와서 경계하는 기색을 보고 매우 이상히 여겨 무슨 일이 있느냐고 물었습니다. 그러자 곽자의는 아주 솔직하게 말하기를, 밖에 그런 헛소문이 돌기에 자기가 8명의 집안 아이종들만 데리고 왔는데, 만약 정말 그런 일이 있다면 당신이 일에 착수할 때에 한 번 배치하느라 대단히 고심하지 않도록 하기 위해서였습니다." 그의 이런 태연한 설명에 감동된 어조은은 눈물을 흘리며 말했습니다. "공이 장자(長者)가 아니었다면 의심이 없을 수 있었겠습니까!" 만약 곽공 당신께서 이처럼 후하게 남을 대하는 대 호인이 아니었다면 정말 이런 헛소문에 의심이 일어나지 않을 수 없었을 거라는 겁니다.

또 하나의 이야기는 곽자의 말년의 일입니다. 당시 그는 은퇴하여 집에서 지냈는데, 여색과 가무로 정을 잊으며 세월을 보내고 있었습니다. 그때는 후일 당사(唐史)의 간신전(奸臣傳)에 출현하는 재상 노기(盧杞)가 아직 그 명성을 이루지 못했을 때입니다. 어느 날 노기가 그를 방문하러 왔는데 그는 마침 집안에서 기르던 가기(家妓)들에게 둘러싸여 득의양양하게 유흥을 감상하고 있었습니다. 그런데 노기가 왔다는 말을 듣자마자 얼른 가기를 포함한 모든 여자 가족들에게 큰 응집실 병풍 뒤로 물러가라고 명령을 내리고는 한 사람도 나와서 손님을 만나지 못하게 하는 것이었습니다. 그는 단독으로 노기와 한참동안 이야기하였습니다. 손님이 돌아가자 집안 가족들이 그에게 물었습니다. "당신은 평소 손님을 접견할 때 우리가 함께 있는 것을 꺼리지 않아서 함께 이야기하고 웃곤 했었는데 오늘은 어찌하여 일개 서생을 접견하면서도 이처럼 신중하십니까?" 그러자 곽자의는 이렇게 대답했습니다. "너희들은 모른다. 노기 이 사람은 재능은 매우 있지만 도량이 좁아서 사소한 원한이라도 반드시 갚고야 만다. 거기다 생김새도 못생기고 얼굴 반쪽이 파래서 그 모습이 마치 사당에 있는 도깨비 같다. 너희 여인네들은 본래 웃기를 잘해서 아무 일 아닌데도 웃곤 한다. 만약 노기의 반쪽 파란 얼굴을 본다면 틀림없이 웃을 것이고, 그랬다가는 마음에 앙심을 품을 것이고, 일단 뜻을 이루었다하면 너희와 나의 자손들은 하나도 살아남지 못할 것이다!" 얼마 후 노기는 과연 재상이 되었고 과거에 자신을 무시했던 사람, 그의 기분을 상하게 했던 사람들은 하나같이 죽임을 당하고 집안을 빼앗기는 앙갚음을 피하지 못했습니다. 오직 곽자의의 전 집안에 대해서만은 경미하게 법을 어기는 일이 있더라도 그가 모르는 척 용서하여 보전해주었던 것은, 곽공만은 자신을 매우 중시하였다고 생각하여 자신을 알아준 은혜에 감사하는 마음이 크게 있었기 때문이었습니다.

여기서 문득 이태백이 곽자의와 연관되었던 이야기가 하나 생각납니다. 곽자의가 처음 초막을 나서서 작은 군관 자리를 맡았을 때에 부주의로 군법을 범해 구금된 일이 있었습니다. 그 일은 이백이 알게 되었습니다. 이백은 일찍부터 이 젊은 군관을 눈여겨보고 있었기 때문에 소식을 듣자 곧 곽자의의 상관을 찾아가 사정을 봐달라고 부탁했습니다. 이백의 친구였던 상관은 이 일을 가볍게 처리하였고, 곽자의는 덕분에 별 탈 없이 무사할 수가 있었습니다. 후일 안록산이 반란을 일으킨 뒤인 천보 15년에, 이백은 강서 심양(潯陽)에서 또 한 사람의 이씨 황태자인 영왕(永王) 이린(李璘)과 알게 되어 그의 막부에 참가하였습니다. 영왕은 명목상은 군사를 일으켜 왕실을 구원한다 했지만 사실은 기회를 틈타 자신이 황제가 되려는 야망을 품고 있었습니다. 이 때문에 숙종의 동순(東巡) 명령을 거역하였지만 결국 단양(丹陽)에서 패배하였습니다. 이백도 이 일에 연루되어 심양에서 옥에 갇혔으며 나중에는 야랑(夜郞)으로 귀양 가게 되었습니다. 다행히 그 무렵 곽자의는 장안과 낙양 이 두 수도를 수복한 공로로 일시에 그 명성을 떨치고 있었는데, 이백이 연루되어 벌을 받게 된 것을 알고는 자신의 전공(戰功)을 가지고 황제에게 이백을 추천 보증하여서야 비로소 이백은 사면 받았습니다. 이 역사 이야기는 당나라 사람의 시화(詩話)에 기재되어 있는데 그 진실 여부에 대하여는 고증을 따지지 않겠습니다. 그렇지만 한 사람의 명사(名士)와 한 사람의 명장(名將)이 서로를 알아보고 결합하였다는 이야기는 오히려 사람들로 하여금 정말 그런 일이 있었으리라고 믿고 싶게 합니다. 그 뿐만 아니라 옛 사람들의 온후함과 좋은 사람들이 좋은 일로 서로 주거니 받거니 은혜를 갚는 것을 뚜렷이 볼 수 있으니 아주 통쾌합니다. 그래서 옛날 여류 시인 왕소온(汪小蘊)의 논사시(論史詩)에는 곽자의와 관련된 명구가 있습니다.

　한 시대에 명성은 이광필보다 뛰어났고
　오랜 세월 자신을 알아준 이는 청련이었네

一代威名邁光弼　千秋知己屬青蓮

　청련(青蓮)은 이백의 별명입니다.
　역사 기록에는 곽자의가 나이 85세에 죽었다고 합니다. 그가 발탁한 부하 막부 가운데 60여 명이 뒷날 모두 장수나 재상이 되었습니다. 8명의 아들과 7명의 사위가 모두 낭대에 높은 관직에 올랐습니다. 사마광(司馬光)은 자치통감(資治通鑑)에서 곽자의를 다음과 같이 평했습니다.

천하에서 그 몸이 편안함과 위태로움에 지내기를 거의 30년이었고, 공로가 천하를 덮었으나 군주가 의심하지 않았고, 지위가 신하의 최고 지위에 이르렀으나 뭇사람이 질투하지 않았고, 사치와 욕망을 다 누렸지만 사람들이 비난하지 않았다.

天下以其身爲安危者殆三十年, 功蓋天下而主不疑, 位極人臣而衆不嫉, 窮奢極欲而人不非之.

역대의 역사상의 공신으로서 그 공로가 천하를 덮었지만 군주가 의심하지 않고, 지위가 신하의 최고 지위에 이르렀으나 뭇사람이 시기하지 않고, 사치와 욕망을 다 누렸지만 사람들이 비난하지 않을 수 있기란 사실 너무나 어렵고도 어려운 일입니다.

토란 반 토막을 먹고 십년 동안 재상이 되다

이필(李泌: 722-789)은 당나라 중기 역사상 특출한 인물이었습니다. 그는 곽자의(697-781)와 거의 같은 시대에 태어나 살다가 죽었으며 현종·숙종·대종·덕종(德宗)의 4대에 거쳐 왕실의 큰 계획에 참여하였습니다. 조정을 보좌하고 후방에서 전술 전략을 세워서 대외적인 책략이나 전략을 곽자의 같은 장수들과 보조를 맞추어 성공하게 하였으니 숙종·대종·덕종 3대 천하의 중요 인물이라고도 말할 수 있습니다. 단지 그가 일생동안 신선과 불도(佛道)를 애호하였다는 사실 때문에 역대 이래로 유가 출신이나 역사를 집필했던 대 유학자들의 주관적인 아견(我見)에 의해 배제되고 당나라 중기의 변란사(變亂史)에서 가볍게 다루고 지나가버린 것은 사실 너무 불공평합니다. 사실 고금의 역사가 절대적으로 공평했다고 누가 감히 말할 수 있을까요? 그가 공명

(功名)과 사리사욕에 뜻을 두지 않았고, 평온한 마음으로 깊은 뜻을 궁구하였으며, 혼란한 국면을 바로잡는 황로학(黃老學)의 도리를 잘 활용한 행위로 말하면 정말 신선들 가운데 있는 사람을 보는 것 같습니다.

이필은 어릴 적에 신동이라는 칭찬을 받으며 이미 유불도 삼가의 학식을 대략 깨우쳤습니다. 당 현종(명황)의 정치가 가장 맑고 바르던 개원(開元) 시기에 그는 겨우 7세였지만 이미 현종과 명재상 장열(張說)·장구령(張九齡)은 그를 마음에 들어 하고 격려하였습니다. 한번은 장구령이 재능도 높지 않고 개성도 비교적 연약하지만 말은 잘 듣는 고급 신료(臣僚)를 뽑아 쓰려 했습니다. 비록 어린 나이였지만 장구령 곁에 있던 이필은 장구령에게 매우 솔직히 말하였습니다. "공께서는 평민에서 시작하여 곧은길로 재상에까지 이르셨으면서도 온순하고 아름다운 자를 좋아하시는군요!" 상공께서는 스스로 평민 출신으로서 국가의 대사를 처리함에 있어 언제나 정직하고 사사로움이 없다는 칭송을 받으시면서, 설마 당신도 절개와 능력은 부족하면서 굽실거리기나 잘하는 이런 연약한 인재를 좋아하신다는 말입니까? 장구령은 그의 말에 몹시 놀라 곧 신중하게 자신의 잘못을 인정하였으며, 말투를 바꾸어 그를 어린 친구라고 불렀습니다.

이필이 성년이 되었을 때에는 대단히 박학했습니다. 뿐만 아니라 역경(易經)의 학문에 대해서도 마음으로 깨닫는 바가 있었습니다. 그는 늘 숭산(崇山)·화산(華山)·종남산(終南山) 등의 명산을 찾아다니면서 신선의 불로장생의 방술을 얻기를 원했습니다. 천보 시기에 이르러 현종이 그의 유년 시절의 총명함을 기억해내고 특별히 그를 불러 노자를 강연하게 하고 대조한림(待詔翰林)에 임명하여 동궁을 모시게 하니 황태자 형제 등과 몹시 가깝게 지냈습니다. 이 때 이미 그는 도가 방술의 수련에 깊이 연구하여 들어가 있었기에 불에 익힌 음식은 아주 조금밖에 먹지 않았습니다.

어느 날 저녁 그는 산사에서 스님이 경을 읽는 소리를 듣게 되었습니다. 그런데 그 구슬프고 부드러우면서 세상을 버린 듯한 소리에 아마도 도가 있는 환생한 사람일 것이라고 생각했습니다. 알아보았더니 그 사람은 고달픈 노동을 하는 노승으로 다들 그의 이름이 무엇인지도 몰랐습니다. 평소 먹다 남은 밥찌꺼기를 모아다가 허기를 채우고 배가 부르면 늘어지게 기지개를 켜면서 구석진 데를 찾아가서 잠을 자기 때문에 모두들 그를 '나잔(懶殘)'이라 부른다고 했습니다. 이필은 나잔 선사의 사적(事跡)을 듣고는 어느 추운 겨울 깊은 밤 혼자 몰래 그를 찾아갔습니다. 마침 이 나잔은 주워온 마른 쇠똥을 한 무더기 장작처럼 쌓아놓고는 불을 피워 토란을 굽고 있었습니다. 불 옆에 쪼그리고 앉아 있는 스님의 뺨에는 말간 콧물이 길게 얼어붙어 있었습니다. 이필은 보고서 아무런 소리도 내지 않고 그 옆에 가서 꿇어앉았습니다. 나잔도 마치 그를 못 본 듯이 쇠똥 속에서 구워진 토란을 집어 들어서 입을 벌려 먹었습니다. 그러면서 한편으로는 혼자말로 욕하기를, 이필이 심보가 나빠서 자기 것을 훔치러 왔다고 해댔습니다. 그런데 욕을 해대면서 먹다가는 갑자기 얼굴을 휙 돌리더니 먹던 토란 반 토막을 이필에게 내미는 것이었습니다. 이필은 공손하게 받아들더니 더럽다고 꺼려하지도 않고 단정하고 예의바르게 먹었습니다. 나잔은 그가 토란 반 토막을 다 먹는 것을 보고는 말했습니다. "좋아! 좋아! 더 말할 필요 없어! 이렇게 성실한 것을 보니 장차 10년간 태평 시대의 재상이나 되겠다! 그러나 도업(道業)에 대해서는 말해주지 않겠다!" 손벽을 탁탁 치고는 가버렸습니다.

안록산이 반란을 일으키자 명황은 황급히 달아났고 황태자 이형(李亨)이 영무에서 즉위하여 숙종이 되었습니다. 숙종은 도처로 이필을 찾았는데 때마침 이필도 영무로 왔습니다. 숙종은 즉시 이필과 당면한 국면에 관해 협의하였습니다. 그는 당시 천하의 대세와 성패의 관건이 있는 곳을 분석해 주었습니다. 숙종은 그에게 도움을 청하며 관직을 주려고 했지만 그는 하지 않겠다고 극진히 사절하고 단지 손님의 지위로 돕기만을 원했습니다. 숙종도 그의 말을 따를 수밖에 없었으며, 어려운 문제를 만날 때면 항상 그에게 의논하되 그를 선생이라고 부르며 이름을 부르지 않았습니다. 이 때 이필은 이미 불에 익힌 음식은 거의 먹지 않았습니다. 숙종이 어느 날 밤 기뻐서 3형제의 왕과 이필을 불러다가 지로(地爐: 실내 바닥을 파서 만든 작은 구덩이 화로─역주)에서 신선로를 끓이면서 요리를 먹었는데 이필이 고기요리를 먹지 않았기 때문에 직접 배 두 개를 구워서 그에게 드시라 청했습니다. 세 왕이 서로 먹겠다고 다투어도 주지 않았습니다. 외출할 때면 숙종을 모시고 함께 수레에 탔습니다. 황포를 입고 수레에 앉아 있는 사람이 바로 황제라는 것은 모두가 알았습니다. 그 옆에 흰옷을 입은 그 사람이 바로 산인(山人) 이필이었습니다. 숙종은 이필에 대한 사람들의 호칭을 듣고는 적절한 방식이 아니라고 생각하고 특별히 금자(金紫: 금으로 만든 인장과 자주 빛의 인장 끈─역주)를 하사하고 광평왕(廣平王: 황태자 이예李豫)의 행군사마(行軍司馬)에 임명하였습니다. 그러면서 그에게 말했습니다. "선생은 일찍이 상황(현종)을 모셨고 중간에 또 나의 사부가 되었습니다. 이제는 내 아들의 행군사마가 되어 줄 것을 요청합니다. 우리 부자 3대는 모두 당신의 도움을 받았습니다." 하지만 그가 후일 4대 자손까지 도우리라 고는 누가 알았겠습니까!

　이필은 당시 숙종의 정략적인 인사 처리가 장차 태자의 제위 계승 문제에 영향을 미치게 될 것을 알고는, 태자를 원수로 삼아 군정의 대권을 그에게 맡길 것을 숙종에게 은밀히 건의하였습니다. 그는 숙종과 반나절이나 쟁론을 벌였고 마침내 숙종은 그의 의견을 받아들였습니다.

　숙종은 현종의 재상이던 이림보(李林甫)에 대하여 대단히 불만이었습니다. 천하가 크게 어지러워진 것이 다 이 간신 때문이라 생각하여 그의 분묘를 파 시신을 불태우려 했습니다. 이필이 힘써 불가함을 간언하자 숙종은 화가 나서 이필에게 물었습니다. "당신은 설마 이림보 당시의 상황을 잊어버렸습니까?" 그렇지만 이필의 생각은 다음과 같았습니다. "어찌됐든 그해에 사람을 잘못 기용한 것은 상황(현종)이었습니다. 그렇지만 상황이 천하를 다스린 50년 동안에 잘못이 없을 수는 없습니다. 당신이 지금 이림보의 죄상을 추궁해서 엄한 처분을 내린다면 간접적으로 상황(上皇)을 크게 난감하게 만들며 현종의 상처를 드러내게 됩니다. 당신의 부친께서는 이미 연세도 많고 지금은 또 바삐 떠나가 계신데 당신의 이런 처사를 들으면 틀림없이 견디지 못할 것입니다. 노인네가 탄식하고 상심하여 하루아침에 병으로 쓰러지게 되면, 다른 사람들은 당신이 천자의 몸으로 그 큰 천하를 가지고도 오히려 늙은 아버지를 잘 모시지 못했다고 생각할 것입니다. 이렇게 되면 부자지간에 아주 난처하게 됩니다." 그의 권고를 들은 숙종은 일시적인 감정으로 일을 처리하지 않았을 뿐만 아니라 이필의 목을 끌어안고 통곡하며 말했습니다. "나는 정말 그 속의 이해(利害)는 상세히 생각해보지 않았습니다."

당 명황이 후일 촉에서 서울로 돌아올 수 있었던 것도 다 그의 임시변통 덕분이었습니다.

명황은 환도하여 태상황이 되었고 숙종은 간신 이보국(李輔國)을 중요한 자리에 임명하였습니다. 이필은 정국이 심상치 않음을 보고서 화를 입을까 두려워 갑자기 매우 평범한 사람으로 변하여 은퇴를 청하여 형산(衡山)으로 은둔하러 가 수도하였습니다. 아마도 숙종도 천하는 이미 평정되었다고 여겼기에 그에게 물러나 쉴 것을 허락하고 은사의 복장과 주택을 상으로 내리고 삼품(三品)의 봉록과 작위를 내렸을 것입니다.

일설에는 이필이 나잔 선사를 만난 인연이 그가 형산에 은거하던 시기였다고 합니다. 요컨대 "하늘의 도는 멀지만 사람의 도는 가깝다."(天道遠而人道邇)는 말처럼 신선과 부처가 만나게 된 인연에 관한 전설은 까마득한 일에 가까워 확실히 고증할 방법도 없으니 의문으로 남겨두는 것도 괜찮겠습니다.

이필이 형산에서 은사의 생활을 한지 오래지 않았을 때 태상황이던 명황이 죽고 숙종도 이어서 죽자, 제위를 계승하여 황제가 된 사람은 바로 이필이 그때 특별히 보호했던 황태자 광평왕 이예였으니 후일 당 대종(代宗)이라 칭해진 사람이었습니다. 대종은 제위에 오르자 바로 이필을 불러 들여 처음에는 황궁 안에 있는 봉래전서각(蓬萊殿書閣)에 살게 하더니, 곧이어 그에게 관청을 하사하고 또 강요하기를 채식하지 말고 장가들고 육식도 하라고 했습니다. 당시 이필은 명을 받들어 그대로 행하였습니다. 그러나 원재(元載)는 그가 자신에게 협조하지 않을 것을 몹시 질투하여 기회를 찾아 그를 지방관으로 쫓아버렸습니다. 대종은 남몰래 그에게 말하기를 "선생은 좀 참고 견디십시오. 밖에 나가 좀 지내시는 것도 좋습니다." 하였습니다. 얼마 후 원재가 죄를 범하여 죽임을 당하자 대종은 즉시 그를 서울로 돌아오게 하고는 다시 중용하려고 했습니다. 그런데 그가 황제의 곁에 있으면 자신에게 불리할 것을 꺼리는 간신 상곤(常袞)에 의해 또다시 어떤 구실로 외지로 쫓겨나 풍랑협단련사(灃郞峽團練使)에 임명되고, 나중에 다시 항주자사(杭州刺史)에 전임되었습니다. 그는 비록 지방의 행정장관으로 좌천되었지만 가는 곳마다 여전히 정치적 공적이 있었습니다.

당시 명을 받들어 봉천(奉天)에 있던, 후일 제위를 계승하여 황제가 되어 당 덕종(德宗)이라 칭해진 황태자 이적(李適)이 이필이 외지로 쫓겨났다는 것을 알자 그를 자신의 병영 주둔지로 오게 하여 좌산기상시(左散騎常侍)의 벼슬을 내렸습니다. 그렇지만 군사와 국정의 큰일에 관해서는 여전히 천리가 멀다하지 않고 달려가 대종에게 건의하였으며 대종 역시 이필의 건의를 반드시 채용하여 그대로 실시하였습니다. 덕종이 제위를 계승한지 3년째 되던 해, 마침내 정식으로 재상에 임명되고 또 업후(鄴侯)로 봉해졌습니다. 내정(內政)에 힘써 군정(軍政)의 비용을 넉넉하게 하였습니다. 공신인 이성(李晟: 727-793) · 마수(馬燧:

726-795)를 보전함으로써 장군과 재상 사이를 조화시켰습니다. 밖으로는 회흘·대식(大食: 아라비아의 옛 명칭)과 연합하여 토번을 궁지에 몰아넣고 변경 지방을 안정시켰습니다. 덕종과 정치적 견해가 다른 곳이 있으면 늘 반복하여 상주하여 15차례에 이른 적도 있었습니다. 요컨대 그는 내정의 처리, 외교적 책략, 군사의 부서, 재정 경제의 계획에 대하여 모두 안정되고 조화로운 성적을 거두었습니다.

　그렇지만 덕종은 오히려 이렇게 말했습니다. "내가 그대와 먼저 약속할 것이 있는데, 그대는 그 동안에 당한 억울한 일이 너무나 많았소. 정권을 잡았다 하여 전날의 원한을 기억하고 원수를 갚지는 마시오. 만약 그대에게 은혜를 베푼 자가 있다면 내가 대신해서 갚아주겠소." 그러자 이필이 말했습니다. "신은 평소 도를 신봉하니, 다른 사람과 원수가 되지 않습니다. 저를 해치려 했던 이보국이나 원재 같은 사람들은 모두 자멸한 것이었습니다. 과거 저와 사이가 좋았던 사람들 가운데 스스로 재능이 있는 사람은 높은 지위에 올랐습니다. 그 나머지는 모두 쓸쓸하게 죽었습니다. 저에게는 정말 갚아야할 아무런 은혜나 원한이 없습니다. 그러나 방금 당신이 말한 것처럼 당신도 저에게도 약속해 주시겠습니까?" 덕종은 곧 대답했습니다. "안될 것이 뭐 있겠소!" 그리하여 이필은 덕종이 공신들을 죽이지 말기를 바란다며 진언하였습니다. "이성과 마수는 나라에 큰 공이 있는데, 듣자하니 그들을 참소하는 자가 있다고 합니다. 폐하께서 만일 그들을 해친다면, 궁궐을 지키는 숙직 병사들과 지방 병권을 쥐고 관리하는 신하들이 분노하여 딴마음을 먹지 않는 자가 없을 것이니 안팎의 변란이 다시 일어날까 두렵습니다. 폐하께서 진실로 두 신하의 공이 크다 하여 그들을 꺼려하지 않으시고, 두 신하는 지위가 높으면서도 스스로 의심하지 않으면 천하는 영원히 무사할 것입니다." 덕종은 듣고는 매우 지당하다 여겨 이필의 건의를 받아들였습니다. 이성과 마수는 곁에서 듣고는 황제 앞에서 감격하여 울며 감사했습니다.

불행한 것은, 궁정의 부자 사이에 또 남의 중상모략을 받아서 아주 큰 오해가 생겨 숙종과 똑같은 잘못을 저지를 뻔하였다는 사실입니다. 이필은 덕종과 태자 사이의 오해를 풀어주려다 덕종의 노여움을 사고 말았는데 덕종이 말했습니다. "경은 가족을 사랑하지 않는가?" 그 뜻인즉 나는 너의 일가족을 죽일 수도 있다는 말이었습니다. 이필은 즉시 대답하였습니다. "신은 오직 가족을 사랑하기에 감히 다 말하지 않을 수가 없습니다. 만약 폐하께서 심히 노하실 것을 두려워하여 저의 뜻을 굽혀 폐하의 뜻을 따랐다가는, 폐하께서 다음 날 그것을 후회하면 반드시 신을 탓하시면서 말씀하시기를, '내가 유독 너를 신임하여 재상을 맡겼는데 간언하지 않아 이 지경에 이르게 하였다' 하시면서 틀림없이 신의 아들을 죽일 것입니다. 신은 늙어서 여생이 아까울 것이 없지만, 만약 신의 아들을 억울하게 죽이고 신으로 하여금 조카를 후사로 잇게 한다면 신은 제사를 받을 수 있을지 모르겠습니다!" 그러고는 목메어 울면서 눈물을 흘렸습니다. 황제 또한 흐느껴 울면서 말했습니다. "일이 이미 이 지경에 이르렀으니 어찌하면 좋겠소?" 이필은 대답했습니다. "이러한 큰일은 원하옵건대 폐하께서 살펴 처리하십시오. 자고로 부자가 서로를 의심하고서 망하지 않은 나라는 없었습니다."

  이어서 이필은 지난날 숙종과 대종 부자 사이에 있었던 은혜와 원한의 일을 상기시키며 말했습니다. "또 폐하께서는 건녕(建寧)의 일을 기억하지 못하십니까?"(숙종은 총애하던 비 장량제張良娣 및 간신 이보국李輔國의 이간질로 말미암아 아들인 건녕왕 이담李談을 죽였다) 이에 덕종이 말했습니다. "건녕 숙부는 정말 억울하였으니 숙종의 성질이 급한 까닭이었소." 이필이 말했습니다. "신은 지난날 이 일로 인해 사직하고 돌아가서 다시는 천자의 곁에 가까이 가지 않겠노라 맹세했었는데, 불행히도 오늘 다시 폐하의 재상이 되어 또 이러한 일을 보게 되었습니다. 그때 선제(덕종의 부친 대종)께서는 항상 두려움을 품고 계셨습니다. 신이 사임하려던 날 황대과사(黃臺瓜辭)를 외우자 숙종께서는 후회하며 흐느끼셨습니다."(황대과사: 당 고종의 태자 이현李賢이 지었다. 고종이 죽자 무측천이 제위를 찬탈하고 태자 현을 비롯한 황제의 아들들을 죽였다. 태자 현이 면하지 못할 것을 스스로 두려워하여 지었다.)

황대 아래에 오이를 심었더니	種瓜黃台下
오이가 익자 작은 열매들이 주렁주렁	瓜熟子離離
처음 따자 오이가 잘 자라고	一摘使瓜好
두 번째 따자 오이가 드문드문하고	再搞令瓜稀
세 번째 따는 것 그래도 괜찮지만	三摘猶自可
다 따버리면 넝쿨만 안고 돌아가리	摘絕抱蔓歸

덕종은 여기까지 듣고는 마침내 감동을 받았습니다. 하지만 여전히 이렇게 말했습니다. "우리 집안일에 무엇 때문에 당신이 이렇게 애써 간여하시오?" 그러자 이필은 말했습니다. "신이 지금 홀로 재상의 중책을 맡고 있으니 온 천하에서 한 물건이라도 제자리를 잃어버린다면 그 책임은 신에게 돌아옵니다. 하물며 태자의 억울함을 좌시하고 말하지 않는다면 신의 죄가 클 것입니다" 심지어는 이렇게 말했습니다. "신은 감히 종족의 자격으로서 태자를 보호하려 합니다." 중간에 또다시 갑론을박이 많았습니다. 그리고 이필은 덕종에게 꼭 비밀을 지킬 것과 내궁으로 돌아가서도 이 일을 어떻게 처리했는지 측근들이 모르게 하라고도 말했습니다. 또 한편으로는 태자에게 낙담하지 말고 자결해서는 안 된다고 위로하면서 말했습니다. "걱정하시는 그런 일은 틀림없이 없을 것이니, 태자께서 거듭 공경하고 거듭 효도하시기 바랍니다. 만약 저의 몸이 없어진다면 이 일은 아무도 알 수 없을 것입니다!" 마침내 덕종 부자지간의 응어리를 풀었습니다. 덕종은 특별히 연영전(延英殿)으로 이필을 홀로 부르더니 울면서 말했습니다. "경의 간절한

말이 아니었으면 짐은 오늘 후회막급이었을 것이오! 태자는 어질고 효순하니 실로 그만한 이가 없소. 지금부터 군사와 국정 및 짐의 집안일을 모두 경에게 상의할 것이오." 이필은 듣고 나서 절을 올리고 축하드린다는 말 외에 이렇게 말했습니다. "신이 나라에 보답하는 것도 이제 끝났나이다. 놀라서 가슴이 두근거리고 정신이 없으니 더 이상 쓰여서는 안 되옵니다. 원컨대 사직을 청하나이다." 덕종은 사과하고 위로하며 한사코 그의 사직을 허락하지 않았습니다. 1년 남짓 지나자 이필은 과연 죽었는데 마치 미리 알기라도 한 것 같았습니다.

역대 제왕들의 궁정은 언제나 세상에서 시비가 가장 많고 인사 문제가 가장 복잡한 곳이었습니다. 특히 왕실의 부자형제, 집안 골육간의 권세(權勢)와 이해를 둘러싼 비참한 투쟁들은 정말 인간 세상 비극의 총집합이었습니다. 게다가 '관계가 소원한 사람은 관계가 친밀한 사람을 이간시킬 수 없다'(疏不間親)라는 현명한 가르침이 옛날에 있었습니다. 그러기에 제갈량 같이 고명한 사람도 형주(衡州)에 있을 적에 유기(劉琦)가 부자지간의 문제를 묻는 데 대하여 감히 정면으로 대답하지 않았습니다. 그렇지만 이필은 당 현종·숙종·대종·덕종 4대 부자 골육 사이에 있으면서 매번 곤란한 일에 선뜻 나서서 의롭게 직언하고 분규를 해결하여 부자형제 사이의 화근을 방지하였으니 정말 고금의 역사에서 으뜸가는 사람이라 할 만합니다. 그래서 왕소온汪小蘊 여사는 영사시(詠史詩)에서 업후(鄴侯) 이필을 논하여 다음과 같은 명구를 남겼습니다.

공훈은 곽령과 나란했지만 재주가 본디 컸고
사적은 유후와 비슷하지만 술수가 더 순박하였네

勳參郭令才原大　跡似留侯術更淳

곽령(郭令)은 곽자의를 가리킵니다. 곽자의의 공적은 모두가 이필의 막후 책략에 근거한 것이었습니다. 유후(留侯)라는 말은 그를 장량과 대비시키기 위해 사용했습니다. 안타깝게도 일반 역사서에 기재된 편견적인 평어에서는 가볍게 짤막하게 기록하고 지나가고 거기다가 경시하는 색채를 더하고 있습니다. 역사평을 예로 들면 이렇습니다. "이필은 모략을 지니고는 있었지만, 신선의 기괴하고 허황된 것을 얘기하기 좋아하여 세상 사람들이 경시하였다." 사실 정사(正史)를 두루 조사해보면 이필이 신선의 기괴하고 허황된 것을 이용해 입신 처세했다는 기록은 전혀 없습니다. 그의 사상적인 개성이 신선과 불도를 애호한 것은 단지 개인적인 선호 경향일 뿐인데, 이게 세상을 다스리는 학술에 무슨 방애가 되겠습니까? 모략을 잘 활용하여 어지러운 세상을 바로잡아 나라를 안정시켰으니 모략에 무슨 잘못이 있겠습니까? 이로부터 알 수 있듯이 사학가의 논리적 근거는 진실로 믿을 만하면서도 다 믿을 수는 없다는 말은 참으로 의미심장하여 새겨볼만 합니다.

송나라 진종의 무위의 다스림

노자의 '무위의 치'(無爲之治)라는 정치사상은, 지나간 역사에서 항상 잘못 이해되었으며 더 나아가 한 시대를 이끌었던 일부 제왕들에 의해 의식적이든 무의식적이든 그 작용이 왜곡되었는데, 그 잘못을 완전히 노자에게만 전가시킬 수는 없습니다. 이런 역사상의 잘못으로서 가장 뚜렷한 사실이 바로 송나라 진종(眞宗)의 이야기입니다.

오대(五代) 말기에 조광윤은 진교(陳橋)에서 군대 내부의 반란으로 황포를 몸에 걸치고 일약 황제의 큰 지위에 오른 후, 역대 전통적인 역사학자들은 일관된 정통 관념을 계승하여 송나라 왕조를 정통으로 삼았습니다. 만약 역사적인 통일 대업이라는 관점에서 본다면, 남송·북송의 3백 년간의 정권은 요(邀)·금(金) 나아가 서하(西夏) 등과 천하를 공유하여 피차가 대등한 예의로 대하였을 뿐이었습니다. 이는 동진·서진 이후로 두 번째 남북조 시대의 국면이 펼쳐진 것이나 다름없었습니다. 만약 중국 문화 입장에서 본다면, 남송·북송과 요·금·원은 모두 중국 문화라는 큰 깃발 아래에서 잊지 않고 제각기 자신의 역사를 지니고 있으며, 요·금의 문치(文治)는 송 왕조에 비해 결코 그리 큰 손색이 없었습니다. 이러한 관점은 제가 역사를 보는 시각이 다를지 모르지만 대체로 실제 사실에서 크게 벗어나지 않을 것입니다. 특히 청년 학자들은 당시 요·금의 문화와 중국 문화의 큰 체계와의 관계를 소홀히 하지 말기 바랍니다.

역사상 송 왕조의 건국은 그 판도가 매우 작아 통치권이 미치는 지역이 정말 가엾을 정도로 작았습니다. 다만 송나라 시대는 학술 문화 면에서 비교적 문인 정치를 중시하고 유가 학술의 지위를 존중하였기 때문에 역대로 학자들의 칭송 찬양을 받았을 뿐입니다. 사실 송 태조 조광윤이 황제가 될 당시부터 이미 북방의 연운(燕雲) 16주(州)는 송의 소유가 아니었습니다. 서남쪽 운남의 이서(迤西)·몽자(蒙自) 일대와 유교와 불교의 문화로 나라를 세운 대리국(大理國)도 조씨 송나라의 정삭(正朔)을 받들지 않았습니다(왕이 새로 건국하면 반드시 달력을 고쳐 천하에 반포하여 그 달력이 통치권이 행하여지는 영역에서 쓰이므로 신하백성이 되는 것을 정삭을 받든다고 함—역주). 만약 한나라와 당나라의 건국 정신이 무력 공적이 먼저이고 문치는 나중이었다고 한다면 조씨 송나라의 천하는 사실 부끄러움이 없지 않았습니다. 그 근본 원인은 송 태조 조광윤과 태종 조광의(趙匡義) 두 형제가 타고난 기질이 군인이면서도 독서를 좋아한 학사였기 때문이었습니다. 그래서 군기나 병법진략에 대해 그 이해득실을 깊이 알기에 경거망동하려 들지 않았습니다. 좋게 말하면 천성이 어질고 후덕하다보니 웅장한 기백은 상대적으로 미약해서 당나라 시대 시인 황송(黃松)의 비전시(非戰詩)가 이렇게 말하는 것처럼 자비심을 크게 품고 있었던 겁니다.

> 늪이 많은 강산까지 작전지도에 들어가면
> 백성들은 무슨 방법으로 생업을 즐거워하리
> 그대에게 권하나니 봉후(封侯)의 일은 말하지 마시오
> 한 장수가 공을 이루면 만 사람의 뼈가 마른다오

> 澤國江山入戰圖　生民何計樂樵蘇
> 勸君莫話封侯事　一將功成萬骨枯

그래서 송 태조 조광윤의 초기 책략은 백성의 부담을 줄이고 생활을 안정시켜 원기를 회복하는 데 온 힘을 기울이고, 안정 속에서 근검절약하여, 북쪽 오랑캐의 탐심을 이용해 금전과 재물로써 북쪽의 요를 마취시키면서 점차로 연운 16주의 절반의 판도를 되사오는 것이었습니다. 요즘 말로 하면 재정경제적인 침략을 이용하여 전국을 통일하고 싶었던 것입니다. 불행한 것은 그의 동생인 태종 조광의가 형의 책략을 전반적으로 이해하지 못하여 제위를 계승한지 몇 년 만에 국고에 쌓인 재화를 절반 이상 탕진해 버린 일입니다. 그리하여 진종(眞宗)에 이르렀을 때에는 감히 전쟁을 할 수도 화해를 할 수도 없는 진퇴양난에 빠져 대단히 애를 먹었습니다. 다행히 명재상 구준(寇準)이 견지했던 묘책을 받아들여 억지로 몸소 출정하여서 '전연의 역(澶淵之役)'이라는 한 번의 군사 외교적 승리전을 얻었습니다. 그렇지만 당시 진종은 놀라서 거의 간이 떨어질 뻔 했습니다. 이러한 사실들은 역사 실록에서 아주 또렷하고 명백하게 볼 수 있습니다.

　여기서 좀 시간을 쓰더라도 다시 송나라 시대의 명신 구준과 관련된 표면은 유가이면서 내면은 도가인, 표유내도(表儒內道)의 큰 솜씨를 좀 이해하도록 하겠습니다. 도가의 '무위이면서 무불위'(無爲而無不爲)의

정신이 신하의 도리에 응용된 멋진 일 막을 볼 수 있을 것입니다. 구준은 확실히 황로의 도를 깊이 신봉한 학자였습니다. 그의 사상이나 일처리나 생활의 기풍은 대담하면서도 치밀하고 호방하면서도 평범하였으니 진정 황로의 도 삼매를 깊이 얻고 있었습니다. 그는 '전연의 역' 중에 황제 진종으로 하여금 몸소 출정하도록 강요하였고 군대가 전선에 다다르자 창과 몽둥이 아래에서 외교를 벌였던 것은 사실 상당한 모험이었습니다. 게다가 당시 진종의 곁에는 조정에서 상당한 세력을 지니고 있던 반대파들이 있었습니다. 그럼에도 이 모든 것에 아랑곳하지 않고 계책이 확정되자 바로 행동에 옮겼습니다. 이 일은 삼국시대 위연(魏延)이 제갈량에게 자오곡(子午谷)으로 출병할 것을 건의했던 것보다 열 배는 더 위험한 모험이었습니다. 그러나 그는 뜻밖에도 결행했습니다. 이 한 가지 역사적인 사실에서, 진종이 구준의 의견을 기꺼이 받아들이고 일을 앞두고 서로 협력할 수 있었던 것은 물론 정말로 사랑스러웠지만, 진종은 전선에 이르러 적과 서로 얼굴을 마주할 당시에는 도리어 전전긍긍함을 면하지 못하였습니다. 정말 두려워하면서도 구준의 행동이 도대체 얼마나 자신감이 있는지를 몹시 알고 싶었습니다. 그리하여 사람을 보내 구준이 무엇을 하고 있는지 정탐시켰습니다. 정탐 갔던 사람이 돌아와 보고하였습니다. "중임을 맡은 이 재상 나리께서는 공공연히 이런 위급한 전방에서 일반 막료빈객들과 함께 술을 마시고 도박을 하고 있으면서 전혀 아랑곳하지 않으십니다." 진종은 이 말을 듣자 마침내 절반 이상은 안심이 되었습니다. 구준이 본래 도박을 잘하는 습관이 있었다지만 당시의 도박판은 정말 한 바탕 호기로운 도박이었습니다. 그의 도박은 적에게 보여주고 진종에게 보여주기 위한 것이었습니다. 사실 그의 심정은 제갈량이 후화원(後花園)에서 낚시질하며 다섯 길로 군대를 후퇴시킨 심정보다도 더 긴장되고 무거웠지만 바쁜 가운데서도 여유가 있는 척하지 않을 수 없었습니다. 이것이 바로 도가의 오묘한 작용인데, 노자의 '취하고 싶으면 잠시 주는'(欲取姑予) 태도입니다. 이 때문에 정치적으로 반대파이던 숙적 왕흠약(王欽若)은 일이 끝난 뒤 기회를 틈타 진종 앞에서 이간질하는 말 한마디를 이용하여 구준이 다시는 중용되지 못하게 만들었습니다. 진종은 '전연의 역'이 있은 뒤로 일만 생기면 당시 구준의 모험을 회상하면서 복잡하고 모순된 심리가 상당히 있었기 때문에 왕흠약은 바로 이러한 기회를 틈타 진종에게 말했습니다. "구준은 '전연의 역'에서 큰 공을 세웠다고 할 수 없습니다. 그는 단지 폐하를 가지고 한 차례 큰 판돈으로 삼았을 뿐입니다." 보세요, 단지 말주변은 좋으나 마음이 사악한 한 마디 말이면 칼을 쓰지 않고도 사람을 해치고 피 한 방울 보이지 않고도 사람을 죽일 수 있습니다. 다행히 조씨 송나라의 황제 자손들은 천성이 후덕하였기 망정이지, 다른 아둔한 군주였다면 구준의 목은 틀림없이 적의 수중에 보내졌을 것입니다.

진종은 구준을 감히 다시 기용하지 않고 통일의 대업을 더는 말하지 않았습니다. 그렇지만 돈을 바치고 평화회담을 하는 정책을 써서 일시적인 안일만을 꾀하고 되는 대로 살아갔습니다. 그러나 그는 전국의 인심이나 조정과 재야의 사기(士氣)가 적에게 아첨하는 정책을 달가워하지 않으며, 더욱이 이런 반투항 식의 책략에는 진심으로 납득하지 못한다는 사실을 알았습니다. 그렇다면 "백성들로 하여금 지식이 없고 욕심이 없게 하고, 지혜로운 자로 하여금 감히 행하지 못하게 하여, 인위적인 행함이 없는 행함을 행하면 다스려지지 않는 것이 없다."(使民無知無欲, 使夫智者不敢為也. 為無為, 則無不治)를 실천하려면 다른 방법을 생각해내야 했습니다. 결과적으로 그는 왕흠약의 건의를 받아들였는데, 그것은 종교를 이용하여 조야를 심취하게 하고 인심을 안정시키자는 것이었습니다. 게다가 신의 도움으로 평안을 보존할 수 있으리라고 스스로를 위로할 수도 있었습니다. 그리하여 그는 핑계를 대기를, 천신이 꿈에 내려와 그더러 정전(正殿)에다 '황록도장'(黃籙道場)을 한 달간 세우라고 했으며 천서(天書) · 대중(大中) · 상부(祥符) 세 편을 내려주겠다고 했다는 등등의 궤변을 꾸며냈습니다. 또 사람을 시켜 태산에서 천서를 얻었노라 거짓 보고하게 하고, 신하들에게는 표(表)를 올려 도호(道號)를 받들어 존경하게 하면서 자칭 '숭문광무의천존도보응장감성명인효황제'(崇文廣武儀天尊道寶應章感聖明仁孝皇帝)라고 했습니다. 그후 북송의 3백 년 천하는 도교의 신비주의 정책과 풀 수 없는 인연을 맺었습니다. 후에 자칭 '도진황제'(道眞皇帝)라 했던 미신의 대사 휘종(徽宗)이 북쪽으로 끌려간 일이 어찌 진종의 잘못이 빚어낸 결과가 아니라고 하겠습니까?

한 국가의 국정은 종교 행위와 한데 섞여 일체가 되어서는 절대 안 됩니다. 고금동서의 인문역사 기록에서 그 증거를 찾아보면, 무릇 종교와 정치가 혼합된 시대, 정치와 종교가 분리되지 않던 나라로서 마침내 철저히 실패하지 않았던 나라는 하나도 없었습니다. 종교를 더럽혔을 뿐만 아니라 국가도 상실하였습니다. 정치란 결국 현실적인 지혜의 실제적인 성과물이고, 종교는 시종일관 현실을 승화시키는 출세간 사업입니다. 만약 어떤 사람이 종교는 바로 현세의 일이라고 강조한다면, 딴 꿍꿍이가 있는 자이거나 아니면 어리석거나 미친 자일 것입니다. 그러므로 진종이 종교적 미신을 이용하여 '백성들로 하여금 지식이 없고 욕심이 없게 하고, 지혜로운 자로 하여금 감히 행하지 못하게'(使民無知無欲, 使夫智者不敢爲也)하려던 당시에 가장 큰 걸림돌은, 천자를 보좌하는 대신인 동평장사(同平章事) 왕단(王旦)이 동의하지 않을까 두려운 일이었습니다. 처음에 탐색해 해봤지만 끝내 소통할 길이 없었습니다. 그리하여 왕흠약이 찾아가서 완곡하게 의견을 소통하는 한편, 진종은 밤에 궁감(宮監)을 시켜 왕단의 재상 관저로 많은 선물을 보냈습니다. 그러면서 무엇 때문에 이렇게 많은 상을 내리는지는 실명하지 않았습니다. 이것은 황제가 공공연하게 대신에게 뇌물을 주었던 걸작입니다. 이 일로 인해 공정하고 신중하던 명신 왕단은 입이 열 개라도 할 말이 없어져서 남의 장단에 춤을 출 수밖에 없었습니다. 만약 구준이 조정 정부에서 배제되지 않았더라면 아마도 귀신이나 미신을 믿는 것을 이용하여 백성을 우롱하는 '신도설교'(神道設敎)를 이 호화 도박의 판돈으로 삼을 길이 없었을 것입니다. 후일 왕단이 임종할 때 진종은 직접 병상 곁에 와서 병문안을 하고 손수 약제를 조합하고, 또 매일 서너 차례 사람을 보내 병세를 묻게 하고 궁중에서 마(薯蕷) 죽도 보냈습니다. 하지만 왕단은 늘 마음에 걸려있던 그 일 때문에 개운할 길이 없었습니다. 그래서 그는 죽기 직전 집안사람들에게 자신이 죽은 후 수염과 머리를 깎고 승복을 입히라고 분부함으로써, 항의의 뜻과 참회의 뜻을 표현했습니다. 당시 '천서'(天書)와 같은 우민 정책에 대해 몸과 마음을 다해 간언하지 못했던 것을 스스로 한탄하며 큰 죄과로 여겼던 것입니다.

풍도 이야기

풍도(馮道)란 사람은 함부로 본받아서는 안 됩니다. 지금은 단지 학술적인 면에서 객관적으로 연구해 보겠습니다. 당말 오대(唐末五代) 때 중국은 80여 년 동안의 혼란 속에서 이 사람이 황제가 되고 저 사람이 황제가 되는 등 이리저리 바뀌면서 대단히 어지러웠습니다. 뿐만 아니라, 그들 모두가 변방 민족이었습니다. 우리가 오늘날 일컫는 변방 민족은 고대에는 모두 호인(胡人)이라고 했습니다. 이러한 변방 민족들이 중국을 통치하던 당시에 풍도라는 유명한 사람이 있었는데, 그는 73세까지 살다가 죽었습니다. 오대(五代) 시대처럼 그렇게 어지러운 시기에 왕조가 바뀔 때마다 매번 그에게 정치를 도와달라고 요청하여, 그는 오뚝이 정치가가 되었습니다. 뒷날 송나라 때 구양수가 역사를 쓰면서 그를 욕하여 말하기를, "중국 선비의 절개가 이 사람 때문에 다 상실되었다."고 했습니다. 풍도는 네 성씨姓氏, 여섯 황제 밑에서 재상 노릇을 했습니다. 이른바 '젖만 주면 다 어머니'라는 식으로 절개가 없었습니다! 역사를 보면 풍도가 이런 사람이었음을 알게 되는데, 풍도는 선비 중에서 아주 망할 자식이라고도 할 수 있습니다.

그러나 저는 역사를 읽은 후 여러 가지 인생 체험을 통해 이 사람이 너무나 이상하다고 생각했습니다. 만약 태평 시대였다면 이 사람은 정치 풍랑 속에 우뚝 서서 흔들리지 않아, 오히려 이상하게 여길 필요가 없었을 것입니다. 그러나 몹시도 어지러운 변란의 80여 년 속에서 그가 끝까지 넘어지지 않은 것을 보면, 확실히 간단히 생각할 인물이 아닙니다. 우선 이 사람은 적어도 탐오(貪汚)하지 않아 남의 공격을 받지 않을 수 있었다고 생각해 볼 수 있습니다. 뿐만 아니라, 다른 도덕적 행위도 아주 훌륭하여 남이 그를 공격할 틈이 없었다고도 볼 수 있습니다.

동서고금의 정치는 어쨌든 매우 현실적인 것이기 때문에, 정치권 속에서의 시비 분쟁은 피할 수 없습니다. 그런데 당시에 풍도를 공격한 사람은 하나도 없었습니다. 이런 관점에서 그를 보면 정말 단순하지 않은 인물입니다. 뿐만 아니라, 그렇게 장수를 누려 자칭 장락노인(長樂老人)이라고 했으니, 정말 크게 허풍을 친 것입니다. 역사상 이렇게 감히 허풍을 쳤던 사람이 둘 있었는데, 그 하나는 청나라의 건륭 황제로서 자칭 십전노인(十全老人)이라고 했습니다. 60여 년 간 황제 자리에 있었고 80여 세에 죽어 모든 것이 좋았으므로, 인생에 빠진 것이 없이 완전하다고 하여 스스로 일컬은 칭호였습니다. 또 한 사람, 신하로서는 바로 풍도가 있어 자칭 장락노인이라고 했습니다. 이 노인은 정말 단순하지 않습니다. 뒷날 유가에서는 그가 절개를 잃었다고 욕했는데, 이 관섬에서 보면 그는 확실히 숫대없는 사람이었습니다. 그렇지만 또 다른 관점에서 보면, 역사적으로나 사회적으로 대체로 남의 공격을 받는 것은 결국 재물과 여색 두 가지 경우인데, 풍도는 이 두 가지 면에서 대체로 잘못이 없었습니다. 그의 저술은 대단히 적어서 거의 남아 있는 것이 없다고 할 정도이므로, 그의 문학이 좋았는지 어 쨌는지는 모르겠습니다. 뒷날 그의 저술을 찾아보다가 그가 지은 시 몇 수를 찾아냈는데, 그 중에 좋은 시가 몇 수 있습니다. 예를 들면, 다음의 세 편이 있습니다.

천 도(天道)

불우함과 출세는 다 운명이니	窮達皆由命
어찌 수고로이 한탄하겠는가	何勞發嘆聲
다만 좋은 일만 할 줄 알고	但知行好事
앞날이 어떨지는 묻지 말라	莫要問前程
겨울 가면 얼음은 녹기 마련이고	冬去冰須泮
봄이 오면 풀이 스스로 난다	春來草自生
청컨대 그대 이 도리 살펴보라	請君觀此理
천도는 매우 분명하니라	天道甚分明

우연히 짓다(偶作)

험난한 시대라고 슬퍼 말지니	莫爲危時便愴神
앞날에는 왕왕 기약할 까닭 있는 법	前程往往有期因
산하는 밝은 임금께 돌아감을 알지니	須知海嶽歸明主
천도는 선한 사람도 해치는 건 아닐세	未必乾坤陷吉人
도덕이 어느 때 세상을 떠난 적 있던가	道德幾時曾去世
배와 수레 어딘들 못 건너고 못 가겠는가	舟車何處不通津
다만 마음에 모든 악 없게 하면	但敎方寸無諸惡
이리 호랑이 무리 속에서도 꿋꿋이 선다네	狼虎叢中也立身

사신으로 흉노에 갔다 돌아와 짓다(北使還京作)

작년 오늘 황제의 칙사로 가서	去年今日奉皇華
조정만을 위하고 집안을 위하지 않았네	只爲朝廷不爲家
어전에선 천자가 눈물을 한 잔이나 흘리고	殿上一杯天子泣
문전에선 쌍십절에 나라사람들 탄식하네	門前雙節國人嗟
흉노에 갈 땐 겨울이라 자꾸 눈이 오더니	龍荒冬往時時雪
조정에 올 땐 봄이라 곳곳에 꽃이 피었네	免苑春歸處處花
일행으로 간 위아랫사람 골육과 같았는데	上下一行如骨肉
모래 바람에 몇 사람이나 죽어 묻혔던가	幾人身死掩風沙

'우연히 짓다'(偶作) 중 마지막 두 구절은, 자기 마음이 곧고 바르며 도덕과 행동이 공명정대하면, 야수들 무리 속에서도 몸을 꿋꿋이 세워 야수들에게 먹히지 않는다는 뜻입니다. 이 구절에서 알 수 있듯이, 풍도란 사람은 확실히 보통 사람들이 미치지 못하는 점이 있었습니다. 구양수와 같은 많은 사람들은 풍도가 절개를 굽혀 어느 황제가 찾든 벼슬길에 나갔다고 비난했지만, 다른 관점에서 보면 그는 나름대로 훌륭한 점이 있었습니다. 오대라는 80년간의 대란 속에서도, 문화를 보존하고 국가의 원기(元氣)를 보존한 것은 그의 지울 수 없는 공적입니다. 국가 민족의 전반적인 국면을 멀리 내다보고 돌보기 위해, 천추에 남을 불충(不忠)이라는 죄명을 자기 스스로 짊어진 것이라 할 수 있습니다. 그의 시 작품을 통해서 보면, 그의 생각은 이런 것이었습니다. "내가 누구에게 충성을 하겠느냐? 이런 녀석들은 다 외국인들로서 중국을 지러 왔고 서나나 잠시 황세 노릇을 하는 것일 뿐인데, 그런 사람들에게 충성을 다한다고? 그런 일은 절대 하지 않는다. 나는 중국인이야!" 그래서 그는 오대 시대의 황제들을 황제로 여기지 않았으며, 그들을 이리나 호랑이에 비유하여 야수들의 무리 속에서도 자신의 몸을

꿋꿋이 세울 수 있다고 했던 것입니다. 또, 그는 일생 동안 청렴·엄숙·소박했으며, 도량도 넓어 원수들을 포용하고 감화시킬 수 있었습니다. 저는 몇몇 친구들과 역사 철학을 이야기할 때, 이 사람의 입신수양은 유의해 볼 만하다고 했습니다. 그의 정치적인 태도와 사람됨을 보면 나쁜 편이 아닙니다. 오대로부터 몇십 년 후에 우리 문화가 보존될 수 있었던 것은, 제가 보기에 그의 공로가 컸다고 생각됩니다. 그런데도 그는 절개가 없었다고 하는 천고의 치욕적인 오명을 역사에 남겼습니다. 이 일을 통해서도, 사람이란 말 못할 사연이 많아 관 뚜껑을 덮고서도 그의 일생을 평가하여 결론지을 수 없다는 것을 알 수 있습니다. 그렇지만 이야기를 시작하기 전에도 언급했듯이 우리가 여기서 반드시 주의해야 할 일이 있습니다. 우리가 절대로 풍도를 본받으려고 해서는 안 된다는 것입니다. 솔직히 말해서, 우리는 풍도를 본받고자 해도 그렇게 할 수 없습니다. 왜냐하면 우리는 그만한 학문 수양이 되어 있지 않고, 또 그만한 절개가 없기 때문입니다. 또, 풍도가 적을 포용하고 적을 감화시킬 수 있었던 것을 보면, 그는 거의 화를 낸 적이 없었음을 알 수 있습니다. 우리는 이 점에서도 그를 따를 수가 없습니다. 어떤 어리석은 사람들은 성깔이 없어 화를 내지 않지만, 그것은 수양이 아니라 감히 화를 내지 못하는 것일 뿐입니다. 풍도가 그러한 시대의 거센 풍랑 속에서도 꿋꿋이 설 수 있었던 것은 실로 연구해 볼 만합니다.

이것은 역사상 비교적 큰 사례를 말해 본 것입니다. 우리가 경험해 보면, 사회의 많은 평범한 인물이 죽었을 때 그가 일생을 통해 좋은 사람이었는지 나쁜 사람이었는지 정확하게 알 수 없으며, 장의사에 가서 자세히 생각해 보아도 단정적으로 결론짓기 어렵습니다.

백거이가 노자를 비판하다

노자의 저작은 5천 자에 지나지 않지만 후세에 노자를 연구한 저작들은 아마 몇 천만 자는 될 것이니, 만약 노자가 아직 살아있다면 이런 후배들이 거침없이 쓴 대작들을 보고는 그 노인께서 태어나자마자 하얗게 되어버렸다던 수염이 웃어서 까맣게 될지도 모릅니다. 물론 지금 저의 노자타설(老子他說)도 그 안에 들어갑니다.

당나라의 저명한 대 시인 백거이(白居易)는 일찍이 칠언절구를 써서 노자를 엄격하게 비판했습니다. 게다가 노자의 손으로 노자의 뺨을 때리게 했는데, 그는 스물여덟 글자로 이렇게 비판했습니다.

말하는 자는 아는 자의 침묵만 못하다는	言者不如知者默
이 말을 내가 노자에게 들었었는데	此語吾聞於老君
만약 노자를 아는 자라고 말한다면	若道老君是知者
왜 그 자신이 오천 자 글을 저술하였을까	緣何自著五千文

노자는 도덕경에서 말하기를, 지혜 있는 사람은 반드시 침묵하고 말이 적다고 하였습니다. 지금 제가 노자에 관해 강설하고 있는 책의 경우도 물어볼 필요도 없이, 학문도 없고 지혜도 없으면서 함부로 허풍치고 있는 것임을 알고 있습니다. "말하는 자는 아는 자의 침묵만 못하다."(言者不如知者默), 이 말은 노자 자신이 말한 것인데 백거이는 이렇게 말합니다. "노자가 그렇게 말한 바에야 그 자신은 당연히 지혜가 매우 높았을 것이다. 하지만 그는 왜 스스로 그렇게 많은 글을 썼을까?" 세상에서 노자의 따귀를 가장 멋지게 때린 것은 백거이의 이 시입니다. 노자가 만일 백거이 당시에 아직 살아 있어서 직접 들었다면 아마 못들은 척하고 하하 한 번 웃을 뿐 반박할 수는 없었을 것입니다.

백거이의 일생은 학문이 훌륭하고 평판이 좋았으며 관직 또한 높았습니다. 그 명성을 후세에 남겼으니 그와 견줄만한 사람은 아무도 없었습니다. 그런데 그는 늘 정치 무대에서 물러 나와 시골에서 유유하게 지내고 싶었습니다. 그렇다고 소동파처럼 정치에서 많은 고생을 겪은 것도 아니었습니다. 백거이가 일생 동안 복을 누리고 늙어서도 복을 누린 것은 그가 도를 배웠기 때문이었습니다. 이 점은 그가 노자를 읽은 후에 지었다는 칠언율시 한 수를 통해서도 알 수 있습니다. 원시는 다음과 같습니다.

길흉화복은 다 유래가 있나니	吉凶禍福有來由
깊이 알아야 할 뿐 근심할 것은 없다네	但要深知不要憂
불씨가 치장한 집을 태우는 건 봤어도	只見火光燒潤屋
풍랑이 텅 빈 배를 뒤집는다는 것은 못 들었네	不聞風浪覆虛舟
명성이란 공유물이니 많이 취하지 말고	名為公器無多取
이익은 일신의 재앙이니 적게 구함이 마땅하네	利是身災合少求
특이한 박을 그 누가 먹지 않겠는가	雖異匏瓜誰不食
대체로 배불렀으면 일찌감치 쉬는 게 마땅하네	大都食足早宜休

그는 말하기를, 사람이 살면서 만나게 되는 성공과 실패, 길흉화복은 모두 그 원인이 있으니 진실로 지혜가 있는 사람은 그 원인을 알고자 하면 됐지 번뇌하거나 근심할 필요는 없다고 합니다.

세 번째와 네 번째 구에서는 장자의 '빈 배의 뒤집어지기'(覆虛舟)의 전고를 인용하였습니다. 그는 말합니다. "우리는 세상의 부귀한 사람들이 많은 재물을 들여 꾸며놓은 화려한 집이라도 큰불에 불타버리곤 하는 것을 본다. 하지만 텅 빈 배가 풍랑에 삼켜지는 것은 여태껏 보지 못했다. 물건을 실은 배가 풍랑을 만나면 그야말로 풍랑 속에 침몰되곤 한다. 그것도 무겁게 실을수록 침몰할 위험은 그 만큼 더 크다. 빈 배는 본래 비어 있기에 설사 뒤집어진다 해도 여전히 물위에 떠 있을 것이다." 이 말은, 사람의 수양이란 마땅히 구하는 것도 없어야 하고 얻는 것도 없어서 비우면 비울수록 좋다는 것입니다. 맹자는 말했습니다. "부(富)는 집을 윤택하게 하고 덕(德)은 그 자신을 윤택하게 한다."

다섯 번째와 여섯 번째 구에서 다시 지적하는 것은, 재앙을 초래하지 않도록 인간 세상의 '명성'(名)과 '이익'(利) 이 두 가지를 탐하여 구하여서는 안 된다는 것입니다. 하지만 현대의 청년들은 모두 이 방면에서 자신의 '지명도'를 넓히고 있습니다. '명성'은 사회의 공유물임을 알아야 합니다. 맹자도 "천작이 있고 인작이 있다."(有天爵者 , 有人爵者)고 말했는데, 천작(天爵)이 바로 명성입니다. 자세히 살펴보면 어떠한 '명성'이든지 지나치게 높으면 실제와 부합하지도 않고 그 사람의 인생과 복지에 대단히 큰 장애가 발생할 것입니다. "칭찬이 세상에 가득하면 비방도 그에 따른다."(譽滿天下 , 謗亦隨之)는 경우가 바로 이런 이치입니다.

또 예컨대, 한(漢) 고조의 이름이 유방(劉邦)이라는 것은 모두가 알지만 한나라 시대의 저명한 '문경의 치'(文景之治)에서 한나라 문제(文帝)의 이름이 유항(劉恆)이고 경제(景帝)의 이름이 유계(劉啟)라는 사실을 아는 사람은 적습니다. 이 점을 보면 '명성'이라는 것도 일시적이고 부질없는 것임을 알 수 있습니다.

이익으로 말하자면 가장 대표적이고 모든 사람이 보편적으로 추구하는 것은 당연히 돈입니다. 사람마다 모두 돈을 벌기를 원하고 돈은 많으면 많을수록 좋다고 생각합니다. 오직 생명이 위급한 때에야 차라리 자기의 재산을 써서라도 생명을 구해 연장시킵니다. 그렇지만 생명을 구하고 수명이 연장될 수 있게 되면 도리어 다시 재물을 탐하여 목숨을 버리니 이른바 '사람이 재물 때문에 죽는다'(人爲財死)는 것입니다. 백거이는 '이익은 일신의 재앙'이라고 말했습니다. 사람이 돈이 많으면 번뇌가 더 큰 것이니, 마치 형체와 그림자의 관계와 같아 그 크기가 정비례합니다. 청대의 유명한 학자 조익(趙翼)은 시에서 이렇게 말했습니다.

| 미인의 뛰어난 아름다움은 원래가 요물이고 | 美人絕色原妖物 |
| 어지러운 세상에 재물이 많으면 화근이라네 | 亂世多財是禍胎 |

그가 말한 '미인'이 꼭 여성만을 지칭하는 것은 아닙니다. 세상에는 미남자도 있습니다. 옛사람은 또 이렇게 말했습니다.

| 한 가정의 풍족은 일 천 가정의 원망이며 | 一家飽暖千家怨 |
| 한 때의 공명은 오랜 세월의 허물이라네 | 半世功名百世愆 |

이런 것들은 모두 많은 돈이 있고난 뒤에 생활에 표출되어 나오는 형태들입니다. 돈이 있는 가정은 전 가족이 배불리 먹고 따뜻한 옷을 입어서 호의호식합니다. 그러나 옆에 있는 천 가구의 가정은 눈을 흘기며 당신을 바라보는데, 그 눈빛 속에는 부러움·질투·원망·경멸과 분개가 서려 있습니다. 이것이 사람의 습성입니다. 아직도 기억나는데 몇 십 년 전 자동차가 중국에 막 들어 온지 얼마 안 되었을 때 흙 길을 질주하자 차에 탄 사람들은 자못 의기양양해 했습니다. 하지만 흙먼지가 날아오르고 비 오는 날에는 더욱이 흙탕물이 사방으로 튀어 가까이 있던 행인들은 온통 흙투성이가 되었습니다. 이렇게 되자 옆에서 보던 사람조차도 흘겨보며 마음속으로는 가장 더럽고 악독한 욕설을 퍼부어댔습니다.

그러므로 백거이는 이 시의 끝맺음 말에서 이렇게 말했습니다. "특이한 박을 그 누가 먹지 않겠는가, 대체로 배불렀으면 일찌감치 쉬는 게 마땅하네." 세상에 그 누가 명성과 이익을 좋아하여 탐내지 않겠습니까? 불교에서는 사람들에게 '명리(名利)를 절대 버리라'고 권하지만 이는 불가능한 일입니다. 노자는 그렇게 말하지 않고 다만 '사욕을 줄이라'(少私寡慾)고만 가르칩니다. 조금 줄이면 된다는 겁니다. 그래서 백거이는 이렇게 말했습니다. "명리란 사실 마치 박처럼 맛이 좋아 사람들에게 절대로 먹지 말라고는 할 수 없다. 하지만 먹고 난 뒤에는 설사할 가능성이 크다. 황로의 도를 깊이 이해한다면 대체로 배불렀으면 일찌감치 쉬는 게 마땅합니다. 지나치게 먹지 말라는 것이 바로 개인적 수양에 있어서 노자의 도의 기본 원칙입니다.

백 척 간두에서 다시 한걸음 나아간다는 진정한 의미

"백 척 간두에서 다시 한걸음 나아간다."(百尺竿頭, 更進一步)라는 이 말은 다들 알고 있듯이 다른 사람을 격려하는 말입니다. 일반인들은 이 말을 들으면 모두 기뻐하며 칭찬 격려 받는 것으로만 생각하지 자세히 한 번 생각해 보지는 않습니다. 왜 "백 척 간두에서 다시 한걸음 나아간다."고 말할까요? 한번 생각해봅시다. 땅위에 백 척이나 되는 장대를 하나 세워 놓고 어떤 사람이 지면으로부터 위로 기어 올라가 백 척의 장대 끝에 도달하였다면 이미 정점에 도달한 것입니다. 그런데 그러러 다시 한걸음 더 나아가라고요? 이 한걸음은 어디로 나아갈까요? 한걸음 더 나아가면 허공으로 떨어지고 허공에 떨어지면 또 땅으로 떨어지지 않겠습니까? 그러므로 이 말의 의미는 숭고함으로부터 평범함으로 돌아가라고 남에게 격려하는 뜻입니다. 다시 말해 중용(中庸)에서 말하는 '지극히 고명한 경지에 도달하였으면서도 중용의 도리에 따르는'(極高明而道中庸) 것입니다. 사람의 인생은 현란(絢爛)에서 평담(平淡)으로 돌아가야 합니다.

명나라 사람의 필기(수필을 주로 한 짤막한 문체―역주) 가운데 백 척 간두에서 다시 한걸음 나아간다와 비슷한 이야기가 하나 있는데, 어떤 도학가가 도를 구하는 이야기를 서술하고 있습니다. 이 도학가는 도를 닦고 여러 해 동안 연구했지만 줄곧 성과를 얻지 못하고 도를 얻지 못해 몹시 고뇌했습니다. 그래서 어느 날 은자(銀子)를 좀 지니고 이름난 스승을 찾아 집을 나섰습니다. 뜻밖에 길에서 사기꾼을 하나 만났습니다. 사기꾼은 그가 스승을 찾아 도를 구하러 집을 나섰고 몸에는 많은 은자를 지녔다는 것을 알고는 그에게 접근할 작정을 하고 방도를 모색했습니다. 하지만 이 사기꾼은 도를 얻은 도학가로 가장하여 이름난 스승을 찾는 이 책벌레 서생으로 하여금 자기에 대해 무척 감복하게 하였음에도 불구하고 그의 돈은 속여먹을 수가 없었습니다. 뒤에 어떤 나루터에 이르러 강을 건너야 했습니다. 이 사기꾼은 머리를 한 번 굴려 도학가에게 말하기를, 도를 전해주겠으며 배에서 그에게 도를 전해주기로 선택했다고 했습니다. 이 도학가 분은 얻을 수 있는 도가 있다는 말을 듣고는 몹시 기뻐했습니다. 두 사람은 배에 올랐습니다. 그 사기꾼은 도학가에게 돛대 꼭대기까지 기어 올라가면 도를 얻을 수 있다고 일러주었습니다. 구도심이 간절한 이 도학가 분은 도를 구하기 위하여 돛대를 기어 올라가기 편하도록, 은자를 넣어 두어서 자나 깨나 몸에서 떠나지 않는 보자기를 이때에는 내려놓지 않을 수 없었습니다. 그가 돛대 꼭대기까지 기어 올라가 더 이상 기어 올라갈 곳이 없을 때 무슨 도도 보이지 않아서 고개를 돌려 도를 전해준 그 고명한 사람에게 가르침을 청했습니다. "도가 어디에 있습니까?" 뜻밖에 그 사기꾼은 벌써 자기가 갑판위에 놓아두었던 한 보자기의 은자를 가지고는 종적도 없이 사라져버렸습니다. 배위의 다른 승객들은 모두 그가 사기꾼에게 당한 것을 박수를 치며 비웃었습니다. 하지만 이 도학가는 다들 박수를 치며 비웃을 때 돛대 꼭대기에서 갑자기 정말로 깨달았습니다. 이른바 도는 평범한 곳에 있지 높고 높은 어떤 것에 있지 않는 것을 깨달았습니다. 그래서 즉시 돛대를 기어 내려와 모두에게 말했습니다. "그는 사기꾼이 아닙니다. 확실히 고명합니다! 정말로 저의 스승입니다!" 그는 기쁘게 돌아갔습니다.

이것은 비록 도학가의 케케묵음을 풍자하는 우스운 이야기이지만 이 우스운 이야기를 통하여 보면 사실은 그 속에 지극한 이치가 들어 있습니다. 백 척의 간두에서 다시 한걸음 나아간다는 말처럼 도는 바로 평범 평담 속에 있습니다. 즉, 지극히 고명한 경지에 도달하였으면서도 중용의 도리에 따르는 것입니다.

문천상의 돈오 시

중국의 고시는 특히 많은 우수한 시편들이 왜 널리 전파되어 천고에 전해지고 암송될 수 있을까요? 그 이유는 이러한 시편들이 시인의 고상한 심경을 응집하고 시인의 넓고 큰 흉금을 표현하고 있기 때문입니다. 시구는 반복적으로 다듬어지거나 깊은 생각에서 용솟음쳐서 얼마 되지 않은 몇 마디 말이 반짝거리면서 자신을 분발시키고 철리적인 빛을 발산함은 전통 문화와 중화민족 정신의 중요한 조성부분이 되었습니다. 그렇지만 시인 일생의 사업 공적은 도리어 사람들에게 잘 알려지지 않는데, 그러한 가장 전형적인 예로 아마 문천상(文天祥)을 들어야할 것입니다.

문천상은 강서의 길수(吉水) 사람이었습니다. 원나라 군대가 남침하자 그는 남송을 멸망의 위험에서 구해내기 위하여 자기 재산 전부를 군비에 조달하고 군대를 일으켜 왕실을 위하여 충성을 다하였습니다. 안타깝게도 그와 같은 사람은 몇 되지 않는데, 동남의 연해에서 이리저리 거치면서 분발하여 싸우면서 3년 남짓 버티다 결국 패전하여 포로가 되었습니다. 배가 광동의 중산현(中山縣)의 영정양(零丁洋)을 지날 때 문천상은 '영정양을 지나며'(過零丁洋)라는 시를 썼습니다. 후일 장홍범(張弘範)이 몇 번이나 문천상더러 해상에서 버티며 저항하고 있는 남송의 고급장교 장세걸(張世傑)의 투항을 권유하라고 하자 문천상은 '영정양을 지나며'라는 시의 마지막 연(尾聯)을 장홍범에게 보여주었습니다. "옛부터 인생에 그 누가 죽음 없으리, 일편단심 남겨 두어 청사에 빛나리라."(人生自古誰無死, 留取丹心照汗靑) 죽음을 보기를 돌아가서 쉬는 것으로 여기는 이런 귀중한 말을 보고 난 장홍범은 투항을 권유할 가망이 없다는 것을 자연히 알고서 그만둘 수밖에 없었습니다. 문천상은 원나라 대도(大都: 지금의 북경)로 압송되어 지하 감옥에 갇혔다가 원나라 세조 지원(至元) 19년 10월에 정의를 위하여 용감하게 죽었습니다. 그는 옥중에서 천지를 감동시키고 귀신을 흐느끼게 한 정기가(正氣歌)를 썼습니다.

'영정양을 지나며'와 '정기가'는 모두 천고의 명편(名篇)인데 다들 하도 들어 줄줄 외울 수 있으리라 믿고 여기서는 많은 해석을 하지 않겠습니다. 여기서 그의 또 다른 두 수의 시에 대해서만 얘기해 보겠습니다.

영양자를 만나 도를 이야기한 뒤 시를 증정하다(遇靈陽子談道贈以詩)

예전에 나는 천명(泉名)을 사랑했는데	昔我愛泉名
그대와는 허리 굽혀 읍(揖)하면서 이별을 했지	長揖離公卿
청산 밑에다 집을 지으니	結屋靑山下
지척이 봉래산이요 영주산이었네	咫尺蓬與瀛
지인(至人)은 보지를 못하고	至人不可見
세상 티끌에 홀연히 휘말려서	世塵忽相纓
업의 바람이 오랜 겁 동안 불어대자	業風吹浩劫
달팽이 뿔 위에서 헛되이 명성을 다투었네	蝸角爭浮名
우연히 대여옹(大呂翁)을 만나니	偶逢大呂翁

마치 전생에 맹세한 사이 같구나	如有宿世盟
서로 탁 트인 경지를 이야기하니	相從語寥廓
잠깐 사이에 온갖 잡념이 가벼워지네	俯仰萬念輕
천지는 늙을 줄 모르고	天地不知老
해와 달은 그 정기를 교류하네	日月交其精
사람은 하나의 음과 양의 성품인데	人一陰陽性
본래 저절로 장생(長生)하는 것이라네	本來自長生
허무(虛無) 사이에 점을 찍어서	指點虛無間
나를 이끌어 원명(圓明)으로 돌아가게 하고	引我歸圓明
하나의 침(針)으로 정수리의 문을 투과하니	一針透頂門
도골(道骨)이 하늘로부터 이루어지네	道骨由天成
여인숙 같은 나의 몸	我如一逆旅
오랫동안 신선길에 오르고 싶었는데	久欲蹻崢行
스승에게 이 묘절(妙絶)함을 듣고 나니	聞師此妙絶
초막 같은 이 몸에 아무 미련 없어라	遽廬復何情

기묘년 12월 갑신일, 이인을 만나 대광명정법을 지시받고, 마치 옷을 벗듯 생사를 해탈하였다. 이에 오언팔구를 짓노라(歲祝犁單閼, 月赤奮若, 日焉逢涒灘, 遇異人指示以大光明正法, 於是死生脫然若遺矣)

누가 알리 진정 환난 속에서	誰知眞患難
홀연히 대광명을 깨달았음을	忽悟大光明
해가 나오자 모든 구름 고요해지고	日出雲俱靜
바람이 멎자 물은 저절로 잔잔해지네	風消水自平
공명은 얼마나 성품을 마멸시켰는가	功名幾滅性
충효는 너무나도 삶을 피곤케 했네	忠孝大勞生
천하에 오직 호걸만이	天下惟豪傑

신선의 경지를 그 자리에서 이룩한다네　　　　　　神仙立地成

　이상의 두 시는 문천상이 원나라 병사에게 잡혀 북경으로 압송되는 길에서 지은 것입니다. 그의 유집에는 이 때 수십 편의 시를 지었다고 기록되어 있는데, 모두 그의 느낌을 읊은 것입니다. 그의 시와 관련된 저작과 원나라의 역사기록 등을 참고해 보면, 그가 비록 포로의 신분이었지만 누구나 그를 공손히 대했고, 심지어 감시하는 적의 병사들도 그에게 경의를 표시했음을 알 수 있습니다. 이로써 우리는 철저하게 올바른 사람은 그의 정기(正氣)가 확실히 사람을 감동시킬 수 있다는 것을 알 수 있습니다. 당시 원나라의 많은 부대가 그를 압송했지만, 겉으로는 그를 보호한다고 하면서도 실제로는 매우 정중히 대했습니다. 고향을 지날 때 그는 고향에서 죽기 위해 독약을 먹었지만, 결국 성공하지 못했습니다. 압송되어 가는 동안 내내 그의 마음은 매우 고통스러웠습니다.

　북경으로 압송되는 길에서 그는 기인(奇人) 두 사람을 만났는데, 한 사람은 도가의 인물로서 첫째 시에 나오는 영양자(靈陽子)입니다. 이 도사가 문천상에게 와서 도를 전수한 이유는 모두 그렇게 알았듯이 그가 충신으로서 반드시 나라를 위해 희생할 줄 알았기 때문입니다. 그래서 영양자는 문천상에게 생명의 참뜻과 생사해탈의 대의 및 편하게 죽음을 맞는 방법을 전수했습니다. 그가 지조를 굳게 지켜서 죽음 앞에서도 변치 않기를 바란 것입니다. 당시 적들은 문천상을 매우 존경했기 때문에 그가 도망가지 못하도록 감시만 했을 뿐입니다. 이 때문에 영양자는 그에게 접근할 수 있었는데, 두 사람이 헤어질 때 문천상은 앞서 인용한 시 한 수를 지어 그에게 주었습니다.

　둘째 시의 제목에서 '세축리단알(歲祝犁單閼), 월적분약(月赤奮若), 일언봉군탄(日焉逢涒灘)'은 중국 상고문화에서 연월일을 기록하는 부호였습니다. '세(歲):축리단알(歲祝犁單閼)'은 기묘년(己卯年)입니다. '축리'(祝

犁)는 '기'(己), '단알'(單閼)은 '묘'(卯)입니다. "월(月):적분약(赤奮若)"은 축월(丑月)입니다. 자월(子月)은 매년 음력 11월이고, 축월은 12월입니다. 또 "일(日):언봉군탄"에서 '언봉'(焉逢)은 '갑'(甲)이고 '군탄'(涒灘)은 '신'(申)으로서 곧 갑신일(甲申日)입니다. 문천상은 다른 사건은 모두 분명하게 쓰고 있는데, 무엇 때문에 연월일에 대해서는 중국 상고문화의 단어로 기록했을까요? 이것은 그가 중국의 이러한 신비학(현대적인 명칭으로, 서양 사람들은 도가, 불가나 기타 오랜 수련공부를 하는 학문을 신비학이라고 부릅니다)에 대해 이미 잘 알고 있었기 때문에, 연월일에 대한 기록은 상고 시대 신비학의 기록법을 사용한 것입니다. 그는 이 날 이인을 만났습니다. 이인은 소설에서의 기인과 같은데, 기인이나 이인은 모두 평범한 사람과는 다른 사람으로서 이른바 도가 있는 사람입니다. 문천상은 이인으로부터 대광명법을 지시 받았다고 했습니다. '지시'라는 두 글자는 매우 공손한 표현인데, 이로써 문천상이 자신에게 도를 전수한 사람을 매우 공경하고 있음을 알 수 있습니다. 그 자신은 "생사를 마치 옷을 벗듯 해탈하였다."(於是死生脫然若遺矣)고 말했는데, 이때에 이르러 그는 사는 것도 죽는 것도 모두 해탈한 것 같습니다. 본래는 한 매듭이 풀리지 않는 상태였는데, 이제는 생사를 완전히 꿰뚫어보아 대수롭지 않게 여겨 죽고 사는 생각을 던져 버리고 놓아 버렸습니다. 설령 내일 목이 달아나도 상관없다고 생각했습니다. 마치 낡은 옷을 입을 만큼 입고 내버리면 그만이라고 여기듯 했습니다. 그에게는 이런 도량이 있었는데, 수양이 매우 높았기 때문입니다. 그래서 그는 오언팔구로 위의 시를 지었습니다. 시의 본문은 이해하기가 매우 쉽습니다.

　"누가 알리, 진정 환난 속에서 홀연히 대광명을 깨달았음을."(誰知眞患難, 忽悟大光明) 당시 문천상은 진정한 환난에 처해서 목숨이 아침저녁 사이에 있게 되고서야 비로소 대광명의 정법을 깨닫게 된 것입니다.

"해가 나오자 구름이 모두 고요해지고, 바람이 멎자 물은 저절로 잔잔해지네."(日出雲俱靜, 風消水自平) 이것은 대광명법을 연마해서 얻은 경지를 묘사한 것인데, 이 때 그의 가슴이 활짝 열리면서 온갖 위험과 고생을 전혀 무서워하지 않게 되었습니다.

"공명은 얼마나 성품을 마멸시켰는가, 충효는 너무나도 삶을 피곤케 했네."(功名幾滅性, 忠孝大勞生) 이것은 그가 도를 깨달았다는 말입니다. 인생의 부귀공명을 세속적인 관점에서는 대단하게 보지만, 불교의 형이상적 입장에서는 부귀공명과 인간세상의 모든 것을 깨끗한 본성을 방해하는 질곡이자 본성의 광명을 훼멸하는 것으로 봅니다. 마치 비바람과 먹구름이 맑은 하늘을 뒤덮는 것처럼 말입니다.

사람이 살아가는 등 일체의 사업이 모두 노생(勞生)인데, '노생'은 불교의 용어로서 일생 동안 바쁘게 보내는 것을 말합니다. 신선이나 부처는 모두 대충대효(大忠大孝)하는 사람들에서 나옵니다. 사람으로서의 도리의 기초가 튼튼하면 부처를 배우나 도를 배우나 매우 쉽습니다. 문천상의 마지막 두 마디인 "천하에 오직 호걸만이 신선의 경지를 그 자리에서 이룩한다네."(天下惟豪傑, 神仙立地成)는 바로 이런 뜻으로서, 이 때 그의 심경은 대단히 유쾌했습니다. 앞에서 문천상이 생과 사를 완전히 해탈할 수 있었던 것은 대광명법에 의지했기 때문이라고 말한 바 있습니다. 그 자신의 문장에 따르면, 이 때 인(仁)을 이루려는 의지가 더욱 확고해지면서 더 이상 동요하지 않았다고 합니다.

그런데 대광명법은 무엇일까요? 이것은 매우 복잡하고 까다로운 문제입니다. 대광명법은 불가에서 행하는 일종의 수련 방법입니다.

조금 전에 '노생'을 이야기했는데, 어쨌든 사람의 일생이 매우 바쁜 것이 '노생'입니다. 도가의 문학에는 '부생'(浮生)이라는 낱말이 있습니다. 여러분은 모두 이백이 지은 춘야연도리원서(春夜宴桃李園序)를 읽었을 것입니다. 이 시에,

| 덧없는 인생은 꿈과 같으니 | 浮生若夢 |
| 즐거운 일이 그 얼마나 되겠는가 | 爲懽幾何 |

라는 구절이 나오는데, 이 '부생'이란 말은 도가에서 온 용어로서 '노생'과 같은 뜻입니다. 그런데 사람들은 무엇 때문에 삶을 고달프게 여길까요? 가난한 사람이든 부유한 사람이든 매일매일 쟁취하려고 노력하면서 바삐 보내는 그 대상은 결국 진정으로 소유할 수 없습니다. 한 부자가 매일 천만 원 남짓 수입이 있는 것은 대단한 일이기는 하지만, 들락날락하는 것일 뿐 그의 것이 아닙니다. 그러므로 물질세계의 사물은 결코 나의 '소유'(所有)가 아니고 나에게 잠시 '소속'(所屬)되어 있는 것일 뿐입니다. 나와 관계가 있다고 해서 내가 점유할 수 있는 것이 아니며, 그 누구도 점유할 수 없습니다.

뿌리를 찾다

당(唐) 왕조에는 재미있는 이야기가 하나 있는데 이 이야기를 통해 인성의 또 다른 일면을 볼 수 있습니다.

영명했던 당 태종은 황제가 된 뒤 자기의 성씨인 '이(李)'씨의 유래가 전설 속에서 대단히 진기하고 괴이하다고 생각했습니다. 오래된 신화 전설에 의하면 이 씨 성의 제1대 시조는 바로 노자(老子)이며 멀리 요순시대의 사람인데 오얏나무(李樹) 아래에서 태어났기 때문에 성이 이 씨라는 겁니다. 더욱이 그의 모친이 81년 동안이나 오래 임신하고 있었기 때문에 그를 낳았을 때 수염과 머리가 모두 하얀 색이어서 바로 태상노군(太上老君)이 되었다고 합니다. 이것이 노자의 탄생과 성씨의 기원에 관한 전설입니다.

당 태종의 성이 이 씨인 유래는 중국 성씨의 원류와 종족의 연원을 연구해보면 또 각종의 견해가 있었습니다. 그렇지만 그는 황제가 된 뒤 자신의 선조 혈통이 거슬러 올라가 더욱 좀 더 찬란하길 원했습니다. 세계의 어떤 민족이건 사회적으로 사업공적을 성취하게 되면 반드시 '뿌리'를 찾고자 할 뿐만 아니라 그 '뿌리'를 좀 찬란하도록 더욱 정돈하여 꾸미고 빚으려고 하듯이 말입니다. 마찬가지로 당 태종도 뿌리를 찾고자 했고, 그것도 아주 훌륭한 뿌리를 하나 찾고자 했습니다. 그래서 역사를 거슬러 올라가보니 이 씨 성의 인물로는 노자가 가장 훌륭하고 학술상의 성취도 대단했기 때문에 방도를 찾아 노자의 후손이라고 말했습니다. 그러나 노자는 단지 학술적인 성취만 있어서 그를 좀 더 높이 떠받들고자 뒷날 이 씨 당나라 왕조의 자손들은 그를 교주로 받들어 태상노군으로 바꾸고 도교의 교주로 봉했습니다. 도교는 실제로도 당 왕조의 정식 국교가 되었습니다. 다만 당시에는 '국교'라는 명칭이 없었을 뿐 사실상 당 왕조의 역대 제왕·황후·비빈들은 모두 불교에서 계율을 받듯이 '부적'을 받았습니다. 현종과 양귀비 같은 사람들도 모두 일찍이 '부적'을 받았습니다.

명대의 개국 황제 주원장(朱元璋)도 똑같은 생각을 했습니다. 그리고 그는 주희(朱熹)를 선택하였습니다. 그래서 주희를 크게 받들었습니다. 본래 그는 자신의 조상을 끌어다 주희와 관계를 맺으려 했었습니다. 그러나 자신은 결국 일대의 제왕이라서 이런 일을 지나치게 억지로 할 수는 없었습니다. 오직 장헌충(張獻忠) 같은 사람은 도처로 도망쳐 다니면서 손해를 끼칠 때 하루는 장비(張飛)의 사당을 때려 부쉈습니다. 그런데 사당에 모셔둔 신상이 장비라는 것을 물어 알고는 벌떡 일어났습니다. 뜻밖에도 같은 성씨의 종족에 대한 인륜의 도리는 알았던지 사당에 가서 제사를 올리고자 부하에게 제문(祭文)을 지으라고 명령했습니다. 그렇지만 협박받아 장막 아래에 있던 꾀죄죄한 문인들이 지은 제문에는 온통 경전 어구나 고사가 인용되어 있어서 그 자신은 봐도 알 수가 없었습니다. 그래서 크게 불만스러워하며 몇 명의 문인을 연달아 죽이더니 마침내는 자신이 직접 썼습니다. "당신은 성이 장 씨요 우리 아버지도 성이 장 씨이니, 우리 두 사람 같은 성을 가진 사람끼리 한 가족처럼 지냅시다!" 바로 이렇게 연결시켜서 천추의 웃음거리가 되고 말았습니다.

그런데 주원장이 주희를 자기 선조의 항렬에 끌어다 넣으려고 하던 어느 날, 한 이발사를 만나게 되었는데 역시 성이 주 씨였습니다. 곧 이발사에게 주희의 후손인지를 물었더니 이 이발사가 말했습니다. "저는 주희의 후손이 아닙니다. 주희는 절대로 저의 선조가 아닙니다." 주원장은 말했습니다. "주희는 윗대의 대 학문가이니 너는 인정하거라." 이발사는 말했습니다. "절대로 아닙니다." 이 일로 주원장의 '친척 관계 맺기'의 생각에 동요가 일어났습니다. 그는 다시 생각해보게 되었습니다. 일개 평민인 이발사도 오히려 함부로 조상을 인정하려 들지 않는데 자신은 황제인데도 구태여 주희를 선조로 인정해야 하는가라는 생각이 들었습니다. 그래서 원래의 생각을 취소해버렸습니다. 그렇지만 주희에 대해서는 여전히 극력 받들었습니다. 예를 들어 명나라 왕조에서는 시험에 응시하여 공명을 얻으려면 주희가 주해한 사서(四書)를 공부하지 않으면 안 되었습니다. 이것은 후에 발전하여 청나라 왕조에까지 이르렀는데 명대의 관습을 답습하여 주희가 주해한 사서로써 고시제도 중에서 높낮이를 판정하고 취사선택을 결정하는 표준본으로 삼았습니다.

증국번이 회하의 거리를 한가롭게 거닐다

증국번이 태평천국을 쳐부수고 나서 남경을 수복한 초기에, 남경은 병란(兵亂)을 겪은 후라 경제가 몹시 쇠퇴했기 때문에 백성들의 생활이 어려운 것은 당연했습니다. 이 때 증국번이 제일 먼저 한 일은 바로 진회하(秦淮河)의 향락업을 회복하는 것이었는데, 노래하고 춤추는 무대 등 온갖 특수한 영업이 다 있었습니다. 그리하여 경제가 곧 부흥하였습니다. 경제의 원리는 미국인의 말처럼, "세상에서 가장 대단한 재능은 남의 호주머니 돈을 내 호주머니 돈으로 만드는 것"입니다. 몇 년 동안 경제학을 배웠더라도 이 말처럼 확실하고 실용적이며 일리가 있는 말은 없을 것입니다. 놀기 좋아하고 일하기 싫어하는 것은 인지상정이므로, 돈 있는 사람들을 남경으로 불러들여 돈을 쓰게 하기 위해서는 오락업을 발전시키는 것이 가장 효과적이었습니다. 그래서 증국번은 우선적으로 진회하의 향락업을 회복시켰을 뿐만 아니라, 그처럼 엄격한 생활을 하는 사람이 지역을 번영시키기 위해 부하의 건의에 따라 직접 진회하의 거리를 거닐기도 했습니다. 진회하를 홍보하기 위해서였지요. 증국번은 또 몇몇 유명한 기생도 만났는데, 그 중 한 기생이 죽자 "아무래도 정이 있었네."(未免有情)라고 만장(挽章)을 써 보내기도 했습니다. 또 전하는 바에 의하면, 그 중 예명이 소여(少如)라는 기생이 있었는데 글재주가 있어, 증국번에게 대련 한 폭을 써 달라고 하였습니다. 증국번은 그녀의 예명인 '소여' 두 글자를 넣어 대련을 쓰기로 하고, 먼저 "잠깐 머물 수 있으면 이곳에서 쉬어 가라."(得少住時且少住)라고 상련을 썼습니다. 그런 다음, 기생의 글재주가 어느 정도인지를 시험하기 위해 하련을 쓰게 하였습니다. 그런데 그녀는 매우 장난기가 있어, 붓을 들더니 "하라는 대로 하겠습니다."(要如何處便如何)라고 큰 농담의 뜻이 담긴 글을 썼다고 합니다. 이것은 다만 전해 오는 이야기에 불과할 뿐 완전히 믿을 수는 없습니다. 그러나 증국번이 남경 지방의 경제 회복을 위해 먼저 진회하의 번영을 꾀하였다는 것은 역사적 사실입니다.

염화미소

선종에는 문학적으로도 유명한 이야기가 하나 있습니다. 바로 '염화미소'(拈花微笑)로서, 불교의 창시자 석가모니와 관련된 이야기입니다. 석가모니는 범어의 음역인데, '석가'는 성씨로서 중국어로는 '능인'(能仁)이라는 뜻이며, '모니'는 이름으로서 중국어로는 '적묵'(寂黙)이란 뜻입니다. 석가모니는 만년에 영취산(靈鷲山)이라고도 하는 영산(靈山)에서 지냈습니다. 석가는 19세에 왕위를 버리고 출가해 32세에 도를 이루고, 그 후 가르침을 널리 전하다가 81세에 돌아가셨으니, 49년 동안 교육에 종사했습니다. 여기서 우리는 잠시 종교의 관점은 논하지 맙시다.

석가모니가 어느 날 수업—선학에서는 상당(上堂)이라고 하는데, 뒷날 송대 이학(理學)에서도 이 용어를 썼습니다—을 했습니다. 강단 아래에서는 많은 학생들이 석가모니가 그날 무슨 강의를 할까 하고 기다리고 있었습니다. 마침내 석가모니가 강단에 올라갔습니다. 그는 한참 동안 말을 하지 않고 있다가 앞에 있는 화분에서 꽃 한 송이를 꺾어가지고 모두를 향해서 한 번 흔들었습니다. 마치 모두에게 그 꽃을 한 번 보라고 암시하듯 아무 말도 하지 않았습니다. 강단 아래 있던 학생들은 아무도 선생님의 그 동작이 무슨 뜻인지 알지 못했습니다. 이를 '염화'(拈花) 또는 '석가염화'(釋迦拈花: '석가가 꽃을 쥐다'라는 뜻)라고 합니다.

석가는 꽃을 쥐어 보인 후에야 가섭존자라는 큰 제자를 얻었습니다 ('葉'은 옛 범어에 근거한 음역으로 음은 '섭'입니다. 그리고 '존자'란 나이가 많고 덕망이 높다는 뜻입니다). 공자의 제자들이 다 젊은 층이었던 것과는 달리, 석가모니의 제자들은 대부분 스승보다 나이가 많았습니다. 불경의 기록에 의하면, 가섭존자는 석가모니가 꽃을 쥐어 제자들에게 보이는 것을 보고 파안미소(破顔微笑)하였다고 합니다. 무엇을 파안(破顔)이라고 하지요? 종교 집단의 사람들이란 위로 올라갈수록 고분고분하고 점잔하며, 표정들이 아주 엄숙합니다. 그러나 그 엄숙한 분위기 속에서도 가섭존자는 참을 수 없어 '푸하' 하고 한 번 웃었습니다. 이것을 '파안'이라고 하는데, 그는 엄숙한 얼굴 표정은 깨뜨렸지만, 감히 크게 웃지는 못했습니다. 종교 단체의 계율은 관리 제도와 같아 대단히 엄숙하기 때문입니다. 가섭존자는 파안하면서 크게 웃지는 않고 미소만 지었습니다. 그때의 석가모니와 가섭존자 두 사람의 동작을 합해서 '염화미소'(拈花微笑)라고 합니다. 가섭존자가 미소를 지었을 때 석가모니가 몇 마디 말을 했는데, 이 말은 선학(禪學)에서 아주 중요한 의미를 가지는 말이 되었습니다. 그때 석가모니가 한 말은 해석하려면 아주 곤란한데, 그 번역은 다음과 같습니다. "내게 있는 정법안장, 열반묘심, 실상무상, 미묘법문불립문자, 교외별전을 마하가섭에게 부촉한다."(吾有正法眼藏, 涅槃妙心, 實相無相, 微妙法門不立文字, 教外別傳, 付囑摩訶迦葉) 다시 말하면, "나에게 곧바로 도를 깨달을 수 있는 아주 좋은 방법이 있는데, 이제 그 방법을 이 큰 제자 가섭에게 넘겨주겠다."는 뜻입니다. 이것이 바로 선종의 시작입니다. 그래서 선종을 "교외별전, 불립문자"(教外別傳, 不立文字)의 법문이라고 합니다. 문자 언어를 통하지 않고 도를 전한다는 뜻입니다.

지금 우리는 선학을 토론하고 있는 것이 아니니, 이 이야기는 여기서 끝내겠습니다(저는 사람들에게 이것을 연구해 보라고 그리 권하지 않습니다. 일반인들은 기어들어 가면 뚫고나올 수 없을까 걱정스러워, 저는 친구들에게 연구하지 말라고 말하곤 합니다).

중국의 역법

중국인들은 모두 음력을 사용하기 좋아하여 음력 정월을 지내면서 세배를 하는데, 이렇게 하는 것은 바로 하나라 역법의 유풍입니다. 은상(殷商)의 정월은 건축(建丑: 북두칠성의 자루가 丑의 방향을 가리키는 것 —역주), 즉 12월을 정월로 삼았습니다. 주 왕조의 정월은 건자(建子)로서 11월이었습니다. 하 왕조의 정월은 건인(建寅)으로서, 바로 우리가 관용(貫用)하는 음력 정월입니다. 중국인은 수천 년 동안 모두 음력설을 쇠었는데, 이것이 바로 '하지시'(夏之時)입니다. 일본이 제2차 세계대전 중에 지낸 설도 음력이었으며, 베트남이나 한국 · 미얀마 등 동남아 각국은 모두 중국 문화권으로서 수천 년 동안 음력설을 지냈습니다.

이런 이야기를 하려니 대단히 감개스러운데, 한 가지 아주 이상한 일로서 장래의 역사가 어떻게 변해 갈지 모르겠습니다. 우리가 청나라를 뒤엎고 중화민국을 세워 양력설을 시행한 이후, 어떤 사람이 대련을 한 폭 지었습니다. 전하는 바에 의하면 명사인 섭덕휘(葉德輝)가 지은 것이라고 합니다만, 그 대련에 다음과 같이 말했습니다.

남녀의 권리가 평등하니	男女平權
남편 말은 남편 말대로 일리가 있고	公說公有理
마누라 말은 마누라 말대로 일리가 있네	婆說婆有理
음력과 양력이 합해지니	陰陽合曆
너는 너의 설을 쇠고	你過你的年
나는 나의 설을 쉰다네	我過我的年

설 지내는 일만 보아도, 우리들의 이 시대는 수십 년 동안 일치되지 못하고 있으며, 백성들은 내심으로 이 정책을 받아들이지 못하고 있음을 알 수 있습니다. 민심, 즉 백성의 심리는 말하지 말고, 문 닫고 우리끼리만 얘기해 봅시다. 오늘 여기에 앉아 있는 우리 구세대들이 양심적으로 한번 생각해 봅시다. 우리들은 양력설을 지내는 것이 좋습니까? 음력설을 지내는 것이 좋습니까? 솔직히 말해서, 모두들 음력 설

지내기를 좋아합니다. 그렇지만 우리는 굳이 두 설을 다 지내고 그 위에다 크리스마스까지 지내고 있으니, 설을 세 번 지내는 것이나 마찬가지입니다. 내심으로는 음력 설을 지내면서 겉으로는 굳이 양력설을 지내는 것은, "너는 너의 설을 지내고 나는 나의 설을 지낸다."는 이 시대를 나타내는 것으로, 역사 문화를 연구할 때에 이런 점들에 특히 주의해야 합니다.

또 여름이 되면 왜 시간을 한 시간 빠르게 조정해야 합니까? 여름에는 한 시간 빨리 업무를 시작하고 한 시간 빨리 퇴근하는데, 한 시간 빨리 등을 끄면 아주 간단하지 않습니까? 그런데도 어린애처럼 시계 바늘을 한 시간 빠르게 돌려 놓아야 된다고 하니, 아주 이상한 일입니다. 이러한 풍조는 미국에서 온 것입니다. 그러면 미국에서는 어떻게 이런 일이 시작되었을까요? 원래 어떤 공장의 어린이가 시계를 돌려 놓은 채 놀기 시작했는데, 뒷날 노동자들이 보고는 따라서 법석을 피우게 된 것이라고 합니다. 미국 문화는 깊고 두터운 기초가 없어서, 소란을 떨며 재미있어하기를 좋아합니다. 결과적으로 미국에서 재미있어하니까 우리도 그것을 옳은 것으로 알고 따라하게 되어 버렸습니다. 일광 절약을 위한 것이라면, 여름 근무 시간을 원래 8시에 출근하여 12시에 퇴근하던 것을 7시에 출근하여 11시에 퇴근하도록 변경하여 시행하면 되지 않겠습니까? 사실 이런 문제는 작은 일들이지만, 큰 문제를 야기하게 됩니다. 아주 많은 큰 일들이 작은 것에 주의를 기울이지 않음으로써 문제에 봉착하는 일이 아주 흔합니다. 마치 한 채의 집에 작은 구멍이 난 것을 보고 처음에는 대수롭지 않게 여겼는데, 바로 이 작은 구멍 때문에 집 전체가 서서히 무너져 버리게 되는 것이나 마찬가지입니다.

여기서는 "하나라 역법을 사용하는 것"을 말하고 있는데, 우리가 이 역법을 채용하더라도 역시 문제가 됩니다. 예를 들어, 공자의 탄신일을 양력 9월 29일로 정하면 맞을까요, 맞지 않을까요? 통할까요? 모두 문제입니다. 중국 문화는 중국이 강성해지지 않는 한 영원히 이러해서 우리가 할 말이 없습니다. 만일 중국이 강성해지면 역법을 바꾸지 않으면 안 됩니다. 이것은 결코 단순한 민족 자존의 차원이 아니라, 문화 문제입니다. 중국의 땅과 역사를 가지고 비교해 보면, 중국 문화에는 확실히 세계적인 수준이 있습니다. 그러나 오늘날 외국인들은 중국 문화를 포기해 버렸는데, 그 사람들이야 우리가 말할 바 없지만, 우리 자신은 절대 우리 문화를 포기해서는 안 됩니다. 우리 스스로 비극을 초래하지 않도록 주의해야 합니다. 오늘 저는 우리가 중국 문화를 잘 인식해야 한다고 말하고 있지만, 어떻게 문화를 부흥시켜야 할지 생각하면 정말 한숨이 나옵니다. 여기에는 문제도 많고, 또 어려운 일입니다. 우리는 우리 국가와 민족을 위해서, 또 다음 세대를 위해서 이런 문제들을 이해하고 주의를 기울여야 하며, 또 책을 많이 읽어야 합니다. 책은 우리 조상들이 수천 년 동안 누적해 온 지혜의 결정입니다.

무엇이 시호법일까

시호법(諡號法)이란 무엇일까요? 간단히 말해, 어떤 사람에 대한 사후 평가입니다. 이는 아주 신중한 일로서 오직 중국 문화권 속에만 있는 것이며, 황제조차도 시호법의 포폄(襃貶)을 벗어날 수 없었습니다. 우리는 중국 문화인 춘추대의(春秋大義)의 정신이 바로 여기에 있음을 알아야 하며, 더 나아가 깊은 의미를 가지고 있는 이 시호법의 정신을 다음 세대에 기어시켜 주어야 합니다. 옛날 중국에서 황제나 관료가 된 사람들은 이 시호법을 가장 두려워했습니다. 자기가 죽은 후 만세(萬世)까지 오명(汚名)을 남기고, 심지어는 자손들까지 고개를 들 수 없도록 누를 끼칠까 두려워했습니다. 그래서 그들은 국가를 위해서 일하면 만세에 남을 이름을 쟁취하고 싶어했으며, 죽은 후에 자손에게 오명 남기기를 원치 않았고, 역사에 오명 남기는 것은 더욱 원하지 않았습니다. 이 시호법은 다시 말해 사후 한 글자의 평판입니다.

황제가 죽고 나면 대신들이 모여 의논하거나 사관(史官)들이 평어(評語)를 지었습니다. 예를 들어 한나라의 문제(文帝)·무제(武帝)를 칭하는 '문'(文), '무'(武)는 모두 시호법에 따라 그들에게 주어진 시호였습니다. '애제'(哀帝)란 시호는 비참하며, 한나라 최후의 황제인 '헌제'(獻帝)도 남에게 바쳐 보낸다는 뜻의 비애를 머금고 있습니다. 이 시호법은 매우 무서웠다는 것을 알 수 있습니다.

왕양명은 본인의 호인데, 뒷날 시호를 '문성'(文成)이라 더했습니다. 증국번은 후인들이 '증문정공'(曾文正公)이라 불렀는데, '문정'(文正)이라는 두 글자는 청나라 조정이 그에게 준 시호입니다. 사후의 평어가 문성(文成), 문정(文正)이라 불려질 만한 사람은 많아야 1,20명에 불과합니다. 이는 중국 문화 속에서 시호법이 신중 엄밀했기 때문입니다. 시호법만을 보더라도 중국인은 관료가 되든 사업을 하든, 그의 정신목표는 후대에 대해서 책임을 지려는 것이었음을 알 수 있습니다. 자신의 일생에 대해서뿐만 아니라, 후세에 대해서도 책임을 지려고 했던 것입니다. 송대의 명신이자 이학가였던 조변(趙抃) 같은 사람은 한번은 사천 지방으로 쫓겨나, 오늘날 관직에 비유해 말하면 성 주석(省主席)을 맡게 됐습니다. 조변은 절뚝거리는 나귀 한 마리를 타고 거문고 하나에 늙은 종 하나와 학 한 마리를 데리고 부임 차 성 안에 도착했습니다. 온 성 안의 문무 관원들이 신임 주석을 맞으러 성 밖에 나와서 보니 사람이 보이지 않았습니다. 누가 알았겠습니까? 찻집 안에 앉아 있는, 거문고 하나 들고 학 한 마리가 따라다니는 그 늙은이가 바로 새로 부임한 주석이라는 것을! 당연히 그는 주석을 지낸 데 그치지 않고, 간의대부(諫議大夫)도 지낸 아주 유명한 명신이 되었습니다.

그런데 역사상 명신이 되기는 쉽지 않았습니다. 신하에는 대신(大臣)

· 명신(名臣) · 구신(具臣) · 충신(忠臣) · 공신(功臣) · 간신(奸臣) · 영신(佞臣)
등이 있었습니다. 이른바 충신 · 간신은 소설을 보면 다 알 수 있으므
로 자세히 말하지 않겠습니다. 명신의 자격에 이를 수 있기는 쉽지 않
았으며, 대신의 자격에 이르기는 더욱 어려웠습니다. 대신이 역사상
꼭 이름난 것은 아니었지만, 천하 후세를 안정시킨 공훈 업적이 반드
시 있었습니다. 우리는 간신 보기를 바라지 않습니다. 또, 충신 보기도
바라지 않습니다. 이 말은 무슨 말일까요? 우리가 알다시피 문천상은
충신이었으며, 악비도 충신이었습니다. 그러나 우리는 국가가 그들이
살았던 때와 같은 그런 시대를 만나기를 바라지 않는다는 것입니다.
우리가 보기를 희망하는 것은 명신 · 대신으로, 조변 같은 사람이 곧
명신이며 대신입니다. 조변은 마지막에 물러나 집에 돌아와서 다음과
같은 시 한 수를 지었습니다.

허리에 찬 황금 관인 이미 반환했으니	腰佩黃金已退藏
이 가운데 소식도 별다른 것 없네	個中消息也尋常
세상 사람들 이 고재의 늙은이 알고 싶은가	世人欲議高齋老
옛날 가촌 조씨 집 넷째 그대로 일세	只是柯村趙四郎

　그의 허리춤에 온통 황금과 미국 달러가 가득 찼기 때문에 퇴직했
다고 잘못 생각하지 마십시오. 여기서의 황금은 황금과 미국 달러가
아닙니다. 평극(平劇: 경극의 다른 이름—역주)을 보면 알 수 있는데, 이
른바 "높은 벼슬이라 황금 관인은 큼직하고, 나이 많도록 관저에서 산
다네."(斗大黃金印, 年高白玉堂)라는 시에 나오는 황금 관인입니다. 고대
고관의 관인은 실제로는 구리로 된 큼직한 도상으로, 이것을 황금인이
라고 했습니다. 오늘날의 중앙 정부 각 부서의 직인 같은 것으로, 관인
주조소가 구리로 주조한 것을 황금인이라고 할 수 있습니다. "허리에
찬 황금 관인이미 반환했으니"(腰佩黃金已退藏)는 그 황금인을 반환했다

는 말입니다. "이 가운데 소식도 별다른 것 없네"(個中消息也尋常), 일생을 풍운처럼 살아왔던 인물이 사실은 아주 평범하다는 것입니다. "세상 사람들 이 고재의 늙은이 알고 싶은가?"(世人欲議高齋老), 그가 물러난 후에 사는 곳이 고재(高齋)인데, 이 구절은, "그대들이 고재에 살고 있는 이 늙은이가 무슨 대단한 게 있다 생각하여 내가 어떤 사람인지 알고 싶은가?"라는 뜻입니다. "옛날 가촌 조씨 집 넷째 그대로일세."(只是柯村趙四郞), 사실은 옛날 가촌에 살았던 조씨네 넷째일 뿐이라는 것입니다. 그는 그렇게 소박하고 평범했습니다. 그래서 가장 훌륭한 사람은 가장 평범한 사람입니다. 참으로 평범할 수 있어야 비로소 참으로 훌륭한 것입니다. 조변이 사후에 받은 시호는 '청헌'(淸獻)이라는 두 글자였는데, 역사상의 조청헌공(趙淸獻公)은 바로 조변을 가리킵니다. 그는 일생 동안 국가에 봉헌하고 일생 동안 청렴 공정했는데, 이 정도에 도달하기란 대단히 어렵습니다. 다른 명신들도 많았지만, 여기서 한꺼번에 다 말할 수 없습니다.

요컨대, 중국의 과거 역사 문화는 이 시호법을 대단히 중시하였지만, 지금 우리는 어떻습니까? 육방옹의 다음 시와 같은 분위기가 많습니다.

옛 버드나무 있는 조씨들마을에 해가 기우는데	斜陽古柳趙家莊
북을 멘 늙은 맹인 한참 마당굿을 하네	負鼓盲翁正作場
죽은 뒤의 시비를 누가 상관하랴	死後是非誰管得
온 마을 사람들 채중랑 노래 듣고 있네	滿村聽唱蔡中郞

"내가 알 게 뭐야! 죽으면 잊어버릴 텐데. 늙은이 죽고 나서 욕하려면 욕하라지. 지금 내가 편안히 살면 되었지." 우리는 잊지 말아야 합니다. 시호법은 바로 중국 문화의 정신이며, 나라가 제대로 되었을 때 이런 것들을 이전대로 회복해야 옳다는 것을…… 서양 문화를 한번

봅시다. 서양의 정신은, 문인이든 영웅이든 죽으면 그것으로 끝입니다. 프랑스 사람들은 이야기를 꺼냈다 하면 나폴레옹뿐입니다. 나폴레옹이 뭐가 대단한 것이 있습니까? 우뚝 솟았던 기간이라야 불과 20년쯤이었고 50여 세에 죽었습니다. 게다가 실패한 영웅으로 초패왕(楚霸王: 항우를 말함—역주)보다 못한데, 무슨 나폴레옹입니까! 중국 역사에는 이런 류의 영웅들이 아주 많았는데, 역사에서는 실패한 영웅을 많이 동정하여 풋내기들이 이름이나 남기도록 해 주었을 뿐입니다. 오늘날의 서양 문화는 더욱 알 수 없어서,

죽은 다음 시비를 누가 상관하겠나	死後是非誰管得
살았을 때 죽어라 스스로 선전해야지	生前拚命自宣傳

라는 식입니다. 그렇지만 우리는 중국 문화의 시호법의 도리와 정신을 이해해야 합니다.

아울러 또 우리가 알아야 할 것이 있습니다. 일본 명치유신(明治維新) 때의 중요 인물 중 하나인 이등박문(伊藤博文)의 명언에, "이익을 꾀하려면 응당 천하의 이익을 꾀해야 하고, 이름을 구하려면 마땅히 만세의 이름을 구해야 한다."(計利應計天下計, 求名當求萬世名)라는 말이 있습니다. 이는 중국 문화를 흡수한 것으로 일본인들은 자칭 동방 문화라고 하지만, 사실은 다 본고장인 중국의 문화입니다. 우리 세대 청년들에게서 볼 수 있는 천박한 견해와, 의(義)와 이(利)를 구분하지 못하는 세태는 이전 사람은 생각할 수도 없는 것이었습니다. 방금 우리 몇 사람이 오늘날 청년들은 현대 지식이 많이 부족하다는 것을 이야기했지만, 정말 그들에게는 아무것노 없어서, 이야기를 꺼냈다 하년 무슨 대학에 시험을 보았는데, 졸업하면 대우가 얼마이기 때문이며, 생활해 나가기 위해서라는 둥, 이런 것들은 이전에는 우리가 고려하지 않았던 것입니다. 지금 이런 모양이 된 것은 문화 정신이 쇠퇴한 탓으로, 정말

우리가 유의할 필요가 있습니다. 이 이야기는 시호법을 이야기한 김에 곁들이게 된 주제 밖의 내용이었습니다.

족보 정리

자배(字輩)는 족보 편찬에서 중요한 작업의 하나입니다. 이전에는 30년마다 한 번씩 족보를 편찬했는데, 쇠락한 가족이 있더라도 60년을 초과할 수 없었으며 반드시 한 번은 족보를 편찬해야 했습니다. 족보를 편찬할 때에는 새로운 자배를 결정해야 합니다. 채(蔡)씨 집안의 자배를 예로 들면, '세태가성계, 운륭교택장'(世泰家聲啓, 運隆敎澤長)이라는 10자입니다. 중화민국 33년(서기 1944년―역주)에 족보 편찬 시 따로 새로 10자를 결정하여 이후 10대의 이름을 짓는 데 사용하였는데, 예를 들어, 가령 본인의 이름이 '세신'(世信)이면, 아들 이름은 '태래'(泰來), 손자 이름은 '가진'(家珍), 증손 이름은 '성전'(聲傳), 현손 이름은 '계위'(啓偉)라는 식으로 짓는 것입니다(즉, 자손대별로 돌림자를 하나 넣어 이름을 지어 내려감―역주). 이름에 들어 있는 돌림자를 보면 무리의 구분이 분명하고 존비(尊卑)의 차례가 있습니다. 돌림자 이름에도 돌림자 외의 한 글자는 부수가 같은 글자를 사용합니다. 예컨대, 계(啓) 자 돌림의 동포 형제자매가 있다면, 형제들 이름은 계위(啓偉)·계사(啓仕)·계우(啓優)·계협(啓俠) 등으로 짓고, 자매들 이름은 계농(啓農)·계의(啓儀)·계선(啓仙) 등으로 짓는 것입니다(각 이름 두 글자 중 '啓'자를 돌림자로 넣고, 나머지 글자는 모두 사람인변 부수의 글자를 공통적으로 사용했음―역주). 뒤에는 이런 혈통 표시 방식을 더욱 확대하여 문화 계통과 사회 관계를 표시하는 방식으로 삼았습니다. 예를 들어, 과거 북경의 어린이 배우 양성반이나 오늘날 몇 곳의 연극학교 학생들에게 사용하는 예명(藝名)인 왕부용(王復蓉)·이부초(李復初)란 이름은 보자마자 부흥(復興)

연극학교의 '부'(復)자돌림 학생들임을 알게 됩니다. 류육화(劉陸和)·조 륙금(趙陸錦)은 틀림없이 륙광(陸光)의 '륙'(陸)자 돌림 학생들입니다. 또, 근대 특수 사회의 이른바 대자배(大字輩)나 통자배(通字輩)들은 다 이런 정신에서 나온 것으로, 이런 방식은 아주 쓸모가 많습니다.

족보에서는 조상의 기원을 볼 수 있습니다. 예를 들어, 저는 절강(浙 江) 사람인데, 어떻게 해서 하남(河南) 일대에서 절강으로 오게 되었을 까요? 그것은 남송 시대에 남쪽 절강으로 건너온 것입니다. 그런 후 역대 조상들은 누가 어느 곳으로 가면 그 간 곳을 모두 기록해 두었던 것입니다. 저는 어릴 때 모처에서 섭씨(葉氏) 집안이 족보 편찬하는 것 을 보았는데, 괴이한 일이 많이 일어났습니다. 밤이면 그들 사당에서 귀신 우는 소리가 나곤 했는데, 우리 같은 어린아이들은 모두 그 소리 를 듣고 무서워했습니다. 전하는 바로는, 후손이 없어 족보상에서 가 계(家系) 직선이 끊어져 가고 있는 집안의 귀신들이 슬퍼서 우는 것이 라고 합니다. 옛 법식에 따르면, 시집을 간 경우 장씨에게 갔으면 '적 장'(適張), 이씨에게 갔으면 '적이'(適李)라고 주(註)를 달아 명확히 알 수 있게 했으며, 이것은 수천 년 동안 내려온 종법사회의 관례였습니다. 종법사회의 조직은 이렇게 엄밀했습니다. 개인의 이름·자(字)·호(號) ·시호(諡號)·사업·행장(行狀) 등이 한 편의 작은 전기와도 같이 족보 속에 모두 분명히 기록되어 있습니다. 족보의 족계표 선은 모두 붉은 색인데, 만약 중간에 파란색 선이 보인다면 이것은 아주 중대한 일입 니다. 붉은 선은 혈통을 나타내고, 푸른 선은 자식을 낳지 못해 자기 형제의 자식, 즉 조카를 양자로 들여 혈통을 이은 것을 나타내기 때문 입니다. 만일 형제의 아들이 없어 자매의 아들을 양자로 들여 대를 잇 게 하는 경우에는 쌍성(雙姓: 두 자 성, 즉 복성復姓—역주)을 붙였는데, 이것이 본 성씨와 혈통이 가장 가까운 양자였습니다(이것을 승조承祧라 고도 하는데, 승조는 윗대를 계승하다는 뜻임—역주). 또, 일자쌍조(一子雙 祧)란 것도 있는데, 예를 들어 형제 두 사람이 형은 자식이 없고 동생에게 아들 하나만 있을 경우 이 독자(獨子)는 동시에 큰아버지의 아들도 됩니다. 그리고 생부(生父)가 그 아들을 장가 보내 아내를 얻어 주는 것 외에, 큰아버지도 그 아들을 장가 보내 아내를 얻어 주는데, 큰아버지가 얻은 며느리를 '큰집며느리'라고 부릅니다(당연히 형제가 몇째냐에 따라 몇째 며느리냐가 됩니다). 그렇게 해서 큰집며느리가 낳은 아이는 곧 큰아버지의 손자가 되고, 본집 며느리가 낳은 아이는 생부의 손자가 됩니다. 자식이 없는 사람이 형제도 없다면 그의 큰할아버지나 작은할아버지의 후대 중 동배(同輩)로 대를 잇게 하였는데, 이는 5대(五代)까지 거슬러 올라갔습니다. 만일 자매의 자식을 양자로 들여와 대를 잇게 하려면 족장(族長)의 동의를 얻어야 했는데, 양자로 들어온 제1대는 쌍성(雙姓)을 붙여야 했습니다. 예를 들어, 장가(張家)가 이가(李家)의 생질(外甥)을 양자로 들여올 경우, 족보 속의 푸른 선 아래에 장이(張李) 누구누구라고 썼습니다. 그래서 후대가 없는 어떤 사람은 족보를 편찬하지 못하도록 했으며, 밤이면 자기 집안의 귀신이 우는 소리를 들었습니다. 족보 편찬 책임자는 이런 사람의 혈통이 이어질 수 있는 방법을 생각해야 했습니다.

뒤에 제가 외지에 나가 있다 고향에 돌아오자, 부친께서 저에게 책임지고 족보를 편찬하라고 명령하시기에 감히 거역하지 못하고 받들었습니다. 족보 편찬은 대단히 중대한 일이라 조금도 소홀히 해서는 안 되므로, 만일 조금이라도 확실하지 않거나 의심스러운 것이 있으면 족보 편찬에 참가한 사람은 그 집을 반드시 방문해야 했습니다. 가령 어떤 집이 강서(江西)로 이사를 갔다면 직접 강서까지 가서 찾아야 하고, 강서에 가서 겨우겨우 찾아내고 보니 그 집 자손이 호남(湖南)으로 이사 가 버렸을 경우 또 호남까지 찾아가 방문해야 했습니다. 저의 경험으로는, 이렇게 찾아가서 방문했을 때 어떤 이는 싫어하기도 하지만 대부분의 사람들이 매우 환영하고 대단히 예우해서 노잣돈을 줄 뿐 아니라 귀빈장자로 대접하고, 또 어떤 이는 돈 봉투도 줍니다. 그러나 돈

봉투를 주는 사람 가운데에는 딴 속셈이 있는 사람도 있었습니다. 예를 들어, 그 집안의 이름자 아래에 본래는 푸른 선을 그어야 옳은데, 큰 돈 봉투를 주어 그에게 빨간 선을 그어 달라고 하는 것입니다. 그러나 이것은 문중(門中)의 대법(大法)이기에 족보 편찬인은 이런 짓을 감히 함부로 하지 못하며, 만일 이런 짓을 했다가는 귀신이 찾아와 징벌하면 당해 낼 길이 없습니다.

인류학의 입장에서 보면, 붉은 선이나 푸른 선이나 큰 관계가 없을 것 같습니다. '민포물여'(民胞物與)의 정신, 즉 "천하의 백성은 모두 나의 동포요, 세상 만물은 모두 나와 동류"(民吾同胞, 物吾與也)여서 누구의 자식이나 마찬가지입니다. 그렇지만 문중 혈통의 입장에서 보면, 아무리 개방적이라 하더라도 절대 그렇게 해서는 안 됩니다. 또 어떤 사람은 자매가 낳은 조카가 아니라, 틀림없이 '노변처'(路邊妻)가 낳은 자식이라고 밝힙니다. 노변처란 어떤 지방에서는 아내를 빌리는 풍속이 있는데, 빌려 온 부인이 아이를 낳은 후 아이는 남자에게 넘겨주고 각자의 길을 가서 부부 관계가 없는 것입니다. 그런데 이것은 어떻게 증명할 수 있을까요? 노변처는 티베트의 일처다부제나 같습니다. 티베트에는 일부일처제도 있고 일부다처제도 있으며 일처다부제도 있습니다. 일처다부제에서는 한 형제가 같은 아내를 갖는 경우도 있고, 한 부인이 동시에 장씨·왕씨·류씨·이씨 등 몇 집의 아내가 되는 경우도 있는데, 여성의 권리가 아주 높습니다. 이런 노변처가 낳은 아이는 몇 집이 족보를 편찬할 때가 되면 문제가 일어납니다. 왜냐하면 이 아이가 도대체 어느 남자의 자식인지 증명할 길이 없기 때문입니다. 그러나 붉은 선이든 푸른 선이든 중요한 하나의 정신은 바로 '흥멸국, 계절세'(興滅國, 繼絶世)의 정신으로, 후대가 없는 사람에 대해 그의 혈통을 이어갈 수 있고 제사를 지낼 후손을 이어 줄 방법을 반드시 마련하는 것입니다. 이것은 중국 민족 사상의 정신이니, 여러분들은 반드시 유의해야 합니다.

저는 많은 노년 친구들과 이야기를 나누면서, 그들이 족보를 편찬해 보고 족보를 본 경험이 있는가를 물어 본 적이 있습니다. 그들 중 7,80 세 되는 분들도 경험이 없다고 했는데, 저는 아주 운 좋게도 일생 가운데 두 번이나 그런 경험이 있었습니다. 그러나 매우 유감스런 일은 각 문중마다의 족보가 옛 법식에 따라 겨우 두 부밖에 없다는 것입니다. 정본(正本)은 사당에 있고, 부본(副本)은 족장의 집에 모셔 둡니다. 만약 법률 문제나 문중의 기타 무슨 문제들 때문에 족보를 조사해 보아야 할 때는 대단히 어렵습니다. 사당의 이사(理事)와 책임자들이 다 모여야 비로소 족보 상자를 열 수 있습니다. 제가 집에서 족보를 편찬할 때, 한 친구가 자기는 새로운 방법으로 족보를 만들었다고 저에게 말해 주었습니다. 즉, 이전처럼 족보를 책상 면 절반 크기의 정본·부본 두 부로 만드는 것이 아니라, 지금처럼 24절 크기로 한꺼번에 1백여 질을 인쇄하여, 돈을 내면 한 집에 한 질씩 보내거나 혹은 너댓 집에 한 질씩 보내서 후대에 전해지도록 했다는 것입니다. 그의 이런 방법은 매우 새로운 것이었지만, 저는 그렇게 할 수가 없었습니다. 왜냐하면 우리 남씨(南氏) 집안의 어르신들은 대단히 보수적이어서, 조상부터 전해 내려온 법식을 감히 고치려 하지 않으니 이 새로운 기풍을 열 방법이 없었기 때문입니다. 그래서 저는 그 친구가 정말 훌륭하다고 감탄했습니다. 그 친구 식으로 하지 않으면 족보는 후세의 무지한 자들에 의해 훼손되어 없어져 버릴 것입니다. 일이 지나고 나서야 저는 후회가 되었습니다. 제가 족보를 만들 당시 그 친구와 같은 방법으로 했더라면, 기껏해야 어르신들은 좀 싫어했을 뿐 저를 어쩌지 못했을 것이고, 제가 어르신들께 족보도 책이나 마찬가지이니 많은 사람들이 보도록 하기 위하여 이렇게 많이 인쇄했다고 말씀드린 정도로 지나갔을 것입니다. 지금 생각해 보니, 제 친구의 방법이 옳았습니다. 아마도 지금은 많은 사람들의 족보가 없어져 버렸을 것입니다.

　대만으로 온 후에 어떤 사람에게 들으니, 항전(抗戰: 일본과의 전쟁—

역주) 후에 여러 문중에서 족보를 편찬했는데 모두들 제 친구 방식대로 했다는 것입니다. 사당의 공금 이외에도 예약을 받아 가격을 정하고, 자기 문중의 가정에서 일정 금액 이상을 낸 집은 족보를 한 부씩 받도록 했다는데, 이것을 '족보를 모셔온다'(領家譜)고 했습니다. 내는 돈은 예약된 금액을 반드시 초과하고, 심지어는 열 배 이상 초과한 집도 있었는데, 이는 조상에 대한 효도와 문중을 위해 힘을 다한다는 표시였습니다. 족보를 모셔올 때에는 대단히 성대하고 엄숙한 예를 갖추었으며, 이를 일종의 영광으로 여겼습니다. 북을 쳐 고전 음악을 연주하며 신을 맞이하듯 족보를 공손히 받들어 사당에 모셨으며, 이 날은 특별히 연회를 베풀어 친척과 친구들을 초청하였습니다. 이 기쁜 일을 일가친척 · 친구 · 이웃들이 모두 축하해 주러 왔기 때문입니다. 받아온 족보는 족보상자 안에 넣어 조상의 위패 옆에 모셔 두고, 함부로 열 수 없게 하였습니다. 만약 몇 집이 공동으로 받아 온 족보일 경우에는 그 몇 집들이 돌아가며 한 집이 1년씩 모시고 보관하면서, 이 일을 대단히 엄숙하게 여겼습니다.

　족보는 개인을 위해서뿐만 아니라 일가일족(一家一族)이라는 종법사회 관념을 위해서도 존재해 왔습니다. 족보의 더욱 높은 가치는 그 속에 아주 많은 귀중한 자료가 있다는 데 있습니다. 특히, 역사적으로 개인의 사료(史料)를 찾아볼 수 있습니다. 예를 들어, 악비나 문천상 같은 사람들의 전기는 바로 그들의 고향에 있는 족보 속에서 매우 많은 진실한 자료와 기록을 찾아낸 것으로, 이러한 자료들은 역사상 아주 중요합니다. 바꾸어 말하면, 족보가승(家譜家乘)은 바로 그 종법사회의 하나의 작은 역사였습니다. 중국인들은 모두 황제의 자손이라고 우리가 늘 말하는 것은, 각 집안이 족보를 따라 연구하여 최후까지 거슬러 올라가면 바로 황제가 모든 일가족의 근원이 되기 때문입니다. 이것이 발전되어 바로 '흥멸국, 계절세'(興滅國, 繼絕世)라는 민족적 관념이 나타난 것입니다.

'흥멸국, 계절세'의 관념은 중국 문화의 의협도(義俠道) 정신이라고도 할 수 있습니다. 의협의 '의'(義)는 의기(義氣)라는 뜻입니다. 앞에서 말한 바 있듯이, 인의(仁義)의 '인'(仁)이란 글자는 세계 각국의 언어 중에 같은 뜻을 가지는 동의어가 있습니다. 그러나 의협도의 '의'(義)라는 글자는 세계 어느 나라의 언어에서도 같은 뜻을 가지는 단어가 없으며, 오직 중국 문화에서만 의협과 의기를 말합니다. 이것은 친구에 대한 일종의 의로운 정신으로, 친구를 위해서 자기 생명을 희생할 수 있는 것을 말합니다. 친구가 죽으면 자기가 마땅히 그의 아이들을 맡아, 그들이 커서 어른이 되어 가정을 이루고 직업을 가질 때까지 양육 교육시키는 것입니다. 과거에 저는 여러 사람들이 죽은 친구의 아이나 부인을 아이가 커서 가정을 이룰 때까지 돌봐 주는 것을 보았습니다. 길 가다가 공평하지 못한 것을 보면 남을 도와 주고, 외롭고 고통받는 사람을 보면 도와 주는 이런 의협 정신은 바로 '흥멸국, 계절세'의 정신에서 발전되어 온 것입니다.

신기한 감여학

이제 다시 중국의 과거의 지리, 즉 풍수를 보는 문제를 얘기해보겠습니다. 이른바 형만(形巒), 즉 산맥의 형세를 일반적으로 용(龍)이라고 하는 데 용맥(龍脈)을 보는 것입니다. 용이란 형용어로서 진짜 용이 있다는 것은 아닙니다. 산맥의 형세는 오행과 서로 배합됩니다. 산꼭대기가 원형인 것은 토형(土形)에 속합니다. 산꼭대기가 뾰족한 것은 화형(火形)에 속하며, 네모난 것은 금형(金形)에 속합니다. 이 외에도 목형(木形)에 속하는 산도 있습니다. 이렇게 금목수화토(金木水火土)와 결부시켜 가며 산맥의 형세를 보는 것입니다.

풍수사들은 흔히 저 산은 기린이니 사자니 보검이니 깃발이니 묘한 모자니 하고 말하는데 다 허튼 소리입니다. 믿을 필요가 없습니다. 사자나 개가 별 차이가 없고 기린이나 돼지가 별 차이가 없는 데도 왜 개 모양의 산이나 돼지 모양의 산이라 하지 않습니까? 이로써 알 수 있듯이 이런 말들은 터무니없는 말들로서 미신에 불과합니다. 감여학(堪輿學)은 뒤에 당나라 시대에 이르러 4가(四家)로 나누어집니다. 뇌(賴)·이(李)·양(楊)·요(廖) 이 4가인데 이 중 제일 유명했던 사람이 양구빈(楊救貧)이었습니다. 우리가 어릴 때 들은 이야기로는 풍수를 보기 위해서는 눈을 단련하여 지하 세 척 깊이까지 볼 수 있어야 한다 했습니다. 이것 역시 사람을 속이는 말입니다. 불가능한 일입니다! 저도 이 말을 믿고 한 때 꽤 오랫동안 열심히 단련해 보았지만 뒤에 생각해 볼수록 말이 되지 않는 것 같아 단련하기를 그만두었습니다.

사실 풍수사가 지하 세 척 깊이는 볼 수 있어야 한다는 것은 나름의 일리가 있습니다. 그렇지만 지혜의 눈으로 보아야 합니다. 지질의 상황을 알려고 한다면 어찌 세 척에 그치겠습니까! 세 척이 아니라 삼십 척 정도는 파악할 수 있어야겠지요. 양구빈은 매우 고명했기에 가벼이 다른 사람을 위해서 묘 자리를 보아 주지 않았습니다. 단지 충신·효자·절부(節婦)·의사(義士) 이 네 유형의 사람만 봐 주었습니다. 이런 인물들은 사회의 전형적인 모범 인물들입니다. 그가 지정해 주는 자리에 죽은 부모를 매장한 사람은 3년만 지나면 반드시 뚜렷한 효과를 보았습니다. 그가 한 번 가리키는 대로 머리를 어느 쪽으로 향하게 하고 다리는 어느 쪽으로 향하여 매장하고 3년이 지나기만 하면 지위가 오르고 재물이 생겼습니다.

우리는 어릴 때 이런 말을 듣고 속으로 대단히 신기해하고 또 몹시 동경했습니다. 사실 어떤 곳이든 구애받지 않고 사람을 매장할 수 있습니다. 이전에 저희 집 아이들도 저를 위해 좋은 자리를 하나 물색해 두었다고 편지로 말했습니다. 저는 편지를 써서 푸른 산 어디엔들 묻히지 못할 데가 있겠느냐 라고 했습니다. 죽은 사람을 어디엔들 묻지 못하겠습니까? 어디서 죽었으며 어디에 묻혔는가 하는 것들을 골치 아프게 따질 필요가 없습니다. 자기 안방의 침대에서 반듯이 누워 죽거나 길에서 죽거나 다를 바 없습니다. 하지만 감여학(堪輿學)을 얘기해본다면 확실히 이런 학문이 있는데 이것을 이기(理氣)라고 합니다. 이기와 삼원(三元)의 이치를 이해한다면 어떤 곳이든 사람을 매장할 수 있습니다.

예를 들면 올해(1984년)는 하원갑자년(下元甲子年)으로서 괘기(卦氣)가 따라서 바뀌는 해입니다. 대만은 후천괘(後天卦) 손괘(巽卦)의 위치에 해당하는데 손괘는 동남쪽에 위치합니다. 대만은 몇 백 년 동안 이런 운을 만난 적이 없습니다. 이 몇 십 년 동안은 손괘가 영도하는 시기이기 때문에 대만으로서는 가장 운이 좋고 또 기가 왕성했던 시기였습니다. 이 괘기(卦氣)가 지나면 다음은 정괘(鼎卦)가 시작되어 정괘의 방위가 권한을 쥐고 영도하게 되어 또 다른 기상(氣象)이 됩니다. 양구빈이 사용했던 방법이 바로 이 운세의 흐름을 찾아내는 법입니다. 어떤 곳에서 운이 이르면 마치 광선이 내려 쬐는 것처럼 물이 있는 곳이나 황량한 언덕뿐만 아니라 도로 옆이라 하더라도 모두 이 빛을 받게 됩니다. 이 때 사람을 매장하면 반드시 좋은 결과가 있습니다. 그리고 이 때는 부모의 무덤을 그곳으로 이장할 시기이기도 합니다. 이것이 당나라 시대 양구빈이 활용했던 방법입니다. 지리라는 학문은 정말 한 번 배워 볼 만하다고 저는 늘 권하곤 합니다. 그러나 유파가 많고 그 속에는 비결들도 많습니다만 절대 미신해서는 안 됩니다.

저는 홍콩에서 책 한 권을 본 적이 있는데 이 책은 지금은 대만에서도 널리 읽혀지고 있습니다. 이 책에는 그림도 들어 있고 내용도 매우 명쾌합니다. 예를 들면 정문 바로 옆에 나무가 심어져 있으면 아주 나쁘다는 것을 실례를 들어 설명합니다. 기억나는 실례로, 한 번은 남부 지방에 가려고 청수(淸水)로 걸어가 차를 기다리고 있는데 마침 그 근처에 정문 입구에다 나무 한 그루를 심어 놓은 집이 있더라는 겁니다.

나무는 용수(榕樹)인데 용수 나무는 줄기에서 난 수염들이 한 줄 한 줄 뒤엉켜서 모양이 깔끔하지 못한 것으로 대단히 좋지 않는 나무입니다. 그래서 그 집에 들러 물어보니 과연 문제가 있었다는 겁니다.

풍수란 어떤 때는 정말 삿되기도 합니다! 그렇다고 안 믿자니 때로는 진짜 영험하기도 합니다. 중국에서는 이전부터 땅을 보는 방법으로서, 첫째로는 덕(德), 둘째로는 운명, 셋째로는 풍수, 넷째로는 음덕을 쌓는 것, 다섯째로는 독서를 꼽고 있습니다. 이런 것들을 알고 나면 풍수를 볼 필요는 없을 것입니다. 모든 것이 자신의 노력 여하에 달린 것이니까요. 비록 그렇다 하더라도 과거에는 풍수를 상당히 중시했던 것도 사실입니다. 역사상 전방에 나가면 장수요 조정에 들어오면 재상인 사람들이 많았습니다. 예를 들면 송나라 시대의 범중엄이나 주희는 모두 대유학자이면서도 이들의 풍수 실력은 고명했습니다. 공자의 제자들도 풍수 문제를 매우 중시했습니다. 공자가 묻힌 장지는 그의 제자인 자공이 선택한 곳입니다. 당시 3천여 제자들이 모여 공자를 어디에 안장할 것인가를 의논하다 한 곳을 선택했는데(이곳은 후에 한 고조 유방의 무덤이 되었습니다) 자공이 그곳을 보고는 좋지 않다고 반대했습니다. 그곳은 황제 정도를 묻을 수 있는 곳이지 위대한 우리 선생님을 묻을 수 없다는 것이었습니다. 이렇게 해서 산동(山東)의 곡부(曲阜)가 선택된 것입니다. 이곳을 선택하면서 자공은 다음과 같이 말했다고 합니다. "이곳은 아주 좋지만 물이 약간 문제가 있다. 얼마 뒤 며느리를 보면 며느리 집안이 좀 처질 것이다. 그 다음 대는 좀 좋을 것이고 그 다음 대는 좀 처질 것이다…" 당시야 남성 위주 사회였기 때문에 며느리 집안이 좋고 나쁜 것은 다들 별것 아니라고 보았습니다. 이런 천주만세토록 좋은 땅에 비록 그런 사소한 결함이 있더라도 역시 좋은 땅일 수밖에 없었습니다. 그래서 공자가 여기에 묻혔습니다.

이런 이야기들이 설명해주듯이 중국문화에서 고대 지식인들은 반드시 세 가지를 알아야 했습니다. 세 가지란 의리(醫理)·명리(命理)·지리(地理)입니다. 왜 이 세 가지를 알아야 했을까요?

중국은 옛날부터 효를 강조했습니다. 자식 된 이는 이 세 가지를 알고 있어야 비로소 효를 다 할 수 있기 때문입니다. 부모님이 연로해지면 자식 된 이로서는 반드시 명리를 알고 있어야만 했습니다. 공자도 논어에서 부모의 연세는 반드시 알고 있어야 한다고 했습니다. 왜 부모의 연세를 반드시 알아야 했을까요? 부모의 연세를 알고 있어야 먼 길을 떠날 때에도 부모님 생전에 돌아올 수 있을 거라는 나름의 판단을 할 수 있기 때문입니다. 언제 숨을 거두실 것인가 운명을 점쳐서 알고는 번거롭지 않도록 특별히 신경을 써서 좀 미리 준비를 해 두어야 하기 때문입니다. 다음으로, 만약 부모님께 병이 나면 의학적인 이치를 알아야 치료할 줄 압니다. 만약 불행히도 돌아가신다면 어떻게 해야 할까요? 지리를 알아야 자리를 하나 찾아 부모의 시신을 안장할 수 있을 것입니다. 이 때문에 적어도 지식인이라면 명리뿐만 아니라 의리와 지리도 이해해야 했던 것입니다.

도대체 지리가 관계가 있을까요 없을까요? 관계가 있습니다. 제가 어릴 때 실제로 많이 목격했습니다. 당시 연세가 지긋한 노인네 한 분을 알고 있었는데 그 분은 사주팔자도 보고 지리도 보는 분이었습니다. 우리는 그 분을 따라다니기를 좋아했습니다. 이리 저리 따라다니면서 그 분이 설명해 주는 이치들과 학문들을 들었습니다. 그 때는 기록을 할 필요 없이 완전히 기억에 의존했습니다. 어떤 때는 한 가지 내용을 몇 번 되풀이해서 말해 주기를 요구하기도 했습니다. 지금도 뚜렷이 기억나는 것은 그 분과 함께 어떤 산 위로 올라갔을 때였습니다. 그곳에 무덤 하나가 있었는데 그 무덤은 우리가 잘 아는 집안의 것이었습니다. 무덤을 보더니 그 분은 "저 집안의 후손이 반드시 좋지 못할 것이니 너희가 좀 도와주어야겠다."고 했습니다. 우리는 돈도 없고 능력도 없는데 어떻게 돕는단 말입니까 라고 했더니 그 분은 우리를 산꼭대기로 데리고 가서 말했습니다. "저기 보게나, 그의 조부모의 무덤 아래쪽에 문제가 있네!" 우리는 산 위에 서서 빼곡히 들어차 있는 무덤들을 내려다보았습니다. 무덤이 수없이 많지만 모두 똑같아 보였을 뿐입니다. 그 분은 누구 집안의 무덤 속에는 물이 가득 차 있다고 말했습니다. 그러나 제가 보기에는 다른 무덤과 별로 다를 바가 없었습니다.

반 년 뒤 우리가 잘 아는 그 집에서 이장(移葬)을 한다는 얘기를 들었습니다. 당시만 해도 아직 어려, 관을 보기도 두렵고 귀신도 겁이 나고 해서 가 보기를 꺼렸습니다. 그 분은 자기가 데리고 갈 테니 겁내지 말고 같이 가 보자고 했습니다. 젊을 때는 경험을 많이 해 보야 한다는 것이었습니다. 그래서 가 보기로 했습니다. 거기에 도착했을 때는 아직 무덤을 파기 전이었습니다. 그 분은 말씀하기를, "이 무덤은 관목에 문제가 있으며 관속이 온통 흰개미로 가득 차 있다."고 했습니다. 무덤을 파 보니 관의 방향이 뒤틀려 있을 뿐만 아니라 이미 까만색으로 변해 있었습니다. 그러나 관 바깥은 비교적 건조했습니다. 그런데 그 다음 관을 열자 관 내부가 거의 반은 물로 차 있었고 관 뚜껑에는 온통 흰개미가 붙어 있었습니다. 생각해보니 노인네는 정말 나름대로 아는 방식이 있었습니다.

우리 일반인들이 풍수를 말하는데 풍수란 무엇일까요? 어떤 것을 풍수라고 할까요? 풍수란 원래 바람과 물을 피한다는 뜻입니다. 저는 그 때 그 분께 물었습니다. "관목이 왜 저렇게 뒤틀렸을까요? 관속이 어떻게 해서 물이 차 있을까요?" 그 분은 바람과 관계가 있다고 했습니다. 지하에도 바람이 있는데 바람의 힘이 아주 강해 관을 뒤틀어 놓았다는 것입니다. 그리고 관속의 물은 부근으로부터 집중되어 그렇게 되었다는 것입니다. 그러므로 풍수를 본다는 것은 곧 바람과 물을 피한다는 것입니다. 이 의미는 부모의 유골이 지하에서 바람과 물에 침습당하는 것은 차마 견딜 수 없다는 뜻입니다. 그 분은 또 풍수에 관한 많은 이야기를 들려주었습니다. 풍수가 좋다는 곳은 역시 무언가 다릅니다. 제 아버님은 40세가 조금 지나서 자신의 관으로 쓸 나무와 묘지를 스스로 준비해 두셨습니다. 이것은 중국의 오랜 관습인데 자손들에게 번거로움을 덜어주기 위한 것입니다. 아버님을 위한 묘 자리를 파기 시작할 때 그 분이 오셨습니다. 그 분은 2장2척이 되도록 깊이 파라고 지시했습니다. 일반적으로는 이렇게 깊이 팔 필요가 없습니다. 그 자리는 소위 금색연화지(金色蓮花地)로서 1장 2척의 깊이까지 파내려 가니 바닥 중간에 황금색 땅 조각이 있었는데 마치 연꽃 같았습니다. 당시 우리는 매우 진기하게 생각하면서 계속 지켜보고 있었습니다. 서서히 황토를 파내려 가자 그 분은 계속해서 조금 더 파라고 재촉했습니다. 이렇게 파내려 가니 과연 계란 노른자 색깔 같은 땅이 있었습니다. 연꽃 모양인지 아닌지는 당시 생각할 겨를도 없었고 단지 놀라고 의아해 했을 뿐입니다. 이것은 제가 실제로 목격한 일입니다.

그 때만 해도 대학에 지질학과도 없었고 또 지질을 측량할 만한 기계도 없었던 때입니다. 그런데 그 분은 어떻게 땅 속을 그리도 잘 알고 있었을까요? 그러기에 중국의 수많은 학문들은 모두 과학적 원리에 근거한 것들이요 최고의 이론과학입니다. 그러나 애석하게도 후인들은 다들 그것을 풍수를 보거나 사람을 매장하거나 사무실의 위치를 옮기거나 탁자를 바꾸는 데 활용함으로써 행운을 선택하는데, 이런 것들은 너무 작은 일들입니다. 저는 이런 것들을 대수롭지 않게 생각합니다. 어떤 사람은 저더러 사무실 위치가 좋지 않으니 앉아 있어서는 안 된다고도 했습니다. 저는 한사코 그대로 앉고자 합니다. 저는 귀신이 와서 저를 도와줄 필요가 없기 때문입니다. 평생 부끄러워할 것도 후회할 것도 없이 살았기 때문에 아무것도 두려워하지 않습니다. 그러나 여러분은 절대 저를 흉내 내서는 안 됩니다. 저는 아무것도 개의치 않고 살아온 사람이기 때문입니다. 여러분 미신을 믿을 필요도 없지만 불신할 필요도 없습니다.

미신이란 말이 나왔으니까 하는 말입니다만 현대인들은 걸핏하면 남더러 미신이라고 말합니다. 그러면 저는 어떤 문제들에 대하여 그들에게 정말 잘 알고 있는지 묻곤 합니다. 모른다고 하면 당신이야말로 미신하고 있다고 제가 말합니다. 자기가 알지도 못하면서 단지 다른 사람의 말만 듣고는 남을 따라 함부로 단정적으로 말한다면 그것이야말로 진정으로 미신인 것입니다. 당연히 과학도 미신해서는 안 되지만 철학이나 종교도 마찬가지로 미신해서는 안 됩니다. 만약 미신하지 않으려면 반드시 그것을 스스로 연구해야 합니다. 연구해서 통했을 때에야 비로소 비판할 자격이 있습니다. 그리고 그 때에야 비로소 미신과 미신이 아닌 것을 구별할 수 있습니다. 지리에 대해서도 마찬가지입니다.

한학과 박사

오늘날 세계적으로 '한학'(漢學)이라는 낱말이 유행하고 있습니다. 서양 각국에서 중국 학문을 말할 때 모두 한학이라고 하는데, 이는 세계적인 통칭으로 굳어져서 이미 바로잡을 길이 없습니다. 그러나 사실 이 개념은 틀린 것입니다.

중국 문화에서 일컫는 '한학'이란 한대(漢代)의 유학자들이 했던 훈고(訓詁) 위주의 학문을 가리킵니다. 소위 '훈고'란 문자에 대한 고증으로서 한 글자가 어떻게 해석되고 왜 그렇게 쓰이는지를 연구하는 것입니다. 그런데 이 한학은 아주 번거롭습니다. 학자들이 한 글자를 고증하기 위해 10만여 자의 글을 쓰는 경우도 있었으니, 우리가 이 분야를 연구하려면 아주 어렵습니다. 옛 사람들이 말하는 박사는, 오늘날의 박사도 역시 마찬가지입니다만, 서적에 근거한 전문적이고 깊은 연구를 한 사람으로서 백만여 자의 문장도 지을 수 있어야 했는데, 이것이 바로 훈고학입니다. 뒷날 훈고학은 책에 써진 어떤 구절이 진짜인가 가짜인가를 연구하는 고증학으로 발전하였습니다. 고증학에서는 하나의 제목이나 어떤 개념을 위해서 백만여 자로 된 문장을 쓸 수도 있었습니다. 결론적으로, 중국 문화에서 일컫는 한학이란 한대 유학자들이 했던 훈고학을 뜻합니다.

한학은 한 무제 때 오경박사(五經博士)를 둠으로써 시작되었는데, 사서오경 중에서 어떤 한 경전을 통달하면 곧 '박사'라 불리었습니다. 중국에 '박사'라는 호칭이 있게 된 것도 한나라 때부터였습니다. 이른바 박사란 전문가입니다. 예를 들면, 시경박사는 시경(詩經) 전문가를 말합니다. 당대 이후에 이르러서는 문학에 치중했는데, 그 이유는 수백 년 동안 훈고와 고증을 하여 거의 정리가 되었기 때문입니다.

송대에 이르러 주희(朱熹)를 포함한 소위 5대 유학자가 있었습니다. 그들은 새로운 사상을 제창하면서, 공맹 이후 계승자가 없어 유학이 단절되었다가 자신들에게 이르러서야 이어지게 된 것이라고 했습니다. 그렇다면 거의 1천 년의 단절 뒤에 그들이 어디서 갑자기 공자와 맹자를 만나 비밀리에 학설을 전수 받아 계승하게 되었는지 모르겠습니다. 이것은 송대 유학자들의 아주 이상한 주장입니다. 그런 다음 그들은 다른 학파들은 옳지 않다고 비판하면서, 이른바 이학(理學)이란 것을 창설했습니다. 그런데 주의해야 할 점이 하나 있습니다. 오늘날 우리 사상계에는 여전히 이학이 대단히 유행하고 있으며, 어떤 학파는 자칭 신유학(新儒學)이라 하면서 유학을 강의하고 있다는 사실입니다. 그러나 매우 유감스럽게도 그들은 아직도 학문 체계를 이루지 못하고 이것도 저것도 아닌 상태입니다. 송대의 이학가들은 전문적으로 공맹의 '심성의 학'(心性之學)을 말했는데, 그들이 말하는 '심성의 학'이란 실제로 어디서 온 것일까요? 절반은 불가에서 오고 절반은 도가에서 온 것으로, 모양만 바꾸고 실질 내용은 그대로 유가에 가져온 것입니다. 그래서 저는 송대 유학자들에게 별로 동의하지 않습니다. 저도 이전에 많은 시간을 들여 송대 유학자들의 이학을 연구한 결과 이러한 점을 발견하였기 때문입니다. 어떤 사람이 장씨 물건을 빌려 쓰는 것은 그리 중요한 일이 아닐 뿐더러, 이씨에게 "이것은 장씨 집에서 빌려온 것이오." 하고 말하면 그만입니다. 이것은 조금도 허물이 되지 않습니다. 그러나 장씨 집에서 빌려온 물건을 자신의 것인 양 내세우면서 자기 체면이나 앞세우고, 도리어 고개를 돌려 장씨를 욕한다면, 이것은 도리에 맞지 않는 일입니다. 송대 유학자들은 불가와 도가의 학문을 빌려서 유가의 '심성의 학'을 해석하면서, 한편으로는 불가와 도가를 비판하고 반박했습니다. 그 결과는 여기에 그치지 않고, 송대 유학자 이후 그들을 이은 역대의 이학파들 때문에 뒤에 공맹의 학설이 타도되고 비판 받게 되었으니, 송대 유학자들은 참으로 이 모든 책임을 져야 합니다.

그 뒤 송·원·명·청 4대에 걸친 왕조는 송대 유학자의 이학 테두리 내에서 뒹굴었으니, 공자의 참뜻을 발전시켰는지 그러지 못했는지 결론 내리기가 아주 어렵습니다. 4조학안(四朝學案)이란 책이 있는데, 이것은 송·원·명·청 4대 왕조의 수백 년에 걸쳐 유가의 '심성의 학'을 논한 것입니다. 특히, 명대 말기에 이르러 이학은 대단히 성행했습니다. 그래서 만주족이 중국에 들어와 청나라를 세울 때, 많은 사람들이 명대 유학자들의 이학에 대해 크게 분개하였으며, 명대 유학자들이 유학을 제창한 결과를 다음과 같이 시로 비난하고 있습니다.

평소에는 정좌하여 심성을 논하고　　　　　　平時靜坐談心性
위난에 임해서는 죽음으로써 임금께 보답했다　臨危一死報君王

이학이 국가와 천하에 조금도 쓸모가 없음을 꾸짖는 것입니다. 평소에는 도덕과 학문을 말하면서 자세를 바로 하고 위엄스럽게 앉아 심성을 논하지만, 국가에 큰 어려움이 있을 때에는 한 번 죽음으로써 끝내

버릴 뿐 그 이상 아무것도 아니라는 것입니다. 위기를 당해 죽음으로써 임금에게 보답할 수 있기도 쉬운 일은 아닙니다. 그러나 진정한 유가의 '위정의 도리'로 보면, 이것은 현실과는 너무 동떨어진 이야기입니다. 그 때문에 청대 초기의 학자들은 고상하게 심성이나 말하고 시국의 어려움을 해결하는 데는 아무런 보람이 되지 못하는 이학에 상당히 반감을 품었습니다. 당시 저명했던 고염무·이이곡·왕선산·부청주 같은 사람들은 청나라에 절대 투항하지 않고 반청복명(反淸復明) 사업에 힘을 바쳤습니다. 뒷날 중국 사회의 특수 조직인 방회(幇會) 가운데 하나인 홍방(洪幇)은 오늘날 홍문(洪門)이라고도 불리는데, 당시 그들이 조직했던 지하 조직으로서, 사대부들이 달리 어찌할 수가 없어 지하 활동을 한 것입니다. 홍문은 처음에 대만에서 정성공(鄭成功)이 조직하여 섬서까지 활동 무대를 넓혔는데, 천지회(天地會) 같은 조직들도 홍문에서 뻗어나간 것들입니다.

청대 초기의 고염무 같은 사람들은 송명 유학자들의 공담(空談)에 동의하지 않았습니다. 그래서 학문의 방향을 바꿔 다시 고증의 길을 걷게 되었는데, 이것을 '박학'(樸學)이라 불렀습니다. 이 때문에 다시 이를 '한학'(漢學)이라고 부른 이도 있었습니다. 중국인으로 태어난 사람이라면 이 한학이라는 명칭이 이런 유래를 가지고 있음을 알아야 합니다. 오늘날 외국인이 중국의 학문을 연구하는 것도 한학이라고 하는데, 이것은 중국학을 가리키는 말입니다. 고서에서 말하는 한학은 고증학문에 편중되어 있다는 것을 말이 나온 김에 소개했습니다.

은사와 역사문화

어떤 사람은 과거 중국의 은사(隱士) 사상은 서양 문화의 자유주의자들이 주장하는 방임주의 사상과 같은 것이라고 말합니다. 이들은 국가 사회의 일에 관여하지 않고 개인적으로 초연한 견지를 지키려는 것이며, 이것이 곧 민주정치의 기본인 자유정신이라는 것입니다. 그러나 이런 비교는 겉보기에는 맞는 것 같지만, 실제로는 그렇지 않습니다. 왜냐하면 중국의 지식인들로서 은사의 길을 택한 사람들은 국가의 일에 관심이 없었던 것이 아니라, 사실은 대단한 관심을 가지고 있었기 때문입니다. 아니, 오히려 관심이 너무 지나쳐 스스로 물러서 있는 경우가 많았는데, 물러서 있다고 해서 상관하지 않는 것은 결코 아니었습니다. 인도에서는 도를 닦기 위해 출가한 다음에는 일체의 일에 절대 상관하지 않았습니다. 그러나 중국의 은사는 그렇지 않았습니다. 중국의 은사를 연구해 보면, 모든 은사들이 현실의 정치 사회와 절대적인 관련을 맺고 있었습니다. 그러나 그들이 취한 방법은 한쪽 옆에서 남을 도와 주는 것으로서, 자신이 직접 뛰어들지는 않았습니다. 친구나 제자, 또는 타인이 성공하도록 도와 주면서 자신은 절대로 나서지 않았습니다. 과거 중국에는 한 시대가 열릴 때마다 이런 사람들이 많았음을 볼 수 있습니다.

가장 유명한 예로, 명나라 주원장이 개국할 때 원나라를 무너뜨릴 수 있었던 것은 도가사상의 은사들 몇 명이 힘쓴 덕택이었습니다. 정면에 나섰던 사람은 유백온(劉伯溫)이었으며, 나서지 않고 배후에서 일부러 미친 척하고 바보짓을 한 사람들이 몇 명 있었습니다. 예를 들면, 미치광이 행세를 했던 주전(周顛)이나 그 밖에 철관도인(鐵冠道人)이 유명했는데, 이런 사람들을 위해 주원장은 친히 그들의 전기를 썼습니다. 이런 사실이 정사(正史)에 실려 있지 않은 까닭은, 정사는 유가 사람들이 편찬한데다 유가들은 이들이 너무 신기하다고 느껴 이런 일을 정사에 기록하지 않았기 때문입니다. 특히, 주전이란 사람은 정말 괴이했습니다. 화상(和尙)도 아니고 도사(道士)도 아닌 모습으로 미친 사람처럼 떠돌아다니면서 주원장과 깊은 교분을 나누었는데, 주원장이

해결할 수 없는 문제에 부딪칠 때마다 그가 돌연 나타나 해결 방법을 일러 주었습니다. 한번은 주원장이 그를 시험해 보려고 하자, 그는 어떤 시험에도 자기가 죽지 않을 것이라고 말했습니다. 그래서 주원장은 그를 시루에 넣어 쪘습니다. 한참 찌고 나서 시루를 열어 보았더니, 그는 오늘날 터키탕식 목욕이나 하고 난 듯이 온몸이 아주 시원하다고 말하더랍니다. 이때부터 주원장은 부하들에게 주전은 기인(奇人)이므로 그를 절대 소홀히 대해서는 안 된다고 주의시켰습니다. 이런 사람은 은사 중에서도 유명한 일류 인물에 속합니다.

과거 중국에서 도가 있는 사람은 현실의 일에 간섭하지는 않았지만, 국가가 태평하기를 열성적으로 바랐고 또 백성들이 잘 지내기를 바랐습니다. 그는 다른 사람이 태평 시대를 만들도록 도와 주기는 했지만, 자신은 벼슬에 나서지 않았습니다. 천하가 태평해지고 공이 이루어지고 나면 그는 그림자조차 찾을 수 없었으며, 그 자신을 위해서는 아무것도 바라지 않았습니다. 중국의 고대 역사 중에서 이런 사람은 대단히 많았습니다. 물론 정면 역사에는 잘 드러나지 않지만, 이면 역사에는 거의 매 왕조마다 이런 사람들이 있었습니다. 왕양명을 예로 들면, 그가 만난 사람 중에는 보통 사람의 생활이나 생각과는 다른 이인(異人)들이 많았습니다.

은사 사상은 시대를 구할 수 없다는 것을 분명히 알았을 때는 물러나 있지만, 그것은 소극적인 도피가 아니라 문화 정신을 보존하고 다음 세대를 양성하며 기다리는 것과 다름없었다는 것입니다. 가장 유명한 사람으로 당나라의 왕통(王通)을 들 수 있는데, 앞에서도 여러 번 말했지만 그의 학생들은 그가 죽은 뒤 사적으로 그의 시호를 문중자(文中子)로 정했습니다. 문중자는 수양제(隋煬帝) 때 천하 경영에 뜻을 두고 나서서 일을 해 보려 했지만, 수양제와 이야기를 나누고 여러 곳을 살펴본 다음 안 되겠다는 것을 깨닫고 돌아가 학문을 강의하면서 젊은 세대를 양성했습니다. 그래서 당나라 개국 당시 이정(李靖) · 서세적(徐

世勣) · 방현령(房玄齡) · 위징(魏徵) 같은 개국 공신과 문신(文臣) 무장(武將)들이 거의 모두 그의 학생들이었습니다. 이처럼 당나라의 문화 사상이 창시된 데에는 문중자의 공로가 대단히 컸습니다. 그러나 당나라 역사를 읽어 보면 문중자의 전기가 없습니다. 후세 사람들은 그의 전기가 없는 것을 이상히 여겨, 그의 사적(事蹟)이 사실인지 의심했습니다. 최후에 고증을 해 보니, 문중자에게 아들이 있어 유명한 대신이 되었고 좋은 정치를 했지만 당 태종의 처남에게 미움을 샀기 때문에, 뒷날 당사(唐史)를 편찬할 때 학술 사상 면에서 의견이 다르다는 이유로 문중자의 사상을 넣지 않았던 것입니다. 그래서 문중자가 죽고 난 후, 조정의 대신들, 즉 그의 학생들이 비밀리에 그의 시호를 지었던 것입니다. 역사상 유명한 '자비니산'(自比尼山)의 고사는 바로 문중자가 자기 제자들은 물론 자기 자신까지도 그 시대의 공자(孔子)로 비유한 것입니다. 실제 업적으로 보면, 문중자는 공자보다 운이 좋았는지도 모릅니다. 공자는 삼천 제자를 양성했지만 결과적으로 업적을 성취한 제자는 하나도 얻지 못한 데 반해, 문중자는 수십 년 동안 다음 세대를 양성하여 당나라의 국운과 문화를 열었기 때문입니다.

시대가 돌이킬 수 없다는 것을 분명히 알고 억지로 나서지 않으며, 유가사상에서 말하는 '어떤 역경 속에서도 굴하지 않는 튼튼한 기둥과 같은 인물'이 되지 않는 것도 일종의 은사 사상에 속합니다. 사람은 응당 어떤 역경 속에서도 굴하지 않는 기개가 있어야 하지만, 시대라는 물의 흐름을 돌이킬 수 있을까요? 불가능합니다. 단지 자기를 위해 충신이라는 이름을 남길 수 있을 뿐, 시대와 사회에 대해서 진정으로 공헌할 수 있는 길이 없습니다. 도가에서는 추세를 따라 임기응변해야 한다고 하는데, 이런 사람들의 사상이 후세에 은사를 형성시켰습니다.

중국의 과학이 낙후한 원인

　우리의 3천 년 동안의 역사 경험은 원래 유가와 도가가 나누어지지 않은 전통 사상의 방향으로 정치를 하고 농업으로 나라를 세운다는 사상을 고수하였습니다. 목축 · 수렵 · 소금 · 철 등 천연자원의 이용을 겸하는 것을 제외하고는 줄곧 농업을 중시하고 상업을 경시하는 정책을 썼으니 공업을 중시하지 않은 것은 물론이고 과학 기술의 발전도 멸시했습니다. 심지어는 과학 기술의 발명을 '기이하고 지나친 기교[奇技淫巧]'라고 여기고 금령을 내려 엄하게 금지시켰습니다. 그래서 근대와 현대 지식인들은 서양 문화의 과학 · 철학 등의 학식을 접촉한 뒤에 외국의 '부국강병(富國强兵)'의 효과를 직접 눈으로 보고서는, 자신의 국가와 민족의 오랜 세월에 걸쳐 형성된 쇠약과 낙후함을 돌이켜 보고 전통 문화를 몹시 원망하면서 비난하였습니다. 유가를 대표하는 공맹의 윤리 학설과 도가를 대표하는 노장의 자연 사상 같은 것이 특히 그 장본인으로서 일고의 가치도 없다고 여겼습니다.

　표면상 보면 이러한 사상적 반동이 완전히 그른 것만은 아닙니다. 예를 들어 노자의 "얻기 어려운 재물을 귀하게 여기지 않으면 백성들로 하여금 도둑질을 하지 않게 한다. 욕심 낼만한 것을 보이지 않으면 백성들의 마음을 어지럽게 하지 않는다."(不貴難得之貨 , 使民不為盜。不見可欲 , 使民心不亂) 등등의 훈계들이 그 확고부동한 증거이니 부인할 수가 없습니다. 게다가 진나라 한나라 이후 역대의 제왕 정권들은 거의 모두가 이를 금과옥조로 받들며 내내 성실하게 변함없이 지켜왔습니다. 그런데 노자의 이런 견해들은 모두 당시의 병증(病症)에 대한 약방으로서, 어느 한 시기에 유행했던 모종의 병증에 대해 당시 의사들이 그 증상에 대하여 처방을 내리면서 진료카드를 작성한 것이나 다름없다는 사실을 다들 잊고 있습니다. 불행하게도 후세의 의사들은 더 이상 의학 이론과 병리(病理)에 대해서 연구하지 않고 병의 원인이 어디에 있는지 물어보지도 않으며 단지 약방대로만 약을 지었으니, 병자의 사활은 오로지 그 자신의 운명에 달려 있었습니다. 이 때문에 '단방(單方:한 가지 약만 쓰는 약방)이 명의를 울화통 터지게 한다.'는 식으로 의사 때문에 오히려 병이 나고 맙니다!

　우리가 적어도 반드시 이해해야할 사실은, 춘추전국 이후의 역사와 사회는 주나라 시대 초기에 건립했던 문치 정권이 이미 시대의 변화·인구의 증가·공실(公室) 사회의 기형적 팽창 등으로 말미암아 그 힘이 미치지 못하고 유명무실해졌다는 겁니다. 이 시기는 태공망(太公望)이 말한 대로 그야말로 "천하를 취하려는 자들이 들판의 사슴을 좇는 것과 같고, 천하는 다 같이 그 고기를 나누어 먹는다." 는 형세였습니다. 권력욕이 정당한 도리(公理)보다 강했던 제후들은 모두 왕(王)과 제(帝)를 칭하면서 천하를 독차지할 목적을 달성하고 싶어 정치 권력상의 투쟁과 제멋대로 재물을 취하는 일만 돌아보고 있었습니다. 그러니 천하를 경륜하고 장기간 나라가 태평하고 사회질서와 생활이 안정될 수 있는 진정한 책략이 무엇인지 따위를 그 누가 관여할 수 있었겠습니까? 그래서 노자 같은 사람들은 이러한 자기중심적이고 이기적인 심리 병태와 사회 병태를 겨냥하여 "현명함을 숭상하지 않으면 백성들로 하여금 다투지 않게 한다. 얻기 어려운 재물을 귀하게 여기지 않으면 백성들로 하여금 도둑질을 하지 않게 한다. 욕심 낼만한 것을 보이지 않으면 백성들의 마음을 어지럽게 하지 않는다."(不尚賢 , 使民不爭. 不貴難得之貨 , 使民不為盜. 不見可欲 , 使民心不亂)라는 풍자에 가까운 명언을 말했던 것입니다. 비록 후일 의약에 있어서의 단방처럼 변해버리긴 했지만, 그 운용 방식의 적절 여부는 대 정치가 겸 철학자들의 임기응변이 증세에 맞게 처방약을 지음에 따라야 합니다. 그런데 그저 기성 처방을 맹목적으로 충실히 지켜서 약을 잘못 먹었거나 병을 잘못 치료한 책임은 약방이나 약물과는 완전히 관계가 없습니다.

　예를 들어 우리가 과거 역사에서 칭송 찬양하는 한나라 시대의 '문경의 치'는 모두가 알다시피 노자를 열심히 읽었던 문제 모자가 도가의 황로의 도를 성실히 지켰던 시대입니다. 노자는 '인자함이요. 검소함이요, 감히 천하를 위해 나서지 않음이다'(曰慈 , 曰儉 , 曰不敢爲天下先)는 세 가지 법보(法寶)를 남겼는데, 문제는 시종일관 모두 하나하나 실천했습니다. 문제의 검약(儉約)은 유명하였으며, '얻기 어려운 재물을 귀하게 여기지 않는다.'는 것도 사실 증명이 있습니다. 그는 스스로 같은 두루마기를 2십 년 동안 입었고 버리기 아까워 다시 기워서 입었습니다. 개인의 행위 도덕면에서 말하면 '귀하기는 천자의 몸이며 부유하기로는 온 천하를 다 가진' 황제가 이처럼 검약할 수 있기란 당연히 대단히 기특한 일이었습니다. 또 한 번은 어떤 사람이 천리마 한 필을 황제에게 바치자, 문제는 곧 조서를 내려 사방에 명령하기를 다시는 얻기 어려운 재물을 바치러 오지 말라고 하였습니다. 이것이 제위를 계승한 다음 해에 천리마를 바친 사람이 있었다는 역사적으로 유명한 조서입니다. 조서에서 이렇게 말했습니다.

"난새를 수놓은 천자의 깃대가 앞에 있고 봉황이 새겨진 천자의 수레가 뒤를 따르는데, 즐거운 행차는 하루에 오십 리를 가고 군대 행차는 하루 삼십 리를 간다. 짐이 천리마를 타고 홀로 앞서서 어디로 가겠는가?" 그리하여 그 말을 돌려보내고 길가는 여비까지 함께 보낸다. 조서를 내려 말했다. "짐은 바치는 것을 받지 않나니, 다시는 바치러 오지 말라고 사방에 명하노라."

鸞旗在前, 鳳車在後, 吉行日五十里, 師行三十里。朕乘千里馬, 獨先安之？於是還其馬, 與道裡費。下詔曰：朕不受獻也, 其令四方毋復來獻。

역사와 그 사서(史書)를 편집하고 저술한 사람이 그 일을 정중하게 기재한 본의는 바로 한나라 문제 개인의 행위 도덕을 힘껏 선양하고, 이처럼 고상하고 검약한 행위를 후세에 제왕 된 자가 본받기를 바란 데 있었습니다. 만약 오늘날 말로 이 역사적 사실을 표현한다면 이런 말입니다. 한 문제는 어떤 사람이 천리마를 바치러 온 것을 알고는 이렇게 말했습니다. "이러한 풍조를 자라게 해서는 안 되고 이러한 전례를 시작해서도 안 된다. 내 이미 황제가 되었으니 밖으로 나가려고 움직일 때면 앞에서는 날아가는 난새(鸞)를 수놓은 깃대를 받든 대열이 바른 걸음으로 걸어가면서 길을 연다. 뒤에서는 또 따라다니며 시중드는 궁인들이 앉아있는, 상서로운 봉황새를 그려 새긴 마차 행렬이 황제의 주방을 이끌고서 평온하고 호탕하게 앞으로 나아가니, 대략 하루에 겨우 오십 리를 가면 쉬어야 한다. 만약 경호하는 부대를 이끌고 거기에다 군사 설비 등 후근(後勤)의 무거운 짐수레 군대까지 더하게 되면 대략 하루에 겨우 삼십 리를 가면 쉬어야 한다. 그렇다면 황제인 내가 혼자만 천리마를 타고서 어디로 가야만 한단 말인가?"

출세해서 요직에 오르는 것은 물론이고 고귀하기로는 제왕이 된다 할지라도 주위에서 모시는 규모가 없고 군대와 경찰이 보호해주는 위풍이 없다면 역시 일개 보통 사람에 불과할 뿐 다른 특출할 것이 없습니다. 심지어 위험과 재난을 만나면 '봉황이 세력을 잃으면 닭보다도 못하다'(鳳凰失勢不如雞)는 민간 속담 꼭 그대로일 가능성이 많습니다. 그래서 그는 헌상한 그 천리마를 돌려보내고 거기다 말을 보내오는 데 들었던 왕복 여비와 비용까지 계산해 주라고 분부하였습니다. 그러면서 명령, 당시 황제의 명령을 조서(詔書)라고 불렀는데, 조서를 내려 선포하였습니다. "짐(과거 역사에서 황제들의 자칭)은 어떤 진귀한 것도 봉헌 받지 않을 것이니, 사방 관리들은 사방에 통지하여 이후로는 이떤 물건이든지 봉헌할 생각을 갖지 말라고 하라."

이것은 한 문제 당시의 정책적 행위로서, 확실히 현명한 기풍이기는 했지만 그의 개성이 검약을 숭상했기 때문만은 아니었습니다. 그 시기는 전국시대 이래 진나라 한나라 분쟁의 국면에 이르기까지 2백여 년간 중국 인민들은 장기간 전쟁의 고난 속에서 생활한 시기였다고 할 수 있습니다. 줄여서 말하면 진시황으로부터 초나라 한나라 분쟁 이후 한나라 문제의 시대에 이르기 까지는 역시 5, 6십 년의 동란의 세월이었습니다. 그 시대의 백성들이 극히 필요로 하는 것은 바로 '국민의 부담을 줄이고 생활을 안정시켜 원기를 회복하는 일'(休養生息)이었으니 그 나머지는 모두 불요불급한 일이었습니다. 그래서 그의 정책은 시작하자마자 도가의 무위의 치(無爲之治)를 채용하고 '인자(慈) · 검소(儉) · 천하를 위해 나서지 않음'(不敢爲天下先: 주동하여 일을 만들지 않음)을 건국 원칙으로 삼았습니다. 제일 먼저 관대한 법치의 정신을 세워서, 한 사람이 범죄를 지으면 온 가족을 연좌시키는 엄한 형벌을 없앴습니다. 곧이어 사회인민 복리제도를 제정하였으니 '조서를 내려 곤궁한 자를 구휼하고 노인을 봉양하는 법령을 정했습니다'(詔定振窮、養老之令)

조서로 말했다. "바야흐로 봄이 따뜻할 때에는 초목 등 만물이 스스로 즐거워할 수가 있다. 그런데 우리 백성들인 홀아비 · 과부 · 고아 · 자식 없는 사람들과 곤궁한 사람들이 대개 죽음으로 떨어져가고 있는데도 이를 살펴보고 걱정하는 사람이 없다. 백성의 부모가 된 자로서 장차 이를 어찌해야 하겠는가? 이 점을 논의하였기 때문에 그들을 구휼한다."

또 말했다. "늙은 사람은 비단이 없으면 따뜻하지 않고 고기가 없으면 배가 부르지 않은 것이니, 이제 연초에 그리고 수시로 사람들로 하여금 나이 많은 사람들을 위문하게 한다. 또 베와 비단과 술과 고기를 내리지 않는다면 장차 무엇으로써 천하의 자손들로 하여금 그들의 어버이에게 효도 봉양할 수 있도록 돕겠는가! 구체적으로 영을 내린다: 8십 세 이상의 노인에게는 매달 쌀과 고기와 술을 내리라. 9십 세 이상의 노인에게는 거기다 비단과 솜을 더하여 내리라. 장리(長吏: 지위가 비교적 높은 현縣의 관리)들은 조사하고, 승 및 위(丞과 尉는 모두 지방의 기층 관직 명칭)에서 이천석(二天石: 지역의 정치를 담당하는 관직)에 이르기까지 도리(都吏: 서울의 관리)를 파견하여 순행하게 하고, 부합하지 않은 자를 감찰하라."

詔曰：方春和時，草木群生之物，皆有以自樂。而吾百姓鰥寡孤獨窮困之人，或阽於死亡而莫之省憂。爲民父母將何如？其議所以振貸之。

又曰：老者非帛不暖，非肉不飽，今歲首不時〔註：年初及隨時的意思〕使人存問長老。又無布帛酒肉之賜，將何以佐天下子孫孝養其親哉！具有令：八十以上，月賜米肉酒。九十以上，加賜帛絮。長吏閱視，丞若尉〔丞、尉都是地方基層官職名稱〕致二千石〔地區主政官職稱謂〕遣都吏循行，不稱者督之。

노자를 배운 한나라 문제에게는 결코 잘못이 없었습니다. 그렇지만 후대에 착한 척하며 호랑이를 그리려다 개를 그린 제왕들은 한나라 문제를 잘못 배웠습니다. 예를 들어 남을 속임으로써 집안을 일으키고 고아와 과부의 손에서 천하를 취했던 진(晉)나라 문제(文帝)인 사마염(司馬炎)이 제위를 찬탈하고 진(晉) 왕조의 개국 황제가 된 지 4년째 되던 해, 아첨을 잘못했던 태의(太醫) 사마정(司馬程)이 특별히 심혈을 기울여 설계하고 빼어난 수공예 솜씨로 제작한 '치두구(雉頭裘: 꿩 대가리의 예쁜 털로 장식한 털옷─역주)'를 바쳤습니다. 사마염은 즉시 그것을 전각 앞에서 불사르고는 소서를 내렸습니다. "신기한 기예, 득이한 의복은 전례(典禮: 전통 문화의 정신)에서 금하는 바이다." 안팎의 관원과 백성들에게 칙령을 내리니, 다시는 감히 이 금령을 범하는 사람이 없었고 법을 범하는 자가 있으면 벌을 내렸습니다. 중국 역사를 얘기함에 있어 사마씨의 천하가 좋았는지 나빴는지 그리고 사마염 개인의 도덕과 정치 행위에 대해서 어떤 평가를 내릴지는 잠시 논하지 않겠습니다. 그렇지만 역대로 신기한 기예나 정밀 공업 및 과학 기술의 발전에 대해 엄격하게 금했던 것은 대체로 모두 사마염의 이 명령에 담긴 정신을 본받은 것이었습니다. 이 때문에 중국의 학술사상은 상공업과 과학 기술의 발전 면에서 제자리걸음을 하게 되었고, 하늘에만 의지해서 밥 먹는 농업 사회의 형태에 영원히 머물러있게 되었습니다.

사실 우리의 과학 발전에 대한 학술 사상사를 되돌아보면 역대로 결코 사람이 없었던 것은 아닙니다. 다만 전통 관념인 '신기한 기예'를 가지고 논다는 오명을 쓰기를 두려워했을 따름이었습니다. 또 거기다 유가와 도가 사상이 혼합된, '사람을 가지고 놀면 덕을 잃고, 사물을 가지고 놀면 심지(心志)를 잃는다'(玩人喪德, 玩物喪志)와 같은 사이비 해석의 제한을 받았던 것입니다.

중화민족의 선조인 황제(黃帝)가 어떻게 '지남침'(指南針) '지남차'(指南車)를 발명했으며, 혹 더 이른 시기의 조상들은 천문과 수학 방면에서 어떻게 세계 과학사에서 선도적인 지위를 차지했는지에 관해서는 잠시 말하지 않겠습니다. 전국 시대 방사(方士)들의 '연단술'(練丹術)은 세계 과학사에서 화학의 비조가 되었습니다. 심지어 오행학설(五行學說)의 운용은 천문·지리와 사막과 항해의 어려움을 극복하는데 있어서도 상당한 공헌을 하였습니다. 단지 과학 기술과 공업만 놓고 말하더라도, 가장 저명한 것으로는 전국 시대의 묵자와 공수반(公輸般)이 군사 무기를 가지고 서로 기교를 다투었던 일이 있습니다. 이밖에도 묵자 노문편(魯問篇)과 한비자 외저편(外儲篇)에는 일찍이 묵자가 목재를 사용하여 나는 새를 만들었다고 각각 기재되어 있습니다. 공수반도 대나무와 목재를 가지고 까치를 만들었는데 공중에 풀어놓자 날아올라 사흘 동안 떨어지지 않았다는 기록이 있습니다. 또 있습니다. 남북조 시대의 어느 화상도 목재를 이용해 나는 새를 만들었는데 여러 날 동안 공중을 날다가 마지막엔 원래의 지점으로 돌아와 내려앉았습니다. 불행하게도 비행기의 발명보다도 훨씬 일렀던 이런 발명들은 '신기한 기예' 관념의 영향을 받아 사장되어 버려, 서양 사상에서처럼 중시를 받고 더 연구하고 개진하여 인류의 실용적인 과학 기능으로 발전하지 못했습니다.

명나라 시대 초기 정화(鄭和)가 원거리 항해용으로 제작했던 대루선(大樓船: 망루가 있는 큰 배―역주), 그리고 송나라와 원나라 시대에 전쟁에서 사용된 대포는 서양에서 배웠는지 아니면 중국의 발명이 이리저리 경로를 거쳐 유럽으로 전해져서 개량된 것인지는 고증하기 사실 매우 어렵습니다. 그러므로 서양으로부터 전해졌다고 경솔하게 보는 일반적인 정설을 감히 쉽사리 믿지 못하겠습니다.

요컨대 우리 역사상 전국 시대 이후 과학 기술의 발전은 모두 '기이하고 교묘한 기교는 전통 문화 정신에서 금지하는 바다.'(奇技淫巧 , 典禮所禁) 관념에 의해 압살되었던 것도 사실입니다. 그러나 이 관념이 노자의 "얻기 어려운 재물을 귀하게 여기지 않으면, 백성들로 하여금 도둑질하지 않게 한다"는 사상의 영향을 받은 것이라고 인정하기는 매우 어렵습니다. 노자가 가리키는 '얻기 어려운 재물'은 바로 여불위(呂不韋) 사상 속의 '기화가거'(奇貨可居: 진기한 물건은 값이 오를 때까지 쌓아둘 만하다―역주)의 큰 재화입니다. 바꾸어 말하면 노자의 함의는 대부분 천하국가의 명기(名器)―권력을 가리키는 것이지, 노자 자신처럼 오직 푸른 소 한 마리를 타고서 함곡관을 지나가기를 원했을 뿐, 결코 큰 마차를 타고서 서쪽으로 유사를 건너려고 하지 않았던 정도로 협소한 범위의 것을 가리키는 것은 아닙니다.

왜냐하면 고대 과학 기술의 발전과 기계의 발명 및 상공업 제품의 개발과 관련해서 거의 모든 사물은 도가의 의약기술과 관련이 있었기 때문입니다. 예를 들어 19세기에 가장 중시한 동력에너지는 바로 석탄이었는데, 우리 역사상 최초로 석탄을 발견한 흥미 있는 이야기는 한나라 무제 시대에 있었습니다. 무제는 수사(水師)—해군을 교육 훈련 시키기 위해 곤명지(昆明池)를 팠습니다. 곤명지라는 큰 저수지를 파다 보니 석탄까지 파내게 된 것이었습니다. 그러나 당시 사람들은 이 까 맣게 빛나고 단단한 돌덩이가 무슨 괴이한 물건인지 몰라서 황제에게 바쳤습니다. 무제도 보고서 당연히 알 수가 없었기에 익살맞기로 유명 한 동방삭(東方朔)을 찾아다 물어볼 수밖에 없었습니다. 동방삭은 한참 수다를 떨다가 중요한 대목에서는 변명하기를 자기도 모르겠다면서 마침 서역에서 오랑캐 스님이 한 사람 왔으니 그를 불러다 물어보면 틀림없이 답을 찾을 수 있을 것이라고 했습니다. 이렇게 되니 더욱 무 제의 흥미를 불러일으키게 되었습니다. 오랑캐 스님을 찾아다가 이 까 만 돌덩이 같은 것이 무슨 물건인지 묻자 오랑캐 스님이 말하기를 "이 것은 전겁(前劫)의 겁회(劫灰)입니다" 하였습니다. 석탄 한 덩어리를 '겁 회'라고 불렀으니 얼마나 신비성이 다분한 문학적 필치입니까?

사실 '겁회'의 전고(典故)는 불경에서 나왔습니다. 불가에서는 물질세 계에 존재하는 것들은 사람의 생명과 마찬가지로 나름의 고정적인 변 화의 법칙을 지닌다고 말합니다. 사람의 일생에는 사망에 이르기까지 '생(生)·노(老)·병(病)·사(死)'라고 부르는 네 개의 큰 과정이 있어서 그 누구도 피할 수가 없습니다. 한편 물질세계인 지구와 나머지 별들 도, 그 수명은 비록 사람보다 길지만 끝내는 역시 파괴 소멸을 면하지 못합니다. 다만 물질세계가 존재에서 파괴 소멸에 이르는 네 개의 큰 과정은 '성(成)·주(住)·괴(壞)·공(空)'이라고 부릅니다. 그 옛날 이 지 구상의 인류가 파괴 소멸될 때 화산이 폭발하고 천지가 뒤집어졌는데, 높은 온도와 높은 압력 하에서 장시간의 화학 변화를 거치면서도 타버 리지 않고 원래의 형상을 보존한 것이 바로 화석입니다. 타서 잿더미 가 된 것은 바로 탄광이니 철광이니 하는 것들이고 녹아서 걸쭉한 액 체가 된 것은 석유입니다. 불학에서 말하는 '전겁의 겁회'란 바로 우리 가 말하는 석탄입니다. 불학의 이런 논리는 현대 과학—지질학의 이론에서도 인정하는 바입니다. 그렇지만 서한 무제 시대에는 이런 이론이 매우 신기했을 것입니다.

그렇다면 우리 옛사람들은 석탄을 알았으면서 왜 일찌감치 개발해서 응용하지 않고 시종 산에 가서 땔 나무를 해서 연료로 삼았을까요? 이것은 대단히 재미있고도 의의가 있는 문제입니다. 이러한 사상 역시 도가학술 사상에서 나왔습니다. 도가에서는 천지는 하나의 커다란 우주이고 사람의 몸은 하나의 작은 천지라고 봅니다. 지구 역시 생기를 지닌 하나의 커다란 생명체로서 사람의 몸과 똑같습니다. 인체에 골격 · 혈맥 · 오장 · 육부 · 이목구비 및 대소변 등등이 있습니다. 지구도 마찬가지로 생기를 지니고 있으므로 함부로 그것을 훼손시켜서는 안 됩니다. 함부로 훼손했다가는 인류의 생존에 도리어 큰 해를 끼치게 됩니다. 그래서 '천재지보'(天材地寶)인 지하자원이 있다는 것을 알기는 했지만 쉽사리 파내지 못한 것입니다. 설사 파낸다 하더라도 천지신명에게 아뢰어 윤허를 받아야 했습니다. 그렇지 않으면 지층 표면에 있는 것만 몰래 주워서 쓸 수밖에 없었습니다. 사실 천지신명이 그렇게나 많이 관여할 수 있을까요? 그렇지만 인심이 천심이라고, 사람들의 생각이 그러했으니 천지신명의 권위도 작용을 일으켰겠지요.

바로 이런 사상 때문에 전국의 풍부한 석탄 등등의 지하자원이 현재까지 보존되어 미래의 자손들이 생존할 수 있는 자원이 되었습니다. 예를 들어 오늘날 사람들이 사용하는 에너지원인 석유는, 도가의 관념으로 말한다면 절대 함부로 많이 사용해서는 안 됩니다. 왜냐하면 그것은 지구가 자신의 영양을 조절하고 보호하는 지방 혹은 인체의 골수와도 같기 때문입니다. 만약 지나치게 파낸다면 이 지구 생명은 위해를 입어서 그 파괴 소멸 속도가 더 빨라질 것입니다.

이러한 사상, 이러한 관념은 보기에 얼마나 우스운지 모릅니다. 게다가 아동 신화 식의 짙은 유머감도 아주 풍부합니다. 현대는 과학 기술의 시대이므로 이런 구시대의 설을 결코 분별없이 믿으려 하지 않습니다. 그러나 우리가 알지 않으면 안 될 사실은, 현대의 대 과학자들이 도리어 우리의 조상들이 십 몇 세기 이전에 이미 현대 과학 문명의 지질학 · 자원학과 유사한 이론과 인식을 지니고 있었다는 사실에 놀라고 감탄해마지 않는다는 것입니다.

제6장 인생의 정언(精言)

고금동서를 막론하고 후세에 의해 천추만대에 영향을 끼칠 수 있었던 인물로 평가받았던 위대한 사람은 그 당시에는 대부분 그렇게 처량하고 적막했습니다. 그는 생전에 짧은 견해인 오로지 이익만의 추구를 중시하지 않았기 때문입니다. 자기 개인에 대하여도 국가천하사에 대하여도 이와 같은 인품 풍격으로써 사람 노릇하고 처세하였기 때문입니다.

제가 이미 말했듯이 세계의 모든 정치사상을 한데 모아 간단히 요약하면, 네 글자로 '안거낙업'(安居樂業)에 지나지 않습니다. 모든 정치사상이나 이론은 어느 것이나 이 네 글자의 범위를 뛰어넘을 수 없습니다. 어떻게 하면 사람들이 편안하게 살 수 있고, 즐겁게 일할 수 있느냐에 지나지 않습니다. 또, 우리는 시골 곳곳에서 "風調雨順, 國泰民安"(풍조우순, 국태민안: 때맞추어 비오고 바람 불어 풍년 들고, 나라는 태평하여 백성이 편안하기를 빈다는 뜻―역주)이라고 쓰여 있는 것을 볼 수 있는데, 이 여덟 글자는 현대인들의 눈에는 아주 케케묵은 골동품으로 보일 것입니다. 그러나 동서고금의 역사상 진정으로 이 여덟 글자의 수준에 도달할 수 있다면, 어느 국가, 어느 민족, 어느 시대라도 그 정치 이상이 무엇이건 간에 그 이상에 모두 도달한 것입니다. 따라서 이러한 골동품은 바로 인정세고(人情世故)를 환히 꿰뚫고 나온 정치사상입니다.

학문에서 가장 어려운 것이 평담(平淡)인데, 평담에 안주하는 사람은 무슨 일이든지 할 수 있습니다. 왜냐하면 그 사람은 사업에 얽매이지 않기 때문입니다. 이것은 무슨 말일까요? 평담에 안주하는 사람은 오늘 돈을 많이 벌었다고 해서 잠을 이루지 못하지도 않을 것이며, 궁해져서도 역시 돈이 자신을 위협한다고 느끼지 않기 때문입니다. 그러므로 마음을 편히 갖기가 가장 어렵습니다.

현실의 인생 가운데서 오직 자기 일신만을 위한 동기에서 부귀공명을 도모하고 취하는 자는 바로 범부(凡夫)입니다.

현실의 인생 가운데서 자기 일신을 위하여 도모하지 않고 의(義)를 위해서 생명까지 버리며 세상 사람들을 걱정하여 나라를 도모하고 천하를 도모하는 자는 바로 성인(聖人)입니다.

수천 년 동안의 중국문화의 전체적인 체계를, 심지어 동서고금의 전체적인 문화체계를 살펴보면 이익을 중시하지 않는 것이 없습니다. 인류 문화사상에는 정치 · 경제 · 군사 · 교육 더 나아가 인생의 예술 · 생활...등등을 포함하는데 이익이 있기를 추구하지 않는 것은 하나도 없습니다. 이익이 있기를 추구하지 않는다면 구태여 배울 필요가 있을까요? 학문을 하는 것도 이익을 추구하고 책을 읽고 글자를 배우는 것도 생활상의 편리를 얻기 위하거나 적응하기를 스스로 구하기 때문입니다. 설사 출가하여 도를 배우고 신선이나 부처가 되기 위한 것도 역시 이익을 추구하고 있는 것입니다. 어린이가 자기의 의견을 표현하기 편하도록 말을 배우는 것도 당연히 일종의 이익추구입니다. 인의도 이익이요 도덕도 이익입니다. 이런 것들은 넓은 의미의 장구한 이익이요 큰 이익입니다. 좁은 의미의 금전재부의 이익이 아니며 권리의 이익만도 아닙니다.

인생에서의 화(禍)와 복(福)은 무엇이라고 꼬집어 말하기 어렵습니다. 우리가 만약 도덕과보의 관점에서 말한다면 후세의 종교가들이 말한, "화와 복은 들어오는 일정한 문이 없고, 오직 사람이 스스로 지어 불러들일 따름이다."(禍福無門, 唯人自招)라는 말이 있습니다. 만약 철학적인 관점에서만 말하면 "새옹이 말을 잃은 것이 복이 될지 어찌 알랴, 새옹이 말을 얻은 것이 화가 될지 어찌 알랴."(塞翁失馬 焉知非福: 塞翁得馬 焉知非禍)라는 지극한 이치의 명언에 부합합니다.

물질 환경이 좋으면 반드시 즐거울 수 있는지의 여부는 하나의 관념 문제이지 결코 절대적인 것이 아닙니다. 물론 물질 환경의 좋고 나쁨은 사람의 심정과 생각에 영향을 미칠 수 있습니다. 그러나 고도의 정신수양이 있는 사람은 마찬가지로 자기의 마음으로써 환경을 전환시킬 수 있습니다. 공자가 안회에게 다음과 같이 말한 경우가 그렇습니다. "훌륭하구나, 회여! 한 그릇 밥과 한 쪽박 물 정도로 빈민촌의 누추한 골목에서 살아간다면, 남들은 그 근심을 견뎌 내지 못할 텐데 회는 그 즐거움을 바꾸지 않으니, 훌륭하구나, 회여!"(賢哉回也! 一簞食, 一瓢飲, 在陋巷。人不堪其憂, 回也不改其樂。賢哉回也!) 그 자신에게는 자신의 천지가 있으며 결코 물질 환경의 영향 때문에 달라지지 않습니다. 만약 중심사상이 없고 입신처세의 도덕기준과 이런 정신수양이 없다면 비록 아무리 많은 재부가 있고 아무리 좋은 물질 환경이 있더라도 그는 심리적으로 즐겁지 않을 것입니다.

개인의 인생도 마찬가지입니다. 스스로 모순이 될 수 없으니 어려움을 겪거나 박해를 당할 때 자기의 환경을 바꾸어야 합니다. 환경을 바꿀 수 없을 때에는 자신이 일어서서 굳세어져 차라리 죽을지언정 곤란한 환경에 굴복되지 않아야 합니다.

어려움 속에서 성장하여 성공한 사람은 왕왕 그의 심리적인 어두운 그림자로 말미암아 변태적인 편향이 형성됩니다. 이런 편향은 사회에 대하여 사람들에 대하여 한결같이 일종의 원수로 대하는 적의를 품고 어떤 사람도 신임하지 않으며 더욱 어떤 사람도 동정하지 않습니다. 돈을 목숨처럼 아끼는 것도 심리 변태적인 부차적인 현상입니다. 반대로 도량이 있고 식견이 있는 사람은 비록 어려움과 고난 속에서 성장했지만 도리어 더욱 동정심과 아낌없고 의를 좋아하는 흉금 포부를 갖고 있습니다. 왜냐하면 그는 인생을 이해하고 세상물정의 쓴맛 단맛을 알고 있기 때문입니다.

수천 년 동안의 중국문화 속에는 한 가지 중심사상이 있는데 그것은 "바르지 못한 것은 바른 것을 이기지 못한다."(邪不勝正)입니다. 이것은 한 가지 진리로서 이미 집집마다 알고 사람마다 아는 지극한 이치의 명언이 되었습니다. 그러나 옛날부터 어느 시대에나 바른 도리를 행하기는 한결같이 대단히 어려웠습니다.

오늘 농토를 갈고 김매는 사람은 자신이 꼭 그 성과를 얻고 누리는 것은 아닙니다.

사람은 나라를 위하든 집안을 위하든 자기를 위하든 모두 자기가 노력한 성과를 자기가 보기를 바라는데, 이것도 인정지상(人情之常)입니다.

세상의 어떤 사람도 심리행위에서 설사 가장 나쁜 사람이라 할지라도 선의가 있습니다. 하지만 반드시 똑같은 일에 표현되는 것은 아닙니다. 때로는 다른 일들에서 이런 선의(善意)가 자연히 드러납니다. 속담에 늘 말하기를 "호랑이는 독해도 새끼는 먹지 않는다."고 합니다. 동물도 이러하고 사람도 이러합니다. 단지 일반인들은 현실 생활의 물질적인 필요 때문에 욕망이 일어나서 항상 약간의 선의를 감춰버리고 가려버립니다. 그런데 아주 엄중한 것은 서유기 속의 우마왕(牛魔王) 같은, 즉 사람의 성깔인데 우리는 흔히 이를 황소고집이라고 부릅니다. 사람의 성깔이 한번 폭발했다하면 이성은 왕왕 정서를 이길 수 없습니다. 그러므로 대체로 종교신앙 · 종교철학 내지 공맹학설은 모두 사람들에게 가르치기를 이성적으로 이지적으로 이 선의를 확충하여 현실적 물질적 욕망과 기질을 전환시켜 내면의 심정 수양이 초연히 성인의 경지에 도달하게 하라고 합니다.

  과거 역사상 모든 결정권은 다 군왕에게 달려있었는데, 정말 불합리하며 문제가 크고 또 많았습니다. 하지만 진정한 전 국민 민주도 정말 뭐라고 말하기 어렵습니다. 진정한 전 국민 민주는 그 선결 조건이 오직 전 국민이 성현이어야 한다는 것입니다. 적어도 전 국민의 교육수준·학식수양이 모두 일치하는 수준에 도달할 수 있어야 가능합니다. 그렇지 않다면 절대 잊지 말아야합니다. 때로는 군중은 확실히 아주 맹목적으로 추종하고 맹목적으로 행동한다는 사실을 말입니다. 많은 사람들이 덮어놓고 좋다고 말함은 한 사람이 바른 말함만 못하다는 말도 부인할 수 없는 사실입니다. 그러므로 나라 사람들이 저마다 뭐라고들 말하더라도 곧 진정한 시비선악이라고는 보이지 않습니다. 그러므로 강력한 군주의 주장이 정말로 100% 결정적인 영향을 갖추고 있다면 반드시 군주의 총명예지(聰明叡智)에 의지해야 합니다. 우리가 시야를 넓혀 오늘날의 서양문화의 민주를 보면, 특히 미국식 민주를 보면 군중이 공인하여 뽑은 사람들이 반드시 모두 좋은 사람들이었던 적이 있던가요? 자본가의 손에서 막후 조종되는 세력에 관해서는 더욱 말할 필요가 없습니다.

  공맹의 도는 후세의 유가들이 말한 것처럼, 앉아서 공담하고 도를 말하고 심성미언(心性微言)을 깊이 연구하고 공맹의 이학(理學)을 강의하고 종일 정좌한 채 눈은 코를 보고 코는 심장을 보고, 이런 식으로 해가서 뒷날에 이르러서는 오로지 "풍년이 들더라도 내내 고생하고 흉년이 들면 죽음을 면치 못하는"(樂歲終身苦, 凶年不免於死亡) 그런 것은 결코 아니었습니다. 그거야말로 정말로 도를 그르쳤으며 못된 짓을 했습니다. 그러므로 공맹의 도는 세상과 백성을 구제하는 것으로, 관자

(管子)의 정치철학 명언인 "창고가 꽉 찬 뒤에야 영예와 치욕을 알고, 의복과 음식이 풍족해진 뒤에야 예의가 일어난다."(倉廩實, 而後知榮辱 衣食足 而後禮義興)라는 말 꼭 그대로입니다. 먼저 개인의 경제가 풍족해야 편안하고 안락한 사회가 있고, 그런 다음에야 비로소 문화교육을 얘기하고 예악을 얘기할 수 있다는 것입니다.

중국 몇 천 년의 역사를 자세히 읽어보면 하나의 비밀을 발견하게 됩니다. 매 왕조마다 그 전성기에는 정사를 처리하는 데 있어서 하나의 공통된 비결이 있었는데, 간단히 말하면 바로 '안으로는 도가 학술을 이용하고 밖으로는 유가 학술을 표방한 것'(內用黃老, 外示儒術)입니다. 한나라 당나라부터 송·원·명·청나라에 이르기까지 창건 시기에는 모두 그러했습니다. 내재되어 있었던 실제적인 영도 사상은 황노(黃老: 황제와 노자)의 학술, 즉 중국 전통문화 속의 도가사상이었습니다. 그렇지만 겉으로 표방한, 즉 선전과 교육상 표방한 것은 공맹사상이었고 유가문화였습니다. 그러나 이것은 구호이자 간판에 불과했으며, "양 대가리를 걸어놓고 개고기를 판다"(掛羊頭賣狗肉)는 시정(市井)의 속어로써 비유할 수도 있는데, 그 의미는 말과 행동이 별개였다는 뜻입니다.

우리가 역사를 연구해보면, 혼란한 시대마다의 사회는 언제나 이른바 인의도덕이라는 인륜의 규범이 반드시 영향을 받고 무참히 파괴된다는 사실을 똑똑히 봅니다. 반대로 난세는 오히려 인재를 배출해내고 학술 사상을 잉태 양육하는 요람이기도 합니다. 서양의 용어를 사용하면 이른바 '철학가'와 '사상가'는 모두 이러한 변란의 시대에 배출되었습니다. 이것은 거의 고금의 역사적 통례입니다.

오늘날 여러분은 매일 회의가 너무 많아서 머리가 아플 것입니다.

이것은 동서 문화가 절충되는 과도기의 현상입니다. 시대가 변하면서 사회의 구조와 관료 인원의 변화도 과거와는 크게 달라졌습니다. 고대 관료 제도에서는 관료 인원이 지금보다 퍽 적었습니다. 청나라를 보더라도 강희제 때는 전국의 상하 20여 개 성(省)에 중앙으로부터 지방에 이르기까지 정식 조정 관리가 2만 5천여 명밖에 되지 않았습니다. 이 사람들이 4억 인구의 행정 사무를 처리한 것입니다. 우리가 역사를 읽어 알고 있듯이 청나라 말기의 정치는 매우 부패하였습니다. 그런데도 당시 부패한 관아의 막료들은 대부분 매일 오후 2,3시가 되어서야 출근했습니다. 점심을 먹고 낮잠을 잔 뒤 아편도 실컷 피우고 나서야 출근을 했던 것입니다. 그러면서도 그들은 오늘 일은 오늘로 끝내고 며칠 후로 미루는 일이 거의 없었습니다. 이것은 제도 문제일까요? 정말 판단을 내리기 어렵습니다.

일반적인 부인들의 인(仁)을 만약 확충하면 바로 인의 애(愛)가 되며 대단히 위대합니다. 다른 종교 중의 몇 분의 대표인물을 보면 모성애적인 인애(仁愛)의 위대함을 볼 수 있습니다. 불교에서 가장 환영받는 분은 관세음보살인데 비록 불경의 원시 기록상으로는 그는 남성이지만 흔히 연인의 몸으로 출현하고 후세 사람들도 그를 여성의 자태로 출현한 화신(化身)에 절하기를 좋아했습니다. 대대로 전해와 지금은 이미 모성애적 자애의 상징이 되었습니다. 천주교의 성모 마리아는 위대한 모성애의 상징이 되었습니다. 그리고 도가가 표방하는 것으로는 요지성모(瑤池聖母)가 있습니다. 인류의 각종 종교의 계율·교조·교의는 모두 남존여비이지만 최후에는 역시 여성의 위대함을 숭배하는데, 아주 재미있어 보입니다.

중국문화 속에는 '성·색·화·리'(聲色貨利: 가무·여색·재물·이익—역주)라는 네 글자를 포괄하는 한마디 말이 있습니다. 역사상 제왕이 성색화리를 좋아하기만 하면 그 사회 국가는 어지럽지 않는 게 없었습니다. 이 네 가지는 좋은 일이 한 가지도 없으며 모두 다 나쁜 일입니다.

후세의 일부 지식인들은 맹자 같은 책을 읽고 그런 논조를 배우고는 성색화리를 언급하면 곧 독사나 맹수처럼 여기고 마치 극심한 독인 양 두려워했습니다. 실제로는 우리는 저마다 성색화리에 대하여 애호하지 않는 사람은 하나도 없습니다. 단지 이 네 가지에 대한 욕망 정도에서 크기가 다를 뿐입니다. 다들 모두 애호하는 일을 확충하고 바른 길로 인도하기만 하면, 사회에 대하여 무해할 뿐 아니라 낡은 풍속 습관을 바꾸는 효과를 거둘 수 있어서 오히려 국가 사회 인민의 복리가 됩니다. 우리가 말하는 현대화된 제일류 강국은 바로 성색화리가 가장 전진한 국가입니다. 이와 반대는 바로 아직 낙후되고 미개발중인 국가입니다.

그 다음으로, 우리가 토론하고자 하는 성색화리 네 가지는, 우리나라 역사 문화적으로 수천 년 동안 내내 허용할 수 없는 나쁜 일로 여겼습니다. 국민혁명이 성공하고 만주족의 청나라를 뒤엎을 때까지 모두 여전히 상공업을 경시했으며, 특히 상인들을 깔보았습니다. 과거에 습관적으로 말했던 사농공상(士農工商)에서 상인은 4민(四民)의 꼴찌에 배열되었습니다. 이것은 모두 중국문화가 그런 전통 관념들의 영향을 받아 상공업이 발달하지 못하고 과학이 진보하지 못하게 하여 중국문화가 침체되는 일면을 형성했기 때문입니다.

솔직히 말해 개인이 용기를 좋아함은 가장 고명해보았자 '임기상협' (任氣尙俠), 마음 내키는 대로 하면서 협객을 숭상하는 것에 불과할 뿐입니다. 그 잘못에서 오는 폐단은 큽니다. 심지어 한 번 흘겨본 것조차도 반드시 보복하고 금지령을 위반하여 살인함으로써 스스로 멸망을 취합니다. 제왕이 용기를 좋아하는 잘못은 필연적으로 모든 병력을 동원하여 전쟁을 발동하고 학살침략을 능사로 삼을 것입니다. 그러면 백성들은 생활고에 빠지고 사회·국가·인류의 대재앙을 초래하게 됩니다. 최후의 결과는 남을 해치고 자기의 사회·국가도 마찬가지로 해를 입으며 더 나아가 본인의 생명조차도 보전하지 못합니다. 현대사의 히틀러와 제2차 세계대전의 일본 군벌들이 바로 그랬습니다. 오직 한 번 분노하여 천하를 안정시킬 수 있는 정도라야 크나큰 용기입니다.

"다른 나라에 들어가면 그 나라의 법령을 묻고, 다른 고장에 들어가면 그 고장의 풍속습관을 따르라."(入國問禁, 入鄕隨俗)는 것은 한 가지 중요한 조치입니다. 특히 근대에 교통수단이 발달하여 초음속 교통은 여행길에서 사용하는 시간을 감소시켰는데, 공간의 거리를 단축시킨 것이다 다름없습니다. 그래서 사람과 사람간의 접촉이 갈수록 빈번해지고 있습니다. 그러므로 오늘날 말하는 인간관계에 있어 법령을 묻고 풍속습관을 따르는 것은 더욱 매우 중요합니다. 우리가 어느 나라에 들어가기 전에는 반드시 먼저 그 나라의 법령을 이해해야 합니다. 어떤 지방을 갈 때에도 반드시 먼저 그 지방의 풍속습관을 분명히 알아야 합니다. 어느 국가 어느 지방에 가든 모두 그곳의 법령과 습속을 중시하고 위반하는 일을 해서는 안 됩니다. 다른 나라에도 그러하고 타향객지에 대하여도 그래야 하며 일반 단체에 대하여도 그렇게 하는 것이 가장 좋습니다. 인간관계에서 대단히 신중해야 하며 상대방의 습속과 신앙을 존중해야 합니다. 개인에 대하여도 주의해야 합니다. 예컨대 어떤 사람이 정신에 문제가 있어서 빨간 색을 보아서는 안 되는데, 당신이 빨간 색 큰 옷을 입고서 그를 보러 갔다면 결과적으로 틀림없이 아주 야단납니다. 더 나아가 일부 직업들에 대해서 그 금기에 주의해야 합니다. 예컨대 구식 배를 탄 경우 배에서 식사를 하고 난 뒤에 젓가락을 그릇 위에 놓아둔다면 큰 금기를 범한 것입니다. 우리가 이렇게 자기의 행위에 주의하는 것은, 첫째는 남에 대한 예의와 공경이요 그 다음은 자신에게 번거로움과 성가심을 감소시키기 위한 것입니다. 심지어는 실패의 요소를 감소시키자는 것입니다. 안타깝게도 많은 젊은이들은 맹자의 이 말을 소홀히 하면서 수천 년 전의 케케묵은 사상이라고 여기고 있습니다.

 사람을 알아보는 것은 물건을 변별하는 것과 같은데, 사이비 가짜 물품은 사람을 가장 곤경에 빠지게 합니다. 옥과 돌은 구분해 내기기가 아주 쉽습니다. 그러나 매우 옥을 닮은 돌멩이를 만났을 때는 보석상의 전문가도 머리가 아픕니다. 보검을 평가 단정하는 것도 마찬가지여서 보통의 생철로 주조하여 칼날이 예리하지 않는 것은 한번 척 보면 압니다. 그러나 모양이 무슨 간장(干將)이나 막야(莫邪)라는 고대 명검을 닮은 것도 골동상의 머리를 아프게 할 겁니다. 물건도 물론 그렇지만 사람에 대한 인식도 더욱 어렵습니다. 왜냐하면 사람은 살아 있는 것이며 움직이며 자신을 교묘하게 꾸미기 때문에, 매우 현능한 군주라도 저 입을 나불거려 말이 청산유수인 변사를 만나 잘 못했다가는 그가 진실한 인재요 실제적인 학문이 있는 정통한 사람으로 오인하고 중용하여 마침내 나라를 그르칠까 두려워했습니다. 역사상 많은 망국의 군주들은 대단히 총명하게 보였습니다. 망국의 일부 신하들은 대단히 충성심이 있는 것으로 보였습니다. 예컨대 다들 무척 숭배하는 제갈량도 마속(馬謖)을 잘못 보고나서는 자기가 유비보다 사람을 잘 알아보지 못한 것을 탄식했습니다.

사람을 알아 볼 때, 그 도량을 보는 것은 물론 어렵지만 설사 언어와 침묵과 행동거지로부터 인식함이 있더라도 그것만으로는 충분하지 않고 그의 개성도 더욱 깊이 이해해야 합니다.

그러므로 어떤 사람의 기개를 알아보았을 때는 동시에 그의 그런 기개의 이면에 무슨 결함이 있는지를 살펴보아야 합니다. 그러면 일(事)의 면에서든 쓸모(用)의 면에서든 비로소 사람을 잘 알아보고 잘 맡기는 목적을 달성할 수 있습니다.

요(堯) 임금의 아들은 이름이 단주(丹朱)였습니다(그는 비록 황제의 아들이었지만 당시에는 태자라는 명칭이 아직 없었습니다). 이른바 '단주불초'(丹朱不肖), 단주는 아버지만도 훨씬 못했다고 하는데 사실은 크게 나쁜 점이 있었다기보다는 다만 장난이 심했을 뿐이었습니다. 요 임금은 온갖 방법을 다 써서 아들을 지도하려고 했지만 끝내 재목이 되지 못했습니다. 어떤 세가(世家)의 공자가 돈이 있고 지위도 있고 세력도 있다면, 교육적 측면에서 볼 때 그는 선천적인 우월점도 있지만 동시에 후천적인 결점으로 교육을 받아들이기 어렵다는 점도 있었습니다. 전하는 바에 의하면 요 임금은 이 아들을 위해 바둑을 발명했다고 합니다(우리가 지금 가지고 노는 바둑은 바로 요 임금이 발명한 것입니다). 이것을 가지고 아들의 심성을 주의 깊고 세심하며 차분할 수 있도록 훈련시키려고 했습니다. 그러나 단주는 바둑을 두는 방면에서는 국수(國手)의 경지는커녕 도무지 효과가 없었습니다. 그래서 요 임금은 제위를 순 임금에게 주었는데, 이것을 역사에서는 '공천하'(公天下)라고 합니다. 후세의 역사학자들은 요 임금은 정말 고명한 인물이었다고 봅니다. 그랬기 때문에 정치적으로 가장 고상한 도덕을 지녔고 동시에 자손을 보전하는 가장 좋은 방법이기도 했다는 것입니다. 만약 당시에 단주가 즉위하여 황제가 되었다면 어쩌면 세도를 함부로 부려서 도리어 대단히 나쁘고 잔인포악한 군주로 변했을지도 모르고, 그랬다면 요 임금의 후대 자손은 아마 멸족되었을 것입니다. 그는 천하를 순 임금에게 넘겨줌으로써 도리어 자신의 후손을 보전하였습니다.

최근에 대학생들 사이에 모략학(謀略學)을 이야기하기 좋아하고, 귀곡자(鬼谷子) 등의 학설을 연구하는 그릇된 풍조가 일어났습니다. 나는 그들에게 "되지 못한 짓 그만 해라. 젊은이들이 귀곡자에 빠져서 뭘 하자는 거냐?"라고 늘 말합니다. 모략학은 배워도 괜찮지만 모략을 사용해서는 안 됩니다. 모략을 사용하는 것은 칼을 가지고 노는 것과 같아서, 잘못 가지고 놀면 반드시 자기를 다치게 할뿐입니다. 오직 고도의 도덕과 고도의 지혜를 갖춘 사람만이 이를 잘 이용할 줄 압니다. 우리가 앞에서도 인용했듯이, 종교 개혁가인 마르틴 루터는 "수단을 가리지 않고 최고의 도덕을 완성한다."는 말을 했는데, 일반인들은 흔히 이 말의 앞 절반인 "수단을 가리지 않는다."는 말만 인용하며 중시하고, 뒤의 부분인 "최고의 도덕을 완성한다."는 말은 잊어버리고 있습니다. 마르틴 루터는 최고 도덕의 완성을 목표로 하였기 때문에, 종교 개혁을 일으켜 낡은 종교를 뒤엎고 지금의 프로테스탄트인 새로운 기독교를 일으켰습니다. 그런데 지금 사람들은 수단을 가리지 않는다는 것만 말하고, 최고 도덕을 완성해야 한다는 것은 잊어버리고 있는 것입니다.

사람들은 흔히 유가 사람들이 도가를 반대하며, 도가가 제창하는 '무위이치'(無爲而治)란 국가 영수(領袖)가 아무런 통치도 하지 않고 모든 일을 부하들이 하도록 내맡기는 것으로 알고 있습니다. 도가의 '무위'(無爲)를 이렇게 해석하는 것은 잘못입니다. 도가의 '무위'는 곧 '무불위'(無不爲)여서, 도가의 정신으로 일을 하고 사람 노릇을 하면, 겉으로 보기에는 흔적에 집착하지 않고 아무런 수고도 하지 않는 것처럼 보입니다. 예를 들어 집 한 채 지을 때, 처음부터 장래에 발생할 수 있는 문제점들을 찾아 하나하나 모두 보완해 놓으면, 집을 다 짓고 나서 보면 마치 땅 짚고 헤엄치듯 별로 문제에 부딪치거나 신경 쓸 일이 없었던 것처럼 보이는데, 사실은 문제가 될 만한 점을 사전에 모두 보완했기 때문에 문제가 생기지 않았던 것으로, 이런 것을 바로 '무위'라 합니다. 다시 말하면, 어떤 일을 할 때 장래 어느 시기에 발생할 가능성이 있는 문제를 미리 발견하고 해결하여 그 문제가 일어나지 않게 하는 것, 이것이 바로 도가의 '무위이치'로서, 대단히 해 내기 어려운 것입니다. '무위'는 일을 하지 않거나 일에 상관하지 않는 것이 결코 아닙니다.

공자도 말했습니다. "'무위이치'로써 천하를 다스리는 것은 쉬운 일이 아니다. 오직 상고 시대의 요순임금이나 그렇게 했을 뿐이다."

우리는 20세기에 들어와 몇 십 년 동안 혼란스러운 시대를 겪었습니다. 국가·사회·민족 전체가 큰 변란을 겪었는데, 그런 인생을 경험하고 나서야, 국가와 사회가 안정되고 천하가 태평해야 개인의 진정한 정신적 행복이 있을 수 있다는 사실을 알게 되었습니다. 불안정한 사회, 불안정한 국가에서는 개인의 행복이 있을 수 없습니다. 난세에는 집도 잃고 가족도 잃고 처자와 흩어지는 비극이 수많이 생깁니다. 그래서 옛 사람들은 "태평성세의 닭이나 개가 될지언정 난세의 백성이 되지는 않겠다."고 말한 것입니다. 옛사람이 말한 이 경지는, 사회가 안정되고 국가가 자주적으로 서며 경제가 안정되고 천하가 태평할 때의 사람이면 누구나 누리는 진·선·미의 인생입니다. 이것이 진정한 자유민주주의입니다. 서양의 것도 아니고 미국의 것도 아닌, 우리의 대동세계(大同世界)라는 이상입니다. 누구나 실천할 수 있으며, 진정으로 생명을 누릴 수 있습니다. 바로 청나라 사람이 읊은 다음의 시와 같습니다.

하늘이 세월을 늘리니 사람의 수명도 늘고
봄빛이 천지에 가득하니 집안마다 복이 가득 찼네

天增歲月人增壽　春滿乾坤福滿門

젊었을 때 서재에서 독서 생활을 하면서 확실히 이런 경지를 경험했습니다. 하루가 너무 길다고 느꼈을 그 때, 어디 지금처럼 시시각각 긴장감을 느꼈겠습니까? 언젠가 퇴직해서 고향으로 돌아가 한가로이 채소 농사나 지으면 얼마나 편안 하겠습니까!

청나라의 재자(才子) 원매(袁枚)에 관한 유명한 이야기가 있습니다. 그는 2,30세에 이미 이름이 천하에 알려져 현령이 되었는데, 부임하기 전에 선생님―건륭 때 명신인 윤문단(尹文端)―을 작별인사차 찾아가 가르침을 청했습니다. 선생님은 그에게 아주 젊은 나이에 현령이 되어 간다는데 무슨 준비를 했느냐고 물었습니다. 원매는 아무것도 준비하지 않고 그저 1백 개의 모자(모자는 아첨을 상징함―역주)를 준비했다고 말했습니다. 선생님은 젊은 사람이 왜 그런 일을 하느냐고 묻자, 원매는 사회 사람들은 누구나 아첨받기를 좋아하는데 선생님처럼 아첨받기를 좋아하지 않는 사람이 몇 사람이나 되겠느냐고 말했습니다. 선생님은 듣고 나서 그의 말이 일리가 있다고 생각했습니다. 원매가 밖으로 나왔을 때, 학우들이 선생님과의 대화가 어떠했느냐고 묻자, 원매는 선생님께도 벌써 모자를 하나 씌워 드렸다고 말했습니다. 이것이 바로 공자가 "자기 뜻에 순종하는 말이 기쁘지 않을 수 있겠는가?"라고 한 말의 뜻으로, 듣기 좋은 말을 싫어하는 사람은 없다는 것입니다.

진정한 정성과 소박함이 바로 가장 좋은 문화이자 진정한 예악정신입니다. 이것이 후천적인 지식 교육에 의해 지나치게 세련되고 다듬어진다면 도리어 인성(人性)의 본질을 잃게 됩니다. 명나라의 이학가 홍자성(洪自誠)은 채근담(菜根譚)이라는 책을 썼는데, 이 책은 2백여 년 동안 보이지 않다가 청말 민국 초에야 어떤 사람이 일본 서섬가에서 사왔습니다. 채근담은 여곤(呂坤)의 신음어(呻吟語)와 비슷한 유형의 책으로, 그 첫 구절은 "섭세천, 점염역천, 역사심, 기계역심"(涉世淺, 點染亦淺, 歷事深, 機械亦深)입니다. '섭세'(涉世)란 처세의 경험을 말합니다. 사람이 사회에 첫 발을 내디딜 때에는 인생의 경험이 별로 없으므로, 마치 흰 천처럼 여러 가지 색에 물들지 않아 비교적 소박하고 사랑스럽습니다. 그러나 점점 나이가 많아지면 좋아하는 것에 대한 욕심도 많아지고(여기에는 담배·술·도박·외도만이 아니라 부귀공명도 모두 들어갑니다), 교활하고 간사한 심리와 갖가지 음험한 계략도 많아집니다. 나이가 많아지면 식견(識見)이 많아지는 장점이 있지만, 또 다른 면에서 보면 확실히 심리가 복잡해지게 됩니다. 어떤 사람들은 과묵하면서 침착하고 수양이 몹시 높은 듯이 보이지만, 실제로는 교활하고 간사한 심리가 깊이 숨어 있습니다. 할 말이 있어도 감히 하지 않는데, 옳은 말을 해도 남의 미움을 사고 그른 말을 해도 남의 미움을 사기 때문입니다. 그러나 마음씨가 조금도 꾸밈없는 사람이라면 감히 말을 합니다. 예를 들면, 측천무후(則天武后) 시대의 재상 양재사(楊再思)는 명경(明經: 당나라 때의 명경과, 또는 이 분과에 합격한 사람) 출신이었는데, 경력이 쌓여 재상이 된 후에는 남들이 시기할까 두려워 공손 신중하고 남에게 거슬리는 행동을 하지 않는 사람으로 변했습니다. 어떤 사람이 그에게 "명예도 있고 벼슬도 높은데 왜 그렇게 자신을 낮추느냐?"고 묻자, 그는 "세상 길이 험난하니 곧은 자는 화를 입는다. 이처럼 하지 않으면 어떻게 몸을 보전하겠는가?"(世路艱難, 直者受禍, 苟不如此, 何以全身)라고 말했습니다.

사람의 도덕 수양이 "군자는 마음이 시원스럽고 너그럽다."(君子坦蕩蕩)는 경지에 이르려면 어느 정도까지 되어야 할까요? "천하를 헌신짝처럼 버리고, 제왕장상을 하찮게 여겨 그 자리를 마다하는"(棄天下如敝屣, 薄帝王將相而不爲) 정도까지 이르러야 합니다. 도덕을 위해서, 자기 평생의 신앙을 위해서, 그리고 인격의 고양을 위해서 황제의 자리도 헌신짝처럼 내버리고, 나가면 장군이요 들어오면 재상인 부귀공명도 바라지 않을 수 있어야 합니다. 이 정도가 되면 자연히 "마음이 시원스럽고 너그러운" 경지에 이르게 될 것입니다. 사람이 구하는 바가 있으면 강직할 수가 없습니다. 증자도 "남에게 구하는 자는 남을 두려워한다."(求於人者畏於人)고 했습니다. 남에게 요구하는 바가 있으면 남을 두려워할 수밖에 없습니다. 남에게서 돈을 빌리면 항상 주눅이 들어 있는 것과 같습니다. 구한다는 것은 매우 고통스럽습니다. 이른바 "사람이 구함이 없으면 품격이 스스로 높다."(人到無求品自高)고 하겠습니다. 그러므로 "마음이 시원스럽고 너그러운"(坦蕩蕩) 경지에 이르려면, 천하를 헌신짝처럼 버릴 정도까지 수양이 되어야 합니다. 그런 다음에야 천하의 크나큰 임무를 맡을 수 있습니다. 왜냐하면 그런 사람이 이런 직무를 맡게 되면, 자기가 제왕장상이 된 것을 영광으로 여기지 않고, 자기에게 정말 무거운 책임이 주어졌다고 생각하여 마음과 힘을 다하지 않을 수 없기 때문입니다. 그런데 수양제(隋煬帝)는 이와는 다른 망녕된 말을 하나 했습니다. 그는 "내가 본래 부귀를 구할 마음이 없건만, 부귀가 한사코 찾아올 줄 누가 알았으리요."(我本無心求富貴, 誰知富貴迫人來)라고 했는데, 이런 망녕된 말을 할 수 있었던 것은 그 나름의 기백이 있었기 때문입니다. 그는 강도(江都)에서 자신이 곧 실패하리란 것을 알고 궁지에 빠졌을 때, 거울을 보고 자신의 뒤통수를 치면서, "이 좋은 머리를 누가 벨 수 있을까?" 하고 말했는데, 뒷날 결국 백성들에게 살해되었습니다. 그의 이러한 기백은 부정적(否定的)인 것으로, 도덕적인 것이라 할 수 없습니다.

자기 자녀의 교육에 더욱 주의해야 합니다. 자기 자녀가 제일이라는 식으로 해서는 절대 안 됩니다. 자기 자녀에 대해서도 그 수준이 어떠한지 관찰해보고, "중급 이상의 사람들에게는 상급의 것을 말해도 되지만, 중급 이하의 사람들에게는 상급의 것을 말해서는 안 된다."는 식으로 해야 합니다. 다음 세대를 교육함에 있어서 가장 기본적인 점은, 자녀가 노력하고 편안하게 살아가며 사회의 좋은 구성원이 되기를 바라야 하지, 자녀가 특수한 점이 있기를 바라서는 안 된다는 것입니다. 소동파 같은 사람은 명성이 그렇게 크게 떨치고 문인학자 중에서는 운이 정말 좋았습니다. 소동파보다 학문이 나은 사람이 없는 것은 아니었지만, 소동파는 국제적으로 이름이 났으며 몇몇 황제들도 그를 좋아했습니다. 당시에 고려와 일본에서 파견된 사신들도 그를 알았습니다. 심지어 적국의 사람들도 모두 그를 알아, 당시 금(金)나라에서 파견한 사신이 제일 먼저 물은 것이 바로 소동파와 그의 작품으로, 그의 문장과 시사(詩詞)는 중국과 외국에 널리 전해졌습니다. 뒷날 소동파는 정치 무대에서 거듭 타격을 받고, 이를 탄식하는 다음과 같은 시 한 수를 지었습니다.

총명함이 좋다고 사람마다 말하건만	人人都說聰明好
나는 그 총명 때문에 일생을 그르쳤네	我被聰明誤一生
다만 바라노니 낳은 아들 어리석고 미련해서	但願生兒愚且蠢
재난 없이 공경 벼슬에 이르기를	無災無難到公卿

우리는 소동파의 이 시에서 인생을 봅니다. 그는 대단히 고통스러워하고 번민했습니다. 학문이 훌륭하고, 명성이 크며, 벼슬이 높다고 고통이 없을까요? 고통이 더 많습니다. 이것이 우리가 그의 시를 통해 알 수 있는 첫째 점입니다. 둘째로, 이를 통해 소동파의 관점이 우습다는 것을 알 수 있습니다. 이 시의 앞 두 구절을 보면, 소동파뿐만 아니라 모든 사람들이 모두 느끼는 점입니다. 셋째 구절도 아주 좋습니다. 그런데 넷째 구절의 내용은 그가 너무 총명한 데 원인이 있습니다. 세상 어디에 이런 일이 있을까요? 낳은 아들이 멍청하고 미련하기가 돼지 같으면서 일생 동안 재난을 당하지도 않고 줄곧 고관대작에 이르기를 바라다니, 그는 계산을 너무 자기 뜻대로 해 버렸습니다. 총명이 나를 그르친 것인가요? 아니면 내가 총명을 그르친 것인가요? 인생 철학

의 관점에서 소동파의 선생님이 이 시를 보았다면 앞 세 구절은 맞다고 동그라미를 쳤겠지만, 마지막 구절은 ×표를 치는 데 그치지 않고, 소동파를 불러다가 이렇게 한바탕 꾸짖었을 것입니다. "너는 또 너 좋을 대로 계산했구나. 너무 총명해! 어찌 자신을 그르치지 않겠느냐?"

저는 공부를 지나치게 열심히 하는 학생을 그리 좋아하지 않는데, 이는 제가 틀린 것인지도 모릅니다. 그러나 저는 성적이 좋은 많은 학생들이 도수가 높은 근시 안경을 끼고 있는 것을 보는데, 이러한 학생은 공부하는 것 외에는 쓸모가 없습니다. 제가 본 바로는 이러하고, 또 수십 년 인생 경험으로 이렇게 생각하고 있지만, 저의 생각이 맞는지 안 맞는지는 아직 감히 결론을 내리지 못하겠습니다. 그러나 사회에서 유능한 사람, 장래에 사회에 공헌하는 사람은 꼭 학교에서 공부를 열심히 하여 성적이 좋은 사람만은 아니라는 것은 확실합니다. 성적이 좋은 학생이 장래에 사회에 나와 반드시 위대한 성취를 이루는 것은 아닐 것입니다. 그저께 모 대학의 한 대학원생이 석사학위를 받았는데 몹시 부끄럽고 황송하게도 제가 지도교수가 되었습니다. 그런대로 괜찮아 마지막에 85점의 높은 점수로 통과시켰습니다. 이 학생은 공부는 대단히 잘합니다만, 제가 보기에 그는 세상일은 조금도 몰라 자동차 하나도 부를 줄 모릅니다. 공부를 잘하는 사람이 반드시 나라를 구할 수 있을까요? 나라를 구할 수 있고 세상 사람을 구할 수 있는 사람은 꼭 공부를 잘하는 사람은 아닙니다. 가령 어떤 사람이 공부를 잘해 학문도 좋고 재능도 좋으며, 인품과 덕성도 좋다면 비로소 "문화적인 면과 본질적인 면이 균형 있게 발전했다."(文質彬彬)고 할 수 있으며, "비로소 군자가 될 수 있는"(然後君子) 인재인 셈입니다. 그래서 저는 항상 가장들에게, "자녀들을 책벌레로 만들지 말라. 책벌레는 무용지물의 대명사이다."라고 충고합니다. 청나라 중엽 이후를 한번 봅시다. 서양 문화와 교류한 이후, 과거시험에 일등으로 장원급제한 사람 중에 몇 사람이나 국가에 공헌했습니까? 또, 역사 속에서 찾아보면, 장원한 사람 중에 몇 사람이나 국가에 중대한 공헌을 했을까요? 송나라에는 문천상 한 사람이 있었고, 당나라에는 무과 진사 출신의 곽자의 한 사람이 있었습니다. 겨우 한두 사람이 비교적 유명했을 뿐입니다. 최근 몇 십 년 동안 대학에서 1등으로 졸업한 사람은 얼마나 됩니까? 그들이 사회에 공헌한 바가 어디 있습니까? 또 국가에 대한 공헌은 어디 있습니까? 한 개인이 지식이 높다 해서 재능도 반드시 그만큼 높은 것은 아니며, 또 재능이 높다고 인품과 덕성이 반드시 그만큼 높은 것도 아닙니다. 재능·학식·품덕의 세 가지가 겸비되어야 한다는 것이 공자가 말한, "문화적인 면과 본질적인 면이 균형 있게 발전해야 비로소 군자이다."의 뜻입니다. 학교 교육에서도 여기에 주의를 기울여야 하며, 가정 교육에서도 많은 주의를 기울여야 합니다.

권력의 자리에 있거나 명리(名利)를 얻고 있는 동안에는 모두들 부귀공명에 대해서는 염두에 두지 않는다고 말합니다. 그러나 어떤 사람이 저에게 무엇을 좋아하느냐고 물으면, 저는 틀림없이 돈을 좋아한다고 말하겠습니다. 돈이 있는지 없는지 물으면 저는 솔직히 돈이 없다고 대답합니다. 물론 바라서는 안 될 돈은 받지 않을 것이며, 위험한 돈도 감히 받지 않을 것입니다. 그래서 일생 동안 돈이 없습니다. 그러나 돈은 사람마다 좋아하는 것이기에 솔직한 말을 해야 합니다. 제가 절대 돈을 바라지 않는다고 말한다면, 이 말이 진실일까요? 말하기 매우 어렵습니다. 마찬가지로 제가 벼슬하기를 바라지 않는다고 말하면, 이 말이 진실인지 아닌지도 말하기 어렵습니다. 부귀공명을 저는 퍽 좋아합니다. 그러나 절대로 닥치는 대로 얻으려 하지 않으며, 요행도 절대 바라지 않습니다. 솔직하고 양심적으로 말해서, 저는 부귀공명을 좋아합니다. 그렇지만 구차하게는 취하지 않으며, 함부로 얻으려 하지 않습니다. 이것만 해도 이미 대단한 것이며, 매우 좋은 소양입니다. 만일

제가 부귀공명을 절대 좋아하지 않는다고 말한다면, 그것은 거짓말입니다. 사람은 정직해야 합니다. 그러므로 관료가 되면, 영윤 자문(令尹子文)이 세 번이나 무대에 올랐어도 기뻐하지 않았고, 세 번이나 무대에서 내려왔지만 불만스럽게 여기지 않았던 것을 반드시 배워야 합니다. 우리가 책을 읽을 때 흔히 이 부분을 아주 가볍게 지나쳐 버리는데, 만약 자신이 절실하게 한번 체험해 보면 비로소 영윤 자문이 정말 훌륭하다는 것을 알게 됩니다. 무대에 올라가는 것이 마땅한 것이어서, 내가 넘겨받아 할 수 있는 것이기만 하면 나의 힘을 다해서 하고, 또 무대에서 내려오면 나는 쉬게 될 테니 더 없이 좋으므로, 남에게 하도록 넘겨주어도 마음에 전혀 동요가 일어나지 않습니다. 이렇게 하는 것은 그리 어렵지 않은데, 가장 어려운 것은 "구영윤지정, 필이고신영윤"(舊令尹之政, 必以告新令尹)입니다. 즉, 자기가 했던 일을 후임자가 어떻게 해야 하는지를 아주 상세하게 후임자에게 알려주는 것입니다. 보통 인수인계하면서 "이 일은 내가 절반은 했으니, 내일부터 당신이 이어받아 하십시오."라는 말만 하고 끝내 버리지만, 영윤 자문은 일의 어려움이나 기밀 사항을 관인(官印)을 넘겨받는 신임자에게 전부 알려주었다는 것입니다. 여러분들도 경험했겠지만, 신임·구임이 인수인계를 하는 경우 직인을 넘겨줄 때는 아무래도 그럴 기분이 아니어서 대체로 곤란한 점들은 신임자에게 알려 주고 싶어 하지 않습니다. 설령 양쪽이 친한 친구 사이더라도 마찬가지입니다. 심지어는 사이좋은 두 친구라 하더라도 현직에 있는 친구가 병으로 위독하면 다른 한 친구는 병원에 가서 병문안을 하면서도, 관심은 그 친구의 관인을 언제쯤 넘겨받을까 하는 데 있지, 친구의 병이 언제 호전될까 하는 데 있지 않습니다. 수십 년 동안 세상 인정을 보아 오면서, 저의 눈이 퍽 좋아 아직 원시가 되지 않았으며 귀도 퍽 잘 들을 수 있는 것이 자못 원망스러운데, 이는 정말 유쾌한 일이 아닙니다!

중국문화에서 인생의 도리를 다음과 같이 말합니다. "오직 대 영웅만이 자기 본래 모습을 유지할 수 있고, 참으로 명사라야 스스로 풍류롭다."(唯大英雄能本色, 是眞名士自風流) 대 영웅이란 본래 모습이 평범하니, 세상에서 가장 훌륭한 인물은 곧 가장 평범한 사람이요, 가장 평범한 사람이 또 가장 훌륭한 사람이란 뜻입니다. 다시 말하면, 매우 총명한 사람은 어리석은 듯이 보이는 법인데, 사실은 또 매우 어리석은 사람이 더없이 어리석어지면 정말 더없이 총명하게 됩니다. 이것은 철학상의 한 기본 문제입니다. 사람은 본디 총명한 사람도 없고, 또 어리석은 사람도 없습니다. 어리석음과 총명함은 시간상의 차이일 뿐입니다. 총명한 사람이 1초 만에 이해하고 반응한다면, 어리석은 사람도 50년쯤 지나면 알게 될 것이므로, 이 50년과 1초라는 시간의 차이일 뿐 훌륭한 것과 평범한 것이 서로 다르지 않습니다. 이와 같이 대 영웅의 본래 모습은 평범하고 담담합니다. 권좌에 올라서도 그렇고 권좌에서 떠나서도 그렇습니다. 그래서 증국번은 사람을 선택해 쓸 때는 약간의 시골티 나는, 즉 촌티 나는 사람을 쓰라고 주장했습니다. 무엇이 시골티일까요? 저는 시골 민간인 출신으로, 시골 출신이 대개 그렇듯 일생토록 시골 사람 모습이고 무슨 별달라 보이는 것이 없는데, 이런 것이 시골티입니다. 그래서 팽옥린(彭玉麟)이나 좌종당(左宗棠) 같은 사람들처럼 항상 시골 출신 그대로의 모습을 지니고 있어서, 자신이 권세를 얼마나 가졌건 정치적 업적과 공이 얼마나 대단하건 변함없이 평범한 모습을 지닌 사람을 대영웅이라 할 수 있습니다. "참으로 명사라야 스스로 풍류롭다."라는 말도 같은 뜻이므로 더 이상 중복하지 않겠습니다.

사람은 현란함에 미혹되지 말고 과분하지 말아야 합니다. 다시 말하면, 흔히 말하는 금상첨화(錦上添花)를 하지 말고 평담(平淡)하라는 것입니다.

우리는 "득의하여 자신의 처지를 잃어버린다."는 말을 흔히 듣습니다. 그러나 수십 년 동안의 개인적인 경험으로 말하자면, "실의하여 자신의 처지를 잃어버린다."라는 말도 같이 덧붙이고 싶습니다. 어떤 사람은 본래 좋은 사람인데다 돈을 벌고 득의했을 때는 일도 잘 처리하고 대인 관계도 원만하며 예절이 밝지만, 한 번 실의하게 되면 사람을 만나는 것조차 싫어하여 피하기만 하고 온갖 고민과 열등감에 빠져 사람이 완전히 변해 버립니다. 즉, 실의하여 자신의 처지를 잃어버리는 것입니다. 그래서 저는 "부귀도 마음을 방탕하게 할 수 없고, 빈천도 절개를 바꾸게 할 수 없으며, 권세와 무력도 지조를 굽히게 할 수 없다."(富貴不能淫, 貧賤不能移, 威武不能屈)는 맹자의 말이 마음에 깊이 와 닿습니다. 사람이 학문을 하여 "빈천도 절개를 바꾸게 할 수 없다."는 한마디의 경지에만 이르려고 해도 대단한 수양이 필요합니다. 쓸쓸함을 견딜 수 있고 평범 담박함을 참을 수 있으며, "오직 대 영웅이라야 진실한 그대로의 모습일 수 있다."는 말처럼, 득의해도 그 모습 그대로이고 실의해도 그 모습 그대로이며, 입을 옷이 없거나 배가 고파도 그 모습 그대로일 수 있는 것은 최고의 수양 경지여서, 이런 수준에 도달하기란 참으로 어렵습니다.

신중함(謹愼)에 대해서는 역사상 좋은 본보기가 있는데, 바로 우리들이 가장 숭배하는 인물 중의 하나인 제갈량입니다. "제갈량은 일생토록 오로지 신중했고, 여단은 큰 일에 흐리멍덩하지 않았다."(諸葛一生唯謹愼, 呂端大事不糊塗)라는 유명한 말 그대로입니다. 이 문장은 유명한 한 폭의 대련이자 아주 좋은 격언입니다. 여단은 송나라 때의 명재상으로, 겉보기에는 아주 미련했지만 실은 전혀 미련하지 않았습니다. 그렇게 보일 정도로 수양이 깊었던 것이지요. 그는 일을 처리함에 있어서 중요한 관건은 절대 소홀히 하지 않았습니다. 제갈량이 이룬 일생의 성공은 신중함에 있었으니, 신중함에 관한 가장 훌륭한 모범을 찾고자 한다면 제갈량의 일생을 연구할 필요가 있습니다.

신중하다고 해서 옹졸한 데로 흘러서는 안 됩니다. 수양할 때에 이 점을 주의하지 않으면 안 됩니다. 사람은 일을 처리함에 있어 삼가고 신중하여 신뢰를 받을 수 있어야 합니다—사람과 사람 사이에 또는 사람과 사회 사이에는 모든 말에 신의가 있어야 합니다.

　사람됨과 일처리 있어서 교묘한 곡선을 잘 활용한다면 이 한 번의 살짝 돌림으로 인하여 일마다 크게 길할 것입니다! 바꾸어 말하면 사람됨이 예술적이려면 예술적인 곡선의 미를 중시해야 한다는 뜻입니다. 남을 욕하는 것은 물론 나쁜 짓입니다. 예를 들어 "너 이 멍청한 놈아!"라고 욕하면 상대방은 틀림없이 참지 못할 것입니다. 그렇지만 만약 살짝 돌려서 예술적 기교를 사용하여 상대와 자신을 함께 꾸짖으면서 말투를 이렇게 바꾼다고 합시다. "함부로 행동해서는 안 됩니다. 잘못되면 우리 모두 머릿골이 두부 찌꺼기로 변하고 사람들한테 멍청이라고 욕먹을 겁니다." 그러면 그 사람은 기분이야 좋지 않겠지만 마음속으로는 당신의 경고를 받아들일 것입니다. 만약 "너 이 멍청아, 이렇게 하면 안 되잖아!"라고 말한다면 이것은 '굽으면 온전하다'(曲則全)는 이치를 알지 못한 겁니다. 그러므로 말을 잘하는 사람은 말을 할 때 이렇게 살짝 돌리기만 하면 원만해서 목적도 이루고 또 피차간에 아무런 일도 생기지 않습니다. 만약 단도직입적으로 말했다가는 경우에 따라서는 길이 막혀버립니다. 그렇지만 곡선 가운데서도 마땅히 곧은길로 간다는 원칙을 지니고 있어야 합니다. 그렇지 않고 노상 돌려서 말하기만 하면 약아빠지게 되어서 크게 교활한 사람이 되고 맙니다. 그래서 우리 민속 문학에는 "정직한 사람이라고 모두 정직할거라고 믿지 말고, 어진 사람이라고 모두 어진 것이 아니니 경계해야 한다."(莫信直中直, 須防仁不仁)라는 격언이 있습니다. 요컨대 굽음과 곧음(曲直) 사이의 운용의 묘는 기지(機智)와 융통성이 있는 한 마음에 달려 있습니다."

고금동서의 역사상, 정치와 관계있는 여성은 아주 많아서, 거의 어떠한 정권이든 여성과 무관하지 않았습니다. 우리가 알다시피, 영국에서 섹스 스캔들이 터져 나오는가 하면, 또 백악관에서 성추문이 터져 나와 전세계 신문들이 그토록 시끄럽게 떠들어대는데, 저는 그런 기사를 읽고 아주 재미있게 느낍니다. 한 학생이 "왜 재미있게 느끼세요?" 하고 묻기에 저는 "이게 무슨 별난 일이냐? 신문이 떠들어대는 것은 별개의 문제다." 하고 대답했습니다. 동서고금의 어떠한 정권도 여성과의 문제가 발생하지 않았던 정권은 거의 없었습니다. 그 여성들 중 어떤 이들은 좋은 여성들이었는가 하면, 어떤 이들은 나쁜 여성들로서 사회 전체와 모두 관계가 있었지만, 안타깝게도 고대에는 남성 우월주의였기 때문에 역사는 그 방면의 기록을 별로 남기지 않았을 뿐입니다. 명말청초(明末淸初)의 문학가인 이립옹(李笠翁)은 "인생은 바로 연극 무대이며, 역사도 연극 무대에 불과하다. 이 무대에서 연극하는 사람은 오직 두 사람일 뿐 제3자는 없다. 그 두 사람이 누구일까? 하나는 남자요, 하나는 여자다."라고 말했습니다.

이 말이 나오니 또 다른 유명한 이야기가 하나 생각납니다. 전하는 바에 의하면, 청나라의 건륭 황제가 강남을 유람하면서 강소성(江蘇省)의 금산사(金山寺)에 들렀습니다. 장강 위에 수많은 배들이 오고가는 것을 보고 황제가 한 노스님께 물었습니다. "노스님께서는 여기서 산지 얼마나 되었소?" 노스님은 물론 이 질문을 한 사람이 바로 현재의 황제라는 것을 모르고 이렇게 대답했습니다. "수십 년 살았습니다." 황제는 다시 "그 수십 년 동안 날마다 얼마나 많은 배가 오가는 것을 보았습니까?" 하고 물었습니다. 그러자 노스님은 "오직 두 척의 배를 보았을 뿐입니다." 하고 대답했습니다. 건륭은 놀라면서, "그건 무슨 뜻입니까? 수십 년 동안에 왜 두 척만 보았다는 것입니까?" 하고 묻자, 노스님은 대답했습니다. "인생에는 오직 두 척의 배가 있는데 한 척은 명예라는 배이고, 다른 한 척은 이익이라는 배입니다." 건륭 황제는 이 말을 듣고 매우 기뻐하며, 이 노스님은 아주 훌륭한 분이라고 생각했습니다. 이입옹은 "인생의 무대에는 오직 두 명의 배우가 있다. 하나는 남자요 하나는 여자다."라고 했는데, 이 역시 아주 자연스러운 현상입니다.

　『장자(莊子)』에 "죽지 못해 이 생명이 다하기를 기다리며 살아가고 있다."(不亡以待盡)는 묘한 말이 있습니다. 무슨 뜻일까요? 그 뜻은, 우리가 세상에 살고 있다고 말하지만 실제로는 살아 있는 것이 아니라 죽음을 기다리고 있다는 것입니다. 장자는 또, "살아가는 것이 죽어 가는 것이고 죽어 가는 것이 살아가는 것이다."(方生方死, 方死方生)라고 말했습니다. 아기가 태어났을 때 우리는 '태어났다'고 말하지만, 장자는 그것을 생이 아니라 '죽음이 시작된 것'이라고 보았습니다. 태어나는 시각부터 곧 서서히 죽음으로 다가가기 시작한다는 것입니다. 두 살 때는 이미 한 살 때의 '나'가 지나갔으며, 열 살 때는 이미 아홉 살 때의 '나'가 지나가 버렸습니다. 마흔 살 때에는 이미 서른아홉 살 때의 '나'가 지나가 버렸습니다. 이처럼 매일의 생사 속에 신진대사를 하면서, 생각도 살았다가 죽고 죽었다가 다시 살아납니다. 새로운 생각이 나타나면 이전의 생각은 곧바로 소멸하는데, 이런 생멸의 반복은 마치 흐르는 물과 같습니다. 바로 공자가 "가고 있음이 저 흐르는 물과 같구나! 밤낮을 쉬지 않으니."(逝者如斯夫! 不舍晝夜)라고 말한 것과 같습니다. 그러므로 장자는, 생명이란 보기에는 비록 살아 있지만 그 생명은 마지막 하루를 기다리고 있는 것이나 다름없다고 말한 것입니다.

　철학적인 관점에서 인생을 보면 확실히 그러합니다. 그래서 어떤 사람은 철학을 배울 때 잘 배우지 못하면 인생을 재미없다고 느끼게 됩니다. 보세요, 한참 동안 연구했는데 무슨 결론이 있습니까? 결론이 없습니다. 이 세상은 이렇게 결함이 있는 세상이지요. 그렇지만 어떤 사람은 인생의 이치에 통달해서, 이 세상이 원래 결함이 있는 세상이라는 것을 깨달았습니다. 증국번은 만년에 자기의 서재를 '구궐재'(求闕齋)라고 이름 지었는데, 자기 자신에게 결함이 있기를 바라야지 완전하기를 바라지 말라는 뜻이었습니다. 너무 완전하면 문제가 되니, 사람됨에서 약간의 결함을 가지고 있어야 합니다. 역경(易經)에 통달하여 과거와 미래를 알 수 있었다는 송나라의 대철학가 소강절(邵康節)은 이름난 이학가인 정호(程顥), 정이(程頤)와 내외종 사촌 형제로서, 소동파와도 친분이 있었습니다. 그런데 두 정程씨 형제와 소동파는 사이가 좋지 않았습니다. 소강절의 병이 위중하게 되었을 때, 두 정씨가 그를 병상머리에서 보살펴 주고 있었습니다. 그 때 밖에서 문병 온 사람이 있다고 해서 물어 보니 소동파인지라 두 정씨는 들어오게 하지 말라고 분부하였습니다. 그 때 침대에 누워 있던 소강절은 이미 말을 할 수 없었기 때문에, 두 손을 들어서 결함이 있는 모양을 만들어 보였습니다. 그러나 정씨 두 형제는 그 손짓이 무슨 뜻인지 알 수 없었습니다. 나중에 소강절은 숨을 헐떡거리면서, "눈 앞의 길을 좀 넓혀 두어, 뒤에 오는 사람들이 걸어갈 수 있도록 하라."는 말을 남기고 숨을 거두었습니다. 이 역시, 세상은 원래 결함이 있는 것인데 어째서 한 걸음 양보하여 다른 사람들이 걷기 좋게 하지 않느냐는 말이었습니다.

많은 사람들이 불교의 용어를 오해하는 일이 많습니다. 불교에서는 자주 '꿈'(夢)이라든가, '허깨비'(幻)라든가, '허공꽃'(空花)이라는 말을 씁니다. 문학적으로 보면 매우 아름다운 말인데, 세상의 모든 감정과 인간사가 모두 이 네 글자로 표현됩니다. 문학적인 면에서는 이 네 글자의 의미를 '아무 것도 없는 것'으로 여깁니다. 그러나 이 꿈·허깨비·허공꽃은 매우 훌륭한 묘사로서, '없다'는 뜻으로 이해해서는 안 됩니다. 이것은 곧 철학입니다.

어떤 사람이 꿈속에 있으면서 "꿈이란 아무것도 없는 것이다."라고 말하는 것은 성립될 수 없습니다. 우리가 꿈 속에 있을 때는 결코 꿈이 아무것도 없는 것이라고 생각하지 않습니다. 꿈 속에서도 상심하면 울고 맛있으면 먹고 맞으면 아픈데, 이것을 '없다'고 할 수 있을까요? 꿈 속에 있을 때는 분명히 존재합니다. 사람이 꿈을 꿀 때는 절대로 그를 깨우지 마십시오. 그를 깨우면 흥을 깨게 됩니다. 꿈 속에서도 고통을 느끼지만 고통 속에서도 역시 뒷맛이 있고 그것 역시 그의 생활인데, 왜 굳이 그를 깨워야 하겠습니까?(웃음)

꿈의 현상은 수면 속에서 발견하고 느끼는 것으로, 우리는 꿈에서 깨어난 후에는 스스로 웃으면서 꿈을 꾸었다고 말합니다. 꿈은 공허한 것으로서 눈을 감고 있을 때 생긴 혼미한 일이며, 눈을 뜨면 없어진다고 말합니다. 그러나 사실상 우리는 지금도 눈을 뜬 채 꿈을 꾸고 있습니다. 지금 눈을 감으면 앞에 있던 사물들이 당장 보이지 않습니다. 낮에 눈을 뜨고 지내면서 마음으로 활동을 구성하는 것도 역시 꿈을 꾸고 있는 것이나 다름없습니다. 지금 눈을 감으면 즉시 눈앞의 사물들이 꿈인 양 보이지 않게 되고 지나가 버립니다. 어제의 일을 오늘 생각해 보면 역시 지나가 버렸습니다. 아주 빨리 지나가 버렸습니다. 그 역시 아주 빠른 꿈으로 눈을 뜨자 사라져 버렸는데, 꿈을 꾸는 심경과 완전히 같습니다. 그러므로 꿈 속에서는 그것이 없다고 말할 수 없습니다.

이번에는 '허공꽃'을 말해 보겠습니다. 허공에 있는 꽃을 어떻게 볼 수 있을까요? 우리가 눈을 비비면 눈앞에 많은 점이 나타나는 것을 볼 수 있는데, 그런 점들은 본래 없는 것이지만 눈을 비볐기 때문에 생긴 것입니다. 그러나 시각적으로는 보았습니다. 생리학적·의학적으로 말하면, 시각 신경이 마찰에 의해 피로해져서 충혈압박으로 자극을 받아서 환각이 생긴 것이지만, 비록 환각이라도 실제로 보았습니다.

동서양을 막론하고 어떠한 문화나 어떠한 학술사상이든 모두 이익

추구를 원칙으로 합니다. 이익 추구를 위하지 않고 이익을 얻을 수 없다면 그런 문화 그런 사상은 가치가 없을 것입니다.

철학적인 관점에서 보면 모든 생물에게는 공동의 목표가 하나 있습니다. 그것은 바로 '이고득락(離苦得樂)', 고통을 떠나 즐거움을 얻는 것입니다. 배고픔은 고통이요 배불리 먹고 나면 즐거움을 얻습니다. 질병은 고통이요 치료하고 나면 즐겁습니다. 날씨가 너무 더우면 고통이요 나무 그늘에 가서 서늘한 바람을 쐬거나 냉방 장치가 있는 방에 가서 온 몸이 시원하면 즐겁습니다. 모든 생물의 모든 행위동태(行爲動態)는 그 목적이 모두 '이고득락'에 있습니다. 즉, 중국문화인 역경에서 말하는 '이용안신'(利用安身)에 있습니다. 다시 말해 오늘날 관념으로 말하면 갖가지 방법을 생각해내어 우리가 살아있는 동안 더욱 잘 살려고 하는 것입니다. 예컨대 방법을 모색하여 태양 에너지를 이용하고 공기를 정화하며 수원의 오염을 방지 하는 목적은 모두 우리들이 잘 살도록 하기 위한 것입니다. 이런 것들은 모두 역경에서 말하는 '이용안신'입니다. 그러므로 어떠한 문화 어떠한 학술사상이라도 이익을 추구할 수 없고 이용 가치가 없다면 마침내는 반드시 도태됩니다.

종교가들이 수도하는 경우도 이익을 위한 것입니다. 도를 닦는 사람은 사람들과 다툼이 없는 듯이 보이지만 실제로는 세속을 떠나 수도하는 종교가는 세상에서 먼저 자신의 이익을 추구하기를 가장 중시하는 사람입니다. 그는 세속의 모든 것을 버리고 수도하러 갔으며 수도는 자기를 승천하게 하거나 성불하게 하기 위한 것이니 이것도 자기를 위한 것입니다. 비록 자신을 이롭게 하고 난 뒤에 남을 이롭게 한다고 말하더라도 역시 층차 상의 차이를 확충하는 것일 뿐 오로지 이익을 도모하는 점은 마찬가지입니다. 승천하거나 신선이 되는 이익을 위하여 도를 닦는 것도 이익을 위한 것입니다.

지도자의 심리행위 문제에 관하여 우리는 심리철학의 입장에 서서

(제가 오늘 제시하는 심리철학이라는 명사에 대하여 아마 일부 사람들은 반대하거나 비평 혹은 비난할 것입니다. 그러나 사실 어떠한 전문 학술도 이제 막 제출되었을 때는 그런 반응을 받기 마련입니다. 그런 다음 모두들 서서히 이해하고 받아들입니다. 만약 시간이 있어 학교에 가서 이런 과목을 수업한다면 심리철학이라는 학설의 완전한 체계를 반드시 세울 수 있습니다) 역대의 제왕들을 살펴보면 많은 사람들이 혹은 많게 혹은 적게 모두 심리적인 변태를 갖고 있거나 심리적인 병태를 갖고 있었습니다. 명나라 개국 황제 주원장의 경우 만년에 이르러서 죽이기를 좋아하는 것은 바로 심리적인 병태의 일종이었습니다. 다른 황제들이 드러난 행위들도 왕왕 의학상으로 말하는 심리적 변태나 병태의 증상이 있었으며 단지 저마다 달랐을 뿐이었습니다. 어떤 이는 죽이기를 좋아하고 어떤 이는 호색했으며 어떤 이는 좋은 물건 등등을 좋아했지만 모두 심리적 변태나 병태 증상에 속한 것은 틀림없었습니다. 만약 이런 황제를 만난다면 불행해서, 왕왕 백성들이 도탄에 빠지고, 심지어는 황제 자신이 목숨을 잃고 나라를 망하게 했습니다.

역사상 그런 예가 많았습니다. 그래서 수천 년 동안 우리의 고유문화는 심성 수양을 중시했으며 내성외왕의 도를 중시했습니다. 특히 천하를 군림하는 정치지도자에 대하여는 더욱 엄격함을 요구하였는데, 이는 아주 일리가 있습니다.

고대에만 영도자의 영도(領導) 심리행위를 중시한 것만 아니라 현대에도 이 학문을 더욱 중시해야 합니다. 시야를 넓혀 오늘의 세계를 보면 많은 국가의 영도자들이, 예컨대 우간다의 대통령 아민이 만약 용기를 내어 정신과 의사한테 가서 진단을 받는다면 진단서 상의 기록은 아마 상당히 엄중할 것입니다. 나폴레옹·히틀러·무솔리니 등에 관해서 세간에서는 이미 그들의 심리가 건전하지 못하다고 공인했습니다.

후세에 즐기기를 좋아하는 황제도 많았습니다. 당나라 태종은 음악을 애호한 동시에 무공도 애호하였고 서예도 애호하였습니다. 중국의 서예는 그가 가장 힘껏 제창하였습니다. 그 이후의 몇 사람의 대 서예가들, 예컨대 안진경(顏眞卿)·유공권(劉公權)등은 모두 당나라 시대에 나왔습니다. 실제로 당 태종 자신이 글씨를 아주 잘 썼습니다. 또 그의 비서실장이었던 우세남(虞世南) 그리고 비서였던 저수량(褚遂良) 등은 모두 가장 훌륭한 서예가였습니다. 당 태종은 죽을 무렵에 아무것도 바라지 않고 그의 아들에게 남에게서 빼앗아온 왕희지(王羲之)가 쓴 난정집서를 관속에 넣어 묻어달라고 분부했습니다. 이를 통해 그의 애호가 얼마나 깊었는지를 알 수 있습니다. 그는 아울러 시(詩)도 애호하여서, 결과적으로 그 자신이 시를 잘 지었을 뿐만 아니라 당나라 시대의 시가 가장 흥성하게 되는 데 영향을 미쳤습니다. 당 태종은 다방면의 흥미가 있었으며 다방면의 욕망도 있었습니다. 하지만 그 자신은 영도자의 지위에 서서 마땅히 어떻게 자기의 욕망을 적절히 처리함으로써 그것을 정상화해야 할지를 알았습니다. 그래서 그는 후세의 영명한 군주가 될 수 있었습니다. 그렇지 않았더라면, 음악을 애호했던 다른 몇 사람의 황제의 경우처럼 자기의 애호를 잘 처리하지 못해서 결과적으로 정치생명과 자신의 생명까지도 한꺼번에 장난질 해버렸을 것입니다.

당나라 말기의 희종(僖宗)은 나이가 어려 철모르고 그저 놀고 즐기기만 좋아했습니다. 정치상의 법령이나 명령은 모두 좌우의 권신들과 대신들이 독점하고 있었습니다. 그는 공차기를 좋아했으며 스스로 구기(球技)가 가장 좋다고 인정했습니다. 어느 날 공차기를 하고 돌아와 그가 가장 총애하는 연극배우인 공치기 선수 석야저(石野猪)에게 말했습니다. "만약 공치기로도 과거시험에 참가할 수 있다면 나는 틀림없이 장원으로 합격할 수 있을 것이다." 석야저가 말했습니다. "맞습니다. 당신이 공치기로는 장원으로 합격할 수 있습니다. 하지만 요순이 이부

(吏部)를 주관하게 된다면 근무 평정할 때 틀림없이 당신을 면직시켜버리릴 것입니다." 희종은 듣고서 하하하 크게 웃기만 하고 말았습니다. 다시 막판의 당나라와 오대(五代) 시대로 내려오면 음악과 연극을 좋아하지 않는 제왕은 거의 없었습니다. 남당(南唐)의 후주 등의 경우 결과적으로 이렇게 놀아나다 정치를 망가뜨리고 나라도 끝장내버렸습니다. 그리고 오대 시대 전체도 이 때문에 엉망진창이 되었습니다. 이것은 역사의 한 고리에서 아주 재미있는 문제이기도 합니다.

  상사가 부하에게 또는 남편이 아내에게 이런 잘못을 범하기 쉽습니다. 특히 상사가 된 사람은 남을 중용하여 한 단계 한 단계 승진시켜 주며 잘 대해 주다가도 일단 그가 싫어지면 무슨 수를 써서라도 그를 잘라 버립니다. 남녀 사이에도 이러한 경우가 있습니다. 상대방을 사랑하면 매를 맞아도 욕을 먹어도 사랑하기 때문에 그런다고 여기면서 흡족해하지만, 사랑하지 않으면 상대방이 잘해 줄수록 혐오감을 느끼면서 죽도록 싫어합니다. 이것이 바로 "사랑하면 그가 살기를 바라고, 미워하면 그가 죽기를 바란다."(愛之慾其生, 惡之慾其死)는 것입니다. 사랑하면 그 사람이 살기를 바라는데, 이런 예는 매우 많습니다. 한나라의 문제는 역사상 매우 훌륭한 황제로 평가받지만, 그 역시 편애를 했습니다. 등통(鄧通)은 문제의 시중을 들면서 그의 사적인 일을 관리했는데, 황제의 총애를 받았습니다. 그런데 당시 관상을 잘 보는 허부(許負)라는 여인이 등통의 관상을 보고 나서, 그가 나중에 굶어 죽을 것이라고 말했습니다. 문제는 이 말을 전해 듣고, 사천에 있는 구리 광산을 등통에게 하사해서 돈을 주조하도록 허락했습니다. 그렇지만 등통은 결국 굶어 죽었습니다. 이 경우가 바로 문제가 등통을 사랑해서 그가 살기를 바란 것입니다. 사랑하면 모든 것이 옳게 보이는데, 사람들은 쉽게 이런 실수를 저지르기 때문에 상사는 더욱 주의해야 합니다. 공자는 말하기를 "그가 살기를 바라다가, 또 그가 죽기를 바란다면 이는 미혹이다."(旣慾其生, 又慾其死, 是惑也)라고 했습니다. 사람들은 자주 이와 같은 아주 모순된 심리를 가지는데, 이것은 인류가 갖고 있는 가장 큰 심리적 병입니다.

우리는 **어떤** 일을 할 때 남에게 속지 않는 것보다 자신에게 속지 않는 것이 가장 어렵다는 사실을 잘 알아야 합니다. 어떤 사업을 창업할 때 가장 두려운 것은 자신의 결함입니다. 다시 말하면, 두뇌가 명석하고 자신에게 속지 말아야 한다는 것이 바로 "미혹을 가리는 것"(辨惑)입니다. 만약 누군가가 "내가 객관적으로 한마디 하겠습니다."라고 말하면, 저는 이렇게 말합니다! "미안합니다. 우리처럼 철학을 연구하는 사람들은 그런 말을 잘 하지 않습니다. 세상에는 절대적 객관이란 없습니다. 당신의 그 말 자체가 주관적입니다. 왜냐하면 당신은 '나'라고 말했는데, 어떻게 절대적 객관이 있겠습니까?" 이런 점은 총명해야만 깨달을 수 있습니다. 미혹을 판별하는 일에 대해서는 도덕적 수양에서든 행정적인 지도에서든 주의를 기울여야 합니다. 사랑하면 살기를 바라고, 미워하면 죽기를 바라는 것은 사람들의 가장 큰 결함이자 어리석음입니다.

사람됨이 지나치게 개방적인 것보다 좀 보수적인 것이 더 낫습니다. 좀 보수적이면 비록 성공할 기회는 많지 않더라도 크게 실패는 하지 않습니다. 반면에 개방적인 사람은 성공할 기회는 많지만, 실패할 기회도 많습니다. 인생 수양의 입장에서 말한다면 역시 "검이고"(儉而固)가 낫다는 것입니다. 개인의 입장에서 사치와 검소를 말해 보면, 역시 "검소하다가 사치해지기는 쉬워도, 사치하다가 검소해지기는 어렵다."(從儉人奢易, 從奢入儉難)는 전통적인 말 그대로입니다. 여름이면 날씨가 무더운데, 예전에 중경(重慶)에 있을 때는 모두 부들부채를 사용했습니다. 한 객실에 많은 사람들이 함께 있을 경우, 천으로 큰 바람개

비를 만들어 한 사람이 한 쪽에서 잡아당겨 바람을 일으키면 다들 그 밑에 앉아 시원하다고 했습니다. 지금 사람들은 에어콘이 없으면 살 수 없다고 하는데, 저는 "절대 죽지 않을 테니 걱정마라."고 합니다. 오늘날 물질 문명이 발달하여, 낙후된 곳에 가면 사람들이 견디지 못하는데, 이것이 사치하다가 검소해지기 어려운 예입니다.

역사상 많은 사람들이, 예를 들면, 여몽정(呂蒙正) 같은 사람은 재상을 지냈으면서도 생활이 청빈하였습니다. 텔레비전에서 인기가 높은 포청천(包靑天) 같은 사람은 일생 동안의 생활이 청빈 검소하기 이를 데 없어, 다른 사람들의 비난을 살 만한 결점이 없었습니다. 그토록 오랫동안 대신으로서, 오늘날로 말하면 중앙 비서장 겸 대북시장격인 용도각직학사겸개봉부윤(龍圖閣直學士兼開封府尹)이라는 큰 벼슬을 지냈건만 일생 동안 청빈 검소하였습니다. 민간 전설에서는 그를 신으로 여겨, 유가 문화를 말할 때 포공(包公)은 하나의 모범이 되어 버렸습니다. 송대의 조청헌 같은 사람은 당시 사람들이 그를 철면어사(鐵面御史)라고 불렀는데, 관직에 있으면서 누구에 대해서도 잘못을 눈감아 주지 않고 청렴 공정하였으며, 간소한 정치, 깨끗한 형사 사무 처리로 감옥 속에 죄수가 없었습니다. 그 역시 포청천과 같았습니다. 이처럼 많은 명신들이 검소하게 살았으며, 어떤 대신들은 죽을 때 관조차 살 수 없을 정도였습니다. 그들은 일생 동안 한 푼도 탐오하지 않았을 뿐 아니라, 자기의 월급도 저축하지 않아 후대 자손들이 그를 위해 관을 살 능력도 없어 옛 친구들이 돈을 모았는데, 이것이 바로 검소한 풍모입니다.

후세 도가들은 말하기를 "정(精)을 연마하여 기(氣)로 변화시키고, 기를 연마하여 신(神)으로 변화시키고, 신을 연마하여 허(虛)로 돌아간다."(煉精化氣, 煉氣化神, 煉神還虛)라고 했는데 그런 일이 결국 있을까요 없을까요? 그런 일이 있습니다. 그러나 여기서 가리키는 것이 인체의 생리 주기가 만들어낸 정자와 난자라고는 절대로 오인하지 마시기 바랍니다. 만약 그렇다고 인정해버리면 처음의 털끝만한 차이가 나중에는 천리만큼의 차이가 나게 됩니다. 미국에서 심리학을 연구하던 한 친구가 귀국해서 저에게 말해 주었습니다. "정말 큰일이야, 지금 미국의 심리학자들은 노인도 결혼을 해서 충분한 성생활을 누려도 된다고 제창하고 있어. 중국 도가에서 말하는 '열 방울의 피는 한 방울의 정액'이라는 견해를 승인하지 않거든. 게다가 다교(多交)니 잡교(雜交)니 하는 것에 반대하지 않으니 이게 노인들을 죽게 하려는 짓이 아닌가!" 이 친구 역시 지식인이라 '학문을 끊어버리고 근심을 없애버리지 못해'(絶學無憂) 줄곧 몹시 걱정했습니다.

그래서 제가 물었습니다. "자네는 도가의 소위 '열 방울의 피는 한 방울의 정액'이라는 견해가 어떻게 미국으로 전해졌는지 알고 있나?" 그가 말하기를, 도가 서적들은 다 그렇게 말하고 있다고 했습니다. 저는 그에게 말해주었습니다. "그것은 정통 도가 서적이 아니네. 그런 책에서는 '정'(精)을 남성의 정자 및 여성의 난자라고 하는데 아예 틀려도 크게 틀린 것이야. 그리고 사실 정자와 난자도 단순히 혈액이 변해서 된 것이 아니네. 미국의 이런 심리학자와 생리학자들이 이런 관념을 애를 쓰고 공격하는 것도 일리가 있네. 그 사람들은 과학적 근거를 가지고 있는데 어찌 자네 견해를 함부로 믿겠는가? 탓하려면 중국 문화를 판매하는 우리들 자신이 잘못한 것만 탓해야지."

인성의 진상을 말한다

2008년 11월 1일
태호대학당(太湖大學堂)에서
중구상학원소주교우회(中歐商學院蘇州校友會)를 청중으로 한 강연임

강연 첫째 시간

반욱병(潘昱兵)의 치사: 내빈 여러분 안녕하십니까? 다들 알듯이 남선생님께 강의 좀 해주시라고 청하기는 대단히 쉽지 않은 일입니다. 이제 남선생님이 강의해 주시기를 우리 열렬한 박수로 환영하겠습니다.

남회근 선생: 여러분 안녕하십니까? 방금 반 선생님께서 너무 겸손하게 말씀하셨습니다. 저는 쓸모없는 일개 늙은이입니다. 저는 습관적으로 먼저 여러분에게 드리는 말이 한 마디 있습니다. 저는 제 자신의 일생에 대하여 옳은 점이 하나도 없고 잘하는 것이 하나도 없다고 생각한다는 것입니다. 단지 밖에서 약간의 헛된 명성이 있을 뿐입니다. 반 선생님이 방금 말씀하시는 것처럼 여러분들과 만날 수 있는 기회가 아주 드뭅니다. 왜냐하면 제가 늙어서 밖에 나가는 일이 적기 때문입니다.

인류문화의 심성 문제

　우리는 긴 말을 짧게 줄여 하겠습니다. 저는 매번 강연을 하거나 수업을 할 때마다 저 자신이 남에게 시험을 치루고 있다고 생각합니다. 시험관인 여러분도 저를 시험하기 위해 왔습니다. 특히 여러분들이 이번에 출제한 이 문제의 제목은 대단히 큰 주제입니다! 요컨대, '인성(人性)의 문제'라는 이 제목을 제가 보니 아주 특별했습니다. 여러분은 어떻게 이렇게 큰 제목을 냈습니까? 간단히 말해 인성은 무엇일까요? 생명의 의의는 무엇일까요? 사람은 무엇을 위해서 살고 있을까요? 태어나 오고 죽어 가는데 도대체 어떻게 태어나 오고 어떻게 죽어 갈까요? 최근에 저는 청년 친구들이 묻는 인성 문제에 늘 답하면서, 먼저 한 가지 우스갯소리를 합니다. 우스갯소리도 진리이며 완전히 우스갯소리만은 아닙니다. 남이 제게 물으면 저는 이렇게 말합니다. "인생은 영문을 모른 채 태어나고, 어쩔 수 없이 살아가며, 까닭을 모른 채 죽어간다." 이 세 단계입니다. 그러므로 사람은 대단히 가련합니다. 이 세 마디 말이 비록 한낱 우스갯소리이지만, 역시 여러분들이 제게 출제한 인성의 문제라는 제목이기도 합니다. 그러므로 저는 이 제목을 보고서 갑자기 대답하기를 "좋습니다! 제가 강의하겠습니다."고 했습니다. 왜냐하면 저의 감상을 불러일으켰기 때문입니다. 이곳 이 시대에도 이 문제를 제시할 수 있는 사람이 있다는 것을 생각지도 못했습니다. 오늘날 인성의 문제에 관심을 갖는 사람은 아주 드뭅니다.

인류의 문화는 동양이든 서양이든 주요 중심은 바로 '심성의 문제'입니다. 이 제목을 주제로 얘기하자면 짧은 두 시간 동안에는 다 말할 수 없습니다. 만약 학술적 연구를 한다면 여러 해가 필요합니다. 왜냐하면 그것은 세상의 모든 종교·철학·정치·경제·문화·교육 등을 포괄해서 너무나 많고 많은데, 모두 '인성'이라는 문제이기 때문입니다. 인성의 문제에 파고 들어가는 것은 과거에 철학적인 연구에서 본체론에 속했습니다. 서양철학의 영향으로 말미암아 중국 철학은 자신의 문화도 본체론으로 이름을 정했습니다. 철학의 본체론은 바로 과학의 본체론이자 종교의 본체론입니다. 이 생명은 도대체 어떻게 온 것일까요? 이 세계는 어떻게 사람이라는 것이 있을 까요? 사람은 어떻게 태어나 올까요? 중국인에게는 한 마디 속담이 있습니다. "사람들의 마음은 각각 그 얼굴처럼 다르다."(人心不同, 各如其面) 저마다의 생각·심리정서는 다릅니다. 마치 저마다 얼굴이 서로 다른 부분이 있듯이 그렇습니다. 중국인의 이 두 마디 말은 바로 인성 문제인데 대단히 기묘합니다.

인성은 맨 처음 어떻게 온 것일까요? 다시 인성과 일체의 생물, 더 나아가 만물의 성(性)까지 추론해 나가면 동일한 개체일까요 아닐까요? 철학에서는 이 한 가지 문제를 따져 묻습니다. 우주만유 생명은 닭이 먼저 일까요 아니면 달걀이 먼저 일까요? 인류는 남자가 먼저일까요 아니면 여자가 먼저일까요? 사람은 어떻게 오는 것일까요? 유물적인 것일까요? 아니면 유심적인 것일까요? 이것이 인성의 문제요 철학문제의 본체론입니다.

인성의 본체론을 연구하고 알고 난 뒤라야 인생을 얘기합니다. 사람은 살아 있으면서 생명의 의의는 무엇일까요? 생명의 가치는 무엇일까요? 생명의 작용은 무엇일까요? 이 모두 이 인성의 문제와 관계가 있습니다. 저는 여러 해 동안 이 문제를 정말로 제기하는 사람을 보지 못했습니다. 오늘날의 학교나 사회에서, 글을 쓰는 사람도 이 방면에 대하여 쓰는 사람은 아주 적습니다. 없는 것이 아니라 오직 소수의 사람들만이 묵묵히 연구하고 있습니다. 오늘날 이 시대에 이르러, 특히 중국에서는 다들 기를 쓰고 악착같이 돈을 향하여 바라보고 돈을 벌고 부자가 되고 싶어 하지, 인성의 문제에 대하여는 대부분의 사람들이 소홀히 합니다. 이제 여러분들이 공개적으로 이 문제를 제시하였기에 우리는 긴 말을 줄여서 먼저 한 번 이해해 보겠습니다.

인성은 선인가 악인가

　우리는 본체를 얘기하지 않고 먼저 현상을 얘기하겠습니다. 이 인성은 태어날 때 도대체 선(善)일까요 악(惡)일까요? 이 세계의 모든 종교 입장에서 말하면, 우리가 종교를 얘기할 때는 이 문제에 주의해야 합니다! 오늘날 세계에 존재하는 종교는 수백 개입니다. 그렇지만 일반적으로 유행하는 것은 몇 개일 뿐입니다. 중국에는 유불도(儒佛道) 이 3대교가 있습니다. 중국은 중국 자신의 본토 문화는 유가인데 뒷날 유교라고 불렀습니다. 도가와 불가는 종교에서는 도교와 불교입니다. 우리가 거꾸로 백 년 전으로 거슬러 올라가면 이 유불도 3교는 중국문화의 중심이었습니다. 거기다 뒷날 전해 들어온 기독교도 더해지고, 물론 그 안에는 천주교도 포함됩니다. 오늘날 세계에서 기독교의 파는 아주 많고 복잡합니다. 유불도 3교에 기독교와 회교를 더하면 거의 오늘날 중국과 세계에서 공인된 5대교입니다.

　여기서 얘기가 나온 김에 한 마디 하겠습니다. 사람들이 기독교와 천주교는 서양문화라고 하는데, 저는 틀렸다고 말합니다. 그것은 서양문화 속의 일면을 대표하는 것입니다. 그렇지만 여러분 주의하십시오. 이 5대교의 성인은 모두 동양인입니다. 공자·노자·석가모니불은 모두 동양인입니다. 예수도 동양인이요 아랍의 마호메트도 동양인입니다. 서양인은 한 사람도 없습니다. 그렇지만 종교는 오히려 서양에서 유행했습니다. 모든 종교는 인성이 본래 선량한 것이라고 봅니다. 기독교나 천주교를 연구한 사람은 잊지 마시기 바랍니다. 구약성경을 많이 보시기 바랍니다. 여러분들 중에 천주교와 기독교를 믿는 일부 사람들은 성경을 들면 대부분 중간을 뽑아서 말하고, 창세기부터 시작하지 않습니다. 우주는 어떻게 창시되었을까요? 천주교·기독교 내지는 기타 종교가 모두 하나의 주재자가 인류와 세계를 창조했다고 봅니다. 이것은 크나큰 문제입니다. 깊이 말하게 되면 종교철학의 비교종교학과 관련될 것이기에 지금 저는 여기까지만 말하겠습니다.

우리 다시 돌아가, 중국의 종교와 문화교육을 살펴보겠습니다. 중국 문화는 인성을 말하는데, 삼자경(三字經)에는 다음의 네 마디 말이 있습니다. "인지초, 성본선, 성상근, 습상원."(人之初, 性本善, 性相近 習相遠) 제가 여섯 살 때에 외기 시작했습니다. '인지초 성본선(人之初, 性本善)', 사람의 인성은 본래 선량합니다. '성상근'(性相近), 자성(自性)은 본래 모두들 서로 가깝습니다. 저마다 선량한 마음이 있습니다만, 사회에서 보면 인성이 선량한 사람은 많지 않습니다. 왜냐하면 '습상원'(習相遠), 습관 습속의 영향으로 사람들의 거리가 갈수록 멀어지게 되었기 때문입니다.

제가 여기서 얘기를 하나 하겠습니다. 저에게는 국가를 위하여 일하는 친구가 있습니다. 그는 무공이 높아서 우리들은 그를 무림고수라고 말합니다. 그가 며칠 전에 제게 말했습니다. 한 번은 그가 많은 돈을 지니고서 길에서 여섯 명의 토비에게 약탈을 당했답니다. 그가 말하기를, 돈은 여러분들이 가져가되 사람을 상하게 하지 말라고 했답니다. 그렇지만 상대방은 그를 죽이지 않으면 안 되었습니다. 그래서 그는 사람을 때려 저항할 수밖에 없었습니다. 그는 이 토비들과 싸워 다쳐 창자가 밖으로 나왔습니다. 최후에는 물속으로 뛰어들어 목숨을 보존했습니다. 그는 도망하여 물가에 누웠는데, 정말 움직일 수 없었습니다. 자기가 옷으로 창자를 싸고 있으면서 길가는 사람이 지나가는 것을 보면 자기대신 전화 좀 해달라고 부탁했답니다. 그런데 다들 멀리서 한 번 바라볼 뿐 감히 다가오질 않았습니다. 그는 당시의 상황을 제게 얘기하면서 아주 몹시 탄식하며 말했습니다. "선생님, 저는 인성의 문제를 깊이 체험했습니다." 제가 말했습니다. "당신도 그렇게 비관하지 말아요. 그런 행인들이 다가오려 하지 않은 것은 현대인들의 습기(習氣)입니다. 다들 담력이 적고 당신이 좋은 사람인지 나쁜 사람인지 모르기 때문입니다. 또, 만일 당신이 죽는다면 골치 아픈 일이 일어날 것을 두려워하는 겁니다. 이것은 보편적인 현상입니다. 우리가 늘 보듯이, 거리에서 무슨 일이 일어나 두 사람이 싸울 경우 일어나서 충고하는 사람이 없습니다. 지금은 더욱 심각합니다. 다들 두려워하고 꺼리는 일이 많습니다." '성상근, 습상원'을 얘기하다 보니 이런 이야기를 하게 되었습니다. 이게 바로 인성입니다.

중국과 외국 학자들의 관점

중국 전통문화 속에서 공자와 맹자로 대표되는 유가는 인성은 선한 것이라고 대부분 봅니다. 그럼 왜 인성에는 또 나쁜 일면이 있을까요? 후천적인 습관이 조성했기 때문입니다. 부모·가정·사회의 교육 등등이 선량한 인성을 오염시켜버린 겁니다.

그런데 맹자와 동시대의 순자(荀子)는 인성이란 천성적으로 나쁜 것이라고 보았습니다. 예컨대 쌍둥이 갓난아이는 배가 고프면 먼저 앞다투어 먹고자 하고 자기의 형제를 상관하지 않습니다. 이것은 탐욕으로서 자기를 중심으로 한 것입니다. 그러므로 그는 인성은 본래 악한 것이라고 말했습니다.

또 고자(告子)라는 사람도 맹자와 동시대였는데, 맹자라는 책에서 그를 말하고 있습니다. 저는 오늘날의 교육에서는 이러한 고서들을 접해보지 못할 것이라고 믿습니다. 사실 이러한 고서들은 수천 년 동안 유행했으며 보통의 교과서였습니다. 우리는 어려서부터 읽고 외워야 했을 뿐만 아니라 외워서 쓸 줄도 알아야 했습니다. 고자는 인성은 선하지도 않고 악하지도 않다고 보았습니다. 인성은 맨 처음에는 선악의 문제가 없다가 뒷날 자기의 관념으로써 하나의 논리를 세우고 선악을 분별한다는 것인데, 이것도 한 파입니다. 이러한 문제들은 연구해 보면 모두 아주 큽니다.

또 다른 일가는 누구일까요? 바로 묵가(墨家)입니다. 제가 방금 언급했듯이 당나라 송나라 이후에 중국문화를 대표하는 삼가는 유불도였지만 춘추전국 시대에 중국문화를 대표하는 삼가는 유도묵(儒道墨)이었습니다. 유가는 공맹을 대표로 하고 도가는 노장(老莊)을 대표로 합니다. 또 묵가는 묵자(墨子: 묵적墨翟)를 대표로 합니다. 제자백가 속에서 묵가는 아주 중요합니다. 묵자는 인성이란 한 장의 흰 종이와 같은데, 사람이 태어난 뒤에 부모나 가정 그리고 모든 후천적인 교육으로 거기에 색깔이 더해졌다고 보았습니다. 선과 악은 흰색과 검은색과 다름없어서 두 가지 서로 다른 색으로 염색되었다는 것입니다.

인성의 문제에 관하여 중국에는 이 4,5가(家)의 설이 있는데 이 4,5가는 몇 천 년의 중국문화를 대표했습니다. 우리들의 문화교육은 옛날부터 줄곧 이에 대한 답안을 찾아 왔습니다. 그러므로 우리의 과거 정치 · 법률 · 교육 · 사회에는 모조리 인성의 문제를 둘러싸고 맴돌았으며 그것도 아주 시끄럽게 맴돌았습니다. 중국문화는 수천 년이며 그 내용도 풍부하고 대단히 많습니다. 지금 여러분들은 정말 대단합니다. 이러한 제목을 제시하다니 저는 보고서 눈이 번쩍거리며 몹시 기뻤습니다. 그런데 대답하고 나서는 후회하기 시작했습니다. 이렇게 짧은 시간에 이렇게 큰 문제를 토론해야 한다니 너무나 어렵기 때문입니다.

천주교와 기독교도 이 문제를 얘기하면서 인성은 본래 선한 것이라고 봅니다. 이 자리에 계신 분들 중에 이슬람교도가 있는지 없는지 모르겠습니다만 이슬람교도 이 문제를 얘기하고 있습니다. 하느님이 만유를 창조했고 인성은 본래 모두 선량했는데 사람 자신들이 그것을 나쁘게 만들었다고 봅니다. 이 인성은 어떤 것일까요? 중국문화에서는 몇 천 년 동안 토론했으며 서양문화도 마찬가지로 이 문제에 주의를 기울였습니다.

현대의 이 1백 년 동안에 이르러 우리들의 근대 인류의 문화, 특히 중국문화는 네 가지 것의 영향을 받았다고 저는 늘 말합니다. 다윈의 진화론, 마르크스의 자본론, 프로히트의 성심리학, 그리고 케인즈의 소비가 생산을 자극한다는 경제이론이 그것입니다. 이 네 가지 이론은 인류 세계의 기풍을 전환 변화시켰으며 사회를 어지럽게 했습니다. 그리고 서양의 교육이든 동양의 교육이든 모두 진정으로 이 인성의 문제를 파고 들어가 탐구해보지 않았습니다. 다들 서양문화를 보고 미국과 유럽의 물질문명의 변화와 상공업의 발달을 보고서는 그 때문에 눈이 어지러워져 근본을 잊어버렸습니다. 지금 어떤 사람이 인성의 문제를 제시했는데 이것은 큰 문제입니다. 첫 단락으로 저는 먼저 대략 이상의 원칙들을 말씀드렸습니다. 이 문제에 관한 내용은 정말 너무나 많습니다. 반드시 종교 · 철학 · 과학 · 정치 · 법률을 이해해야 합니다. 일체가 모두 그 안에 포함되어 있습니다.

우리 되돌아가, 방금 제시한 사람의 타고난 인성은 본래 선량하다는 '인지초 성본선'(人之初, 性本善)을 다시 연구해 보겠습니다. 인성은 정말로 본래 선인지 아닌지 모릅니다. 여기에 또 한 가지 논리적인 문제가 있습니다. 이 '성'(性)은 무슨 성을 얘기하는 걸까요? 오늘날 다들 구어에서 쓰는 단어로도 많습니다. 무슨 과학성 · 발전성 · 자율성 · 민주성 등 갖가지가 있는데, 이것들은 성질이란 의미의 성입니다. 예컨대 이 펜의 성질을 말하면, 그것을 이용하여 글자를 쓰는 것이지 본체의 성을 가리키는 것이 아닙니다. 중국문화 속에서 '성'은 본성이며 인성의 진상(眞相)입니다.

우리는 어떻게 자기를 인식해야 할까요? 정말 대단히 어렵습니다. 여러분들이 제게 제시한 제목을 보았는데, 사람은 어떻게 자기를 인식할까요? 본 주제 제목 외에도 그렇게 많은 부제가 있습니다. 이 시험 문제는 대답하기 아주 어렵습니다. 뿐만 아니라 이런 문제들을 문학적으로 제시하였는데, 사람은 도대체 어느 곳으로 갈까요? 사람은 집으로 향하여 갑니다. 무슨 대단할 게 없습니다.(대중이 웃다) 그러나 엄격히 말하면 사람의 생명에는 전생과 내세가 있을까요? 인생의 목표는 어떤 사람이 되어야 할까요? 돈을 버는 게 좋을까요? 아니면 공무원이 되는 게 좋을까요? 혹은 이름이 세상에 알려지지 않는 보통사람이 되는 게 좋을까요? 대체로 이런 문제들을 묻습니다.

그리고 여러분들이 말한 인성의 방향을 장악하는 것이, 바로 제가 방금 말했던 인생의 의의·인생의 목적입니다. 이제 저도 90여 세가 되었습니다. 중일전쟁 때 저는 20여 세였는데, 어떤 사람이 저더러 사천(四川)대학에 가서 강연을 해달라고 청했습니다. 당시 대학의 수준은 오늘날과는 달랐습니다. 그때에는 아주 높았습니다. 저는 젊어서부터 아주 주제넘었습니다. 누군가 저더러 강연을 해 달라하면 저는 응낙했습니다. 무슨 제목인지를 묻지 않고 현장에 가서야 홀연히 생각이 나서, 여러분들이 저에게 무엇을 강연해 달라 했느냐고 물었습니다. 한 학생이 저에게 '인생의 목적은 무엇인가?'를 제시하며 얘기해 달라고 했습니다. 저는 듣고 나서 연단에 올라가 말했습니다. "좋습니다. 이 제목을 잘 내셨습니다. 무엇을 목적이라 할까요? 예컨대 오늘 여러분들이 저더러 허풍 쳐 달라고 요구했고 제가 와서 강연하는 것, 이것이 한 가지 목적입니다. 여러분들이 강연을 듣기 위해서 오는 것도 한 가지 목적입니다. 세상에는 인생의 목적만을 말하는 학문이 많습니다. 어떤 사람은 인생은 즐김을 목적으로 한다고 하고, 어떤 사람은 인생은 부귀공명을 추구하는 것이 목적이라고 말하는 사람도 있습니다. 예를 들어 예전에 손중산(孫中山 : 손문孫文) 선생은 인생은 봉사를 목적으로 한다고 말했는데, 대단히 위대합니다. 그의 이 사상은 줄곧 지금까지 영향을 미치고 있으며 국민당 공산당 두 당들 모두 아직도 사용하고 있습니다. 그러나 이것은 목적이 아니겠지요! 물어보겠습니다. 저와 이 자리에 계신 여러분들은 엄마 뱃속에서 벌거숭이로 태어났는데 '나는 무엇 하러 태어났다'고 말할 수 있을까요? 그런 일은 없겠지요? 여러분이 이 제목을 낸 것은 아주 재미있지만 강연하거나 토론할 수 없습니다. 저더러 말하라 한다면, 이 제목 자체가 바로 답안입니다.

인생은 무엇을 목적으로 할까요? 인생은 인생을 목적으로 합니다. 인생은 이유가 없습니다. 어디서 무슨 목적을 찾을 수 있겠습니까?" 제가 이 이야기를 한 것은 바로 여러분들의 이 제목과 관련되기 때문입니다.

지행(知行)의 문제

다시 돌아와 긴 얘기를 짧게 말하겠습니다. 방금 중국문화 유불도 삼가를 말했는데, 저는 오늘 우리들의 본 제목과 관계가 있는 명나라 대유를 한 분 분명하게 제시하겠습니다. 그 분은 왕양명(王陽明)인데, 본명은 왕수인(王守仁)이며 양명(陽明)은 그의 호입니다. 이 분은 많은 학문이 있었던 대유(大儒)로서 절강(浙江)의 여요(餘姚) 사람이었습니다. 그의 사상은 바로 유명한 양명학설(陽明學說)인데, 그 영향이 대단히 심원했습니다. 그는 명나라 왕조 역사상 공훈업적이 컸으며 또한 아주 대단했습니다. 그의 학설은 뒷날 일본의 문화혁명인 명치유신(明治維新)에까지 영향을 미쳤습니다. 명치유신은 요 일백여 년 동안의 새로운 일본을 건립했는데, 그 시작에서부터 채용한 학설은 완전히 양명철학이었습니다. 이것은 일본 역사와 국제 역사상 아주 유명합니다. 명치유신은 양명철학의 무슨 관점을 채용했을까요? 지행합일(知行合一)입니다. 아는 대로 행하고 행하는 대로 아는 것입니다. 사람의 지식과 행위는 서로 늘 결합이 되지를 않습니다. 예컨대 조금 전 제가 했던 이야기를 예로 들면 저의 그 친구는 길에서 토비들에게 맞아 상처를 입었는데 도와주는 사람이 한 사람도 없었습니다. 그래서 그는 인성이 그렇게 선량하지 않다고 깊이 탄식했습니다. 그런데 그럴까요? 이 문제는 아주 엄중합니다. 제 생각에는 당시에 행인들이 보고서 틀림없이 그를 동정했을 것이며 그를 도와주고도 싶었을 것입니다. 그렇지만 자기가 또 이런 생각이 들었을 겁니다. "무슨 일이 나지 않을까? 그가 나쁜 사람은 아닌지 모르겠네. 만일 내가 그 사람을 대신해서 전화를 걸어주면 잠시 후에 경찰이 와서 나를 붙잡아 가면 어떻게 하지." 이렇게 많은 고려를 하고서 감히 하지 못했을 겁니다. 이 선악시비는 그렇습니다. 지(知)는 아는 것인데 행위는 도리어 실천하지 못합니다. 아는 대로 행하기는 어렵습니다.

지행(知行)의 문제를 얘기하면, 일백 년 전에 혁명을 추진했던 손중산 선생도 꽤 철학 이론이 있었습니다. 여러분들은 본 적이 없었을 텐데 '손문학설'(孫文學說)이라고 합니다. 그 안에는 '지난행이'(知難行易)와 '지이행난'(知易行難) 두 가지 방면을 제시합니다. 예컨대 현대는 과학이 매우 발달해서 지금은 우리 모두 전등은 스위치만 한 번 누르면 된다는 것을 다 알고 있습니다. 아주 쉽습니다. 이게 행위입니다. 그러나 전기의 내력(來歷)·전기의 원리는 모릅니다. '지난행이'(知難行易), 알기는 어렵지만 행하기는 쉽습니다. 이것이 한 방면입니다. 또 하나의 방면으로 그는 '지이행난'(知易行難)을 제시했습니다. 이론은 알기 쉽습니다. 여러분들이 여기에 앉아서 인성의 문제를 토론하는 것처럼, 사람은 어떻게 왔을까? 사람은 어떻게 태에 들어가 사람으로 변할까? 사람은 죽은 후에 영혼이 있을까 없을까? 천당이나 지옥이 있을까 없을까요? 서방 극락세계가 있을까 없을까? 미래에 생명이 하나 있을까 없을까? 이렇게 사람은 저마다 마음속으로는 모두 느낌이 있습니다. 그러나 행난(行難)입니다. 영원히 알지 못합니다. 이상이 '지난행이, 지이행난'입니다.

되돌아가 양명철학을 얘기하겠습니다. 그는 인성의 교육 작용면에서 아는 대로 행한다는 '지행합일'을 제창하여 중국 명나라 후기와 뒷날 일본의 명치유신에 크게 영향을 미쳤습니다. 저는 왜 그를 말할까요? 왜냐하면 여러분들이 물은 문제는 바로 그가 말한 교육문제이기 때문입니다. 왕양명의 저작은 꽤 풍부합니다. 가장 유명한 한 책이 전습록(傳習錄)입니다. 사람됨과 일처리의 학문을 말하고 있는데, 과거 6~7십년 전에 중국에서 아주 유행했습니다. 장개석 선생도 황포(黃埔) 군관학교에서 양명학설을 강의했습니다. 황포군관학교 학우들은 저마다 몸에 전습록을 한 권씩 지니고 있었습니다. 저는 늘 웃으며 말했습니다. "여러분들은 저마다 다 한 권씩 가지고 있지만 아마 잘 읽어본 사람은 없을 것입니다."

왕양명의 사구교(四句敎)

왕양명이 당시에 학문을 강의한 것도 지금 사람들과 마찬가지로 인성의 문제를 제시했습니다. 그의 가장 유명한 것이 사구교(四句敎)인데, 매우 중요합니다.

첫째 구절이 '선도 없고 악도 없는 것이 성(性)의 본체이다.'(無善無惡性之體)입니다. 그는 인성이라는 이 성의 체(體)는 본래 선도 없고 악도 없다고 보았습니다. 중국 유가의 문화에 근거하면 그는 '인지초, 성본선'(人之初, 性本善)의 사상과는 다릅니다.

두 번째 구절은 '선도 있고 악도 있는 것이 의지(意志)의 움직임이다'(有善有惡意之動)입니다. '의'(意)는 생각 작용입니다. 우리들의 생각 정서에는 선한 것도 있고 악한 것도 있다는 것입니다. 예컨대 우리들이 어떤 것을 먹고자 하면, 마땅히 먹어야 할지 먹지 말아야 할지, 먹고 난 뒤에 좋은 점이 있는지 없는지, 혹은 독이 있는 줄 알고 나면 먹지 않기로 하는데, 이게 바로 선악의 문제가 됩니다.

세 번째 구절은 '선도 알고 악도 아는 것이 양지이다'(知善知惡是良知)입니다. 우리들 사람은 태어날 때부터 지성(知性: 아는 성능, 지각성 ─ 역주)의 작용이 하나 있습니다. 이 지성은 본성의 제2중 제3중의 작용입니다. '양지'(良知) '양능'(良能)이란 명사는 누가 제시하였을까요? 맹자가 제시하였습니다. 맹자는 두 가지를 제시했는데, 하나는 '양지'라고 하고 하나는 '양능'이라고 합니다. 본성과 관계가 없습니다. 맹자는 말했습니다. "예컨대 우리가 어떤 사람이 강물 속에 빠진 것을 보면, 그때는 좋은 사람이든 나쁜 사람이든 악인이든 어떤 사람이든 모두 애를 태우며 가서 그를 구해주고자 한다. 이것은 양지양능의 작용이다."라고 말했습니다. 제가 지금 중간에 맹자를 인용하여 왕양명의 말을 해석하고 있는데, '지선지악'(知善知惡)에서의 이 '지'(知)는 '양지'에 해당합니다. 즉, 오늘날 보통 사람들이 말하는 '천지양심'(天地良心)입니다. 자연히 남을 도와야 할 줄 알고 구해주어야 할 줄 알며 고려할 필요가 없는 것입니다.

네 번째 구절은 '선을 행하고 악을 제거하는 것이 격물이다'(爲善去惡是格物)입니다. 우리는 행위 면에서 반드시 좋은 방면으로 사람이 되고 일을 처리해야 합니다. '위선'(爲善)에서의 '위'는 '행위한다'는 위입니다. '거악'(去惡)은 나쁜 일은 절대로 하지 않는 것입니다. '격물'(格物)은 공자의 학생인 증자(曾子)가 지은 대학(大學)에서 나온 말을 인용한 것입니다. 이 문제는 큽니다. 대학에서는 '치지재격물'(致知在格物)이라고 말하고 있습니다. 사람이 물질세계의 영향을 받지 않을 수 있고 자기 마음이 외물에 따라 굴러가지 않으며, 심지어 외물의 기능을 전환 변화시킬 수 있는 것을 격물이라고 부릅니다. 저는 70여 세인 사람에게 "당신은 아주 젊다."라고 말합니다. 그러면 다들 웃습니다. 사실 제가 말한 것은 진담입니다. 여러분들은 7칠십여 세 일 뿐이니 너무나 귀합니다. 제가 70세로 돌아가려고 해도 그럴 수가 없습니다. 그러므로 제가 보면 여러분들은 모두 젊은이들입니다. 우리가 만주 청나라 정부를 뒤엎을 때보부터 지금까지 97년 밖에 되지 않았습니다. 아직 100년에서 3년이 모자랍니다. 97년 이전에 교육을 받을 때에는 대학(大學) 같은 책들은 모두 외울 줄 알아야 했습니다. 그 때에는 자연과학을 '격치의 학'(格致之學)이라고 번역했는데, 바로 대학에 나오는 이 '격물'에 근거하여서 그렇게 한 것입니다. '격치의 학'은 바로 자연과학이었습니다. 바꾸어 말하면 우리들이 과학을 이용하려면 과학에 마취되어서는 안 됩니다. 우리들이 물질문명을 이용하려면 물질문명에 가려져서는 안 됩니다. 왕양명의 사구교 중에서 말한 격물을 단어 면에서 먼저 한 번 해설했습니다.

사구교의 모순

우리 되돌아가 왕양명의 사구교를 살펴보겠습니다.

첫째 '선도 없고 악도 없는 것이 성의 본체이다', 여러분들이 낸 이 제목은 인성을 말해달라고 요구했는데, 인성은 본래 선도 없고 악도 없을까요? 이 영향은 컸습니다. 특히 당시 혁명을 할 때 황포군관학교나 각 대학들은 온통 이 문제를 말하고 있었습니다. 제 자신의 이야기를 좀 해보겠는데, 자기를 선전하는 것이나 다름없기도 합니다. 당시 국가정부 지도자인 장개석 선생도 황포군관학교 교장이었습니다. 그는 왕학(王學)에 대한 연구가 깊었습니다. 저는 그때 마침 정치교관을 맡고 있어서 정치과를 강의하면서 이 문제를 만나게 되었습니다. 그때에 저는 나이가 젊어서 20여 세였습니다. 담력이 커서 강단에 오르자마자 왕양명의 이 사구교가 틀렸다고 말했습니다. 먼저 이 '선도 없고 악도 없는 것이 성의 본체이다'를 해석하겠습니다. 예컨대 이 한 장의 백지는 그 위에 붉은색도 없고 검은색도 없다는 것입니다. 본체이니까요. 그저 한 장의 종이 일뿐입니다.

두 번째 구절은 '선도 있고 악도 있는 것이 의지의 움직임이다'입니다. 사람의 이 생각 의식은 어디에서 오는 것일까요? 물론 본체·본성의 기능으로부터 일어나는 것입니다. 그것이 바로 생각작용의 움직임입니다. 일단 일어난 뒤에는 선도 있고 악도 있습니다. 선악이 나누어집니다. 이 본체 기능은 선도 없고 악도 없지만, 일단 일어나자마자 선악으로 나누어집니다. 본체가 작용을 일으키는 것이 곧 의지인데, 의지에는 선과 악이 있습니다. 이를 통해서 본체의 기능상에 본래에 선악의 종자가 갖추어져 있음을 알 수 있습니다. 왕양명은 '선도 없고 악도 없는 것이 성의 본체이다, 선도 있고 악도 있는 것이 의지의 움직임이다.'라고 말했지만, 저는 이미 옳지 않다고 말했습니다.

　세 번째 말은 더욱 맞지 않습니다. '선도 알고 악도 아는 것이 양지이다'. 인성 속에는 어떤 것을 해야 할지 어떤 것은 해서는 안 될지를 알 수 있는데, 그것을 '지'(知)라고 부릅니다. 우리 사람들은 모두 이성이 있습니다. 예컨대 제가 화를 내어 남을 꾸짖고자 하면, 한편으로는 꾸짖고 싶고 한편으로는 "그만 두자 꾸짖지 말자."고도 생각합니다. 참지 못하면 일이 발생하니 참아버리자고 합니다. 그 한 '지'는 아주 어렵습니다. '선도 알고 악도 아는 것이 양지이다'라고 했는데 묻겠습니다. 이 한 '지'는 그 본체와 관계가 있을까요 없을까요? 당연히 있습니다. 이 '지성'(知性)은 본체의 기능으로부터 오는 것입니다. 본래에 하나의 '지'(知)가 있고, 하나의 감각(感覺)이 있고, 하나의 지각(知覺)이 있으니까요! 지성이 곧 지각(知覺)입니다. 이 지각과 의(意)는 무슨 관계가 있을까요? 본체로부터 나온 것일까요? 역시 본체로부터 옵니다. 자, 그럼 철학적으로 왕양명의 학설은 삼원론(三元論)으로 변했습니다. '선도 없고 악도 없는 본체'가 하나 있습니다. 그런 다음에 '선도 있고 악도 있는 의지'가 하나 있어서 두 개가 되었습니다. 거기에 다시 '선도 알고 악도 아는 양지'가 하나 있어서 세 개가 됩니다. 이를 철학에서는 '삼원론'이라고 부릅니다. 일원론의 본체가 아니게 됩니다. 그럼 문제가 됩니다.

　네 번째 구절은 비판하지 않겠는데, '선을 행하고 악을 제거하는 것이 격물이다'라는 말은 맞습니다. 서양문화든 중국 전통문화든 모든 종교와 철학은 사람들에게 선을 행하고 악을 없애라고 요구합니다. 이것은 잘못이 없습니다. 이 사구교에 관하여 저는 이렇게 공개적으로 몇 십 년을 얘기했습니다.

명나라 중기에 왕양명이 월국으로 돌아갔다고 역사에 기록이 있습니다. 강소(江蘇) 이곳은 오(吳)나라였습니다. 길 하나 건너가면 저쪽이 바로 절강(浙江)인 월(越)나라였습니다. 왕양명은 절강으로 되돌아갔는데 전국에 많은 학자들이 그를 따라갔습니다. 그는 만년에 사구교를 토론했습니다. 어떤 학생은 선생님을 비판했고, 또 어떤 학생은 찬성했습니다. 두 사람은 두 파로 나뉘어 변론했습니다. 왕양명은 듣고서 말했습니다. "그대들 둘은 모두 옳다. 내가 말한 것도 옳다. 나의 이 사구교는 매우 지혜가 있는 사람이라면 깨닫자마자 알게 된다. 만약 지혜 수준이 비교적 낮은 사람을 교육하려한다면, 선을 행하고 악을 없앤다는 이 한 가닥 노선으로 반드시 걸어가야만 한다." 이 변론은 우리 잠시 얘기하지 않겠습니다.

왕양명의 사구교는 무엇에 근거하여 나왔을까요? 제가 여러분들에게 다시 소개합니다. 방금 중국 고대의 4, 5가의 이론을 말했는데, 수천 년 동안 우리들은 인성이 선인지 악인지를 줄곧 토론해 왔습니다. 그런데 지금 자리에 계신 여러분들이 또 이 문제를 제시했습니다. 그러므로 저는 늘 말합니다. 동서양의 문화는 모두 '사람이 만물의 영장이다.'(人爲萬物之靈)고 말하지만, 그것은 인류자신이 허풍을 치는 것이라고요. 인류는 조금도 영명(靈明)하지 않습니다. 이러한 인성의 문제들 생명의 의의 문제들에 대하여 동서양의 모든 종교 철학이 지금에 이르도록 해답을 하지 못했고 하나의 결론을 내지 못했습니다. 사람은 어떻게 태어나 올까요? 한 남자와 한 여성이 함께 하여 정자와 난자가 서로 결합하여 사람으로 변화여 나옵니다. 뿐만 아니라 변화해 나온 사람은 저마다 마음이 각자의 얼굴처럼 다릅니다. 인성에 대해서는 지금도 결론이 없습니다! 인류는 지금 하늘로 올라갈 수 있게 되었습니다. 그렇지만 가장 기본적인, 생명과 인성의 도리에 대하여는 아직도 결론을 얻지 못했고 아직도 실제에 발을 붙이지 못하고 있습니다! 왕양명의 철학은 먼저 여기까지 소개합니다. 이 문제는 다 말할 수 없습니다. 우리 10분 쉬었다 다시 하겠습니다.

강연 둘째 시간

방금 인성 문제를 말하면서 저는 아주 빠르게 그것을 농축시켜 명나라 왕조 왕양명의 단계까지 말했습니다. 여러분은 동서양의 문화 연구에 주의하시기 바랍니다. 왕양명이 중국에 영향을 미치기 시작한 시대는 바로 16세기로서 서양의 문예부흥 단계에 해당합니다. 이 속에는 문제가 많습니다. 서양 문화에 왜 문예부흥이 있었을까요? 왜 중국에는 없었을까요? 있었습니다. 바로 왕양명의 이 단계였습니다. 중국도 혁명을 하고 있었습니다. 뒷날 왕조가 바뀌어 명나라가 망하고 만주족 청나라가 산해관(山海關)으로 들어와 또 새로운 문화의 기원이 되었습니다. 이 노선은 매우 재미있습니다.

이제 우리는 돌아가 인성의 문제를 말하겠습니다. 여러분들이 연구하고자 하는 인성 문제에 대하여 강희 시대에 한 부의 대단히 중요한 저작이 있습니다. 그것은 성리대전(性理大典)인데, 다들 주의를 기울이는 일이 드뭅니다. 중국의 몇 천 년의 유불도 삼가의 학문 중에서 강희(康熙)는 특별히 유가가 토론하는 인성문제를 추앙했습니다. 만주족 청나라가 산해관으로 들어온 뒤에 강희 · 옹정(擁正) · 건륭(乾隆) 3대는 중국문화에 대하여 대단히 큰 공헌을 했습니다. 성리대전 · 강희자전(康熙字典) · 고금도서집성(古今圖書集成) · 사고전서(四庫全書)는 모두 그때 완성된 것입니다. 이것도 중국의 문예부흥입니다. 그렇지만 오늘날 다들 상공업 발전과 과학문명에 미혹되어 되돌아보지 못하고 있습니다.

지금 미국에서는 신흥과학이 막 일어나기 시작했습니다. 하나는 생명과학이요 하나는 인지과학입니다. 많은 외국 학자들이 우리한테 찾아와서 이 문제를 토론합니다. 저는 외국 학자들에게 우스갯소리를 하는데 진담이기도 합니다. 저는 말합니다. "여러분들이 인지와 생명과학 문제를 연구하고자 하는데 이것은 모두 중국에 있습니다. 여러분은 먼저 중국어를 배워서 천천히 연구해보시기 바랍니다!" 그렇지만 우리들 자신도 가련합니다. 고서에 그렇게 많은 보배가 있는데도 알지 못하고 우리 자신들의 문화가 소용없게 변해버렸으니까 말입니다. 이것도 얘기 나온 김에 언급해본 것입니다.

불가의 학설

　　우리는 방금 말했던 왕양의 이 문제를 계속 하겠습니다. 당송(唐宋)을 한 한계선으로 삼았는데, 사실은 당송 이전에 줄곧 이 문제의 답안을 추구해 왔습니다. 방금 우리가 말했듯이 춘추전국 시대에 중국문화의 중심은 유묵도 삼가였습니다. 당송 이후에 변천하여 유불도 삼가가 되었습니다. 이 삼가의 문화는 모두 이것을 추구해왔습니다. 여러분들은 오늘날 불교에는 사원이 있는 것을 보는데, 이것은 중국인들이 한 것입니다. 제가 늘 말하기를, 석가모니불은 인도의 공자라고 합니다. 그는 우상을 숭배하지 말라고 제창하고 종교를 반대했습니다. 그렇지만 그의 교화가 중국에 이르러서 도리어 종교로 변했습니다. 이것은 또 하나의 문제이며 대단히 의미가 있습니다.

　　무엇이 이 삼가 문화의 주요한 중심일까요? 불가에서는 명심견성(明心見性)을 종지(宗旨)로 제시합니다. 부처님을 배우는 사람은 왜 머리를 깎고 출가하고자 할까요? 놀러 가는 게 아닙니다. 이 생명과 사람의 본성 문제에 대하여 마음을 집중하여 추구하는 것입니다. 이 학문이 걸어가는 노선은 바로 어떻게 명심견성 하느냐 입니다. 무엇을 '명심'(明心)이라고 할까요? 바로 우리들 사람의 감각·지각·정서·생각이 어떻게 오는 것인지를 찾아내는 것입니다. 이에 대하여 오늘날 서양 문화는 생리의학의 입장에서 바라보고 뇌의 문제라고 생각합니다. 그렇지만 이 과학이론도 곧 막다른 골목에 도달해 걸어가지 못할 것입니다. 오늘날 뇌 과학을 연구하면서 인지과학과 생명과학과의 접목을 시험하고 있습니다. 그렇지만 아직 접목이 되지 않았습니다. 그러므로 이 문제는 큽니다. 우리의 본 주제로 돌아가겠습니다. 불교에서는 명심견성을 제시합니다. 도가에서 제시한 것은 무엇일까요? 수심련성(修心練性)입니다. 유가가 제시한 것은 무엇일까요? 존심양성(存心養性)입니다. 이들은 모두 마음(心)과 성(性)의 문제입니다.

여러분들은 본성의 문제를 제시했는데 어떻게 생명의 본성을 알까요? 이 지식은 철학에서 찾아야 합니다. 서양인들에게서는 오늘날 인지(認知)과학이 일어났는데 무엇이 '인지'일까요? 과거에 철학을 연구하면서 이미 이 개념이 있었지만 인지라고는 부르지 않았습니다. 그렇지만 오늘날 미국인들이 제시하여 우리들은 새로운 번역으로 인지과학이라고 부릅니다. 사실은 중국문화에 근거해서 나온 것인데 다들 모르고 있습니다. 우리가 알듯이 철학에는 유심(唯心)과 유물(唯物)이 있습니다. 예를 들어 마르크스 사상은 유물철학입니다. 유심과 유물 이외에도 아주 큰 학문이 하나 있는데, 중국 불가에서는 유식(唯識)이라고 부릅니다. 불가에서는 심(心)·의(意)·식(識) 세 가지 것을 말하는데, 이 '심'이 바로 명심견성에서의 심입니다. 심은 어떤 것일까요? 우리들 사람은 어떻게 생각이 있고 정서가 있을까요? 이 생명은 과거가 있을까요 없을까요? 현재가 있을까요 없을까요? 미래가 있을까요 없을까요? 미국에서 오늘날 대단히 유행하는 영화가 많은데, 생명 윤회의 현상을 연구하고 있습니다. 예컨대 동남아의 태국·버마·말레이시아 이 일대에서 그 많은 사례가 발생했습니다. 어린애가 태어나 약간 말을 할 줄 알게 되면 자기가 말하기를, "나는 당신집 사람이 아닙니다. 나는 과거에 어느 집안의 노인이었는데 지금 환생하여 온 것입니다." 라고 합니다. 아주 이상하게도 아열대 지역에 특별히 많습니다. 미국의 어떤 사람이 추적하도록 과학자를 파견했습니다. 어린애를 데리고 그가 전생에 살았던 집으로 갔습니다. 할머니가 아직 살아있었습니다. 이 아이는 말했습니다. "나는 당신 영감이었는데 죽어서 환생하여 지금은 어떤 집 아이로 변했습니다." 할머니는 처음에는 믿지 않았습니다. 뒤에 그가 할머니 귓가에 비밀 얘기를 하자 할머니는 울고 진짜임을 알게 되었습니다. 그러더 물건을 가지러 가라고 하자 그는 전생의 물건도 찾아올 수 있었습니다. 이런 것들은 지금 이미 시작하여 연구하고 있습니다.

선종의 육조

중국문화에서 명심견성을 얘기하는데 심(心)과 성(性)을 어떻게 알까요? 조금 전에 왕양명의 사구교에 나오는 지(知)를 말했는데, '선을 알고 악을 아는 것은 양지다'에서, 인성에는 이렇게 하나의 지각이 있습니다. 그런데 이 지각은 또 어디로부터 오는 것일까요? 오늘날 서양의 과학·의학은 그것은 뇌의 문제라고 합니다. 그렇지만 최근 새로운 자료가 나왔는데 결코 뇌가 아닙니다. 그럼 이 인성은 도대체 어떤 것일까요? 사람은 영혼이 있을까요 없을까요? 전생과 내생이 있을까요 없을까요? 왕양명의 이 사구교로 돌아가겠습니다. 이것은 중국철학에서 명심견성의 문제에 속합니다. 그러므로 여러분들은 사원만 보면 절하고 향 피우지 마시기 바랍니다. 그것은 종교형식입니다. 종교의 배후에 석가모니불·공자·노자의 학문이 추구한 것은 모두 인성의 문제였습니다.

심을 어떻게 밝히고 성은 어떻게 볼까요? 중국 선종 문화 속에는 아주 유명한 이야기가 하나 있습니다. '석가가 꽃을 집어들어 보이자 가섭이 빙그레 웃었다'(釋迦拈花 迦葉微笑)가 그것입니다. 여러분은 아마 들어본 적이 있을 겁니다. 당나라 시대 때 선종은 막 흥성 발전하기 시작했습니다. 사원의 스님들은 경전을 읽거나 채식을 하는 이런 형식을 논하지 않았습니다. 우리들은 그 내용의 중심을 얘기해보겠습니다. 선종문화를 '교외별전'(敎外別傳) 네 글자라고 부릅니다. 불교의 종교·형식·학술·이론 이외에 또 하나의 길을 열었는데, 직접 명심견성 하는 것으로서 '직지인심, 견성성불'(直指人心, 見性成佛)이라고 부릅니다. 바꾸어 말해서 인도 문화와 중국 문화가 접목되어 새로운 동양 문명을 낳았고, 이런 위대한 목표가 있었습니다.

선종은 중국의 초당 시기에 당 태종 단계에서부터 일어나 중국의 가장 위대한 여 황제인 무측천(武則天) 시대까지 흥성하기 시작했습니다. 소설 역사에서는 무측천이 어떻게 어떻게 나쁘다고 쓰고 있는데, 저는 늘 말하기를 당신은 그녀를 그렇게 나쁘게 보지 말라고 합니다. 황제가 되었던 이 여인은 대단히 훌륭한 사람이었습니다. 여러분 무측천의 무덤을 보세요, 그의 무덤 앞에는 비문이 없는 비석 하나만이 세워져 있습니다. 그녀의 의도는, "나의 일생의 좋고 나쁨과 옳고 그름은 후세 사람들이 연구해보시요!"입니다. 이 사람은 대단한 한 여성이었습니다. 여러분 여성 학우들은 잘 연구해보아야 합니다.

선종은 전승을 중시했고 제5대 홍인(弘忍) 선사까지 전해졌습니다. 홍인선사는 호북(湖北)의 황매(黃梅)에 있었습니다. 뒷날 선종은 또 남종(南宗)과 북종(北宗) 양파로 나누어졌습니다. 북종은 점오(漸悟)를 중시합니다. 서서히 공부하고 학문을 하여 한걸음 한걸음씩 명심견성에 도달하고 인성의 본래를 보는 것입니다. 남종은 돈오(頓悟)를 중시합니다. 즉시 명심견성하고 서있는 자리에서 성불하는 것입니다. 남녀노소를 가리지 않고 사람은 누구나 성인이 될 수 있고 도를 얻을 수 있습니다. 중생은 평등합니다.

당시 광동(廣東)에 한 사람이 출현했는데, 유명한 선종의 육조 혜능(惠能) 선사 입니다. 그는 처음에는 출가자가 아니었습니다. 부친은 광동에서 관료였는데, 청렴한 관료였기 때문에 고향으로 돌아갈 여비가 없었습니다. 그래서 후대는 바로 광동의 신회(新會)에서 거주했습니다. 오늘날의 강문(江門)이라는 곳입니다. 그의 부친은 일찍 죽었고 집은 가난했습니다. 오직 어머니와 함께 서로 의지하여 살아오고 있었습니다. 그 시절에는 선종이 유행했습니다. 어느 날 그가 땔감을 베어 거리에 팔러 나갔는데, 어떤 선생이 여관에서 금강경을 읽는 소리를 들었습니다. 이 경은 명심견성의 길을 직접 가리켜 이끌어 주는 것이라고 말할 수 있습니다. 그는 '응무소주, 이생기심'(應無所住, 而生其心)이라는 구절을 듣고 깨달은 바가 있었습니다. 이 말은 금강경의 중심인데, 사람의 행위 생각과 심성의 수양을 말하는 것입니다. 혜능은 몹시 호기심에 차 이 사람에게 물었습니다. "당신이 읽는 것은 무슨 책입니까?" 그 사람은 불경이라고 말했습니다. 혜능은 말했습니다. "저도 이해합니다." 그 사람은 말했습니다. "당신은 땔나무꾼으로 글자도 모르는데 이 의미를 알아요?" 이리하여 그는 혜능에게 호북의 황매로 가서 오조에게 학습하라고 권했습니다. 오늘날 자동차로 가면 빠르지만 당시에 길을 걸어가는 것은 몹시 수고로운 일이었습니다. 혜능은 말했습니다. "호북이 그렇게 멀고 또 저는 가난하여 여비가 없는데 어떻게 갈까요? 게다가 모친이 계셔서 봉양해야 할 생계를 도모해야 하기 때문에 떠날 수 없습니다." 이 선생은 아주 재미있게도 이름자도 남기지 않으며 말했습니다. "내가 당신에게 모친을 부양할 돈을 줄테니 당신은 오조를 참례(參禮)하러 가시오."

두 수의 게송

혜능이 황매에 도착하자 오조가 그에게 말했습니다. "그대는 영남(嶺南) 사람이고 또 갈료(獦獠)인데 무엇을 근거로 부처가 되겠는가?" 혜능이 말했습니다. "사람은 비록 남북이 있지만 불성에는 본래에 남북이 없습니다. 야만인의 몸과 화상의 몸은 다르지만 불성에는 무슨 차별이 있겠습니까?" 그는 대답하기를, 사람은 비록 남쪽 지방과 북쪽 지방의 언어 발음이 다르고 문화가 다르지만 불성은 마찬가지라고 했습니다. 여러분, 육조단경(六祖壇經)을 읽어보시기 바랍니다. '갈료'라는 두 글자는 매우 재미있습니다. 영국인들이 홍콩을 백 년 동안 통치했는데, 홍콩인들은 외국인을 '귀료'(鬼佬)라고 부르는데, 사실 갈료라는 두 글자에 해당합니다. 문화가 낙후된 야만인을 가리킵니다. 그의 대답을 들은 오조는 그로 하여금 머물도록 허락했습니다. 그러나 그더러 머리를 깎으라고 허락하지는 않았습니다. 오조는 그더러 쌀 방아를 찧고 노동일을 하라고 함으로써 그의 업장(業障)을 녹게 했습니다. 이것이 오조의 교육 방법이었습니다. 이렇게 1~2년 동안 지냈는데 학우들은 모두 명심견성이라는 문제를 깊이 파고들어가고 있었습니다. 그는 곁에서 물론 다 들었습니다.

오조는 나이가 많아지자 이 심요(心要)를 전해주고자 했습니다. 그래서 제자들에게 분부하기를, 저마다 게송(偈頌)을 한 수씩 지어서 보고하라고 했습니다. 불교의 게송은 중국문화에서의 시사(詩詞)와 유사합니다. 시사는 압운(押韻)을 해야 되고 평측(平仄)을 중시합니다. 불교의 게송은 압운을 하지 않고 평측을 상관하지 않습니다. 그러나 마찬가지로 맛이 있습니다. 오조에게는 대 제자 신수(神秀)가 있었는데 학문이 훌륭하고 수행 공부도 높았습니다. 그는 게송을 한 수 써서 복도의 벽에 붙여 놓았습니다.

몸은 보리수요	身是菩提樹
마음은 명경대이니	心如明鏡臺
때때로 부지런히 털고 닦아	時時勤拂拭
먼지가 일어나지 않게 하라	勿使惹塵埃

제가 왜 이 계송을 인용할까요? 여러분들은 어떻게 인생의 방향·정서·생각을 장악할지를 물었습니다. 특히 사장되는 사람은 툭 하면 성깔을 부리고 부하를 꾸짖고, 툭 하면 자기 같은 자본가는 높고 높은 곳에 있고 월급을 받는 사람들은 자기보다 한 단계 낮다고 생각하는데, 이런 심리는 빨리 고쳐야 합니다. 이런 심리를 빨리 고치려면 신수 사부(師父)의 이 계송을 살펴보아야 합니다. '몸은 보리수요, 마음은 명경대이니', 이것은 지혜입니다. 이 마음은 평정(平靜)해야 되고 잡념망상이 없고 정서가 없어야 합니다. 그러나 사람의 생각·정서·감각은 수시로 발생합니다. 답답함·고통·번뇌·자비·열등감·오만 등 갖가지 정서가 대단히 많습니다. 그러므로 언제나 자기 마음속의 정서·생각·감각을 지워버려야만 합니다. 이것은 최고이자 가장 기본적인 수양입니다. 보통 사람이든 혹은 지도자가 되든 모두 이 수양이 필요합니다. '때때로 부지런히 털고 닦아', 심경(心境)은 유리거울과 같습니다. 거울위의 때를 때때로 깨끗하게 닦아서 '먼지가 일어나지 않게 하라', 영원히 맑고 밝음[淸明]을 유지해야 합니다. 마치 날마다 아침에 잠에서 깨어나는 것처럼 맑고 밝음을 보호 유지해야 합니다. 매일 아침 깨어날 듯 말 듯 할 때 지성(知性: 지각성을 말함—역주)은 있고 정서(情緒)는 없는, 그 찰나 그 심경을 보호 유지하는 것이 바로 최고의 수양입니다. 거울처럼 깨끗하게 하여서, 정서나 심리 감각이 그 위에 떨어지지 않게 해야 합니다. 여러분들이 수양문제를 물었는데 이 계송이 좋은 답안입니다.

이 대 사형께서 이 계송을 쓴 뒤 온 절의 스님들이 이 계송이 정말 좋다며 다들 외우고 있었습니다. 그리하여 곁에서 한참 노동하며 쌀을 찧고 있던 육조한테 전해졌습니다. 당시 그는 아직 출가하지 않았습니다. 그가 한 동자에게 물었습니다. "여러분들은 무얼 그렇게 떠들썩하게 외우는 겁니까?" 동자가 말했습니다. "당신은 모릅니다. 지금 사부는 나이가 많아져서 법을 전하고자 모든 사람들에게 보고서를 쓰라고 했습니다. 이것은 대 사형이 쓴 것인데 사부가 모든 사람들에게 이대로 수행하라고 했습니다." 육조는 자신에게도 한 게송이 있지만 자기는 글자를 모른다고 말했습니다. 곁에 강주별가가 있었는데 그를 위해서 벽 위에다 이 게송을 써 주었습니다.

보리는 본래 나무가 없고	菩提本無樹
밝은 거울도 경대가 아니다	明鏡亦非臺
본래에 한 물건도 없거늘	本來無一物
어느 곳에서 먼지가 일어나겠는가	何處惹塵埃

사람과 만물의 자성(自性)은 본래 청정합니다. '보리는 본래 나무가 없고, 밝은 거울도 경대가 아니다. 본래에 한 물건도 없으니', 아무것도 없습니다. 아주 공령(空靈)하고 자재합니다. '어느 곳에서 먼지가 일어나겠는가!' 이렇게 되자 온 절에 파문이 일어났습니다. 당시 거기에도 수백 명이 있었습니다. 한 대학이나 마찬가지였습니다. 이 게송이 사부에게 전해지자 오조는 걸어와서 보았습니다. 한 번 웃더니 아무 말 없이 신바닥으로 벽 위의 그 게송을 문질러 지워버렸습니다.

우리가 육조의 게송을 말했는데, 앞서의 왕양명의 '선도 없고 악도 없는 것은 마음의 본체이다'로 되돌아가 보면, 그것은 바로 육조의 이 게송에서 온 것이었습니다. 육조의 이야기는 아주 재미있습니다. 뒷날 그는 선문의 남종 육조로 불리었습니다. 오늘날 광동의 남화사(南華寺)에 가면 그 당시의 육신이 지금까지 아직 보존되어 있습니다.

심성의 문제를 얘기하면서, 왕양명을 얘기했고 또 중국문화 선종이 표방하는 명심견성을 얘기했습니다. 방금 말했듯이 유가의 존심양성(存心養性), 도가의 수심연성(修心練性)은 모두 인성의 문제입니다. 이로써 보면 인성의 문제는 중국문화의 중심으로서 아주 중요한 하나의 문제였음을 알 수 있습니다. 그렇지만 오늘날 중국문화는 도리어 이것을 내던져버렸습니다. 이러고도 오늘날의 과학과 접목시킬 수 있을까요? 중국은 이 문화를 회복해야 서양의 새로운 과학문화와 접목할 수 있습니다. 서양의 신흥 학문인 인지과학과 생명과학은 바로 생명 자성(自性)을 연구하고 있는 것입니다. 도대체 전생과 내세가 있을까요 없을까요? 생명은 무엇으로 근본을 삼을까요? 또 어느 곳으로부터 올까요? 자성의 문제를 연구하면서 일체의 종교를 부정했습니다. 일체의 과학도 부정했습니다. 자기에게 하나의 본체가 있는데, 이게 바로 우리가 토론하고자 하는 심성문제입니다. 심성에서 일어나는 행위의 선악은 다 말하지 못하겠습니다. 중국은 수천 년 동안 지금에 이르기까지, 사람이 자기의 선악의 생각·감각·번뇌의 행위·심리상태를 어떻게 모두 연구하여 알 것인지를 말해왔습니다. 이것 역시 중국문화 교육의 최고의 목적이었는데, 몹시 안타깝게도 오늘날은 홀시되었습니다. 오늘 시간이 짧기 때문에 저는 이 문제를 여러분들에게 언급할 뿐이니, 여러분들은 돌아가 책들을 찾아 읽어보고 이 방면에 연구를 하시기 바랍니다. 중국문화가 부흥할 희망이 아주 있습니다. 감사합니다.

어떻게 부처님을 배울 것인가

2011년 7월 9일
태호대학당
청중: 금융계중청년간부(金融界中靑年幹部) 등

강연 첫째 시간

자리에 앉으십시오! 저는 오늘 여러분이 불학 문제를 알고 싶어 한다고 들었습니다. 부처님을 배우는 것은 엄중한 문제입니다. 여러분들은 모두 국내의 특출한 인재들로서 보니 아주 젊습니다. 저는 늘 사람들에게 말합니다. 세상에는 건드리지 말아야 할 학문이 두 가지가 있다고요. 첫째는 불학(佛學)입니다. 두 번째는 역경(易經)인데 중국문화의 뿌리입니다. 만약 이 두 가지 학문을 건드려 파고 들어가려면 일생동안 기어 나오기 쉽지 않습니다. 그러므로 여러분들은 경솔하게 연구하지 않으시는 게 제일 좋습니다. 그렇지만 이 두 가지 학문은 두 종류의 사람이 연구해도 좋습니다. 그 하나는 제1류의 지혜·초인의 능력을 가진 사람입니다. 그 다음은 책을 전혀 읽어보지 않은 사람입니다. 한 장의 백지와 같은 사람이라면 연구해도 좋습니다. 그런데 그 중간의 일반인들은 만져보지 않는 게 제일 좋습니다. 연구하고 싶다면 그 절반만 배우는 것이 제일 좋습니다. 끝까지 파고 들어가지 마십시오. 만약 이 두 가지 학문 중 어느 한 분야라도 끝까지 파고 들어가려면 당신은 폐인으로 변하게 될 겁니다. 저는 어떨까요? 절반의 폐인이라고 할 수 있습니다. 이상은 시작 부분에 여러분들에게 하는 서언이었습니다.

불교 · 불학 · 불법

불교 · 불학 · 불법 이 세 가지 방면을 이해하고 싶다면 너무나 어렵습니다. 첫 번째는 불교입니다. 천주교 · 기독교 · 회교 그리고 중국의 도교와 유가도 마찬가지로 하나의 종교입니다. 무엇이 종교일까요? 인간의 생각 의식과 정서가 하나의 가설적인 의탁처를 갖는 것이 바로 종교입니다. 이러면 충분하고, 더 이상 이유를 묻지 말라고 합니다. 하느님이 있을까요 없을까요? 불보살이 있을까요 없을까요? 귀신이 있을까요 없을까요? 모두 묻지 말고 어쨌든 믿으면 됩니다. 이것이 종교입니다. 종교는 질문을 허락하지 않습니다.

불교가 종교로 변한 까닭은 뒷날 부처님을 배우는 사람들이 조성한 것입니다. 사실 석가모니 부처님은 종교를 세우지 않았습니다. 모든 종교는 바로 믿을 신(信) 한 글자입니다. 신앙은 이유를 묻지 않는 것입니다. 그것이 바로 종교입니다. 불교는 오늘날 전 세계에 유행하고 있습니다. 특히 중국 대륙은 표면상으로는 하나의 종교일 뿐이지만 진정한 불법의 내용은 거의 사라져 버렸습니다.

두 번째는 불학입니다. 이것은 너무나 어렵습니다. 종교가 아닙니다. 옛날부터 지금까지 불학이라는 학문은 중국에서 네 글자로 형용했습니다. 이른바 '호여연해'(浩如煙海)인데, 4대해의 바닷물보다 많고 위대합니다. 얼마나 많은 내용이 있는지 모릅니다. 불학에 포함된 것은 종교 · 철학 · 과학 그리고 제자백가를 포함하여 일체의 학문이 다 들어있습니다. 저는 늘 말합니다. 불학은 백화점과 같아서 무엇이든지 다 있으니 당신이 어느 면으로부터 들어가느냐에 달려 있다고요. 불학을 완전히 통달한 사람은 아주 드뭅니다. 현대인의 연령 · 정신과 큰 환경 하에서는 더욱 어렵습니다. 그러므로 저는 불학을 연구하지 말라고 하는 이유가 바로 이 때문입니다.

세 번째는 불법입니다. 이것은 더욱 다릅니다. 불법은 우주와 인생의 생명 도리에 대하여 이론을 알아야 할 뿐만 아니라, 자기의 심신 성명(性命)으로써 어떻게 일개 범부가 초인으로 변할 것인지 그 증득을 추구해야 합니다. 중국 고문에서의 '범부'(凡夫)라는 두 글자는 곧 평범한 사람·보통 사람을 가리킵니다. 범부가 범부를 뛰어넘어 성인의 영역에 들어가려면 과학과 마찬가지로 기본적인 이론을 이해하고, 또 몸과 마음으로써 증득을 추구하여 범부를 뛰어넘어 성인의 영역에 도달해야 합니다. 이것이 불법입니다. 오늘날 불법이 있을까요 없을까요? 있는 것도 같고 없는 것도 같습니다. 그럼 오늘은 시간 관계상 저는 두 마디 말만 하고 지나가고 깊은 연구는 하지 않겠습니다.

불학은 어떨까요? 있는 것 같기도 하고 없는 것 같기도 합니다. 각대학의 철학과에도 불학 수업이 있습니다. 그러나 저의 관점으로 보면 불학에 정통한 사람은 너무나 적습니다. 이상은 제가 여러분들에게 하는 한 번의 설명이었습니다. 왜냐하면 여러분들의 시간도 부족한데다 바다처럼 넓은 불학을 한 두 시간 내에 다 말하려고 한다는 것은 우스운 얘기이기 때문입니다. 그렇지만 우리는 방법을 생각해 내어 적어도 불학이 어떤 것인지 약간 이해해야겠습니다.

부처님의 출신, 부처님이 품은 의혹

이 자리에 계신 여러분들은 불학이나 불교를 연구하고 싶어 하는데, 불교의 교주 석가모니불을 연구해본 적이 있는 사람이 있는지 모르겠습니다. 이것은 아주 중요합니다. 우리들은 오늘날 지식이 폭발하고 정보가 발달한 복잡한 이 환경 가운데에서 불학을 이해하고 싶다면, 먼저 이 교주 석가모니 부처님을 이해해야 합니다. 그는 인도 사람이었습니다. 그가 출생한 연대는 중국의 노자와 공자 그리고 서양의 소크라테스와 거의 같아서, 앞뒤로 1백여 년 차이가 났습니다. 그 시대에 세계에는 많은 성인이 출현하였습니다. 그렇지만 어떤 사람이 석가모니불을 연구해보고서 부처님은 공자보다 백여 년 쯤 더 빠른 시기였다고 말합니다.

석가모니는 인도의 가비라국(오늘날 네팔 국경 내)의 한 왕자였습니다. 일반인들은 그가 태자라고 말하는데, 중국문화 입장에서 보면 그는 세자(世子)였습니다. 왜냐하면 인도의 그 당시는 중국과 마찬가지로 봉건국가였습니다. 전체 인도는 수백 개의 제후의 작은 국가들이 즐비하고 통일이 되지 않았습니다. 그 시대의 인도문화는 60여종의 다른 문자 언어가 있었습니다. 그의 출생지인 네팔은 중국의 티베트 쪽에 가까이 인접해 있으며 히말라야 산 남면에 위치하고 있습니다. 이러한 한 국가의 왕자는 태어날 때부터 국왕이 될 운명이었습니다. 이제 약간 신기하고 괴이한 일을 얘기해 보겠습니다. 이것은 연구해본 것인데 본래는 얘기하고 싶지 않았습니다.

불교를 연구하는 우리들이 다 알듯이 석가모니는 출생하자마자 곧바로 일곱 걸음을 걸었습니다. 그리고 한 손으로는 하늘을 가리키고 한 손으로는 땅을 가리키면서 다음과 같은 한 마디를 했습니다. "천상천하유아독존"(天上天下唯我獨尊) 말을 마치자 더 이상 말하지 않고 보통의 갓난애로 변했습니다. 그래서 석가모니불의 동자상을 빚는 것은 바로 그러한 형상입니다. 오늘날 현대인들이 연구한 뒤에 이게 어떻게 가능하겠느냐고 회의를 제시했습니다. 그렇지만 동서 문화 역사를 연구해보면 옛사람들은 태어나면서부터 말을 할 줄 알고 동작을 할 줄 아는 사람이 많았습니다. 석가모니 한 사람만이 아니었습니다.

그는 태어날 때부터 왕자였습니다. 성장한 뒤에 개성이 아주 특별했습니다. 늘 혼자서 고독하게 깊은 생각에 빠셨습니다. 마치 무슨 문제를 사고하고 있는 것 같았습니다. 당시의 예언가의 말에 따르면 성장한 뒤에 일대의 전륜성왕(轉輪聖王)이 되지 않으면 출가하여 성불할 것이라고 했습니다. 그의 부친인 국왕은 몹시 걱정했습니다. 왜냐하면 그는 독자로서 미래의 왕위 계승자였기 때문입니다. 그러므로 그를 몹시 중시했습니다. 열아홉 살 때가 되었을 때에 밤중 삼경에 말을 타고 황궁을 도망 나와 입산수도하러 떠났습니다. 이상 간단명료하게 말씀 드렸습니다.

그는 젊었을 때에 궁정교육을 받았기에 세상의 학문에 정통했습니다. 종교·철학·과학·수학 심지어는 무공까지 갖가지가 다 제1류의 수준을 뛰어넘었습니다. 특히 전기에서 그의 힘은 대단해서 코끼리의 다리를 잡아 들어 성 밖으로 내던질 수 있었다고 말합니다. 그는 각 방면에서 다른 사람을 뛰어넘었습니다. 그렇지만 그는 황궁에서 내내 즐겁지 않았습니다. 왜 즐겁지 않았을까요? 인생의 문제를 사유하였기 때문입니다. 이 자리에 계신 여러분들처럼 그랬습니다. 그는 어려서부터 생각했습니다. 태어남은 어디로부터 오며, 죽음은 어느 곳으로 향하여 가는가? 우주만유의 기원은 어떻게 오는가? 우리가 친히 경험해 본 것처럼, 저도 물론 어렸을 때 엄마에게 제가 어떻게 태어났느냐고 물어 보았습니다. 엄마는 먼저 제게 주워왔다고 말했습니다. 정말 짜증났습니다. 저는 엄마하고 싸웠습니다. "어디에서 주워왔느냐고요? 당신은 꼭 나를 데리고 가 봐야 합니다." 엄마는 쓰레기통에서 주워왔다고 했습니다. 저는 그럼 그 쓰레기통을 꼭 찾아와야 한다고 말했습니다. 그러자 엄마는 비로소 말했습니다. "내가 너를 속였다. 너는 내가 낳은 것이다." "그럼 어떻게 나를 낳은 것이에요?" "여기서부터 낳은 것이야"(선생님께서는 겨드랑이를 가리키다). 저는 날마다 엄마를 끌어당기면서 물었습니다. "여기서 어떻게 나를 낳을 수 있어요?"

생명은 도대체 어떻게 오는 것일까요? 사람은 어떻게 태어나는 것일까요? 특히 밤에 잠든 이후에 온통 깜깜하여 아무것도 모르며 잠들면 어디로 가는 것일까요? 사람이 태어나고 또 죽어가는 걸 알고, 또 노인들로부터 사람은 전생이 있다는 얘기를 들었습니다. 그렇다면 무엇이 전생일까요? 전생은 또 누구였을까요? 청나라가 산해관으로 들어온 뒤 제일 첫 번째의 황제였던 순치(順治)는 뒷날 오대산으로 출가하였다고 합니다. 그의 아들이 바로 강희(康熙)입니다. 그에게는 한 수의 출가시(出家詩)가 있는데 아주 묘하고 깁니다. 아주 재미있습니다. 그 속에 '태어나기 전에는 누가 나인가? 태어난 뒤에는 나는 누구인가?'(未生之前誰是我, 旣生之後我是誰)라는 구절이 있습니다. 부모가 낳기 이전에 나는 어디에 있었을까요? 지금 내가 태어나서는 나는 도대체 또 누구일까요? 다음 구절에서는 이렇게 말합니다. '나는 본래 서방의 한 스님이었는데'(我本西方一衲子), 그 자신이 느껴 깨달은 바가 있어 자기의 전생은 스님이라고 말했습니다. '단지 당시 한 생각 차이 때문에'(只爲當年一念差), 당시에는 알지 못하고 어리벙벙했다는 것입니다. '황포로 갈아입고 자주색 가사를 물리쳤을까?'(黃袍換却紫袈裟), 왜 갑자기 황포를 입은 황제로 변하고 화상이 입은 자주색의 가사를 벗어버리게 되었을까? 그래서 그는 몹시 달가워하지 않았습니다. 전하는 바로는 그는 20여 세에 오대산으로 가서 출가하였다고 합니다. 이것은 석가모니불을 얘기한 김에 순치황제를 말해 본 겁니다.

석가모니불은 생명이 어디에서 오는지 사람은 어떻게 잠이 드는지, 이런 문제들을 항상 사유했습니다. 저는 늘 학우들에게 우스갯소리로 말하기를 여러분은 자기가 어떻게 잠이 드는지 살펴보라고 합니다. 이것은 보통 사람에게 하는 말입니다. 그렇지만 여러분은 함부로 연구하지 마시기 바랍니다. 자기가 어떻게 잠이 드는지를 베게머리에서 알고 싶어 하면 잠들지 못하게 됩니다. 얼른 놓아버려야 합니다. 그렇지 않으면 당신은 정신이 붕괴할 수 있습니다. 사람은 어떻게 잠이 들까요? 또 어떻게 깨어날까요? 사람은 왜 쇠로할까요? 태어나서는 왜 죽는 걸까요? 죽은 뒤에는 또 생명이 있을까요? 내가 태어나기 전에 생명이 있었을까요? 석가모니불은 출가하기 전에도 항상 이런 문제들을 골똘히 생각했습니다. 그는 어떤 생명도 생로병사(生老病死)의 과정이 있다는 것을 관찰했습니다. 생명이 있으면 반드시 쇠로하기 마련이며 병이

나기 마련이며 죽기 마련입니다. 이것은 영원히 해결하지 못하는 문제입니다. 왜 그럴까요?

그는 자기가 장래에 국왕이 되리라는 것을 알았습니다. 그러나 어떠한 사회 국가든, 설사 천하를 통일했다 할지라도 기껏해야 2~3십 년 동안의 태평만이 있으며, 태평한 뒤에는 또 어지러워지고, 어지러운 뒤에는 또 법석을 피우고 또 법석을 피우고 난 뒤에는 또 태평을 추구한다는 것도 분명히 보았습니다.

그는 또 우주 전체도 지구 전체도 사람의 생명과 마찬가지로 믿을 수 없다는 것을 알았습니다. 우리 사람들은 '생로병사'가 있고 이 세계 우주도 '성(成)·주(住)·괴(壞)·공(空)' 네 단계가 있습니다. 한 세계가 형성되고 나서 쇠로하여 변할까요? 쇠로하기 마련이며 언제나 변해갑니다. 이것은 물리의 변화입니다. 이루어지고 난 다음에는 머무는데, 머문다는 것은 존재하는 것입니다. 이 세계가 얼마나 많은 햇수를 존재할 수 있는지에 대해, 과학자와 철학자들은 가설적인 통계를 갖고 있지만 일반인들은 그리 유의하지 않아 알지 못합니다. 최후에는 지구도 천지도 파괴될 것입니다. 파괴되고 난 뒤에는 공(空)이며, 다시 새롭게 한 세계가 형성됩니다.

부처님의 고행과 오도

2천 년 전에 젊은 석가모니불은 그런 문제들을 사유하고 있었습니다. 그래서 그는 이렇게 생각했습니다. "설사 내가 인도를 통일하는 전륜성왕이 된다 할지라도 2~3십 년 뒤에는 사회가 또 어지럽게 변하고 또 태평해질 수 없으니, 이것이 궁극적이 아니다. 그럼 무엇이 궁극적일까? 사람의 사회는 왜 그렇게 궁극적이 되지 않을까요? 이것은 인성의 문제이다." 그는 대단히 총명한 사람이었습니다. 열아홉 살에 도망가 그런 문제들을 파고 들어갔는데, 이 역시 우리가 탐구하고 싶은 한 문제입니다.

그는 밤에 말을 타고 도망가 수염과 머리털을 잘라버리고 출가자로 변했습니다. 6년 동안 학문을 추구하여 많은 종교와 많은 수행 방법을 두루 배웠습니다. 그러나 그는 세상의 그런 종교들과 수행 방법들에 대하여 모두 부정했습니다. 왜냐하면 그는 그것이 궁극이 아니며 생명의 진리가 아니라는 것을 알았기 때문입니다. 최후에 그 자신 홀로 네팔 북면의 히말라야산 설산의 산기슭으로 갔습니다. 그곳에서 정좌하고 고행을 닦았습니다. 날마다 한 끼니만 먹었습니다. 이런 고행을 6년을 닦았습니다. 수염과 머리를 물론 자르지 않았습니다. 그는 막 30세가 지났지만 보기에는 이미 6~7십 세의 노인이 되어 있었습니다. 뼈는 장작처럼 말라서 수척해 있었습니다.

부처님의 이러한 경력은 무엇을 말할까요? 여러분 세계를 보십시오. 오늘날 인도와 중국에는 모두 마찬가지로 많은 사람들이 생명의 궁극을 추구하여 도를 닦고 있습니다. 혹은 채식을 하고 혹은 고행을 닦고 혹은 기공수련을 하면서 식사를 하지 않는 등 갖가지가 많습니다. 이러한 것들을 그는 다 해보았습니다. 그는 6년의 경험을 통해서 한 가지 결론을 얻었습니다. '고행은 도가 아니다'는 결론을 얻었습니다. 그는 열아홉 살 때 출가하여 십일이 년 동안 그렇게 고생스럽게 수행했습니다. 갖가지의 종교를 다 탐구해 보았지만 마지막에는 더 이상 갈 길이 없다고 느꼈습니다. 그래서 곧 설산을 떠났습니다. 이때에 그는 몹시 쇠로해졌습니다. 길을 비틀비틀 걸어가다 한 농장의 아가씨를 만났습니다. 그는 이 늙은이가 몹시 가련하게도 먹을 것이 없는 것 같아서 유미(乳糜)를 가져다 그에게 공양했습니다. 유미는 소젖이나 치즈로 만든 죽입니다. 그는 유미를 먹고 체력이 서서히 회복되었습니다. 역사 기록에는 그가 남쪽을 향하여 가서 갠지스 강변에 이르러 한 나무 그늘에서 풀을 깔아놓고 정좌를 했다고 합니다. 이러한 풀을 길상초(吉

祥草)라고 하는데 향모초(香毛草)입니다. 향모초는 모기나 벌레 등을 쫓아버릴 수 있으며 향료를 만드는 중요한 원료입니다.

앞에서 부처님이 설산에서 6년 고행하고 또 정좌했다고 말하지 않았습니까? 갖가지 기공 방법을 모두 경험했습니다. 설산에서 수행하기 전에 그도 갖가지 법문을 수증(修證)했었습니다. 그렇지만 이때 그는 모든 것을 버리고 자기 홀로 풀을 깔고 정좌한 채 사유하기 시작했습니다. 농장 아가씨의 공양은 그의 신체가 회복되도록 도왔습니다. 그는 풀을 깔아놓고 정좌하여 맹세하였습니다. "보리를 증득하지 않으면 이 자리에서 일어나지 않으리라." 무엇이 보리일까요? 범어 발음을 번역한 것인데 중국어로는 '깨닫다'는 뜻입니다. 개오(開悟) · 각오(覺悟)의 의미입니다. 대철대오(大徹大悟)하여 우주 최초의 내원 그리고 개인 생명의 내원을 찾아낸 것을 '보리 증득'이라고 부릅니다. 그는 말했습니다. "이번에 내가 이 자리에 앉아서 만약 대철대오하여 도를 얻어 성불하지 못하면 여기에서 죽겠다." 불(佛)이란 범어인 불타의 약칭입니다. '깨달았다'는 의미입니다. 그러므로 이 한 그루 나무를 뒷날 '보리수'라고 불렀습니다. 역사상 기록에는 그가 여기서 7일 동안 앉아 있었다고 합니다. 그 자신의 깨달음은 스승 없이 스스로 깨달은 것이었습니다. 왜냐하면 그는 앞서 많은 선생님들의 갖가지 종교를 다 경험해보고 연구해 보았지만 모두 다 그르다는 것을 알고 곧바로 버렸기 때문입니다.

이 7일 동안의 경과를 자세히 연구해보면 부처님은 많은 경계의 변화를 경험했습니다. 그리고 마왕이 마군을 데리고 와서 방해했습니다. 그렇지만 모두 부처님에게 항복되었습니다. 부처님은 물론 갖가지 신통도 증득했습니다. 천안통(天眼通)은 우주의 일체를 또렷이 볼 수 있는 것입니다. 천이통(天耳通)은 우주의 크고 작은 소리 일체를 다 또렷이 들을 수 있습니다. 타심통(他心通)은 모든 사람들의 생각 · 정서 · 감각 등을 다 아는 것입니다. 숙명통(宿命通)은 생명의 과거 현재 미래 삼세의 인연을 아는 것입니다. 자기가 이미 몇 번이나 사람이 되었고 무슨 일을 했으며 지금에 이르러서 석가모니로 변했다는 것을 모두 알았습니다. 신족통(神足通)은 자리를 떠나 공중에서 걸어갈 수 있습니다. 그러나 그는 이러한 신통들을 쓰지 않았습니다. 왜냐하면 그것들은 도가 아니기 때문입니다. 어떤 사람의 정신이 합리적인 수양을 거치면 모두 이러한 기능을 일으킬 수 있습니다. 오늘날 일부 사람들은 약간의 껍데기를 접촉하고서는 자기가 특수한 능력을 행할 수 있다고 과장하고 있습니다. 사실 신통도 생명이 본래 갖추고 있는 일종의 기능으로 아주 평범한 일입니다. 그러나 신통을 얻었다 할지라도 도를 아직 깨닫지 못했다면 제대로 된 것이라고 할 수 없습니다. 그러므로 부처님은 이러한 신통들을 버렸습니다.

7일 째 이르러 날이 밝아올 무렵 부처님은 몹시 피곤해 긴장을 풀면서 홀연히 눈을 들어 밝은 별을 보고 도를 깨달았습니다. 그래서 말하기를 '부처님은 밝은 별을 보고 도를 깨달아 보리를 증득했다.'고 말합니다.

이상이 간단하게 여러분들에게 부처님의 일생 경력을 보고한 것입니다. 대체적인 요점은 이와 같습니다. 우리들은 불학을 연구해야 하기 때문에 제가 먼저 간단명료하게 뽑아서 말씀드렸습니다. 자세하게 말한다면 아주 많습니다.

불학 속에서의 우주관

부처님이 도를 깨달은 뒤에 4~5십 년 동안 설법을 하셨는데 무엇을 전파했을까요? 그는 세계의 모든 종교 미신을 뒤엎어버린 것이나 다름없었습니다. 그는 "일체의 생명은 인연으로 생겨나는 것(因緣所生)으로 그 자성이 본래 공하며(自性本空) 타력의 주재자가 없다."고 주장했습니다. 이 한 마디 말은 이해하기 어렵습니다. 이로써 보면 불학 연구의 어려움을 알 수 있습니다. 우리들은 다들 먼저 기억하고 있어야 합니다. 그의 중점은 '연기성공(緣起性空) 성공연기(性空緣起)'를 말합니다. 모든 물리세계 만유의 생명은 많은 요소로 구성되어 있습니다. 한 사람·한 포기의 풀·한 그루의 나무도 모두 마찬가지입니다. 오늘날 최신 과학기술 연구는 이것과 매우 근접해 있습니다. 만법은 모두 연기(緣起)합니다. 인연소생입니다. 성공(性空), 자성이 공하기 때문에 이 우주가 있습니다. 이 공(空)은 부호입니다. 물리세계의 허공을 말하는 것이 아닙니다. 그 속의 학문은 대단히 큽니다. 그러므로 '연기성공(緣起性空), 성공연기(性空緣起), 무주재(無主宰), 비자연(非自然)'입니다. 이 세계는 하나님이 하나 있다거나 부처님이 있거나 귀신이 있거나 염라대왕이 있거나 혹은 명운이 있어 당신의 주재자가 될까요? 없습니다. 자성은 연기성공이요 성공연기입니다. 자기가 명심견성(明心見性)해야 모조리 알 수 있습니다. 모두 자성이 만들어낸 것입니다. 그럼 주재자가 없는 바에야 물질세계는 유물적인 것일까요? '비자연'(非自然), 유물적인 것이 아니며 자연히 있는 것도 아닙니다.

'연기성공, 성공연기, 무주재, 비자연'이라는 이 네 마디 말을 다 말했는데, 당신이 이 몇 마디 말을 연구하고자 한다면 천 편의 박사 논문을 쓰더라도 다 말할 수 없습니다. 내용이 너무나 많습니다. 오늘 저녁에 불법 부분에 대해서는 조금 많이 얘기했습니다.

불학의 내용으로 첫째 우주관이 있습니다. 우주에는 시간과 공간이 포함됩니다. 이 우주는 어떻게 존재하는 것일까요? 이 우주관 이외에 우리 사람들의 생명 가치는 무엇일까요? 생명은 가치가 있을까요 없을까요? 생명에는 목적이 있을까요 없을까요? 부모들은 우리들을 낳아 주셨는데 이 생명은 모태로부터 나올 때에 어떤 목적을 가지고 나왔을까요? 아닙니다. 이 생명은 태어날 때 무엇 하러 왔을까요? 생명에는 하나의 귀속이 있을까요 없을까요? 예컨대 태양이 있고 달이 있고 지구가 있는데, 지구상의 최초의 인류는 어떻게 왔을까요? 이것은 철학이 항상 묻는 것인데, 닭이 먼저일까요? 아니면 달걀이 먼저일까요? 이 세계에는 남자가 먼저 있었을까요? 여자가 먼저 있었을까요? 인종의 근원은 정말 다윈이 말한 대로 원숭이가 변해서 온 것일까요? 저는 아니라고 말합니다. 그것은 다윈의 조상이지 저의 조상은 원숭이가 아닙니다.(대중들이 웃다)

불학의 세계관과 우주관, 생명의 의의, 생명의 기능, 생명이 살아 있다는 것은 무엇을 위하는 것일까요? 죽은 뒤에는 어디로 갈까요? 이 모두가 문제입니다. 이러한 문제는 불학의 문제에 속합니다. 예컨대 우리는 모두 무엇을 세계(世界)라고 부르는지 다 압니다. 무엇이 '세(世)'일까요? 시간을 '세'라고 부릅니다. 과거 · 현재 · 미래 · 어제 · 오늘 · 내일을 말합니다. 무엇이 '계'(界)일까요? 동 · 서 · 남 · 북 · 상 · 하 · 동북 · 동남 · 서북 · 서남 이 시방(十方) 공간을 '계'라고 합니다. 우리 사람들은 지구에 살고 있는데 지구는 '한 세계'일까요? 아닙니다. 지구는 하나의 별일뿐입니다. 무엇을 '한 세계'라고 할까요? 불학에서의 '세계' 개념은 우리들의 태양계, 예를 들면 태양 곁의 별들로는 지구 · 화성 · 수성 · 금성 · 목성 · 토성 · 천왕성 · 해왕성 · 명왕성 등 몇 개의 별들이 있는데, 이러한 계통과 유사한 것을 '한 세계'라고 부릅니다.

부처님은 우리의 태양계인 이 세계는, 모든 허공 속에서 별이 작고 수명도 짧으며 범위도 작은 하나라고 말했습니다. 그는 우리들의 태양계와 같은 일천 개를 하나의 '소천세계'(小千世界)라고 부릅니다. 일천 개의 소천세계를 '중천세계'(中千世界)라고 부릅니다. 일천 개의 중천세계를 하나의 '대천세계'(大千世界)라고 부릅니다. 그러므로 그는 우리들에게 말씀하시기를 이 허공 중에는 '삼천대천세계'(三千大千世界)가 있다고 하심으로써, 알 수 없고 헤아릴 수 없고 정확히 셀 수 없음을 표시했습니다. 바꾸어 말하면 오늘날 과학으로 말한다면 허공은 무한히 확장되고 무궁무진합니다.

석가모니불은 삼천여 년 전에 이 학문을 얘기했습니다. 당시에 다들 그가 황당한 말을 하고 빈 말을 한다고 했는데, 오늘날은 놀라울 뿐입니다. 전 세계가 그의 길을 향하여 걸어가고 있습니다. 뿐만 아니라 그는 벌써 우리들에게 말씀하시기를, 시간은 차등이 있는 것이라고 했습니다. 예컨대 다들 아는 것을 예를 들면, 달의 하루는 우리 지구의 한 달에 해당합니다. 오늘날 만약 불법을 연구하고 불학 속의 우주관을 연구하면서 자연과학·천문·물리와 결합시킨다면 대단히 연구할 가치가 있습니다. 이상은 우주관을 말했습니다.

불학에서는 어떻게 생명을 보는가

생명은 어떻게 태어나온 것일까요? 이것이 두 번째 문제인데 대략 한 번 소개하겠습니다. 사람의 생명에 관하여 부처님은 2천여 년 전에 말씀하시기를, 남성의 정자와 여성의 난자가 성행위를 통하여 한데 결합된다고 했습니다. 고대에는 남정여혈(男精女血)이라고 번역했습니다. 두 개가 한데에 모였지만 아직은 생명으로 변할 수 없습니다. 그밖에 반드시 신식(神識: 영혼)이 더해 들어가야 합니다. 이것을 '삼연화합'(三緣和合)이라고 하는데, 그래야 하나의 생명으로 변할 수 있습니다.

불학은 사람의 생명에 관하여 아주 자세히 얘기했습니다. 한 마디로 다 말할 수 있는 것이 아닙니다. 설사 현대 의학의 진보 정도로도 여전히 부처님이 말씀하신 원칙 범위를 벗어나지 못합니다! 그러므로 유전자를 연구하거나 시험관 아기를 하는 의사들이 늘 저한테 와서 토론합니다. 저는 유전자도 궁극이 아니라고 말합니다. 그 뒤에는 또 어떤 것이 있습니다. 이런 전문가들은 확실히 또 어떤 것이 있지만 무엇인지 아직은 분명히 모른다고 말합니다.

정자와 난자의 결합은 한 태(胎)일 뿐입니다. 만약 신식(영혼)이 결합되어 세 가지 인연이 구비되지 않는다면 사람으로 변할 수 없습니다. 사람의 생명은 반드시 세 가지 인연이 화합해야 오는 것입니다. 첫째 날 입태할 때부터 모친의 뱃속에서 7일 마다 한 번씩 분명한 변화가 있습니다. 7일 마다의 이 에너지의 전동(轉動)을 '기'(氣)라고 부릅니다. 불경에서는 '풍'(風)이라고 부릅니다. 이렇게 엄마 뱃속에서 모두 38주, 아홉 달 남짓을 경과합니다. 생명 기능의 힘인 그 풍은 최후에 신체를 거꾸로 구르게 하여 머리가 아래로 향하여 출생을 합니다. 이 세계 사람들은 이렇게 출생합니다. 부처님 말씀에 근거하면 다른 세계는 그렇지 않습니다. 남성이 사람을 낳는데 어깨나 머리꼭대기로부터 낳습니다. 그런 것이 있는지 없는지 모르며 다들 아직은 그 증명을 구하고 있습니다. 이 생명이 출생할 때에 그렇게 순조로울까요? 아닙니다. 일부 생명의 업보는 그로 하여금 출생하지 못하게 하거나 혹은 일부 출생하고 있는 아이가 도중에 사망하거나 막 태어났다가 죽습니다. 그러므로 '황천로상무노소'(黃泉路上無老少), 황천길에는 늙은이 젊은이가 없다고 합니다. 긴 목숨 짧은 목숨이 없습니다. 생명은 찰나 사이에 있습니다.

　불학에 나오는 생명에 관한 기원을 간단하게만 설명했습니다. 2천 년 전 부처님은 이미 그렇게 분명히 말씀했습니다. 오늘날 많은 사람들이 서양의학 중국의학을 얘기하면서 생명과학을 연구하고 있는데, 부처님이 말씀하신 것이 여전히 가장 앞선 것이며 가장 과학적인 것입니다. 우리들 한 번 생각해 봅시다. 석가모니불도 보통 사람이었습니다. 그는 그 당시 사용할 수 있는 기기도 없었는데 어떻게 생명의 내원을 그렇게 또렷하게 형용했을까요? 이 생명의 내원에 대하여 만약 논문을 써서 연구한다면 많은 것들을 읽고 수십 년의 세월을 들여야 할 것입니다.

삼세인과 육도윤회

그럼 생명의 가치는 어디에 있을까요? 저는 늘 말하기를, 불학의 기초는 삼세인과(三世因果)와 육도윤회(六道輪廻) 위에 세워진다고 합니다. 무엇을 '삼세'라고 할까요? 삼세는 바로 현재·과거·미래입니다. 부처님은 우리들에게 말씀하십니다. 우리들의 현재 살아있는 생명은 단지 생명의 한 토막일 뿐이며, 백 년을 살든 십 년을 살든 일 년을 살든 모두 한 번의 일시적인 현상이라고 합니다. 이것을 '분단생사'(分段生死)라고 부릅니다. 사실 우리들의 생명은 과거에 무수한 생애동안 무엇을 했느냐에 따라서 모두 점점 변화해 온 것입니다. 미래에는 또 미래의 생명이 있습니다. 이번에는 남자로 변하거나 여자로 변하고 혹은 장사를 하거나 관료가 되거나 혹은 거지 등이 되는데, 이러한 현상들은 인과가 있습니다. 과거·현재·미래 삼세의 인과입니다. 전생에서 지니고 온 종성(種性)이 자기의 현재 일생의 운명으로 변한 것입니다. 현재 지은 업은 또 내생의 과보로 변합니다.

육도윤회를 얘기해보면, 어떤 세계의 생명도 가장 기본적인 분류로 다음의 네 가지 종류가 있습니다. 태생(胎生)·난생(卵生)·습생(濕生)·화생(化生)입니다. 우리 인간들이나 말은 포태로부터 태어난 것으로 태생입니다. 닭이나 오리 거위 날아다니는 새 등은 알로부터 부화해 나온 것으로 난생입니다. 모기처럼 물이나 습기에 의지하여 생겨나는 것은 습생입니다. 천인이나 지옥의 경우는 화생입니다. 생명의 변화작용으로부터 변화해 나온 것입니다. 이상은 간단한 분류입니다. 우리 사람들은 태로써 변한 일종인데 태로써 태어나는 데는 영혼이 결합돼야 됩니다. 그럼 기타의 닭·오리·물고기도 마찬가지일까요? 우리들과 마찬가지입니다. 그럼 우리들도 닭이나 오리나 물고기로 변할까요? 그 사이에 왜 그렇게 될 수 있을까요? 이것은 당신의 전생 금생의 생각·정서·행위와 관계가 있으며 얼기설기 복잡한 갖가지 인과의 관계가 인연이 성숙하면 육도윤회 현상으로 변합니다.

어느 육도일까요? 하나는 천도(天道)입니다. 태양계 밖의 천인(天人) 경계인 경우가 많습니다. 예컨대 우리들이 말하는 상천(上天)의 신선(神仙)입니다. 두 번째는 아수라도(阿修羅道)입니다. 기타 종교에서 말하는 하느님과 동등한 힘을 갖춘 존재로서 대립하는 것이 마귀입니다. 마귀란 인도의 범문으로는 아수라라고 부릅니다. 역시 천인의 복보를 누립니다. 그렇지만 성내는 마음이 크고 성깔이 아주 좋지 않습니다. 우리가 사회적으로 권력이 있고 세력이 있는 사람들 가운데 어떤 사람은 대단히 자비롭고 선량하며 사람을 사랑하는데, 이것은 천인의 경계에 접근한 것입니다. 어떤 사람들은 대단히 나쁘고 대단히 사나운데, 이것은 아수라와 마도(魔道)의 행위에 가까운 것입니다. 천인과 대립하는 것입니다. 다시 내려오면 인도(人道)입니다. 천도·아수라도·인도는 육도 속에서 상삼도(上三道)입니다.

네 번째는 축생도(畜生道)입니다. 사람보다 조금 낮은 생명입니다. 방생(傍生)이라고도 합니다. 우리들이 서서 두 다리로 걷는 것과는 달리 그들은 네 개의 다리로 길을 걸어갑니다. 돼지·소·말 등의 경우가 그러합니다. 그래서 방생이라고 부릅니다. 한 등급 낮습니다. 그 아래로 다섯 번째는 아귀도(餓鬼道)입니다. 때로는 형상이 있고 때로는 보이지 않아 가리기가 쉽지 않습니다. 많은 생물, 예컨대 바다 속의 고래는 체적이 크면 클수록 생명을 유지하는 양식을 취할 수 있기가 어렵습니다. 이것은 아귀도의 경계입니다. 어떤 귀들은 복보가 있고 재간도 대단합니다. 축생도보다도 편합니다. 여섯 번째는 지옥도(地獄道)입니다. 어둠 속에서 살고 있습니다. 예컨대 깊은 해저나 진흙 아래서 살고 있는 생명들인데 이것은 지옥 경계입니다. 이상의 육도 생명은 간단한 분류입니다. 생명은 육도윤회 속에 있는데 상세하게 분석하면 육도에만 그치지 않습니다. 예컨대 불경은 생명에는 또 12류가 있다고 말합니다. 태생·난생·습생·화생 이 4생을 포함하고 또 유색(有色)이 있습니다. 볼 수 있는 것입니다. 사람들이나 축생 등의 경우 색깔이 있고 형상이 있고 물리가 있으며 물질적인 작용이 있습니다. 무색(無色)은 형상이 없고 보이지 않는 생명입니다. 아귀 등등은 육안으로 보이지 않습니다. 유상(有想)·무상(無想)·비유색(非有色)·비무색(非無色)·비유상(非有想)·비무상(非無想) 등 12종의 생명 분류입니다. 당시에는 과학기구도 없었는데 어떻게 그렇게 분명하게 분석할 수 있었을까요? 사실 우리들 현재의 과학기술도 이러한 생명의 존재를 증명했으며 분석해보면 아주 많고 많습니다. 먼저 잠시 쉬겠습니다.

강연 둘째 시간

시간이 많지 않아서 우리는 문제를 끌어와 생명의 현상은 어떻게 오는 것인지 말했는데, 애기하자면 너무나 많습니다. 방금 입태 이전의 삼연화합을 말하면서 '무주재'(無主宰)·'비자연'(非自然)·'연기성공'(緣起性空)·'성공연기'(性空緣起) 이런 몇 가지 개념들을 말했는데 듣고 나서 아직 기억하고 있습니까?

여러분 맹목적으로 미신하여 부처님이나 보살 혹은 신이나 하느님에게 구하면 보우(保佑)해준다고 생각하지 말기 바랍니다. 자기가 잘못해놓고는 절에 가서 향을 피우거나 교회에 가서 예배하면 참회 속죄할 수 있다고 생각한다면, 그건 웃기는 애기입니다. 불가능합니다. 생각해보세요, 향 한 갑을 사는 데 돈 몇 푼 들고, 거기다 바나나 몇 개 사 보았자 모두 한 2만원에 불과하겠지요? 불보살님이나 하느님 앞에 꿇어앉아 한참 기도하고는 주식으로 큰 돈 벌고 싶어 하고, 집안사람들도 평안하기를 바랍니다. 내 남편 자식들도 잘되도록 보우해달라고 합니다. 뭐든지 다 잘 되게 보우해달라고 합니다. 절 다하고 나서는 또 그 바나나를 애들에게 줄려고 집으로 가지고 갑니다. 설마 불보살이나 하느님이 탐오귀(貪汚鬼)일까요? 뿐만 아니라 탐오도 그렇게 옹졸하게 해서, 절하면 도와주고 참회를 받아주고, 절하지 않으면 거들떠보지도 않을까요? 이런 자를 무슨 보살이나 하느님이라고 부르겠습니까? 보통사람만도 못합니다. 그러므로 그런 도리가 아니라고 말하는 겁니다! 방금 말했듯이 부처님은 당신에게 삼세인과(三世因果)와 육도윤회(六道輪廻)를 말씀하셨습니다. 모든 것은 자기가 많은 복을 구하는 겁니다. '주재자가 없고 자연이 아니기'(無主宰 非自然)때문입니다.

탐욕 · 성냄 · 어리석음 · 교만 · 의심 · 악견

우리들 생명의 내원은 얘기하자면 아주 심오합니다. 간단히 현실적으로 말하면 사람 저마다의 개성과 행위가 지니고 온 것입니다. 부처님은 말씀하시기를, 어떤 사람이든 지니고 온 개성은 모두 여섯 가지 요점이 있다고 했습니다. 탐욕(貪) · 성냄(瞋) · 어리석음(癡) · 교만(慢) · 의심(疑) · 악견(惡見)이 그것입니다. 어떠한 생명도 아무리 위대하든 학문이 있는 사람이든 모두 이 여섯 가지 특점이 있습니다.

첫째는 탐욕입니다. 사람에게는 탐심이 있습니다. 엄마가 임신하였을 때에 당신의 영혼이 일단 태에 들어가는 것도 이미 탐심이 있는 것입니다. 모태 속에서 어머니의 영양을 흡수하여 자기로 변한 것입니다. 모친에게 모든 것을 제공하기를 바라며 자신이 성장하게 합니다. 이것이 기본적인 탐심입니다. 한 갓난애가 태어났을 때 젖을 주지 않는다면 그 아이는 울 것입니다. 탐심 때문입니다. 점유심이 있기에 쥐어서 자신에게 주고자 합니다. 왜냐하면 태어날 때부터 하나의 '나'(我)가 있기 때문입니다. 이 '나'의 병폐 속에는 탐욕 · 성냄 · 어리석음 · 교만 · 의심 · 악견의 성분이 그 안에 포함되어 있습니다. 부처님은 이

대 원칙을 말했는데, 이게 바로 사람 자신 마음속의 나쁜 일면입니다.

둘째는 성냄은 어떨까요? 우리들의 심리는 무릇 좋아하지 않는 것이나 싫어한 것들은 버리고 싶어 합니다. 갓난애도 마찬가지입니다. 보기를 싫어하는 사람은 보자마자 웁니다. 원한의 생각 · 원망을 품음 · 싫어함은 모두 성냄의 심리에 속합니다.

셋째는 어리석음입니다. 지혜가 없는 겁니다. 예컨대 어려서부터 글 공부할 때 선생님이 가르치는 수업을 보고 이해하지 못하고 배워도 할 줄 모릅니다. 더 나아가 수업을 들어도 기억하지 못합니다. 시험성적도 나쁘고 기억력이 없습니다. 왜냐하면 머리가 잘 돌아가지 않고 혼란스러운 데다가 쉽게 얼빠져서 정신을 못차리기 때문입니다. 이 어리석을 '癡'(치) 자는 어떻게 쓸까요? 병들 疒(녁) 변인데, 일종의 병태로서 사람의 머리가 건전하지 않는 병이라는 의미의 疒(녁) 속에 의심이 많다는 의심 疑(의) 자가 더해져 어리석을 癡(치) 자가 됩니다. 이것이 정자(正字)인데 옛날에는 그렇게 썼습니다. 뒷날 속체자가 있게 되었습니다. 병들 疒 변에 알 知(지) 자를 더해서 痴(치) 자라고 했는데, 바로 무지를 의미합니다. 자기의 지혜에 병태가 있어서 알지 못하는 것입니다. 마음이 전일하지 못하고 냉정하지 못함이 바로 얼빠져서 정신을 못차리는 것입니다.

넷째는 교만인데 무엇을 교만이라고 할까요? 가장 어리석고 가장 학문이 없으며 가장 싹수가 없는 사람이 역시 자신이 제일이라고 스스로 느낍니다. 때로는 공부가 남에게 뒤지면 지난 뒤에 생각하기를, 자신은 운동 면에서 그래도 그 사람보다 낫다고 생각합니다. 혹은 세상에서 가장 잘생긴 사람이 누구일까요? 저마다 아무리 추해도 거울 속에서 자신을 들여다보면 볼수록 예쁘고 여전히 아주 사랑스럽다고 느낍니다. 이것이 아만(我慢)입니다. 사람마다 태어날 때부터 하나의 나라는 '아'(我)가 있어서 만약 학문이 있다면 더욱 오만해지는데, 이것을 증상만(增上慢)이라고 합니다. 예컨대 나이가 많은 사람들은 말합니다.

"너희들 젊은이들이 뭘 알아? 내가 수십 년을 살았는데 그래도 너희들만 못하겠느냐?" 이게 바로 노년인들의 증상만입니다. 명성이 있고 지위가 있고 돈이 있으면 아만은 그만큼 심해집니다. 교만(慢)은 교오(驕傲)보다도 밉습니다. 교오의 심리는 어리석음과 교만의 결합으로서 사람 생명의 병태입니다.

다섯째는 의심인데 신임하지 않는 것입니다. 자기를 신임하지 않고 남을 누구도 신임하지 않는 것이며 더더욱 어떤 일도 신임하지 않아 영원히 의심을 품고 있습니다. 생명은 바로 의심 가운데 있습니다. 내가 마침내 몇 살 때까지 살고 죽을까? 내일은 어떨까? 모레는 또 어떨까? 언제나 매 분 매 초마다 의심 속에 있습니다.

여섯째는 악견인데, 정확하지 못한 견해와 인지(認知)입니다. 정확한 인지를 갖는다는 것은 아주 어렵고 어려운 일입니다. 우리들 대부분의 인지는 모두 착오전도(錯誤顚倒)요 사실에 부합하지 않습니다.

탐욕·성냄·어리석음·교만·의심·악견은 심성이 지니고 온 결함으로서 사람마다 갖추고 있습니다. 이 몇 가지를 바르게 고치는 것이 바로 교육문화의 중점입니다. 그렇지만 오늘날의 교육문화는 어떨까요? 갈수록 어지러워지고 있습니다. 저는 늘 담소하면서 "오늘날 황제가 있을까요 없을까요?" 하고 묻습니다. 있습니다. 바로 돈입니다. 다들 돈을 향하여 바라봅니다. 자기가 아이를 낳으면 아이들이 장래에 악착같이 돈을 벌어야한다고 가르칩니다. 이처럼 그 어떤 것을 추구하는 것도 악견입니다. 일체의 악법(惡法: 나쁜 가르침, 바르지 못한 생활, 유익하지 못한 것—역주)은 모두 이렇게 오는 것입니다.

십선업도

이러한 결점 병폐들이 인성 자신이 지니고 온 바에야 수행을 통해서 바르게 고쳐야만 합니다. 무엇을 수행(修行)이라 할까요? 자기가 지혜 · 학문 · 수양으로서 탐욕 · 성냄·어리석음 교만 · 의심 그리고 정확하지 못한 관념을 바르게 고치는 것입니다. 이것이 수행의 길입니다. 불보살님이나 하느님이나 귀신에게 도와달라고 비는 것이 아닙니다. 그럼 어떻게 바르게 고칠까요? 수행은 또 무슨 행을 닦는 걸까요? 십선업도(十善業道)라는 것이 있습니다. 일체의 선행을 닦는 것을 수행이라고 합니다. 물론 정좌 · 염불 · 공부하는 것도 이 길로 걸어가는 겁니다. 그렇지만 자기의 평소의 언행을 바르게 고치는 것만 못합니다. 사람됨과 일처리 면에서부터 자기를 고치는 겁니다. 이것이 십선업도의 길입니다. 무엇을 '십선업도'라 할까요? 신업(身業)에는 세 가지가 있습니다. 살생하지 않고(不殺), 도둑질하지 않고(不盜), 음행하지 않는 것입니다(不淫). 구업(口業)에는 네 가지가 있습니다. 거짓말하지 않고(不妄語), 꾸미는 말 하지 않으며(不綺語), 이간질 하는 말 하지 않고(不兩舌), 악담하지 않는 것입니다(不惡口). 의업(意業)에는 세 가지가 있습니다. 탐욕하지 않고(不貪), 성내지 않고(不瞋), 어리석지 않는(不癡) 것입니다. 이게 바로 선도(善道)를 닦는 것입니다.

  우리들 생명이 살아있으면서는 세 가지 조건이 있는데 신(身) · 구(口) · 의(意)가 그것입니다.

  이 신체는 나쁜 일하기를 좋아하는데, 신체가 지은 죄과는 살생 도둑질 음행입니다. 살생은 남의 생명을 침해하는 것입니다. 거북이가 영양에 좋다는 소리를 들으면 큰 돈을 아끼지 않고 한 마리 사와 죽여 먹습니다. 무엇이 좋다고 하면 꼭 그것을 먹는 것은 모두 자신을 위하는 겁니다. 이것이 살생입니다. 도둑질은 아주 엄중합니다. 남의 것을 침해하고 남을 속이는 겁니다. 예컨대 장사를 할 경우 온갖 방법을 써서 선전하고 갖가지 부정한 수단으로써 남을 속게 하여 다른 사람 주머니 속의 돈을 자기 호주머니로 속여 넣는 것입니다. 이것도 역시 도둑질 행위입니다. 좁은 의미의 음행은 남녀 성관계입니다. 넓은 의미의 음행은 지나치게 누리는 것입니다. 향락을 탐하고 쾌감을 자극하는 것을 음행이라고 부릅니다.

자비를 위하여 가능한 한 살생을 하지 않아야 합니다. 그러므로 뒷날 중국 불교는 채식을 제창했습니다. 그제 80이 돼가는 노인 학생이자 대학교 총장인데 살생 문제를 얘기했습니다. 그에게 어떤 사람이 반드시 채식해야 한다고 말했는데, 그러기는 아주 어렵다는 겁니다. 제가 말했습니다. "당신은 대학교 총장이었는데 묻겠습니다. 사람들이 채식하는 것은 다른 생명을 살해하지 않기 위해서입니다. 그렇다면 세상에는 진정으로 살생하지 않는 사람이 있을까요?" 그는 저의 질문에 어리둥절해져서 대답하지 않았습니다. 대답하지 못한 것이 아니라 이 문제에 답하기가 아주 어렵기 때문입니다.

제가 말했습니다. "살생하지 않는 것은 마땅한 일입니다. 예컨대 맹자도 말하기를 동물에 대하여는 "그 살아있는 것을 보고는 그 죽는 것을 차마 보지 못하고, 그 우는 소리를 듣고는 차마 그 고기를 먹지 못한다."(見其生, 不忍見其死; 聞其聲, 不忍食其肉)라고 했습니다. 주방에서 닭이나 오리가 죽는 것을 보고 그 고통의 소리를 들으면 차마 먹지 못하는데 이것이 자비심입니다. 맞습니다. 마땅히 그래야 합니다. 그렇다면 당신이 채식하면 채소나 초목들은 고통이 없을까요? '생'(生)과 '명'(命)은 서로 별개의 것입니다. 살아있는 것은 모두 '생'이 있습니다. '명'은 생각 · 감정입니다. 그런 채소나 꽃나무들은 식물 전문가의 연구에 의하면 역시 음악을 이해한다고 합니다. 그렇지만 '명'인 생각 · 감정 방면이 좀 적을 뿐입니다. 비록 살생하지 않는 것이 제일 좋다고 하지만 오직 정좌수행해서 높은 경지에 이르렀기에 먹지 않아도 살 수 있고, 더 나아가 선정에 들어가 호흡하지 않을 정도가 되어야 살생하지 않을 가능성이 있습니다. 그렇지 않으면 우리들이 코로 호흡하면서 한번 들이쉴 때마다 공기 속에는 얼마나 많은 세균들이 비강 속에 달라붙어 죽어 가는지 모릅니다. 이것도 살생입니다. 모든 것은 비교 상대적으로 말하는 것입니다. 그러므로 부처님을 배움에 있어서는 먼저 자비희사(慈悲喜捨)를 배워서 중생의 생명을 사랑해야 합니다. 나의 생명을 사랑해야 할 뿐 아니라 남의 생명도 사랑하고 기꺼이 남을 도와줘야 합니다.

그럼 입은 어떨까요? 입은 아주 심해서 네 가지 업이 있습니다. 거짓말·악담·꾸미는 말·이간질 하는 말이 그것입니다. 무엇이 '거짓말'일까요? 거짓말하여 남을 속이는 것입니다. 특히 오늘날 장사를 하거나 정치를 하는 사람들은 선전하고 광고하기를 좋아합니다. 돈은 많이 받고 물건은 적게 주는데, 시장에서 사람을 속이고 있습니다. 이것이 망어입니다.

'악담'은 아주 큽니다. 악담은 남을 욕하는 것입니다. 예컨대 '제미럴!' 한다거나 갖가지 욕을 악담이라고 합니다. 남에게 자비가 없고 다정스런 사랑의 마음이 없는 말투입니다. '이간질하는 말'입니다. 이간질 하는 말은 우리가 늘 범하는 것입니다. 장씨에게는 왕씨 욕을 하고 왕씨에게는 장씨가 옳지 않다고 말합니다. 옛사람에게 두 마디 말이 있습니다. "그 누가 내 등 뒤에서 내 말을 하지 않으며, 나는 어느 사람 앞에서 남 말을 하지 않을까?"(誰人背後無人說, 哪個人前不說人) 사람은 저마다 등 뒤에서 말하는 사람이 있습니다. 면전에서는 좋게 말을 하지만 돌아서서는 입을 삐죽거리며 남에게 이 녀석은 얼마나 나쁘고 얼마나 좋지 않다고 말합니다. 사람은 이간질 말을 하는 구과(口過)를 범하기 아주 쉽습니다. '꾸미는 말'은 음담패설이나 우스개 이야기만을 가리키는 것은 아닙니다. 무료한 말이나 지나친 말이 많은 것도 꾸미는 말을 범한 것입니다. 우리가 자신을 검토해보면 하루에 바른 말을 몇 마디나 할까요? 나머지는 모두 무료한 말입니다. 뿐만 아니라 일부 사람들은 무료한 말을 하지 않으면 세월을 보낼 수 없습니다.

이상 네 가지는 입의 죄과입니다. 이 네 가지 잘못을 바르게 고치면 바로 구업의 선덕(善德)입니다. 여기서 불경에 나오는 한 가지 이야기를 들어서 입으로 짓는 선업의 과보를 설명하겠습니다. 석가모니 부처님은 보통 사람과는 달리 32상(相)을 가지고 있다고 합니다. 그 중에 한 상이 그의 혀를 내밀면 이마의 머리털 경계부분까지 닿을 수 있는 것이라 합니다. 왜 그럴까요? 그가 다생누세(多生累世)에 거짓말을 하지 않았기 때문입니다. 그래서 이러한 좋은 과보를 얻은 겁니다. 그러므로 저마다 외모가 좋고 나쁘거나 신체의 건강 상황이나 수명의 길이는 모두 육도윤회 삼세인과의 응보입니다.

그 다음은 의식생각입니다. 내면에서의 마음을 일으키고 생각을 움직이는 것은 엄중합니다. 탐욕 · 성냄 · 어리석음 이 세 가지 악업을 수시로 범할 수 있습니다. 조금 전 제가 탐욕 · 성냄 · 어리석음 · 교만 · 의심 · 악견에 대해서 말했는데, 이 모두는 의식생각이 정서와 결합한 것입니다.

우리가 간단히 이 신구의(身口意) 열 가지 악업을 소개했습니다. 우리가 자기를 연구해보면 신체 · 입 · 생각정서 면에서의 이 열 가지 좋지 않은 행위를 날마다 범하고 있습니다. 만약 이러한 잘못을 고치면 십선업(十善業)이라고 부릅니다. 불학의 도리인데 설사 당신이 부처를 믿지 않거나 어떠한 종교를 믿지 않더라도 만약 몸과 마음의 행위가 십선업도에 부합한다면 역시 수행하고 있는 것이나 다름없으며 좋은 과보가 있을 겁니다. 그러므로 저는 기독교 천주교가 말하는 우상을 숭배하지 말라는 얘기를 들으면 웃습니다. 저의 학생들 중에는 목사도 신부도 수녀도 있습니다. 저는 말합니다. 여러분들이 연구해보지 않았는데 여러분의 종교는 '우상을 숭배하지 말라' '미신하지 말라'고 강조하지만, 이것은 불교에서 온 것입니다. 만법은 연기성공(緣起性空) 성공연기(性空緣起)로서 우상숭배를 반대합니다. 불교의 진정한 의의는 일체유심(一切唯心)으로서 스스로 복을 구한다는 이 '자구다복'(自求多福) 네 글자입니다. 스스로 자기를 바르게 고치기만 하면 운명이 바꾸어집니다. 이상은 행위 면에서의 불학방면과의 결합을 말한 것입니다.

짧은 시간 안에 여러분들에게 이상의 약간의 불학에 대한 인식을 초보적으로 말씀드렸습니다. 생명에 대한 인식을 상세히 연구한다면 너무나 많습니다.

증광석시현문(增廣昔時賢文)

▸ 과거 민간의 격언들이 그대를 간곡하게 가르쳐주노라. 글을 운별 (韻別)로 모으고 증보하였으니 많이 읽고 많이 들으라. (昔時賢文, 誨 汝諄諄, 集韻增文, 多見多聞.)

▸ 현재의 문제를 관찰함에는 과거 역사의 경험 교훈을 거울삼아야 하니, 과거가 없다면 현재가 이루어지지 않기 때문이다. (觀今宜鑒古, 無古不成今.)

▸ 자기를 알고서 상대를 알며, 자기의 마음을 가지고 상대의 마음에 견주어 보라. (知己知彼, 將心比心.)

▸ 술은 자기를 이해해주는 사람을 만나거든 마시고, 시는 그 흥취를 이해하는 사람에게만 읊으라. (酒逢知己飮, 詩向會人吟.)

▸ 서로 얼굴을 알고 지내는 사람은 천하에 가득하지만, 진정으로 나의 마음을 알아주는 자는 몇 사람이나 될까? (相識滿天下, 知心能幾 人.)

▸ 사람이 서로 만날 때 마다 마치 처음 서로 알게 된 것처럼 하면, 늙어서까지도 마침내 원한의 마음이 없을 것이다. (相逢好似初相識, 到老終無怨恨心.)

▸ 물 가까이 오래 살면 고기의 습성을 이해하고, 산 가까이 오래 살 면 새소리를 들어 구별할 수 있다. (近水知魚性, 近山識鳥音.)

▸ 쉽게 불어나 쉽게 빠져나가는 것은 산 계곡의 물이요, 쉽게 이랬다 저랬다 하는 것은 소인의 마음이다. (易漲易退山溪水, 易反易覆小人 心.)

▸ 좋은 운이 가버리면 황금도 쓸모없는 쇳덩이가 되고, 좋은 운 때가 오면 쓸모없는 쇳덩이도 황금과 같다. (運去金成鐵, 時來鐵似金.)

▸ 독서는 주의 깊게 해야 하나니, 한 글자마다 천금의 가치가 있는 듯이 하라. (讀書須用意, 一字值千金.)

▸ 남을 만나서는 하고 싶은 말 열 마디 중 세 마디만 해야지, 자신의 온 마음을 내던져 보여서는 안 된다. (逢人且說三分話, 未可全抛一片心.)

▸ 때로는 기대를 갖고 심은 꽃은 피지 않고, 오히려 무심히 꽂은 버들가지가 잘 자라 그늘을 이룬다. (有意栽花花不發, 無心插柳柳成陰.)

▸ 호랑이를 그림에 겉모습은 그리되 뼈 모습은 그리기 어렵고, 사람을 앎에 얼굴은 알아도 그 사람의 마음은 알지 못한다. (畵虎畵皮難畵骨, 知人知面不知心.)

▸ 돈과 재물은 썩은 흙과 같고, 인의(仁義) 도덕이야말로 천금의 가치가 있다. (錢財如糞土, 仁義值千金.)

▸ 흐르는 물이 강가나 바닷가로 내려감은 그러고자 하는 뜻이 있어서가 아니요, 흰 구름이 산봉우리에 오고감은 본래 무심하니 이 모두 자연현상이다. (流水下灘非有意, 白雲出岫本無心.)

▸ 당시에 높은 곳에 올라 멀리 바라보지 않았다면, 동쪽으로 흐르는 계곡 물이 깊고 큰 바다로 흘러가는 줄 누가 믿었으리요.! (當時若不登高望, 誰信東流海洋深.)

▸ 길이 멀어야 말의 힘을 알 수 있고, 세월이 흘러야 사람의 마음을 알 수 있다. (路遙知馬力, 事久見人心.)

▸ 두 사람이 한 마음이면 서로 돈을 모아 황금도 살 수 있지만, 저마다 딴 마음이면 서로 돈을 안 내니 바늘도 살 수 없다. (兩人一般心, 無錢堪買金, 一人一般心, 有錢難買針.)

▸ 손님은 서로 보는 정도로 잠시 머물면 좋지만, 오래 머물면 사람을 난처하게 한다. (相見易得好, 久住難爲人.)

▸ 말이 힘차게 가지 못함은 빼빼 말랐기 때문이요, 사람이 풍류롭지

못한 것은 단지 가난하기 때문이다. (馬行無力皆因瘦, 人不風流只為貧.)

▶ 남을 용서하는 사람은 어리석고 못난 놈이 아니다, 어리석고 못난 놈이야말로 남을 용서할 줄 모른다. (饒人不是癡漢, 癡漢不會饒人.)

▶ 친해야 할 사람은 친하지 않고, 친하지 않을 사람과 오히려 친하다. (是親不是親, 非親卻是親.)

▶ 맛이 좋든 좋지 않든, 고향의 물은 마시면 달콤하게 느껴지고, 친하든 친하지 않든, 고향 사람은 만나면 친근하게 느껴진다. (美不美, 鄕中水, 親不親, 故鄕人.)

▶ 꾀꼬리와 꽃도 오히려 봄 경치가 시들까 걱정하는데, 어찌 사람으로서 청춘을 헛되이 보낼 수 있으리오. (鶯花猶怕春光老, 豈可教人枉度春.)

▶ 좋은 사람끼리 서로 만나서도 한 잔 하지 않고 그냥 돌아가니, 동네 어귀 복사꽃도 사람을 보고 비웃는구나. (相逢不飮空歸去, 洞口桃花也笑人.)

▶ 연지 찍은 가인이여! 아름다운 용모 오래가지 않으니 늙어가도록 내버려두지 말라, 풍류 방랑자여! 생활의 여유를 즐기되 가난해지도록 하지 말라. (紅粉佳人休使老, 風流浪子莫教貧.)

▶ 집에서 손님을 맞아 접대할 줄 모르면, 길에 나서서야 나를 맞이하여주는 주인이 적음을 안다. (在家不會迎賓客, 出外方知少主人.)

▶ 손님이 와도 주인이 돌아보지 않는다면, 주인은 아마 어리석은 사람일 것이다. (客來主不顧, 應恐是癡人.)

▶ 시끄럽고 번화한 도시에서도 가난하게 살면 물어보는 사람이 없고, 멀리 깊은 산속에서도 부자로 살면 먼 친척이 찾아온다. (貧居鬧市無人問, 富在深山有遠親.)

▶ 그 누가 내 등 뒤에서 내 말을 하지 않으며, 나는 어느 사람 앞에서 남 말을 하지 않을까. (誰人背後無人說, 哪個人前不說人.)

▶ 시끄럽고 번화한 곳에서는 돈을 벌고, 고요한 곳에서는 수양을 하라. (鬧裏有錢, 靜處安身.)

▶ 같은 말도 돈이 있는 사람이 말하면 참 말이고, 돈이 없는 사람이 말하면 참 말이 아니니, 믿지 못하겠거든 연회석 중의 술을 보아라, 잔마다 돈 있는 자에게 서로 권하는 것을. (有錢道眞語, 無錢語不眞. 不信但看筵中酒, 杯杯先勸有錢人.)

▶ 사람이란 세상에 나올 때는 비바람이 몰아치듯 요란하지만, 떠나갈 때는 작은 먼지처럼 소리 없이 사라진다. (來如風雨, 去似微塵.)

▶ 장강의 뒤 물결은 앞 물결을 밀고, 세상의 새사람은 옛사람을 내쫓는구나. (長江後浪推前浪, 世上新人趕舊人.)

▶ 물가의 누대에 있는 사람이 물속에 비친 달을 먼저 보고, 해를 향한 꽃나무가 일찍 봄을 만난다. (近水樓臺先得月, 向陽花木早逢春.)

▶ 옛사람은 지금의 달을 보지 못하건만, 지금의 달은 이전에 옛사람을 비추었다. (古人不見今時月, 今月曾經照古人.)

▶ 먼저 도착하면 임금이 되고, 뒤에 도착하면 신하가 된다. 그대가 무슨 일에 행동이 이르다고 말하지 말라, 그대보다 더 일찍 행동하는 사람이 있다. (先到爲君, 後到爲臣. 莫道君行早, 更有早行人.)

▶ 정직한 사람이라고 모두 정직할 것이라고 믿지 말고, 어진 사람이라고 모두 어진 것이 아니니 반드시 경계해야 한다. 산중에는 곧은 나무가 있지만, 세상에는 완전히 정직한 사람은 없다. (莫信直中直, 須防仁不仁. 山中有直樹, 世上無直人.)

▶ 가지에 잎이 없음을 스스로 탓할지언정, 태양이 불공평하다고 원망하지 말라. (自恨枝無葉, 莫怨太陽偏.)

▶ 일 년 일의 시작은 봄에 있고, 하루 일의 시작은 새벽에 있다. (一年之計在於春, 一日之計在於寅.)

▶ 한 집안의 흥망은 화목 단결에 달려있고, 한 몸의 성패는 부지런함에 달려있다. (一家之計在於和, 一生之計在於勤.)

▸ 남을 꾸짖는 마음으로 자기를 꾸짖고, 자기를 용서하는 마음으로 남을 용서하라. (責人之心責己, 恕己之心恕人.)

▸ 여럿이 있을 때는 병뚜껑을 막아 놓은 듯 입을 지키고, 홀로 있을 때는 성으로 적을 방어하듯 나쁜 생각을 경계하라. (守口如瓶, 防意如城.)

▸ 차라리 남이 나를 저버리게 할지언정, 절대 나는 남을 저버리지 말라. (寧可人負我, 切莫我負人.)

▸ 거듭 거듭 중시해야 할 일은 첫째로 자기의 양심을 속이지 말라는 것이다. (再三須慎意, 第一莫欺心.)

▸ 호랑이는 낯설어도 가까이 할 수 있지만, 사람은 낯익어도 친할 수 없다. (虎生猶可近, 人熟不堪親.)

▸ 와서 시비를 말하는 자가 바로 시비를 일으키는 사람이다. (來說是非者, 便是是非人.)

▸ 멀리 있는 물은 가까운 불을 끄기 어렵고, 먼 친척은 가까운 이웃만 못하다. (遠水難救近火, 遠親不如近鄰.)

▸ 차 있고 술 있을 때는 형님 동생 하는 자 많았지만, 급한 어려움에 어디 한 사람이나 보이던가. (有茶有酒多兄弟, 急難何曾見一人.)

▸ 인정은 종이 같아 장장마다 얇고, 세상일은 바둑 같아 판판이 새롭다. (人情似紙張張薄, 世事如棋局局新.)

▸ 산중에는 천 년 된 나무가 자연히 있지만, 세상에는 백 세 된 사람 만나기 어렵다. (山中也有千年樹, 世上難逢百歲人.)

▸ 힘이 약하면 무거운 것을 짊어지지 말고, 말이 설득력이 약하면 남에게 충고하지 말라. (力微休負重, 言輕莫勸人.)

▸ 돈이 없으면 사람들 중에 끼지 말고, 어려움을 당해서는 친척을 찾지 말라. (無錢休入衆, 遭難莫尋親.)

▸ 평생에 눈살 찌푸릴 일 하지 않으면, 천하에 나에 대해 이를 가는 사람이 응당 없을 것이다. (平生莫作皺眉事, 世上應無切齒人.)

▸ 글공부한 사람은 나라의 보배요, 예의를 아는 사람은 나라의 동량이다. (士者國之寶, 儒為席上珍.)

▸ 술 끊는 법을 알려거든 술 깬 눈으로 취한 사람을 보라. (若要斷酒法, 醒眼看醉人.)

▸ 도와 줄 사람을 구함에는 영웅 같은 사나이를 구해야 하고, 다른 사람을 도와줌에는 급히 필요한 것을 도와주어야 한다. (求人須求英雄漢, 濟人須濟急時無.)

▸ 목마를 때 한 방울의 물은 단 이슬과 같고, 취한 뒤 한 잔 더함은 안 한 것만 못하다. (渴時一滴如甘露, 醉後添杯不如無.)

▸ 남의 집에 오래 머물면 사람들이 싫어하게 되고, 가난해서 찾아오면 친척도 멀리한다. (久住令人賤, 頻來親也疏.)

▸ 술을 마시더라도 말을 많이 않음은 참다운 군자요, 돈이나 재물을 분명히 처리함은 대장부이다. (酒中不語真君子, 財上分明大丈夫.)

▸ 출가 생활을 처음 출가 때의 마음과 같이 한다면, 부처가 되고도 남는다. (出家如初, 成佛有餘.)

▸ 황금 천 냥을 쌓음은 경서를 밝게 이해한 것만 못하다. (積金千兩, 不如明解經書.)

▸ 아들을 기르되 가르치지 않음은 노새를 기름과 같고, 딸을 기르되 가르치지 않음은 돼지를 기름과 같다. (養子不教如養驢, 養女不教如養豬.)

▸ 학식과 경험이 풍부한 그대와의 하룻밤 대화가 십 년 동안 독서한 것 보다 낫다. (同君一夜話, 勝讀十年書.)

▸ 농토가 있어도 경작하지 않으면 창고가 비고, 책이 있어도 읽지 않으면 자손이 어리석어진다. 창고가 비어있음이여 사는 세월이 궁핍하고, 자손이 어리석음이여 예의가 소홀해지는구나. (有田不耕倉廩虛, 有書不讀子孫愚. 倉廩虛兮歲月乏, 子孫愚兮禮義疏.)

▸ 배워도 실천을 중시하지 않는다면, 비록 사람이지만 말이나 소가

옷을 입은 것과 같다. (學不尙實行, 馬牛如襟裾.)

▸ 아득히 넓은 세상에 사람이 무수하지만, 어느 남아가 장부일까. (茫茫四海人無數, 哪個男兒是丈夫.)

▸ 맑은 술을 빚어 이룸은 손님을 좋아하기 때문이요, 집안의 황금을 아끼지 않고 씀은 좋은 책들을 모으기 위해서다. (白酒釀成緣好客, 黃金散盡為收書.)

▸ 한 사람의 목숨을 구해줌이 칠 층 불탑을 짓는 공덕보다 낫다. (救人一命, 勝造七級浮屠.)

▸ 성문에 불이 나면 그 재앙이 연못의 고기에까지 미친다. (城門失火, 殃及池魚.)

▸ 뜰 앞에 길상초가 자라나니 좋은 일이 있을 듯하지만, 좋은 일도 잘못 되면 문제가 되므로 없는 것만 같지 못하다. (庭前生瑞草, 好事不如無.)

▸ 삶이 부귀하기를 바란다면 피나는 노력을 해야 한다. (欲求生富貴, 須下死工夫.)

▸ 어떤 것을 이루는 데는 백 년도 부족할 수 있지만, 그것을 무너뜨리는 데는 하루아침도 남는다. (百年成之不足, 一旦敗之有餘.)

▸ 사람의 마음은 어떤 때는 쇠와 같이 차갑고 단단하지만, 관아의 법은 화로 같이 뜨거워 이를 녹일 수 있다. (人心似鐵, 官法如爐.)

▸ 착한 행위는 아무리해도 부족하지만, 악한 행위는 아무리 작아도 남아 그 재앙을 받는 법이다. (善化不足, 惡化有餘.)

▸ 물이 너무 맑으면 사는 물고기가 없고, 사람의 성격이 너무 급하면 지혜가 없다. (水太淸則無魚, 人太急則無智.)

▸ 책을 읽는 지식인의 숫자가 반으로 줄어들면, 사리를 아는 사람의 숫자는 전혀 없게 된다. (知者減半, 省者全無.)

▸ 옳으니 그르니 시비는 종일토록 있는 법이니, 듣지 않으면 자연히 없어진다. (是非終日有, 不聽自然無.)

▸ 차라리 올바른 길을 걸어 부족하게 살지언정, 그른 길을 걸어 넉넉하게 살지 말라. (寧可正而不足, 不可邪而有餘.)

▸ 차라리 인생이나 사업에 희망을 갖고 그 가능성을 믿을지언정, 그 가능성이 없다고는 말하지 말라. (寧可信其有, 不可信其無.)

▸ 사원은 고승 명인 등의 방문을 맞이하고, 서재는 재상이 될 선비를 감추고 있다. (道院迎仙客, 書堂隱相儒.)

▸ 삼십 년 전에는 사람이 병을 찾고, 삼십 년 후에는 병이 사람을 찾는다. (三十年前人尋病, 三十年後病尋人.)

▸ 사귀는 친구는 나보나 나아야 하니, 나와 비슷하다면 없는 것만 같지 못하다. 사흘이나 닷새 정도만 서로 사귀는 것은 없는 것만 같지 못하다. (結交須勝己, 似我不如無. 但看三五日, 相見不如無.)

▸ 뜨겁다 차갑다 하는 인정은 물이 불었다 줄었다 하는 것과 같고, 변화무상한 세상사는 구름이 모였다 흩어졌다 하는 것과 같다. (人情似水分高下, 世事如雲任捲舒.)

▸ 식견이 많아 말할 줄 아는 자는 도시의 견문을 얘기하고, 식견이 짧아 말할 줄 모른 자는 집안의 자질구레한 것을 말한다. (會說說都市, 不會說屋裏.)

▸ 칼을 가는 자는 칼날이 잘 들지 않을까 한스러워하지만, 칼이 잘 들면 손가락을 상하게 한다. (磨刀恨不利, 刀利傷人指.)

▸ 재물을 구하는 자는 많지 않음을 한스러워하지만, 재물이 많으면 도리어 자신을 해친다. (求財恨不多, 財多害自己.)

▸ 만족할 줄 알아 항상 만족하면 죽을 때까지 욕되지 않을 것이며, 멈출 때를 알아 항상 멈추면 죽을 때까지 부끄럽지 않을 것이다. (知足常足, 終身不辱. 知止常止, 終身不恥.)

▸ 복이 있으면 재물만 손상당하지만, 복이 없으면 자신이 상해를 입는다. (有福傷財, 無福傷己.)

▸ 원인이 털끝만큼만 차이가 나도, 그 결과는 천 리만큼이나 잘못 된

다. (差之毫釐, 失之千里.)

▸ 높은 곳에 오르려면 반드시 낮은 곳으로부터 오르고, 먼 곳에 가보려면 반드시 가까운 곳부터 가보라. (若登高必自卑. 若涉遠必自邇.)

▸ 매사는 두세 번 생각한 뒤에 실행할지니, 거듭 생각함이 옳다. (三思而行, 再思可矣.)

▸ 남에게 말로 시킴은 자기가 직접 가서 하는 것만 못하고, 남에게 도움을 구함은 내가 노력하는 것만 못하다. (使口不如自走, 求人不如求己.)

▸ 어렸을 때는 함께 자란 형제였어도, 어른이 되어서는 각각 타향에서 살아간다. (小時是兄弟, 長大各鄉里.)

▸ 남의 재물이 나보다 많은 것은 시기해도, 나보다 많이 먹는 것을 시기하지 말고, 살아있는 자는 원망해도 죽은 자를 원망하지 말라. (妒財莫妒食, 怨生莫怨死.)

▸ 담장에는 틈이 있고, 벽에는 귀가 있다. (牆有縫, 壁有耳.)

▸ 남들은 자기의 흰 머리를 보고 화를 내지만, 나는 나의 흰 머리를 보고 기뻐하나니, 얼마나 많은 소년이 흰 머리에 이르지 못하고 죽었던가. (人見白頭嗔, 我見白頭喜. 多少少年亡, 不到白頭死.)

▸ 좋은 일은 문 밖을 못나가지만, 나쁜 일은 천 리 먼 곳까지 전해진다. (好事不出門, 惡事傳千里.)

▸ 사람이 빈궁하면 오히려 자유롭고, 부귀하면 근심이 많다. (貧窮自在, 富貴多憂)

▸ 도적은 소인이지만 그 지혜가 때로는 군자를 능가한다. (賊是小人, 智過君子)

▸ 군자는 곤궁해도 꿋꿋이 변함이 없지만, 소인은 곤궁하면 그릇된 일을 한다. (君子固窮, 小人窮斯濫矣.)

▸ 좋은 일을 해주었어도 나의 은덕에 감사하지 않고, 오히려 나를 원수로 여겨 헐뜯는다. (不以我為德, 反以我為仇.)

▸ 정직한 가운데서 얻을지언정, 그른 가운데서 구해서는 안 된다. (寧向直中取, 莫向曲中求.)

▸ 나를 이해하여주는 자에게는 내 마음속의 깊은 근심을 말할 수 있지만. 나를 이해하여주지 못한 자에게는 내가 겉으로 바라는 것만을 말할 수 있다. (知我者謂我心憂, 不知我者謂我何求.)

▸ 사람이 먼 미래에 대한 생각이 없으면, 반드시 가까운 장래에 근심이 있다. (人無遠慮, 必有近憂.)

▸ 맑은 날에는 가려고 하지 않고, 꼭 머리에 비 맞기를 기다린다. (晴乾不肯去, 直待雨淋頭.)

▸ 이미 이루어진 일은 말하지 말라, 엎지른 물은 거두어들이기 어렵다. (成事莫說, 覆水難收..)

▸ 시비는 단지 말이 많기 때문이요, 번뇌는 모두 남 앞에 너무 나서기 때문이다. (是非只為多開口, 煩惱皆因強出頭.)

▸ 한 때의 화를 참으면 백 일의 근심을 면한다. (忍得一時之氣, 免得百日之憂.)

▸ 요즈음 거북이 법을 배웠는데, 그 법이란 머리를 움츠려야할 때는 움츠리는 것이다. (近來學得烏龜法, 得縮頭時且縮頭.)

▸ 법을 두려워하면 아침마다 즐겁고, 법을 속이고 범죄를 지으면 날마다 근심한다. (懼法朝朝樂, 欺公日日憂.)

▸ 사람이 한 세상을 사는 것은 마치 풀이 한 봄을 사는 것과 같이 짧다. (人生一世, 草生一春.)

▸ 백발은 노인을 따라서 가버리지 않고, 보니 젊은이가 또 백발 늙은이가 되있네. (白髮不隨人而去, 看來又是白頭翁.)

▸ 달은 십오야에 이르면 광명이 줄어들고, 사람은 중년에 이르면 만사가 끝나가 큰 발전을 이루기 어렵다. (月到十五光明少, 人到中年萬事休.)

▸ 자손은 자손 스스로의 복이 있으니, 자손만을 위해서 말이나 소가

되지 말라. (兒孫自有兒孫福, 莫把兒孫作馬牛.)

▸ 인생은 백 년을 채우지 못함에도 언제나 천 년의 근심을 품는다. (人生不滿百, 常懷千歲憂.)

▸ 오늘 아침에 술이 있으면 오늘 아침에 취하고, 내일 근심이 오거든 내일 근심하라. (今朝有酒今朝醉, 明日愁來明日憂.)

▸ 길이 험한 곳을 만나면 돌아 피하기 어렵고, 일이 닥쳐서는 자유롭지 못하다. (路逢險處難迴避, 事到頭來不自由.)

▸ 약은 꾀병을 고칠 수 있으나, 술은 참 근심을 풀어주지 못한다. (藥能醫假病, 酒不解眞愁.)

▸ 사람의 마음이 편안할 때는 수다스럽게 말하지 않으며, 물이 평온할 때는 흐르지 않는다. (人平不語, 水平不流.)

▸ 한 집에서 예쁜 딸을 기르니 백 집에서 혼처로 구하고, 앞장을 선 말 한 마리가 가려하지 않으니 뒤따르는 백 마리가 근심한다. (一家養女百家求, 一馬不行百馬憂.)

▸ 꽃이 피어 있어야 비로소 술을 마시고, 달이 없으면 누각에 오르지 않는다. (有花方酌酒, 無月不登樓.)

▸ 깊은 산은 마침내 사나운 호랑이를 감출 수 있고, 큰 바다는 마침내 작은 물줄기를 받아 들여야 한다. (深山畢竟藏猛虎, 大海終須納細流.)

▸ 받은 은혜가 깊은 곳에서는 마땅히 먼저 물러나야 하고, 뜻대로 잘 되어 절정에 이르렀을 때는 바로 그만두어야 한다. (受恩深處宜先退, 得意濃時便可休.)

▸ 시비가 내 귀에 들어오기를 기대하지 말라, 종전의 은혜가 도리어 원수가 되느니라. (莫待是非來入耳, 從前恩愛反成仇.)

▸ 물고기가 있는 곳을 떠나지 말고, 물고기가 없는 낮은 여울 가를 그리워하지 말라. (休別有魚處, 莫戀淺灘頭.)

▸ 인연이 다해 떠나 갈 때는 결국 보내야 한다, 자꾸 만류할 수는 없

다. (去時終須去, 再三留不住.)

▸ 내가 한 마디를 참으면 상대도 한 번의 분노를 그치게 되고, 내가 한 번 용서하면 상대도 한 걸음을 물러난다. (忍一句, 息一怒. 饒一著, 退一步.)

▸ 부모의 은혜가 아무리 깊어도 끝내는 이별이 있고, 부부의 사랑이 아무리 깊더라도 마침내 헤어진다. (父母恩深終有別, 夫妻義重也分離.)

▸ 서른 살에 뛰어난 바가 없다면 마흔 살에는 부유하지 못하고, 쉰 살에는 장차 쇠로하여 죽음의 길을 찾게 된다. (三十不豪, 四十不富, 五十將衰尋死路.)

▸ 인생은 새와 같아 한 숲속에서 자지만, 죽음이 올 때에는 각자 날아간다. (人生似鳥同林宿, 大限來時各自飛.)

▸ 사람이 착하면 다른 사람에게 속임을 당하고, 말이 착하면 사람이 타게 된다. (人善被人欺, 馬善被人騎.)

▸ 악한 사람을 사람들이 두려워하지만 하늘은 두려워하지 않고, 착한 사람을 사람들이 속이지만 하늘은 속이지 않는다. (人惡人怕天不怕, 人善人欺天不欺.)

▸ 선악은 결국 응보가 있나니, 다만 일찍 오느냐 늦게 오느냐의 차이일 뿐이다. (善惡到頭終有報, 只爭來早與來遲.)

▸ 사람이 횡재가 없으면 부자가 되지 못하고, 말은 밤에 먹는 풀이 없으면 살찌지 않는다. (人無橫財不富, 馬無夜草不肥.)

▸ 흙탕물인 황하강도 오히려 맑아지는 날이 있는데, 어찌 사람이 운을 얻는 때가 없겠는가. (黃河尚有澄淸日, 豈可人無得運時.)

▸ 총애를 얻으면 굴욕을 당할 수 있음을 생각하고, 편안히 살면서는 위태로움을 염려하라. (得寵思辱, 居安思危.)

▸생각 생각마다 적을 맞아 싸울 날이 있는 듯이 하고, 마음 마음마다 늘 위험한 다리를 지날 때처럼 하라. (念念有如臨敵日, 心心常似

過橋時.)

▸ 영웅은 험난한 길을 가지만, 그 부귀는 꽃가지 같아 시들기 쉽다. (英雄行險道, 富貴似花枝.)

▸ 인정이 봄날 경치처럼 좋다고 말하지 말라, 다만 가을이 와서 차가울 때가 있을까 두려워하라. (人情莫道春光好, 只怕秋來有冷時.)

▸ 떠나보내기 아쉬운 그대를 천 리까지 전송해도, 끝내는 한 번 이별해야 한다. (送君千里, 終須一別.)

▸ 다만 냉정한 눈으로 게를 보라, 게 네가 언제까지 옆걸음으로 걷는지 두고 보자. (但將冷眼觀螃蟹, 看他橫行到幾時.)

▸ 무슨 일을 보았거든 다른 사람에게 함부로 말하지 말고, 그 일을 묻거든 모른다고 하라. (見事莫說, 問事不知.)

▸ 상관없는 일은 간섭하지 말고, 일이 없거든 집으로 일찍 돌아가라. (閑事莫管, 無事早歸.)

▸ 홑두루마기 염색이 진짜 빨강색으로 되었는데도, 곁의 사람은 흠집 잡는 시비를 한다. (假袍染就真紅色, 也被旁人說是非

▸ 입을 열면 원기가 흩어지고, 혀를 움직이면 시비가 일어난다. (開口元氣散, 動舌是非生.)

▸ 다른 사람에게 약속한 물건은, 그것이 천금일지라도 바꿔서는 안 된다. (許人一物, 千金不移.)

▸ 용은 용의 새끼를 낳고, 범은 범의 새끼를 낳는다. (龍生龍子, 虎生豹兒.)

▸ 용이라도 얕은 물에서 헤엄치면 새우에게 놀림을 당하고, 호랑이라도 평원에 떨어지면 개에게 멸시 당한다. (龍游淺水遭蝦戲, 虎落平陽被犬欺.)

▸ 힘들게 공부하던 지난 십 년 동안 차가운 창가에 묻는 자 없더니, 과거에 급제하여 일거에 이름이 나자 천하가 아는구나. (十年寒窓下無人問, 一舉成名天下知.)

▸ 외상 술값이야 가는 곳마다 흔히 있지만, 사람이 일흔 살까지 살기는 옛날부터 드물다. (酒債尋常到處有, 人生七十古來稀.)

▸ 자식을 키워 노후를 대신하고, 양곡을 쌓아 흉년에 배고픔을 예방하라. (養兒代老, 積穀防饑.)

▸ 닭 돼지 개 등의 가축을 그 때를 놓치지 않고 기르면, 몇 식구 집은 배를 곯지 않을 것이다. (雞豚狗彘之畜, 無失其時. 數口之家, 可以無饑矣.)

▸ 있는 날에는 없는 날을 늘 생각하고, 없는 때를 있는 때로 여기지 말라. (常將有日思無日, 莫把無時當有時.)

▸ 남의 집 문에 들어가서는 형편이 좋은지 나쁜지를 묻지 말라, 주인의 얼굴만 살펴보면 곧 알게 된다. (入門休問榮枯事, 觀看容顏便得知.)

▸ 상급 관리가 청렴하면 하급 관리가 몸이 야위고, 귀신이 영험하면 사당의 향지기가 살찐다. (官清書吏瘦, 神靈廟祝肥.)

▸ 남을 대함에 뇌성 벽력같은 분노를 꺼서 물리치고, 범이나 이리 같은 위엄을 부리려는 생각을 그만 두라. (息卻雷霆之怒, 罷卻虎狼之威.)

▸ 남을 용서하는 것을 사람의 기본 도리로 여기고, 내가 손해보고 남을 도와주는 것을 중요하게 여기라. (饒人算之本, 輸人算之機.)

   남으로부터 좋은 말 듣기는 어렵지만, 남에게 나쁜 말 하기는 쉽다. (好言難得, 惡語易施.)

▸ 한 마디 말도 입 밖으로 나간 뒤에는, 네 마리 말이 이끄는 수레로도 따라잡기 힘들나. (一言既出, 駟馬難追.)

▸ 나를 추켜세우는 자는 나를 해치는 도적이요, 나의 나쁜 점을 일러주는 자는 나의 스승이다. (道吾好者是吾賊, 道吾惡者是吾師.)

▸ 길이 험한 곳을 만났을 때는 마땅히 피해야 하고, 상대가 재능 있는 사람이 아니거든 시를 바치지 말라. (路逢險處須當避, 不是才人莫

獻詩.)

▸ 세 사람이 함께 길을 가면 그 중에는 반드시 나의 스승이 있다. 그 좋은 점은 선택해서 배우고, 그 좋지 않는 점은 나 자신도 살펴보아 고치라. (三人同行, 必有我師焉. 擇其善者而從之, 其不善者而改之.)

▸ 젊어서 노력하지 않으면 늙어서 헛되이 슬퍼한다. (少年不努力, 老大徒傷悲.)

▸ 사람이 착한 소원이 있으면 하늘이 이를 꼭 도와준다. (人有善願, 天必佑之.)

▸ 이른 아침에는 술을 마시지 말라, 마시면 저녁때까지 흐리멍덩하게 취한다. (莫飮卯時酒, 昏昏醉到酉.)

▸ 저녁때는 아내를 꾸짖지 말라, 꾸짖으면 하룻밤 내내 외롭고 쓸쓸함을 당한다. (莫罵酉時妻, 一夜受孤凄.)

▸ 삼을 심으면 삼을 얻고, 콩을 심으면 콩을 얻는다. (種麻得麻, 種豆得豆.)

▸ 천도의 그물은 넓고 넓어 성긴 것 같지만, 선악의 행위를 하나도 빠뜨리지 않는다. (天網恢恢, 疏而不漏.)

▸ 주인 된 자는 긍지를 지켜 손님을 보고서 너무 다가가지 말며, 손님 된 자는 주인에게서 너무 떨어지지 말고 감사하고 겸손하라. (見客莫向前, 做客莫向後.)

▸ 차라리 한 번에 한 말의 밥을 더해 먹을지언정, 오래 함께 지낼 식구 하나를 더하지 말라. (寧添一斗, 莫添一口.)

▸ 사마귀가 매미를 잡으려 할 때에, 참새가 자기 뒤에서 노리고 있음을 어찌 알리요. (螳螂捕蟬, 豈知黃雀在後.)

▸ 황금과 옥이 겹겹이 쌓여 귀하기를 바라지 말고, 다만 자손이 낱낱이 현명하기를 원하라. (不求金玉重重貴, 但願兒孫個個賢.)

▸ 개는 주인집이 가난함을 싫어하지 않고, 아이는 어머니가 못생겼음을 싫어하지 않는다. (狗不嫌家貧, 兒不嫌母醜.)

▸ 세상에 무의미한 말은 입에 올리지 말고, 자기에게 상관없는 일은 나서지 말라. (無益世言休着口, 不干己事少當頭.)

▸ 잎이 진 나무는 봄을 만나면 오히려 다시 가지와 잎이 나오지만, 사람은 두 번 다시 소년시절이 없다. (枯木逢春猶再發, 人無兩度少年時.)

▸ 사람을 일만 명 죽이면 자신도 삼천 명이 손상당한다. (殺人一萬, 自損三千.)

▸ 남에게 상처 주는 한 마디는 칼로 베듯 날카롭다. (傷人一語, 利如刀割.)

▸ 여행 중에는 아직 저물지 않았을 때 먼저 투숙하고, 닭 우는 새벽에 일찍이 하늘을 살펴보라. (未晚先投宿, 雞鳴早看天.)

▸ 장군이나 재상의 이마는 말을 달리게 할 만하고, 고관대작의 뱃속은 배를 저을 수 있을 만큼 도량이 넓어야 한다. (將相額頭堪走馬, 公侯肚裏好撑船.)

▸ 부자는 내년을 생각하고, 가난뱅이는 당장 눈앞을 생각한다. (富人思來年, 貧人思眼前.)

▸ 세상에 살면서 남이 나에게 인정이 좋기를 바란다면, 외상으로 가져간 물건에 대해 돈을 받지 말라. (世上若要人情好, 賒去物件莫取錢.)

▸ 죽고 사는 일은 운명이 있고, 부귀는 하늘에 있다. (死生有命, 富貴在天.)

▸ 돌을 서로 부딪치면 원래 불이 일어나지만, 부딪치지 않으면 연기도 나지 않는다. (擊石原有火, 不擊乃無烟.)

▸ 사람은 배워야 비로소 도리를 알고, 배우지 않으면 역시 아무 것도 모른다. (人學始知道, 不學亦徒然.)

▸ 남이 늙었다고 비웃지 말라, 마침내 자신도 늙음에 이른다. (莫笑他人老, 終須還到我.)

▶ 다만 본분을 지켜 살아갈 수 있다면, 일생토록 번뇌가 없어 평안 무사하리라. (但能依本分, 終身無煩惱.)

▶ 군자도 재물을 사랑하지만, 그것을 취하는 데 바른 도리가 있다. (君子愛財, 取之有道.)

▶ 선에는 선한 보답이 있고, 악에는 악한 보답이 있다. 보답하지 않음 이 아니라 그 때가 아직 이르지 않아서다. (善有善報, 惡有惡報. 不是 不報, 日子未到.)

▶ 사람으로서 신용이 없다면 그가 장래에 어떻게 될지 알 수 없다. (人而無信, 不知其可也.)

▶ 끊어버려야 할 것을 과감히 끊어버리지 않으면, 도리어 그 해를 입 는다. (當斷不斷, 反受其亂.)

▶ 일이 잘되기를 바란다면, 학문이 있고 경험이 있는 자에게 물어야 한다. (凡事要好, 須問三老.)

▶ 일상의 작은 것을 다투면 큰 것을 잃는다. (若爭小可, 便失大道.)

▶ 해마다 흉년에 대비하고, 밤마다 도둑을 방비하라. (年年防饑, 夜 夜防盜.)

▶ 배우는 자는 벼와 같고, 배우지 않는 자는 쑥이나 잡초와 같다. (學者如禾如稻, 不學者如蒿如草.)

▶ 술을 마셔야 할 때를 만나서는 술을 마시고, 높이 노래하여야 할 곳에서는 높이 노래하라. (遇飲酒時須飲酒, 得高歌處且高歌.)

▶ 바람의 힘으로 불을 불면 많은 힘이 들지 않는다. (因風吹火, 用力 不多.)

▶ 어부가 인도하지 않으면 어떻게 파도를 볼 수 있겠는가. (不因漁 父引, 怎得見波濤.

▶ 남에게 바라는 것이 없으면 가는 곳마다 인정이 좋고, 내가 술을 마시지 않으면 남의 술값이 비싸든 싸든 상관이 없다. (無求到處人情 好, 不飲隨他酒價高.)

▸ 아는 일이 적을 때는 번뇌도 적고, 아는 사람이 많은 곳에는 시비도 많다. (知事少時煩惱少, 識人多處是非多.)

▸ 산에 들어가서도 사람을 해치는 호랑이도 두렵지 않지만, 다만 인정이라는 양면의 칼이 두렵다. (入山不怕傷人虎, 只怕人情兩面刀.)。

▸ 강한 사람 위에 더 강한 사람이 있으니, 악한 사람은 더 악한 사람을 써서 제압해야 한다. (强中更有强中手, 惡人須用惡人磨.)

▸ 유익한 생활계획을 세울 줄 앎은 집이 호화롭고 부자인 데 있지 않고, 풍류를 즐김에는 좋은 옷을 많이 입을 필요가 없다. (會使不在家豪富, 風流不用著衣多.)

▸ 세월은 쏘아 놓은 화살과 같고, 해와 달은 베틀의 북처럼 오간다. (光陰似箭, 日月如梭.)

▸ 시기가 좋음은 환경조건이 유리함만 못하고, 환경조건이 유리함은 사람들이 화합 단결하는 것만 못하다. (天時不如地利, 地利不如人和.)

▸ 황금이 귀한 것이 아니라, 안락함이야말로 많은 돈의 가치가 있다. (黃金未為貴, 安樂值錢多.)

▸ 세상의 좋은 말은 책이 다 말해 놓았고, 천하의 명산은 스님들이 많이 차지하고 있다. (世間好語書說盡, 天下名山僧占多.)

▸ 착한 일을 함은 가장 즐겁지만, 악한 일을 하고는 도망하기 어렵다. (為善最樂, 為惡難逃.)

▸ 양은 무릎을 꿇고 새끼에게 젖을 먹여준 은혜가 있고, 까마귀는 자란 뒤 어미에게 먹이를 날라다 주는 의로움이 있다. (羊有跪乳之恩, 鴉有反哺之義.)

▸ 너는 조급해도 그는 조급하지 않고, 사람은 한가해도 마음만은 한가하지 않다. (你急他未急, 人閒心不閒.)

남의 단점은 숨겨주고 장점은 칭찬해 주되, 그 균형을 잡으라. (隱惡揚善, 執其兩端.)

▸ 아내가 현명하면 남편이 화를 당하는 일이 적고, 자식이 효도하면 부모의 마음이 너그러워진다. (妻賢夫禍少, 子孝父心寬.)

▸ 이미 엎어져 깨진 솥과 시루는 돌아보아도 이익이 없다. 엎지른 물은 거두어들이기 실제로 어렵다. (旣墮釜甑, 反顧無益. 翻覆之水, 收之實難.)

▸ 사람은 살면서 만족할 줄 알아야 한다고 늘 말하지만 어느 때 만족할까, 늙어서 틈틈이 한가함을 찾으니 스스로 한가하네. (人生知足何時足, 人老偸閑且是閑.)

▸ 푸른 버들만 있으면 말을 매어 놓을 수 있고, 곳곳마다는 서울 장안으로 통하는 길이 있다. (但有綠楊堪繫馬, 處處有路通長安.)

▸ 옆에서 보는 자는 쉬워도, 직접 배우는 자는 어렵다. (見者易, 學者難.)

▸ 얻기 쉬운 물건이라고 해서 예사로 여겨보지 말라. (莫將容易得, 便作等閒看.)

▸ 돌멩이를 가리켜 황금으로 변하게 해도, 사람의 마음은 오히려 만족하지 못한다. (點石化爲金, 人心猶未足.)

▸ 뱃속이 먹고 싶은 대로 따른다면, 마침내 집까지 팔아먹을 것이다. (信了肚, 賣了屋.)

▸ 마음으로 이리저리 따져 보면 여러 가지가 틀렸고, 한 걸음 물러나 곰곰이 헤아려 보면 세상일마다 어렵다. (用心計較般般錯, 退步思量事事難.)

▸ 세상 살아가는 길은 각기 다르지만, 가족을 부양하기는 일반이다. (道路各別, 養家一般.)

▸ 검소하다 사치해지기는 쉬워도, 사치하다 검소해지기는 어렵다. (從儉入奢易, 從奢入儉難.)

▸ 나를 이해해 주는 사람에게 속마음을 말해 들려주고, 나를 이해해 주는 사람이 아니거든 함께 얘기하지 말라. (知音說與知音聽, 不是知

音莫與談.)

▸ 참 마음을 가지고 쓸데없이 타산해 보지 말라, 자손은 스스로 자손의 복이 있다. (莫把真心空計較, 兒孫自有兒孫福.)

▸ 남이 눈을 가늘게 떠 너를 아무리 깔보아도 너의 눈에는 상관없고, 남이 아무리 바빠도 너의 걸음에는 상관없다. (他人耽耽, 不涉你目. 他人碌碌, 不涉你足.)

▸ 어느 누가 자손이 현명함을 좋아하지 않으며, 어느 누가 자기 창고에 양식이 가득함을 좋아하지 않으랴, 그러나 자신의 팔자에 그 제목이 들어있지 않음을 어찌 하겠는가! (誰人不愛子孫賢, 誰人不愛千鐘粟, 奈五行不是這般題目.)

▸ 다만 좋은 일만 행하고 앞길은 묻지 말라. (但行好事, 莫問前程.)

▸ 강은 물길이 좁으면 물살이 급하고, 사람은 위급에 닥치면 벗어날 꾀가 생긴다. (河狹水急, 人急計生.)

▸ 산에 호랑이가 있는 줄 분명히 알거든, 호랑이가 있는 산으로 가지 말라. (明知山有虎, 莫向虎山行.)

▸ 돈이 없어야 술을 끊고, 늙음에 이르러서야 경전을 읽는다. (無錢方斷酒, 臨老始看經.)

▸ 길을 걷지 않으면 도달하지 못하고, 일은 하지 않으면 이루지 못한다. (路不行不到, 事不為不成.)

▸ 사람은 충고하지 않으면 착해지지 않고, 종은 치지 않으면 울리지 않는다. (人不勸不善, 鐘不打不鳴.)

▸ 공덕을 쌓으려고 칠 층 석탑에 등불을 켜 놓는 것이, 사람이 오가는 위험하고 어두운 곳에 등불을 하나 켜 놓는 것만 못하다. (點塔七層, 不如暗處一燈.)

▸ 경험상 무수한 세상사가 사람에게 남을 속이지 말라고 충고하나니, 머리를 들어보면 석 자 거리에 천지신명이 내려다보고 있다. (萬事勸人休瞞昧, 舉頭三尺有神明.)

▸ 선량하고 정직한 마음을 남겨주어, 자손이 보고 올바른 사람이 되게 하라. (但存方寸土, 留與子孫耕.)

▸ 마음 속에 나쁜 욕망의 불을 끄고서 부처님 앞에 등불을 밝히라. (滅卻心頭火, 剔起佛前燈.)

▸ 총명하고 기민한 자는 늘 만족하지 못하고, 어리석은 듯 소박하고 무던한 자가 고관대작이 된다. (惺惺常不足, 憒憒作公卿.)

▸ 뭇 별들이 밝아도 외로운 달이 홀로 밝음만 못하다. (眾星朗朗, 不如孤月獨明.)

▸ 형제간에 이해득실로 서로 해친다면, 그런 형제는 친구만도 못하다. (兄弟相害, 不如友生.)

▸ 도리에 맞는 일은 해야만 하고, 작은 이익을 다투지 말라. (合理可作, 小利莫爭.)

▸ 모란꽃이 크고 아름답다 하나 보기 좋을 뿐이요, 대추꽃은 작아 보잘 것 없어도 열매를 맺는다. (牡丹花好空入目, 棗花雖小結實成.)

▸ 늙은이는 속이더라도 어린이는 속이지 말라, 남을 속이는 마음은 광명정대하지 못하다. (欺老莫欺小, 欺人心不明.)

참아야 하면 참고, 버려야 하면 버려라. 참지 못하고 버티지 못하면 작은 일이 큰 일이 된다. (得忍且忍, 得耐且耐. 不忍不耐, 小事成大.)

▸ 계절에 따라 갈고 씨 뿌려 김 매 수확하고, 나중에 배부르고 따뜻해서는 푸른 하늘에 감사하라. (隨分耕鋤收地利, 他時飽滿謝蒼天.)

▸ 가족 간에 서로 잘난 채 논쟁만 한다면, 집안 생계는 점점 엉망이 되어 갈 것이다. (相論逞英雄, 家計漸漸退.)

▸ 어진 아내는 남편을 귀하게 하고, 나쁜 아내는 남편을 실패하게 한다. (賢婦令夫貴, 惡婦令夫敗.)

▸ 사람은 늙어도 마음은 늙지 않고, 사람이 곤궁하더라도 그 뜻은 궁하지 않다. (人老心未老, 人窮志莫窮.)

▸ 사람은 천 일 동안 내내 좋을 수 없고, 꽃은 백 일 동안 내내 붉을

수 없다. (人無千日好, 花無百日紅.)

▸ 정당한 살인은 오히려 용서할 수 있으나, 마땅한 도리를 거슬림은 용납하기 어렵다. (殺人可恕, 情理難容.)

▸ 갑자기 부자가 되니 새로운 부를 어떻게 누릴지 모르고, 갑자기 가난해지니 예전에 누리고 살던 가풍을 고치기 어렵다. (乍富不知新受用, 乍貧難改舊家風.)

▸ 주인이 손님을 좋아하면 좌중에 늘 손님이 가득하고, 술독에는 술이 비지 않는다. (座上客常滿, 樽中酒不空.)

▸ 집이 새는데 더욱이 밤낮으로 내리는 비를 만나고, 배는 느린데 또 뱃머리를 치는 바람을 만난다. (屋漏更遭連夜雨, 行船又遇打頭風.)

▸ 죽순은 껍질이 떨어지기 때문에 비로소 대가 되고, 물고기는 달리는 파도 때문에 비로소 용으로 변한다. (筍因落籜方成竹, 魚為奔波始化龍.)

▸ 어렸을 때 죽마 탄 기억이 엊그제 같은데, 보니 또 백발 늙은이가 되었네. (記得少年騎竹馬, 看看又是白頭翁.)

▸ 예의는 풍족함에서 생기고 도적은 빈궁함에서 나온다. (禮義生於富足, 盜賊出於貧窮.)

▸ 하늘 위의 뭇 별들은 북두칠성을 중심으로 돌고, 세상에는 바다로 향하지 않는 물이 없다. (天上眾星皆拱北, 世間無水不朝東.)

▸ 군자는 가난을 편히 여기고 달인은 운명을 안다. (君子安貧, 達人知命.)

▸ 자연의 섭리에 따르는 자는 살아남지만, 자연의 섭리를 거스르는 자는 살아남지 못한다. (順天者存, 逆天者亡.)

▸ 사람은 재물 때문에 죽고, 새는 먹이 때문에 죽는다. (人為財死, 鳥為食亡.)

▸ 부부간에 서로 화합이 좋은 것은 마치 악기인 금슬과 생황이 화음을 내는 것과 같다. (夫妻相合好, 琴瑟與笙簧.)

▸ 자식이 있으면 가난이 오래 가지 않고, 자식이 없으면 부유함도 오래 가지 않는다. (有兒貧不久, 無子富不長.)

▸ 나라의 흥망에 대해서는, 평범한 국민도 책임이 있다. (天下興亡, 匹夫有責.)

▸ 입에 상쾌한 음식을 많이 먹어 한사코 병을 만들고, 마음에 유쾌한 일이 지나치면 재앙을 부를까 두렵다. (爽口食多偏作病, 快心事過恐生殃.)

▸ 부귀하다고 사치 음란하지 말고 꼭 자신의 본분을 지키고, 빈궁하다고 쓸데없이 이리저리 딴 궁리를 하지 말라. (富貴定要安本分, 貧窮不必枉思量.)

▸ 물을 그리면서 바람이 없는데 헛되이 물결을 그리고, 꽃을 수놓음이 비록 좋더라도 향기를 맡지 못한다. (畫水無風空作浪, 繡花雖好不聞香.)

▸ 용이 돌아가는 저녁 골은 구름에 젖은 듯하고, 사향노루 지나가는 봄 산은 풀도 향기롭다. (龍歸晚洞雲猶濕, 麝過春山草木香.)

▸ 쌀 한 말 탐내다 반 년 양식을 잃고, 새끼 돼지 족발 하나 다투려다 도리어 양 허벅다리 하나를 잃는다. (貪他一斗米, 失却半年糧. 爭他一腳豚, 反失一肘羊.)

▸ 평생 동안 남의 단점만 헤아릴 줄 알고, 어찌하여 머리를 돌려 자신을 헤아려보지 않는가. (平生只會量人短, 何不回頭把自量.)

▸ 남의 선행을 보거든 나는 따라가지 못한 듯 노력하고, 남의 악행을 보거든 뜨거운 물을 더듬는 듯 빨리 피하라. (見善如不及, 見惡如探湯.)

▸ 사람이 곤궁하면 의지가 짧아지고, 말이 마르면 털이 길어진다. (人貧志短, 馬瘦毛長.)

▸ 내 마음속은 급하지만 남은 바쁜 내 마음을 모른다. (自家心裏急, 他人未知忙.)

▶ 가난한 자에게는 황금을 주는 의로운 선비가 없어도, 병든 부자에게는 고명한 의사가 약 처방을 말해준다. (貧無義士將金贈, 病有高人說藥方.)

▶ 남에 내게 부딪쳐 와도 함께 다투지 말지니, 일이 지나가면 마음이 시원하리라. (觸來莫與說, 事過心淸凉.)

▶ 가을이 오니 온 산이 울긋불긋 아름답고, 봄이 오니 꽃이 향기롭지 않은 곳이 없구나. (秋至滿山多秀色, 春來無處不花香.)

▶ 한 사람이 거짓말을 전하니, 와전되어 백 사람이 진실로 전한다. (一人傳虛, 百人傳實.)

▶ 무릇 사람은 외모로 판단할 수 없고, 바닷물은 말로 되어 볼 수 없다. (凡人不可貌相, 海水不可斗量.)

▶ 맑고 맑은 물은 흙으로 막아지고, 많고 많은 선비들은 술에 상하는구나. (淸淸之水, 爲土所防. 濟濟之士, 爲酒所傷.)

▶ 쑥과 잡초가 우거진 곳에도 향기로운 난초가 있을 수 있고, 초가집에도 임금이나 제후가 있을 수 있다. (蒿草之下, 或有蘭香. 茅茨之屋, 或有侯王.)

▶ 천 리 먼 곳에서 거위 털을 선물로 보내왔는데, 선물은 가벼워도 그 정은 두텁다. (千里送鵝毛, 禮輕情意重.)

▶ 눈앞의 세상일은 거울처럼 분명하건만, 앞길은 칠흑처럼 어둡다. (世事明如鏡, 前程暗似漆.)

▶ 좋은 농토가 만 이랑이라도 하루에 한 되의 식량을 먹고, 큰 집이 천 칸이라도 밤에는 여덟 자 길이의 침상에서 잠잔다. (良田萬頃, 日食一升. 大廈千間, 夜眠八尺.)

▶ 경전이 아무리 많아도 모두 효(孝)의 실천과 의(義)의 중시를 으뜸의 가르침으로 한다. (千經萬典, 孝義爲先.)

▶ 한 글자만 관공서에 들어가도 아홉 마리 소로도 끌어낼 수 없다. (一字入公門, 九牛拖不出.)

▸ 관아의 문이 여덟 팔(八)자로 열려 있지만, 정당한 이유가 있어도 돈이 없으면 들어오지 말아라. (衙門八字開, 有理無錢莫進來.)

▸ 부유함은 한 되 한 되 모은 것으로부터 시작되고, 가난함은 계획 없는 생활 때문에 온다. (富從升合起, 貧因不算來.)

▸ 집안에 재주 있는 자식이 없는데 벼슬이 어느 곳에서 오겠는가. (家中無才子, 官從何處來.)

▸ 인간세상의 몰래 한 말도 하늘은 뇌성처럼 듣고, 어두운 방에서 스스로를 속이는 마음도 신은 번개처럼 본다. (人間私語, 天聞若雷. 暗室虧心, 神目如電.)

▸ 한 터럭 만큼의 악(惡)도 남으로 하여금 행하지 말라 충고하고, 한 터럭 만큼의 선(善)도 남에게 편리함을 주라. (一毫之惡, 勸人莫作. 一毫之善, 與人方便.)

남을 저버리는 것은 화(禍)요, 남을 용서하는 것은 복(福)이다. (虧人是禍, 饒人是福.)

▸ 하늘의 눈은 밝고 밝아 인과응보가 매우 빠르다. (天眼恢恢, 報應甚速.)

▸ 성현의 말은 귀신이 우러르고 복종한다. (聖賢言語, 神欽鬼伏.)

▸ 사람은 각각 마음이 있고, 마음에는 각각 자신의 견해가 있다. (人各有心, 心各有見.)

▸ 입으로 말하는 것이 몸으로 직접 하는 것만 못하고, 귀로 듣는 것이 자기 눈으로 보는 것만 못하다. (口說不如身逢, 耳聞不如目見.)

▸ 천 일 동안 군사를 양성함은 하루아침에 쓰기 위함이다. (養軍千日, 用在一朝.)

▸ 나라가 태평하고 정치가 맑으면 재능 있는 자가 중시되고, 집이 부유하면 어린 아이가 교만하다. (國淸才子貴, 家富小兒驕.)

▸ 날카로운 칼에 몸을 베었더라도 그 상처는 쉽게 아물지만, 악한 말이 사람에게 상처주면 그 한이 풀리지 않는다. (利刀割體痕易合, 惡

語傷人恨不消.)

▸ 돈이 있으면 사람들 앞에 나설 만하고, 좋은 옷이 없으면 문 밖을 나서기 꺼려진다. (有錢堪出眾, 無衣懶出門.)

▸ 관료가 되거든 재상이 되어야만 하고, 과거급제는 일찍이 선두를 다투라. (為官須作相, 及第必爭先.)

▸ 싹은 땅으로부터 나오고, 나무는 가지 쪽으로 나누어진다. (苗從地發, 樹向枝分.)

▸ 부모와 자식이 화합하면 집안이 쇠퇴하지 않고, 형제가 화합하면 집안이 분열되지 않는다. (父子和而家不退, 兄弟和而家不分.)

▸ 관공서에는 공적인 법률조문이 있고, 민간에는 사적인 향약이 있다. (官有正條, 民有私約.)

▸ 한가할 때는 향을 피워 불공드리지 않더니, 급할 때서야 부처님 다리 안고 애걸한다. (閑時不燒香, 急時抱佛腳.)

▸ 태평 무사한 나날을 살아감이 다행인데, 노년에 이르러 이런 때가 적을까 걱정이네. (幸生太平無事日, 恐逢年老不多時.)

▸ 나라가 어지러우면 훌륭한 장수를 생각하고, 집이 가난하면 현명한 아내를 생각한다. (國亂思良將, 家貧思賢妻.)

▸ 연못에 물을 모아 가뭄에 대비해야 하고, 농토를 깊이 갈면 가족을 부양할 수 있다. (池塘積水須防旱, 田地勤耕足養家.)

▸ 뿌리가 깊으면 바람에 흔들려도 두렵지 않고, 나무가 곧으면 달빛에 비친 그림자가 기울어도 근심하지 않는다. (根深不怕風搖動, 樹正無愁月影斜.)

▸ 충고하는 말은 귀에 거슬리지만 품행 수양에 이롭고, 좋은 약은 입에 쓰지만 병 치료에 이롭다. (忠言逆耳利于行, 良藥苦口利于病.)

▸ 그대에게 권하노니 마땅히 자기를 지키되, 이상의 격언대로만 한다면 절대로 잘못되지 않을 것이다. (奉勸君子, 各宜守己. 只此呈示, 萬無一失.)

저자소개

남회근(南懷瑾) 선생은 1918년 중국 절강성 온주(溫州)에서 태어났다. 어릴 적부터 서당식 교육을 받아 17세까지 사서오경 제자백가를 공부하였다. 절강성성립국술원에 입학하여 2년간 무술을 배웠고 문학 서예 의약 역학 천문학 등도 두루 익혔다. 1937년 국술원을 졸업하였다. 그후 중앙군관학교 교관직을 맡았으며, 금릉(金陵)대학 대학원에서 사회복지학을 연구하였다. 25세 때인 1942년에 스승인 원환선(袁煥仙) 선생이 사천성 성도(成都)에 창립한 유마정사(維摩精舍)에 합류하여 의발제자가 되었다. 1942년부터 1944년까지 3년간 사천성 아미산 중봉에 있는 대평사(大坪寺)에서 폐관 수행하며 팔만대장경을 완독하였다. 28세 때인 1945년 티베트 밀교의 여러 종파의 고승들을 참방하고 밀교 상사로 인가 받았다. 그 후 운남(雲南)대학과 사천(四川)대학에서 한동안 강의하였다. 30세 때인 1947년 고향에 돌아가 사고전서(四庫全書)와 고금도서집성(古今圖書集成) 등을 읽었다. 1949년 봄에 대만으로 건너가 문화(文化)대학 보인(輔仁)대학 등 여러 대학과 사회단체에서 강의하며 수행과 저술에 몰두하였다. 또 노고문화사업공사(老古文化事業公司)라는 출판사를 설립하고 불교연구단체인 시방(十方)서원을 개설하였다. 2006년 이후 대륙의 강소성 오강의 태호대학당(太湖大學堂)에서 머물며 교육 문화 연구 등의 활동을 해오던 중 2012년 9월 29일 95세를 일기로 세상을 떠났다. 논어별재 등 저술이 60여종에 이른다. 자세한 소개는 마하연 출판 '생과 사 그 비밀을 말한다'와 중용강의 부록을 참조하기 바란다.

번역자 송찬문(宋燦文)

1956년생으로 금융기관에서 20년 근무하였다. 대학에서 중어중문학을 전공했으며 1990년 대만담강대학 어학연수, 1991년 대만경제연구원에서 연구하였다. 1998년 이후 유불도 삼가 관련 서적들을 번역 중이다.

번역서로는 남회근 선생의 '논어강의', '생과 사 그 비밀을 말한다', '불교수행입문강의', '원각경 강의' 등이 있으며,

편역 저서로는 '21세기 2천자문', '삼자소학', '그림으로 배우는 한자 첫걸음', '나무아미타불이 팔만대장경이다'가 있다.

다음카페 유마불교학당 (http://cafe.daum.net/youmawon)

e-mail : youmasong@naver.com

마하연의 책들

1. 나무아미타불이 팔만대장경이다 송찬문 엮음

참선법문과 염불법문은 어떻게 다른가? 나무아미타불의 심오한 의미는 무엇인가? 극락세계는 어떤 곳인가? 왜 염불법문이 뛰어난가? 등 염불법문의 기본교리를 이해하도록 이끌어 준다.

2. 생과 사 그 비밀을 말한다 남회근 지음, 송찬문 번역

생사문제를 해설한 기록으로 사망에 대해서부터 얘기를 시작하여 사람의 출생을 설명한다. 인간의 정상적인 생명의 윤회환생 변화를 기준으로 말한 것으로, 불법의 원리에서 벗어나지 않지만 종교의식에 물들지 않고 순수하게 생명과학의 입장에서 한 상세한 설명이다. 진귀한 자료로서 자세하고 명확하여 독자의 마음속에 있는 적지 않는 미혹의 덩어리를 풀어준다.

3. **원각경 강의** 남회근 지음, 송찬문 번역

원각경은 인생의 고통과 번뇌를 철저히 해결해주는 경전으로서, 어떻게 수행하여 성불할 것인가를 가리켜 이끌어 주는 경전이다. 남회근 선생의 강해는 쉽고 평이하면서도 어떻게 견성할 것인가와 수행과정에서의 문제들을 분명히 가려 보여준다. 참선을 하려거나 불교를 연구하고자 하는 사람이 반드시 보아야 할 책이다.

4.. **논어 강의 (상, 하)** 남회근 지음, 송찬문 번역

논어로 논어를 풀이함으로써 지난 2천년 동안 잘못된 해석을 바로잡은 저자의 독창적인 견해가 담긴 대표작이다. 동서고금과 유불도 제자백가를 넘나들면서 흥미진진한 강해를 통해 고유문화의 정수를 보여주어 현대인들로 하여금 전통문화를 이해하게 하고 나아가 미래를 창조하게 하는 교량 역할을 한다.

5. **역사와 인생을 말한다** 남회근 지음, 송찬문 번역

논어별재(論語別裁), 맹자방통(孟子旁通), 노자타설(老子他說) 등 남회근 선생의 여러 저작들 가운데서 생동적이며 유머가 있고 뛰어난 부분들을 골라 엮은 책으로 역사와 인생을 담론하고 있다

6. **선(禪)과 생명의 인지 강의** 남회근 지음, 송찬문 번역

생명이란 무엇일까요? 당신의 생명은 무엇일까요? 선은 생명 가운데서 또 어떠할까요? 당신은 자신의 지성(知性)을 이해합니까? 당신은 자신의 생명을 장악할 수 있습니까? 범부를 초월하여 성인의 영역으로 들어가고 싶습니까? 그 가장 빠른 길은 무엇일까요? 등, 선과 생명과학과 인지과학에 대한 강의이다.

7. **선정과 지혜 수행입문** 원환선 남회근 합저, 송찬문 번역 원환선 선생과 그 문인인 남회근 선생이 지관수정(止觀修定)에 대하여 강의한 기록을 모아 놓은 책이다. 선 수행자나 정토 수행자에게 올바른 지견과 진정한 수행 방법을 보여 주는 것으로 초학자에게 가장 적합하다.

8. 입태경 현대적 해석   남회근 지도, 이숙군 역저, 송찬문 번역

사람이 모태에 들어가기 전에 자기의 부모를 인식할까요? 모태에 있을 때 어떤 과정을 거칠까요? 모태에 있을 때 교육을 받아들일 수 있을까요? 모태에 있을 때 심신은 어떻게 변화할까요? 이런 문제 등을 논술하고 있는 입태경은 인간 본위의 생명형성의 심신과학을 내포하고 있으며 범부를 뛰어넘어 성자가 되는 관건을 언급하고 있음에도 1천여 년 동안 마땅한 중시를 받지 못했습니다. 그래서 저자는 남회근 선생의 치밀한 지도 아래 입태경을 현대의학과 결합하는 동시에 전통 중의학 개념과도 일부 결합하여 풀이합니다. 태교부분에서는 3천여 년 전부터 현대까지를 말하면서 동서의학의 태교와 태양의 정화를 융합하고 있습니다. 그러므로 이 책은 부모 되는 사람은 읽지 않으면 안 되며 심신과학에 흥미가 있는 사람이라면 더더욱 읽어야 합니다.

9. 장자 강의(내편) (상, 하)   남회근 강술, 송찬문 번역

장자 내7편에 대한 강해이다. 근대에 많은 학자들이 관련된 주해나 어역(語譯)이나 주석 같은 것들을 참고로 읽어보면 대부분은 문자적인 해석이거나 다른 사람의 주해를 모아 논 것일 뿐 일반 독자들의 입장에서 보면 사실 그 속으로부터 이익을 얻기가 어렵다. 남회근 선생은 청년 시기에 이미 제자백가의 학문을 두루 연구했고 30대에는 경전 도법(道法)에 깊이 들어가 여러 해에 걸쳐서 몸소 힘써 실제 수증하였다. 그러므로 그의 장자강해는 경사자집(經史子集)에서 노닐고 있다. 또 통속적인 말로써 깊은 내용을 쉽게 풀어내서 독자 청중을 위하여 문을 열어주고 있다. 남선생의 강의가 따로 일가의 품격을 갖췄다고 일컫더라도 과분한 칭찬이 되지 않을 것 같다.

10. 능엄경 대의 풀이   남회근 술저, 송찬문 번역

옛사람이 말하기를 "능엄경을 한 번 읽은 뒤로부터는 인간세상의 찌꺼기 책들을 보지 않는다" 고 했듯이, 이 경은 우주와 인생의 진리를 밝히는 기서(奇書)이며, 공(空)의 이치를 깨달아 들어가는 문이자, 단계적인 수행을 거쳐 최후에 부처의 과위에 이르기까지 거울로 삼아야 할 경전이다. 옛날부터 난해하기로 이름난 이 경전을 현대적 개념으로 대의만 풀이했다.

11. 유마경 강의 (상, 중, 하)   남회근 강술, 송찬문 번역

　어떤 사람은 말하기를, 유마경을 조금 읽고 이해하고 나면 마음의 크기가 자기도 모르는 사이에 확대되어서, 더 이상 우리들이 생활하는 이 사바세계에 국한하지 않고, 동경하는 정토세계에도 국한하지 않으며, 무한한 공간에까지 확대될 것이라고 합니다. 또 어떤 사람은 말하기를, 이 경전은 온갖 것을 포함하고 있어서 당신이 부처님을 배우면서 어떻게 해야 할지 모를 때에는 당신에게 줄 해답이 본 경전에 들어있으며, 당신이 사리(事理)를 이해하지 못할 때에는 당신에게 줄 해답도 본 경전에 들어있다고 합니다. 남회근 선생이 1981년에 시방서원에서 출가자와 불교도를 위주로 했던 강의로 수행방면에 중점을 두었기 때문에 일반적인 불경강해와는 다르다. 유마경은 현대인들에게 원전경문이 너무 예스러운데 남선생은 간단명료한 말로써 강해하였기에 독자들이 이해하기 쉽다.

12. 호흡법문 핵심 강의   남회근 강의, 유우홍 엮음, 송찬문 번역

　남회근 선생은 석가모니불이 전한 가장 빠른 수행의 양대 법문이 확실하고 명확함을 얻지 못한 것이 바로 수행자가 성공하기 어려웠던 주요 원인이라고 보고 최근 수년 동안 남선생님은 수업할 때 항상 '달마선경(達磨禪經)' 속의 16특승안나반나(特勝安那般那)법문의 해설과 관련시켰다.

이 책은 남회근 선생님의 각 책과 강의기록 속에 여기저기 흩어져 보이는 안나반나 수행법을 수집 정리하여 책으로 모아 엮어서 학습자가 수행 참고용으로 편리하도록 한 것이다.

13. 중용 강의   남회근 저 송찬문 번역

　자사(子思)가 『중용(中庸)』을 지은 것은 증자의 뒤를 이어서 「곤괘문언(坤卦文言)」과 『주역』「계사전(繫辭傳)」으로부터 발휘하여 지은 것입니다. 예컨대 『중용』이 무엇보다 먼저 제시한 '천명지위성(天命之謂性)'으로부터 '중화(中和)'까지는「곤괘문언」에서 온 것입니다. 이런 학술적 주장은 저의 전매특허입니다."

　남회근 선생의 강해는 '경문으로써 경문을 주해하고[以經註經]', 더 나아가 '역사로써 경문을 증명하는[以史證經]' 방법으로 『중용』을 융회관통(融會貫通)하고 그 심오한 의미를 발명하여 보여주고 있다.

14. **도가 밀종과 동방신비학** 남회근 저 송찬문 번역

본서의 각 편은 비록 남선생님의 40여 년 전의 저술이지만, 오늘날 다시 읽어보면 그 문자가 간략하면서 내용이 풍부하고 조리가 분명하여서 사람들로 하여금 밀종과 각 방면에 대해서 마음이 확 트이는 느낌을 갖게 합니다. 문화를 배우고 밀법(密法)을 배우고 불법을 배우는 독자들에게 이 책은 아마 없어서는 안 될 것으로 여겨도 될 것입니다.